致力于中国人的心灵成长与文化重建

立 品 图 书·自觉·觉他
www.tobebooks.net
出 品

《论语》大义浅说

可大可久的生命之学

上

姚中秋 著

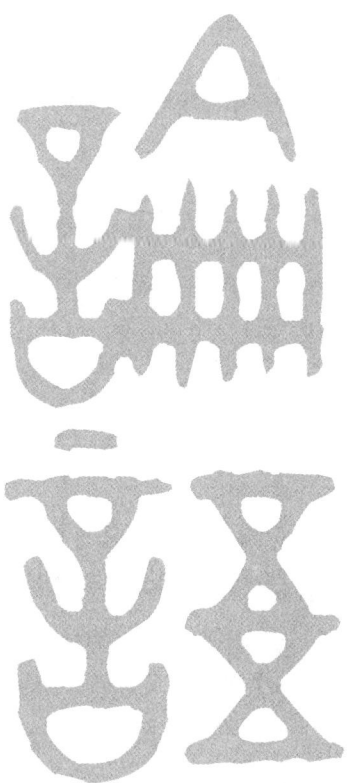

中国友谊出版公司

图书在版编目（CIP）数据

《论语》大义浅说：可大可久的生命之学 / 姚中秋著. -- 北京：中国友谊出版公司，2016.6
ISBN 978-7-5057-3769-3

Ⅰ.①论… Ⅱ.①姚… Ⅲ.①儒家 ②《论语》—研究 Ⅳ.① B222.25

中国版本图书馆 CIP 数据核字 (2016) 第 147185 号

书名	《论语》大义浅说：可大可久的生命之学
作者	姚中秋
出版	中国友谊出版公司
发行	中国友谊出版公司
经销	新华书店
印刷	三河市华晨印务有限公司
规格	787×1092 毫米　16 开
	40.75 印张　550 千字
版次	2016 年 9 月第 1 版
印次	2016 年 9 月第 1 次印刷
书号	ISBN 978-7-5057-3769-3
定价	68.00 元（上下册）
地址	北京市朝阳区西坝河南里 17 号楼
邮编	100028
电话	(010) 64668676

体 例

经者，常道也；不读经，无以明道；不明道，无以成人。五经古奥，诵读不易；《论语》简短明白，人人皆可以诵读。诵读《论语》，则可明乎道而立己成人矣。本书之撰作，旨在协助普通读者诵读《论语》，体会《论语》大义。兹订体例如下：

一、书首为《论语》篇第次序浅说，指明《论语》二十篇间关系。

二、每篇前有篇旨，说明本篇大旨，及与前篇之关系。

三、各篇内之分章，有数处不同于传世各本，一家之言耳。

四、每章首列经文。经文皆用繁体字，读者以此训练识读繁体字，方便阅读其他中华经籍。又，用繁体字可避免简体字造成之意义混淆。

五、其次为章旨，指明本章大旨。

六、难识字音在经文中以拼音注出，通假字冠以"读如"字样。

七、其次，注释经文所涉之字义、词义、史事、典章等，多依十三经注疏本《论语注疏》与朱子《四书章句集注》本，间或参考刘宝楠《论语正义》，及程树德《论语集解》所收各家之说。为简洁清爽，不复一一注明。

八、其次，疏通大义。同样依乎上述各书及钱宾四先生《论语新解》。各章解说，不作高深繁复之学术考证，而直指大义，简捷道出。有所引用，或为《论语》各章互证，或为"十三经"经文，或为《国语》《史记》《汉书》之记载，间有汉儒之说，其他罕有引用，以免枝蔓。

九、其次，为探究大义，尝试于篇内划分单元，缀于其后，以帮助读者理解经义。

本书所说大义，仅为抛砖引玉。读者由此自行体会思索，则必有所得。自家体贴得来，在我心脑之中，自可贯通身心，下学而上达。孔子教人，无非自觉生活、自主抉择、自立以为君子、自强以行于天下而已。

　　蒲城姚中秋，甲午仲夏初稿完成，乙未春改定、丙申春再改于京中陋室。

《论语》篇第次序试说

《汉书·艺文志》曰："《论语》者，孔子应答弟子时人及弟子相与言而接闻于夫子之语也。当时弟子各有所记。夫子既卒，门人相与辑而论纂，故谓之《论语》。"《论语》之编纂，旨在呈现孔子之全体，以为儒门之共同权威，故其篇第、章次安排，必经众人切磋讨论、审慎编辑，且有大义寓于其中。今试将《论语》篇第结构解说如下。

《论语》前十篇为上论，后十篇为下论。上、下两论各有主题：上论记孔子其人，展现孔子之道、孔子兴学以养成士君子之纲目；下论记孔子之行道，呈现重建秩序之构想、实践、心态。

首篇《学而》系全书提纲，总括孔子核心思想。以"学"字开头，揭示孔子之教乃以文兴学，教人以学上达，成为君子。中国文化、政治之本就在"学"。

接下来三篇呈现孔子三大义理：孔子不求来世、神国，而行道于人之中，故为政系行道之一大途，第二篇《为政》论为政之道。然孔子之为政，不尚政刑，务兴礼乐教化，故次之以第三篇《八佾》，论兴起礼乐之道。礼乐有本有文，其在本人心之仁，故次之以第四篇《里仁》，论为仁而里仁之道。

人能弘道，行道在人，孔子乃兴学养成庶民为君子，公冶长和冉雍是孔门二弟子，随后两篇据其命名，记孔子教诲弟子之道。两篇由浅入深，孔子教人之法与孔门活泼丰富之气象，于此两章可见。

上论末四篇专记孔子其人：《述而篇》多为孔子自述，可见圣人气象，尤其是孔子好学之美德。孔子之道、孔子智慧来自于"学",学古之圣贤,故次之以《泰伯篇》,孔子于此评述古圣先贤,可见孔子为学之渊源。学圣贤,孔子至于极高明、极精微,可见《子罕篇》。孔子之学又见于孔子身体之文,《乡党篇》记孔子待人接物之仪。

下论十篇记孔子行道之构想、实践、心态。

孔子与弟子共同行道,下论从《先进篇》开始,展示孔门之万千气象。

随后三篇为一组,以孔子早期三大弟子为篇目:颜渊最为孔子器重,德行最优,《颜渊篇》论治理邦国天下之根本义。子路于孔门属"政事"科,《子路篇》论君子行政之大义。原宪品行高洁,《原宪篇》以论"耻"开始,论政治、行政之伦理。

士君子行道天下,与掌权者打交道,接下来三篇以孔子行道天下所遇三位要人为篇目,由尊而卑,依次为《卫灵公篇》《季氏篇》《阳货篇》,记孔子行道之实践及其相关思考。

孔子周游多年,终无重建秩序之机会,故继之以《微子篇》。微子系孔子先人,殷商宗室。纣王无道,微子屡谏无效,乃惧祸出走,后竟为宋之开国者,继殷商之祚。此篇目彰显孔子之志:对现实颇失望,但不归隐,而以无可无不可心态,见几而作,其道终将行于天下。弟子延续孔子事业,故次之以《子张篇》。子张为孔子弟子,孔门对其争议颇多。本篇展示孔子去世后众弟子思想之多样丰富,可见其"和而不同"之气氛。经孔门弟子努力,孔子之道传承不绝。孔子之道就是尧、舜、禹、汤、文、武之道,故《论语》末篇为《尧曰篇》,先记尧、舜、禹、汤、文、武之道;次记孔子行此道于天下的创制立法之道,末章与《论语》首章遥相呼应。

篇内各章之编排,亦有先后次第,于篇内随文说明。

目　录

学而篇第一 …………………………………………………………… 1
为政篇第二 …………………………………………………………… 34
八佾篇第三 …………………………………………………………… 67
里仁篇第四 …………………………………………………………… 104
公冶长篇第五 ………………………………………………………… 136
雍也篇第六 …………………………………………………………… 171
述而篇第七 …………………………………………………………… 211
泰伯篇第八 …………………………………………………………… 253
子罕篇第九 …………………………………………………………… 278
乡党篇第十 …………………………………………………………… 311
先进篇第十一 ………………………………………………………… 337
颜渊篇第十二 ………………………………………………………… 370
子路篇第十三 ………………………………………………………… 403

宪问篇第十四 ……………………………………… 437

卫灵公篇第十五 …………………………………… 482

季氏篇第十六 ……………………………………… 523

阳货篇第十七 ……………………………………… 545

微子篇第十八 ……………………………………… 578

子张篇第十九 ……………………………………… 595

尧曰篇第二十 ……………………………………… 622

学而篇第一

本篇为《论语》首篇，为全书纲要所在。了解孔子与儒家，此篇最为提纲挈领。

共十六章，通过孔子及有子、曾子、子夏等人话语，展示儒家思想之全部：学，孝，仁，礼，德，君子，为政等。而以"学"贯穿全篇，孔子于人类值最大贡献，正在于开创以学成己安人之道。

1：1　子曰："學而時習之，不亦說（悅）乎？有朋自遠方來，不亦樂乎？人不知而不慍，不亦君子乎？"

作为《论语》首章，本章为全篇提纲，也是全书提纲，阐明孔子之教为学，旨在养成士君子。

子，男子尊称，弟子尊称孔子为"子""夫子"。《论语》中"子曰"均为孔子所说。诸子百家兴起，弟子皆尊称其师为"子"。后世沿用此称呼，有程子、朱子等尊称。

习，鸟数飞也，重复。朋，同门曰朋，同志曰友。愠，微怒而有怨之意。

夫子说："学而以恰当时机复习所学者，不也是令人愉悦的吗？有同门之朋从遥远的各处同来共学，不也是令人快乐的吗？他人不知我，而我不愠，不也就是君子了吗？"

"学"是《论语》第一字,孔子叫人学以成人。孔子不叫人信服、顺从自己,也不叫人崇拜神灵以获救赎。孔子所发明之成人之道就是学,为中国人、为人类确立的教化之道就是学。

　　学什么?无所不学,概括言之,学于"文献"。献者,贤人也,孔子学于贤于己者,无论古今;孔子又教人"博学于文",其中最重要者,六经之文。《中庸》:"仲尼祖述尧、舜,宪章文、武"。子曰:"述而不作,信而好古,窃比于我老彭。"《述而篇》记载孔子删述尧舜三代之遗典而成诗、书、礼、乐;晚年为《周易》作传,据鲁史记作《春秋》,此即"文",呈现于典册,孔子以此授弟子,此即为学。

　　"学文"之学为孔子首创。《尚书·舜典》记舜命夔"典乐,教胄子:直而温,宽而栗,刚而无虐,简而无傲。诗言志,歌永言,声依永,律和声",最早的教育是乐教,其中有礼、有诗、有乐、有舞。三代君子之子弟均学礼乐射御书数六艺,但学在"官府":君子之家有专门负责礼、乐之官,于行政之余教导其子弟。子弟又随父、兄习得射、御之艺。总之,古典时代教育是子弟在生活和治理实践中进行,而非诵读书本。孔子开创依文而学的教育新形态。孔子在传授弟子过程中,又阐发自己思考所得,而创立"儒学"。此义教育新形态在君子等级的"官府"之外,故庶民子弟可接受教育。孔子之教开放、平等,对后世中国文明产生重大影响。

　　"而"字是转语词。孔子指出,学文之后还须"习"。孔子兴学志在重建秩序,教授弟子之文有道、有德、有礼乐,仅诵读而不习之,不形之于自己身心,不实施于社会,则无意义。而此文自然指向践习,故孔子之学始于学文,终于成己成物。

　　"时"者,时机也,有两义:第一,古人于四季所学不同,《礼记·王制》曰:"春、秋教以礼乐,冬、夏教以诗书。"礼乐习于室外,春秋气候适宜;冬夏或寒或热,于室内诵读诗书。如此安排,学者不苦而有悦。第二,孔子弟子所学者乃修身、齐家、治国、平天下之道,需有合适时机方可习之。

得其时而习之，可悦也。"时"对君子之养成、君子之出处，确实至关重要，故孔子重时，一部《周易》所论者，正是"时"，孟子说，孔子是"圣之时者"（《孟子·万章下》）。

"习"者，重复也，有多种形态，主要是两种：前一种是复习文本，以及依文本践习，如行礼、作乐。后一种是以文本中蕴涵之规则渗透、型塑己身，尤其是实践于人际，包括齐家、治国、平天下，此需"时"，也即需得其位，若无时，因而无位，则于《诗》《书》《礼》《乐》中所学得的治国之道无从践习。

学文而在恰当时机习是令人喜悦之事。学文而获得知识，开阔视野，了解万物，本就让人愉悦。学文，而知晓成人之道，了解社会治理之道，而又有合宜的时机践习之，有所得于己之身，下学而上达，更加让人愉悦。

"德不孤，必有邻"（《里仁篇》），众多青年才俊到孔子门下共同学习，而成同门之朋。儒家之学是群居而学：跟从老师，与人共学。《礼记·学记》说："独学而无友，则孤陋而寡闻"。曾子曰："君子以文会友，以友辅仁。"（《颜渊篇》）仁在人之间，在共同学习之群中，弟子可体认仁，训练合群之技艺。

弟子来自"远方"。孔子为鲁人，弟子来自天下各处，有晋人、楚人、吴人等。四方青年才俊不远千里，求学问道于孔子。儒家是开放的，从一开始就是天下范围的学之群体，此后的儒家也一直是天下的。

"来"有深意。各地青年才俊本求道之心，自主自发地来孔子门下学习。儒家之学的根本特征，正在于此"来"。《周易·蒙卦·卦辞》曰："匪我求童蒙，童蒙求我"；《礼记·曲礼上》曰："礼闻来学，不闻往教"。圣贤之学是成人之学，旨在养成自主、自立之君子，则学者必先自有成人之志而后学。《大学》曰："大学之道，在明明德"，弟子之所以来学，因人人皆有"明德"，也就有"明"之志，"来"学就是明己，是明德的一种途径。学的过程启动于求学者之自觉，自主发动，求学于老师，则教之易而学可以有所得。

故孔子之学实为自学，自主学习而成自立之人。此大不同于神教，其常谓人有"原罪"或在"无明"中，无以自明，唯有信神可以得救，所谓信者，绝对服从也。

有来，则有回。从师学文、明道之后，弟子多返回其所来之各地，传道授业。由此，孔子之道传遍天下。当孔子在世时，孔子之学就已传遍天下。此后，儒家学者活动范围不断扩展，广泛而深入地塑造、共享着中国精神。疆域辽阔的中国之凝聚、扩展，天下范围的儒生共同体居功至伟。

朋友共学而有"乐"，此亦为孔子之乐。孟子曰："君子有三乐，而王天下不与存焉：父母俱存，兄弟无故，一乐也；仰不愧于天，俯不怍于人，二乐也；得天下英才而教育之，三乐也。君子有三乐，而王天下不与存焉。"（《孟子·尽心上》）

"乐"与"悦"略有区别：悦在心，乐发散在外。悦是个体的会心之悦，乐是朋友间分享之乐。乐来自于群居切磋、分享的过程，是相互感染的。孔子及孔门弟子在合群而学的过程中，分享生命共同提升的快乐。

本章有三个"不亦"，反问语气词。前两个"不亦"揭示君子之精神境界不同于常人：常人安于世俗物质的喜悦、快乐，君子并不排斥之，但在此之外，另有精神上的喜悦、快乐。"不亦"二字透出志于学之君子对高尚生活之些许自豪。

"人不知"的"人"有泛指，有特指。泛指一般人，弟子问学于孔子，已有所得，而世人不知、不信、不用，则如之何？"人"也特指掌握名位分配权之人，在当时，主要是诸侯、卿大夫。古典时代君位世袭，孔子立教，于庶民中养成士君子，欲为治理主体。士君子治理社会需有其名位，但孔子时代，名位在诸侯、卿大夫之手，新兴士君子为其所知，才可得名位。然诸侯、卿大夫常不知新兴士君子，原因多种多样：其视野有限，缺乏识人之能；受感情蒙蔽，任用佞幸等。这些人"不知"，新兴士君子就不得名位，无从发挥作用。这是孔子之后士君子常面临之根本困境。通过学，出身于庶民的士君子已有其德，却不为人知，因而不得其位，这困扰士君子，也构成治理之根本难题。

人不知,不免于"愠"。愠者,微怒,而略有怨恨之意,有其情而未必未表现于外,唯有自己知道可能不加措意。然逐渐积累,则必为怨,难免胡作非为,仇恨不知己者而报复之,或谄媚不知己者,以为其所知。此与君子之德背道而驰,此前所学毁于一旦。故孔子特别指出,人虽不知而不愠,是成为君子之试金石。通过测试即是真君子,不能通过则非君子。那么,如何做到不愠?孟子曾论述说:

> 孟子谓宋句践曰:"子好游乎?吾语子游。人知之,亦嚣嚣;人不知,亦嚣嚣。"
> 曰:"何如斯可以嚣嚣矣?"
> 曰:"尊德乐义,则可以嚣嚣矣。故士穷不失义,达不离道。穷不失义,故士得己焉;达不离道,故民不失望焉。古之人,得志,泽加于民;不得志,修身见于世。穷,则独善其身;达,则兼善天下。"(《孟子·尽心上》)

如前两句所表明者,君子若真有学而时习之之悦,与朋友共学之乐,则可做到"人不知而不愠"。人不知而不愠,意味着君子之精神真正自立,而不受制于外物。《论语》随后将详尽论述君子品质,概言之,自觉、自主、自立、自强不息。不能此者,不足以为君子。

"不亦君子乎"一句首先说明,人不知而不愠即为真正的士君子,成己而可以安人;这句话也揭示古今"君子"含义转换之重大历史事实。

《汉书·刑法志》曰:"貌,怀五常之性,聪明精粹,有生之最灵者也。爪牙不足以供耆欲,趋走不足以避利害,无毛羽以御寒暑,必将役物以为养,任智而不恃力,此其所以为贵也。故不仁爱则不能群,不能群则不胜物,不胜物则养不足。"人之贵于禽兽者,因人能合群。人群,则不能不赖"君"。《白虎通义·号》曰:"或称君子何?道德之称也。君之为言群也;

子者，丈夫之通称也。"必赖合群者，分散的众人方可组织起来，共同生活，生产并分配公共用品，各自存活并形成秩序。君子者，具有卓越合群之德者也。无君子，人不能合群，此万古之通义也。

尧舜以来，治理主体就是君子，唯其是世袭的，故有等级社会。到孔子时代，世袭的古典君子群体败坏而溃散，孔子志在重建秩序。关键正是养成创建与维护社会的主体，乃兴学养成庶民中之卓越者为君子，以为治理主体，是为"士君子"，以别于古典君子。孔子说"不亦"意谓，庶民子弟经由学文，同样有古典君子之德，此新兴士君子群体暂时无位，却已是君子。其所学之文，甚至有古典君子所未学者，故必将发挥领导作用，而重建秩序。后世历史果然如此。

本章孔子示人以成人之道，悦、乐、不愠三词，描述学而成就君子者之心态或曰生命状态。圣人以来，生命本非悲、苦，也非黑暗、有罪、低劣，而固有"明德"。人对此自觉而明之，则自然有悦；与人共学而相互成就，则自然有乐。人得此悦、乐，则人虽不知，又何必愠？孔子指示的成人之道是自主的成己安人之道，则每有所得，皆自得也，自有悦、乐。孔子所示之成人之道，乃是生命自然铺就者。孔子只是指明而引路，此路仍然要人自己走，行者每前行，则必有悦、乐，则何乐不为？

本章揭示《论语》主旨：学以成就君子之道。文明以教化为根本，孔子继华夏先圣之礼乐文教，而发明学以成人之道，不叫人信神，而启发人学文。孔子之后，文明在中国之根本就是学，而非神灵崇拜。从形态上说，孔子之学是群居而学，友朋共学，切磋、分享而有乐。就过程而论，孔子之学是悦乐之学。孔子示范给人的生命状态是悦、乐的，而非悲的、苦的。就目标而言，孔子之学是士君子养成之学。

经由孔子之性学，君子已非社会等级，而由卓越品质决定。经由孔子指示的门径，人人皆可成君子。君子就是健全、优美而高贵的人。孔子以此从根本上改变了中国，且将继续改变世界。

> 1:2　有子曰："其為人也孝弟（悌），而好（hào）犯上者，鮮矣；不好（hào）犯上，而好（hào）作亂者，未之有也。君子務本，本立而道生。孝弟（悌）也者，其為仁之本與（欤）！"

上章论孔子之教，在学以养成君子，孔子以为，君子养成之道在"里仁"，本章论孝悌为仁之本。

有子，孔子晚年弟子，姓有，名若。据《史记·仲尼弟子列传》记载，孔子去世后，弟子思慕孔子，有若形貌似孔子，弟子乃共立为师，师之如孔子。后作罢。因这段经历，孔门尊重有子，故编辑《论语》，首记孔子之言，继之以有子之言。或可推测，有子主持过《论语》编纂之事。

孝，子女敬爱父母之情。弟，幼弟敬爱长兄之情。好，动词，喜好。犯，冒犯。上，在己之上者。鲜，少也。务，专力也。本，犹根也。

有子说："一个人，其为人孝敬父母，友爱兄弟，就不大可能冒犯在己之上者。不冒犯在上者而倾向于破坏秩序，这样的事从未有过。所以，君子致力于培植根本，根本确立，道也就生成了。孝悌啊，就是仁之根本吧。"

本章可分为两节，上节阐明孝悌与善治之间的正向关系。

儒家重视孝悌，以之为良好治理秩序之本。一个人，若对父母孝敬，对兄弟悌爱，那就说明，其心中对人有敬、爱之意，安守本分，自不会冒犯在上者。此在上者可能是长者，也可能是尊者，可能是权威。更进一步，人若无犯上冲动，就完全不可能有意扰乱社会秩序。

由此可见，有子关心之首要目标是良好的社会秩序。儒家不相信，单靠自上而下的权力可塑造此秩序。此秩序之达成，有赖于社会成员普遍的自我约束，行为端正。孝悌就是端正的行为，人能孝、能悌，说明其目中有人，能敬、爱他人；也说明他能节制自己欲望，尊重既有秩序。社会成员若普遍有此品德，彼此间就可形成并维系优良秩序。

儒家之以孝悌为善治之本，盖本乎中国之"以人治人"之道。在中国以西，大规模社会治理之根基在神教，神以其绝对权威颁布律法于人，并设立政治权威以实施律法。据《国语·楚语下》观射父所述，颛顼、帝尧"绝地天通"，屈神而敬天，天不言，则人间秩序形成之主体就是人，无从借助神之权威和律法。人由其最为自然之共同体，也即家中，习得公共生活之德能。非此，无以成公共之德。故圣贤重家及家内之德，孝悌之德即公共之德之本，如有子所云，或《孝经》所述："子曰：'君子之事亲孝，故忠可移于君。事兄悌，故顺可移于长。居家理，故治可移于官。是以行成于内，而名立于后世矣。'"又如《大学》所说：

> 所谓治国必先齐其家者，其家不可教而能教人者，无之。故君子不出家而成教于国：孝者，所以事君也；弟者，所以事长也；慈者，所以使众也。《康诰》曰："如保赤子"，心诚求之，虽不中不远矣，未有学养子而后嫁者也！

下节更进一步阐明孝悌与仁之间的关系。

这是《论语》第一次提及仁。孔子思想之核心概念有二：仁，礼。礼是古已有之，孔子只是主张"复礼"。仁是孔子发明，故理解孔子思想，核心正是理解仁之含义。

《中庸》曰："天命之谓性"，天生万物以及人，并命人以性，此即仁。仁者与万物为一体，张横渠《西铭》曰："乾称父，坤称母；予兹藐焉，乃混然中处。故天地之塞，吾其体；天地之帅，吾其性。民，吾同胞；物，吾与也。"仁者与人为一体。

故《中庸》曰："仁者，人也，亲亲为大。"郑玄注："人也，读如'相人偶'之人。以人意相存问之言。"《诗·桧风·匪风》孔颖达疏曰："人偶者，谓以人意尊偶之也"。"相"者，相互也。"偶"者，对偶也。"人偶"，视对方为与己完全相同者，"相人偶"者，相互把对方视为与己完全相同者，而相互尊重。据此，"仁者人也"首先确定关于人之基本事实：人是人而非神非物，每个人同样都是人，我是人，我之外的人也是人。由此确定待人之基本义：以人待人，我把自己当人对待，也把他人当作与我完全相同之人对待，不视之为神，也不待之为工具，此为仁之端，也即"不忍人之心"。

由此而有仁之体，子曰："夫仁者，己欲立而立人，己欲达而达人"（《雍也篇》）。此谓以己及人而爱人、成人，自己欲自立为自主之人，而即刻为他人创造自立之条件；自己欲通达于天下，而即刻为他人创造通达之条件。仁之入手处，则是"己所不欲，勿施于人"（《颜渊篇》《卫灵公篇》），互敬而不伤害。由此，人我一体，互爱互敬，"各正性命，保合太和"（《周易·乾卦·彖辞》），各人生命健康成长而又形成良好秩序。

此正为有子所关心者。但人虽皆禀有仁之性，如何成仁？有子指出，由孝悌，孝悌是仁之本。孝悌是树根，仁是果实。人由父母所生，父母对子女有最为无私、深沉之爱，"子生三年，然后免于父母之怀"（《阳货篇》）。在父母养育过程，父母施爱、敬，子女受爱、敬。随着生命成长，子女施爱、敬，父母受爱、敬。则每人在生命成长全过程中，充分习得爱、敬。兄弟姐妹降生于同一父母，血气相连，相处嬉戏，相互照顾，自然养成深沉之爱、敬。父母、子女与兄弟姐妹，此为人人所有者，其中有最深沉、无私之爱、敬，有子、儒家要人自觉此爱、此敬，扩而充之。随着生命活动范围扩大，以之对待自己所接触的每个人，爱之、敬之，则可以成就仁。孟子所说："人之所不学而能者，其良能也；所不虑而知者，其良知也。孩提之童，无不知爱其亲者；及其长也，无不知敬其兄也。亲亲，仁也；敬长，义也。无他，达之天下也。"（《孟子·尽心上》）

西方国家或许也重家，然罕有知孝者，盖因神教多谓神造人，子女之生命来自于神，而非父母，则父母于子女无深恩，子女于父母无深情。其主张博爱，只能来自神之命令，而非人之自觉。儒家主张，人从父母获得生命之自然事实中，就有为仁之本，不必借助神命，孝悌即可为仁之本。"立爱自亲始"（《礼记·祭义》），孝悌是树根，可生长出普遍之仁。故成仁之道就是，始于行孝悌，终于泛爱人、遍敬人。因每人在具体社会网络中，敬、爱之扩展由亲及疏历史地展开,故每人之敬、爱必定由近及远,因人而有所差异,但这对于人际普遍形成良好秩序,已经足够。

"君子务本,本立而道生"一语在两节之间。前一节论孝悌有助于善治,作为治理者,君子欲求优良秩序,当在根本上下工夫。什么是根本?据下节,当为孝悌。君子施行教化,要人自觉孝悌,从而扩充仁,习得爱人、敬人之情谊,彼此互敬、互爱,即可"各正性命,保合太和"。故此处所谓"道",既是个体成人之道,也是治理之道,统而言之曰"仁道"。

以上两节合观,有子阐明孝悌、仁、道间的关系,简易而融贯。人只要自觉去获得生命之事实,即可有孝悌之情,此情构成仁之本,此本发育、扩充而成仁。面对人,由亲及疏,人可以人待之,爱之敬之,此即儒家指示成己安人、天下大同之道,可谓"极高明而道中庸"。

1:3 子曰:"巧言、令色,鲜矣仁!"

上章落脚于仁,本章论仁,从负面立论。

巧,动词,巧为。言,言辞。令,动词,善为。色,颜色,脸色。

夫子说:"一个人,修饰言辞,装饰脸色,恐怕少有仁吧。"

仁的基本含义是,以人待人,以己及人,自敬自爱,而敬人爱人。敬爱之情体现于言辞、颜色、容貌等各方面,礼仪专从这些方面规范身体,古典君子特别重视待人之言辞、容色,以合宜地表达对他人之敬、爱。然而,言辞、颜色若缺乏节制,敬、爱很可能失之于过,而变成"巧言令色"。巧言就是巧其言语,令色就是善其颜色,此即佞、谄。孔子时代,可能多有此类现象,故孔子告诫之。

"巧言令色"者实有双重不仁:首先,把自己置于他人之下,不自敬不自爱,对己不仁;其次,又希冀得到好处,把对方当作满足自己私欲之工具,不敬人不爱人，对人不仁。归根到底，因利欲而自我迷失，从而不能以人待人。

本章揭示，仁以自身尊严为前提，仁者自敬、自爱。我把他人当成与我相同的人对待之前提是，我把自己当成有尊严的人。如此，仁才有意义，才能在人我之间构建健全的社会关系。

值得注意的是，仁为孔子思想之大本，但本章专论仁，却从否定义立论。遍观《论语》，孔子未专门给仁下过完整定义。盖在孔子看来，仁为全体之大德，不容以定义限定。孔子在具体场景中对不同弟子言说仁之不同面相，反而更完整地呈现了仁之全体。另外，在孔子看来，仁不是知识，需人人自我体认，故孔子不欲道尽其义，而给人人留出体会之空间。孔子之教，归根到底是自觉、自学，自我成就。

首章论"人不知"；人不知，有些人可能"巧言令色"以求人知；如此则不仁，无以为君子矣。

> 1：4　曾子曰："吾日三省（xǐng）吾身：為人謀而不忠乎？與朋友交而不信乎？傳（chuán）不習乎？"

前两章论仁，人皆有仁，而有赖于人之自觉，本章论内自省。

曾子，孔子晚年弟子，姓曾，名参（shēn），字子舆，鲁国南武城人。《论语》全书记孔子弟子言行，曾子最多；又书中凡提及曾参，皆称"子"，或可推论，《论语》之编定，可能完成于曾子弟子之手。

吾，我自身。三，非实词，虚指多次。省，内省，反省。身，自身。谋，谋划，提出建议。忠，尽自己的心力。交，交往。信，诚信，信守承诺。传，老师所传授之学。

曾子说："我每天多次反省自身：为人谋事是否尽心呢？与朋友交往是否守信呢？老师传授的知识，是否践习呢？"

首章记孔子之言，次章记有子之言，第三章又记孔子之言，第四章则记曾子之言。此安排说明，曾子在孔门有较高道德和学术威望。宋明儒尤其重视从曾子经子思，再到孟子这一思想传承脉络，立以为道统。

本章关键字是"省"。君子、小人之别就在于省或不省：一个人愿省、能省，其生命是自觉的；通过省，不断自我提升，终可成君子。一个人，不愿省、不能省，则不能提升，甚至下坠，必成小人。

"省"什么？本章与首章相呼应，唯次序正相反：首章论君子养成之道，落脚于为人所知，获治理之位；本章论士君子得位之后，如何不断提升。

"为人谋"之"人"，即首章"人不知"之"人"，也就是君。"谋"的意思是，针对君所处理之公共事务，提出建议。这是古代臣对君的重要义务。士君子已得位，君臣一伦就至关重要，故曾子首先要求君子自省：履行对君的义务、筹划君的事业，是否尽心？

本章之"朋友"不同于首章之"朋"。首章之"朋"是共学之同门。在本章，君子已得位，故"朋友"指共同服务于同一君之同僚、同事。曾子要求君子反省：自己与同僚之朋友交往，是否守信？

这里已提出忠、信两德，此为已得其位、承担社会治理职能的士君子之两大德行。忠自内言，指尽心履行自己的伦理和法律义务之心态。忠者，忠于自己的职守。信自双方的关系言，信守与他人订立之契约，对他人做出之承诺。自己守信，才能赢得他人信任。

为人谋而忠，与朋友交而信，可谓称职。不过，士君子的生命是自觉的，即便为政，仍不忘其学。首章开头说"学而时习之"，老师传授以文，君子学文而成人。现在的位提供了君子践习自己所学之文的机会，故曾子要求，士君子在为政、治事之时，当反省自己是否确实在践习老师所传之文。由此可见，士君子之为政不同于一般官员，是自觉的，而士君子之学是终生的。

本章关键词是"省"。省，然后可以成君子。

> 1:5　子曰："道（导）千乘（shèng）之國：敬事而信，節用而愛人，使民以時。"

上章论内自省，由内自省而为士君子，则可承担治理责任，本章阐明为政者之德。

道，引导。乘，周代战争之法定形态是车战，四马牵引两轮车，车上有三位士，另有一二十人，负责后勤供应和辅助作战。凡此种种资源加总，为一乘。礼法规定可拥有一千辆战车的诸侯国为千乘之国，当时为大国。

事，职事，也即责任。用，国用，政府开支。

夫子说："领导一个拥有千乘战车之大国，当敬于职事，信守承诺，节约开支，礼爱官员，依照礼法规定的时间、时限征用民众之劳役。"

孔子培养士君子，志在治国、平天下。"道千乘之国"也即治理诸侯国。周王权威已经衰落，诸侯国是当时最重要的大型社会治理单位，故孔子常讨论如何治理诸侯国政。孔子以领导千乘之国为例，阐明为政之五德：

第一，有敬之德，敬于自己职事。敬者，收敛身心，保持在紧张、专一状态，从而认真、审慎地应对外部可能的风险。敬是一切德行之基础。圣贤早就申明敬之重要性：《尚书·尧典》记尧之德，首为"钦"，即敬。周公之教，无非是敬。孔子在此指出，为政之德，首在敬。事，即君之职事，职责范围内的事务。为政者首当以最为认真的态度履行自己的职责。荀子后来论述说："虑必先事，而申之以敬，慎终如始，终始如一：夫是之谓大吉。凡百事之成也，必在敬之；其败也，必在慢之"（《荀子·议兵》）。

第二，有信之德，信守承诺。君与臣民之间有尊卑之别，但其责任是相互的：臣民对君有职责，君对臣民同样有职责。双方实有一契约，或是明示的，或是默会的。君履行其对臣民之职责，臣民才能信服君。晋文公曾说："信，国之宝也，民之所庇也"（《左传·僖公二十五年》）。信是君与臣民的联结纽带，没有信，邦国就会解体。

第三，安排财政，少取于民。邦国正常运转，必有开支。这就需要财政收入，而财政收入必取之于民。这里存在利益的对立，处理不当，君民之间将陷入紧张、冲突。治国者不能不面临选择：多取还是少取？富国还是富民？《大学》提出："财聚，则民散；财散，则民聚"。孔子提出，治国当遵循节用原则，控制财政支出，尽可能少取于民。《荀子·富国》论述说：

> 足国之道：节用裕民，而善臧其余。节用以礼，裕民以政。彼裕民，故多余。裕民，则民富；民富，则田肥以易；田肥以易，则出实百倍。上以法取焉，而下以礼节用之。余若丘山，不时焚烧，无所臧之，夫君子奚患乎无余？故知节用、裕民，则必有仁圣贤良之名，而且有富厚丘山之积矣。此无他故焉，生于节用裕民也。

第四，面对伙伴，敬之爱之。这里的"人"，不同于下一句的"民"。五经中，"人"常指在位之君子，"民"指在下之庶民。"人"是与自己共同承担治理责任的臣僚，故本句论处理君臣关系之原则。孔子提出，治国者当尊重臣僚。君臣之间自有尊卑之别，但君应待臣为与自己从事共同事业的伙伴，敬之、爱之，如此才能同心协力。

第五，使用民力，遵循法度。治国者必定使用民力，承担劳役，如出兵打仗，修筑公共工程。治国者使用民力，皆有其"时"，也即安排在一年中固定的时间，时间的长短也是固定的。由此，双方都有明确预期。孔子提出，治国者须遵守这些规则，而不可随意变动。

本章论为政之德，循序渐进，由内向外：首先，自己敬于职事，承担对臣民之责；其次，俭省持国，敬爱伙伴；最后，使民以时。"敬事而信"为根本，后面两项由此生发。

以上四章揭示古典君子养成之道：由孝悌之本，经由自觉而成为君子，进而论述君子为政之德，以下揭示新兴士君子养成之道。

> 1:6 子曰："弟子入則孝，出則弟（悌），謹而信，汎愛衆，而親仁。行有餘力，則以學文。"

本章指出，欲学以成士君子，需具备一些资质。

弟子，青少年。谨者，行之有常也。信者，言之有实也。泛，广也。众，谓众人。亲，近也。仁，谓仁者。余力，犹言暇日。以，用也。文，谓诗书六艺之文。

夫子说："青少年在室内孝敬父母，到室外友爱兄弟，谨慎而守信，广泛地爱众人，而亲近仁者。做好这些事情后还有余力，就可以进而学《诗》《书》《礼》《乐》之文了。"

孔子以学养成君子，但并非所有人都可学。本章孔子指出，欲学文而成就为君子，当具备一定品行资质：

第一，孝悌。父母与子女分居，父母在里，子女在外，故曰"入则孝"；兄弟同在外，故曰"出则悌"。青少年成长的第一个也是最重要的环境是家内，良好品行也主要在家中塑造，首先表现于待父母、兄弟之行为举止中。君子者，仁人也，而孝悌为仁之本。青少年若不孝、不悌，则说明该人缺乏最基本的资质，不堪造就。

第二，言语谨慎。谨是谨慎，尤指谨于言，不乱说话。信是诚实，信守承诺，答应别人的事一定做到。谨与信相关联：唯有谨于言，才能守信。随口答应别人，而自己实际做不到，就难以守信。

第三，待外人之品行。弟子天性纯良，广泛地敬爱一切陌生人，对所有人无恶意。但另一方面，弟子又有足够判断力，能识别出仁者，并亲近之。唯有跟随仁者，才能提升自己。泛爱众而亲仁，两者相反而相成。孟子说过类似的话："仁者无不爱也，急亲贤之为务"（《孟子·尽心上》）。

上述种种，就是弟子之"行"。弟子在未学之前，大体有此品行，即堪造就。这些品行部分是天生的，部分养成于家中。家教是教化之本。

具备上述品行，而又有余力，则可学《诗》《书》《礼》《乐》之文，深造成为士君子，提升生命，并承担更为重大的社会责任。仅具备这些品行，而不学文，或可谓好人、良民，而非士君子，难以具有合群能力，从事公共事务，担负社会领导责任。反过来，弟子若无良好品行，而贸然授之以六艺之文，亦难以成为君子。甚至更糟糕，其人必用其所学知识牟取不当私利，损害公共利益。

本章需加注意"行有余力"。子曰："君子欲讷于言而敏于行。"(《里仁篇》)孔子所养成之士君子不是以言传教者，而是以行示范者，则学者之资质首在于行。已有良善之行者，学文可以成君子，则"志于道"而力行，可以化成天下，学文是为了更好地行。实际上，"行有余力"不止指弟子，人在成长过程中，都需要力行已学者有余力，然后再学，如《公冶长篇》："子路有闻，未之能行，唯恐有闻。"否则，学之无益。

本章另可注意者，"学文"二字。以学文成君子，此系中国历史之一大转折。此前，没有"学文"之学，君子之弟子以其良好品质，在实践中习得各种技艺。孔子兴学，对庶民开放，即便不是君子之弟子，只要有良好品质，即可学文而成为君子，承担治理社会之责。

通过学文成就健全人格，成为领导者，这是孔子为中国创立之教化机制。此可谓"文教"，与文教相对者，神教也。"文"不同于"神"，"学"不同于"信"。每个共同体欲维持其秩序，均需教化，同为教化，其道不同。在中国以西各文明，教化多以信神为中心；孔子不是要人信神而求救赎，而要人学文，因之而自觉，成就心之文、身之文，进而塑造人际之文。文教乃中国文明之根本所在。

> 1:7　子夏曰："賢賢，易色；事父母，能竭其力；事君，能致其身；與朋友交，言而有信。雖曰未學，吾必謂之學矣。"

上章论为学之资质要求，本章论为学之目。

子夏，孔子晚年弟子，姓卜，名商。孔门四科中属"文学"，精通并传承六经之文。后定居于魏，魏文侯等人从学于他，在魏的变法过程中发挥重要作用。

第一个贤是动词，以之为贤，也即看重。第二个贤是名词，贤德，贤淑。易，看轻也。色，容貌也。事，侍奉。致，犹委也，委致其身，意为献出自己的身体。

子夏说："看重贤淑，而看轻其容貌；侍奉父母，能够竭尽自己之力；侍奉君主，必要时能献出自己生命；与朋友相交，做出承诺，必定践履。做到这些，即便其人说自己未学过，我也必定要说他学有所成。"

本章承接上一章，子夏通过揭示四伦之德，阐明孔门为学之目标：具有四德，可谓之君子矣。

"贤贤易色"论夫妇之伦。常人求偶，多重色而轻德，然而情欲所激发之情，倏忽而来，倏忽而去，终究难以缔造永恒的夫妇关系。君子致力于提升生命，寓求友之义于求偶之中，故当重其德，而轻其色。君子求偶，当然不会刻意排斥美色，德貌双全，岂不甚好？但在君子看来，夫妻关系的要旨是协力营造家庭之共同事业，故终穷以德为重。

"事父母能竭其力"论父子之伦。君子侍奉父母，当竭尽其心、其力。父母养育儿女，自能竭其力；儿女侍奉父母，也当报以竭其力。这就是孝。

"事君能致其身"论君臣之伦。君，君主。秦以后，举国唯有一君。但在古典时代，王、诸侯、卿大夫等凡有田邑者，皆为君。故儒家所说的君，就是各类组织之领导者，君臣关系也就是组织内部之上下级关系。君臣关系建立后，臣当效忠于君，积极履行伦理、法律要求于自己之职责；其中包括，在必要时，为保卫君之利益而献出生命。此为君臣大义所在，为臣者不可退缩。

最后论朋友之伦。对待朋友，当言而有信。"言"的意思是承诺，对朋友做出承诺，朋友必有所期待，自己当积极履行此承诺。言而无信，朋友期待落空，遭受损害，其对我之信赖必然流失，朋友之义必定趋于淡薄。

子夏认为，孔子以文教育弟子，旨在养成弟子有德。这德非悬空虚置，体现于最为切实、具体的人伦中。五伦最为普遍，人人均在其中，是五种基本人际关系。子夏此处讨论四伦，仅未及兄弟一伦。而此四伦中，夫妇、君臣、朋友三伦是在陌生人间形成的，大不同于具有深切自然基础之亲情。唯有通过学文，才能形成处理这些关系的健全德行，从而真正地成为君子。另，对父母之敬、爱，也只有通过学文，才能自觉而达到较为健全的状态。

子夏说，乍见一人，不知其是否有学之经历。然只要观察此人之行，其有如此德行，则可断言，此人必学过文。子夏以这样的假设之辞指示孔门之学的宗旨：孔门之学不止于学文，重要的是，文须见之于行，尤其是处理陌生人关系之德行。有此德行，则可为士君子。

上章强调，欲学为君子者，当有一定品行资质，行有余力，而后学文。本章强调，学文旨在提升这些品行至于自觉状态，发育为处理基本人伦、尤其是陌生人间人伦之德行。学围绕行展开：始于品行，又终于德行。本章讨论的夫妻、君臣、朋友关系为上章所无，表明处理这些人伦关系之德，需以学获得。

> 1:8 子曰："君子不重，則不威。學，則不固。主忠信。無友不如己者。過，則勿憚改。"

以上两章论学，学在成就君子，本章阐明君子之品质。

重，庄重。威，威仪。固，蔽也，蔽塞不通。主，动词，以之为主。无、毋通，禁止辞也。友，动词，结为朋友。又同志曰友。惮，畏难也。

夫子说："君子不庄重，就难有威仪；学，则避免闭塞不通；始终奉持忠、信之德；不结交不如自己之人；有过，则不害怕改正。"

本章从五方面论君子品质：

第一，有威仪。君子是合群者，人群之领导者，须举止庄重。扬雄《法言·修身》指出，君子当取四重："重言，重行，重貌，重好：言重则有法，行重则有德，貌重则有威，好重则有观。"君子容貌庄重，则有庄严、凝重之威仪。《礼记·玉藻》描述君子之容："君子之容舒迟，见所尊者齐遬（郑玄注：谦悫貌也）。足容重，手容恭，目容端，口容止，声容静，头容直，气容肃，立容德，色容庄。坐如尸，燕居告温温。"君子有威仪，自然令人敬重。人们可由此确信，他是负责任的、可依靠的、可信赖的，愿把公共事务托付于他。与重相对者，轻也，轻浮，不重就是轻浮；轻浮则给人以不负责任、不可靠、不可信赖的印象，人们难以重托于他。

第二，小人不学，知识匮乏，难免见识短浅，心智闭塞，也就不足以养成德行，难以训练合群之技艺。汉儒徐幹《中论》开篇论《治学》："学也者，所以疏神达思、怡情理性，圣人之上务也。民之初载，其蒙未知，譬如宝在于玄室，有所求而不见，白日照焉，则群物斯辩矣。学者，心之白日也。"君子区别于小人者，正在于学。君子以学养成，知识丰富，闻见广博，见解通达，心智开明。如此，方可合人为群。

第三，主忠、信，就是以忠、信为主，也即始终奉持忠、信之德。在周代的君臣关系中，忠、信是两大基本德行，孔子亦以之为新兴士君子之核心德行。尽心之谓忠，忠者，尽心于自己的伦理和法律责任。以实之谓信，信者，信守与人之契约、承诺。《周易·乾卦·文言》曰："忠信，所以进德也"。不忠，则不能成事；不信，则不能得人；不忠、不信则不足以合群。故君子不论为君、为臣，均须有忠、信之德。

第四，君子不与不如自己的人交友。求友之道，在于辅仁进德，故当见贤思齐，主动结交胜于我者。有人疑惑：胜于你者若循此原则，你怎可与之结交为友？这疑惑是多余的。友者，主动交友也。人要上进，即当有意与胜于己者为友。我有诚心，人必与我为友。不如我者若主动交友于我，我也不拒绝，而乐与之切磋上进。

第五，人的能力有限，品德不可能完备，再加上环境总是不确定的，故难免有过。而对待过，君子、小人态度不同：小人文过饰非，盖因其太看重他人观感。然而，不承认过，不改过，必定重蹈覆辙。孔子在此指出，君子有过，当不惧于改正，由此可如颜子"不贰过"（《雍也篇》），不重复同样错误。《周易·益卦·象传》曰："风雷，益。君子以见善则迁，有过则改。"

本章所论各德有递进关系：君子以威重为质，由学养成。君子所学，必以忠信之德为根本，在生命过程中，以胜于己之友校正自己。此过程中难免有过，有过则改。循此以进，则生命可持续提升。

上一单元论古典君子成长之道，以上三章揭示孔子以学养成庶民为士君子之道，而逐章递进：行有余力，然后学文；学文成为君子而立于礼；士君子担当领导社会之责，而有志于道。

1:9 曾子曰："慎終，追遠，民德歸厚矣。"

前三章论以学养成君子，士君子以构建和维系社会秩序为己任，而以敦厚民德为本，是为本章之旨。

慎，谨也。老死曰终。追，上溯以往，追念，也即祭祀。远，久也，去世久远之先人。厚，敦厚、淳朴。

曾子说："谨慎安排丧礼，追念逝去先人，品行就趋于敦厚淳朴。"

生死事大。个体生命有限，有生必有死，人死，其仍在否？人死而何往？"远"字意谓人死而仍在，只是离生人而远去。"远人"也就是"先人"，先人仍是人，故能与生者相感格。只要生者"追远"，远人就有感，故曰"祭如在"（《八佾篇》）。既如此，则生者当"慎终"。荀子这样论述慎终之义：

> 礼者，谨于治生、死者也。生，人之始也；死，人之终也。终始俱善，人道毕矣。故君子敬始而慎终，终始如一，是君子之道，礼义之文也。夫厚其生而薄其死，是敬其有知而慢其无知也，是奸人之道而倍叛之心也。君子以倍叛之心接臧谷，犹且羞之，而况以事其所隆亲乎？故死之为道也，一而不可得再复也。臣之所以致重其君，子之所以致重其亲，于是尽矣。故事生不忠厚，不敬文，谓之野；送死不忠厚，不敬文，谓之瘠。君子贱野而羞瘠。（《荀子·礼论》）

对于双亲，生则孝敬，死则慎终、追远，即《为政篇》所说："生，事之以礼；死，葬之以礼，祭之以礼。"相比于孝敬，慎终、追远更为难得。因为，双亲生时有知，孝敬可以得到回应；双亲已去，更多依靠内心深厚之情。逝者不能有实利于我，而我以诚敬之心待之，慎终追远，此正在可见情谊之真切。

故本章指出，虔敬地举行丧礼、祭礼，有助于君子德行。儒家非神教，而高度重视丧、祭之礼，礼乐以丧祭为重。正是在慎终、追远中，真切的情谊扩充而为仁，其德趋于醇厚。《大戴礼记·盛德》："丧、祭之礼，所以教仁爱也"。丧祭之礼于德行养成至关重要。

本章泛论慎终追远及其意义，关键词是"厚"。慎终追远者，置有限的个体生命于生生不已的生命之流中，则人既对先人负责，也对后来之子孙负责。有长远预期，生命乃更为厚实，其德自然醇厚。人若不能慎终追远，则仅以一世之时间计算，生命单薄而孤寂，自然无德可言。

本章所论之主体首先是君子。君子慎终追远，为民示范，天下之民各慎其父母之终，各追其远人，则其德必归于醇厚。故君子为政，必正丧祭之礼，此为美风俗之要道。丧祭之礼废，则人心浇薄，天下难治矣。

> 1：10　子禽問於子貢曰："夫子至於是邦也，必聞其政。求之與（欤）？抑與之與（欤）？"子貢曰："夫子溫、良、恭、儉、讓以得之。夫子之求之也，其諸異乎人之求之與（欤）？"

君子当寻找机会参与社会治理，包括为政。而新兴士君子本来无位，本章揭示无位的孔子与闻国政之道。

子禽，孔子弟子，姓陈，名亢，字子禽。子贡，孔子早年弟子，姓端木，名赐，字子贡，卫人，经商为业。

夫，代词，那。夫子，孔门弟子代称孔子。抑，反语辞，抑或。第二个与，动词，给予。其余三个与，俱为疑问语气词。温，和厚也，容色温和。良，易直也，用心善良。恭，庄敬也，行为恭谨。俭，节制也，举止有节。让，谦逊也，不与人争。其诸，语气词。

子禽问子贡："夫子不管到哪个邦国，总能了解其国之政事。夫子是自己问来的，还是别人告诉他的？"子贡说："夫子靠着温、良、恭、俭、让之德得来。夫子哪怕是问别人，恐怕也不同于他人之问吧？"

子禽问子贡之话首先揭示，孔子关心国政。孔子为学，讲学，周游列国，志在行道天下，而为政是行道之重要渠道。故孔子至列国，对各国之政均有广泛而深入的了解。

了解一国之政有两种方式：自己求，他人予。子禽看到，孔子对各国政事那么了解，就产生疑惑：孔子是自己主动向人询问得知的，还是人家主动告诉孔子的？子贡回答说，因孔子身上有五种待人之德，人们主动告诉孔子的。

孔子待人之容色温和，令人如沐春风。温者，不热也不冷也。孔子待人，既非过分亲昵，也非冷若冰霜，而在中道。故人与孔子交接，如沐春风，自然愿与孔子交往、言谈。

孔子对人，心地良善纯净，与人为善，无丝毫恶意。别人对孔子也就不会有一丝一毫的戒心、疑心。

不论与何人交接，孔子均彬彬有礼，绝不造次冒犯。他人真切感受到孔子之敬，而以敬回报孔子。

俭者，无过也，与俭相对者是放纵。孔子举止永不过分，始终节制，不放纵自己的情绪，行为举止保持在适中。

孔子与人相处，始终谦逊不争，平心静气。别人不会感受到来自孔子的压力，乐意与孔子坦诚相待。

孔子弟子中，子贡最善于描摹孔子，经由子贡所说"温、良、恭、俭、让"五字，孔子形象跃然纸上。两千多年后的今天，亦可见孔子温润如玉之形象。此即为成就君子之法门。

正因孔子与人交接有如此盛德，故听闻孔子莅临，各国之为政者必主动求教，将本国政情告诉孔子，并咨询孔子意见。汉儒王充解释说："温、良、恭、俭、让，尊行也。有尊行于人，人亲附之。人亲附之，则人告语之矣"（《论衡·知实》）。以下多有鲁、齐、卫、楚等国君子问政于孔子之记载。

不过，子贡话锋一转，又说了一句：即便孔子自己主动了解各国政事，恐怕也不同于他人吧？子贡此话表明孔子之外境：孔子周游列国，旨在得位，以行道于天下。为此，孔子乐于了解各国政事。而当时各国为政者，狭隘者居多，孔子终不得大用，甚至遭遇危险。到此类邦国，孔子恐怕也不能不主动了解各国政情，以寻找机会。

孔子以学养成士君子，以重建秩序，立刻遭遇"人不知"之困境。这不仅是弟子之困境，也是孔子本人之困境。孔子不能不有所"求"，本章出现了三个"求"字。子贡说，孔子也不能之周游列国而求，此为行道所不能不为者，君子有淑世之情怀而不能自已者。但终究，孔子之求不同于他人之求，孔子仍依其五种待人之德求人，而不会"巧言令色"。为行道，君子难免求人。然君子之求人必不同于为私利而求人者，区别在于仁或不仁、公或私。

> 1:11　子曰："父在，觀其志；父沒，觀其行：三年無改於父之道，可謂孝矣。"

上一章记孔子以温良恭俭让待人，以此待父及其君，则为孝。本章第一次讨论孝，而从为政角度立论，论为政者之义。

在，在世。其，子女。没，去世。

夫子说："父母在世，观察其心志；父母去世，观察其行为：其人三年都无所更改父母之道，就可以算得孝了。"

本章提出考察孝子之标准，由此探讨志、行与道之关系。

行必出于志，也即意志，而意志来自欲望。志若无节制，欲望放纵，意志纵放，即处在周公反复警告之"逸"的状态。逸志而行，必偏离正道，而有重大风险。志之节制，无非两种：外在约束，内在约束。父在而当家，此为外在权威约束，子有其志，未必可以行；父没，无外在权威约束，子当家，有其志即可以行。然则，子能否自我节制，而不放纵其志？

孔子曰"无改"者，意谓无心于改也。当父在之时，子已养成自我节制己志之德，故而即便父没，其志仍受节制而不放纵，故无心于改父之所为。其所以自我节制，因为孝。如曾子曰："身也者，父母之遗体也。行父母之遗体，敢不敬乎？居处不庄，非孝也；事君不忠，非孝也；莅官不敬，非孝也；朋友不信，非孝也；战陈无勇，非孝也；五者不遂，灾及于亲，敢不敬乎？"（《礼记·祭义》）由孝而有敬畏之心，自我约束，敬畏法度。

基于孝心，父之所行构成子之道。道不虚悬，人行而后有道，父之行于子为道。孔子反复强调"三年无改"盖有深意焉。在神教或准神教政治中，神或准神以其言颁布律法于人，人依律法而行；在屈伸而敬天之中国，人之所行、且合乎情理、有益于众人者，则为"道"。君子为政，不能不循道而治，此道就是先王、先人之所行，尤其是经时间检验而善者。《中庸》赞曰："武王、周公，其达孝矣乎！夫孝者，善继人之志，善述人之事者也。""善继""善述"就是本章之"三年无改"。武王与周公善继、善述，由此而有"文武之道"；后王同样继之、述之，即便到孔子时代，也仍然"未坠于地，在人"，可以为孔子取法（《子张篇》）。

由此可见孝于为政之重大意义：孝，则为政有道，不孝，则无道而只有欲望、意志，不足以为善政。有道，则为政者节制一己之私意，而后可以有公心而为善政。故《宪问篇》中孔子赞美殷高宗"三年不言"；《子张篇》中曾子引孔子："孟庄子之孝也，其他，可能也；其不改父之臣，与父之政"。至于后世历代政治，均尊重祖宗之法，正可见古人节制君王私意而尊重法度之用意。孝，然后为政者可以行道。

又，孔子谓"三年无改"而非"无改"，意谓父之所行，自然有可改者，但子首当有敬畏之心，在"因"的基础上予以"损"或"益"。孝非盲从，即便父在，子于父也有谏诤之道；但父之所行必有可以取法者，父没，子秉敬畏之心，悉心观察父之道行于今世之效验，于其不善者，审慎改之可也。

由孝心而三年无改于父之道，历代不断累积则为礼。礼是习惯性规则，先王所行之可行者，就足以为礼。若子轻易改父之道，根本没有习惯可言，何以有礼？实际上，孔子之"信而好古"可谓广义的"三年无改于父之道"，古圣先王本为人父，其子不改其道而传承之，则为孔子所好之"古"，其中有成己安人之大道。孔子不改其道而传承之，由此而保持华夏文明之连续。孝，然后有礼。

本章也适用于日常生活：生活智慧形成于世代之累积，父母之所行，自有其合情合理处。父母去世，子女不要急于改变，而是敬之畏之。若观察发现父母有些做法确不合时宜，或自己确实做不到，自可略加调整。这时，恐怕也过去两三年了。此非为变而变，非为时髦而变，非心血来潮而变，而是稳妥的、深思熟虑之变，其良好后果较可预期。

至此，本篇两度论"道"（"道千乘之国"之"道"通"导"），恰在论孝之两章中：第二章有子论孝悌谓"本立而道生，孝弟也者，其为人之本与"，指出仁为人之道，而孝悌是其本，由孝而有人上达之道；本章孔子指出，孝节制君王意志，后王循先王之行，而有为政之道，治道之本仍在孝。成己、安人之道均本于孝，孝之义大矣哉。

> 1：12　有子曰："禮之用，和為貴。先王之道，斯為美。小大由之，有所不行。知和而和，不以禮節之，亦不可行也。"

"父之道"累积而为礼，君子治世须以礼，本章第一次论礼。

用，功用，效果。贵，可贵，值得推崇、重视。先王，尧、舜、禹、汤、文、武、周公也。道，治理之道。斯，此。由，经也，经由。

有子说："礼之功用，以协调人际关系至和，最为可贵。在先王之道中，这是最美的。不过，小事、大事都依循于礼，会有行不通之时。反过来，知道礼之用是和而直接追求和，也是不可行的。"

本章分两节，上节概论礼之功用。

礼是规则，界定人在具体场合中的责任和行为，其机制是"别"，在人与人中间分别尊卑、高下、远近、亲疏等。据礼，每人可在人际网络中确定自己具体位置，及与之相应之责任、权利，并知待人之仪节。社会有礼，则任何一个人面对他人，可清楚知道该做什么、怎么做；对方亦然，彼此可以较低成本、以较确定的预期相互协调、合作，此即"和"。

礼有多种功用，有子指出，其中最为可贵者是在人与人之间造就出"和"的关系。和者，相互协调，以低成本相互合作也。"和"不同于"同"，西周郑国大夫史伯说："夫和实生物，同则不继。以他平他谓之和，故能丰长而物归之。若以同裨同，尽，乃弃矣"（《国语·郑语》）。和是有不同禀赋、目标、地位的人相互处于协调状态，而各安其分，各尽其职，各得其所。

上章论"三年无改于父之道",因为后王之孝,先王之所行而善者持续累积,而有本章所说"先王之道",此先王,在孔子起自尧舜。不孝,则无先王之道。先王之道在六经中,而以礼为核心,六经所记者就是尧舜三代先王之礼,华夏先王创造的不是神教文明,也不是战争文明,而是礼乐文明。有子所说的"斯"代指先王以礼以塑造人际之和。有子指出,这是先王之道中最美者。

"美"字值得玩味。礼是规则,即文。礼节之文让人的身体呈现出优美之文,也让人与人之间有秩序,这同样是文,以美为贵。礼乐塑造优美、文明而高贵的人,也塑造优美、文明的人际关系,这样的人、这样的社会必定是善的。《里仁篇》中孔子也说:"里仁为美。"

下节讨论用礼可能出现的两种偏颇:

第一种偏颇,"小大由之",也即大大小小的事都严格依礼而行。有子认为,在有些场合,这是行不通的。礼的机制是"别",在有些场合,不可过分地别,否则人际生疏,所谓"礼胜则离"(《礼记·乐记》),也就无和可言。如平常居家,过分强调父子、夫妻之尊卑有别,动则行礼,必不堪其负,也让家内缺和气、无生气。

第二种偏颇与此相反,"知和而和"。礼可塑造人际之和,有人因此而自始就致力于和,而忽视礼之分别,不以礼节制,这也不可行。如在家中,全无规矩,父子间全凭情感,而无职分之别,父母娇惯子女,子女没大没小,夫妻无别,不能分工。这样的家反而不能达到"和"的状态。

有子所说偏颇,前者属于过,后者属于不及,"过犹不及"(《先进篇》)。礼乐秩序在中道:以礼之分别,致和之关系。人有分别,各明其分,则相互协调,各得其宜。善治之道,以此为美。

以上四章论君子为政之道:首重教化,"道之以德"也;次当为政,而为政不可轻改父之道,由此累积而为礼,故可"齐之以礼"也。

> 1：13　有子曰："信近於義，言可復也。恭近於禮，遠恥辱也。因不失其親，亦可宗也。"

上章论礼，然礼当合于义，本章论义，论君子始终保持省思。

信，约信也。近，合也。义，事之宜也。言者，承诺也。复，践言也。恭，致敬也。远，动词，远离，避免。因，犹依也。宗，尊也。

夫子说："约信合乎义，承诺才可以践履。恭谨合乎礼，可以远离羞耻、侮辱了。依靠外人而不疏远亲近之人，也可以得人尊重了。"

君子当守信。为此，与人约信时当寻思其是否合义。义者，宜也，在具体情形下可做或不可做。约信合宜，自易履行。约信不合宜，难以履行，或失信于人，或置人、己于不义。

君子对人自当恭谨，但恭谨当合于礼，可免耻辱。若无礼之节制，恭谨很有可能失之于低声下气、巧言令色。对人过敬，丧失自尊，难免被人看低，蒙受耻辱。礼之用，正在于节制人之情，让人足以尊人，而又保持自尊。

君子成大事，必广泛依靠各种人，尤其是陌生人，所谓"君子周而不比"（《为政篇》）是也。然若因此疏远亲近之人，此谓忘本，则难得人尊敬。君子广泛依靠他人，又不疏远亲近之人，可见其情谊深厚，则可以担当合群、领导之责矣。

为人处世，不免信、恭、因等事。有子提出，君子当以更高标准反思之、审查之：以义审查约信，以礼节制恭敬，在陌生人、熟人之间保持平衡，如此方为君子。君子于遵循日常规则习惯之时以义审查之，故其行也许不异于人，但多了一层自觉、自主。唯如此，君子方能循习俗而又超乎习俗，于必要时改进之。

本章可与《泰伯篇》中一章合观：子曰："恭而无礼则劳，慎而无礼则葸，勇而无礼则乱，直而无礼则绞。君子笃于亲，则民兴于仁；故旧不遗，则民不偷。""恭近于礼，远耻辱也"近乎"恭而无礼则劳"；"因不失其亲，亦可宗也"近乎"笃于亲，则民兴于仁"。

> 1:14 子曰："君子食無求飽，居無求安；敏於事而慎於言；就有道而正焉，可謂好（hào）學也已。"

上章论自觉，自觉必好学，本章论好学。

居，处也。敏，勉也，勤勉。事，职事。就，就教也，卑身请教。有道，有道之人也。正，方直不曲之谓正，此处之正为动词，使曲者直。

夫子说："君子不求口腹之欲，不求居处之安；勤勉承担职事，作出承诺时十分谨慎；俯就于有道之人，以教正自己，这样就可以说是好学了。"

常人生命中所追求者看似花样繁多，其实无非是安、饱二字：希图享尽天下之美味佳肴，希图身处于安逸处境。此生命为肉体欲望驱动，一心追逐可满足肉体欲望的外在之物，由此心向外逐，渐去渐远，最终"人化物"（《礼记·乐记》）而不能自主。

君子异于是，因有更为高尚的志向。君子勤勉于自己的职事。"事"者，自己职责所系之事也，在其位，就有其职事。君子尽心于自己的职事，即"忠"。君子对人做出承诺也非常慎重。因为君子守信，作出承诺必定履行，故在作出承诺前，必定思量能否做到，此即为"慎于言"。

不止于此，君子"就有道而正焉"。君子"志于道"，而闻道有先后，故俯就先觉、先学者而学之。君子内省，如曾子所说"吾日三省吾身"；君子也就教于有道之人，以其所示之道正己，一旦发现偏离或偏离的可能，迅速回到道上。故君子的生命是立体的，持续扩展、攀升。

孔子总括前面三点为"好学"："食无求饱、居无求安"是好学之前提，生命已超越肉体欲望层面，如此则能自主，收敛自己身心，而真有所"好"。

心逐于外物，不足以言"好"。好学的表现则是"敏于事而慎于言"，盖孔子之学，非徒诵文句，而是学以成己安人，必见于行，故在事中学，在与人打交道的过程中学，方为"好学"。天行不已，流动不居，人事纷繁，变化多样，于事中学，必觉其不足，则不能"就有道而正焉"，然后可以上达不已。

本篇多章论学，本章第一次出现"好学"一词，以为总结。孔子自认为，自己区别于常人之处，正是好学。《公冶长篇》："子曰：'十室之邑，必有忠信如丘者焉，不如丘之好学也。'"孔子教人生命成长之道就是学，欲求生命之持续提升，除了好学，别无他途。于弟子中，孔子也只许颜子以好学（《雍也篇》）。好学者，难能而可贵。人可以被动地学习做人，如身在特定风俗中，而有某些品德。"好"却是积极的情感。好者，喜好，热爱。"好学"意味着生命已然自觉，已有方向。由此，君子自主地学，随时学，向一切人学，终身学，生命在学中持续提升。"好学"是成为君子且始终保持君子品质之不二法门。

> 1:15　子貢曰："貧而無諂，富而無驕，何如？"子曰："可也，未若貧而樂，富而好禮者也。"子貢曰："詩云'如切如磋，如琢如磨'，其斯之謂與？"子曰："賜也，始可與言詩已矣。告諸往而知來者。"

上章论好学，好学则有乐，本章论君子自得其乐，而超然贫富之外。

谄，卑屈也。骄，矜肆也。若，如。未若，不如。"如切如磋，如琢如磨"，出自《诗经·卫风·淇澳》。制作骨器为切，加工象牙为磋，制作玉器为琢，加工石头为磨。赐，子贡名赐。诸，之。往，其所已言者。来，其所未言者。

子贡说："处境贫困而无谄媚之情，处境富裕而无骄傲之态，怎么样呢？"夫子说："尚可，但比不上处境贫穷而仍快乐，处境富裕而好礼。"

子贡说："《诗》中说'如切如磋，如琢如磨'，说的就是这意思吧？"

夫子说："赐啊，从现在起可以与你讨论《诗》了。告诉你一个事理，你就能推知未告诉你的事理"。

本章分两节，上节孔子与子贡探讨对待贫富之态度，下节揭示读《诗》之道。

子贡是商人，较富裕，故与孔子探讨，人当如何对待贫富。以常情论，人穷则志短，面对富者，穷人易于卑曲，甚至谄媚，以求获得好处。反过来，富裕之人则易骄横，目空一切。子贡请教孔子，一个人若能做到贫穷而不卑曲，富有却无骄态，如何？应该说，这样的人已有道德自觉，能节制自己的激情：贫困时，节制自己卑屈的倾向；富裕时，节制自己骄纵的倾向。

孔子对此生命态度予以肯定，但又指出，还可更进一步。无谄、无骄中可见节制的美德，不为物质所动，但终究没有跳出物质，未见生命向上提升之大道。孔子指出了这个通道：物质上虽在贫穷状态，却自有其乐；物质处在富裕状态，而能够喜好礼乐。

孔子、颜子都做到了前一点：孔子说自己"饭疏食饮水，曲肱而枕之，乐亦在其中矣"（《述而篇》）；孔子说颜子"一箪食，一瓢饮，在陋巷。人不堪其忧，回也不改其乐"（《雍也篇》）。此乐非因获得特定对象而有所得之乐，而是生命至于高明而从容自然充溢之乐，故心广体胖，浑然忘却物质之贫。

富人好礼同样超越于物质欲望，其生命已上至另一境界。从个人角度看，好礼，则生命向上提升之通道打开，《礼记·曲礼上》说："富贵而知好礼，则不骄不淫"。好礼，则能做到《中庸》所说"素富贵，行乎富贵"。

超出个人层面，共同体秩序之维系有赖于礼乐，这是最重要的公共品。人置身于特定环境、借助各种象征物、仪节，才有礼乐文明，故礼乐需人建设、维护，需投入资源。拥有财富的人士以及一切享有一定地位的人士，以自己的资源兴起礼乐，可维系礼乐于不坠，并可积累文明。文明其实就是礼乐之积累。这样，贫穷者也可在礼乐中安身立命。若富者不好礼，消耗资源用于一己之欲望，不投入资源于礼乐建设，礼乐必然衰败，文明退化，富者也必定深受其害。

子贡所说和孔子所说乃两个境界，但并不对立，而是递进关系。子贡明白这一点，触类旁通，引《诗经·卫风·淇澳》诗句。骨、象牙、玉、石等材料本身就是珍贵的，通过切、磋、琢、磨之加工，可成为宝器。子贡引用此诗，乃引申孔子之意：无骄、无谄是生质之美，乐道、好礼是学问之功。经由学，可从无骄、无谄境界提升至乐道、好礼境界。

由孔子赞子贡，可见读《诗经》之法。《诗经》诗句简短，而有微言大义。此大义贯通古今，可用于待人接物、修身、齐家、治国、平天下等。读《诗》，即当透出文本，读出大义。如此读《诗》，《诗》方为经，方可指引君子之成长。

1:16 子曰："不患人之不己知，患不知人也。"

上章论君子自得其乐，如此则不患人不知己，本章论之。

患，忧也，担忧，操心。夫子说："不担心人家不知己，而担心自己不知人。"

首章之末句云"人不知而不愠"，此为成就君子之终极条件。本章与之呼应：既为君子，不应担心人是否知我，而应居于主动地位，知人。

对社会运转而言，人际之相知最为重要。但就生理构造言，人是自足的、相互分立的个体，故有自我封闭倾向，人际之相知颇难。常人选择自我中心策略：希冀别人知己，给自己便利、名位，而疏于知人。君子与此不同。君子不忧自己不为人知，因为"古之学者为己"（《宪问篇》），君子专注于自我生命之成长、提升。其仁心向外扩充，与他人交接，则以不知人为忧，主动知人，了解别人，并据此采取恰当待人之道，如本篇所说"就有道而正焉"，或《里仁篇》所说"见贤思齐，见不贤而内自省焉"。在知人过程中，君子的仁心得以扩充。仁在人之间，不接触人，不知人，就难以扩充仁心。

从社会秩序角度看，君子主动知人之品质，对于秩序之形成和维护至关重要。若人人都采取自我中心策略，人际关系将陷入"搭便车"僵局：人人等待别人知己，结果是所有人永不相知。君子主动知人则打破这一僵局：君子不计他人是否知己，打破自我之封闭，主动接近、了解他人，与他人协调、合作。而人是可感动的，我近人，人必近我；我敬人爱人，人必敬我、爱我。这就启动了人际合群之连锁过程。君子于人际协调、合作之决定性意义，正在于此。

本章与首章遥相呼应：首章论"人不知而不愠"，然后可以为君子；经过学，士君子自得其上达之乐，故不患人不知己，反以不知人为忧。患人不知己者，有求于人也；患不知人者，自主自立者也。所谓君子境界，就是自主自立，拔出私我，而仁民爱物，以天下之忧为忧，以天下之乐为乐。

又《论语》最后收束于"不知言，无以知人也"（《尧曰篇》），自主自立以知人，然后为君子。

以上四章论士君子之德：自觉，好学，无论贫富有自得之乐，终于知人，则可以为政矣，由此转入下篇，论为政。

为政篇第二

上篇为《论语》纲要，概述孔子基本思想，此下三篇予以具体阐述，分为政、礼乐、为仁三方面。

孔子之道不企神国、来世，立足人世，以成人、安人为宗旨，故用力于政。为政治理系孔子行道天下之重要渠道，故本篇在先。

共二十四章，论孔子之治理观。孔子扩展了政之含义，引入个人、社会自治维度，此为本篇特意强调者。同时，孔子欲在礼崩乐坏的局面下重建秩序，这有待于新兴士君子之努力，故本篇又特别讨论士君子之养成及其作用。

> 2：1　子曰："為政以德，譬如北辰，居其所而衆星共（拱）之。"

本章开宗明义，阐明孔子为政之道之要义。

为，动词。政，以权力治理社会。为政，在位之人以权力治理社会的全部行为。德，德行。北辰，北极。居，处也。共，如人拱手状。

夫子说："为政以德行为根本，好像北辰安居不动，而众星拱绕着它运转。"

作为《为政篇》首章，本章劈头阐明治理之要道：为政以德。

德者，德行也，即行为之优秀品质。《尚书·皋陶谟》："亦行有九德"；

《礼记·乡饮酒义》："礼以体长幼曰德。德也者，得于身也。故曰：古之学术道者，将以得身也。"郑玄注《周礼·司徒·师氏》："德行，内外之称：在心为德，施之为行。"德行与德性相关，又略有区别：德性强调内在之精神状态，德行重在外在行为，必表现于人际交接行为中。

北辰是天体旋运之枢纽，居于其固定位置而不动。天上众星列峙错居，依各自轨道运转，而又环绕北辰、拱向北辰。此象有两个喻义：

第一，众星喻群臣。治国者任用贤能之人，与自己共同治理。治国者尽心履行自己为君之职事，不需号令督责，共同治理的伙伴也各忠其事，各尽其职，此即《子路篇》所说"其身正，不令而行"。

第二，众星喻臣民。治国者德行卓越，臣民感其君之敬、爱，而心祈向之，敬之、爱之。由此，共同体有强大凝聚力，以治国者为中心形成稳定秩序。

故孔子说"为政以德"，其意曰：在治国过程中，治国者德行卓越，克尽职事。此德可以传导，臣感受治国者之德，作出积极的回应，恪尽职守。民感受在上君、臣之德，也尽心履行自己职事。以德为中心，整个共同体中各色人等各尽其力，且相互协调，形成良好社会秩序。

孔子所谓"居其所而众星共之"不同于老子之"无为而治"。孔子以为，欲得善治，治国者必须有为，但非依恃权力督责下属，而是修己以德，以之影响臣、影响民。孔子隐含的意思是，为政不是君一人之事，而是君、臣、民共同的事业。德贯通整个共同体，每人均自主发挥作用，分工合作，从而形成良好社会秩序。故"为政以德"，系指人人之德，但以君之德为关键，君有德，则风化天下，人人有德。

本章开宗明义，内含孔子关于政治之两个核心命题：为政以德，任贤共治。此为孔子为政思想之根本所在。由此，孔子实际上重塑"政"之义：君子为政，不是单纯运用权力实施强制，而是以己之德唤起人人自修其德，自治其身，相互合作。从根本上说，孔子之为政治理，实为天下人之普遍自治。其最为重要的措施，则是兴学与兴起礼乐教化。

2:2 子曰："詩三百，一言以蔽之，曰'思無邪。'"

上章论为政以德，"思无邪"则有德，本章论之。

诗，《诗经》。三百，《诗经》共有三百零五篇，举整数言，三百篇。一言，指《诗经》的一句，周代君子皆以《诗经》一句为一言。蔽，断，评断。"思无邪"，《诗经·鲁颂·駉》最后一句。

夫子说："《诗经》三百篇，以一句话来评断，可以说是'思无邪'。"

"思无邪"出自《诗经·鲁颂·駉》，颂扬鲁僖公所养之马的壮盛，其末章云："駉（jiōng）駉牡马，在坰（jiōng）之野。薄言駉者，有駰（yīn）有騢（xiá），有驔（diàn）有鱼，以车祛（qū）祛"，意为，在名为坰的原野上，牧养着各色各样的马，其驾车极为强健。结尾赞美说："思无邪，思马斯徂。"两个"思"字都是语气字，无实义。徂，行，言马能行远。"无邪"解释何以至此盛况。邪，徐也。《诗经·邶风·北风》："其虚其邪"。郑玄笺："邪，读如徐"。虚徐者，逶迤退让、徘徊不前之状。无邪就是无徐，也即，心无旁骛，专诚一志，因此而有牧马之盛况。

孔子以此句论断整部《诗经》，其含义是《诗经》所收诗篇，无论主题为何，作者是谁，孝子、忠臣、怨男、愁女，皆出于至情流露，直写衷曲，毫无虚伪不诚之态。此即"诗言志"（《尚书·舜典》），《诗经》三百篇均出自作者用直抒胸臆。后人读之，可深切感受诗人之志而发生情感共鸣，对人性、人情有全面、深刻的把握。经由反思，则可陶冶性情，而收"温柔敦厚"（《礼记·经解》）之效。

但古人引诗常"断章取义"，即抛开上下文脉络，只取其字面含义。本章以"思无邪"之句评断整部《诗经》，即为断章取义。思者，思而求；无邪，正也。"思无邪"意为今人于读诗时，当摆脱偏邪而归于正。至关重要的是就是"思"本身。如《孟子·告子上》所论："仁义礼智，非由外铄我也，我固有之也，弗思耳矣"；"心之官则思，思则得之，不思则不得也"，思则为"大人"、君子，不思则为小人。时时自觉而内自省，自可去邪而归正。子曰："政者，正也"（《颜渊篇》），正，则可以为政矣。

周代君子之教，以诗为本。孔子删述六经，教养弟子，同样以《诗经》为首。故这里说"诗三百"，代指孔子之教。孔子教养弟子，就是让弟子"思无邪"，通过启发弟子，摆脱偏邪，归于正道，养成德行，成为君子。如此君子，方能为政。

又，本章之"思无邪"，亦谓为政当思正道，见下一章。

2：3 子曰："道（导）之以政，齐之以刑，民免而無恥；道之以德，齐之以禮，有恥且格。"

前两章论为政之大义，本章比较两种治道，指出为政之正道。

道，引导。齐，动词，使之整齐划一。刑，刑罚。免，苟免，回避。耻，羞耻之心。格，至也。

夫子说："以政令引导，以刑罚使其整齐，民众将回避刑罚，而无羞耻之心。以德行引导，以礼法规范，则民众有羞耻之心，且无人不至。"

孔子之前三代，尤其是周，治理模式是"礼治"。孔子时代，礼崩乐坏，新的治理模式正在形成中。在子夏及其门人推动下，此体制在魏率先建立，此即战国时代普遍实施之王权制。孔子以惊人的先见之明，描述了此制之机理及其内在缺陷。

在此新体制中，政府拥有巨大权力，借助官僚体系，以法令、政令管理普通民众，此即"政"。若民众不服从政令，官僚就依刑律予以惩罚。《颜渊篇》记季氏问政于孔子，就透露出这种治国观念。

孔子断言，此体制难以达成优良治理。民众确会因恐惧刑罚，而回避刑律明文禁止之事。但他们仍可能做一些损人利己之事，只要法令没有禁止、政府暂时不予打击。根本原因在于，民众无羞耻之心，不能自我约束。在此体制下，社会政治秩序完全依靠政府外在控制来维持，但政府永远做不到随时而严密地控制每个人，故社会内部总是存在广泛的相互伤害，政府于事后惩罚，必将疲于奔命。最终，政府无法承受过高的治理成本。秦就因此而亡。

孔子提出另一种治理模式：道之以德，齐之以礼。德指德行，礼是共同体成员在相互交往中累积形成之习惯性规则体系，并伴随着仪。礼也是规则体系，但不同于刑：第一，礼调整生活所有领域，涵盖政体、民事领域的人伦关系、商业交易等，刑只管制刑事犯罪行为；第二，礼是自发生成的，刑律是政府制定的；第三，礼既为习惯，则大多数情况下，人们自发守礼，刑律却必由政府强制执行。孔子向往之治理模式是：为政者修己以德，为民作则；在前引导，而由自发形成之礼约束人们之行为。

德礼之治可有"有耻且格"之效：首先是"有耻"，即人皆有羞耻之心，知道是非对错，知道有些事不可做。由此，人们会自我约束。其次是"格"。在政刑之治中，民是政府管理的对象，故前一句只说"民免而无耻"，政府施加刑罚，民众回避政府之刑罚。德、礼却同时适用于为政者与民，故本句不明言民，而"至"字则把为政者包括在内：德、礼无人不至，为政者和民都有德，受礼之约束。刑罚只针对民，德、礼却及于上下所有人。由此，君、臣、民各尽其职，各得其宜，共同体形成良好秩序。

需注意的是，孔子虽比较了两种治理模式，但并不是说，两者相互排斥。政、刑之治的问题不在于运用政、刑，而在于迷信政、刑，而排斥德、礼。反过来，德、礼之治却可兼容政、刑。治国必有政，悖礼须以刑治之，此为社会治理之内在逻辑。故孔子之完整社会治理模式是：以德、礼为本，以政、刑为辅。德、礼、政、刑兼备，方为王道。《孔子家语·刑政》中孔子这样论述：

圣人之治化也，必刑、政相参焉。太上，以德教民，而以礼齐之。

其次，以政言导民，以刑禁之，刑不刑也。化之弗变，导之弗从，伤义以败俗，于是乎用刑矣。

这一治理模式的精髓是普遍的克己、自治：君、臣、民无不自修其德，恪行其礼，每各人都积极参与秩序之生成和维护，人人都是社会治理之主体。这是多中心治理模式，相反，政刑之治本质上是政府作为单一中心自上而下地管理民众，万民是被动的。在此体制中，大多数人不能发挥主体作用，实难形成和维护良好秩序。孔子之治是人人自治，由此而"各正性命，保合太和"。

2:4　子曰："吾十有（又）五而志于學，三十而立，四十而不惑，五十而知天命，六十而耳順，七十而從心所欲，不踰矩。"

前三章论为政之大道，为政主体为君子，本章以孔子一生为典范，展示士君子成长之道，揭明生命境界之次第。

志，心之所之也。从，随也。逾，逾越，违犯。矩，法度之器，用于画直角之工具，引申为规矩、法度。

夫子说："我十五岁那年立志于学，三十岁时得以自立，四十岁时无所惑，五十岁那年知天命，六十岁后无所逆违，到七十，随心之所至而行，无一处逾越法度。"

孔子首先阐明，立志为先。对士君子的成长而言，至关重要的立志。志是获得前方美好事物之心向，有志者，生命就不会委顿于当下，而有向前之动力。当然，真正的成长需立学之志，经由学，可成为君子，乃至于希贤、希圣。没有学，后面的生命境界都无从谈起。学之志启动学之全幅过程，这过程没终点，夫子一生就是学的一生，"学而不厌"（《述而篇》）。

故君子永远是"志于学",而不会宣称,学已完备。

立,有以自立也。《论语》中多次谈到"立",《里仁篇》:"子曰:'不患无位,患所以立'。此所谓立,就是立身。那么,何以立?《泰伯篇》:"立于礼";《尧曰篇》:"不学礼,无以立"。礼确定各人之身份、职分,确定待人之仪节。孔子之学包括学礼,学礼,人得以把握自己,控制自己,从而自立,挺立于天地之间,而为成人。

具体到孔子,孔子自幼好礼,《史记·孔子世家》记载:"孔子为儿嬉戏,常陈俎豆,设礼容"。长大之后,孔子随时学礼,如《八佾篇》:"子入大庙,每事问"。由此,孔子精通三代礼乐,下学而上达。《左传·昭公七年》记载,孟僖子随鲁侯至楚,竟不能相礼,九月归国后,乃讲学之;临死前,嘱其大夫送二子孟懿子、南宫敬叔师事孔子。这一年,孔子三十四岁。此时,孔子之学已获承认,而自立以行道,此即立。

不惑,不受激情、情绪干扰。《颜渊篇》记子张问崇德、辨惑,孔子回答:"爱之欲其生,恶之欲其死。既欲其生,又欲其死,是惑也。"樊迟从游于舞雩之下,问崇德、修慝、辨惑,孔子回答:"一朝之忿,忘其身,以及其亲,非惑与?"可见,"惑"者,受情绪、激情支配,而不能客观地认知外界,甚至迷失自己。"不惑",即不受激情、情绪之惑,而能客观、通达地面对己、人。由此,孔子得以洞明世事,得其至理。此即《子罕篇》所描述之状态:"子绝四:毋意,毋必,毋固,毋我"。在此基础上,孔子得知天命。

天命,天所赋予人之命。人为天所生,天命人以不同的性状,如寿命、气质、体力、心力等。此即人的禀赋。与此禀赋相应,人在社会、宇宙中有一相应的恰当位置,此即天命。人皆有天命。《颜渊篇》:"子夏曰:'商闻之矣:死生有命,富贵在天'。

天命是客观的,需人探究,才可得知。故对生命之状态而言,"知"至关重要。健全人生就是依乎禀赋、探寻并逼近天所命于己之位的过程,此即"生命"。孔子到五十,而知晓自己的天命。这说明知天命之难。欲知天命,首当敬天、乐天;其次不受人、我之惑;又其次积极有为,在各个方向上探索。如此，才有可能探知天命。故天命不是宿命，天命毋宁是创生的。

不志于学，不立于礼，而惑于激情、欲望，则无以知天命。很多人终其一生而不知天命。而唯有知天命，生命才有可能逼近于圆满。《论语》最后一章说："不知命，无以为君子也"。

耳顺，声入心通，无所违逆。外界众生喧哗，不论其与孔子同，还是与孔子异，入于孔子之耳，孔子皆不觉其于己有不顺，不会有不悦，而听其自然。此时的孔子已不受情绪和激情干扰，已知晓天命，一心一意于膺承自己之天命，而对别人的赞美，不以为喜；对别人的误解、曲解、讽刺、咒骂，不以为忧，如《宪问篇》夫子自道："不怨天，不尤人"。"耳顺"就是"不尤人"，因为，我知天命，则我命在天。我尽我之人事，成败自有天定，他人及其纷繁的意见，于我何有哉？

《论衡·知实》说："从知天命至耳顺，学就知明，成圣之验也"。到七十岁，孔子生命达到纯粹澄明状态。至此境界，孔子即为圣人，随其心之所至而行，看似无拘无束，却无一处逾越法度。事实上，此时的圣人就是天心。天实无心，以圣人为心。圣人之所欲，莫非天之所欲；圣人之所为，莫非天之所为；圣人之所言，莫非天之理则。

需注意者，此处之"矩"非现实之法度。天降圣人，乃以圣人为人间立法度。圣人从其心而欲者，即是人之应然，也就人间之"矩"，正当的伦理或法律规则。孔子之所行，就是人间之法度。《周易·乾卦·文言》曰："夫大人者，与天地合其德，与日月合其明，与四时合其序，与鬼神合其吉凶，先天而天弗违，后天而奉天时。天且弗违，而况于人乎？况于鬼神乎？"孔子就是这样的大人。

这样的生命状态，常人不可企及。然而，孔子以其生命过程彰显，起点只是"志于学"，关键是"立于礼"，即可以持续达，成为君子，乃至希圣希贤。

以上三章，首先思治国之正道，其次阐明此正道，又其次尊圣人，圣人立矩即为道。

孔子治国，道之以德，齐之以礼，重视社会教化，故以下论孝。

> 2:5 孟懿子問孝，子曰："無違。"樊遲御，子告之曰："孟孫問孝於我，我對曰：無違。"樊遲曰："何謂也？"子曰："生，事之以禮；死，葬之以禮，祭之以禮。"

君子为政，以孝悌为本，以下四章论孝，本章阐明孝、礼之关系。

孟懿子，鲁大夫仲孙氏也即孟氏，名何忌，懿是其谥。其父孟僖子随鲁昭公出访楚国，途经郑国，不能相礼，深以为耻，临终嘱咐二子孟懿子、南宫敬叔从孔子学礼。违，违背。樊迟，孔子早期弟子。御，御车，驾驭马车。战国以前以马拉车，而不骑马。事，侍奉。

孟懿子请教孝，夫子说："无违"。樊迟驾御孔子之车，夫子告诉樊迟："孟孙向我请教孝，我回答他说'无违'。"樊迟问："说的什么意思呢？"夫子说："父母生时，依礼侍奉父母；父母死时，依礼安葬父母；其后，依礼祭祀父母。"

孔子对孟懿子解释孝，仅"无违"二字，其基本义当为"无违"于父母。而孟懿子奉父命从孔子学礼，故无违于父也就无违于礼。对孟懿子而言，这一点是清楚的，但樊迟未必明白，故孔子专门予以解释。

第一，父母健在时，依礼侍奉父母。父母健在，子女当尽心、尽力侍奉父母。然而，怎样做才算尽心尽力？礼就是标准，子女依礼对待父母，自己可行而父母可感受到敬，无过无不及。

第二，父母去世时，依礼安葬。父母去世，孝子悲切，而完全有可能不知如何恰当表达哀戚之情。此时，依礼安排整个葬礼最省事也最恰当。听任自己的情感而逾越礼制，大办丧事，孔子以为不孝；过于简易应付，同样不孝。

第三，安葬父母之后，依礼祭祀。安葬父母时，易失之于过；父母去世后，时日已久，则易失之于不及。孔子说，依礼所规定的时节、品节祭祀父母，就是孝。以上二者即曾子所说"慎终追远"。

总之，礼是孝之尺度。《礼记·祭统》说："孝子之事亲也有三道焉：生则养，没则丧，丧毕则祭。养，则观其顺也；丧，则观其哀也；祭，则观其敬而时也。尽此三道者，孝子之行也。"子女敬爱父母，此为人之常情。不过，人之情感容有偏失：或失之于过，为了父母而完全牺牲自己，陷父母于不义；或失之于不及，对父母缺乏充分的敬、爱之表达。两种失皆难以称孝，故行孝不能纯任情感，而当一准乎礼。对父母，做到礼所要求的，恰到好处，就是真正的孝，父母和子女各得其宜。子曰："夫礼，所以制中也"（《礼记·仲尼燕居》）。礼是普遍的习惯性规则，本乎人之情，而予以节文。依礼而行，各方预期得到满足，人身皆悦。

故为人子女者，其言行无违于礼，自然无违于父母，为此而不能不"克己复礼"（《颜渊篇》）。

本单元论孝，本章之"无违"统摄，本章本单元。"无违"亦上覆上一单元之义，为政不可违逆于正道。

2:6　孟武伯問孝，子曰："父母唯其疾之憂。"

本章阐明，子女让自己平安、幸福，就是对父母之孝。
孟武伯，孟懿子之子仲孙彘，武是其谥号。唯，唯独。
孟武伯请教孝，夫子说："让父母只为你的疾病担忧。"

父母对子女，天性有深爱，尤其是子女成人外出，行走于纷繁复杂、变动不居之人世，必定由爱而生忧，且无时无所不忧。此忧正可见父母对子女之深爱，亦有期待在其中。正是这种情感，把子女与父母紧紧联系在一起。本章之大旨，正在提醒子女自觉父母之"忧"，体会父母之"忧"。

既自觉父母之忧，进而忧父母之所忧，反求诸己，安顿好自己所有事情，以减缓父母之忧。罹患疾病，父母当然担忧，然而疾病多出自天意，非人所能控制，父母为此而忧并非我之不孝。但除此之外我所能控制者，我都安顿之，则父母可以少忧。子女修身立道，约束自己的欲望、激情，当谨循礼义，养成德行，成为君子，则父母不忧矣。

上章论孝，止于礼，乃外在约束，至本章，则入于心。父母对子女，因深爱而忧。子女能见父母之忧，常记父母之忧，则有忧父母之心，此即孝心之本，可以修身立道矣。

> 2:7　子游問孝，子曰："今之孝者，是謂能養。至於犬馬，皆能有養。不敬，何以別乎？"

本章阐明，孝之本在敬。

子游，孔子晚年弟子，姓言，名偃，字子游，吴人，在孔门四科中属"文学"。

子游请教孝，夫子说："今天的孝者，只可说起能养父母。然而，哪怕是狗、马，也能得到人的喂养。若不敬父母，与对待犬马有何区别？"

孔子在本章强调，孝之本在敬。子女在物质上奉养父母，这当然是最低要求。若做不到这一点，无可如何矣。但仅此又不够，若只从物质上供养父母，而无敬意，即相当于人饲养自家犬马。此处以犬马比拟父母，极言不敬之罪。

子女对待父母，首当把父母当成人，进而把父母当成父母。父母生我养我，我报养父母；父母教我，我敬父母。子女对待父母，首当起敬意。有此敬意，自然有所供养，且尽心供养，故孝、敬相连，而有"孝敬"之语。《礼记·内则篇》记曾子之语曰："孝子之养老也，乐其心，不违其志。乐其耳目,安其寝处,以其饮食忠养之。"

不仅养父母,而且敬父母,这就超越生物延续之本能,把子女、父母关系提升到伦理高度,并让双方均获得超出短暂人生之生命意义。因子女之敬,父母已衰朽之生命获得尊严,死亡不复可怕,在走向死亡过程中仍可有尊严,得喜悦。因敬父母,子女得以切己观察生命之末端历程,而对己身生命有更深切理解。敬父母,同时成全子女与父母。

> 2:8　子夏問孝,子曰:"色難。有事,弟子服其勞;有酒食,先生饌,曾是以為孝乎?"

本章阐明孝之根本在爱。

色,容色,脸色。弟子,学生。服,承担。劳,工作。食,饭也。先生,老师。馔,饮食之也。曾,反问语气词,乃也,则也。

子夏请教孝,夫子说:"脸色最难。师生之间,先生有事,弟子可以代劳。有酒食,让先生先行享用。然而这能算是孝吗?"

子夏向孔子请教孝道,孔子劈头指出:事亲之际,唯脸色为难,难的是始终和颜悦色。孔子拿事师与事亲做对比,从而指出,孝的根本在于血气相连因而深切而不移之爱。

弟子求学问道于先生,当然敬先生,故有事,弟子代劳;有酒食,弟子请先生先行享用,此即敬。子女也当敬父母。但子女对父母之情,爱是基础。子女与父母血气相连,自有深爱。子女侍奉父母,当体认这一情感。事父母深爱,和气自然生于内心;有和气者,必有和悦之色。如此,与父母相对,则蔼蔼然有和悦之色,父母自然身心舒泰。

然而,做到这一点不易。侍师之敬意容易保持,因为师道本有尊严,弟子手能不用心。而与父母,子女常相厮守,父母有深爱,子女反易轻忽,甚至视为理所当然，不能报之以爱，反而可能放纵自己的情绪，而有不悦之色。事亲之爱意反而可能被疏忽。若能自觉父母之深爱，以不断提撕自己，报之以深爱，则可以和悦之色事亲，如《礼记·祭义》所说："孝子之有深爱者，必有和气；有和气者，必有愉色；有愉色者，必有婉容"。

以上四章论孝，逐章递进：首先循外在之礼，此礼通行于众人，简便易行，此为孝之教化；其次，能见父母之忧，忧父母之所忧，则心中有孝；再次，对父母有敬意；最后，对父母之爱、敬见之于色。敬则不违于礼，忧父母之忧则必有愉色。前三章由外至内，最后一章合内外而见和气，有子曰"礼之用，和为贵"，于此可见。

上篇有子论孝悌谓"其为人也孝弟，而好犯上者，鲜矣；不好犯上，而好作乱者，未之有也"。本篇论为政，此四章论孝，重在以孝养成逊顺之德，此为良好社会秩序之基础。子曰："君子之事亲孝，故忠可移于君。事兄悌，故顺可移于长。居家理，故治可移于官。是以行成于内，而名立于后世矣。"（《孝经》）。

2:9 子曰："吾與回言終日，不違，如愚。退而省其私，亦足以發。回也不愚。"

为政以教化为先，孔子所立教化之道是学，为政当兴学，以下论兴学之道。又孔子谓孟懿子"不违"，本章记颜子对孔子"不违"。

回，孔子最器重的早年弟子，姓颜，名回，字子渊，鲁人，在孔门四科中属"德行"。言，孔子对颜回讲论。违，有所违逆而问难。不违，意不相背，有听受而无问难。愚，憨愚。退，从老师那里退下。私，相对于公而言，师生共在，就是公，老师与同门不在就是私。发，发明，触类旁通，闻一而知十。

夫子说："我与颜回讲学终日，颜回不提出异议，好像有点愚。但从我这里退下，私下思考，总是有所创发。颜回啊，可一点也不愚。"

颜子是孔子最器重的弟子，按孟子说法，颜子是孔子之"具体而微"者（《孟子·公孙丑上》），故《论语》记孔门弟子，关于颜子的篇章最为重要。

本章指出，颜子之所以深得孔子之道，因其善学，孔子也赞叹不已。孔子讲论过程中，颜子从不发问。这不是因为颜子听不懂或没有疑问，只是，他珍惜夫子讲论机会，暂时腾空自己，放下自己的先见、成见，虚心以受孔子之教，跟随孔子，把捉孔子说过的每个字词，理解孔子之大义。

此时的颜子真正做到了"虚心"，全盘接受孔子。《周易·咸卦·象传》曰："山上有泽，咸。君子以虚受人"，虚己才能受人，虚己才能有知，荀子曾论证说："心何以知？曰：虚壹而静……不以所已藏害所将受，谓之虚"（《荀子·解蔽》）。

颜子绝非学而不思。从老师处退下，颜子立刻开始"省"，回味、思考孔子所说的每个字、每个词、每句话，理解其微言大义，尤其是切近于己思考。由此，他有所"发"，也即，在自己头脑中有所发明，有所引申，新知识与既有知识会通，老师所传授与自己经验相碰撞，形成一系列创造性认知，比任何人都多。颜子是好学者，善学者。颜子最虚心，因而比任何人更有效地获得新知，更快地充实自己，最充分地把握孔子之道。颜子的学习成效最高，提升也最快。

然而，世间多有人不通此一学之大道。本为学习而来，却不能放下肤浅成见、先见，虚心而忘我，故不能跟随老师，而以先见抗拒老师，为此提出种种无意义问题。一旦老师离场无从思考，因未真得新知。花费了时间，始终在有限的已有知识中自我循环。

颜子揭示学之大道：越是完整地把握老师给的新知，自己的思考才越有所得。若不能紧紧跟随老师，充分理解老师，思考就始终在低水平上自我重复，而难以提升。学，首当虚己之心，向新知开放。两个"愚"字，值得体认。

> 2:10 子曰："視其所以，觀其所由，察其所安。人焉廋（sōu）哉？人焉廋哉？"

上章论颜子不愚，可见孔子知人之明。本章阐明知人之道。

视，直视也。以，为也。观，广瞻也。由，经也，所经由之路也。察，沉吟用心忖度之也。安，所乐也。廋，匿也。

夫子说："观看其当下所为，广泛了解其以前所为，悉心考察其心之所乐。其人还怎么藏匿自己，其人怎么藏匿自己？"

人生在世，必与人打交道。孔子教人以察人之道：首先可见其眼下之所作所为，这可直接观看到。但要了解其人，还需深入，考察发生在当下行为以前的事：他是怎么走过来的，他这样做的前因，此即"所由"。此为亲眼所不能见，故需通过其他途径予以了解。最后，悉心考察其心之所乐，也就是其内心所求之目标，此即"所安"。如此从事前、事中、事后三个时间段了解一人，他还怎能藏匿自己？

君子"患不知人也"（《学而篇》）。君子欲合群，不能不知人。孔子提出三维知人法：先看其行为。然而，若不了解其前因，实难完整理解其行为之意义，故当回溯其前因。但这还不够，还当向前看，观察其行为结束之后心态如何。由此可对该人有完整把握。对人有所把握，则可待之以最恰当方式。

尤其是，知人方可为师，孔子知颜子不愚，也知其他弟子各自禀赋，故能因材施教，成至圣先师。不知人，则无以教人。

又，孔子感叹"人焉廋哉"也提醒人，人在人中，其言其行无可掩藏，他人均可以察知，故《大学》以诚意为根本：

> 所谓诚其意者，毋自欺也，如恶恶臭，如好好色，此之谓自慊。故君子必慎其独也！小人闲居为不善，无所不至，见君子而后厌然，

掩其不善，而著其善。人之视己，如见其肺肝然，则何益矣！此谓诚于中，形于外，故君子必慎其独也。曾子曰："十目所视，十手所指，其严乎！"富润屋，德润身，心广体胖，故君子必诚其意。

2:11 子曰："溫故而知新，可以為師矣。"

上章论知人。知人，方可为师。本章阐明为师之另一条件。
温，温习。故，以前所学之知识。
夫子说："温习已有知识而得新知，则可为人师表了。"

担任老师的首要条件是自己有知识，包括老师教给自己的知识，自己阅读、阅人、阅世所得之知识，此即"故"，已有之现成知识。不过，仅有此知，尚不足以为师。为人师表，既当有知，更当善思。老师的作用不是简单转运，把老师教给自己的知识原封不动地转给学生。如此，知识不能生长。而知识不生长，就会过时，也就不能解决学生面临之问题，无法变成对学生有意义之知识，故《礼记·学记》断然指出："记问之学，不足以为人师"。

为人师表者，尚需有能力传授学生以新知。一切既有之知都是"故"，"新"系老师从既有知识中自己生产出来者。"温"是"燖（xún）温"之"温"，本来热乎的东西变凉后，又以火重新加热。老师本有知识，优游涵泳于其中，忽然涌现新知。此为依据既有知识，在特定环境中回应切身问题之所得。

老师既要向学生传授自己从其他人那里获得的知识，更要向学生讲授自家体贴出来之新知。重要的是，从此新知中，学生可学到思之方法，如《老子》所谓"授人以鱼，不如授之以渔"，这才是合格的老师。由此，学生面对新问题，即可"引而伸之，触类而长之"（《周易·系辞上》）。

在大变化时代，如孔子时代，老师形成新知、传授新知的能力更为重要。

老师承担着培养构造新秩序之主体的重任，若无力形成新知，其所养成之学生也就不会思考，不能进一步生产新知，则无从承担历史重任。孔子就是"温故而知新者"：孔子温尧舜三代之故，而得到重建秩序之新知，故为万世师表。

以上三章论师德。兴教化，有赖于师，孔子为至圣先师，树立师之典范；随后两章论师当知人，温故而知新，然后可以为师。师养成士君子，故以下三章论士君子。

2：12　子曰："君子不器。"

师育人为士君子，本章阐明君子之特征。

夫子说："君子不限于器。"

器者，器物也。器各有其用途，且难以转换，如水杯只能用于喝水，无法写字。文明伴随着社会分工，故每人难免于器：首先，每人都有特定伦理角色，如为人父，为人子，为人臣等。这就是"别"，每个人扮演好自己的角色，则可以"和"。其次，每人都有自己性情、专业能力，而自然地处于劳动分工网络中某个具体位置，成为士兵、工匠等。分工有助于提高效率，人皆可以得利。

然而，人若仅限于伦理角色或经济角色，难免沦为器，其生命器物化，偏至而支离破碎，干瘪而了无生机。生命之内在要求是"不器"。君子对此有所自觉，由学而"欲仁"，志于道，从而超越于自己具体的社会经济角色，而成为完整而自立之人，即"君子不器"。反过来，唯有具有生命完整与自立之自觉，而超越于器，方为君子。

君子不器首先意指，君子不被具体伦理角色所限，而自觉自我之独立、完整与尊严，主宰自我生命，保持活泼生机。君子当尽心履行伦理角色所要求于自己之义，但君子始终自主，从而保持自尊。比如，虽为人之臣，君子不会盲从一切命令，而"以道事君"（《先进篇》）。

如此不器之君子构成分散的个体合群之主体。经济、社会分工的事实，恰恰从伦理上要求一种联合的力量，让处于分工网络个别位置上的人联合起来，形成"和"的秩序。君子就是这样的力量。君子在分工网络中也有自己的角色和专业知识。但与常人不同，君子还有超出专业能力之外的诸多品质，这些品质让其能合人为群，把具有分立、疏离倾向的人组织为有机的共同体。

不论是追求个体生命之健全完整，还是承担合群之社会功能，君子品质大体可分为三个方面：德行，技艺，威仪。《论语》全书反复论证君子之这些品质。正是这些品质让君子超出于器，而有完整生命，能发挥领导作用。君子也就是有生命完整之自觉、自主地不断提升自己、从而具备合群能力之人。

2：13　子貢問君子，子曰："先行其言，而後從之。"

君子不器，故能领导人群，本章阐明君子领导之道。

言，要求。从，随也，跟从。

子贡请教君子之道，夫子说："君子有所要求，自己先做到，民众自然跟从。"

本章所说君子指人群之领导者。领导必定发号施令，要求民众做某些事，这是领导者的职责。但孔子说，领导者要民众做某事，自己当先做到。如治国者要求民众遵守伦理、法律规范，自己首当遵守，民众自会跟从。治国者若做不到，即便三令五申，民众也不会做。治国者言行不一，必破坏民众对伦理、法律的敬畏。曾子曰："不能行而言之，诬也"。君子领导之道无非以身作则而已。同样是曾子说："微言而笃行之，行必先人，言必后人"（俱见《大戴礼记·曾子立事篇》）。故君子之领导不以言而以行，此为儒家领导之道的关键所在。

> 2∶14　子曰："君子周而不比，小人比而不周。"

君子的功能是合群，本章阐明君子合群之大。

周，普遍也。比，偏党也。

夫子说："君子合群周遍而无所偏私，小人有所偏私而不周遍。"

这是《论语》所见君子、小人对比之第一次。君子与小人相对而言。在孔子语境中，君子、小人之别既有德行意义上的，又有社会角色意义上的，两者又紧密相关。

人皆有与人合群之自然倾向，然而，合群范围之大小必有区别。大多数人只能比，也即亲比：基于自然的情感，共同的利害计算，或者仅仅因为臭味相投，而相互亲近，合群的范围自然较为狭小。若具有卓越的德行，包括合群技艺和威仪，则可合自己所见范围内之所有人为群，"周"就是"周全"，含容所有人。这样的人就是合群者，也即君子。德行卓越的人最有可能成为社会领导者。故身为君子，为尽可能广泛地合群，须抑制本能因素，而养成合群之德，同等对待所有人。比如在邦国公共生活中，不特别照顾自己的亲属，不为激情所惑，"周而不比"，即可把尽可能多的人组织起来，形成良好秩序。君子合群之大，皆因其秉乎公心，抑制私情。

以上三章论士君子领导社会之功能。士君子发挥领导作用，这是新秩序形成的关键。

2:15 子曰:"學而不思則罔,思而不學則殆。"

君子欲成合群之德,不能不学,本章阐明学与思的关系。

思,思考。罔,迷惘。殆,危也。

夫子说:"学而不思考,就会陷入迷惘状态;思考而不学,就会陷入危殆境地。"

学是从外部获取知识,如老师传授、阅读书籍。思是思考所学、所见、所想。学是接受,思是消化。对个人成长、君子养成来说,学与思同等重要。孔子指出在此问题上可能出现之两种不良倾向:

一种人,好学而不思,被动地、不加选择地接受既有知识,无力对其整理、思考。结果,繁杂错乱的知识碎片充塞头脑,而完全迷惘,甚至迷失自我。知识非但不能指引人生,把握外部世界,反让其更为盲目、无所适从,此所谓"书呆子"是也。

另一种与此相反,不学而好深思。也即,没有必要的知识储备,凭借其肤浅知识思考,难免胡思乱想。不学而思的后果是危险的:他对自己和外部世界缺乏必要的客观了解,却以为已经得道,充满信心地鲁莽行事。

平衡的做法是学而思、思而学:虚心求取知识,而深入思考。思其所学者,思有困,而后再学,如此循环不已,才能获得真知,也才能有新知,在既有知识基础上审慎地创造新知。前章"温故而知新"就是学而又思,《中论·治学》引用孔子之语曰:"弗学,何以行?弗思,何以得?小子勉之,斯可为人师矣。"

2:16 子曰:"攻乎異端,斯害也已。"

本章阐明君子求知、对待不同意见之道。

攻，治也，加工也，加工木、石、金、玉的程序曰攻。端，头。斯，这。

夫子说："单在一端上用力，这是有害的啊。"

物有两头、两端，从任一端看另一端，即为"异端"。"攻乎异端"意为，专在一端用力，而不及另一端。孔子指出，这是有害的。正确方法是《中庸》所说"执其两端，用其中于民"，其意曰：任何事情，人群常有两种相互对立之意见，双方各斥对方为异端。舜能执持、比较两种相反意见，寻得双方都能接受的折中方案。

君子做事，不能只执一端。君子的社会功能是合群，合群之要义在于调和不同意见，令其共处。若君子执持一端，必定不见容于另一端。君子当超乎其上，寻求两端之共识，如此方能让意见不同的人处于和的状态。

学习知识，同样如此。关于人生、社会、秩序，必有不同、甚至相反的观点、理论。若只执一端，难免蔽固，自我封闭。这是有害的。君子为学，当广泛了解各种相关观念、理论，而后择其善者而固执之，《述而篇》孔子自述自己为学之道："多闻，择其善者而从之"。

今人所用"异端"一词之义完全不同于孔子，而有深刻神教背景，盖在神教中常有正统、异端之争，且诉诸神教裁判，此为孔教所无。孔门、儒家向来和而不同，《子张篇》即有生动呈现。

> 2:17 子曰："由，诲女（汝），知（志）之乎：知之为知之，不知为不知，是知（智）也。"

攻其两端，则知自己之无知，本章阐明知与无知的关系。

由，孔子早年弟子，名仲由，字子路，卞人。

夫子说："仲由，教导你一个道理，记下来吧：有所知就是有所知，无所知就是无所知，这就是智啊。"

孔子首先呼叫子路之名，郑重提醒子路，记下自己下面将要阐明的教诲，孔子以为，此甚重要。

孔子在本章区分知和智：知是知识，智是明智、智慧。人通过各种渠道获得知识，而未必对此有自觉，可能有两种情况：第一种，获得了知识也不自知，《中庸》所谓"百姓日用而不知"，普通民众常在此状态。第二种，没获得知识，却以为获得了知识。尤其常见的是，只掌握一丁点知识，却以为掌握全部知识，从而对新知采取封闭态度。这样的知反倒令知者陷入自我封闭状态。

君子的卓越品质在于自觉：君子自觉地学习，获得知识。更重要的是，君子对自己之知也始终有所自觉。具体地说，君子知自己知识之有限，而无知识的傲慢。荀子说："知之曰知之，不知曰不知。内不自以诬，外不自以欺。以是尊贤、畏法而不敢怠傲，是雅儒者也"（《荀子·儒效》）。

因此自觉，君子有知而更有智。智比知更重要，智让君子不断获得新知，因为君子知道自己无知。由此形成君子重要品质：好学。同时，自觉知之有限，让君子之知可发挥最为恰当的作用。君子于治世中用知识，但不滥用知识。对有知识的人来说，最常见的偏失是迷信知识而滥用之，迷信知识而滥用之，大为不智。

士君子发挥领导功能，凭其知、智，故以上三章论之。子路在孔门属"政事"科，故本单元所论乃针对为政之知和智。值得注意是，其均为警告之辞。孔子提醒新兴士君子进入政治世界，行道天下，用其所学于现实，必须思，在实践中学；了解现实，力求全面，不可执持一端；更重要的是保持戒慎恐惧，对自己知识之有限，始终有清醒认识。由此，方可准确地把握自己和外部世界，而有效治理社会。

> 2:18　子張學干祿，子曰："多聞，闕疑，慎言其餘，則寡尤。多見，闕殆，慎行其餘，則寡悔。言寡尤，行寡悔，祿在其中矣。"

君子志在治理社会，故须求位。本章阐明正当的干禄之道。

子张，孔子晚年弟子，姓颛孙，名师，字子张，陈人。干，求也。禄，禄位也。

阙，空也，略过。寡，少也。尤，过也，责怪。殆，危也。悔，恨也，遗憾。

子张学求取禄位之道，夫子说："广泛了解，自己有所疑惑者，搁置一旁不要谈论；谈论其余自己无所疑惑者，也谨慎一点，这就不大容易招来责怪。广泛观察，觉得危殆而心中不安者，搁置一旁不要做；即便做其余自己安心者，也谨慎一点，这样就不大容易悔恨。言谈少为人责怪，行为少让自己悔恨，禄位就不求而自至了。"

士君子志在行道天下，而在现实政治社会结构中得其位，有助于行道，故士君子当学干禄之术，不必讳言干禄。当然，不同时代的禄位制度不同，君子干禄之术也就不同。孔子时代及以后的战国，游士以其学、艺自求于君。汉代建立察举制，士人以通经、孝悌而为人举荐，故好名。唐宋建立科举制，士人赋诗、作文以应试。

然而，禄位固然有助于行道，也给士人带来物质利益，难免扰乱士人之心，只见禄位之利害，遗忘行道之初衷，为得禄位之物质利益，用卑曲谄媚之术。如此而得禄位，自难用以行道。孔子清醒意识到这个问题，故不能不向弟子阐明干禄之伦理，《论语》中对此多有记载。

本章，孔子向子张阐明中正的干禄之道，分三步骤：

第一步，了解相关组织的信息。干禄是希望获某组织内之位，如邦国之官位，则士君子当从各方面充分了解该组织，此即"多闻"和"多见"：多闻是通过各种途径，获取有关该组织之信息；多见是自己观察该组织之运作。

第二步,梳理、思考闻、见所获之信息,并作出判断、取舍。此类信息有些可信,有些不可信。该组织中人有些做法是对的,有些是不对的。对此,自己要有判断。

第三步,面对掌握禄位分配权的人,言、行均须谨慎。自己拿不准的就不说,只说自己拿得准的,而且要谨慎。自己觉得不安的事也不做,只做自己安心的,而且要审慎。这样,人家自会给予禄位。"禄在其中"之意是,禄位不求而自至也。

本章重点,实在"禄在其中矣"句,子张学干禄,求他人之禄,孔子告子张,干禄者,非求于人,实求于己也。禄位确在别人手里,但能否得到,端看自己之品德、能力。人要生存、成长,就需获得资源,所有资源总在别人手里,如何获得?孔子的教诲是:"君子求诸己,小人求诸人"(《卫灵公篇》)。君子于求禄之时,保持自尊;则于得禄之后,乃可保持自立。然后,君子为禄之主,而非为其奴;可以禄位行道,而非枉道以事人。

> 2:19 哀公問曰:"何為則民服?"孔子對曰:"舉直錯(措)諸枉,則民服;舉枉錯諸直,則民不服。"

上章阐明士君子干禄之道,干禄对象是君,本章阐明君主用人之道。

哀公,鲁哀公,姬姓,名将,在位二十七年。《逸周书·谥法解》:"蚤孤短折曰哀,恭仁短折曰哀。"孔子后期生活在哀公时代。服,信服,心悦诚服。举,升而用之。直,正直之人。错,通措,置也。诸,之于的急读音。枉,与直反义,邪曲之人。

鲁哀公请教:"怎么做民众才信服?"夫子对答说:"举用正直之士,置于邪枉之人以上,这样民众就信服。举用邪枉之士,置于正直之士以上,这样民众就不信服。"

"民为邦本，本固邦宁"（《尚书·五子之歌》），民众的信服是君主具有威望、政治秩序稳定之根基。鲁哀公在位期间，三桓专权，哀公欲有所作为，故而提出问题：如何获得民众信服？

孔子指出，君主是否有识人、用人之明，决定着民众对君主是否信服。在稍大规模的邦国，君主通过群臣治理其民，故臣民关系决定着君民关系。而从君主角度看，君臣关系也就决定着君民关系。君主若能信用正直之士，其人恰当地对待民众，民众从此政治秩序中获得好处，必定信服君主。此时，君主是政治秩序之人格化象征；反之，民众不会信服君主。

此处之"直"和"枉"同时描述臣对待民众、对待君主之态度，而以后者为主。木从绳则正，正曲曰直。从两头拉绳子，绳子的状态就是直，直是事物处于其本有状态。在伦理世界，直是人以最切近于伦理关系之本有状态的方式行事。具有直之德行的官员，下能顺乎万民之性情而治理之，当奖赏者就奖赏之，当惩罚者惩罚之。如此，万民得到其应得者。不过，至关重要的是，具有直之德行的官员，上对君主也能直，君主做得对的就执行，君主做得不对的就劝谏。这一点其实更难。故现实中，常有邪枉之人置于正直之士以上的现象，因为，邪枉之人不在乎是非，只追求自己利益最大化，为此可轻易抛弃政治、法律之是非，投君主之所好——有时候也投民众之所好。

故"举直措诸枉"的关键在于，君主自身能否有直之德行，抑制欲望和情绪，以达成优良秩序为目标，并据此而识别和任用臣。若君主无此自觉，放纵欲望和情绪，邪枉之人就会谄媚取悦，而获得举用。如此，必定导致民众普遍的不信服，危及政治秩序。

孔子时代，德能出众的新兴士君子常不得名位，在位之人常为邪枉之徒，故无法达成优良社会秩序。相反，《尚书·舜典》记载，舜"流共工于幽洲，放驩兜于崇山，窜三苗于三危，殛鲧于羽山，四罪而天下咸服"。舜又举用二十二人"三载考绩，三考，黜陟幽明，庶绩咸熙"，如此而"皇天眷命,奄有四海,为天下君"(《尚书·大禹谟》)。

哀公的提问显示,民不服已成当时政治之大问题,盖因礼崩乐坏,君子为政不善。故孔子指出,面对民服,在位君子必须内自省而改其为政之过。

> 2∶20 季康子問:"使民敬、忠以勸,如之何?"子曰:"臨之以莊,則敬;孝慈,則忠;舉善而敎不能,則勸。"

上章论诸侯用臣之道,本章论君子领导民众之道。

季康子,鲁大夫季孙氏,名肥,谥号为康。以,而,且。劝,勉也,勉力。临,以上待下。庄,容貌端严也,敦厚庄重。孝,子女敬爱父母之情;慈,父母关爱子女之意。两者有共通之处,即爱,孝慈之义即爱。善,善者,德能出众者。不能,不能者,德能低下者。

季康子请教:"让民众敬于治国者,忠于邦国,且肯为国用力,该怎么做呢?"夫子说:"治国者庄重面对民众,民众就敬于治国者;治国者爱其民众,民众就忠于邦国;治国者举用民众中德能出众者,委以重任,而教育、提升德能低下者,民众就肯为国出力了。"

治国者无不期待民众敬其君主、官长,忠于共同体,且积极承担公共责任。季康子作为新兴政治家,自然用心于此,故提问于孔子。孔子阐明达成这一目标的平实方法:反求诸己。治国者绝不可能通过暴力强迫或利益诱导,让民众敬、忠、劝,这些情感、态度只能发于民众之本心。故得民心,民众才会敬、忠、劝。

本章提问现实,当时之民,不敬、不忠、不劝。如同回答鲁哀公,孔子要季康子自省,反身求诸己:治国者把民众当成人,以己之心,尤其是行为,感格民众,激发民众:你想民众礼敬治国者,就以敦厚庄重之姿态礼敬民众;你想民众忠于邦国,就慈爱民众;你想让民众为邦国出力,就为民众出力。

孔子论述治国之道，反复强调上下之感格，治国者与民众情感、行为之相互感应、激发。《周易·咸卦·象辞》曰："天地感而万物化生，圣人感人心而天下和平。"天下之人，有感则必应，社会治理无非心之感应而已。治国者常犯之错误是，只站在自己立场上，单方面要求于民众，结果不能如愿。孔子反复告诫治国者以相互性原则，把民众当成与自己相同的人对待，欲求于民众者，自己首先做到。此即仁政之大本。

> 2∶21 或謂孔子曰："子奚不為政？"子曰："《書》云'孝乎惟孝，友于兄弟'，施於有政，是亦為政，奚其為為政？"

前两章论在位者为政之道，本章阐明不在位者的为政之道，呈现儒家之完整社会治理思想。

或，或人，不确指的某人。奚，疑问词，为什么，什么。为政，从事于政。《书》，即《尚书》。"孝乎惟孝，友于兄弟"，见《尚书·君陈》。"孝乎惟孝"，赞叹孝之德。友，友爱。施，行也。"有政"之"有"，虚词，无实义。是，此，这。

有人对夫子说："您为什么不从事政事呢？"夫子说："《尚书》说：'孝乎惟孝，友于兄弟'，施行孝、友于治理中，这也是从事政事。什么才算是从事政事呢？"

本章发生在孔子未得其位时。无名者表达政府中心论或权力中心论治理观：唯有进入政府机构，以权力实施治理，才是"为政"，且为唯一的为政，此为政即以国家权力自上而下地统治民众。孔子却回答说：若能激励人们在家内孝敬父母，友爱兄弟，同样是为政。由此回答，孔子阐明了自治为本的社会治理观。

孔子之前，封建的治理是混融的，无政府、社会之分。礼崩乐坏之后，政府率先形成，以权力管理民众，即前章所说"道之以政，齐之以刑"。孔子认为，仅有此政，不足以形成良好社会秩序，还需更为基础的治理、民众之自治。

本章，孔子扩展出新的为政：民众之自我为政。政府运用权力自上而下地管理民众，而家作为社会之核心组织也发挥治理功能。前者固然有助于维护社会和政治秩序，后者同样有效。两者形态不同，各自发挥作用，缺一不可。在孔子心目中，完整而有效的社会治理架构由两部分共同组成：政府以权力管理，社会组织自我治理。两者至少同等重要，甚至后者更为基础。

由此，孔子养成之士君子有了更广阔的行道空间。新兴士君子出自平民，在政府之外养成其德。其中一部分或有机会进入政府从政，相当部分则无此机会。孔子本人即是如此。但孔子指出，在政府之外各种组织中，士君子同样可发挥治理社会、塑造和维护秩序之功用。经孔子之阐明，组织和参与形态多样的人群之自我治理，成为儒家士君子行道天下之重要渠道，甚至是基础性渠道。后世儒家士君子总是首先致力于社会自治，进而更化政治。

而如孔子所说，自治之最基础单元在家，修身齐家是良好社会秩序之基础。中国治道自始既如此：舜之家，"瞽子，父顽，母嚚，象傲，克谐，以孝烝烝，乂不格奸"（《尚书·尧典》），因此而为众人推举为王，帝尧嫁之以二女，"观厥刑于二女"；周文王"刑于寡妻，至于兄弟，以御于家邦"（《诗经·大雅·思齐》）。人生而在家中，家是最自然、最基础之人的组织，既是教化组织，也是生产组织；在此组织中，人们体认仁，而习得敬、爱之义，习得公共生活之德行与技艺。故《大学》所列治理之道是"修身、齐家、治国、平天下"，家正是关键环节，由家之治理通往邦国、天下之治理。舍齐家，无国之治。历代中国，凡秩序良好者，无不倡导以孝治天下，盖"孝悌也者，其为仁之本与"，人知仁则自然果治而天下平。

以上四章列举当时政治世界之四类主体：孔子养成之士君子，掌握权力的公侯、卿大夫，及孔子本人，分别展示了四类主体各自的问题意识：新兴士君子不得不干禄；面对卿大夫专权，公侯关心如何为民众信服而重获权威；专权之卿大夫关心如何让民众用力；孔子却为未来构想了完整的社会治理规划：在政府以权力统治民众之外，展开社会自我治理之维度。

本单元以子张干禄开始，显示士君子为政之志；中间两章暗示，掌权之统治者未必知人而任用士君子；故最后，孔子为士君子指出为政之简易门径：自治其身，齐家而美风俗。士君子行道，何愁无门径。鲁哀公、季康子之提问显示，当时民心已散，故孔子最后指出重建秩序之关键正在于回到人，以孝正人心，齐家以自治。

> 2：22　子曰："人而無信，不知其可也。大車無輗（ní），小車無軏（yuè），其何以行之哉？"

治理社会不可无信，本章论信之重要性。

大车，两头牛拉动的载货车。小车，马拉动的载人车，包括四匹马拉动的战车。车辕前端衡木与轭相连之金属销，大车称輗，小车称軏。

夫子说："身为人而无信，真不知他能怎样。牛车无輗，马车无軏，车子靠什么行进呢？"

双辕车出现在战国初，周代之车均为独辕，辕前端为一与之垂直的横木即衡，衡两端缚以"人"字形轭，分架于两匹牛、马之颈。轭与衡各穿孔相对，插一金属活销相连接，大车称輗，小车称軏。由此，牛、马之拉力可传动于车，又不至于因为两侧牛、马用力不同致衡木扭曲断裂。

孔子以輗、軏比喻信于人际关系之重要地位。輗、軏都是小部件，却是关键部件：牛马之力须借助该小部件传导到车轴，拉动车辆行走。大车若无輗，小车若无軏，则牛马之力无从传动至车辆，牛马即便用力，车辆也无法前行。

此比喻形象而恰切，信在人际间关系中之作用，类同于輗、軏：守信，则人与人之间相互信任，联结为一体，以较低成本合作、交易，各得其所。人无信，相互猜疑、疏离，合作、交易成本过高，无以为生。

对邦国等共同体而言，信也正是联结众人、凝聚上下之关键。輗、軏把牛马与车连为一体，信把君、臣、民联结为一体。邦国由无数个体组成，其中有君、臣、民之别，其间靠什么联结？靠彼此之信。有信，则分散的、居于不同位置的人结为一体，而有共同体可言。邦国如何前行？必赖臣民之力。然而，什么把能把臣民之力与邦国联结起来？君之信。君守信，民信赖君，才愿为君出力，拉动邦国前行。否则，君不得民力，邦国就会解体。故《颜渊篇》谓："自古皆有死，民无信不立。"

2：23　子張問："十世可知也？"子曰："殷因於夏禮，所損益，可知也；周因於殷禮，所損益，可知也。其或繼周者，雖百世，可知也。"

上章论信联结共同体，礼也联结共同体，本章阐明礼乐演变之道。

世，代也，一世三十年。因，因袭。损，删削。益，增益。

子张请教："十世以后的制度是否可以预知？"夫子说："殷商承继夏的礼制，而有所删削、增益，其删削、增益者是可以知道的；周承继殷商的礼制，而有所删削、增益，其删削、增益者是可以知道的。据此，周之后承继而起者，即便过了一百世，其礼制也是可以知道的。"

由本章可知，子张有创制立法之雄心，他在思考未来社会当如何治理，故他请教孔子，未来当行何种礼制。礼是社会治理所需之全部制度，治理社会最为重要的依据就是礼。无礼，无规则，无制度，即无秩序。至关重要的是，礼把处在不同地位、具有不同目的的人联结为一体。春秋时贤人反复指出，"礼，国之干也"（见《左传·僖公十一年》《左传·襄公三十年》等），正是礼塑造了邦国之身体。

孔子未直接回答子张，而是阐明三代礼制演变之规律，其中自然蕴含创制立法之正道。

孔子指出，夏商周三代礼制有因、有变，以"因"为主，"损、益"有限。一个时代的礼制必定纷繁复杂，唯其损、益有限，才是可知的。之所以因袭为主，原因无他：礼的目的无非是协调人际关系，而不论世代如何变迁，人都是人，人之天性不可能变，规范人之行为的礼制也就不可能有根本变化：仁、义、礼、智、信五常，"君令臣共，父慈子孝，兄爱弟敬，夫和妻柔，姑慈妇听"（《左传·昭公二十六年》记晏子语）都是永恒的。任何世代也都惩罚撒谎、欺诈、盗窃、杀人等行为，只要人还是人。人间制度，此为根本，陈陈相因，无所变化。

当然，礼制必因世代之推移而调整。原因很多，可能因为技术变化，可能因为人心思变，可能因为立国者的偏好不同。《白虎通义》有"文质"互变之说，一个时代的礼制较为"文"，也即繁复，下一代时代的礼制就会转向"质"，也即较为质朴。另有三教之说：夏尚忠，商尚质，周尚文。三代礼制之气质有所变化，即礼制侧重点有所不同。不过，这些变只是在主干上有所损、有所益而已。故尽管有变，三代之礼制还是保持连续。

孔子自幼即志于学，所学者正是三代之礼。《礼记·礼运》孔子曰："我欲观夏道，是故之杞，而不足征也，吾得夏时焉。我欲观殷道，是故之宋，而不足征也，吾得坤乾焉。"通过文献搜集、整理、研究，孔子对夏、商、周三代之制及其同、异，与其变迁之原因，有深入了解。

据此三代圣王立法之道，孔子总结出创制立法之道。新时代需要新制度，但创制者不可凭空幻想礼制，而应因袭前代礼制，有所损、有所益。损，就是废弃一小部分旧礼制；益，就是创新一部分礼制。如此制度创新是在旧制度边缘上展开的，是有节制、也是最为必要的创新，共同体将会渐进调适而不至于断裂。盲目创新，全盘重建，必定造成混乱，破坏秩序。

孔子充满信心地说"虽百世可知也"，未来社会情势还会持续变化，制度也会有所变革，但变革必定是因中有所损益。只要创制者是明智的，必循此创制立法。当然，创制者迷信自我，而全盘创建，在现代不乏其事，结果唯有秩序混乱。

2：24　子曰："非其鬼而祭之，諂也。見義不為，無勇也。"

上章论三代之礼，礼起于祭，本章论祭祀之义。

鬼，人死曰鬼。谄，求媚也。

夫子说："不是自己本应祭祀的鬼而祭祀之，这是谄媚。见义而不为，这是无勇之德。"

狭义地说，鬼是自己去世之祖先；广义地说包括一切已死之人。以礼祭祀自己祖先，是孝子之义，以礼祭祀那些造福于民或为公共利益而殉身之先贤，也是后人之义。如此祭祀，民德可以归厚。

"非其鬼"，即非其所当祭之鬼，祭祀不属于上述两个范围的鬼，必非出于诚敬之心，而为求媚于此鬼——其实是求媚于依礼当祭此鬼之人，以求得到不当利益。此非敬鬼，而为谋利。"非其所祭而祭之，名曰淫祀，淫祀无福"（《礼记·曲礼下》）。《鲁语·国语上》记：

> 海鸟曰"爰居"，止于路东门之外三日，臧文仲使国人祭之。展禽曰："越哉，臧孙之为政也！夫祀，国之大节也；而节，政之所成也。故慎制祀，以为国典。今无故而加典，非政之宜也。"

另有一种人则见义而不为。义，宜也，在特定场合中自己所当为者就是义,《礼记·礼运》论述说:"何谓人情?喜、怒、哀、惧、爱、恶、欲,七者弗学而能。何谓人义?父慈、子孝、兄良、弟弟、夫义、妇听、长惠、幼顺、君仁、臣忠,十者谓之人义。"尽心履行自己之义就是勇,不履行自己之义就是不勇。

本非自己所当祭而祭之,就其本质而言,即为不宜,不义。故谄与无勇,其表现不同,性质却相近:只计算利益,而不合义。不见义,不知义,不循义,完全受利益驱动,其人猥琐狭窄,无法令人尊敬。

为政必归结于凝聚共同体,以上三章论共同体凝聚之道,阐明其三大纽带:信,礼,祭:信联结当世之人为一体;因中有所损益的制礼之道吧当世置于连绵不绝的历史过程中;祭则联结生者、死者为一体。唯论信、论祭从负面立论,有批评当世之义。

本篇收结于"见义勇为",系新兴士君子之自我激励。重建新秩序是其大义,他们决心为此而勇为,在礼崩乐坏的世界中行道。

又,末章指出"非其鬼而祭之"现象,不义而非礼,由此引出下篇《八佾篇》,杂记当时之礼崩乐坏局面。

八佾篇第三

孔子行道天下，为政为重要途径；然孔子之为政，不主权力强制，以礼乐化成为先，故本篇次于《为政篇》。

共二十六章，指明破坏礼乐之主体，讨论礼乐之根本，从而揭明恢复礼乐之门径，并展示孔子、孔门为恢复礼乐所做各种努力。

3∶1　孔子謂季氏："八佾（yì）舞於庭,是可忍也,孰不可忍也？"

本篇描述礼崩乐坏之典型现象。

谓，评论。季氏，鲁大夫季孙氏也，执掌鲁国之政的卿大夫。佾，乐舞基本单位，行列，每佾八人。八佾共八行八列六十四人。庭，家庙之堂下庭院。忍，忍心。

夫子评论季氏："用八佾规格的乐舞于其庭，这样的事都忍心做，有什么不忍心做的？"

礼无所不在，礼制也详尽规定仪节，对各级君子可用之乐舞规格，礼制有严格规定：八佾为天子乐舞之规格，诸侯用六佾，大夫用四佾。此礼制明君臣上下尊卑之别，以维持秩序。

西周覆亡，礼制开始松动，周王与诸侯间尊卑失序，而有春秋之"伯政"，如《季氏篇》所说"天下无道，则礼乐征伐自诸侯出"。春秋中期，诸侯权威衰落,而有卿大夫专权,即"陪臣执国命"或者"政逮于大夫"。在鲁国,出自鲁桓公的三家卿大夫长期把持鲁国之政,史称"三桓",其中季氏最强。按周礼,季氏乐舞用四佾,他竟然双倍僭越,用天子八佾之制。

季氏僭用天子乐舞,另有一原因:周成王封周公于鲁,周公未至鲁,其子伯禽就国,而立周公之庙于鲁。周公大有功于周王室,周成王格外允许鲁侯以天子之乐舞祭祀周公。三桓专权之后,乃于各自家中立桓公之庙。此亦为严重违反礼制之事。按宗法制,只有鲁侯有权祭祀已去世之鲁侯,以表示治理权完整转移至他。非鲁侯之公子、公孙皆不得家祭其先考,因为这表示分享鲁侯之治理权。而此刻,三家模仿鲁侯祭周公之礼,僭用八佾之制。

故季氏僭用八佾是双重僭越:其立庙是僭越,用周王之乐舞也是僭越。僭越的心态是"忍"。忍与仁相对,礼之根本在仁。仁者,待人以人,以己及人,不论其地位高下,据此而敬之、爱之,尊重其权利和利益。反过来,对方也报之以敬、爱。如此,人人安享其分,不相觊觎、争夺,维持优良秩序。忍者,安于不仁也。忍心,就是心地凉薄,不尊重他人,而觊觎之、抢夺之。一方忍心,被觊觎者自然有猜疑乃至敌意。由此,双方逐渐抛弃规则,恶性争斗,直到一方毁灭或双方共同毁灭。

僭越天子乐舞,或许并无实质后果。但孔子深知,僭越背后之忍心将让人不再敬爱他人,不再敬畏礼制,不再敬畏长上,不再敬畏秩序。欲望泛滥之闸门开启,必冲决一切。历史演变果然如此。周的礼乐秩序就是因为卿大夫群体之忍心,而走向崩塌,该群体最终也消亡于日益残酷的斗争中。

本章孔子指出"忍"之严重后果,后来孟子论仁,则立基于"不忍人之心",《孟子·公孙丑上》曰:"人皆有不忍人之心。先王有不忍人之心,斯有不忍人之政矣。以不忍人之心,行不忍人之政,治天下可运之掌上。"

> 3:2 三家者以《雍》徹，子曰："'相維辟公，天子穆穆'，奚取於三家之堂？"

上章记季氏之僭越，本章扩大至三家，继续描写礼崩乐坏之典型现象。

三家，鲁大夫孟孙、叔孙、季孙之家也，即"三桓"，均为鲁桓公后人。自春秋中期，鲁侯权威丧失，三桓长期执掌鲁国之政。《雍》，即《雝》，《诗经·周颂》中之篇名。《诗经》三百篇，均可歌唱。按礼制，《雍》为天子之乐。彻，撤，祭毕而收其祭祀所用之俎也。

"相维辟公，天子穆穆"，《雍》中诗句。相，去声，助也，协助。辟公，诸侯、三公。据周礼，天子祭祀时，诸侯、三公前来助祭。穆穆，天子庄严肃穆之容貌。

堂，宗庙之殿堂。

三桓于祭祀最后撤祭品时歌《雍》之篇，夫子说："'相维辟公，天子穆穆'，在三家家庙之堂上，到哪里找'辟公''天子'呢？"

上一章孔子语气较为沉痛，本章讥讽意味更为明显，孔子讥讽三家因无知无耻而胡作非为。

礼崩乐坏的一大原因正在于君子之无知。《左传·昭公七年》记载，三月，鲁侯到楚国，途中经过郑国，郑伯慰问于师之梁，孟僖子相礼，为司仪，却因礼制知识匮乏，不能相礼。到楚国，又不能指导鲁侯对楚人郊劳做出正确回应。孟僖子难免羞惭，下半年回国后，发奋学礼。临死前，召其家大夫说："礼，人之干也。无礼，无以立"，并嘱其两子孟懿子、南宫敬叔拜孔子为师学礼。

由此事可见，当时君子对礼之无知是多少严重，僭越礼制，因其知识退化。很多时候，正是无知导致其僭越礼制，不知礼乐之内涵，只羡慕在上位者礼乐之浩大、奢华，而惹出很多笑话。

以上两章揭示礼崩乐坏之局面，指明主要破坏者是专权之卿大夫。孔子对此僭越持批评、讥讽态度，彰显恢复礼乐之志。本篇主旨即在探讨如何恢复礼乐。

> 3：3　子曰："人而不仁，如禮何？人而不仁，如樂何？"

前两章描述卿大夫之僭越，症结就是不仁。本章阐明之。

礼，此处主要指仪礼，即身体进退周旋之礼节，以及表明名位之各种象征性符号，如礼器。乐，祭祀、宴饮等公共聚会场合所用之乐舞。

夫子说："身为人而不仁，有礼又能怎样？身为人而不仁，有乐又能怎样呢？"

孔子在此以反问语气提出：礼、乐之本在仁。

孔子思想可以仁、礼概括，两者紧密关联。《礼记·礼器》说："先王之立礼也，有本有文。忠信，礼之本也；义理，礼之文也。无本不正，无文不行。"礼乐有本、有文，礼乐之本是仁。仁者，待人以人，以己及人，人敬人，爱人。然而，如何表达仁？以礼乐。人有长幼、男女、尊卑之分别，其生活在多个具体场景中，礼乐即规范具体场景中人相互对待之仪节，以合宜地传达仁之情谊，由此塑造和维系互敬互爱之人际关系和健全优美的社会秩序。无礼乐之仪节，人即便有仁，也难以恰当表达，或需耗费无谓精力。

孔子时代的大问题是，古典礼乐之形式尚算完好，但存在普遍僭越。孔子指出季氏之僭越在于其心之忍，也即不仁。不仁，则礼乐徒具形式，根本不能发挥其塑造良好人际关系之作用。甚至更糟糕是贪婪者受欲望驱动，僭越礼乐，羞辱和侵害他人，华美的礼乐反成相互伤害之工具。故孔子大声疾呼，要人内省固有之仁。

孔子由此指出，阻止礼崩乐坏，恢复礼乐，关键是对仁有所自觉，体认并扩充仁。三代皆行礼治,孔子则阐明此外在行为规范之内在依据,从而揭明重建礼乐秩序之入手处。三代礼治,人循其然而不知其所以然;孔子反于礼崩乐坏之际,探明礼乐之本在人心,礼乐不仅为习惯、风俗,而与人生有内在联系,虽崩坏亦可本乎人心而重建,礼乐常在而常新矣。而每一次重建礼乐,不必全然复古,参照古礼之大义,因时人之情而予以节文可也。

> 3:4 林放問禮之本,子曰:"大哉問!禮,與其奢也,寧儉;喪,與其易也,寧戚。"

上章论礼乐之本在仁,本章指出矫正当时礼乐失序之原则。

林放,身份不详。丧,丧礼。据此,第二个礼字,当指丧礼之外的婚礼、祭礼、冠礼等。易,驰也,轻易流畅。

林放请教礼之根本,夫子说:"这个问题太重大了。行丧礼之外的各种礼,与其仪节奢华,宁可俭朴。行丧礼,与其轻易流畅地走仪节的过场,宁可哀戚充溢。"

看到相当普遍的礼制僭越,林放有点迷惑,故请教孔子礼之根本何在。这一提问,引发对此现象已有深刻思考的孔子之共鸣。不过,孔子未正面回答林放,而是通过批评当时现象,间接给出回答。

"礼者,因人之情而为之节文"(《礼记·坊记》),情是礼之本,仪节是礼之文。人们互有情意,仪节安排其恰当表现形式。礼崩乐坏时代,专权大夫普遍忽视内在情意,只关注仪节之排场豪华,无以塑造健全人际关系;丧礼上,人们忙于走过场的仪节,而缺乏哀戚之情,不能敦厚人之德行。

针对这些偏颇,孔子对林放说:在丧礼上,与其追求仪节之完备,不如悉心体认自己对死者的哀戚之情。在其他礼仪中，与其追求奢华，不如俭朴一些，反可让人际形成健全关系。其实，"礼不足而戚有余"并不好，但毕竟尚有真情实感。同样，俭朴也非最好，但毕竟可见人之情感。《礼记·檀弓上》中，子路转述孔子一段话，表达了本章意旨："吾闻诸夫子：丧礼，与其哀不足而礼有余也，不若礼不足而哀有余也。祭礼，与其敬不足而礼有余也，不若礼不足而敬有余也。"

总之，彼时代之问题是人而不仁，缺乏情意，礼乐徒有其表。孔子指出，内在情谊才最为重要。孔子要人体认这情意，唯有如此，仪节才有意义，才能发挥其维持和的人际关系之用。

本篇头两章描述卿大夫之僭礼，根源在内心之不仁无情，以上两章论礼之本在内心之情谊。明乎礼之本，即可找到恢复礼乐之入手处。

3:5　子曰："夷狄之有君，不如诸夏之亡（无）也。"

上章论礼本于情，本章阐明，对邦国来说，礼比君王更为重要。

夷狄，华夏称中国四周文明水平较低的族群，西方为戎，北方为狄，东方为夷，南方为蛮。诸夏，华夏诸国。

夫子说："夷狄有君王，也不如华夏诸国没有君王。"

华夏共同体的成长，始终伴随着与戎狄蛮夷的复杂纠葛。西周亡于西戎，周室东迁，华夏共同体丧失了防御戎狄蛮夷之领导中心，北方之戎狄与南方之蛮夷交相侵扰，由此而有齐桓公、晋文公之"尊王攘夷"。

戎狄蛮夷确有力量，君王是其力量象征。但其文明水平低于中国，无礼乐。中国当时的情形，与此恰好相反：周王乃至于诸侯的权威衰微，卿大夫专权，中国似乎没有君王。不过，礼乐尚存，故尚能抵御戎狄蛮夷。故孔子说，蛮夷即便有君，也未必赶得上眼下君的权威失落的中国诸夏。

孔子由此阐明，对邦国、天下，礼乐最为重要。维持秩序所可依恃者有二：礼乐与君威。两者相关：礼乐是规则仪节，有赖于君之有效执行。但两者相比较，礼比君更重要。有礼而无君，社会尚可维持一定秩序。且从逻辑上说，君之权威也是礼予以确立和维护的，有礼则可有君。有君而无礼，秩序全依君之强力维持，终究不能长久。诸夏相对于夷狄之文明优势正在于礼。故重建秩序之关键是复礼，树立君之权威的努力也须置于此框架中。

当然，从这句话中也可见孔子之深刻焦虑：一方面，夷狄力量强大，进逼中国，有亡天下危险；另一方面，中国内部礼乐衰败，故有夷狄化之大危险。中国之所以是中国，因其有"郁郁乎文哉"之礼乐。礼乐要靠君之权威、尤其是较高层次之周王、最起码是诸侯之权威维系，此权威衰落，礼乐文明难免衰败、溃散。而礼乐沦丧，中国必定夷狄化，即便其血统上是华夏。夷、夏之分，本不在种族、血统，而在是否有礼乐、行礼乐。保卫礼乐，恢复礼乐，关乎天下之兴亡，干系重大，故孔子一生用力甚大；也正是基于这一原因，孔子肯定管仲之仁："微管仲，吾其被发左衽矣"（《宪问篇》）。

> 3:6 季氏旅於泰山，子謂冉有曰："女（汝）弗能救與（欤）？"對曰："不能。"子曰："嗚呼！曾（céng）謂泰山不如林放乎？"

上章论无礼则无君，本章论非礼则祭之无益。

旅，王、诸侯所行祭祀之名。泰山，在今山东境内，自尧舜时代起即为名山。据礼制，诸侯祭封内山川，泰山在齐鲁之间，两国诸侯可祭之。冉有，孔子早期弟子，名求，在孔门中属政事科，当时任季氏之宰。救，救正，劝谏阻止。曾，语气词，乃。

季氏祭祀泰山之神，夫子对冉有说："你没能力劝谏季氏吗？"冉有对答说:"没有这个能力。"夫子说:"难道泰山之神还不如林放吗?"

据周礼,周王祭天下名山大川,诸侯祭本邦境内名山大川。故周王可祭泰山,历代帝王常封禅于泰山;泰山在齐鲁边界,故鲁侯亦可祭泰山。而季氏为卿大夫,依礼,不可祭于泰山。季氏祭祀于泰山,不仅僭越鲁侯,也僭越周王,此即"非其鬼而祭之,谄也"。何以如此?因为忍,不仁。

孔子要子路予以劝谏。值得注意的是,冉有此刻已仕于季氏,而依然请教于孔子。这有助于理解"学而时习之"之义。孔门弟子得其位后,依然在学,求教于孔子。可以推测,这些弟子在其位上努力运用自己之所学。孔子问冉有能否救正季氏,就是要冉有以所学之道矫正掌权者。但冉有直言,劝谏阻止季氏之能力,这显示了新兴士君子在旧体制内的困境,面对卿大夫破坏礼制之作为,士君子无能为力。

孔子相当失望,转而自言自语:难道泰山之神灵还不如林放么?前章林放问礼之本,林放尚知礼之本,内心情谊充溢而后以礼文节之。季氏僭越礼制,不仅无真挚情谊,反而放纵欲望、激情。孔子相信,泰山神灵不可能连林放都不如,接受这种无情谊之祭祀。真能感格神灵者,唯有人之真情实意。

3:7 子曰:"君子無所爭,必也射乎!揖讓而升、下,而飲。其爭也君子。"

上章论祭之非礼,当时君子好争,本章批评之,阐明君子竞争之道。

射,射礼。揖,拱手行礼。射礼中,每两人为一耦,相揖而升堂、下堂。升,从台阶上堂。下,从台阶下堂。饮,饮酒,射完之后,每耦之胜者各揖不胜者,再登堂,取酒而饮。

夫子说:"君子是无所争的,但射礼中也必定争。但升堂、下堂皆相互揖让，饮酒时也相互揖让。君子哪怕相争也有君子之风。"

君子的重要德行就是让，谦让，不与人争夺名、利。然而，射是六艺之一，古典君子均为武士，精通射艺，才算合格君子。故在射礼上，君子争。不过，君子在射礼中之争也是君子之争，《仪礼·大射》记载射礼之仪节："耦进，上射在左，并行。当阶，北面揖。及阶，揖。升堂，揖，皆当其物北面，揖。及物，揖。射毕，北面揖，揖而升，射。"

由此看见君子之争的两个特点：依规则而竞争，在竞争中尊重对手。这两点相互关联：规则就是为让竞争双方相互尊重。君子之争是文明之争。资源是有限的，人与人之间的竞争不可避免，区别仅在于文明竞争还是野蛮竞争；依规则公平竞争还是无视规则胡作非为。

射箭旨在杀死猎物或敌人，是获取资源的残酷方式。但周代君子在日常训练中，把射箭过程礼仪化，甚至有乐伴奏，君子依乐之节奏周旋进退。是为射礼，射之文明化。在孔子看来，射礼最适合君子养成其卓越品质。射礼之争，最显著的特点是，能否射中与竞争对手无关。如《礼记·射义》所说，欲射中，不必看别人在干什么，只需射者"内志正，外体直，然后持弓矢审固"。故射之争实与己竞争："射者，仁之道也。射求正诸己，己正而后发。发而不中，则不怨胜己者，反求诸己而已矣。"

故君子不与人争，而与自我竞争。总是瞄准别人，试图超越别人，此为小人之争。君子关心的是改己之过，提升自我，充实自身。这样的争不会损害别人，也不会逾越规则，相反，让人"克己复礼"（《颜渊篇》）。人们投入此类竞争，可共同提升。射礼展示了最文明的竞争之道。

以上三章以隐晦方式指明礼乐崩坏之三大罪魁：第一是夷狄进逼，第二是专权之卿大夫，第三是君子间之争。相应地，孔子也指出重建礼乐之道：第一，重建君之权威，有人维护礼治，故孔子主张"张公室"；第二，士君子发挥作用；第三，君子修身而不争。孔子也指出，礼乐是华夏之根本标志，孔子将据此肯定管仲之仁。无礼乐，非中国。

> 3:8 子夏問曰："'巧笑倩兮，美目盼兮，素以為絢兮'，何謂也？"子曰："繪事，後素。"曰："禮後乎？"子曰："起予者商也，始可與言《詩》已矣。"

上章论君子依礼而争，本章阐明礼之构成，也即本与文之关系。

"巧笑倩兮，美目盼兮，素以为绚兮"，逸诗之句。倩，笑貌美好。盼，眼睛黑白分明。素，素颜。绚，色彩鲜艳，饱满。起，启发。商，子夏之名。

子夏请教："'巧笑倩兮，美目盼兮，素以为绚兮'，这是说的什么呢？"夫子说："绘画的时候，施彩在素底之后。"子夏说："那么，礼文也在人固有之质素之后吧？"夫子说："卜商启发了我啊，可以与子夏开始论《诗》了。"

子夏所引诗句不见于今《诗经》，属于逸诗。大意是：你的笑容是那么灿烂，你的双目黑白分明流转闪闪；素颜的你已如此美丽，精心装扮，必然光彩绚烂。此诗描述女子天生美质，若装饰以粉黛簪珥，必定令人惊艳。子夏大约理解"素以为绚兮"意为素颜本身就是光彩绚烂的，故请教孔子。为帮助子夏理解此诗，孔子引入绘画的比喻："后素"意为后于素，先有素底，然后施加五彩。

子夏恍然大悟，理解了文与质的关系。素、质今成词"素质"，外在的礼仪之文是文，人首先有一定内在素质，礼文才能让其看起来优美高雅。关于这一点，《礼记·礼器》云："甘受和，白受采；忠信之人，可以学礼"。以甘味为基础，调以五味，可调和出佳肴美味；在白底基础上施以五彩，可画出美丽的图画；人有内在的忠信之质，再饰以礼文，可有优美高贵的行为举止。关于后一句话，《学而篇》有所论述："子曰：'弟子入则孝，出则弟，谨而信，泛爱众，而亲仁。行有余力，则以学文。'"弟子有优良品质，则可学文、习礼。不过，孔子说"后素"、子夏说"礼后"，又表明礼文也很重要。忠信之美质固然重要，若无礼文，也难充分呈现于人。

随后孔子赞扬子夏，可与言诗，与上篇孔子赞美子贡语类似。由这两章可见孔门读诗之法。《诗经》所收之诗为华夏先民于肇创文明过程中性情、制度、信念之真实流溢,有丰富的大义,读诗者熟读其文,透过字面读出关乎个人生命、社会秩序之大义,且触类旁通,有所发明。不明大义,诗就只是简单浅显的文学作品。而今日欲理解诗句大义,需视之为经,再依早期经典,及孔子所传之诗传,以思其大义。

> 3:9 子曰:"夏禮,吾能言之,杞不足徵也;殷禮,吾能言之,宋不足徵也。文獻不足故也。足,則吾能徵之矣。"

上章以诗明礼,本章记孔子探求三代礼乐之事。

杞,周武王封夏之后于杞。征,证也。宋,周公封殷之后微子于宋。文,典籍。献,贤人。

夫子说:"对夏代之礼,我是可以言说的,只是杞国不足以验证我之所知;对殷商之礼,我是可以言说的,只是宋国不足以验证我之所知。这两国的典籍和贤人都不足了。如果充足,我就能够验证自己之所知。"

古有存二王之后、以通三统之制,据《史记·周本纪》记载,周武王克殷之后,封商纣子禄父以殷之余民,后又封大禹之后于杞。管蔡之乱中,周公杀禄父,复封微子于宋,以存殷之祀。此即"通三统"之礼制,或谓"存二王之后"。《白虎通义·三正》解释说:"王者所以存二王之后,何也?所以尊先王,通天下之三统也。明天下非一家之有,谨敬谦让之至也。故封之百里,使得服其正色,用其礼乐,永事先祖。"据此,杞国仍沿用夏礼,宋国仍沿用殷礼,夏、殷之礼就仍然活生生保留在周之天下。

当礼崩乐坏之际,孔子立志重建秩序。但他不是闭门幻想未来的新世界,孔子自谓"述而不作,信而好古"(《述而篇》),他深入探究史上既有制度,辨正其利害得失,据此构想新制。孔子之好学正表现在通过各种途径学习既有之礼,如搜集文献,拜访贤人,对此,《左传》《史记·孔子世家》多有记载。经由如此"博学于文",孔子对夏礼、殷礼有相当广泛、深入地了解、把握。

值得一提的是,孔子先人出自宋公室,祖上世为宋卿大夫,多为贤人。孔子六世祖孔父嘉在宫廷内乱中被杀,孔父嘉只一子,时尚幼,家臣抱之奔鲁,后人以孔父嘉之字为氏,曰"孔氏"。另孔子夫人也是宋人,这些都是知殷礼之有利条件。

然而,孔子对知识之态度极为认真负责,对已获得之知识希望有所验证。杞、宋两国分别沿用夏、殷之礼,理应保存夏、殷典籍,其瞽史等贤人对本国礼制源流也应比较了解。然而,孔子发现,在这两国,典籍大量散佚,也没有什么博学可信的贤人,他从各种渠道获得之两代礼制知识不能得到充分验证。孔子在本章感叹夏、殷之礼在杞宋两国凋零衰微。

不过,从本章也可见孔子学礼之用心,故孔子仍多有所得,《礼记·礼运》记孔子对子游说:"我欲观夏道,是故之杞,而不足征也;吾得夏时焉。我欲观殷道,是故之宋,而不足征也;吾得坤乾焉。坤乾之义,夏时之等,吾以是观之。"孔子对两代之礼虽无从完整掌握,毕竟得知其较为重要者,故能对三代礼制之因袭与损、益有所了解,把握三代礼制变化之大势,故能为万世创制立法。

> 3:10 子曰:"禘(dì),自既灌而往者,吾不欲观之矣。"

上章论夏、殷之礼难求,周礼尽在鲁,然本章记鲁礼亦崩坏。

禘,周王和诸侯所行隆重而重要之祭礼。君王三年丧毕,新王为之立庙。入庙之前,先入太祖庙,与太祖以下历代祖先享受合祭。新死之主与先君相接,确定其在祖先中的昭穆。禘者,谛也,仔细审视昭穆之次序,确保不相紊乱。此后五年,也会有一次合祭,同样叫禘。灌者,酌郁鬯灌于太祖,以降神也。郁,郁金草。酿秬为酒,煮郁金草和之,其气芬芳调畅,故曰郁鬯。这是祭礼的初始环节。

夫子说:"合祭先王之礼,我不愿观看酌酒奉献神灵以后那些仪节。"

本章字面含义可参考《周易·观卦·卦辞》:"盥而不荐,有孚颙若"。朱子《周易本义》解释说:"盥,将祭而洁手也;荐,奉酒食以祭也;颙然,尊严之貌。言致其洁清而不轻自用,则其孚信在中,而颙然可仰。"灌、盥虽然不同,但两章经文含义大致相近,皆谓祭祀以诚敬为本,由此诚敬,君子可以感化天下。但本章另有大义。

上章孔子感叹,杞、宋两国所行夏、殷之礼已然零落;本章孔子则感叹,鲁所行之周礼同样在崩坏。天下诸侯国中,行周礼最为完备者,鲁也。孔子说自己不愿观看酌酒奉献神灵以后那些仪节,实委婉批评其不合礼。孔子对此何以反感?

鲁桓公有四子,死后,鲁庄公继位。庄公死后,庄公的兄弟季友立庄公之子子斑继位,后被害。庄公另一兄弟庆父拥立鲁闵公继位,而后,庆父又杀害闵公。季友拥立鲁僖公即位。僖公死后,儿子文公继位。文公二年八月,把宗庙中僖公的神位升到闵公之前。《春秋》对此有所讥讽,有助准确理解宗法制真义。

人际关系无非两种性质:亲亲,尊尊,前者由血缘决定,血缘接近,则感情深厚;后者由名位决定,臣当尊君。在君那里,这两者有所交叉:举例而言,先公二子,其中一人继嗣为君,按何种原则处理相互关系?周公立宗法之制,旨在规范之:"宗者,尊也"(《白虎通义·宗族》)。宗法制确定,在公共领域,须按尊尊之义处理亲属关系。兄长继嗣为君,对幼弟为君,而非兄长矣。后者不能以血缘关系求这个君,《礼记·大传》说:"君有合族之道,族人不得以其戚戚君,位也"。他也不能祭祀其曾经为君之父,只有现任之君有此特权。

宗法如此规范,旨在突出君之公共性。对所有人来说,君就是君,且仅仅是君,不论亲疏。由此,所有人同等地尊重君之权威,而无任何例外。

反过来,君也不受血缘情感影响,同等地对待邦内所有人。此即政治之"公"。这似乎有悖人情,但为治国逻辑所要求。

鲁文公做法践踏政治之公:僖公、闵公是兄弟,且僖公为兄,闵公为弟,按血缘关系,僖公确应在闵公之前。然而,入宗庙者皆为先君,宗庙为君权之源泉,故宗庙中排位,只依为君之先后,不看血缘之有无、远近。闵公先立为君,僖公之君权即承继自闵公,在宗庙中二人不是兄弟关系,而是先君、后君关系。文公把僖公升至闵公之上,依血缘原则处理公共事务,有损于政治的公共义。

一旦血缘关系侵入公共领域,君的权威必遭侵蚀。与君有血缘关系者可借血缘关系分享君权。在鲁国,确实如此:鲁桓公的儿子们,也即鲁庄公之兄弟们,凭借血缘关系扩大权力,形成"三桓"专权局面。沿着血缘政治的逻辑,后来,三桓在自家为鲁桓公立庙,而按礼制,"诸侯不敢祖天子,大夫不敢祖诸侯。而公庙之设于私家,非礼也,由三桓始也"(《礼记·郊特牲》)。血亲政治逻辑泛滥,鲁侯形同虚设。

周礼之核心是经礼,旨在规范君臣关系,以血缘原则颠倒君位传承次序,即动摇周礼之根本。可以说,鲁国礼制之严重崩坏即始于鲁文公,他用血缘原则扰乱了政治之公。《礼记·礼运》记孔子感叹:"於呼哀哉!我观周道,幽、厉伤之,吾舍鲁,何适矣?鲁之郊、禘,非礼也,周公其衰矣!"孔子不愿观看鲁国禘礼即因为,僖公升于闵公之上,鲁国君权之公共属性大大弱化,君权因此大大弱化,此为礼崩乐坏之大端。连鲁之礼制都已如此崩坏,周的礼乐秩序之溃散,也就无可挽回了。

> 3:11 或問禘之說,子曰:"不知也。知其說者,之於天下也其如示(置)諸斯乎!"指其掌。

上章论鲁之禘礼之败坏,本章论知礼之重要性。

示，置也。

有人请教禘之道理，夫子说："不知道。明了禘礼之学说，则其人于天下如同置于这儿一样轻而易举。"他指着自己的手掌。

孔子回答某人，不知禘礼之说，当然并非真不知，而是为鲁侯讳隐，不愿谈论鲁国宗庙昭穆之混乱。在孔子看来，昭穆之序至关重要，禘礼乃天下达致优良秩序的关键。

《礼记·仲尼燕居》记孔子说："郊社之义，所以仁鬼神也；尝禘之礼，所以仁昭穆也"。禘礼之关键是辨昭穆，《礼记·祭统》曰："昭穆者，所以别父子、远近、长幼、亲疏之序而无乱也。"昭穆制旨在确定宗庙众神主之次序，关键是"别"。古代宗庙东向，始祖居中，始祖以下之神主按次序分列左、右，左在北朝南，为昭；右在南朝北，为穆。至于分列原则，依君位继嗣次序。所谓"别父子、远近、长幼、亲疏"，涉及四种继嗣情形：父死子继，父子分为昭穆；已死之君无子，则兄终弟及，首先分嫡、庶也即远、近，以远、近别昭穆；同为嫡或同为庶，则分长幼，以长幼别昭穆；若已死之君无子也无兄弟，由疏远者入继君位，以亲疏别昭穆。总之，不论血缘关系如何，宗庙之中的神主依其继嗣君位之顺序排列，不可紊乱。

禘礼之所以对治理具有孔子所说决定性意义，因为涉及治理权归属问题：首先，突出始祖，此为治理权之所出。第二，宗庙中唯一有效的次序是昭穆，这是公共的，与血亲关系无关。第三，只有继嗣之君可入宗庙祭祀先君，其他人均不可在除此之外任何场所祭祀先君，以确保君权不被任何人侵蚀。总之，禘礼确立君权之公共性，又树立君在邦国内部之权威，这两者对邦国秩序确实最为根本。

在孔子时代，此礼制崩坏，故弑君、篡位、专权之事频发，天下、邦国陷入混乱。那么，反过来，重建秩序，不能不以此为重点。故孔子说，知此礼，恢复天下秩序易如反掌。

孔子和他养成的新兴士君子为恢复礼乐而努力，以上四章记孔子从知识上广泛探究：首先，求之于《诗经》，多记周礼；其次，考察夏殷之礼；又仔细观察鲁国之礼，尤其是禘礼。可见孔子所关心者乃"经礼"，也即厘定、维系君臣公共关系之礼。孔子复礼，旨在重建社会政治秩序，故明古礼，以为复礼之依据。

3：12　祭如在，祭神如神在。子曰："吾不與祭，如不祭。"

上章论知礼之重要，本章论礼以践履为本，阐明孔子之神明观。

祭，祭先祖也。祭神，祭外神也。在，在场。与，动词，参与。

祭祀先祖时仿佛先祖在场，祭祀神灵时仿佛神灵在场。夫子说："我若因故不能亲身参加祭祀，就拿如同没有祭祀。"

本章弟子首先描述孔子祭祀时之虔敬之态，两个"如"字最值得玩味。

人禀天之气而生，天之气凝定于人为神，为灵。气是生命之本源，故气绝则人亡。人得地之养而成形，是为肉体。神形相合，而有完整生命力。人死，则神、形分离，并各归于其自来处，"魂气归于天，形魄归于地"（《礼记·郊特牲》）。

然而，先人之神安在？以何种形态存在？圣贤并不追究。重要的是，后人于特定时日，以诚敬之心祭祀先人。祭祀先人前，当先行斋戒。《礼记·祭义》说："齐［斋］之日，思其居处，思其笑语，思其志意，思其所乐，思其所嗜。齐三日，乃见其所为齐［斋］者。"思先人之进退举止，先人之音容笑貌，先人之心志意愿，先人最快乐的事情，先人最嗜好的食物等，如此，先人就活生生地在祭祀现场。"祭之日，入室，僾然必有见乎其位。周还出户，肃然必有闻乎其容声。出户而听，忾然必有闻乎其叹息之声。"到祭祀之日，孝子入祭祀之堂，仿佛先人就在神位上，影影绰绰，依稀可见。孝子进进出出摆设祭品，仿佛听到先人言谈笑语。孝子出户，仿佛听到先人欢喜感叹之声。

此即"祭如在"。祭祀先祖之外其他神灵，同样如此。神灵因祭祀者之诚敬而仿佛在场，人可感受到其气息。故神灵是否存在、是否降临，享用祭祀，报福于祭祀者，取决于祭祀者是否诚敬。《春秋繁露·祭义》说："君子之祭也，躬亲之，致其中心之诚，尽敬洁之道，以接至尊，故鬼享之。享之如此，乃可谓之能祭……祭之为言'际'也与？祭，然后能见不见。见不见之见者，然后知天命鬼神。"诚敬祭祀，即可见神灵。故神灵之在否，由祭祀者之心决定。故孔子才说，若我未亲身参与祭祀，如同没有参与祭祀。亲身参与祭祀，我必收敛身心，精诚专一，神灵仿佛在我面前，我与神灵交接。他人代祭，不在现场，我之诚敬无从兴起。

两个"如"字正是华夏鬼神、祭祀观之精髓。圣贤不深求鬼神之情状，盖"知之为知之，不知为不知"（《为政篇》），人难知鬼神，不必多言；人所知者，人事也，故圣贤以生者祭祀之仪节、尤其是祭祀者之诚敬为要务，而万物一体，人与鬼神自可感格，《中庸》曰：

> 子曰："鬼神之为德，其盛矣乎。视之而弗见，听之而弗闻，体物而不可遗。使天下之人齐明盛服，以承祭祀，洋洋乎如在其上，如在其左右。《诗》曰：'神之格思，不可度思！矧可射思！'夫微之显，诚之不可掩如此夫。"

华夏文明重心向来不在鬼神，而在人心与礼乐。由此，华夏教化之道不是神教，而是文教；君子所重者，不在知鬼神，而在诚敬祭祀，此即"敬鬼神而远之"（《雍也篇》）。

> 3：13 王孫賈問曰："'與其媚於奧，寧媚於竈'，何謂也？"子曰："不然。獲罪於天，無所禱也。"

上章论礼祭祀，本章论以义祭祀。

王孙，周代，周王未继嗣王位之子为王子，其孙为王孙，皆可为氏。王孙贾是周王之后，而入仕于卫。"与其媚于奥，宁媚于灶"，为当时流行俗语。

王孙贾问："'与其取媚于奥处之神，不如取媚于灶神'，说的什么意思？"夫子说："不是这样的。人若得罪上天，就不必祈祷了。"

这段对话发生之时的卫国，有臣子专权，公侯虽尊而无权。在此局面下，如何自处生存？王孙贾引俗语请教孔子。

按古制，奥位于室之西南角，是尊贵之处。灶是家内五祀之一，五祀分别祭祀门、户（二者主出入）、中溜（主堂室居处）、灶、行（主道路行作）。凡祭五祀，皆先设神主而祭于其所，然后，迎尸而祭于奥。主是木主，类似于今日牌位，神灵栖于上。尸，古人祭祀，常以活人扮神灵，接受祭祀。当时祀灶之礼，设神主于灶旁祭祀。祭毕，而更设馔于奥以迎尸。故当时人以为，奥有常尊，但非祭之主；灶虽卑贱，而当时用事。王孙贾意谓，卫侯类似于奥，位虽尊，大权旁落；灶神类似于权臣，位虽卑，却握实权。王孙贾问孔子：是否应冷落卫侯，取媚于当权之臣？

孔子断然反对这种生存术，但未直接回答，而提出更根本原则：人之所为，上天在监察着。君尊臣卑，这是天道。人若悖逆天道，得罪于天，那不管谄媚什么神灵，都没用的。天生万民，"天叙有典，天秩有礼"（《尚书·皋陶谟》），包括鬼神尊卑之别，以及人间君臣尊卑之分。人当法天而行，循上天命于人间之正当的伦理和法律规则而行。此为人生正道，也是最健全的生存之道。偏离此道，取媚于不正当地掌握权力和利益之人，或可得益于一时，终究把自己置于险境，则大难临头，虽百般祈祷，亦无济于事。

本章孔子之意实为，君子无所"媚"。君子直道而行，与人相得则行道，不相得则去之，何必取媚于人？取媚于人而得机会，丧失自尊而难免枉道，君子不为也。

以上两章记孔子以礼事天、神、鬼之道。《礼记·祭统》曰："凡治人之道，莫急于礼。礼有五经，莫重于祭。夫祭者，非物自外至者也，自中出生于心也；心怵而奉之以礼。是故，唯贤者能尽祭之义。"祭礼是礼中至关重要的部分，"祭者，教之本也"，正祭祀之礼，则可以正人心。

3:14 子曰："周監於二代，郁郁乎文哉！吾從周。"

前两章论礼之践履，本章论孔子复礼之计划。

监，古人盛水于器皿以观己之容貌，意为视，参照。二代，周之前夏、商二代。郁郁，茂盛之貌。文，礼文，即礼乐。

夫子说："周鉴于夏、商两代，其礼乐丰富完备，我跟从周。"

孔子深入研究三代之礼，明白其间之因，及殷、周两代之所损、所益。经比较，孔子认为，周代礼制最为完备，如林木郁郁葱葱。《汉书·礼乐志》解释说：

> 王者必因前王之礼，顺时施宜，有所损益，即民之心，稍稍制作，至太平而大备。周监于二代，礼文尤具。事为之制，曲为之防，故称礼经三百，威仪三千。于是，教化浃洽，民用和睦。灾害不生，祸乱不作，囹圄空虚四十余年。孔子美之曰："郁郁乎文哉！吾从周。"

华夏礼乐文明演进至周代，达到最为盛美之状态。周礼如此完备，也就成为孔子创制立法之出发点。不过，孔子说"从周"，绝非全盘沿用或恢复周礼。

前章孔子已指出，殷、周对其前代之礼有所损，有所益。如今，周的礼治秩序正在崩坏，孔子志在重建秩序，当然对周礼有所因，但也有所损、有所益。孔子之"吾从周"只是表明，既然周礼在先，则重建秩序之方案自当以周礼为基础,也即因于周礼,如同《为政篇》所说"殷因于夏礼","周因于殷礼";不过,损、益也是必然的。《卫灵公篇》记孔子教导颜渊以为邦之道,即杂用夏、殷、周之制度。孔子作《易传》《春秋》,也是为万世立法。只是孔子之立法,是在保持连续的基础上有所创新。故"吾从周"之意为,在周礼基础上有所损益而成万世之大法,表明孔子创制立法十分在意历史之连续与文明之传承。

> 3:15 子入太庙,每事问。或曰:"孰谓鄹(zōu)人之子知礼乎?入太庙,每事问。"子闻之曰:"是礼也。"

上章孔子谓"从周",而周礼尽在鲁,本章记孔子求礼于周太庙,刻画孔子好学于礼之精神。

太庙,开国之君之庙,在鲁国即为周公庙。鄹,鲁国之邑名。孔子之父叔梁纥曾为其邑大夫。事者,物也,太庙中陈设之牺牲、钟鼎、旗服、乐器等一切礼器。

夫子进入太庙,询问各种祭祀仪节。有人说:"谁说鄹邑大夫之子通晓礼制?他进入太庙,询问各种祭祀仪节。"夫子听这话后说:"这就是礼啊。"

孔子志在重建礼乐秩序,故抓住各种机会,搜集、研习三代之礼。鲁国上下均知孔子通晓礼制,太庙这位执事之语表明孔子已盛名在外。由其言语可知,此事当在孔子青年时代,人尚以"鄹邑大夫之子"称之。

"周礼尽在鲁"(《左传·昭公二年》),鲁国较好地保存周礼,太庙中礼器也比较古朴完备。故孔子抓住助祭机会,在祭祀前后,向执事详尽了解各种器物之形制、用途等,此即"好古敏以求之"(《述而篇》)。肤浅之人不能理解孔子用心,而讽刺孔子,盖因其不明孔子学习之道:孔子于各种礼制,即便于文献上已有所知,也尽可能验证于现实的礼仪、器物。孔子入太庙前，对祭祀周公之礼必有一定了解，此番请益于执事，旨在验证此前所得知识是否确当，这就是前章所说之"征"。通过征，或肯定，或否定，或修正、补充已得之知识。此即孔子之"好学"，既表现为"学而不厌"(《述而篇》)，也表现为"不耻下问"(《公冶长篇》)，更表现为严谨认真。

孔子回应"是礼也"，其义在《礼记·曲礼上》："礼闻来学,不闻往教"。己有所不知而问人，正是礼。孔子循此礼，而广知三代之礼。当时君子不问、不学，故普遍不知礼，而有礼乐秩序之崩坏。孔子于平平淡淡的回答中阐明，勤于问礼、学礼以知礼，实为最重要的礼。同样是《礼记·曲礼上》说："人有礼则安，无礼则危，故曰：礼者，不可不学也。"孔子正是好学礼之典范。

本章关键词正是"问"。正因为孔子如此学礼，方能以普通士人身份通三代礼乐，为万世立法。

> 3：16　子曰："射不主皮，為力不同科，古之道也。"

上章记孔子好学于礼，孔子由此而明古礼，本章记古之射礼。

射，射礼。皮，动物皮革。射礼，张布为侯，由外侧向中心，依次为鹄、正、质，质贴有动物皮革，此即皮侯。科，等也。

夫子说："射礼只求射中于皮做的质而不求射穿，因为人的力量是有差别的。这是古代射礼之道。"

射是一种相当特殊的运动。射当然求中，但要做到中，却需养德，《礼记·射义篇》这样说："射者，进退周还必中礼。内志正，外体直，然后持弓矢审固；持弓矢审固，然后可以言中，此可以观德行矣"。君子习射，以养德为主。

不过，孔子对比古今，也揭示射艺之历史性变化。周武王以武力革殷商之命，战场上，武士当然杀人，故尚力。射不仅求中，还要有足够力量以杀伤敌人，则在训练时，就追求"贯革"，也即，射穿中间的皮革。但武王深知武力之限度，故克商之后，如孔子所说，偃武修文，"马散之华山之阳，而弗复乘；牛散之桃林之野，而弗复服；车甲衅而藏之府库，而弗复用……然后知武王之不复用兵也。散军而郊射，左射，《狸首》；右射，《驺虞》，而贯革之射息也"（《礼记·乐记》）。武王立射礼之制，于行射礼之时，有《狸首》《驺虞》之乐为之节，而不求射穿皮革。由此，周代君子能文质彬彬。

到孔子时代，礼崩乐坏，各国以力相争，复尚"贯革"之射，射以杀伤人为目标。射即丧失其养德之功，沦为杀人之手段，反而败坏君子之德。对射者来说，射礼中最重要的因素就是力，而不再是礼乐之节，不再是德之养成。这标志着君子之精神大变。孔子志在重建秩序，故追怀礼乐完整时代的射之道。

孔子称之为"古之道"，盖道者，路也，前人之所行而善者，即为后人之道。求道，则不能不知古；无视古，即无道。故孔子自道"信而好古"，"我非生而知之者，好古，敏以求之者也"（《述而篇》）。

> 3:17　子貢欲去告朔之餼（xì）羊，子曰："賜也，爾愛其羊，我愛其禮。"

上章孔子揭明古之射道，本章指明，当时尚有古礼之残余，可为复礼之基础。

朔，与望相对，每月开始之日。告朔，周王颁发朔政于诸侯之礼。饩，祭祀用之生牲。赐，子贡之名，端木赐。

子贡想撤除告朔礼中献祭之羊，夫子说："赐啊，你珍惜那只羊，我却珍惜礼。"

《尚书·尧典》记载，帝尧命羲和"历象日月星辰，敬授民时"，向天下颁布王历，系天下共主之重要责任和重大权威。统一时间标准有助于天下人协调、合作，而诸多祭祀、政治活动也都需确定的时间尺度。只有在广阔范围内进行天象观测，并依靠专业人员进行复杂推算，才能编定年历，故历由王室编定、颁布。

　　而其内容，关乎政事，由今日流传之《月令》可见其大概：它详尽说明四时历月之天象、物候，规定君子应行之政，农事应为之事，尤其是各种祭祀之时日。由此，天人合一，人间得以法天而生、而治。此为"朔政"。

　　朔政编定后，天子每年一次，派人颁布于诸侯。周代，周王在季冬遣使颁布来年十二月之朔政于诸侯，诸侯受而藏之太祖庙，是为"告朔"礼。诸侯招待周王之使者以"特羊"，即一只羊。每月朔日，诸侯请于太祖庙，颁之于国人，是为"视朔"或"听朔"。

　　告朔制是礼治之核心制度，一方面，制定、颁布朔政是天子之特权，告朔是维护天下一统格局的核心制度之义。告朔制废弃，说明王室丧失权威，"礼乐征伐不自天子出"（《季氏篇》）。另一方面，诸侯每月颁朔政于国人，也表明公侯对国人之权威。据《左传》，鲁国自文公十六年四次不视朔，说明公侯权威也大大流失。

　　然而在鲁国，用于招待告朔之使者的牺牲之礼，还依稀保留。表面上看，这些牲品已无实际作用，子贡是商人，从功利角度思考问题，故提出干脆取消这牲品得了。孔子不以为然。他相信，有司仍然准备牲品之举提醒人们，曾有告朔之礼，它是曾经完备的礼乐秩序之象征。这可成为重建礼治秩序之契机。大厦垮塌，地上若留有残垣断壁，人们还能从中大约看到重建蓝图。若彻底清理成为一片空地，也就没了蓝图，重建难度更大。重建礼制，就是给已快熄灭的灯火加油、吹起，使之重燃。这是重建秩序最俭省的办法。

孔子有复礼之志，则不能不知礼，以上四章记孔子求古礼、存古礼之努力。历史不可能截断，文明需要延续，古礼是复礼、兴起礼乐之基础，孔子创制立法之道正是在因中有所损、益。

3：18　子曰："事君盡禮，人以爲諂也。"

前数章记孔子探究古礼，孔子亦依古礼而行。本章记孔子在君臣关系中践行古礼，而遭到时人讥笑。

夫子说："依礼侍奉邦君，他人视为谄媚。"

此处之君指鲁侯。礼崩乐坏，人们已普遍不能严格依礼侍奉君主。尤其是在鲁国，三桓专权，鲁侯不为人尊重。孔子却不随大流，严格依照事君之礼侍奉鲁侯。如此做法招来人们异样目光，以为孔子谄媚鲁侯，希望得到恩惠。

这个评价表明，人们对礼的理解已经扭曲，倾向于从物质得失的角度理解礼。导致这种理解偏差的原因是位、权分离。当两者合一时，在位者得到恰当对待，在下者依礼而行，可得到合礼利益。德行增进利益。当鲁侯享有尊贵之位，实权却掌在三桓手中时，究竟尊敬哪一方？大多数人不能不权衡、抉择，最终重权而轻位。很多人可能用本来应该侍奉鲁侯之礼，侍奉不在其位的"三桓"，以期得到利益。此时，违礼而行才能得到利益。利益反对德行之社会环境必定诱导人们追求利益，而蔑弃礼制。

孔子对此深为痛心，而不为潮流所动。孔子志在重建秩序，在他看来，重要的就是秉义而行，依礼而行。而礼围绕着位而设计，鲁侯有其位，那就应按对待此位之方式对待鲁侯。孔子相信，自己这样做，或可推动君君臣臣秩序之重建。不过，众人之讥讽也表明，这一点很难做到，孔子做到而心安，正可见孔子之仁。

> **3：19** 定公問："君使臣，臣事君，如之何？"孔子對曰："君使臣以禮，臣事君以忠。"

上章叹时人不知君臣之礼，本章阐明君臣相处之道。

定公，鲁定公，姬姓，名宋。孔子四十来岁，定公继位。孔子出仕于鲁，正在鲁定公时。使，调遣，指挥。事，侍奉，以下事上。

鲁定公问："君指挥臣，臣侍奉君，怎么做？"夫子对答说："君依照礼制指挥臣，臣以其忠心侍奉君。"

孔子时代，君臣关系紊乱，在鲁国，作为公侯之臣的卿大夫专权，鲁定公有其名而无其实，故请教孔子君臣相处之正道。孔子以极简明语言阐明君臣之大义。

一方面，君须在礼之范围内指使臣。在君臣关系中，君在上，臣在下，臣当效力于君之事，"事君，能致其身"（《学而篇》），甚至必要时为君奉献生命。然而，臣对君之责任不是无限的，而由礼界定。臣不是君可随意呼喝的工具，君只能要求臣承担礼所界定之责任，而不能超出此范围。至关重要的是，君须尊重臣。礼之根本功用是"自卑而尊人"（《礼记·曲礼上》），臣虽在下，但与君一样都是人，都有人之为人的尊严，故君须将臣当作与自己相同的人对待，敬之尊之，以礼相待。如此，臣才能敬君，并忠于职守。

另一方面，臣须忠，尽心竭力地履行自己对君之责任。尽己之谓忠。忠当然不是愚忠，不过，只要与君在君臣关系中，那就应尽心履行礼所规定的自己对君之责任，曾子曰："吾日三省吾身：为人谋而不忠乎"（《学而篇》）。

这样看来，臣固当忠于君，但臣对君之忠有限度。君臣关系系人为选择、建构而成，旨在同时增进双方之利益，故臣对君的责任就在礼所规定之范围内。《新序·杂事一》记载这样一个故事：

赵简子上羊肠之阪,群臣皆偏袒推车,而虎会独担戟行歌,不推车。简子曰:"寡人上阪,群臣皆推车,会独担戟行歌不推车,是会为人臣侮其主,为人臣侮其主,其罪何若?"虎会曰:"为人臣而侮其主者,死而又死。"简子曰:"何谓死而又死?"虎会曰:"身死,妻子又死,若是谓死而又死。君既已闻为人臣而侮其主之罪矣,君亦闻为人君而侮其臣者乎?"简子曰:"为人君而侮其臣者,何若?"虎会对曰:"为人君而侮其臣者,智者不为谋,辩者不为使,勇者不为斗。智者不为谋,则社稷危;辩者不为使,则使不通;勇者不为斗,则边境侵。"简子曰:"善。"乃罢群臣不推车,为士大夫置酒,与群臣饮,以虎会为上客。

君臣关系不同于父子、兄弟关系,乃至不同于夫妻关系。郭店楚简《语丛一》曰:"君臣,无亲也。"君臣是两人为共同利益而缔结之契约性关系,双方之权益、职守是相互的。双方维持关系之前提是均可从中获益,为此双方均须承担职守。在这一点上,君臣平等,尽管其名位不同。一方可根据另一方对待自己的方式,确定自己的对待方式,故孟子告齐宣王曰:"君之视臣如手足,则臣视君如腹心;君之视臣如犬马,则臣视君如国人;君之视臣如土芥,则臣视君如寇雠"(《孟子·离娄下》)。

君臣关系也是可解除的。在一个多君竞争的世界中,臣若发现更好的君,也可更换君。这并非不忠,而是臣的权利。君臣关系中的双方都是自由人,而非主与奴,双方都保留重新选择的自由。《礼记·内则》说,君子出仕,"道合,则服从;不可,则去"。君若违礼,严重伤害臣之权益,臣可解除关系,《礼记·表记》记孔子之语:"君命顺,则臣有顺命;君命逆,则臣有逆命",此处的顺、逆,就是指顺礼、逆礼,也即合礼、违礼。

总之,礼是君、臣行为之共同规范。君固当使臣以礼,臣也只是依礼事君以忠。君臣之行为均合乎礼之规范,双方即可维持良好关系。任何一方违礼,君臣关系就陷于危境。

秦以来,天下只有一个君。而在此之前的封建时代,天下有多个君。凡有城邑者，皆为君：周王是君，各国诸侯是君，卿大夫也是君。故孔子所说君臣伦理，当从更为普遍的上下级关系角度理解。凡有组织，就有君臣，君臣就是组织内的上级、下级，领导者、被领导者。孔子所述君臣伦理适用于一切时代之一切组织。

礼以"经礼"为重，经礼规范君臣关系，以上两章，首先记孔子自觉恢复君臣之礼的个人努力；其次阐明，正君臣关系，礼为根本。在孔子复礼事业中，正君臣之礼最为重要，下论提出之"正名"，主要正君臣之名。

3：20　子曰："《關雎》樂而不淫，哀而不傷。"

上章论君臣相处以礼，本章论男女、夫妇相处之礼，而阐明《诗经》之神髓。

《关雎》，见《诗经·周南》。

淫，过分。哀，哀愁。

夫子说："《关雎》有快乐但不过分，有哀愁但不伤痛。"

《关雎》列《诗经》之首篇，描述君子、淑女相思之愁、相合之乐，其诗曰：

> 关关雎鸠，在河之洲。窈窕淑女，君子好逑。
> 参差荇菜，左右流之。窈窕淑女，寤寐求之。
> 求之不得，寤寐思服。悠哉悠哉，辗转反侧。
> 参差荇菜，左右采之。窈窕淑女，琴瑟友之。
> 参差荇菜，左右芼之。窈窕淑女，钟鼓乐之。

诗首先描写君子、淑女相见，而后描述君子挂念淑女，辗转反侧，夜不成寐，是所谓"哀"。这是一种甜蜜相思之伤感。后来，有情人终成眷属，而有琴瑟钟鼓之乐。本诗大义曰：男女之情，当归于夫妇之义。

本章孔子说，君子最初的忧思没有达到神魂颠倒的地步，后来的快乐也没有达到纵情恣肆的地步。君子之哀、乐，皆有节制，不放纵，而得其中。读者阅读这样的诗句，也得以体认人的情感、激情之丰富，最终归之于正。

孔子通过评价《关雎》，阐明自家心目中文学、艺术之典范。人天生有喜、怒、哀、惧、爱、恶、欲之七情（《礼记·礼运》），人们发明文学、艺术，为表达这些激情、情绪，受众由此也可对人之性、情有深刻、全面的把握。然而，健全的文学、艺术在表达情感时必定是节制的，而不至于过分。这样，作者本身不会疯狂，受众心灵中激发出来的也是中正平和的情感反应，从而陶冶性情。如《礼记·乐记》所说："故先王之制礼乐也，非以极口腹耳目之欲也，将以教民平好恶而反人道之正也。"

不健全的作品在表达这些情感时不加节制，放纵激情、情绪，快乐呈现为纵情，忧思呈现为伤痛。如《礼记·乐记》中子夏所说："今夫新乐，进俯退俯，奸声以滥，溺而不止；及优侏儒，獶杂子女，不知父子。"作者本人因此而癫狂，并诱导受众沉溺于欲望、激情中，其性情必偏邪怪异。如此性情，不可能形成健全人际关系。

孔子时代，诗乐已败坏，齐国曾"选齐国中女子好者八十人，皆衣文衣而舞康乐，文马三十驷，遗鲁君。陈女乐文马于鲁城南高门外，季桓子微服往观再三"（《史记·孔子世家》），孔子见此情形，而有离开鲁国之念头。孔子说《关雎》，正是希望复诗乐之正宗，以正人心，美风俗，从而重建秩序。

> 3:21 哀公問社於宰我，宰我對曰："夏后氏以松，殷人以柏，周人以栗，曰使民戰栗。"子聞之曰："成事不說，遂事不諫，既往不咎。"

前两章分别论君臣、男女夫妇之礼，本章论社祭之礼，并阐明重建礼治秩序当有向前看之心态。

社，祭土之所。宰我，孔子弟子，名予，字子我，利口辩辞。战栗，因恐惧而发抖之情态。

鲁哀公向宰我询问社之制，宰我对答说："夏人之社植以松树，殷人之社植以柏树，周人之社植以栗树，含义是让民众战栗。"夫子听到这话后评论说："已做成之事，不可再说了；已达成心志之事，不可谏止了；已过往之事，不可追究责任了。"

古典时代，各级共同体均立社，《礼记·祭法》说："王为群姓立社，曰大社；王自为立社，曰王社。诸侯为百姓立社，曰国社；诸侯自立社，曰侯社。大夫以下成群立社，曰置社。"基层社中之祭，共同体内所有成员均参与。夏、商、周三代王城所在地理位置不同，各因当地所宜之挺拔、坚实、耐久之乔木，植于社中，三代选用松、柏、栗树，并无深意。宰我说周人之社植栗树，有让民众战栗的含义，是牵强附会，故孔子大不以为然。

不过，王社、诸侯所立之国社均为至关重要的公共活动场所，尤其与军事、刑罚有关礼仪，多在社中举行：《尚书·甘誓》记夏王启讨伐甘之前对将士宣誓："用命，赏于祖；弗用命，戮于社，予则孥戮汝。"《左传·昭公十年》记载："秋七月，（季）平子伐莒，取郠，献俘，始用人于亳社"。社中献俘、行刑，故确有令人震惧的一面。

这正是鲁哀公问社之因。面对三桓专权，鲁哀公忍无可忍，意欲讨伐，戮之于社，故借题询问宰我。宰我知道哀公隐衷，故道明"使民战栗"之意，以支持鲁哀公，意谓，君王果敢决断，可于社中戮杀非礼之臣。

孔子听说这段对话，深感鲁哀公失之鲁莽。三桓专政由来已久，根深蒂固。欲正君臣之名，须从长计议。哀公若鲁莽行事，只会造成邦国内乱。后孔子去世，哀公果然欲借越国力量讨伐三桓，反被攻击出逃，君权更为衰微，鲁国礼乐秩序迅速崩塌。

由此可见孔子重建礼治秩序之现实态度。孔子志在重建秩序，核心是正君臣之名。但孔子认为，从事这一工作，不能向后看，追究礼崩乐坏之责任。正名要求各方回到自己应有位置，而非排斥哪一方。追究责任必引致排斥，将原有不信任激化为公开对抗，而这丝毫无助于秩序之重建。重建礼乐秩序，须本着向前看的态度，含容非礼者，导之以正，逐渐消除相互猜疑。

此即孔子之大器，下一章明确提出这一点。

> 3:22 子曰："管仲之器小哉！"或曰："管仲儉乎？"曰："管氏有三歸，官事不攝，焉得儉？""然則，管仲知禮乎？"曰："邦君樹塞門，管氏亦樹塞門。邦君為兩君之好，有反坫，管氏亦有反坫。管氏而知禮，孰不知禮？"

上章论复礼之现实态度，本章论齐桓公。管仲协助齐桓公"尊王攘夷"，是春秋时代最重要人物，其行事、功业较复杂，故《论语》有三章评论管仲，本章论管仲见识短浅。

器，见识。归，女子出嫁曰归，三归，娶三姓女也。官，官职。摄，犹兼也，一人承担多项职责。塞，犹蔽也。塞门筑于正门外，用于遮蔽，即《季氏篇》所说"萧墙"，类似后世之照壁。坫，反身放置酒爵之坫，在两楹之间。公侯接见外国公侯，献酬饮毕，置酒爵于其上。依礼，唯周王、诸侯可树塞门和立反坫。

夫子说："管仲的器识太短浅了。"有人问："管仲俭朴吗？"夫子说："管仲僭越诸侯之礼，一娶三国九女；管仲家室的官职皆设专人，而非一人兼多职，如何当得起俭朴？"那人又问："原来如此，那管仲算不算知礼呢？"夫子说："邦君为别内外而设塞门，管仲也设塞门。邦君款待他国邦君，促进两国友好，故在两楹之间筑有反坫，管仲也在自家筑有反坫。管仲若算知礼，谁算不知礼呢？"

孔子对管仲的总体评价是器识太小。此类人常趋向于俭朴，故孔子的对话者追问，管仲是否俭朴。孔子用两个例证说明，管仲不俭朴：据周礼，诸侯不再娶，故一娶三国九女；大夫婚不出国境，一娶一国一姓三女。管仲是大夫，却娶三姓之女，此为僭越。孔子又举另一例子：国君事大，每个官职有专门的臣承担；大夫事小，其臣一人可兼任多个官职。管仲在这方面也僭越国君之礼。

管仲如此僭越，对话者希望了解，如此管仲，是否算知礼？孔子肯定地回答，管仲不知礼。管仲之器识浅小，正因其不知礼。

管仲辅佐齐桓公"尊王攘夷"，确实成就伟大功业，对此，孔子高度肯定（《宪问篇》）。然而，齐桓公不得善终，更未恢复礼治秩序，只成就霸业，原因就在于见识短浅，责任在管仲：管仲未看到那个时代的大问题，并寻找治本之策。此即礼治松动，王制解纽，华夏内部凝聚力弱化，力量削弱，戎狄蛮夷趁机兴起。管仲辅佐齐桓公击退戎狄蛮夷进攻，靠的正是华夏残存之礼，礼把诸侯国凝聚在一起，并在齐桓公尊王的旗号下共同行动。尊王，正是尊周王象征的礼。

但是，管仲对礼制终究缺乏深刻理解，未将此视为稳定天下秩序之根本，故未致力于恢复礼乐秩序。尤其是，他未认识到，礼之根本在于"自卑而尊人"（《礼记·曲礼上》），未从自己做起，相反在诸多方面严重违反礼制，放纵欲望。此即器识浅小。由此，管仲抽空了自己功业之价值基础，其功业也就十分有限，且不能持续。

本章阐明，器识至关重要。一个人的器识就体现在对社会治理之本的洞察、把握。重建秩序，即当意识到恢复礼治秩序之重要性。为此需节制自己，以身作则，从自己开始，恢复礼治秩序。

孔子志在重建礼乐秩序，以上三章阐明恢复礼治秩序应有之心态：首先，当乐而不淫，哀而不伤，意即节制激情，始终保持心智清明；其次，当向前看，量力而行，不可鲁莽行事；最后，当有大器识，具体而言，即以复礼为要务。但后来诸子与战国各国统治者仍如管仲，器识浅小。

> 3:23 子語魯大（太）師樂曰："樂，其可知也：始作，翕如也；從（纵）之，純如也，皦（jiǎo）如也，繹如也，以成。"

上章记管仲不知礼，而鲁太师亦不知乐，本章记孔子对鲁太师论乐。

语，告也。大师，乐官。翕，起也。纯，不杂糅也。皦，明也。绎，相续不绝也。

夫子对鲁太师论说乐："乐，那是可以知晓的：开始击打金声，大家精神振作起来。其后，人声歌唱，声音纯净优美；而后，管乐演奏，音节分明；而后，人声、管乐相和而不断绝，达到高潮。"

太师是公室专门负责乐的官员，理应熟悉乐之道。然而，礼崩乐坏，鲁国之乐已散乱，鲁太师对乐也已不甚了了。《子罕篇》：子曰："吾自卫反鲁，然后乐正，雅、颂各得其所。"孔子晚年自卫返鲁，整理、编次乐，并告诉鲁国太师以乐之道。

《尚书·舜典》有"八音"，指八类乐器：金（钟、镈）、石（磬）、丝（琴、瑟）、竹（箫、篪）、匏（笙、竽）、土（埙、缶）、革（鼗、雷鼓）、木（柷、敔）。乐除乐器演奏，更有人声歌唱。本章用几个简练的词，描述了声音的不同组合。孔子本章所说之理，可参照《仪礼》之《乡饮酒》《大射》等篇理解。

据《大射篇》，诸侯升堂，大射之礼开始，乐工击打钟、镈，演奏《肆夏》，这属于颂，以示乐之开始，场内所有人也都振作起精神。此乐停下，人们进行一系列礼仪活动。

至射箭之前，再度用乐。先由太师领唱，"歌《鹿鸣》三终"。在乡饮酒礼中，乐工歌唱《鹿鸣》《四牡》《皇皇者华》。这时没有伴奏，只有优美纯净的人声，故曰"纯如也"。

之后，"笙入堂下，磬南，北面立，乐《南陔》《白华》《华黍》"，以笙、磬合奏此三首乐。这时，没有人声歌唱，只有笙、磬乐器演奏之声，其音节分明，其义亦清晰可辨，故曰"皦如也"。

再后，"乃间歌《鱼丽》，笙《由庚》；歌《南有嘉鱼》，笙《崇丘》；歌《南山有台》，笙《由仪》"。也即，人的歌唱与笙的演奏相间而作，络绎而不绝，故曰"绎如也"。

最后"乃合乐：《周南》：《关雎》《葛覃》《卷耳》，《召南》：《鹊巢》《采蘩》《采苹》"。所有乐器合奏，并有人之歌唱。至此，乐达到高潮，而结束，这就是"成"。

本篇论重建礼乐秩序之道，礼常伴随着乐，乐引领人们行礼，营造和的气氛，塑造共同体感，如《乐记》曰："故乐也者，动于内者也；礼也者，动于外者也。乐极和，礼极顺，内和而外顺，则民瞻其颜色而弗与争也；望其容貌，而民不生易慢焉。"无乐，礼难行，故孔子之教，乐甚重要。

> 3：24 儀封人請見（现），曰："君子之至於斯也，吾未嘗不得見也。"從者見（现）之。出曰："二三子何患於喪乎？天下之無道也久矣，天將以夫子為木鐸。"

上章以乐为例说明孔子已完整掌握礼乐，唯有孔子可重建礼乐秩序，此即为孔子之天命。本章记孔子之膺天命已获人认可。

仪，卫国之邑。古代各共同体边界植以树木，以为限止，谓之封。封人，官职名，掌封疆之事。第一、三个"见"字，引见。二三子，指孔子弟子。丧，去声，丧失，指失位流亡于外。木铎，有舌、开口向上的大摇铃，宣布政教时用于警醒大众。

仪邑之封人请求拜见夫子说："各国君子，凡是至于此地的，我没有见不到的。"夫子随从引见他拜见。走出房间后说："小伙子们，何必为夫子丧位去国而担忧呢？天下的无道已经太长久，上天有意以孔子为其木铎。"

此事约发生于孔子离开鲁国、周游列国第一次至卫途中，孔子丧失在鲁国之位，被迫流亡，弟子们比较担忧。仪邑之封人因掌管边界事务，见识往来各色人等。孔子当时名闻天下，故求见孔子。从其话中可知，他极有识人之明，故一见孔子，立刻看出孔子之圣。

仪封人首先指出，天下已长久处于无道状态。仪封人遍见过往此处之君子，即诸侯、卿大夫等在位者，知其不学、无礼，此即天下无道之具体表现。而他相信，此状态不应长期持续下去，上天定扭转这种局面，重新拣选"受命者"。

通过短暂交谈，仪封人很快看出孔子与众不同。孔子删定诗、书、礼、乐，以之教授弟子。孔子也一直致力于恢复礼乐，让天下重归于道。仪封人断定，周的天命已终结，孔子就是上天降下，导正天下回归于道之新受命者。孔子之删定诗、书、礼、乐，即为万世立法。此即"木铎"之寓意，孔子为万世宣告法度。

不过，仪封人用"将"字，其意谓，孔子之受命不同于三代圣王：他不是掌握权力之王者，而以文、赖文所养成之士君子来行道、导正天下。故孔子之道难于当下实现，只能行于后世。或许可以说，孔子之道永难完整行于天下，历史总不完美。但也因此，孔子的木铎在此后历史中持续鸣响，且将继续鸣响。故朱子《中庸章句序》说，"若吾夫子，则虽不得其位，而所以继往圣、开来学，其功反有贤于尧舜者"，孔子是万世之木铎。

由本章可见，孔子之圣，当时已为人知；而圣人在世，以矫正无道、行道天下为己任。

> 3：25　子謂《韶》"盡美矣，又盡善也"，謂《武》"盡美矣，未盡善也"。

上章论孔子将重建礼乐秩序，本章论乐之美与善。

《韶》，帝舜之乐，《尚书·益稷》："《箫韶》九成，凤凰来仪"。尽，极也。《武》，周武王之乐。

夫子说《韶》乐"达到美的极致，又达到善的极致"，说《武》乐"达到美的极致，还未到善的极致"。

美指乐之美，这包括歌词、歌唱、乐声、舞蹈之美。善则形容乐内含之德，《礼记·乐记》："德者，性之端也；乐者，德之华也"，乐有其德，而"声音之道，与政通矣"，乐之德可深刻影响人之德，故孔子论乐，兼顾美、善。

《韶》为舜之乐，被公认为最为完善之乐。《左传·襄公二十九年》记载，吴公子季札聘于鲁，请观于周乐："见舞《韶箾》(《韶》)者，曰：'德至矣哉，大矣，如天之无不帱也，如地之无不载也。虽甚盛德，其蔑以加于此矣，观止矣。若有他乐，吾不敢请已'。"此即"叹为观止"成语之由来。《论语》中，孔子对舜评价最高，因舜以德受禅于尧，又禅位于禹。舜之德最为盛美，不论《韶》乐是舜所作，还是颂舜之德，其乐有舜之德，故孔子谓《韶》乐"尽善"。

至于《武》，乐舞之美与《韶》是相同的，其德略有区别：《周易》"革"卦《彖辞》曰："汤武革命，顺乎天而应乎人."此为善。然而，武王克殷不久即驾崩，而未能致天下于太平，故"未尽善"。《礼记·乐记》记孔子描述《武》之结构："且夫《武》，始而北出，再成而灭商，三成而南，四成而南国是疆，五成而分周公左、召公右，六成复缀以崇"，武王尚未能致太平。

由本章可见，在孔子心灵中，美、善同等重要，两者具备，方为最佳。故《卫灵公篇》记孔子告颜渊为邦之道，"乐则《韶》舞"。本章实彰显孔子重建秩序之最高境界，即《韶》之尽善尽美。孔子相信，唯有通过重建礼乐，才能到此状态。也只有孔子，才有能力引领社会至于这个状态。

本章记孔子评舜乐、武王之乐，表明孔子之重建礼乐，乃上承圣王之事业，尤其是孔子以武王之乐为未尽善，可见孔子之情怀与志业，直追尧舜。

孟子谓孔子乃"集大成者",诚然。

> 3:26 子曰:"居上不宽,为礼不敬,临丧不哀,吾何以观之哉?"

上章论重建礼乐之志,本章总言礼意。

为,动词,行。

夫子说:"处于上位而不宽和,行礼没有敬意,参加丧事而不哀戚,我还从什么地方观察他呀?"

本篇论礼,到此末章归结于礼意,或林放问于孔子之"礼之本"。礼有文、有本:衣冠、器具、动作等为礼之文。文当然重要,但文背后的意也即人之情谊更为重要。

孔子在此列举三种情形说明之:君子在上治民,当然有一套礼仪,如《学而篇》所说"君子不重,不威"。但有些在上者迷恋威仪,而忽视礼义,如本篇开头所举三家之僭礼。此类统治者必定对民不宽,礼反成苛待民众之具。《颜渊篇》记季康子问政于孔子曰:"如杀无道,以就有道,何如?"而孔子认为,宽和乃为政之大德。

《礼记·曲礼上》:"夫礼者,自卑而尊人。虽负贩者,必有尊也,而况富贵乎?"在丧礼之外的宾、祭、飨、射诸礼中,行礼旨在表达对他人之敬。不敬而行礼,对方不能感受敬意,也就不能形成健全人际关系。

林放章所说"丧,与其易也,宁戚";《子张篇》:"子游曰:'丧,致乎哀而止。'"居丧,最重要的是哀戚之情,丧礼之仪只为之"节"而已,使之无过、无不及。若无哀戚之情,丧礼也就失去依托,而无意义。

归根到底,礼意在于内在之情意,也即在于仁,由仁而有对民之宽,行礼之敬,临丧之哀。不仁,无情,也即忍,礼也就没有意义,此回应本篇首章季氏之"忍",又回应"人而不仁,如礼何?人而不仁,如乐何?"

以上四章为一单元,首先,其中两章于前面所论之礼以外补足以乐,而有完整的礼乐秩序;其次,记孔子告鲁太师以乐,记仪封人肯定孔子之圣,指明孔子通过删述诗书礼乐,已掌握礼乐,故恢复礼乐之天命已落在孔子身上。最后一章指出,当世有礼而无仁,欲重建礼乐秩序,当从人心入手。既回应前面关于礼之本在仁的论述,也开启下一篇《里仁篇》。

里仁篇第四

上篇记孔子礼乐思想,然于礼乐之本在仁。尤其是崩乐坏之世重建礼乐,不能不诉诸人人内在固有之仁,故本篇论仁。

共二十六章。仁在孔子思想中居核心位置,本篇首先指出,人的生命需自己抉择,人当择仁,志于仁,因为仁的生命是美的,随后详论为仁之道。

4:1 子曰:"里仁為美。擇不處仁,焉得知(智)?"

本篇论仁,本章提纲挈领,阐明仁为人之家园。

里,居也。

夫子说:"居于仁之中是美的。人之抉择若不是居于仁中,怎能算得上明智?"

"择"字说明,人生可以抉择。天生人而不全面规范人,人可以自主,生命之状态可由自己完全决定。自主,则人不能不抉择,抉择确定生命之方向,决定人是下达还是上达。人无时不需抉择,人生就是一个接一个抉择之过程。故智对生命状态至关重要,孔子指出,仁、智直接相关。

怎样抉择方为明智?孔子说,自觉地居于仁,让生命完全处在仁的状态。全身心进入仁之中,仁成为自己的居所。孔子认为,这样的生命抉择是明智的。盖因天生人,人皆禀有仁之性。然而,这内在之仁需自觉之护持、扩充，才能包裹整个生命。经由择仁，人为自己构筑美好的家园、仁的家园，孟子说："仁，人之安宅也"（《孟子·离娄上》）。

在常人看来，居于仁之中是善的，孔子更进一步说，这样的生命状态是美的，其意曰，生命包裹于仁之中，内充实而外光辉，优美而有光彩。如此优美之身与人交接，不仅以其善感召人，更以其美化成人，由此以自己为中心，形成优美的、文明的关系，此即"天下归仁焉"（《颜渊篇》）。文明，也即，优美之文自然散发出光明，在圣贤看来，这是生命和秩序所能达到的最佳状态。

但孔子只是说择处于仁是明智的。仁内在于人，人自我抉择而进于仁，成己而安人，此即全部所得，除此之外无任何外在之利可得。这再一次证明，人完全是自主的，择仁而成己安人是完全自主的。

本章为全篇提要。人生而有仁，孔子开宗明义指出，作出抉择，自觉扩充之，以仁包裹生命，为己构筑仁的家园，安顿自己及与自己相关的一切人，是人生第一要务。

本章之"择"字至关重要。孔子之教不是要人遵行神之律法或服从神之命令，也不以来世的奖赏或惩罚利诱威逼。孔子说，仁内在于人，人生之路全由自己抉择，孔子只论其是否明智。自觉、自主、自立、自强，此乃孔子所期待于每个人者。以下各章所论，正以"择"而处仁为中心。

4:2　子曰："不仁者，不可以久處約，不可以長處樂。仁者安仁，知者（智）利仁。"

上章论择，本章对比三种选择：不仁者、安仁者、利仁者。

约，缠束也，束缚、约束之意。

夫子说："不仁者做不到长久处于约束中，也做不到长久处在快乐中。仁者自然而然地行仁，智者见仁之利而行仁。"

上章孔子指出，人的生命状态由自己抉择，本章指出，人的抉择可有三种状态：

仁者自敬自爱，且以人待人，以己及人，敬人爱人。不仁之人无此情怀，故有孔子所说之两种生命困境：第一种情形，无法长久地接受约束，主要是礼之约束，《礼记·曲礼上》说："夫礼者，自卑而尊人。"礼让人自我约束，以恰当仪节表达对他人之敬。不仁者不敬人，也就对礼不耐烦，倾向于放纵欲望，违礼、僭礼，则必遭他人同样对待，而陷入困境。第二种情形，无法长久地处在快乐中。不仁者之乐来自物质利益之增加，处此状态必自骄自满，目中无人，难以长久保有其乐。

仁者与此不同。孔子区分两种仁者，境界略有区别。人皆有仁，然而，生各有异。有些人是天生仁者，是为圣贤，仁心充溢，自然泛爱施生，行仁而不计利害，是为"安仁"，即其为仁而不以为在为仁而全出自自然，以仁为安。另一种人是智者，其为仁有权衡抉择的成分在内，即上章所说之"择"。他们看到，自己把他人当成与自己相同的人看待，对方同样回报，为仁既有利于己，亦有利于人，乃是双赢的人生策略，据此乐于为仁。大多数人之为仁属于这种选择之仁，假以时日，习惯成自然，同样可安于仁。这两者都是仁者，如《中庸》说："或安而行之，或利而行之，或勉强而行之，及其成功，一也"。仁者可以长处约，可以长处乐。因为他们自敬自爱，故自我节制而上达，而又敬人爱人，不会为自己利益而随意伤害他人。

4:3　子曰："唯仁者能好（hào）人，能恶（wù）人。"

上章对比仁者、不仁者，本章论仁者之美。

好，恶，皆为动词。

夫子说："只有仁者有能力喜好人、厌恶人。"

人在人之间，以人待人，敬人爱人，故由人之好恶，即可见其是否仁者。本章关键词是"能"，借此揭示仁之内涵。

人生世间，与众人交接，不免喜人、好人。人若不仁，不能以人待人，以己及人，则其好人、恶人必出于一己之欲望、情绪或利益；其所喜好者，不过是对方带给自己之利益或短暂的欲望满足与快乐，而非该人本身；其厌恶对方，不过因为对方不能带给自己利益，或不能满足自己欲望。故不仁之人其实没有能力好人、恶人，其眼里只有利益，而没有人。

唯有仁者，有能力好人、恶人。仁之本义就是自敬、自爱，且以人待人，以己及人。故与人相对，仁者眼里只有人，活的、完整的人，其人本身之好或不好，而非其人带给自己之利益。如此，仁者有能力接近那人之实际状态，所好者是其人身上真正好的地方，所恶者是其人身上真正恶的地方。对此评价，其他人必定认可，其本人也会同意。仁者的赞美有助于其人扬长，仁者的批评有助于其人改过。因为仁者，其人的生命得以辅助，渐归于仁。仁者之好、恶，正是辅仁之道。

本章揭示，仁的内涵就是始终从人的角度看人，始终以人待人，如此无论好人、恶人，均公正无私，而有益于人。

4:4 子曰："苟志於仁矣，無惡（wù）也。"

上章论唯君子能恶人，本章说明，仁者实无所恶于人。
苟，诚也。志者，心之所之也。
夫子说："确能做到立志于仁，那就无所厌恶了。"

上章说，唯有仁者有能力好人、恶人，似乎仁者也有恶人之情绪。本章立刻补充说：其实，人若能志于仁，其对人无所厌恶。

首先值得注意的是"志",由此,孔子对仁者做了更为精确的说明。人始终在仁中并不容易,如以后各篇所示,孔子从不轻许人以仁。更恰当地说,仁是生命之方向,故可说有志于此,而不可说已在、并永在此状态。从根本上说,仁是人的自我期许,向着仁之持续的、自觉的生命过程,仁者实为"志于仁"者。

志于仁者时刻提醒自己以人待人,故不会真的厌恶某个人。他只是厌恶那人身上不好之处,而始终抱着与其人为善之态度。他不歧视那人,蔑视那人,怨恨那人。那人身上不好之处,不会影响仁者情绪;即便那人身上有诸多不好之处,他也仍以人待之。人之仁与不仁在此最为分明。不仁者常随意厌恶他人,仁者始终善意地、以敬、爱之心对待一切人,哪怕其身上有严重缺陷。这才是仁者最可贵之处,如此仁者才是社会生成和气、并整体提升之驱动力量。

以上三章论仁之美、不仁者之不美。里仁既美,则人当志于仁,择处于仁。第三、四章论及之好人、恶人也属于"择",由我之泽人,可见我是否择仁,若我未能择而处仁,则不足以择人。

4:5 子曰:"富與貴,是人之所欲也,不以其道得之,不處也。貧與賤,是人之所惡(wù)也,不以其道得之,不去也。君子去仁,惡(wù)乎成名?君子無終食之間違仁,造次必於是,顛沛必於是。"

上章论君子志于仁,本章论君子因志于仁而成名。

去,抛弃。终食,一顿饭工夫。造次,急遽苟且之时。颠沛,倾覆流离之际。

夫子说:"财富和爵禄是人人冀望的,但若不以正道得到,就不享有之。贫困和卑下是人人厌恶的,但若自己本该身在贫困与卑下而身处其中,就不急着摆脱。君子若背离了仁,靠什么成名呢?君子哪怕一顿饭工夫也不背离仁,仓促急遽之时也持守仁,颠沛流离之时也持守仁。"

本章论人志于仁方可成君子,可分两节。

人之常情,喜欢财富与爵禄,孔子也不拒绝之。与各种神教不同,儒家不向往来世,故不主禁欲、断欲,不拒绝财富。儒家不出世而成己安人,行道人间世,不拒绝官职、地位。但孔子认为,人之得财富、爵禄是其正道。如自己学有所得,德行、技艺出色,为在上者所知,礼聘于己,得到爵禄,则坦然受之,以此行道。不以此道者,如在上者别有所图,予己爵禄,而要自己作恶;或我虽在其位,却无法行道,则君子不享此爵禄。

同样,谁也不愿处在物质贫困与地位卑下状态,孔子亦乐意摆脱之。但孔子认为,君子之处于贫与贱亦有其道:当权者无道,君子自无富贵之道,大可安处于贫与贱而不必想办法摆脱,此时寻求摆脱,必枉道事人。

这一节阐明,君子不拒绝富贵,也不畏惧贫贱,而在富贵、贫贱之上设置一审查标准:义。君子"见利思义"(《宪问篇》),"见得思义"(《季氏篇》),得富贵、处贫贱,均思其义。义者,宜也。依理而当得者是义,依理而当去者也是义。君子、小人之大别也正在此:小人循乎本能生活,见利而欢喜,见贫贱而厌恶,只关心物质之好处,而无力反思自己是否该得,出此被物质支配。君子有能力以义审查自己所得之富贵、贫贱,或取或舍。君子亦享物质利益,但以人支配物质,物质只是提升、充实自己生命的手段,故如《中庸》所说:"君子素其位而行,不愿乎其外:素富贵,行乎富贵;素贫贱,行乎贫贱"。

人能如此抉择,根基在仁,故孔子接下来阐明,君子当在任何情况下持守仁。

孔子在此揭示仁与成就君子之名的关系。孔子转换"君子"之义,原来社会等级意义上的君子转换为名,荣誉,一个人是否君子,在相当大程度上取决于别人的评价。仁发自于己,见之于人,他人感受而给予评价,个别评价之累积就是名,一个人始终为仁就可有君子之名。故为君子者,一时一刻不抛弃仁，就是一顿饭那样短暂的时间也不抛弃。仁是人内在固有之天性，做到仁并不难，难的是择仁、利仁，持久地守仁，始终以仁对待所有人。君子就是持续不断地守仁、为仁之人。

而人之守仁、为仁，在常态下似乎不难，难的是在非常时刻，面临极大困境而不放弃仁。孔子举两种非常情形：第一种是"造次"，即仓促急遽之时，事态快速变化，间不容发，不容人深思，人近乎本能地回应、行动。若非慎独君子，很可能于此片刻偏离仁。第二种是"颠沛"，即处境极为困难，完全看不到希望。常人在此情境中很有可能弃仁，君子却仍持守仁。

由此，孔子提示君子修身之法，即不间断地择仁、为仁。君子的生活始终是自觉地、内省的，若能如此，内在固有之仁就可扩充、巩固，里仁而居于仁。则到非常时刻，必能不违仁。反过来，非常时刻本身也是修身之良机，在此非常时刻动心忍性，贞守于仁，依然以仁道待人，生命即可有大幅度提升。从某种意义上说，富贵、贫贱也是非常状态，同样考验人是否仁。唯有志于仁，才能在此处境时做出正确抉择。

> 4:6 子曰："我未見好（hào）仁者、惡（wù）不仁者。好（hào）仁者，無以尚之；惡（wù）不仁者，其為仁矣，不使不仁者加乎其身。有能一日用其力於仁矣乎？我未見力不足者。蓋有之矣，我未之見也。"

上章论君子须臾不可违仁，本章阐明为仁不难。

尚，动词，置于之上。加，施加。

夫子说："我没见过喜好仁、厌恶不仁之人。好仁之人，那就再好不过了；厌恶不仁之人，他就在用力于仁了，不让不仁出现在自己身上。人能否持续哪怕一整天都用力于仁呢？我从未见过因力量不足而做不到这一点的。或许确有这种情况吧，但我没见过。"

人皆有仁，然而人欲成德，却需择仁，自觉而持续地为仁。仁是以一生践行的生命状态，好仁和恶不仁就是人的自觉选择。好恶是两种强烈的精神意向，"好仁"即始终志于仁，让自己生命持续提升。孔子说，这样的人就无以复加了。另外一些人，疾恶如仇，其为仁表现为"恶不仁"，厌恶一切不仁之人或事。孔子认为，人若有此强烈情感，也就用力于仁了，其人知道不仁之恶，严加防范，不让任何不仁出现于己身。"为仁"者专注于护持、扩充自己内在之仁，"恶不仁"者通过他者护持、扩充自己的仁。好仁者接近于"安仁"者，恶不仁者接近"利仁"者，都是仁者。

孔子感叹说，这两者自己未见过。孔子从不轻许人以仁，盖因仁是生命之全幅状态，故做到持续哪怕一天专注于为仁？并不容易。在一天时间，人经历各种人事，在某种情境，精神可能懈怠，故未必能在一天时间中始终如一地好仁、恶不仁。此非人之力量不足，因仁内在于人，仁就是以人待人，以己及人；为仁只需对内在之仁的自觉，志于仁之心向，好仁或者恶不仁之情感，居于仁之追求，而不需借助外在力量，也不需昂贵资源，故无"力不足"的问题。人甚至不能做到一整天用力于仁，只因缺乏对仁之志。若有此志，为仁又何难哉？

4:7　子曰："人之過也，各於其黨。觀過，斯知仁矣。"

以上章论为仁在于自觉、选择、坚守，凡选择均可能有偏失，而从偏失之过也可见人之仁与不仁，本章论之。

过，过失。党，党类，品类。

夫子说："人的过失呢，跟其品类有关。考察过失，就可了解其人之仁。"

人难免有过，而通常，什么样的人有什么样的过。如君子与人为善，故可能失之于宽厚；小人与人为恶，必失于刻薄。君子爱人，故常过于爱；

小人则常过于忍。即便好仁者、恶不仁者，也可能有过，《礼记·檀弓上》记载：

> 子路有姊之丧，可以除之矣而弗除也。孔子曰："何弗除也？"子路曰："吾寡兄弟而弗忍也。"孔子曰："先王制礼，行道之人皆弗忍也。"子路闻之，遂除之。

子路姐姐去世，子路为其服丧，超过礼制规定的时间而不除丧，他对孔子说："我没兄弟，只有这一个姐姐，所以不忍心除丧。"这也是过，故孔子批评子路，约束他归于礼。子路清楚说明，自己的过失源于不忍之心，此即内心之仁，而丧礼恰恰以此仁心为根本，子路之过正可见其仁。相反，有些人的过恰表现其不仁。

生命是不断选择的过程，而择仁有统摄意义，最为根本。若择仁而处仁，则在具体事务中的选择之过，正可见其仁。由子路例证还可引申，观人对过之态度也可知其人之仁否：若迅速改过，即为"恶不仁"者，则用力于仁矣。

以上三章论人择仁而志于仁，则不论身在何种处境，均能做出正确抉择，成就君子之名。

4:8 子曰："朝闻道，夕死可矣。"

择仁至关重要，择的前提是闻道，本章论闻道，阐明生命与道之关系。朝，旦也，早晨。夕，暮也，傍晚。朝夕，言其间隔之近也。

夫子说："早上闻听了道，哪怕傍晚死去，也是可以的。"

人皆有一死，死难免让人焦虑。神教皆以了死生为中心，设定来世或神的国度，人在其中得以不死。中国人不作如是想，本章孔子阐明其循道而尽人事以事天之生命观。

人为天所生，"死生有命，富贵在天"（《颜渊篇》），死亡非己所能控制，但死亡之前的生命状态却可为人控制。此生命何以令自己满意？孔子以极为简短的话语指出：道决定生命之状态。何为道？天行有道，人生有常，世事有则，凡此种种都是道，总归以天道为本。天道在人则为仁，此为人之道，首章谓"里仁为美"，仁就是成己安人之道。循仁道而生者，其生命饱满充实，其高明者可赞天地之化育，而于生命之一时一刻得其圆满义，何必求其虚妄之来世、神国？

循道而生的前提是"闻道"。道在天地间，道在人之中。然而不求，则难以知道。借助于智，人能探知天道、人道，故首章曰"择不处仁，焉得知"。但知道有先后，故有"闻道"之说。"闻"字说明，对普通个人而言，需通过先知先觉者之言行知"道"，学就是闻道之最重要途径，之后方能做出明智的生命抉择，那就是择仁而处仁。"闻道"，则可检讨自己已走过的生命历程，而确立新方向。"闻道"，则可知性，进而有可能知天。

故圣人曰："朝闻道，夕死可矣"。闻道，则生命有定准，有确定方向。循此而行，所得或多或少，已非最重要。人难免一死，生命的意义不在于长久，而在于境界。哪怕只是一天的充实饱满、高贵优美，足以死而无憾矣。孔子以为，闻道为仁已当下圆满，何必焦虑于死，幻想来世或神国？

前章谈及"有能一日用其力于仁"，本章与此呼应，朝闻道而用力于仁，则夕死可矣。

4:9　子曰："士志於道，而恥惡衣惡食者，未足與議也。"

上章论闻道，闻道则当志于道。本章第一次论述士，指明士之根本特征：志于道。

耻，动词，以之为耻。与，相与。

夫子说："士有志于道，而以低劣的衣服、菲薄的饮食为耻辱的，就不值得与之结交谈论了。"

在周的封建社会结构中，士是中间阶层：其上是君子，即王、诸侯、卿大夫；其下是庶民。士居中间，掌握知识，担任王室、诸侯公室、卿大夫家室之臣，承担其家及其所属之邑的管理。士也是武士之主体。到孔子时代，礼崩乐坏，封建君子群体趋向败坏，士游离出封建社会结构，成为自由流动之士。孔子及其弟子即为典型。

孔子之贡献在于，以《诗》《书》《礼》《乐》教育游士、甚至庶民，以养成新式士君子。其社会身份仍是士，但通过"学文"，掌握治理社会之技艺，不输于古典君子。此后，私学扩展，形成士人群体，逐渐替代古典等级制意义上的君子，成为新出现的平民化社会之领导力量，士、农、工、商四民社会以士为首。

然而，从此群体诞生起，孔子就注意到，士人面临严峻考验。传统君子、士有其爵禄，新兴士人掌握知识，而无爵禄，有德而无位。有人难免生活清贫，则很有可能羡慕掌握权势者之锦衣玉食，即本章所说"耻恶衣恶食"。而一旦如此，士人必以知识追求自身物质利益最大化，致社会堕落。故孔子断然指出，以低劣的衣服、菲薄的饮食为耻辱之士人，其品格低劣，不值得交往。此类士人谈论道，也是虚假而不可信的。

本章是《论语》全书第一次论及士，针对士人堕落倾向，孔子对正在形成中的新兴士人群体提出根本规范："志于道"。各地游士入孔门学习，当然志在求道。然而，仅仅"闻道"不够，还须"志于道"，把自身生命纳入道之中，立志行道于天下，如此才能成为真君子。

上一单元论"志于仁"，以上两章论"志于道"，即志于仁道，此即孔子指示的成己安人之道，或曰成就君子之道。

> 4：10　子曰："君子之於天下也，無適（敵）也，無莫（慕）也，義之與比。"

上章论"士志于道"，道者，人所当行之正路也。人所当行者，义也。本章阐明君子唯以义待人、处事。

适，通敌，仇敌也。莫，通慕，爱慕。比，亲也。

夫子说："君子对天下任何人既无敌意，也无爱慕，完全以义判断取舍。"

"士志于道"，君子循道而行，接人遇事，何以处之？以义。人皆有情，归结起来，对人，无非敌视、爱慕两种。此情若不加控制，则必"惑"，如《颜渊篇》"爱之欲其生，恶之欲其死"。据此待人，定有不良后果：爱其人，为其做任何事情，而完全忘记两人之宜，如君王爱其后妃、佞臣，予其巨大权力，甚至反过来被其操纵；或父母爱其子女，娇生惯养，父母、子女最终俱受其害。此即小人之行，受制于情感、情绪。

君子区别于小人之处在于其思之意愿和能力较强。君子当然有情，但同时愿意、并能够"省"，时刻反思自己的做法，反思之判准是"义"，以义制情。义者，宜也，在特定情境中，处在特定关系中的人必有其当为者、不当为者，此即义。一个人，若行为合宜，君子与之亲近；不合宜，君子即表示反对。一个事情，若系君子所当为，君子就见义勇为；若是君子不当为，君子就不为。君子也有反对、爱慕之情，只不过此情经过反思，义贯穿于其中，故君子之情感有助于形成良好的社会风俗。

《论语》中，孔子未连言"仁义"，然义以仁为本。仁为全德，以之接人、应事，自有其宜，即为义，故孟子后来多言仁义："仁，人之安宅也；义，人之正路也。旷安宅而弗居，舍正路而不由，哀哉"（《孟子·离娄上》）。

4：11　子曰："君子怀德，小人怀土；君子怀刑（型），小人怀惠。"

上章论君子当"义之与比"，本章通过对比，指出君子之义。

怀，思也，关心。土，田土、产业。刑，型范，法则。惠，恩惠，物质的好处。

夫子说："君子关心德行，小人关心田土产业；君子关心为民型范，小人关心物质好处。"

君子成己安人，承担治理之责，哪怕没有职位，在社会领域中也随处皆有治理，如治家。那么，君子何以获人尊重，从而以最低成本治理？依凭其德。君子发挥作用，最好有其位，但在平民化社会中，有德才能有其位。此处之德内涵较广，包括身心内外各种优秀品质，君子关心的是提升、扩充自身之德，以胜任治理之责。至于普通民众，关心的是田土多寡、农作物长势、产出丰歉等。这固然是因为普通民众的思的能力较弱，也因其生存不易，不能不精打细算。

在邦国公共生活中，君子、小人之所思也有不同。君子关心如何为民示范。君子之治不以强制、不以利诱，子曰："先行其言，而后从之"（《为政篇》），君子为民示范，则民众自然跟从。至于普通民众，关心的是君子、邦国能给自己带来之物质性恩惠，如政府确保其土地和其他财产不被侵夺；实施低税收政策，让其多保留一些财富；提供一定的复福利，让其不至于陷入冻馁而死的境地……

本章之君子、小人主要是社会结构意义上的，君子即社会治理者，小人是一般民众。孔子对承担社会治理责任之君子提出了规范性要求：怀德、怀刑，如此方有资格治理社会，有能力维持优良秩序。至于小人之怀土、怀惠倾向，孔子只是如实描述，借以告诉君子，治理社会时当清楚普通民众怀土、怀惠之倾向，而采取对应措施，满足其意愿，顺民情而治，为君子之重要美德。在此基础上施以教化，引导民众向上，而君子所怀之德正是教化之型。

> 4:12　子曰："放（仿）於利而行，多怨。"

上章论小人怀土、怀惠，本章阐明盲目追求利益最大化之害。

放，依仿，依照。

夫子说："依乎利益而行事，多生怨恨。"

生活需不断决策：做这事还是做那事，与人这样相处还是那样相处。决策结果由自己的价值观决定：想要什么，心目中最有价值的是什么。孔子在此讨论的情形是，一个人完全以眼前物质利益之最大化为决策依据。此正为现代经济学预设之"理性经济人"。

孔子认为，一个人据此做事或者与人相处，一定多怨：不仅有"怨"，而且"多"。首先，多取怨，即别人怨你。因为，你追求自身利益最大化，不关心对方利益，不给对方留出余地，甚至侵害对方利益，对方自然怨你。其次，自己有怨于人。物质利益之获取是无止境的，最大化是无穷尽的，欲望永不觉满足，追求利益最大化者总觉得自己所得太少，别人所得太多，已侵夺他人利益，仍觉得他人妨碍自己获得更多利益而怨恨他人。

社会成员均依于利而行，必陷入相互怨恨中。经济学中博弈论之"囚徒困境"命题，给孔子论断作一注脚。每方于决策时不考虑伙伴得失，一心追求自身利益最大化，结果是共同得到较坏结果，难免相互怨恨。制度经济学也揭示，每人若只追求自身利益最大化，必有"搭便车"难题，也有"集体行动的困境"，而无从走出困境。

据此，就个人言，完全依利而行，未必明智；就群体言，人皆依利而行，无从形成秩序。故节制物质利欲，对个体和群体都必要而重要。当然，孔子不主张禁欲、断欲,而是主张节制利益之欲,节之以义,即"见利思义"(《宪问篇》),即可避免多怨。

> 4:13　子曰:"能以禮讓為國乎?何有?不能以禮讓為國,如禮何?"

上章论依利而行之害,归结于节制利欲。礼有此作用,本章论礼让。

为国,治国。

夫子说:"能够以礼让治国么?若能,治国还需要什么呢?若不能以利让治国,礼有什么用处呢?"

人们若完全依循利益最大化原则行事,必定"多怨"。社会要形成秩序,须节制人们对物质利益之欲望,礼就是节制欲望之惯性规则。礼界定社会结构中每人之地位,即其权益、职分,并体现在具体场景中人们相对待之仪节上。《周易》履卦专门论礼,其《大象传》曰:"上天下泽,履;君子以辨上下,安民志。"礼旨在分别上下、尊卑,以定宁各人之心志。由礼,每人知道自己的地位与相应权益、职分,同时也知道与自己相对之人的地位、权利、利益、职分。

由此可以做到互"让"。每人对他人履行礼所规定之职事,双方各得其益。同时,每人满足于自己之应得者,不与人争,则人人安心。正是礼让人们互让。礼之根本功能就是塑造人际之让,故"礼让"成一个词。所谓的让,消极地说,是自己不觊觎、不侵害别人的权益;积极地说,是尊重他人的权益,并积极承担对他人之职分。

孔子说"不能以利让为国,如礼何",暗示当时礼崩乐坏之事实:各国徒有礼仪之形式,但规范各国、各人权益、职分之礼制规则却遭到忽视、践踏,人们相互侵害,如三桓僭越,侵害鲁侯。华丽的仪礼没有塑造出互让的人际关系，反而成为侵害的道具。

治理之教化、规则与制度，目的都在于塑造人际之互让。互让，各人权益才能兼容，并形成和平而健全的秩序，每人以最低成本追求自己目的。故治国当明定个人之分，包括明晰产权，同时兴起教化，二者兼施，则人安分守己，互敬互让。若无教化，各人互不相让，权益不相容，必无良好秩序可言。就个人言，争于人者，必为人所争，他人不安心，自己亦不可能安心。

4：14 子曰："不患無位，患所以立；不患莫己知，求為可知也。"

上章论礼让，最大的让是让位，本章阐明君子不争位。

患，担心，操心。位，地位，职位。为，为人。

夫子说："不操心没有名位，而操心赖以得到名位者；不操心别人知己，努力之具备可为人所知者。"

君子欲行道于天下，不能无位，位可指官位，也可遍指社会地位，在文化、社会结构中享有某种有利地位，据此可支配一定资源，发挥影响力。如孔子自行开办教育，大量弟子跟从，也是位。位的本质是影响力、支配力，居于此位，可影响治国者、公众，从而可以行道。位是稀缺资源，有位者可得到物质好处或为人尊仰，故人人皆好位，皆欲得位。君子如在其位，有利于行道，故君子不拒绝位。

要紧的是，以何种方式得到位。君子、小人之大别正在于此。孔子认为，君子的心思不能总盯着位。这必定是看中了位所带来的富贵，难免为得位而不择手段。君子的心思当在位所要求的资格，即德与能。真正的君子志不在位，而在位所能带来的行道之便利。君子志在行道，位只是行道之手段。而欲行道，位固然重要，自身之德行、治理技艺更为重要。有此品质，得其位即可行道；无此品质，即便侥幸得其位，也无从行道。

故孔子说，君子更应关心如何提升自己的德行、技艺。由此可以立身，孔子自谓"三十而立"，"立"字至关重要，所谓君子、大人，就是挺立于芸芸众生中之人，就是藏道于身而自主之人。人有德、能而挺立，即可得位而行道。即便掌权者看不到，士人群体乃至社会公众总能够看到，其承认也可让君子有文化、社会之位，从而可以行道。故孔子说，君子不必操心自己不为人知，只需致力于提升自己的德行、能力。

综合这两句话，孔子的意思是，君子求其在己者而已。此非消极躲避，而凸显君子之自主、自立。能否为人所知，并获得位，非自己所能控制。掌权者可能目光短浅，整个社会也可能是非颠倒。一个人唯一能完全控制者是自己，君子立足于此，尽其可能下学而上达。他绝不投机，绝不侥幸，也时刻准备着，只要掌权者和社会有一点追求优良治理的自觉，即立刻凸显出来，为人所知而得其位。他得位后，绝不为位所支配，而依乎能否行道决定自己之去留。藏道于身，见几而作，君子始终自主、自立，把握自身命运，不热衷、也不避世，而最大限度地利用各种行道机会，成己以安人。

仁见之于人、事则为义，以上五章论义：君子以义为正路而行于天下，君子明于己之义，君子以以节利，礼之用在于明定各人之义而不争相让，最后再度归结为君子自明其义。孔子以为，践义就是为仁。

> 4:15 子曰："参乎，吾道一以贯之。"曾子曰："唯。"子出，门人问曰："何谓也？"曾子曰："夫子之道，忠恕而已矣。"

上章论君子求为人可知，本章曾子指明其道：忠恕。

参，曾子之名。贯，贯穿，以绳穿物，使之有统绪也。唯，应答之语气词，应之速而无疑者也。门人，曾子之弟子。《论语》中之门人，多指弟子之弟子。尽己之谓忠，推己之谓恕。而已矣，语气词，竭尽而无余。

夫子说："曾参啊，我的道贯穿一个主旨。"曾子说："嗯。"孔子出去，门人问曾子："这个主旨是什么？"曾子说："夫子之道，就是忠和恕而已。"

曾子是孔子晚年弟子，且为其重要弟子，尽心体会孔子之道，并有所得。故孔子直呼曾子之名，准备把自己的道告诉曾子。孔子思想广泛丰富，但孔子对曾子说，自己的道贯穿着一个主旨。曾子只是嗯了一声，而未追问。因曾子对孔子思想已有全面、深入体会，故当孔子出去后，他充满信心地对门人说：孔子之道，忠、恕二字，别无其他。

参阅《论语》及其他文献，曾子的概括相当准确，孔子常谈论忠恕：关于忠，如《学而篇》"主忠信"《颜渊篇》"行之以忠"《子路篇》"与人忠"等。关于恕，如《卫灵公篇》："子贡问曰：'有一言而可以终身行之者乎？'"子曰：'其恕乎！己所不欲，勿施于人。'故《中庸》曰："忠恕，违道不远。"

尽己之心是为忠，推己及人是为恕，其大本在仁。"夫仁者，己欲立而立人，己欲达而达人"（《雍也篇》），仁者，以人待人，以己及人也，忠、恕是践行仁之两大路径。以人待己，自敬自爱，是为忠；以待己之道待人，敬之爱之，是为恕。忠者，自立、自达也；恕者，立人、达人也；合此二者，仁也。程子曰："忠恕一以贯之：忠者天道，恕者人道；忠者无妄，恕者所以行乎忠也；忠者体，恕者用，大本达道也。"又曰："'维天之命，于穆不已'，忠也；'乾道变化，各正性命'，恕也。"忠就是自我持续提升，恕就是与人共同成长。

需要注意者，今人理解忠多指忠于某人某组织，此不同于曾子所论。恪尽职守是自己义之所在，忠正是尽心行己之义。

4:16 子曰："君子喻於義，小人喻於利。"

行忠恕不能不辨义利，本章论义、利之辨。

喻，犹晓也，知晓，进而依之而行。

夫子说："君子知晓义，小人知晓利。"

古典时代的君子、小人之别在地位。孔子沿用这两个词，而赋予其新内涵，以义、利区别君子、小人。等级制意义上的君子、小人之别，转换成德行意义上的君子、小人之别。

人生无时不在权衡、取舍、决策。依何判准决策？无非义、利二者。君子、小人之别，要害就在义、利：知晓义，依义决策，就是君子；只知晓利，依利决策，就是小人。利者，物质利益也，可用以满足肉体之欲望的、看得见的、物质的好处，可以是权势、地位，可以是财富，也可以是美色。义者，宜也，在特定情境中之应得者或应为者。利在满足欲望，义则追求合宜。

孔子说，君子就是喻于义之人，小人就是喻于利之人。"喻"者，知道、明白、且据之抉择、行事，如董仲舒说："夫仁人者，正其谊（通"义"）不谋其利，明其道不计其功"。（《汉书·董仲舒传》）

然而，人生在世，不可能离利而生，总需金钱、衣、食等财产，性欲也是自然的；君子欲行道，也需地位、权力，此均为利。故义、利二者实际并非并列，也非截然对立。小人固然喻于利，甚至可能"放于利而行"；君子喻于义，并不拒斥利。孔子论君子有九思，其中有"见得思义"（《季氏篇》）；对子路说"见利思义"，可以成人（《宪问篇》）。可见，君子喻于义，是以义审查、节制利。

故君子区别于小人者在于自觉：小人只知利，而不明义；君子也得利，但知道在利之上还有义，并把义置于利之上，以义节制得利之活动。君子完全可以相当富有，享有权位，只要得之有道，合于义。当然，君子知晓于义，也能安于贫困之中，而不去之。君子求义，利在其中，而不拒斥之。

君子喻于义何以至关重要？人不学而可喻于利，但"放于利而行，多怨"，一个群体，若所有人只喻于利，就无法形成合作秩序。共同体要形成合作秩序,就需有人"喻于义",唯君子能。君子喻于义,以义节利,让群体走出"囚徒困境",塑造和维护人际互信的基本秩序。在此秩序中,小人才能得其利。如《大学》所说:"君子贤其贤而亲其亲,小人乐其乐而利其利",一个纯粹小人的群体必然解体。故就在位之君子而言,必以义为依归,《大学》两度曰:"国不以利为利,以义为利"。

义利之辨构成儒家思想之重要脉络,《孟子》开篇即记孟子对梁惠王辨义利:

> 孟子见梁惠王,王曰:"叟不远千里而来,亦将有以利吾国乎?"
> 孟子对曰:"王何必曰利?亦有仁义而已矣。王曰'何以利吾国?'大夫曰'何以利吾家?'士庶人曰"何以利吾身?"上下交征利而国危矣。万乘之国弑其君者,必千乘之家;千乘之国弑其君者,必百乘之家。万取千焉,千取百焉,不为不多矣。苟为后义而先利,不夺不餍。未有仁而遗其亲者也,未有义而后其君者也。王亦曰仁义而已矣,何必曰利?"(《孟子·梁惠王上》)

在义利问题上,儒家既不以利为恶,也不"放于利而行",而持守中道:人不可能离利而生,但不能仅"喻于利",也不能全社会所有人"喻于利"。小人喻于利不足忧,事实上,君子为政,当先"富"民(《子路篇》),小人乐其乐而利其利。真可忧者,君子喻于利。故君子不能不学。由学,君子喻于义,"义之与比",则可以兴起礼乐,教化小人亦喻于义。不论个体、群体,义、利之中道在"见利思义"。《周易·乾卦·文言》曰:"利者,义之和也。"人各尽其义,则互利而共得大利。

4:17 子曰:"見賢思齊焉,見不賢而內自省也。"

上章论义利之辨,本章论集义之道。

贤，贤人。齐，等也。

夫子说："见到贤人就想着与之看齐，见到不贤者就向内反省自身。"

人是合群生活的，各人德能总有不同，有人高于自己，有人低于自己。孔子指出，所有人都可成为老师，助己提升：见德能高于己者，仔细观察、学习其德能。无德无能者，自我反省，避免出现类似不足。

本章关键是"思"和"内自省"。人谁不随处见人，然而不思，则不足以见人之贤与不贤；不思，也无以内自省。思之本在于自觉，曾子曰"吾日三省吾身"（《学而篇》），孔子说"内自省"，都是要人自觉地生活，始终保持向上提升之自觉。有此自觉，自能随时学习。由此"下学"，然后可以"上达"。

这里说到的贤者、不贤者不限于自己直接接触的人，也不限于当世之人，可包括古人、外国人。读书而识先贤，可为我师。读书而知古人之失，可引以为鉴。先贤修史，正为人以史为鉴，学习或者自省。

此章可与《述而篇》"三人行必有我师"章合参。

上一单元论义，知道自己该做什么，如何待人，此即忠恕，以上三章论忠恕。心存忠恕，故君子喻于义，而不求乎小人如此；心存忠恕，故君子见贤思齐。

> 4:18 子曰："事父母，幾（jī）諫。見志不從，又敬不違，勞而不怨。"

上章见不贤，本章见父母之不贤，论谏诤父母之道。

几，微也。劳，深忧而思也，劳心。

夫子说："父母有错，则委婉劝谏。已表现自己的意思，而父母未听从，那就仍然敬顺父母而不违逆，劳心而无怨言。"

里仁篇第四

本篇论孝道，首论子女谏诤父母之道，大有深意。常人以为，孝就是子女顺从父母。子女自当如此，但绝非盲从父母。父母与子女都是人，都应成就健全人格，都应守仁、为仁。父母与子女之间血气相连，这恰好有助于双方互惠，各自成就圆满人生。

从伦理上，儒家主张，父母对子女享有一定权威。父母毕竟有丰富人生阅历，以此阅历中所积累的人生经验教育子女，塑造其行为方式，有助于子女健全成长。故《白虎通义·三纲六纪》解释"父为子纲"说："父，矩也，以法度教子。"父母不该把子女看成玩物，其职责是以正当法度教育子女，而不可随心所欲地把自己喜好强加子女。

儒家又主张，子女有帮助父母之义务，《孝经》曰："父有争子，则身不陷于不义。""争"即"诤"，其手段即本章之"谏"。见父母做法不合礼义，子女应予劝阻。否则，父母有错而不改，难免遭遇大祸。人子之过，莫此为甚。

不过，谏诤父母亦有其道。从名分上看，父母是尊者，对父母，子女当孝敬为先。故子女谏诤父母，不能直率，更不能粗暴。朋友之间的批评尚且需要艺术，何况劝谏父母？同时从效果上看，父母为尊者，直率批评，伤害父母自尊心，引发父母反感，疏离亲情关系，适得其反。

孔子用一个字概括子女谏诤父母之道："几"。"几"之义十分丰富。"几谏"就是微露己志，委婉地表露自己的意思。为此，需寻找合适时机，运用合适语言，从合适角度切入。凡此种种，都在"几"之内涵中。子女本着敬爱父母之心，悉心发现这样的时机，以父母可接受的方式劝谏，且只是委婉表露自己意思即可，不可把话说尽，令父母难堪。

如此劝谏，父母可能不以为然，不听从劝谏，怎么办？孔子给出的回答是，持敬，不顶撞父母。见父母有错而不改，子女自然心中忧愁。但为人子女者，千万不可因此而有怨恨之心。本章关键词实为"劳"，孟子后来论"劳心"（《孟子·滕文公上》），"劳"有忧之义，又更为深刻广泛，深忧而思有所行也。子女对父母有深爱，故持续劳心寻找寻找合适机会"几谏"。

本章曲尽人情之微妙处。子女有劝谏父母之伦理义务，然而子女于父母之间有深刻的情感联系、密切的伦理关系，故劝谏父母，子女须有足够耐心、足够智慧。此即子女对父母之仁。子女站在父母位置上体贴父母，让自己的劝谏能被父母接受，而又不至于伤害父母的自尊心，以维护父母与子女的正常关系。

劝谏父母之所以是"几谏"，并为持续的几谏，因为子女与父母的关系非常特殊。照《春秋》、孟子之说，臣谏君，三谏之而不从，则去之。因为，君臣以义而合，君无义，臣即可解除君臣关系。子女与父母的关系却是自然而深刻的，子女应劝谏父母，又不能影响双方情感。其中分寸极难拿捏，唯当以仁心探究此"几"。

4：19 子曰："父母在，不远遊；遊，必有方。"

上章论劝谏父母之道，核心是体贴父母之心，本章同样阐明这一点。

方，常也，定所。

夫子说："父母在世，不游至远方；若不得不远游，必有确定去向。"

父母年老，身体衰老，需要侍奉。而最好的侍奉永远是子女的侍奉，因其中有感情。年老的父母也随时可能过世，而希望儿女在身旁。从子女角度说，眼见父母年老，亦必有侍奉之心。"不远游"可以同时满足双方之情，故孔子首先说，父母在世之日，子女最好不远游。

然而，子女也是独立、自主之人，有自己的人生、事业，为此，可能不得不远游于他地，甚至漂洋过海，求学、为官、从事商业活动等。由此，子女无法在身边陪伴、侍奉父母。何以两全？孔子教以远游而尽孝之道："游必有方"。《礼记·曲礼上》曰："夫为人子者：出必告，反必面，所游必有常，所习必有业。""方"的含义比较丰富，既有方位之意，也有恒常之意，两意相关：事业不定，难免频繁更换方位。子女长时间远游，应深思熟虑，有较稳定的事业，故有确定去向，并常与父母联系。如此，父母知道自己去往何处，从事何种事业，较少担忧；一旦有事，也方便招回。

"不远游"和"游必有方"均有赖于子女之孝与仁。子女虽有自己独立的生命之路要走，又当体贴父母之自然情感，尽可能与父母共同行走。子女用心，两全之策不难找到，最为关键的则是子女之心不远游。

4：20　子曰："三年無改於父之道，可謂孝矣。"

上章论父母在世有过而谏诤之道，本章论父母去世而不改其道。

夫子说："三年无所更改于父母之道，可算得上孝了。"

本章已见《学而篇》，从为政角度立论，收入本篇，旨在论仁之本。

《为政篇》论孝四章中，子女尚未"立"，仅以子女角色出现，以忧父母之所忧、敬顺父母为大。本篇四章，子女已立，故"几谏"章，虽在家侍奉父母，然已知道，故以道谏父母，"游必有方"章，离开父母而独立成就自己事业；本章，父母去世，子女为一家之主，而无改于父母之所行事。可见以上三章完整刻画子女生命成长过程及相应的子女、父母关系，但万变不离其宗，孝贯穿子女生命之全过程。此孝正为仁之本。《中庸》："仁者，人也，亲亲为大"，父母对子女有深爱，子女与父母终身互动，习得爱人、敬人之道，而扩充仁至"己欲立而立人，己欲达而达人"。

4：21　子曰："父母之年，不可不知也。一则以喜，一则以懼。"

本章阐明子女知父母年龄之重要性，揭示孝之人生价值。

知，犹记忆也，常记在心。年，年龄。

夫子说："父母的年龄，子女不可不知道。又是因此而欢喜，又是因此而忧惧。"

每人生命是在与父母的合奏中展开的。当子女年幼，父母养育子女，盼望子女长大，子女的每一步成长让父母喜悦。子女成年，父母年寿增长，其意义则复杂得多：父母高寿令子女喜悦，但高寿也意味着死亡陡然降临的可能性增大，子女难免为此而忧惧。两种心情交集，子女当何为？子女当珍惜父母在世的日月，孝敬父母，体贴父母，尽可能让父母享受生命之悦乐，不再忧惧。如此，父母在世的每一天都充实而喜悦，生命始终保持在较高质量上，则可向死而无忧无惧。

《论语》论孝，相对集中于《为政篇》与本篇，以本章为总结。本篇四章论孝，按时间次序，本章理应在上章位置，然为突出孝之了死生义而移于此。

本章重点在"年"字。年是时间单位，时间流逝，从生到死，不可逆转。孔子提醒子女关注父母之年，唤醒子女之时间意识，打开逆转这一自然时间过程的了死生之路。盖父母之年不同于子女之年：父母正接近死亡，子女知父母之年，即可见死亡快速逼近之阴影；因与父母血气相连，子女从此提前体验死之滋味，刻骨认识生之有限；此体验、认识激发出子女承接父母生命之责任感，也即强化孝之自觉，而更为尽心地侍奉父母。子女之孝行让父母正在加速流逝、走向死的生命过程不会冷酷而绝望，而依然温暖而有希望。

故本章之"惧"大有深意。就自然而言，面对死亡年老者惧，所谓死亡之焦虑、恐惧也；而子女见此惧而尽孝，则有惧之转移：由血气已衰之将死者转移给血气方刚之子女，子女尽孝侍奉父母，则父母无惧矣。子女之由"惧"而尽孝，恰恰转生出父母之喜，由此而无惧于死。

人莫不有死，面对死亡，人难免"惧"。神教莫不以来世、神国解除其信徒对死亡之"惧",谓其死则可以进入另一世界,永生而不死。孔子则以为,"未知生,焉知死?"(《先进篇》),来世妄幻难信,生则为人可知。故孔子教诲,见父母衰老,子女尽孝,则父母无惧于死,此即以事生之道事死。孝者,了死生之大道也。

以上四章论孝。

《论语》论孝集中于《为政篇》与本篇,以《学而篇》之有子论孝章为纲领,有子曰:"其为人也孝弟,而好犯上者,鲜矣;不好犯上,而好作乱者,未之有也。"此为《为政篇》论孝四章之大义所在,"无违"统摄四章,重在孝子敬顺之德,由孝而养成良民;有子曰:"君子务本,本立而道生。孝弟也者,其为仁之本与!"本篇论孝四章,"劳"统摄四篇,终之以"惧",重在子女对父母之深爱,此深爱即为仁之本。盖子女与父母间情最深、意最浓,心心相入,父母之忧激发子女之忧而有孝;父母之惧激发出子女之惧,而有大孝,乃至于超越死生。

孝为仁之本,意谓孝是仁之开端而非终点。孔子要人从孝中体认仁,进而将此仁广用于亲情之外所有人,广泛地敬、爱陌生人。此为人的生命之内在要求,唯其如此,才有良好社会秩序可言。故以下各章转而讨论陌生人间为仁之道。

4:22 子曰:"古者言之不出,耻躬之不逮也。"

本章阐明言行关系,阐明耻感。

言,承诺。耻,以之为耻。躬,身也。逮,及也。

夫子说:"古人不肯轻易承诺别人,以自己做不到为耻啊。"

这是《论语》第一次用"古者",后面还会用到,也会用到与此类似的"古之人"、"古之学者"等。孔子深感自己时代的礼崩乐坏,故"信而好古"

(《述而篇》),博学于古之圣贤君子,《论语》中孔子提到诸多先世圣贤君子,以此与今人对比,以为今人提升自己指示方向。

出言,不是一般说话,而是做出承诺。对方据此对我形成预期,预期我履行承诺,据此安排自己事务,如预留一定资源。若我履行承诺,双方预期匹配,均得收益。若每人做到这一点,整个社会就能形成良好秩序。秩序之含义就是,人们的预期普遍得到满足。反之,我做出承诺却不履行,对方预期落空,必定导致资源浪费,双方合作难以为继。若人们普遍如此,社会即难以形成秩序。

在孔子看来,古代君子不肯轻易对人承诺,因为担心自己不能履行,而这在古代君子看来是莫大耻辱。由此可见,古代君子重"信",承诺别人的事一定做到。为此在承诺别人之前,一定全面权衡自己能否履行承诺,有确定把握后,才做出承诺。孔子在多个文本中多次强调此点。在孔子看来,此为君子一大美德,对于维系健全人际关系和社会秩序也至关重要。

值得注意的是"耻"字。自己做出承诺而不履行,对方预期落空,对我必有恶感,此为莫大耻辱。耻发生在人与人之间,他人嘲笑,即我之耻。自我约束而避免他人耻笑,避免在他人面前丢脸,此即耻感。耻感是自我约束之底线机制,孟子说,"人皆有羞恶之心"(《孟子·公孙丑上》),君子的耻感尤其强烈。耻感以仁为基础,是特殊的推己及人机制:仁者,以人待人,以己及人也,有耻感者站在他人立场审视自己行为之合宜性而自我节制,以免为人耻笑。志于仁者必有耻感,知耻而自我约束,且自我提升。无耻之徒必无节制,因而无所不为。

4:23 子曰:"以约失之者,鲜矣。"

上章论言之节制,本章泛论节制。

约,约束,节制。鲜,少。

夫子说:"因为节制而有所失,这是很少的。"

约者,约束、节制也,其反义词是逸,《尚书·无逸》所说"无逸"就是约。逸和约是生命的两种可能形态:逸是放逸、放纵,放纵欲望,放纵激情;约与此相反,约束激情,控制欲望,简言之,要节制。

人自然有欲望,性欲、物质欲望、权力欲望、成名欲望等。人也自然有情绪,如喜、怒、哀、惧、爱、恶、欲等。此为上天赋予人者,生命因此而有活力,人因此而多样丰富。消灭欲望、激情、情绪,即抹杀生命力。如消灭性欲,人类将无从延续。尽管如此,欲望和激情之放纵也会造成人之相互伤害。如《礼记·乐记》所说:

> 夫物之感人无穷,而人之好恶无节,则是物至而人化物也。人化物也者,灭天理而穷人欲者也。于是,有悖逆诈伪之心,有淫泆作乱之事。是故,强者胁弱,众者暴寡,知者诈愚,勇者苦怯,疾病不养,老幼孤独不得其所,此大乱之道也。

欲望、激情不加节制,必致大乱,个人生命陷入不可控之风险。节制欲望和激情,每人欲望可得到满足,激情和情绪有所表达,而不至于相互伤害。人的绝大多数过失,皆起因于欲望和激情的放纵。人若节制欲望和激情,就不易出现过失。孔子说得极为审慎。并不是说全无过失,但过失相当少,故成就君子之入手法门,在于养成节制美德。

何以约?放纵乃因为不自觉,节制来自自觉,对仁之自觉,进而对义之自觉。以人待人,敬之、爱之,则与人交接,必自我节制。仁心在具体场景中转生出义,《礼记·礼运》曰:"何谓人情?喜、怒、哀、惧、爱、恶、欲,七者弗学而能。何谓人义?父慈、子孝、兄良、弟弟(悌)、夫义、妇听、长惠、幼顺、君仁、臣忠,十者谓之人义。"人明乎义,则能以义制己而不放纵。

未必人人皆有此自觉，故需约之以礼。礼有助于节制人之欲望和激情，使之适度。《乐记》紧接着上引之文曰："是故，先王之制礼乐，人为之节：衰麻哭泣，所以节丧纪也；钟鼓干戚，所以和安乐也；昏姻冠笄，所以别男女也；射乡食飨，所以正交接也。"节制是达致仁之门径，如孔子对颜子说："克己复礼为仁"（《颜渊篇》）。自我节制或约之以礼，均有赖于仁，又是仁之具体呈现。

4：24 子曰："君子欲訥於言而敏於行。"

上章泛论约，本章论言之约，再度阐明言行关系。

讷，言难也。敏，疾速而勤勉。

夫子说："君子力求言语谨慎迟钝，而行动勤勉不懈。"

常人之情，易于出言，而难以力行。对人承诺，只需张张嘴；履行承诺，则要付出努力。对人承诺，当时能获得他人好感；履行承诺，则要自己承受艰辛。故常人多敏于言而迟于行。

至于君子，则反此常情，而另有所"欲"。欲者，欲求，追求也。君子有所自觉，故竭力避免常人之过，能够讷于言而敏于行。讷于言者，不轻易对人承诺；敏于行者，一旦承诺，迅速而勤勉地履行承诺。"敏"同时有疾速和勤勉两个意思。事实上，只有讷于言，才能敏于行：谨慎地权衡自己履行承诺之条件，只对自己有把握之事做出承诺，这样，做出承诺，即可迅速履行。反之，轻易做出超出自己能力之承诺，则根本不可能迅速履行，只能拖延而失信于人。

"古者言之不出，耻躬之不逮"章讨论言行关系，而彰显古人典范，重点在"耻"；本章同样讨论言行过程，而提出君子规范，重点在"欲"。"耻"是自我约束，"欲"是自我进取。君子有耻感，故自我要求，欲讷于言而敏于行。

《颜渊篇》："司马牛问仁，子曰：'仁者其言也讱'"，大义与本章相近。

以上三章阐明仁者处理言行关系之原则，论孝单元让人于深爱中体认仁、扩充仁，而仁是人之道，故本单元阐明仁在陌生人间之呈现，以言行关系为中心。盖仁在人之间，而人与人相接者无非言与行，言易而行难；可以立人、达人者，行也，故孔子尚行不尚言。

4：25　子曰："德不孤，必有邻。"

前数章论自我节制，必定自我提升，本章阐明积善累德之效应。

孤，单独也，孤立。不孤，多也，大也。邻，亲近也。

夫子说："德行盛大，定有人亲近。"

《周易·坤卦·文言》曰："君子敬以直内，义以方外，敬义立而德不孤。"伊川《程氏易传》释"德不孤"曰："敬义既立，其德盛矣，不期大而大矣，德不孤也"。朱子《周易本义》径直解释说："不孤，言大也。""德不孤"就是持续不懈地自我提升，积善累德，而有深厚盛大之德行。孔子认为，一个人若能做到这一点，定能为人所知，得人敬重，前来亲近，与其为友，或向其学习。

《颜渊篇》曰："君子敬而无失，与人恭而有礼，四海之内皆兄弟也。"君子绝不孤独，只需自觉提升自己德行，定有志同而道合者。孔子本人就是典范。孔子生活于礼崩乐坏时代，无位、无权无财，全凭其伟大德行而为天下青年所仰慕，不远千里，投入其门下学习，并跟随其不畏艰险寻找行道天下之途。

本章说明，人与人之间最可靠的联结纽带不是利益，不是权力，而是德。"放于利者"，一心追求利益、权力的人，总是孤独的，因为，利是排他的，故在求利者眼里，他人是敌人或潜在敌人，追求物质利益、权力的过程必定排他，故难以"有邻"。德却指向合群，德的本质是自我约束，尊重他人，以合宜方式待人。如此待人，他人舒泰，自会前来亲近。人们普遍修德，则可普遍地相互亲近而心安，从而形成优良社会秩序。

本章指明陌生人之间相互信赖、形成合作关系之大道。子女与父母之间、兄弟之间血气相连，自然有亲情，互爱而互信。陌生人之间无此自然基础，端赖于德才能相互亲近，德本于仁，修德而成仁。

> 4:26　子游曰："事君數（shuò），斯辱矣。朋友數（shuò），斯疏矣。"

上章论人之相亲近，本章论陌生人间亲近之限度。

数，频繁，频密。

子游说："侍奉君主过于亲密，难免招来羞辱。与朋友相交过于亲密，难免关系疏远。"

上章阐明，借助于德，陌生人间也可相互亲近，但本章立刻指出，陌生人间的亲近，有其限度。

五伦之中，父母与子女、兄弟姐妹、夫妻之间，同居一个屋檐下，自然往来频密，此中有深刻情感在。君臣、朋友关系则与之不同，无自然的情感纽带，过分频密，反而可能生厌。若缺乏自觉，人常犯这一错误。"数"与疏相对，与人相交，前者失之于过，后者失之于不及。侍奉君主，与朋友相交，常人多失之于过，即过于亲密：君拥有权位，可影响自己利益，难免讨好谄媚之。与朋友相交，如欲获得利益，必三番五次套近乎。

子游指出，这将适得其反。就人的心理而言，交往过密，则易于生厌，难以持久。具体而言，君臣、朋友系陌生人为追求各自权益而形成之相对紧密的合作关系，所谓"以义而合"，联结纽带是义，或直白地说，是义所控制之利。来往过密，双方联结纽带将倒向情感。君臣、朋友间自有情感，但这两种关系绝非情感所可维系。臣暂时得君之情，确可获得诸多特殊利益。然而得意忘形，难免过失，得罪于君。而君对臣之情感容易生变，一旦生变，看似亲密的情感反催生出强烈的厌恶、怨恨。朋友与此类似。这不同于家内关系，家人间情感深刻而黏着，不易生变。

君臣、朋友相处，不可以情感代替礼义。故《礼记·表记》说："君子之接如水，小人之接如醴。君子淡以成，小人甘以坏。"

《中庸》曰："仁者，人也，亲亲为大"，仁在人之间，仁让人亲近所有人，但陌生人、亲人终究不同。以上两章讨论仁如何施用于陌生人间，关键在于自我约束，积累德行，而知分寸。

孔子发明之仁展开于人伦之中，具体而微妙，而非笼统含混之博爱。人生而在与父母、兄弟之关系中，孔子要人于此体认仁，故孝悌为仁之本。由此本生发，由亲及疏，由近及远，仁心向外发用，随所遇之人而有个别之义，以义而行，可得敬、爱之宜。若无孝悌，则仁无本矣，故《孝经》曰："不爱其亲而爱他人者，谓之悖德；不敬其亲而敬他人者，谓之悖礼。"此本既立，则仁心源源不断，故孔子立仁，实建立不待外求、平实而切己之人类相敬相爱之道。

末章提及朋友关系，师生、同门为朋友之一种，由此转向下一篇，专记孔门之情谊。

公冶长篇第五

此前三篇呈现孔子思想,孔子以此教导弟子。本篇及下篇记孔子教导弟子,以养成士君子。

共二十九章,记孔子之教学法、教育内容及孔门众弟子之情态。

> 5:1 子謂公冶長"可妻也。雖在縲(léi)絏(xiè)之中,非其罪也。"以其子妻之。

本篇记孔子兴学,而公冶长于孔门地位最为卑贱,以此开篇,彰显孔子之学之开放性质。

公冶长,孔子弟子,名长,公冶为其氏。妻,动词,嫁女为人之妻。縲、绁,均为绳索,在縲绁中,指公冶长身为公室之工匠,其人身自由受一定限制。子,古代包括女儿。

夫子评价公冶长说:"可以放心把女儿嫁他。他虽是公室的匠人,但那不是他的罪过。"把自己的女儿嫁公冶长为妻。

从其氏看,公冶长当为公侯之室的冶金匠人,这类人常因触犯刑律而被没入公室,人身自由受一定限制,但并非全无自由,故其可从孔子受学,也可成家,孔子乃将女儿嫁之。

本章旨在说明,孔子观人有自己标准,并坚持之。对人,可有两种公共判断：法律的判断，特定案件中对该人作出之司法判决；社会舆论的判断。两者各有其依据，但未必准确：司法可能枉屈人，尤其是在乱世；社会舆论可能不健全，如整个社会盛行物质主义。故对人，最重要的还是自己予以详尽考察，如《为政篇》所说"视其所以，观其所由，察其所安"。公冶长没入官府为匠，但孔子不为所动，自有其判断，且嫁之以女儿。

可以想见，此事必惊世骇俗。孔子出身士人阶层，以博学闻名于世，尤其精通礼，礼最重尊卑。就是这样的孔子，竟把女儿嫁给没有完整人身自由之匠人。本篇广记孔门弟子，而以此事开篇，或有两个深意：

第一，公冶长大概是孔门中地位最为卑贱者，孔子却嫁女儿于之为妻。以此开篇，最能彰显孔子"有教无类"（《卫灵公篇》）之圣人情怀。古典之教局限于君子之家，孔子兴学，不分贫富贵贱，面向所有人，开放办学。由孔子之学，所有人皆可以下学而上达，孔子以此带入人人平等、互敬互爱之新观念。

第二，彰显孔子所教于弟子者实为超乎现实法度之上的永恒而普遍之道。司法机构判决公冶长有罪，孔子却以道判断公冶长无罪。孔子正以此道传弟子，并据此而于礼崩乐坏之际重建秩序。

由此两点，孔子之学的性质昭昭然，孔子之为圣人昭昭然。

> 5：2　子謂南容："邦有道，不廢；邦無道，免於刑戮。"以其兄之子妻之。

上章记孔子嫁女儿于公冶长，本章记孔子嫁其兄之女儿于南容。

南容，孔子弟子南宫绦或南宫括，字子容。废，被掌权者废置不用。兄，孔子之异母兄。

夫子评价南容说："邦国有道，他能进用；邦国无道，他能免于刑罚。"把兄长的女儿嫁他为妻。

本章首次出现"邦有道""邦无道"等判断句式，后面还将多次出现。邦者，邦国也。邦国治理秩序是好是坏？孔子提出判准：道。

孔子之前，无"邦有道""邦无道"之说法，《尚书》《诗经》《左传》等经典中无此字眼。现实政治结构所分配之权力、利益由礼法规定，孔子在此之上另立道之判准，以之审查礼法及其所维系之秩序的是非曲直。人间之治有其道，《尚书·洪范》曰："无偏无党，王道荡荡；无党无偏，王道平平；无反无侧，王道正直。"董仲舒说："道者，所由适于治之路也，仁义礼乐皆其具也。"（《汉书·董仲舒传》）道就是通往良好治理秩序之大路、正路，循此路而行，则共同体中人"各正性命，保合太和"。孔子"祖述尧舜，宪章文武"，彰明大道于万世。故孔子在本章说，有些邦国或者邦国有些时期是有道的，有些邦国或者邦国另一时期是无道的。

一旦有道之自觉，君子就可"志于道"，超乎邦国现实秩序之上，而有选择生命策略之自主与独立。君子可跳出邦国约束，以道判断自己所处之秩序和时代，自由地决定自己之去留。顺从、认可政治秩序不再是必然的，而是自觉选择之结果。对士君子来说，此为处世之根本，大节之所在。由此，士君子虽在秩序中，又可超乎其上，成为引领社会、提升社会之主体力量。秩序之维护尤其是改善和重建，端赖此种力量，社会是否有向上之生机，取决于社会中是否有一群士君子，始终"志于道"。

孔子择婿，看重的正是南容之以道判断秩序之洞察力，及据此确定的恰当生命策略。在孔子看来，若邦国有道，南容能得其位，而有官职、财富；若邦国无道，南容当然不得其位，但至少也可平安生活，不会招惹祸端，也不会卷入无妄之灾，藏道于身，寻机行道。由此可见，南容有出色判断力，有防范风险之能力，谨慎、明智。

这两章均记孔子择婿之道而相互补充。上章表明，孔子坚持自己的判断，而不为司法判断所左右，由此凸显人品之重要性。然而，士人又不可愤世嫉俗，故意与世事作对，为女儿择婿，尤当注意这一点。女儿终身托付之人，不仅应有良好人品，还应有一定生存能力，能养活家人，免遭灾祸，为此，须对世事有洞明把握，谨慎、明智。

此亦应为士君子之基本品质。士君子当呵护家人，当行道于天下。为此，士君子需明哲保身，不管外界环境是否有道，均须保家人安宁，让道不受损害。

以上两章为本篇提纲。其所记之事看似简单，实则用意深刻。

首章揭明孔子之学的开放、平等，其中隐含的孔子以道判断秩序之义，于次章显明，从而说明，孔子兴学，不只传授辞章，更是传道于弟子。孔子嫁自己或兄长之女儿给弟子，即隐喻孔子传道于众弟子。

而两位弟子成家隐喻孔门弟子经孔子教诲，学有所成，对人生有完整把握，能做出明智的政治判断，身处危境中亦可从容应对，故完全可以成家，喻其已藏道于身，可行道于天下矣。

同时，两章均言嫁女成家亦隐喻孔子广招弟子，师生共学，实开创一种全新的家：非一般亲情之家，亦非君臣结成之家，是以道义相亲之家，其成员自远方来，且以传道、行道为己任，孔子予以栽培，故以下各章杂记孔子评价众弟子之得失。

5:3 子謂子賤："君子哉若人！魯無君子者，斯焉取斯？"

前两章列举孔子养成之两位士君子，本章揭明君子之名。

子贱，孔子晚年弟子宓不齐，字子贱。若，如，像。第一个斯，指子贱。第二个斯，这个。

夫子评价子贱说："子贱这样的人是君子啊。鲁国若无君子，子贱从哪儿取法而成此君子之德呢？"

《论语》所记孔子之语，不少系孔子在特定语境中针对特定人而发，编纂《论语》时常省略此语境，以使孔子话语有普遍意义。回溯孔子言谈之语境，有助于理解孔子之大义。关于本章，《韩诗外传》卷八有更为详尽的记载：

> 子贱治单父，其民附。孔子曰："告丘之所以治之者。"对曰："不齐时发仓廪，振困穷，补不足。"孔子曰："是小人附耳，未也。"对曰："赏有能，招贤才，退不肖。"孔子曰："是士附耳，未也。"对曰："所父事者三人，所兄事者五人，所友者十有二人，所师者一人。"孔子曰："所父事者三人，足以教孝矣；所兄事者五人，足以教弟矣；所友者十有二人，足以祛雍蔽矣；所师者一人，足以虑无失策，举无败功矣。惜乎！不齐之所为者小也，为之大，功乃与尧舜参矣。"《诗》曰"恺悌君子，民之父母"，子贱其似之矣。

借由这一语境，本章之义豁然开朗。孔子称赏宓子贱是真君子，君子责任在治理社会，然而如何治理？《韩诗外传》记载说明，宓子贱深得治理之要道：与君子共治。宓子贱引入鲁国其他君子，与之分享权力，让其在各自领域中发挥作用，由此单父之邑达致优良秩序。孔子相信，尧舜之治无非如此。

本章表明，在孔子看来，君子治理技艺之最重要者，在于发现、信任共同治理者。君子合群，首先在于合和君子，君子共和是通往优良治理之唯一坦途，一人独揽权力，不管此人是谁，都不可能通往优良治理。

本章指出一个历史事实：鲁多君子。周公封于鲁，鲁行周礼最为完备，"其民有圣人之教化"（《汉书·地理志下》）。本章据此说明，何以孔子之学兴起于鲁：这不仅因为，孔子本人是鲁人，也因为，鲁多君子，故弟子可以取法。故良好环境有助于君子之养成。由于这些原因，孔子门弟子中，鲁人独多，且贤人最多，尽心传承孔子之学，故《史记·儒林列传》记："后陵迟以至于始皇，天下并争于战国，儒术既绌焉，然齐鲁之间，学者独不废也"；"及至秦之季世，焚诗书，坑术士，六艺从此缺焉。陈涉之王也，而鲁诸儒持孔氏之礼器往归陈王。于是孔甲为陈涉博士，卒与涉俱死"，孔甲为孔子八世孙；"及高皇帝诛项籍，举兵围鲁，鲁中诸儒尚讲诵习礼乐，弦歌之音不绝，岂非圣人之遗化，好礼乐之国哉？"汉初经学，"鲁学"蔚为大观。曾子、子思、孟子一系之儒学正在此文化圈。

本章孔子以"君子"称许子贱，又将子贱的君子之德归因于鲁多君子，由此指明，新式士君子与古典君子之间有传承关系。君子本为世袭，孔子兴学，对所有人开放，养成庶人、甚至贱民有君子之德。故本章二"君子"之含义是有所不同："鲁无君子"，指等级制意义上的古典君子；"君子哉若人"则转换为一组卓越的德行，故《泰伯篇》曾子有"君子人"之说；凡有此德行者，皆得为君子。孔子立教之大义正在于，人人皆可以为君子。

> 5∶4　子贡问曰："赐也何如？"子曰："女（汝）器也。"曰："何器也？"曰："瑚（hú）琏（liǎn）也。"

上章孔子评子贱为君子，本章孔子评子贡为器。

赐，子贡，氏为端木，名为赐。瑚、琏，宗庙祭祀所用之重要青铜器，瑚为方形，琏为圆形。

子贡请教："我怎么样呢？"夫子说："你是器。"子贡问："什么样的器？"夫子说："宗庙中的贵重之器。"

大约是某次孔子依次评弟子，子贡迫不及待地问："您觉得我怎么样呢？"此语气生动传达子贡之神情和性格。子贡职业为商人，在孔门四科中属"言语"科，善于言辞应对，喜与人较长短。

子贡聪明好问，孔子十分喜欢。不过，以子贡的气质，或许难以求道至精微处，故孔子称许子贡为"瑚琏"。子贡有卓越的言辞才能，故在某些外交场合发挥了重大作用，《左传》《史记·仲尼弟子列传》记有子贡游说多国之事迹。瑚、琏是宗庙祭祀所用的贵重之器，孔子以之比拟子贡。但《为政篇》曰："君子不器"。君子当然有专业才能，此为器；又不被其限制，超乎专业之上，有卓越德行与合群技艺，能够组织、协调专业人士，管理社会。这一点，子贡似有欠缺。故上章记子贱能治理好单父邑，孔子称之为真君子，子贡更像专业人才。

由此可见人才之难得，士君子养成之难。聪敏如子贡，尚难完全至君子境界。人才之养成既取决于老师之教导，也受制于各人的禀赋，而难免有所偏。

本章大义曰：各色专业人士如工商业者，对社会正常运转至关重要，孔子本人亦十分喜爱从商之子贡。但成己安人、领导共同体、维护秩序，非专业人士所能承担。欲为此者，当超越专业限制，养成君子之德。

> 5:5　或曰："雍也仁而不佞。"子曰："焉用佞？禦人以口給（jǐ），屢憎於人。不知其仁，焉用佞？"

子贡属"言语"科，口齿伶俐，而仅为器，本章阐明仁与口才的关系。

雍，孔子弟子，姓冉，字仲弓。佞，才能，尤其指出众的口才。御，应答。给，足也，口给，口才敏捷。

有人说："冉雍仁而没有捷利的口才。"夫子说："哪儿用得着捷利的口才？口才出众的人总以敏捷的口才回应别人，屡屡让别人憎恶。冉雍是不是仁，我不知道，但哪儿用得着捷利的口才？"

仁在人之际，人际沟通须借言语，故君子不可不知言。尤其是，君子承担合群之责，言辞艺术必不可少。故本章记，某人评价冉雍虽是仁者，却欠缺口才，似为缺陷。孔子回应说：冉雍是仁者，就已足够，用不着伶牙俐齿。善言辞者常失之于过，言辞反客为主，其人徒以敏捷口才对人。孔子特别讨论了一种情形："御人以口给"，人家刚开口，就急于表白、反驳。

这就走到仁之对立面，孔子谓司马牛"仁者其言也讱"（《颜渊篇》）。仁者以人待人，故敬人、爱人，佞者无敬人之心，只想压倒对方，必惹人憎恶。正因为此，孔子对口才始终有所警惕，子曰："巧言令色，鲜矣仁。"（《学而篇》）冉雍之不佞，恰见其仁。他敬人，故更乐意倾听，而节制自己之言。由此，他反能得到他人之敬，下篇记"雍也可使南面"。不仁者总喜欢说给别人，以言辞服人；仁者更乐意倾听对方，以言知人。

本章与上章形成对比：子贡善言，孔子比之为瑚琏之器；仲弓不善言，孔子许之为仁。

5：6　子使漆彫開仕，對曰："吾斯之未能信。"子說（悦）。

上章论冉雍之仁，本章记漆雕开之义，阐明新式士君子对待位之正确态度。

漆雕开，孔子弟子，姓漆雕，名开，字子若。由其氏可见，他出身工匠之家，从事漆器加工业。

夫子让漆雕开出仕，漆雕开对答说："我尚无把握担当此任。"夫子欣然。

孔子养成士君子，旨在行道天下，故孔门弟子多有出仕者，如冉有、子路、宓子贱等。孔子也鼓励漆雕开出仕，而漆雕开回答"吾斯之未能信"，此为倒装句，谓吾未能信斯，斯者，仕也。

士人学而得位，究竟是为行道还是为爵禄之利，是新式士人面临的大考验。孔子希望，自己养成之士君子以行道为己任，以位为行道之途径。漆雕开明乎此，以行道为标准自我审查而谦退，可见其明乎君子出处之义，又有自知之明。故孔子高兴，唯如此处理位与道的关系，士君子才能在得位后，以位行道；在未得位时，安之若素，做到"人不知而不愠，不亦君子乎"(《学而篇》)。

本章以漆雕开为例，说明孔门弟子对位与道关系已有正确理解。有所不取，才能有所进取；不热衷于位，才能以位行道。

> 5:7 子曰："道不行，乘桴（fú）浮于海。從我者，其由與？"子路聞之喜，子曰："由也好勇過我，無所取材。"

上章记漆雕开之谦退，本章记子路之好勇。

桴，以竹木所编渡水之筏。由，孔子弟子仲由，字子路。材，作筏之木材。

夫子说："道不能行，乘坐筏子漂洋过海吧。愿跟从我的人，是仲由吧？"子路听了这话颇为高兴。夫子说："仲由哪，极有勇气，这一点超过我。只是，没有地方伐取木材作筏子啊。"

《史记·仲尼弟子列传》记："子路性鄙，好勇力，志伉直，冠雄鸡，佩豭豚。孔子设礼稍诱子路，子路后儒服委质，因门人请为弟子。"孔子曾感叹："自吾得由，恶言不闻于耳。"仲由入孔门后，极力维护孔子，故无人敢恶言对孔子。孔子相信，乘桴浮海这样的险事，子路必定陪伴自己。

本章对话该孔子深叹道之不行也：世事混乱如风波不定之大海，何以得太平？孔子已得重建秩序之道，也养成士君子群体，有行道之志，有子路之勇，已见义而欲勇为。然而，浮海需桴，行道同样需要桴，也即位。而士君子普遍无位，只能在乱世之此岸，遥望有道之彼岸，而无以进取。孔子又深叹"无所取材"，甚至不知道该从何处入手找到行道之机会。

又，前两章记冉雍仁而不佞，漆雕开明士君子之义，本章记子路之勇。仁、义、勇，均是君子应有之大德。

本篇前两章记孔子之兴学，以上五章记孔子已养成士君子，子贱为君子，子贡为重器，仲弓成仁，漆雕开已明出处之义。可见，孔门士君子已可以行道矣，然而其道终究无以行，孔子乃喟然而叹。

> 5:8 孟武伯問："子路仁乎？"子曰："不知也。"又問，子曰："由也，千乘之國，可使治其賦也，不知其仁也。""求也何如？"子曰："求也，千室之邑，百乘之家，可使為之宰也，不知其仁也。""赤也何如？"子曰："赤也，束帶立於朝，可使與賓客言也，不知其仁也。"

上章记子路之勇，本章再记子路，旁及其他弟子，阐明仁之难能、可贵。

孟武伯，鲁国之卿，仲孙氏，名彘，字伯，谥武。赋，军赋，尤其是征召车、马及相应的士、徒卒等。军赋之单位是乘。室，民户。千室之邑，乃大邑也，通常是卿大夫宗庙所在之邑。家，卿大夫治理的单位是家，远大于今人所说的家。按礼法，家可备战车百乘。宰，邑宰或家宰，前者管理邑之公共事务，后者管理家室之公共事务。赤，孔子晚期弟子，姓公西，字子华。带，衣带。束带，古人无事则缓带于腰，有事则束带于胸。宾客，邻国诸侯相聘享之使臣。言，以言辞接待宾客，孔门四科之"言语"即在培养此种言辞技艺。

孟武伯问："子路可算仁吗？"夫子说："不知道啊。"孟武伯又问，夫子说："仲由嘛，若有一个战车千乘之邦国，完全可让他担当治理军赋之职。但不知他算不算仁。"孟武伯问："冉求如何呢？"夫子说："冉求嘛，若有规模达千室之大邑，或有战车百乘之卿大夫之家，完全可让他担当邑宰或家宰之职。但不知他算不算仁。"孟武伯又问："公西赤如何呢？"夫子说："公西赤嘛，若有机会束带盛服立于公侯之朝堂，完全可以让他担当接待各国宾客之职。但不知他算不算仁。"

本章有两层含义。首先，孔子自豪地对鲁国执政之卿大夫孟武伯说，三位弟子确有为政之才能，分别是治军、为宰、言辞。此为当时为政之三个最重要领域。孔子相信，学先王之道，弟子已掌握为政之技艺，可行道于邦国天下矣。

另一层大义在四个"不知"。孔子养成弟子，不限于才艺之培养，而在扩充其仁，但孔子从不轻许人以仁。孔子说"不知"，非谓三弟子不仁，而是说，不知其算不算仁。孔子此言非虚，确定一个人算不算仁相当困难。仁是人之道，是生命提升之方向，唯当仁贯穿于生命之每一时刻、遍布生命之每一方面，方为仁者。这需要持久的、高度的自觉，做到极难，或有松懈而不仁，故孔子曰"不知"。

孔子连说四个"不知"，道出仁与人之关系。"里仁为美"，故仁是人之道，是生命成长之正路。又"我欲仁，斯仁至矣"，故为仁不难，人完全可以自觉地在此道上行走。但是，此道并无终点，"死而后已"（《泰伯篇》），于生命过程中，不可谓已至于仁。此即孔子不轻许人以仁之故，故曾子曰："士不可以不弘毅，任重而道远。仁以为己任，不亦重乎？死而后已，不亦远乎？"（《泰伯篇》）

> 5:9 子謂子貢曰："女（汝）與回也孰愈？"對曰："賜也何敢望回？回也，聞一以知十；賜也，聞一以知二。"子曰："弗如也。吾與女（汝）弗如也。"

本章继续评价弟子。

愈，犹胜也。一，数之始。十，数之终。二，一之对也。

夫子对子贡说："你与颜回，谁更出色？"子贡对答说："我哪里敢与颜回相比，颜回闻一而知十，我呢，只能做到闻一而知二。"夫子说："不如颜回啊，我与你确实不如啊。"

子贡好"方人"（《宪问篇》），即论人之短长："喜扬人之美，不能匿人之过。"（《史记·仲尼弟子列传》）孔子不喜。大约某一次，子贡正议论别人，孔子让子贡把自己与颜回对比一下。子贡虽好论人，终有自知之明，故谓颜子，任何知识，只闻其一节，即可推知其全体。子贡自愧不如，承认自己只能做到闻此而知彼。孔子认可子贡对颜回和自身之评价，又补充说"我与你都不如颜回"。此语不仅安慰子贡，也透露出孔子对弟子如此优秀之喜悦。大道能传，孔子焉能不乐？

本章同时写出颜回之卓越，子贡之明智，孔子之胸襟；写出同门之情，师生之义，孔门气象，跃然纸上。

又，本章与第四章相呼应：第四章子贡请孔子评价自己，孔子许以瑚琏；中间又不许子路等人以仁；本章主角同为子贡，与孔子共同推崇颜子。由此颜子在孔门地位得以树立，而孔们人才之盛况，于此可见。

以上两章记孔门人才济济之盛况，可见孔子知人之明，可见士君子已成群体，必将塑造历史。但并非所有弟子都成材而优秀，故以下各章记孔子对弟子之批评教导。

> 5：10 宰予晝寢，子曰："朽木不可雕也，糞土之牆不可杇（wū）也。於予與何誅？"

上章高度肯定颜子，本章严厉批评宰予。

宰予，孔子弟子，即宰我。昼，白天。寝，睡觉。朽，腐也。雕，雕琢刻画。粪土，古代之墙夯土筑成，积久则墙面松散剥落，是为粪土。杇，镘也，用以涂泥于墙之泥刀，涂泥后，墙面平整干净。诛，责备。

宰予白天睡觉，夫子失望地说："腐朽的木头无法雕刻图案，松土剥落之墙无法涂泥抹平。对宰予，我还能责备什么？"

147

《礼记·檀弓上》记："夫昼居于内,问其疾可也;夜居于外,吊之可也。是故,君子非有大故,不宿于外;非致齐也、非疾也,不昼居于内。"古人依天道而生,日出而作,日落而息,故依礼制,白天劳作而不睡觉。

宰予却在白天睡觉,孔子予以严厉批评,断言其实在无法培养,以至于不想再教诲之。孔子之教人,不是只有春风化人,也有严厉棒喝的一面。宰予的问题不在于禀赋不好,而在于精神怠惰。孔子不轻许人以仁,就因为,仁贯穿于生命每时每刻,求道者当始终保持精神在敬之状态,自强不息,精进不已。宰予昼寝,则属于自我放弃,如此之人难成君子,教之无益。透过批评宰予,孔子指出:成就君子,关键是自身之自觉,向上提撕之持久意志,"志于学"、"志于仁""志于道"。

本章与上章对比明显,上章可见孔子喜悦之情,本章可见孔子失望之情,盖人之不齐,人之情也;虽然,孔子均将其养成君子,可见孔子之为至圣先师。

5:11　子曰:"始,吾於人也,聽其言而信其行;今吾於人也,聽其言而觀其行。於予與改是。"

本章接续上章,阐明观人之术。

予,宰予。

夫子说:"以前,我对人,听他之言就相信他会那样做。从现在起我对人,听他之言还要观他之行。由于宰予的作为,我改变了这一点。"

如何了解、认识一个人?孔子观人,向来是听其言,观其行,且多层次地观其行之多面:"视其所以,观其所由,察其所安"(《为政篇》)。尽管如此,宰予大白天睡觉这件事,还是让孔子感慨系之,从而对比两种观人之术,以警示宰予与众弟子。

人之对外呈现，无非言、行二者。言是容易的，只需一张嘴。在孔门中，宰予属于"言语"科，善言利辩，此前大约说过愿随夫子求道之类的言。然而，践行此言，需付出持续不懈的努力，至要者，志也，以志支配身体。孟子说："夫志，气之帅也"（《孟子·公孙丑上》），肉体总倾向于向下坠落，唯以志帅气，才能提撕向上，言行合一。若志气太弱，就无以持续践言，出现言行不一、言过其实之事。而最终，一个人给人之印象，最为深刻者，还是行；而一个人给人印象之最坏者，恰是言行不一。

孔子于本章诫人始终注意言行合一，说了就做到。为做到言行合一，宁可少言。由本章，自然有"君子欲讷于言而敏于行"（《里仁篇》）。对他人，要慎言。对自己，同样需慎言。人要对自己负责，准确认识自己，给自己确立适当的目标。不自欺，不自弃。如此可不断提升，又不至于半途而废，徒惹人笑。

> 5:12　子曰："吾未見剛者。"或對曰："申棖（chéng）。"子曰："棖也慾，焉得剛？"

宰予昼寝，由于不刚。本章论多欲则不刚。

申棖，鲁人。欲，多嗜欲也。

夫子说："我没见过刚强之人。"有人对答说："申棖算吧。"夫子说："申棖这人呢，欲望过盛，如何做得到刚强？"

有本章可见，孔子重刚之德。帝舜命夔教胄子之四德，有"刚而无虐"（《尚书·尧典》）刚者，坚强而不屈不挠。刚者有所追求，而明乎义，在求道、行道过程中，能做到孟子所说"富贵不能淫，贫贱不能移，威武不能屈"（《孟子·滕文公下》），有所为，有所不为。《礼记·儒行》曰："儒有可亲而不可劫也；可近而不可迫也；可杀而不可辱也。其居处不淫，其饮食不溽；其过失可微辨而不可面数也。其刚毅有如此者。"不刚，则不足以立，无以行道天下。

"欲"指肉体欲望，若较强烈，颇类于刚，因其驱动人做一些非常之事，如贪官为追求能满足欲望之物质利益，钱、权、色，而持续不断地努力，乃至于胆大妄为。这样的人总不满足，在钱、权、色之占有上超过别人，其生命力颇为旺盛。故对孔子说话之人错以为多欲之申枨是刚强之人。

然而，欲毕竟非刚，事实上，多欲必不刚。多欲者之最高价值是满足肉体欲望之物的占有量之最大化，而罔顾其他。为了占有更多地物，可采取任何手段，如谄媚有权有势者，或滥用自己的力量抢夺他人。其生命如《礼记·乐记》所说"人化物"，即"物化"。此类人因缺乏志气，故一旦遭遇挫折，则立刻卑躬屈膝，完全抛弃尊严。故人多欲，则不刚，近人林则徐有联语："海纳百川，有容乃大；壁立千仞，无欲则刚"。

但此处之"无欲"，不是断欲、禁欲，而是说，生命不为物质欲望支配，而能在利之外"喻于义"，以义节欲，控制满足欲望之过程。这样的生命过程是刚的，也是健全的。禁欲、断欲者恰可见其软弱无力，因为恐惧欲而回避之。

> 5:13 子貢曰："我不欲人之加諸我也，吾亦欲無加諸人。"子曰："賜也，非爾所及也。"

上章记欲，本章辨欲。

加，陵也，强加。赐，子贡之名。

子贡说："我不愿别人强加于我一些事情，我也愿自己不将其强加于别人"。夫子说："赐啊，这不是你能做得到的。"

乍看起来，子贡此语与孔子对子贡说过的一句话很接近：子贡问曰：

"有一言而可以终身行之者乎？"子曰："其恕乎！己所不欲，勿施于人。"（《卫灵公篇》）细加寻绎可见，两者口气有所不同，语意有微妙差别。

"己所不欲，勿施于人"之重心在后一句，要旨是反求诸己：我不希望别人强加于我一些事，我推己及人，自我约束，不对别人做这些事。全句体现君子敬人、因而自我约束之明确倾向。子贡之语重点是平衡的，甚至偏重于前者：我不把一些事情强加于人，是希望换来别人的回报，不将其强加于我。尤其是子贡说"吾不欲人"，我也不希望人强加于我，对人有太强期待。孔子立刻指出"这可不是你能做得到的"，意谓，你不能控制别人，让别人不做那些事。

孔子对子贡之微讽指出恕道之要点。道德行为是自主的，人唯一能控制的是自己，故唯一恰当而可行之道德思考方式是反求诸己。我以义要求自己，约束自己，内自省而提升自己。凡此是自己可完全控制，人人可"及"的。恕道之"勿施于人"，就只是单方面自我约束。我的自觉可能唤醒对方的自觉，而对等地回报我，但也未必。只是，这对我而言，并不重要。我自我约束，出自我之仁，非为得人同等回报。故不论对方如何回应，我坚持自己的道德行为。如此，我始终自主地确定自己的道德生活。若依子贡，当对方不能回报我，我即放弃道德行为，而采取以牙还牙策略。这样一来，我的生命被他人支配，我丧失主体、自主，把道德行为等同于利益交换，也就无所谓道德生活。

本章与上章相关：申枨多有物欲，故不能刚；本章子贡对人有欲，有太多期待，而不能以我为主。孔子告诫子贡，不期待别人如何对自己，而应自我期待："我欲仁，斯仁至矣"（《述而篇》）；也应自我约束："己所不欲，勿施于人"。不放纵利益之欲，有为仁之欲，则可归于仁而为君子。

以上四章记孔子批评诸弟子，可见孔子教养之严。诸弟子之过，或在多欲而不刚，或在无志而自弃，或在言行不一，或在责人多而责己少，而孔子因材施教，其仍得以成为君子，以下记孔子之所教。

> 5:14　子貢曰："夫子之文章，可得而聞也；夫子之言性與天道，不可得而聞也。"

前数章记孔子教诲弟子，本章子贡指出弟子之学皆闻之于孔子，并阐明孔子思想之完整结构。

文章，孔子删述之诗、书、礼、乐，整理为文本。

子贡说："夫子删述的诗、书、礼、乐之文，明明白白在那儿，我们可以听得到。夫子之言说人性与天道，我们却无法听得到。"

孔子对中国文明之最大贡献是"祖述尧舜、宪章文武"（《中庸》），删述三代之典，而成诗、书、礼、乐之文。晚年又为《周易》作传，作《春秋》。此即子贡所说之"文"。这些文籍昭彰显著，人人可见、可学，故为"文章"。孔子以此文传授弟子，而成"文学"，即经学。

孔子在删述文献过程中有深入思考，形成一系列伟大思想，包括对人性、对天道之深刻见解。然而，孔子教授弟子循序渐进，不愿弟子好高骛远，尤其是早期，孔子教授弟子，旨在培养治世之君子。而性与天道较为抽象玄虚，故日常教学，很少谈及。《论语》只一处言及性："性相近也，习相远也。"（《阳货篇》）谈天略多，然多为身处困境时之感叹，对天道内涵并无具体正面言说。故子贡感叹，难以听闻孔子讨论人性、天道。

孔子对人性与天道自有全面而深入的思考，尤其是晚年为《周易》作传，多言性与天道，如《系辞上》："一阴一阳之谓道，继之者善也，成之者性也。"《说卦》："昔者，圣人之作《易》也，幽赞于神明而生蓍，参天两地而倚数，观变于阴阳而立卦，发挥于刚柔而生爻，和顺于道德而理于义，穷理尽性以至于命。""昔者，圣人之作《易》也，将以顺性命之理，是以立天之道曰阴与阳，立地之道曰柔与刚，立人之道曰仁与义。"六十四卦之象传也多言及天道、天行，如临卦"说而顺，刚中而应，大亨以正，天之道也"；谦卦"谦，亨，天道下济而光明，地道卑而上行。天道亏盈而益谦，地道变盈而流谦,鬼神害盈而福谦,人道恶盈而好谦";蛊、剥、复三卦之《象传》则言及"天行"。这些思想传于晚年弟子,开后世谈天、说性之学,如子思、庄子、孟子、邹衍等。《中庸》《孟子》之性命、天道思想皆出于孔子,且广泛而深刻地塑造中国人的宇宙观、人生观。然孔子之言说终究是高度节制的。

由此可见孔子之教为文教。凡神教必以性命、神灵为中心,如言人之罪性或者苦性,奢谈来世与神的世界之细节等等。孔子当然深思性命、天道、神鬼,然施于世人则以文教,养成弟子终究以六经之"文章"为本,以人文礼乐为中心。孔子不欲弟子遽然进入性与天道之玄想中,而偏离文教,故不与弟子多言性与天道。孔子所养成者乃士君子,而非传教士、神学家或哲学家。

> 5:15 子路有闻,未之能行,唯恐有(读如又)闻。

上章记弟子闻于孔子,本章记子路力行闻于孔子之道。

子路有所闻于夫子,若尚未践行,唯恐听到其他教诲。

《论语》中,以客观立场描述弟子之行者唯此一章,大约因为,子路之勇为孔门公认,勇于践行。如上章所记,孔子之教以文为中介,弟子首先"学文"(《学而篇》)。文中有礼,礼须见之于行,所谓"学而时习之"(《学而篇》)。《礼记·杂记下》:"君子有三患:未之闻,患弗得闻也;既闻之,患弗得学也;既学之,患弗能行也。"有些弟子可能忽视行,而陷于辞章记诵之学,子路不然,于孔子之教略有所闻,立刻付诸道德和政治上的践行。孔子之文直接启动子路之行。在子路那里,言行之间几无间隙,子路可谓善学者、行道者。《史记·仲尼弟子列传》记,当子路先于孔子而卒,孔子非常伤感。

以上两章相勾连之词是"闻",总结前数章,指出弟子之成长得益于"闻"孔子之教诲,弟子闻孔子之教诲而行,从而成为君子。

> 5：16　子貢問曰："孔文子何以謂之文也？"子曰："敏而好學,不恥下問,是以謂之文也。"

前章子贡论孔子之文,本章论何以为文。

孔文子,卫大夫,姓孔,名圉,文是其谥。敏,聪敏。

子贡请教:"卫大夫孔文子何以被谥为文啊?"夫子说:"孔文子天资聪敏却喜好学,地位高贵却不以请教在下者为耻。由于这个原因,人们谥之以文啊。"

谥是一种重要的道德、政治评价机制,天子、诸侯、大夫去世后,君子们依其一生德、功确定谥号。孔圉是卫大夫,据相关记载,其私德明显有亏,为众人公知,却得"文"之谥。《逸周书·谥法解》:"经纬天地曰文,道德博厚曰文,勤学好问曰文,慈惠爱民曰文,愍民惠礼曰文,锡民爵位曰文。"据此,"文"是极为高贵的谥。尤其是宋以后,文臣能得"文"之谥是极为荣耀的,又以"文正"最为高尚,如范仲淹、曾国藩均谥"文正",表彰其以孔子之文导正天下。

子贡的疑惑是:私德有亏且未成就多大功业的孔圉,何以谥文?孔子谓其合乎"勤学好问"标准。天生聪敏者多自恃其聪敏而不好学。孔文子虽天生聪敏却好学,这一点相当难得。下,既指地位在下,也指学识低下。地位较高者多不愿请教地位低于自己的人,知识较丰富者多不愿请教知识逊于自己的人。孔文子虽地位较高,且因好学而学识广博,却乐于请教人,包括地位、学识低于自己者。这一点同样难得。因这两点,孔圉得文之谥。

孔子以此强调,人之自我提升之路,就是"敏而好学,不耻下问"。

孔子以学养成君子，凡认真学者必有困惑，必知自己之无知，故学必伴随着问，自然包括不耻下问。好学打开生命向上提升的通道，不耻下问意味着心灵足够开放，而这是好学的前提。永不满足于当下，自觉自己之无知，保持心灵之开放，则可"下学而上达"。

5:17 子謂子產"有君子之道四焉：其行己也恭，其事上也敬，其養民也惠，其使民也義"。

上章论孔文子之文，本章论子产之德，阐明君子治理社会所应有之德。

子产，郑国大夫，郑穆公之孙，故称公孙侨，字子产，曾为郑国执政二十余年。行己，安排自己的举动。

夫子评论子产"有四项君子之德：他以恭之德安排行为举止，他以敬之德承担对君之责任，他以惠之德照顾民生，他以义之德使用民力"。

子产长孔子一代，是春秋后期德能卓越之贤人。孔子通过评价子产，指出承担治国重任之君子所有之四种德行：

首先是恭。恭形容君子之容貌，即子贡描述孔子的"温良恭俭让"（《学而篇》）之"恭"。君子承担治国重任，当以礼严格约束自己，出入起居升降进退皆有礼节，此即君子威仪。如此君子，方能赢得在上者之尊敬，得到在下者之信赖。

其次是敬，具体而言即敬业。君子为人之臣，自有其分内责任，此即业。君子当以敬意对待自己职守，以充分发挥自己才能，应对治理过程中所遇到之问题。敬，才能忠。

第三是惠。君子治理社会，根本在"养民"（《尚书·大禹谟》），创造各种制度，通过各种政策，动态地维护合理的资源配置格局，让每一民众都有体面的生活。惠既包括爱民之心，也内涵养民之技艺，光有前者而无后者是无以惠民的。

第四是义。治国之君子为生产公共品，比如保卫邦国、维护治安、修筑道路等，不能不用民力，征调民众，或征收税款。君子使用民力，当有明确的自我限制，此即义。具体地说，依法律规定之程序，对民众征收法律规定数量的资源，逾此即为不义。

子产之四德，以修身为本，对上敬，而为君所敬；对下惠而义，则为民所敬、所爱。古今中外最卓越的社会治理者，其德行无非如此。孔子通过子产的典范，教给弟子以为政之德。

5：18 子曰："晏平仲善与人交，久而敬之。"

上章论子产为政之德，本章论晏子交友之道。

晏平仲，齐大夫，姓晏，名婴，字仲，平是谥号，有《晏子春秋》传世。夫子说："晏平仲善于与人交友，时间虽久，仍然敬人。"

晏子比孔子早一代，以善交著称，与多个邦国贤大夫为友。孔子总结晏子善交之道，就一"敬"字。

此处之相交是陌生人之相交，最初自然有敬在其中，由此迅速升温，双方关系过于亲昵，行为放纵，则难免由放纵而疏远，即《里仁篇》所说"朋友数，斯疏矣"。晏子与人相交，却始终保持敬之心。敬保持恰当距离之爱。陌生人本有距离，相交而依然保持某种距离是必要的。朋友间关系不至亲昵，也因此，双方在交接中始终约束自己，尊重对方，也就不会得意忘形而得罪对方，友情反而长久。

君子的社会责任是合群，不能不交友，交友是地位相当的陌生人合群之主要机制。孔门弟子相互为友，行道天下，也必定借助于友。五伦之中，父子、君臣有尊卑之别，兄弟、夫妻、朋友为地位相当者之关系，但朋友不同于兄弟、夫妻：兄弟自然亲近，夫妻更为亲昵，前者基于血亲之爱，后者有肌肤相接之爱。朋友之间既无此血亲基础，又无肌肤之亲，自当保持一定距离，始终存有敬意，所谓"以义而合"。此为交友之正道。

> 5:19 子曰："臧文仲居蔡，山节藻棁（zhuō），何如其知（智）也？"

上章论晏子与人相处之敬，本章论智。

臧文仲，鲁大夫臧孙辰，字仲，文是谥。居，犹藏也。蔡，古人以龟甲占卜问吉凶，南方楚之蔡地出善龟，因而此大龟名蔡，其甲为人珍爱。此甲为邦君问吉凶所用，臧氏世代守之，藏于庙中之室。

节，柱头斗栱也。山节，斗拱刻以山形。藻，水草名。棁，梁上短柱也。藻棁，棁上绘以藻纹。据《礼记·明堂位》："山节藻棁，天子之庙饰也。"

夫子说："臧文仲的藏龟甲之室，斗拱刻以山形，梁上短柱绘以藻纹，他的智慧还能怎样呢？"

智，明智，系君子之大德。明智以知识为基础，而积淀为见识和智慧。时人均以为臧文仲明智，孔子举出一重要事情说明，臧文仲实在算不得智。

龟甲是用来卜问吉凶的，何以山节藻棁，僭越天子之庙饰藏之？因其谄渎鬼神。《尚书·大禹谟》记载，帝舜提出决策之基本原则："官占：惟先蔽志，昆命于元龟。朕志先定，询谋佥同，鬼神其依，龟筮协从，卜不习吉。"又《左传·桓公六年》曰："夫民，神之主也，是以圣王先成民，而后致力于神。"华夏文明起步于"绝地天通"，人敬天、敬神，但不依赖天、神。人不指望超自然的力量，而只用自己的德行和理性在此充满风险和不确定性的世上生存并追求幸福。华夏文明之根基是：人敬天，而作为主体，自主生存。

藏文仲"山节藻棁"必有媚神之考虑。媚神一定希图以神灵的超自然力量实现世俗的目标，如此必然忽视德行，也必定忽视对民之责任，此即不智。孔子通过评论藏文仲，教弟子认识智之重要性，并阐明智之内涵，尤其揭明神灵崇拜与人的主体性间关系：智者敬鬼神，而不依赖鬼神。孔子之教是文教，而非神教，故"敬鬼神而远之"，是为智。

> 5∶20 子張問曰："令尹子文三仕為令尹，無喜色；三已之，無慍色。舊令尹之政，必以告新令尹。何如？"子曰："忠矣。"曰："仁矣乎？"曰："未知（智），焉得仁？""崔子弒齊君，陳文子有馬十乘，棄而違之。至於他邦，則曰：'猶吾大夫崔子也。'違之。之一邦，則又曰：'猶吾大夫崔子也。'違之。何如？"子曰："清矣。"曰："仁矣乎？"曰："未知（智），焉得仁？"

上章论智，本章阐明智、仁关系。

令尹，春秋时代楚国官名，执政之卿。子文，姓斗，名穀於菟，字子文。子文在春秋中期曾为楚令尹二十多年，其间曾为人替代。已，止，离职。

崔子，齐大夫，名杼。齐君，齐庄公，名光。庄公本为崔杼所拥立，然庄公与其妻棠姜私通，崔杼乃杀庄公，立景公。

陈文子，亦齐大夫，名须无，谥文，其后代篡齐。马十乘，周代战车一车四马，下大夫之家大约可有十乘，形容陈文子力量弱小，无力讨伐逆贼。违，去也。

在《论语》另一传承系统鲁《论》中，"犹吾大夫崔子"句中"崔子"作"高子"。高子，齐卿大夫高厚，庄公初立，高厚执政，辅君无力，引发崔杼作乱，自身被杀，又祸及其君。

子张问："楚国子文三次出任令尹，无喜悦之色；三次失去令尹之位，无恼怒之色。一定把自己的政务原原本本地告诉新上任的令尹。这个人如何？"夫子说："算得上忠了。"子张问："算得上仁么？"夫子说："他未做到智，怎算得仁？""崔子弑杀其君，陈文子只有车马十乘，力量弱小，无力讨贼，放弃家室，离开齐国，流亡他国。到其他邦国，乞请讨贼，却无人答应，他感叹说：'这里的卿大夫跟我国的高子一个模样啊。'不得已离开此邦，到另一邦，结果一样，他又说：'这里的卿大夫跟我国的高子一个模样啊。'陈文子其人如何？"夫子说："算得上清了。"子张问："算得上仁么？"夫子说："他未做到智，怎算得仁？"

子张提出春秋时代两位著名君子之行事，请孔子评论。楚令尹子文三次出仕无喜悦之色，三次离职无愠怒之色，说明其不以官位增加个人利益，而始终从公共利益角度看待官位。由此可推想其在执政中能尽心履行职守，此即"忠"。另一件事情更可见其"忠"：当离职之时，把自己政务毫无保留地交接给接任者，方便其迅速进入状态，避免权力交接之混乱。孔子评价说，两件事足以说明令尹子文有忠之德。

但对令尹子文是否算得上仁，孔子答曰"未知"。本篇前章记孟武伯问"子路仁乎"，孔子答曰"不知也"，又说"不知其仁也"。"不知"是说，不能确定子路是否算得上仁。"未知"不同于"不知"，其"知"当为"智"之假借，孔子断然指出其不智，算不上仁。令尹子文做过很严重的不智之事：《左传·僖公二十七年》记，有人已明确对子文指出，子玉"刚而无礼，不可以治民"，子文却固执己见，推荐其代己为令尹，后子玉率兵与晋文公战于城濮，果然大败。无识人之明，是为不智。

孔子于此指出，不智，无以为仁。子文葬送了子玉，以及楚军，是为不仁。此不仁，根源在不智，不能识人，以情掩智，喜爱其人或无视其缺陷，造成不仁之严重后果。

子张所举第二个历史人物同样不智。崔杼作乱，陈文子无力讨贼，又不愿同流合污，故抛弃家室流亡，确算得"清"，洁身自好。流亡期间，陈文子见所至邦国之执政者无能，即立刻离开，也算得"清"。然而恰恰在这一点上，又可见其不智：事先，他对这些邦国的执政者缺乏了解。

在孔子看来，智者未必仁，但仁者必有智。仁不是虚悬的，《里仁篇》开篇即说："里仁为美。择不处仁，焉得知？"生命过程中，人交接一个又一个人，面对一个又一个事，做出一个接一个抉择，仁或不仁取决于能否每次做出明智之抉择，抉择之智累积而为仁；不智，不能至于仁。故《中庸》论"天下之达德"，次序为智、仁、勇。智者未时时仁，仁者必定事事智。

5：21　季文子三思而後行。子聞之，曰："再，斯可矣。"

上章论仁不可以不智，智本于思，本章论思。

季文子，鲁大夫季孙行父，姬姓，季氏，名行父，"孙"表明他是宗子，文是其谥，曾执鲁国之政三十余年。《史记·鲁周公世家》记当时君子对季文子评论："季文子廉、忠矣"。再，两次。

季文子三思而后行。夫子听到这事，说："思考两次，这就可以啦。"

季文子是鲁大夫之贤者。孔子指出，季文子之贤关键在于"思"。《国语·鲁语上》记载：

> 季文子相宣、成，无衣帛之妾，无食粟之马。仲孙它谏曰："子为鲁上卿，相二君矣，妾不衣帛，马不食粟，人其以子为爱，且不华国乎！"文子曰："吾亦愿之。然吾观国人，其父兄之食粗而衣恶者犹多矣，吾是以不敢。人之父兄食粗衣恶，而我美妾与马，无乃非相人者乎！且吾闻以德荣为国华，不闻以妾与马。"

季文子可谓善思：我不好粗衣恶食，故知民众亦不好粗衣恶食，而自我约束，与民众共苦，此即为政者"不忍人之心"（《孟子·公孙丑上》）。季文子之思以此为基础，故三思而后行。所谓"三思"，据《左传·哀公二十七年》记晋国中行文子之语:"君子之谋也,始、衷[中]、终皆举之。"也即,遇事全面考量。然而,有不忍人之心,不足三思亦可,故孔子说,"再思"即可。"再思"者,思其始,思其中,结果即大体确定,不思而中矣。多思,反见私心矣。

本章关键词是"思","思无邪","见贤思齐焉,见不贤而内自省也"都是思。孟子更具体论述:君子、小人之分,即在其"思"之意愿与能力之别(《孟子·告子上》)。思而智,然后可以为仁。

5:22 子曰:"甯武子,邦有道,则知(智);邦无道,则愚。其知(智)可及也,其愚不可及也。"

上章论思,思泽可以应世,本章论处治乱之智与愚。

宁武子,卫国贤大夫,名俞,谥武。知,通智。

夫子说:"宁武子在邦国有道时,发挥智;邦国无道时,相当愚。他的智是别人可赶得上的,他的愚是别人赶不上的。"

"邦有道",即邦国治理处在清明状态,其最重要特征是,掌握最高权力者,一般是君,节制权力,乐与君子共治。换言之,君子获得信任,可充分发挥治国能力,理性地筹划公共事务。此时,与君、与其他君子争辩,不必担心危险。《左传·僖公三十一年》记卫成公欲祭某神,宁武子谓:"鬼神非其族类,不歆其祀",请改祀命。《左传·文公四年》记宁武子访鲁,文公宴请,赋《湛露》《彤弓》两诗。宁武子既不推辞,又不应答,因这两首诗是天子宴享诸侯所用,文公僭礼,宁武子不愿揭破,而以自己的无礼遮掩,以维系两国关系。此即智,孔子认为,宁武子之智,人们是容易做到的。

"邦无道",即邦国处于混乱状态,在卫国之具体表现,《左传》有所记载:

卫成公不智，得罪晋国，大夫元咺乃攻卫成公。成公流亡异国，晋国又伐卫，卫遭大祸。宁武子随卫侯流亡，而积极重建邦国秩序。为此，他与卫人结成盟誓，弥合两派对立。协助卫侯与元咺诉讼于王室，虽败诉，但因其忠而免于难。晋侯又派医生酖杀卫侯，宁武子买通医生，卫侯幸免于难。此即宁武子之"愚"。此愚实为俗人眼中之愚：卫成公得罪当时力量最强的晋国，处境艰难，而宁武子仍忠于卫侯，此即愚，即不计个人得失，直道而行。

孔子认为，宁武子之愚是人所难做到。宁武子之智、愚均出乎仁心，于邦国公益之赤诚之心，尤其是其愚，乃出于至性至情，宁武子以卫国重建秩序为唯一目标，为此殚精竭虑，不知有性命，不知有身家。而正是此愚反而激发出异乎寻常的智：宁武子总是在最重要的关头作出合宜决策。

前几章，孔子强调智，本章孔子提出，在非常时期，君子当愚，直道而行，不为潮流所动，不因危险而枉道。

以上七章，孔子点评比自己年长而为时人广知之各国知名大夫之德行、行事，教诲弟子成人、为政应有之德。可见孔子之教不是凭空立言，而以前贤往事为鉴，生动而深切。

这几章围绕三个字展开：文、智、思。几位贤人中，以谥为文者居多，尤其有专章解释"文"之谥，其含义正是好学。由好学而有知识，而明智，而善思，而有智慧。此为仁之前提。好学，则可在生命每一时间点上做出合宜之抉择，生命即在仁道。不学则不识仁，不思则不明仁，不智则不足以为仁。

> 5：23 子在陳，曰："歸與（欤）！歸與（欤）！吾黨之小子狂簡，斐然成章，不知所以裁之。"

前数章揭示君子之德，本章孔子表达养成弟子之使命感。

陈，孔子周游列国，曾两次至陈。小子，弟子。狂简，志大而略于事也。斐，有文采。章，章明，鲜明可见。裁，裁剪。

夫子居于陈国，说："回去吧，回去吧！我们团体的弟子们志大才疏，好像已织成之文采斐然的布匹，却不知怎么裁剪。"

孔子志在以道重建秩序，为此于中年删述诗、书、礼、乐，开门授徒；又周游列国，寻找行道机会，无所得而常遭挫折。孔子逐渐发现，在当世无从行道，然而孔子并不绝望，而依然充满希望：希望在未来，乃致力于教育弟子。

孔子周游期间，有些早年学生已出仕各国，另有一些年少者即"小子"，大约在年长弟子辅导下，在鲁学诗书礼乐之文。孔子在外，时常挂念这些晚年入门之弟子，并相信，这些弟子已掌握了文，文让其生命有优美之文，此即"斐然成章"。其亦有远大抱负，期望重建美好秩序，此即"狂"；但尚未掌握运用文中之道的德行和技艺，此即"简"。孔子希望回到鲁国，完成弟子们之最后训练，壮大新兴士君子群体，构筑道行于天下之文化、社会基础。

生当大变动时代，孔子一生充满挫折。但孔子得道之全体，有重建秩序之宏大规划，故胸有成竹，游刃有余。东方不亮西方亮，这厢不通走那厢。孔子绝不悲观，绝不放弃，也绝不固执，又绝不盲目。行道于天下之路，总在孔子脚下。

5∶24　子曰："伯夷、叔齐不念舊惡，怨是用希。"

上章记弟子成才而无位，或有怨，本章举先贤论不怨。

伯夷、叔齐，殷周之际孤竹君之两公子。孤竹，远方之小国，约在今辽西。其父欲立叔齐，及父卒，叔齐让伯夷，伯夷曰：'父命也'，遂逃去。

叔齐亦不肯立而逃之，国人立其中子。《史记》列传之第一即为《伯夷列传》。恶，两人交恶，旧恶，宿怨也。

夫子说："伯夷、叔齐不记别人从前之恶言恶行，所以很少有人怨他们。"《孟子·万章下》曾这样描述伯夷：

> 伯夷，目不视恶色，耳不听恶声。非其君，不事；非其民，不使。治则进，乱则退。横政之所出，横民之所止，不忍居也。思与乡人处，如以朝衣、朝冠坐于涂炭也。当纣之时，居北海之滨，以待天下之清也。故闻伯夷之风者，顽夫廉，懦夫有立志。

孟子总结说："伯夷，圣之清者也"。伯夷、叔齐立身清正，绝不枉屈从俗。在其眼中，世人多有恶言恶行，他们厌恶且批评之，如直接批评周武王。如此直率，难免被人所怨。然而，伯夷、叔齐有极难得之美德：不记旧恶。只要别人改过，他们就不记此人以前之过。盖因其为仁者，心灵极为纯正，所厌恶的是恶言恶行本身，而非其人，故只见一时一事之恶。若记人旧恶，则恶恶相加，必以此人为恶人矣，自难予以原谅。分别事与人，对事而非对人，方能宽以待人。此时之厌恶恶言恶行，恰出于对其人之爱，故即便直率批评，也少为人怨。

本章当有为而发。上章谓"吾党之小子狂简"，狂简者易自视过高，责人过严而致人怨。本章之所谓"旧恶"，亦有大义。盖孔门弟子成才为士君子，有行道之志，相对而言，既有社会政治秩序则为旧，且多恶。孔门行道，屡遭挫折，此即此旧秩序之"旧恶"。孔子告诫士君子，"不念旧恶"，而目光向前，则"怨是用希"，来自旧秩序之怨就会较少。孔子仁覆天下，行道天下亦为救世济民，即便对旧秩序中人，也宅心仁厚，而不念其旧恶。如此，行道之路反而日益宽广。

> 5:25 子曰:"孰謂微生高直？或乞醯(xī)焉,乞諸其鄰而與之。"

上章论不记人旧恶，本章论不虚荣。

微生高，微生为姓，名高，鲁人。乞，讨要。醯，醋。与，给。

夫子说："谁说微生高有直行之德？有人向他讨要一点醋，就到邻家讨要，而后给人。"

微生高大约有直行之声誉，孔子却从一件小事看出，其人实不直。有人向他借醋。若自家有，那就借人。若自家无，直接告诉别人。此即直，是什么就是什么，不夸大，不遮掩。把自己真实状态呈现给人，对外部作出最能体现自己状态的反应，此即直。微生高却非如此。自家本无醋，而假装有，急忙到邻家借来醋，转手再给讨要者。不直，不诚实，好虚荣，希望别人以为他家什么都有，希望别人欠下自己一个人情，未来也好获得回报。不直，即伪装自己，实为利欲之心所致，希图获得本不属于自己的地位、利益或情感收益。

孔子以此告诫弟子，待人当直，不可虚荣、伪装。此当为有感而发，弟子从孔子学文、学道，很可能向人炫耀，故有诸侯卿大夫请其治国理家，此即"乞"也。然而，弟子未必实有德能，即便有行道机会也无以担当，难免以不知为知，以保名保位，败坏士君子之名。故孔子归鲁侯，乃予以裁剪之，孔子教导子路"知之为知之，不知为不知，是知也"（《为政篇》），是直也。若无德能，而面对利欲诱惑，可能不直；不直，则不足以行道。

> 5:26 子曰:"巧言、令色、足恭,左丘明恥之,丘亦恥之。匿怨而友其人,左丘明恥之,丘亦恥之。"

上章批评不直，本章斥责谄媚、虚伪。

左丘明，鲁太史，孔子时代人，姓左丘，名明。《史记·十二诸侯年表》序说，孔子作《春秋》，"七十子之徒口受其传指，为有所刺讥褒讳挹损之文辞不可以书见也。鲁君子左丘明惧弟子人人异端，各安其意，失其真，故因孔子史记具论其语，成《左氏春秋》"。又《太史公自序》说："左丘失明，厥有《国语》"。据此，《左传》《国语》皆为左丘明所作，前者偏重记事，后者偏重记言。

足恭，便僻其足以为恭，谓两脚局促趋进，以示恭顺。匿，隐藏。友，动词，以人为友。

夫子说："故作媚辞，强作媚颜，屈膝卑身，以讨好他人，左丘明以此为耻，我也以此为耻。隐藏对人的恶感而假意与人友好，左丘明以此为耻，我也以此为耻。"

上一章，孔子讥讽不直，不直者必掩饰自己，本章讨论不直之两种表现：谄媚他人，虚伪待人。

人当敬他人，而人与人交接之中介无非言辞、颜色、身姿，孔子以"温、良、恭、俭、让"待人（《学而篇》）。巧言、令色、足恭则非出于正常的敬，而希图讨好别人，为此不惜自我贬低。《学而篇》曰"巧言、令色，鲜矣仁"，本章增加"足恭"。巧言者，嘴上说好话；令色者，脸上现媚颜；足恭者，身姿显媚态，都是"鲜矣仁"。仁者以人待人，巧言、令色、足恭失之于过，把自己置于他人之下，以图获得好处，又把他人当作工具对待。

"匿怨而友其人"则是虚伪。与人交恶，难免有怨。他人有某些不正当做法，我不喜欢，就不喜欢。然而，通常也是因为求利，有些人隐藏自己的厌恶，假装笑脸，继续与之保持友好关系，放任、甚至鼓励该人继续为恶。

左丘明是正人君子，对两者极为厌恶，并以此为耻，孔子说，他也以此为耻。孔子虽有大德，却从不吝于表彰他人之德，此正为孔子之大德。孔子引入左丘明，旨在鼓励弟子：孔子或许难以企及，左丘明可供取法。

前一单元，孔子以贤大夫为示范，教导众弟子以君子之德，鼓励其好学、深思。以上四章，孔子则以前人为鉴"裁剪"弟子，抑制其最可能出现的四种不良倾向，一正一反，可见孔子之教法。四种不良倾向是：第一种，狂简，第二种，念人旧恶。这两者失之于"过"，责人太过。另两种不良倾向则失之于不及：第三种，不直，第四种，谄媚虚伪，志气不足。

> 5:27 顏淵、季路侍，子曰："盍各言爾志？"子路曰："願車馬、衣輕裘與朋友共敝之而無憾。"顏淵曰："願無伐善，無施勞。"子路曰："願聞子之志。"子曰："老者安之，朋友信之，少者懷之。"

巧言、令色、足恭因志不足，本章论志。

季路，也即子路。侍，晚辈站立着陪侍长辈。盍，何不。尔，你。衣，古代指上衣。轻，衍词。裘，皮服。敝，坏也。憾，怨言。伐，夸也。善，谓有德。施，张大。劳，劳事，负担。怀，依归。

颜渊、子路陪侍夫子，夫子说："何不说说你们各自的志向？"子路说："愿与朋友们共享、共用我的车马、衣裳，用坏也无怨言。"颜渊说："愿不夸大善德，不张扬功劳。"子路对孔子说："我们愿听听您的志向。"夫子说："年长者愿让其安享晚年，朋友愿对其信，年幼者愿让其有所依归。"

由本章孔门师徒三人的志向，可见圣贤之不同气象。

常人之情，多分彼此。车马相当昂贵，人固易计较；衣裳值钱，但因贴身，人有情感在，同样与人划清，分别你的、我的，即便好朋友也不愿共享。子路却心境豁达，不在意外物，乐与朋友共用。由此可见，子路能超乎外物。

常人有一点善行，唯恐别人不知，四处张扬，甚且夸大。对人带来一点好处，总是挂在嘴上，唯恐别人忘记。如此善德、功劳，其实是为人，为博得别人的赞美，实放弃生命之自主。颜子的志向是，己有善德，不夸大；

对人有功,不张扬,由此可见,颜子能成己之德。

与子路、颜子相比,孔子所挂念者全在人,不在物,也不在我。孔子以天下为己任,如天覆人,如地载人,无不爱也,无不敬也。"安之"、"信之"、"怀之"都有双重含义:老者,愿其安享晚年,我养之以安;青壮年,愿其信实,我待之以信;少者,愿其有所依归,我予照顾教养。孔子之志正是仁,"己欲立而立人,己欲达而达人",在孔子,浑然忘我,人我一体,且由孔子之仁而天下归仁,同有人我一体之心。天下同此仁道,同此化境,圣人仁德之化可谓至矣尽矣。本章孔子仅随性以年龄分段列举,孔子实愿天下人各得其所,互敬互爱。

本章是《论语》记孔子与弟子第一次论"志",《先进篇》记另一讨论。由此可见,孔子教学,十分重视弟子之志。此志不同于《里仁篇》"苟志于仁矣,无恶也"、"士志于道"之志,后者较抽象,指向生命所欲之至美状态。本章孔子与弟子所言之志较为具体,是自己的人生志向。从本章可见圣贤关于人、物关系、关于人、我关系、关于社会秩序之境界。

本章三圣贤之境界逐层上达:子路"为人"而不计较物之得失,颜子"为己"而终能成就大德,孔子人我一体而"各正性命、保合太和",此亦可谓修身之阶梯。本章系《论语》所记孔子唯一一次言己之志,由孔子之志,可全面而深入地理解孔子其人与孔子之教。

本章可与《雍也篇》末章合观:子贡曰:"如有博施于民而能济众,何如?可谓仁乎?"子曰:"何事于仁,必也圣乎!尧舜其犹病诸!夫仁者,己欲立而立人,己欲达而达人。能近取譬,可谓仁之方也已。"老者安之、朋友信之、少者怀之正是"博施于民而能济众"。

5:28 子曰:"已矣乎!吾未見能見其過而內自訟者也。"

上章论志,有志则可内自省,本章论内自省。

已，终。讼，犹责也。自讼，自责也。

夫子说："唉算了吧！我从未见过能发现自己之过失、且于内心自我责备之人。"

"已矣乎"是语气很重的感叹，已不抱希望。孔子说，迄今为止，他未见自己发现自己之过、且主动自责之人，未来也不可能见到了。孔子以此强调"能见其过而内自讼"之难能可贵。

人生在世，难免有过，可能是无意而致之过失，也可能是有意造成之过错。孔子以为，当能自见其过，自主地看到自己的过，且承认之。这已不易，有很多人有过而根本看不到。这说明其心灵不够敏锐，或者更糟糕，刻意文过饰非。如此则不可能改过。改过的前提是看到过，承认过。

其次，能"内自讼"。有些人意识到自己的过，却倾向于推卸责任，或归罪于环境，或归责于他人。孔子认为，见己过，君子当从自己身上找原因，反省自己在哪些地方有欠缺。自省，可发现自己的不足、错误，加以改进，每一个过均可成为师，从中积累经验，训练观察力和判断力。推卸责任，则取怨于人，无益于己。

《学而篇》曾子曰："吾日三省吾身：为人谋而不忠乎？与朋友交而不信乎？传不习乎？"此即内自讼者。

5：29 子曰："十室之邑，必有忠信如丘者焉，不如丘之好學也。"

学而后知内自省，故上章论内自省，本章论好学。

室，户。十室之邑，最小的邑。丘，孔子名丘。

夫子说："哪怕只有十户人家的小邑，也一定有忠信之质与我一样的人，只是不如我好学而已。"

天之生人，无所偏私。十户人家的小邑中，必不乏禀赋优越，具忠信美质之人。然而，并非所有具忠信美质者君成君子，更不要圣贤。成就君子者只是少数，多数有忠信美质者只是良善之民，对优良社会秩序之建立和维护至关重要，但终非秩序生成和维护之主体。

何以有此区别？孔子明确指出，在于好学或不好学。首先是"学"，《学而篇》：子曰："弟子入则孝，出则弟，谨而信，泛爱众，而亲仁。行有余力，则以学文。"此处弟子有忠信美质，只有学文、掌握治理之道艺后，方可成为君子。

进一步，"好学"。有些人有机会学，也有能力学，然而不好之，中途而废，一知半解而自满自得，终难成君子。唯有"好学"，才能"学而不厌"（《述而篇》），精进不已。"好学"者之生命始终保持在自觉状态，由此不断提升，而成就君子。

本篇展示诸多君子典范，最后以孔子之"好学"收尾。孔子教化之道即是学，《礼记·学记》曰："玉不琢，不成器；人不学，不知道。"孔门弟子之成就端赖于学，孔子对于中国文化的最根本贡献，正是确立学为成就至美生命之道。任何人，哪怕穷乡僻壤的十室之邑中人，只要有其基本资质而好学，则可以提升生命至于君子，甚至希贤希圣。

前两单元，孔子引前代、同时之人，或教导弟子以德，或警诫弟子约束不良倾向。但孔子出，则孔子为万世师表。故以上三章记孔子对众弟子之典范意义，揭明孔子之志、孔子之内自省与孔子之好学。孔子之后之好学，就是学于孔子。

雍也篇第六

本篇继续记孔子教养弟子之道,但相比上篇,本篇记载孔子教导于弟子者更为高明、精微。

共三十章,记孔子教导弟子以行道天下之方。上一篇记,经孔子教诲,孔门弟子求道已有所得,有能力重建秩序。但世事混乱而不乏危险,故孔子告诫弟子以生存、行道之智慧。

6:1 子曰:"雍也可使南面。"

本章记冉雍之德能,以阐明孔子养成弟子,旨在重建秩序。

雍,冉雍,孔子弟子,字仲弓。南面,坐北而面朝南。古代之君处理朝政,均南面而坐。

夫子说:"冉雍啊,可让其担当君之大任。"

孔子生当礼崩乐坏之际,以学养成新式士君子,旨在担当社会治理之大任。《先进篇》记孔门四科,冉雍属"德行",此德行自然包括通治理之道,《孔子家语·刑政篇》记其向孔子请教政、刑之道的对话。

"南面"就是为君。古典时代的君不限于后世帝王,凡有爵、有地者,皆得南面成君而治人。周王固然为君,诸侯也是君,卿大夫同样是君。君就是共同体之领导人。孔子认为,经过学习,冉雍已有治理之德、能,可担任卿大夫，甚至可为诸侯、为王者。

本章为本篇之首章，清楚说明孔子设教之目标：以学养成治理社会之领导者。孔子志在重建秩序，乃删述六经，其中有治理之道。孔子以此道传授弟子，养成行道之士君子，以为重建秩序之主体。本篇劈头谓"雍也可使南面"，表明孔门之自信：士君子已有重建秩序之德能。

> 6：2　仲弓問子桑伯子，子曰："可也，簡。"仲弓曰："居敬而行簡，以臨其民，不亦可乎？居簡而行簡，無乃大（太）簡乎？"子曰："雍之言然。"

上章记冉雍有为君之德能，本章明之。

第一个子，系弟子对老师之尊称。桑伯子，姓桑，字伯，第二个子是男子之尊称。桑伯可能是《庄子》所记之桑户、《楚辞》所言之桑扈。临，以上临下。

冉雍向夫子请教子桑伯子其人，夫子说："还可以吧，有简而不烦之德。"冉雍说："自处以敬，而行事简而不烦，以此治理民众，这不也还算可以吗？若自处宽简，行事简陋粗疏，不是有点失之过于简略吗？"夫子说："冉雍的话是对的。"

上章孔子指出，冉雍已有治理社会之德能，本章，冉雍与孔子具体讨论治理者之德。

"简"是为政之大德。帝舜命夔以乐教胄子以四德，最后一德即"简而无傲"（《尚书·舜典》）。简的对立面是烦，烦琐、苛细，治世事无巨细，法律、政策细密，且不断变换，必致民众不堪其烦，如《毛诗·匪风》传曰："烹鱼烦则碎，治民烦则散。"简者，大也，宽大，宽简。在上者只管理重要事项，而尽可能保持法律、政策之连续稳定，不以政令扰民。如此，民众有较稳定预期，可以较低成本维持合作秩序。简之德，以君对自身能力、欲望的自我限制为前提。

正因为如此，孔子因桑伯之简而称许之。不过，冉雍对简有深入思考，故断言，桑伯之简其实难行。冉雍认为，君的为政之简，实以自身之敬为前提。敬有多重含义：敬于自己职守，而自我约束；敬于群内君子，与之共治；敬于民，尊重其意愿、权利和利益；还有，敬于法度，敬于上天、神灵等等。自己内心有敬，与人交接宽简，此谓律己严而待人宽，必能得人之尊敬，享有崇高权威，以自己为中心形成秩序。舜就是居敬而行简之典范，子曰："无为而治者，其舜也与？夫何为哉，恭己正南面而已矣。"（《卫灵公篇》）若内心无敬，必然行事怠惰，甚且逾越法度，此即"太简"。太简之君难为民众尊敬，难有权威，无从塑造和维护秩序。

冉雍之论深刻精当。面对冉雍提问，孔子最初漫然应之，听完冉雍分析，大为赞许。可见孔子虚心之德，孔门"教学相长"（《礼记·学记》）之美。关于本章，《说苑·修文》有所阐发：

> 孔子曰"可也简"。简者，易野也，易野者，无礼文也。孔子见子桑伯子，子桑伯子不衣冠而处，弟子曰："夫子何为见此人乎？"曰："其质美而无文，吾欲说而文之。"孔子去，子桑伯子门人不说，曰："何为见孔子乎？"曰："其质美而文繁，吾欲说而去其文。"故曰：文质修者，谓之君子；有质而无文，谓之易野。子桑伯子易野，欲同人道于牛马，故仲弓曰"太简"……仲弓通于化术，孔子明于王道，而无以加仲弓之言。

桑伯有质而无文，文质彬彬，然后君子，然后可以担当治理之职任，仲弓可谓明于君道、王道。

上篇、本篇同记孔子教弟子，但两篇之前两章已提示其立意之不同：上一篇前两章记公冶长德行无亏、南容洁身自好。本篇首章孔子称许冉雍可担当治国平天下之大任，次章记冉雍对治国者之德的精当思考。可见，上篇泛记孔子之教育，孔子教弟子以一般之德；本篇重点记孔子教弟子以行道于天下之德。

孔子如此盛称仲弓，可见其在孔门相当卓越。孔门四科中，仲弓列"德行"，《孔子家语·刑政》载其请教孔子刑政之道，深明为政之道，曾出仕，孔子对其期待甚高。与其相关者，《论语》收录七八条，多与为政之道有关。

> 6:3 哀公問："弟子孰為好學？"孔子對曰："有顏回者好學，不遷怒，不貳過。不幸短命死矣。今也則亡（无），未聞好學者也。"

以上记仲弓之德行、见识，均得自于学，本章记颜子之好学，论好学及其效果。

迁，移也，转移。贰，复也，重复。短命，颜子去世，年仅四十上下。

鲁哀公问："弟子中谁称得上好学？"夫子对答说："有位叫颜回的弟子是好学的，故能不迁怒于人，同样的过不犯两次。不幸他寿命不长，已经去世。现在则没有了，没听说过好学之人。"

孔子弟子中颜子最贤，得孔子之道最深，最为孔子器重。本章记孔子评论颜子，于《论语》中最能明颜渊之德。颜子何以贤？孔子以为，因其"好学"。不仅学，而且好学，学已内在于其生命。故学而不厌，从学中享有乐趣。此为生命提升之乐。于众弟子中，孔子只许颜子为好学，其他均不足以当之，可见好学之难。孔子列举颜子之好学表现有二：

第一是"不迁怒"。迁怒就是转换怒气，因某事发怒，而泄怒气于另一事。如出门在路上堵车，却在公司发脾气。或因某事怒甲，却将怒气转移至乙，如夫妻吵架，却对孩子发脾气。何以迁怒？因为不能有效控制激情而丧失判断力，实为丧失主体性，让外在的人、事控制自己，从而不能公正对待此人此事与彼人彼事。颜子难免有怒，但其所怒者仅针对明确的恶言、恶行，而不波及他人，此即学之用："不惑"（《为政篇》），不让怒气支配自己，始终保持清醒判断力，公正对待人、事。上篇谓伯夷、叔齐"不念旧恶"，与此异曲同工。

第二是"不贰过"。《周易·系辞下》记子曰："颜氏之子，其殆庶几乎：有不善，未尝不知；知之，未尝复行也。《易》曰：'不远复，无祗悔，元吉。'"人皆有过，即便颜子也难免有过。然而，颜子却能做到同一个过不犯两次。何以能做到这一点？通过学，颜子有反思的意愿和能力，是孔子所说"能见其过而内自讼者"（《公冶长篇》）。通过反思，颜子对过之原因有全面把握，外，准确认识人、事之理；内，准确体会自己在该情境中之所思、所言、所为不当处。由此，颜子得此事之中，也就避免在此事上再次有过。

综言之，颜子之贤在于生命之自觉，在于控制激情，而始终保持清明的判断力。不迁怒是对人，不贰过是对己。人生而有喜、怒、哀、惧、爱、恶、欲之情，七情驱动生命，然若不加节制而泛滥，必扰乱对自己、对他人的认知和判断。七情之中，怒最为强烈，其负面后果最大，颜子能制怒，自然节制其他激情。孔子指出，颜子由学而节制其激情。孔子之学，其宗旨就是约情而复性，让人不为激情所惑，义以约己，仁以待人，成己安人。

上篇末章孔子自谓"好学"，本章谓颜子"好学"，此即希贤希圣之道。

> 6：4　子華使於齊,冉子為其母請粟,子曰："與之釜。"請益。曰："與之庾。"冉子與之粟五秉。子曰："赤之適齊也,乘肥馬,衣輕裘。吾聞之也：君子周急不繼富。"

上章记颜子节制激情，本章孔子批评冉有以情害义，阐明君子用财之道。

子华，孔子晚年弟子公西赤，字华，鲁人。使，为孔子办事而出使。冉子，冉有。釜、庾、秉，均为粮食的容量单位。据考古材料，一釜约今二十升，一庾约今几毫升。一秉之量，不详。益，增加。轻，皮衣越轻，越软和保暖。裘，皮衣。周者，补不足也。急，穷迫也。继者，续有余也。

夫子派弟子子华去齐国，冉有请夫子给子华之母以养家之粟，夫子说："给她一釜吧。"冉有请求增加一些，夫子说："那就多给一庾吧。"最终，冉有给了子华之母五秉。夫子知道后，对冉有说："公西赤家境很好，他出发去齐国，驾着肥硕的骏马，穿着轻软的皮裘。我听过这样一句话：君子周济人之穷迫，而增添其富厚。"

孔子开门授徒，按封建之家构造一个组织，内部类似封建君臣关系。孔子时任鲁司寇，有弟子为家臣，处理政务，孔子向其支付报酬。孔子派弟子公西赤去齐国公干，公西赤家境较富裕，孔子以为只需给予津贴即可。冉有请求增加，孔子的回答相当幽默，允许冉有增加几粒米，实以为全无必要。冉有执意增加，孔子教诲冉有以俗语："君子周急不继富"。

君子如何用财？君子担负领导之责，也可进一步问：政府有财，如何使用？孔子提出，当雪中送炭而非锦上添花。此处隐含一重要原则：贫或者富，首先是个人、家庭之事；每人、每家自会充分运用自身资源增加财富。君子的责任在维护秩序，让众人能以最低成本实现各自目标；同时承担救济责任，帮助贫困者，让其能生存，让其保有希望。据此而言，冉有做法不甚恰当。公共财富是有限的，分配给这群人，那群人就得不到，故须确定分配公共财富之健全原则，此原则只能是：周急不继富，以公共财富救济贫困者。冉有给子华家太多资源，必然压缩贫困者本可得到的资源。这是逆向再分配，不利于共同体维护其秩序。

冉有犯此错误，缘于同门之情，重情轻义，因情害义，故孔子提出批评。君子在治理社会过程中当节制私人情感，秉义而行。

> **6:5** 原思為之宰，與之粟九百，辭，子曰："毋。以與爾鄰里鄉黨乎！"

上章记冉有不明财富分配之义，本章记原思不明财富分配之义，继续阐明君子对待财富之道。

原思，孔子弟子原宪，字思。宰，孔子之家宰，也即大管家。九百，容量之数，但单位不详。毋，禁止之辞。

原思担任夫子之家宰，夫子发放他九百单位的粟。原思推辞不要，夫子说："不可如此。收下，然后馈赠给你的邻里乡党。"

原宪担任孔子家宰，"九百"当为礼法规定家宰之禄，即薪酬。而原宪为人不爱财，《孔子家语·七十二弟子解》中记有原宪甘贫故事：

> 端木赐……家富累千金，常结驷连骑，以造原宪。宪居蒿庐蓬户之中，与之言先王之义。原宪衣弊衣冠，并日蔬食，衎然有自得之志。子贡曰："甚矣！子如何之病也。"原宪曰："吾闻：无财者谓之贫，学道不能行者谓之病。吾贫也，非病也。"子贡惭，终身耻其言之过。

因不爱财，原宪推辞孔子家宰之禄，孔子以为不妥。在其位，当谋其政；谋其政，则当有其禄，职守和权益当对等。九百既是礼法所定家宰之禄，原宪自可接受。接受此禄，才算与孔子建立明确契约关系，承担家宰之工作也就成其法定义务，而不仅仅是单方面的道德义务。

可见，孔子对道德和契约有明确区分，并致力于维护契约制度。孔子养成之君子自有高尚道德，原宪就是。然而，以道德拒绝契约，孔子不以为然。契约至关重要，契约确立人际间权益、职守，道德所能产生之重要功用恰为，人们愿意并有能力以契约合作。

孔子向原宪提出两全其美的方案：接受禄米，以确立契约；但以禄米与邻里乡党分享，从事慈善公益事业。孔子向原宪说明：契约不取消道德，两者各有其用，不可偏废。君子严于律己，但在公共生活中以契约为本。《孔子家语·致思》所记故事，大义与此相近：

> 鲁国之法：鲁人有赎臣妾于诸侯者，皆取金于府。子贡赎人于诸侯，而还其金。孔子闻之，曰："赐失之矣！夫圣人之举事也可以移风易俗，而教导可以施于百姓，非独适身之行也。今鲁国富者寡而贫者众，赎人受金则为不廉，则何以相赎乎？自今以后，鲁人不复赎人于诸侯。"

由本章可见，"君子喻于义"非谓君子拒斥利，而是以义制利，见利思义。明乎义，则财可为行善之利器，博施而济众。

以上两章显示弟子对待财富分配之两个偏向：冉有因情而害义，损害财富之正当分配；原宪因道德高尚而对自己要求过严，同样损害财富之正当分配。前者失之于不足，后者失之于过，均非中道。孔子对这两种倾向提出批评，并阐明财政分配之基本原则：以义控制利的分配，不管是对自己，还是对别人。

6:6 子謂仲弓曰："犁牛之子騂（xīng）且角，雖欲勿用，山川其舍諸？"

本章记述孔子对新兴士君子必将领导社会、塑造秩序之信心。

仲弓，孔子弟子冉雍之字，史载冉雍之父出身微贱。犁牛，孔子时代，以牛拉犁耕地技术并不普遍，"犁"或为"物"字之伪。"物牛"，杂色之牛也，祭祀之牛尚纯色。骍，赤色。周人尚赤，献祭之牲用骍色。角，牛角周正，合乎牺牲之标准。用，用以献祭。山川，山川之神。周礼，用骍牲祭祀者有三：祭天，祭宗庙，祭四方山川。舍，舍弃不用。其、诸，语气辞。

夫子对仲弓说："杂色之牛生出的牛犊若是赤色的、且牛角周正，即便祭祀者不愿用之为牺牲，山川之神恐怕也不会舍弃吧？"

纯色之牛、杂色之牛属于不同社会等级，一如三代君子、庶人的等级之分。到孔子时代，封建制正在解体，等级制意义上的君子群体败坏，平民化社会正在形成。新社会需要新的治理主体，孔子顺天应人，开创平民化社会治理主体之养成机制：以学养成新兴士人群体。所有人皆可接受教育，哪怕出身卑贱。然而，有人仍坚持等级制，即便杂色之牛生出之牛犊毛色纯正、牛角周正，也不愿用于祭祀；这隐喻，即便出身平民的新兴士君子德能优秀，当时当权者也拒绝给予其行道之位。仲弓之父为庶人，甚至是贱民，其本人已有为君之德能，但始终不得位。但孔子充满信心地说，山川之神并不承认那已过时的等级制，不论出身如何，只要德能卓越，必定得到治理之位。

孔子安慰仲弓，表达新兴士人必将成为社会治理主体的信心。孔子相信士君子终将用世，此为历史大势，孔子之后的中国历史正是这样演进的。

本篇前两章显示，士君子已有治世之德能，此系孔子教养而成，故以上四章以颜子之好学开始，记孔子教诲弟子，尤其是明义利之辨，此为行道治世之大端。最后一章，孔子表达明乎义利之辨的士君子必将承担社会治理重任之信心。

> 6:7 子曰："回也，其心三月不違仁；其餘，則日月至焉而已矣。"

上章记仲弓之贤，然仍逊于颜子，本章比较颜子与其他弟子，赞颜子之仁，从而显示孔门人才济济。

三月，三月为一季，气候为之一变，形容时间长久。违，去，离开。其余，颜回之外的其他弟子。

夫子说:"颜回啊,他的心可以三个月内不离开仁。至于其他人,只是某一日或某一月至于仁而已。"

首先需要注意的是"心"字。孔子明确指出,仁是心的一种状态。古典时代,君子由外在之礼全面约束,而以乐养成性情。孔子时代,礼崩乐坏,孔子乃深入于人心,诉诸心之自觉,以养成君子。发现心,重视心,乃孔子之重大突破,此后儒家,如《大学》《中庸》《孟子》均立足于心,发展修身之道。

自觉的心之倾向是仁,也即以人待人,以己及人。天命人以仁,但仁只能经由心之自觉而呈现。仁在人心中,仁心驱动肉身。生命的境界取决于在多大程度上意识到心之存在,体认内在于心之仁,而形之于身,而以己及人。

孔子以"三月"与"日"、"月",尤其是"不违"与"至",对比颜子与其他弟子之生命状态。宋儒张横渠有内外宾主之辨。《先进篇》中,孔子形容子路之生命境界:"升堂矣,未入于室也",本章所说"其余"包括子路,尚未入室。至于颜子,则已入室,也即"里仁",即入居于仁之中。《孟子·公孙丑上》说:"夫仁,天之尊爵也,人之安宅也"。仁是人之安宅,颜子已在此安宅之中,自可长期不离弃仁。只是偶然有过而出,旋即返回。子路等人未至"里仁",只是一天或一月身入于心之室、仁之安宅,又逃逸而出、不居于仁。

孔子在此描摹两种生命状态,从而揭示了"里仁"之道:自觉于心而明心,"明明德",积德而为仁,则可逐渐进入仁之中,终至于"里仁",身居于最光明之安宅。

孔子只许颜子以"好学",而颜子至于三月不违仁,可见,孔子所说之好学就是学而为仁。

> 6:8 季康子問:"仲由可使從政也與(欤)?"子曰:"由也果,於從政乎何有?"曰:"賜也可使從政也與(欤)?"曰:"賜也達,於從政乎何有?"曰:"求也可使從政也與(欤)?"曰:"求也藝,於從政乎何有?"

上章对比颜子与其他弟子,本章记颜子之外三位弟子为政之艺,可见孔子对新兴士君子重建秩序之信心。

季康子,鲁国执政之卿大夫。

仲由,子路。果,果敢决断。何有,还需要什么呢。

赐,端木赐,即子贡。达,通于事理。

求,冉求。艺,多才艺。

季康子问:"仲由呢,可以让他从政了吗?"夫子说:"仲由嘛果敢决断,于从政还要什么呢?"季康子又问:"端木赐呢,可以让他从政了吗?"夫子说:"端木赐达于事理,于从政还要什么呢?"季康子再问:"冉求呢,可以让他从政了吗?"夫子说:"冉求多才多艺,于从政还要什么呢?"

孔子志在重建秩序,致力于养成新式士君子。当时执政者面临新的经济社会条件,也不能不寻找新的治理之法,孔子培养的新兴君子恰好掌握道术。本章生动记载双方相遇之情形。

执政之季康子对新兴士君子的能力还不大确定,故询问孔子,子路、子贡、冉求等弟子是否确有能力从政,担当治理重任。孔子的回答不卑不亢,并不直接回答说弟子有此能力,而明确指出各弟子之品质,而充满自信地说,凭此品质完全可以从政。

本章最值得注意的就是,孔子对众弟子承担社会治理之德能充满信心。他也希望弟子得治国之位,以行道天下。经由评价三位弟子,孔子揭示从政所应有之三德:第一是果,果敢决断。从政需不断做出决策,做出决策当然要三思,当然要"稽于众"(《尚书·大禹谟》),但最后仍需果敢决断。

果之前提则是勇于负责，且承担责任。第二是达，达于事理。万事万物皆有其理，万民也各有其情、其理，为政者当明乎人、事、物之理、情，顺理循情而行，则可举重若轻。第三是艺，多有才艺。此处之艺指礼、乐、射、御、书、数六艺，古典时代的君子皆掌握之，为治理之艺；艺也泛指处理各种事务之技艺。艺以知识为基础，而养成于经验中。果、达、艺三者密切相关：果者，勇于任事之心态；达者，明于事理而有知识；艺者，治事之艺术。子路、子贡、冉求同时具备这三者，只不过各有侧重而已，故分别适合不同岗位。

上章孔子指出，颜子三月不违仁，"其余"只能做到日月至焉；本章指出，即便如此，"其余"弟子也已成材，已完全有能力从政。本章可与《公冶长篇》孟武伯问仁章合观：孟武伯问："子路仁乎？"子曰："不知也。"又问，子曰："由也，千乘之国，可使治其赋也，不知其仁也。""求也何如？"子曰："求也，千室之邑，百乘之家，可使为之宰也，不知其仁也。""赤也何如？"子曰："赤也，束带立于朝，可使与宾客言也，不知其仁也。"在此同样可见孔子以学养成的对士君子之信心。

> 6:9 季氏使闵子骞为费（bì）宰，闵子骞曰："善为我辞焉。如有复我者，则吾必在汶上矣。"

上章论弟子已有为政之德能，本章记执政者委任孔子弟子。

闵子骞，孔子早年弟子，名损，字骞。费，季氏所属之大邑，在今山东费县。辞，推辞。复，重复。汶，汶水，在鲁之北、齐之南，两国以此分界。汶上，汶水两岸地区。今山东有汶上县。

季氏任命闵子骞担任费邑之宰，闵子骞说："请好好替我推辞掉这个职位。若还有人再次找我，那我必定躲避到汶水岸边了。"

上章记季氏了解孔子弟子从政能力，本章记季氏委其以重任：费邑是季氏家最为重要的邑，而其邑宰多次反叛，故季氏寻找可靠人士任宰。他看上闵子骞，在孔门四科中属"德行"，是孔子早年弟子中优秀者，尤其是德行出众。然而，闵子骞坚决拒绝。

本章可与《公冶长篇》"子使漆雕开仕"章合观：子使漆雕开仕，对曰："吾斯之未能信。"子说。漆雕开明言自己对治理之道尚无把握，故而推辞。相比之下，闵子骞态度更为决绝。大概因为，闵子不愿仕于季氏。孔子有仕于季氏者，如冉有、子路，然皆面临无从行道而不得不枉道事君之困境；闵子有见于此，而守道之心强烈，故拒绝出仕。《韩诗外传》卷二记：

> 闵子骞始见于夫子，有菜色，后有刍豢之色。子贡问曰："子始有菜色，今有刍豢之色，何也？"闵子曰："吾出蒹葭之中，入夫子之门。夫子内切瑳以孝，外为之陈王法，心窃乐之；出见羽盖龙旗裘旃相随，心又乐之；二者相攻胸中，而不能任，是以有菜色也。今被夫子之文寖深，又赖二三子切瑳而进之，内明于去就之义；出见羽盖龙旗旃裘相随，视之如坛土矣，是以有刍豢之色。"《诗》曰："如切如磋，如琢如磨。"

可见闵子对士君子出处之义，有深切把握。同时，闵子以孝著称，《先进篇》：子曰："孝哉闵子骞！人不间于其父母昆弟之言。"据孔子之说，"《书》云：'孝乎惟孝、友于兄弟，施于有政。'是亦为政，奚其为为政？"（《为政篇》）

上一章记季氏欲用孔门弟子为政，确有弟子出仕；但非所有弟子如此。本章承上一章，记闵子之拒绝出仕，展示士君子出处之复杂：藏道于身乎？出而行道乎？士君子不能不慎重抉择。

> 6:10 伯牛有疾,子问之,自牖(yǒu)执其手,曰:"亡(无)之。命矣夫!斯人也而有斯疾也!斯人也而有斯疾也!"

前两张记士君子之用世与不仕,上章论命。

伯牛,孔子弟子冉耕,字伯牛。问,问候,看望。史称伯牛为厉,患有某种急性恶性传染病。牖,窗。周人房屋一般南向,前为堂,行礼所用,不住人。堂后有墙,墙后是室,人居于其中。室之户偏东,偏西相应位置有窗,即牖。亡,丧命。

冉伯牛得急性病,夫子前去看望,从窗中拉着伯牛的手,感慨地说:"没救了。这就是命啊。这样的人却得上这样的病!这样的人却得上这样的病!"

孔门四科中,冉伯牛在"德行"科(《先进篇》),德行出众,却患恶疾,即将早亡。孔子特来看望,尚未入室,冉伯牛即从窗户伸出手,孔子也紧紧走上,从窗户握住弟子之手,可见双方情感之真挚。孔子感慨万千,并以简短语言阐述了德与命之关系。

人为天所生,而各有其命,"死生有命,富贵在天"(《颜渊篇》)。或者长寿,或者夭折,或者富贵,或者穷困,此为天所命定,人力所不能改变。即便伯牛有德,亦不能改变这一点。当然,世间也完全可能出现无德者长寿之事。

然而,这并不意味着德无意义,德、命分离恰恰凸显德之意义,孔子要人不去苦思夭寿,而充分把握死亡之前每一刻。恶疾、死亡为自己所不能控制,但死亡之前每一刻是自己可以控制的。德确实不能阻止人之死,圣人也会死。但德可控制死之前生命的风险,让生的每一刻充实、饱满而优美。明乎此,士君子根本不用担心、焦虑死,生命之明智策略是把握可把握者,则生命单纯而澄明。

当然,修德可让人长寿,所谓"仁者寿"(《里仁篇》);但修德不以长寿为目的，修德有其独立而丰满之意义，只为生命之完善。冉伯牛虽因恶疾而早死，丝毫不影响其有限生命之美。而即便长寿的生命也是有限的，故修德才是生命获得意义之门径，子曰："里仁为美"。

上一单元记孔子教诲众弟子，以上四章记孔门弟子已臻士君子境界。首先赞美颜子，其次记众弟子皆已可出而治世，其次记其有自知之明，冉伯牛章隐喻，士君子不能不知命而宠辱不惊，方可行道天下。

> 6:11 子曰："賢哉回也！一簞（dān）食（sì），一瓢飲，在陋巷。人不堪其憂，回也不改其樂。賢哉回也！"

冉伯牛早夭，颜子亦早夭，本章记颜子不改其乐。

回，颜回。箪，竹编制的盛食之器。食，谷物做的饭。瓢，瓠、也即葫芦之干壳剖开，用以取水。饮，饮用水。巷，出入之小道，巷道简陋，则居室之陋可知。

夫子赞叹说："卓越啊颜回！一篮粗饭，一瓢清水，身居简陋小巷中。常人难以忍受如此处境之忧愁，颜回呢，却不改变自家的快乐。卓越啊颜回！"

颜子得孔子之道最全、最深，孔子在此以对比方式说明颜子之"贫而乐"。常人所求者，对财、权、色等物质之占有，占有增多，快乐增多。颜子的物质生活是简陋的，只有当时最为低下的饮食，颜子却"不改其乐"。意谓颜子自有其乐，物质占有之外的乐。此乐充盈于颜子生命，故浑然不觉物质匮乏之忧。不是以自得之乐抑制物质匮乏之忧，而是在那固有之乐的光辉下，物质的多寡已在颜子之度外矣，故曰"不改其乐"。

那么，此乐为何？宋代大儒程子初学于周敦颐，周子总让程子寻找孔颜之乐，而二子始终未明言，孔颜之乐是什么，盖欲学者深思而自得之。《学而篇》孔子曰"未若贫而乐"，或者就是指颜子，然亦未明言所乐为何。《论语》

开篇谓"学而时习之，不亦说乎？有朋自远方来，不亦乐乎？"《里仁篇》记"里仁为美"，美则自然乐；《雍也篇》记子曰："知者乐水，仁者乐山；知者动，仁者静；知者乐，仁者寿。"仁者与万物一体，见山水而有乐。《述而篇》记子在齐闻韶，三月不知肉味，曰："不图为乐之至于斯也！"圣人之乐中有大乐。

可见，孔子之学旨在提升生命，趋向于充实、澄明、活泼，由此而得生命之乐，混融而整全，随处可以得乐，物质多寡已不入其心。孔子之学是悦乐之学，颜子尽得其乐矣。

> 6:12　冉求曰："非不說（悦）子之道，力不足也。"子曰："力不足者，中道而廢，今女（汝）畫。"

上章记颜子为学之乐，本章对比冉求之无乐而退缩。

中道，中途。画，界也，止也，画地以自限也。

冉求说："我不是不喜欢先生之道，只是力量不够用。"夫子说："力量确实不足的人，走到中间才被迫停下来，现在你呢，却画条线不再前行。"

本章与上章形成对比：颜子好学，自得其乐，故虽穷而不改其乐。冉求亦悦于孔子之道，而孔子之道广大而精微，欲穷其本末，知其先后，明其终始，确有一定难度，故冉求坦承自己力不从心。《先进篇》记子曰："求也退，故进之"，于本章可见。

冉求何以退缩？或许因为，冉求多"艺"，过实地理解道，把求道视为追求某种确定目标之事业。然而，孔子说"士志于道"，道是路，不断向上提升的生命之路，此路并无可见之终点，重要的是走此路之意愿与过程，则力并不重要，《里仁篇》夫子说："有能一日用其力于仁矣乎？我未见力不足者。"尽力行走，不管走多远，生命都在向上提升，可以得乐。

孟子曰："自暴者，不可与有言也；自弃者，不可与有为也。言非礼义，谓之自暴也；吾身不能居仁由义，谓之自弃也。仁，人之安宅也；义，人之正路也。旷安宅而弗居，舍正路而不由，哀哉！"（《孟子·离娄上》）冉求可谓自弃者，故其为政于季氏，颇有枉道之行，如《先进篇》：季氏富于周公，而求也为之聚敛而附益之，子曰："非吾徒也。小子鸣鼓而攻之，可也。"

6:13　子謂子夏曰："女（汝）為君子儒，無為小人儒。"

上章孔子教导冉求不可"画"，本章孔子教导子夏成君子儒。

夫子对子夏说："你当作君子之儒，不作小人之儒。"

"儒"之名不见于孔子之前。孔子时代，古典君子为各级共同体领导者。到孔子时代，礼崩乐坏，古典君子群体败坏，如《八佾篇》所记。孔子乃删述诗书礼乐之文，教授子弟，由此而有儒生群体，且有自己衣冠，《礼记·儒行》记鲁哀公见孔子，询问孔子之"儒服"，因其不同于一般士大夫之衣冠。弟子学成之后，其上焉者，从政于公室或卿大夫之家，或兴学授徒；其下焉者，为士大夫乃至富裕的平民家庭操办礼乐，或在民间兴办教育。

本章显示，孔子注意到，新生儒生群体已有所分化，孔子名之曰"君子儒"，"小人儒"。此处之君子、小人有道德涵义，也有社会角色内涵：君子是合群者，社会领导者，社会秩序之创造者、维护者；小人是普通民众，君子领导、组织之对象。孔子志在重建秩序，希望儒生担当合群之责。

子夏是孔子晚年弟子中优秀者，在孔门四科中属"文学"，传六经之文，居功至伟。据此推测，此处所说"小人儒"，或指其专用力于典籍文字，长于章句记诵，可能忽视君子之根本责任：合群以行道天下。"君子儒"也由"学文"养成，但不只记诵文本，而以文成德，并习得治理技艺，以发挥合群作用。

孔子这一告诫对儒家特别重要。因儒家教人始于学文，学者易溺于文而不知忘记合群行道，此非孔子之意。《史记·仲尼弟子列传》曰："孔子既没，子夏居西河教授，为魏文侯师。其子死，哭之失明。"子夏于传授孔子之学有大功，其弟子积极推动魏国之变法，故为君子儒。子夏本人亦谓："虽小道，必有可观者焉；致远恐泥，是以君子不为也"（《子张篇》）。

> 6：14 子游為武城宰,子曰："女（汝）得人焉耳乎？"曰："有澹（tán）臺滅明者，行不由徑。非公事，未嘗至於偃之室也。"

本章同时阐明为政、为人之道。

子游，孔子弟子，姓言，名偃。武城，邑名，鲁公室之邑。

澹台灭明，孔子晚年弟子，姓澹台，名灭明，字子羽。

径，正路之外践踏而成之小捷径。

子游担任武城之邑宰，夫子说："你在那里可曾发现卓越之人？"子游说："有位叫澹台灭明的人，不抄小路。若非公事，从来不到我的居室。"

孔子询问子游治理武城之得失，首先关心在那里发现了什么样的贤人。由此提问方式可见孔子为政之道：关键在于发现贤人，与之共同治理。君子治理一方，非仅凭一己之力，处理一切事务。迷信自己，必因强烈的权力欲，而事实上不可能有此能力。面对复杂事务，任何人总在无知状态，独断，不可能有善治。孔子主张并教导其弟子，最佳为政方式是君子共治，且事实上这是唯一可行的为政模式。故则为政之大本在于发现德能出众之君子，并为其发挥作用创造最大空间。

如何发现贤人？从两件小事上，子游发现澹台灭明的君子之德：首先，从不抄小路。地上本有大路，有人为少走几步路而践踏田中、庭中，损害稼穑、庭院，踩出小径。而一旦有人踩出小路，必有人走此小路，而对其是否合宜不予思索。其人缺乏反思能力。澹台灭明不走既有之小路，说明其有反思能力，坚持正道，不从流俗。另一件小事是，除非有公事，澹台灭明不到子游居室。子游与澹台灭明为友，若是常人，免不了经常走动以谋取私利，或为未来谋取私利做准备。澹台灭明绝无此事，说明其于朋友之交，无利益考虑；与官员朋友交，尤其克己自守，不以朋友关系损公肥私。这才是真正的君子之交。

本章同时展示了子游和澹台灭明之德：子游知人，澹台灭明知义，尤其强调澹台灭明坚守正道。关于澹台灭明，《史记·仲尼弟子列传》记：

> 澹台灭明，武城人，字子羽。少孔子三十九岁。状貌甚恶。欲事孔子，孔子以为材薄。既已受业，退而修行，行不由径，非公事不见卿大夫。南游至江，从弟子三百人，设取予去就，名施乎诸侯。孔子闻之曰："吾以言取人，失之宰予；以貌取人，失之子羽。"

以上四章再次由颜子开始，主题是道。上一单元记弟子有出色德能，已可用世，但孔门之志不止于此，"士志于道"，本单元记孔子引导其弟子寻求大道，首先描述颜子求道之乐，进而指出求道不可自我设限，接下来孔子为弟子指出成人之正道，最后描述弟子能持守正道。

> 6:15　子曰："孟之反不伐：奔而殿，將入門，策其馬，曰：'非敢後也，馬不進也。'"

前数章论弟子求道有得，本章阐明谦退之德。

孟之反，鲁人，姓孟，名之侧，子之反。伐，夸功也。奔，败逃。殿，军行在后，以为防护。策，古人驭马不用鞭，而用策，前端有尖刺之竹木棍。

夫子说:"孟之反不自夸其功:鲁国大军溃败,他率领自己的部队结阵殿后,将进国都城门,鞭策其马快跑,对人说:'当初我本来不敢殿后拒敌,只是我的马不愿快跑。'"

《左传·哀公十一年》记:当年春天,齐人入侵鲁国,鲁人与之战于郊外,右师溃败,孟之反镇定自如,率部保持阵形,殿后御敌,鲁免遭更大损害。由此可见孟之反之勇。孟之反立下大功,人们也都看到这一幕,欲为孟之反请功。孟之反却有谦退之德,而不自居其功,谓自己当初之所以殿后,只因马跑得慢而已。这属于颜子所说"不施劳",有功劳而淡然处之,可见其能节制利欲之心。

前数章记孔门弟子求道有得而志于道,本章孔子告诫弟子,学成而欲行道于天下,当有谦退之心。《周易》各卦中,唯有谦卦六爻无不吉,可见谦为君子必须具备之大德,"谦"卦《彖传》曰:"谦,亨。天道下济而光明,地道卑而上行。天道亏盈而益谦,地道变盈而流谦。鬼神害盈而福谦,人道恶盈而好谦。谦,尊(通撙,意为退让)而光,卑而不可逾,君子之终也。"士君子求道有得,须有谦退之德,方可长久,尤其是在礼崩乐坏之世。

> 6:16 子曰:"不有祝鮀(tuó)之佞,而有宋朝之美,難乎免於今之世矣。"

上章论谦退,本章论世间不宁,以警示弟子。

祝,祭祀中负责赞词之官。鮀,卫大夫,字子鱼。佞,口才也。宋朝,宋国的公子朝,有美色,善得女性欢心,仕于卫国,先通奸于卫襄公夫人宣姜,又通奸于卫灵公夫人南子。

夫子说:"没有祝鮀之口才,而有公子朝之美色,在今天这个时代恐怕难免灾祸。"

上一章，孔子以孟之反说明士君子当有谦退之德。本章孔子感叹士君子面临生存风险。

孔子以公子朝之美色喻新兴士君子之德能出众，当天下有道时，不须多言，其德能即可为世人，至少为君子公认而得其位。然而，天下无道之世，是非颠倒，有位者无能力辨析美丑善恶。此时，口才就至关重要。重要的不是你怎么样，而是你怎么说，"巧言令色"大行于世。士君子不愿如此，常不为人知，且可能遭遇祸害。德能卑下、全凭口才得位、得利之人可能把士君子视为潜在威胁，必欲除之而后快，大多数随波逐流之人可能因士君子的存在而陷入尴尬境地，两者很可能联合起来迫害士君子。

本章孔子强烈批判当世，也向新兴士君子指出其生存可能遭遇之严重风险。士君子有德能，然而在无道之世不能不明哲保身。

6:17 子曰："誰能出不由戶？何莫由斯道也？"

上章说明世事之乱，本章阐明道不远人，士君子当守死善道。

出，指出室。古代宫室之制，外半为堂，内半为室。室有南壁，东侧开户，可出至于堂。户，单扇为户，两扇为门。

夫子说："谁能做到出室却不经过门户？谁能做到立身行事而不循此道？"

人出房子，必经房门，别无他路。孔子说，同样，生命之提升，社会之优良治理，也必依循于道。有宫室，就有门户；人存在，就有生命生长之道；社会存在，就有优良治理之道。《中庸》曰："天命之谓性，率性之谓道，修道之谓教。道也者，不可须臾离也；可离，非道也。"道就在那儿，人是否认知、是否依循，都在那儿。人对道自觉，循道而行，则生命持续提升，社会趋向善治；无视道，不求道，不循道，则人的生命堕落，社会秩序难免陷入混乱。然而，道并不因此而消失，它仍在。人欲向上，只能归向于道，志于道，而"道不远人"。士君子的天命正在于求道、体道、循道而行，并引领整个社会走上正道。

上一单元记弟子从学于孔子，藏道于身，以上三章孔子教会士君子以于无道之世生存之道，要旨是谦退，但始终有信心，因为天下终究不能无道，故士君子毕竟有行道之机运。

6：18　子曰："質勝文則野，文勝質則史。文質彬彬，然後君子。"

上章论循道，道在文中，本章论文质彬彬。

野，三代君子居于邑中，礼乐文明均在邑中。邑之四周为郊，郊之外为野。居于野之人，称野人。史，史官，掌文书。彬彬，犹班班，物相杂而适均之貌。

夫子说："质胜于文，就如同乡野之人；文胜于质，就如同史官；文质均匀平衡，才算君子。"

人之完整构造可分为质、文两部分：质者，人之质干，内在之良好品质；文者，形貌也，钟鼓管磬、宫室服章之器与屈伸俯仰、升降上下之仪等。子曰："若臧武仲之知，公绰之不欲，卞庄子之勇，冉求之艺，文之以礼乐，亦可以为成人矣"（《宪问篇》），前者就是质，礼乐就是文。

文、质两者密切相关，如《礼记·礼器》所说："先王之立礼也，有本，有文：忠信，礼之本也；义理，礼之文也。无本不正，无文不行。"两者均匀分布，也即文质彬彬，保持平衡，其人有本有文，既有内在之美质，又明于与人交接之礼仪，才是真君子。

然而，这种平衡不易把握，可能有两种偏差：一种是"质胜文"，美质未以恰当的礼文修饰，则行为举止粗野，乡野多有这类人。另一种是"文胜质"，"史"是其典型：史处理文书，精熟礼仪，必定谨守礼文，天然美质受到过分抑制，而拘谨文弱。两者均不健全，非君子也。

在礼崩乐坏时代，文、质之偏则有更极端的表现。有些卿大夫甚至不能相礼，礼文之崩坏导致君子行为粗鄙、粗野，相互难以表达敬意，人际关系恶化，人心趋向暴戾。另一方面又大胆僭越，滥用繁复奢华的礼仪，礼文已非美质之得体呈现，也不再有节制之作用，反而激发不正当的欲望。孔子以为，君子须有忠信之美质，有充沛之情感，才能勇于行动，敬人、爱人；君子也须文饰己身以礼文，服章文雅，举止得体，才可为人仪表，得人敬重。文质彬彬，有本有文，才可成就君子之人，发挥合群之社会功能。

孔子兴学，正是养成此文质彬彬之君子，子曰："弟子入则孝，出则弟，谨而信，泛爱众，而亲仁"，此即质；"行有余力，则以学文"（《学而篇》），学六经之文，并见之于己身与人际，是为"文明"。子曰："十室之邑，必有忠信如丘者焉"，此即质，天然之美质；"不如丘之好学也"（《公冶长篇》），不学，则无文，则不足以为君子。

上章论何莫由斯道也，文质彬彬就是成就君子之道，也唯有文质彬彬之君子才能循此道而行，引导邦国天下由此道而行。

又，文、质非亚里士多德所谓质料、形式。亚氏以为，质料、形式两分，二者合而有物，而由形式决定其性质。文、质本不可分，质必有文，文不离质，即便野人亦有其文，唯不足耳，故"行有余力，则以学文"，文不是有无的问题，而是程度的问题。

6：19　子曰："人之生也，直；罔之生也，幸而免。"

上章论文质，质者，生而有之，本章论人生而直。

罔，不直。幸，侥幸。免，免于祸。

夫子说："人天生是直的；不直地生活，只是侥幸免祸而已。"

本章之两个生，含义略有不同："人之生也直"，意谓天之生人而直。"民受天地之中以生"（《左传·成公十三年》）；《中庸》："天命之谓性"。盖天生人，欲人生，故赋人以仁之性，如孟子后来说"人皆有不忍人之心"（《孟子·公孙丑上》）。人生而有此性，即是直，其间无任何曲折。无此性，则非人；由此性，则人各随其生，故为直。

《中庸》又曰"率性之谓道"，循此性而生存生活，就是人之道。如此而生，上顺于天，下应于人，中协于万物，可尽上天所定之寿命，尽其天年，其生命充实、优美，并且自然、轻松、低成本，较确定，且有乐。"罔"即不直，不明于人之性，不顺人之性，则上不顺天，下不应人，中不协于万物。此类人必为孤家寡人，生命过程充满风险和不确定性，其得以生存、维持生命，不过是侥幸而已。

故最好的生命模式也最简单：体认天所命之性，率性而生，直道而生，循人之道而生。《中庸》曰：

> 君子素其位而行，不愿乎其外。素富贵，行乎富贵；素贫贱，行乎贫贱；素夷狄，行乎夷狄；素患难，行乎患难：君子无入而不自得焉。在上位不陵下，在下位不援上，正己而不求于人，则无怨。上不怨天，下不尤人。故君子居易以俟命，小人行险以徼幸。

6：20 子曰："知之者不如好之者，好之者不如樂之者。"

上章论直道而生，为此须学。本章阐明为学境界之次第。

之，指学，成人之学，成就君子之学。好、乐，均为动词。

夫子说："知晓有学之人，不如好学之人；好学之人，不如乐在学中之人。"

"天命之谓性"，故人之性相近。然而，生命状态实际如何取决于是否学及学之程度，此指孔子之学，提升生命之学，成人之学，成就君子之学。世间芸芸众生常无生命的自觉，也就不知学，其生命始终在昏蒙、愚昧状态。

有些人因为禀赋或机缘而知道世间有学，知有学而开始学，即打开生命提升之门，但又有程度之别。在知学阶段，学是人之外的物。进一步使"好学"，好者，爱好也，喜欢也。到好学阶段，人对学已有情感，学已进入其生命，并对生命状态产生影响。这情感让人敞开心灵，接受所学之道。人不仅以理智学，更以心感悟，以身体认。由此更进一步，则是乐学。之所以乐学，因为从学中得乐，此即颜子之乐，更是孔子之乐。因为学，生命已澄明，学、我已合一。最初，学在我外；然后，学进入我；现在，生命已在学中，此即颜子之"三月不违仁"，也即"里仁"。由此，生命由内而外洋溢着温润的快乐和光明。

孔子在此指出为学之次第：首当知学，有太多的人不知学，"困而不学"（《季氏篇》），一切无从谈起；其次，学有所得，才能好学；好学，全身心投入，生命状态必有大幅度改变，进于乐学；至此境界，不论物质处境如何，均能如颜子"不改其乐"。

6：21　子曰："中人以上，可以語上也；中人以下，不可以語上也。"

上章论学之不同境界，本章阐明教人之法。

中人，中等资质之人。以，而。上，动词，上进。语，告也。下，动词，堕落。

夫子说："中等资质而求上进者，可告之以向上之道；中等资质而甘于堕落者,则没有办法告之以上进之道。"

上章论人以学分,可有不知、知之、好之、乐之次第。有学,则有教,故本章承上章,论教人之法,其重点在中人。

人之禀赋可分上、中、下三等,上等是极少数,下等是少数,大多数人在中等,即"中人",董仲舒称之为"中民"(《春秋繁露·实性》),具有正常情感和理智之人,既不出色,也不愚笨。教之主要对象就是中人,王充《论衡·本性》中说:

> 人善因善,恶亦因恶。初禀天然之姿,受纯壹之质,故生而兆见,善恶可察。无分于善恶,可推移者,谓中人也。不善不恶,须教成者也。故孔子曰:"中人以上,可以语上也;中人以下,不可以语上也。"告子之以决水喻者,徒谓中人,不指极善、极恶也。孔子曰:"性相近也,习相远也。"夫中人之性,在所习焉,习善而为善,习恶而为恶也。至于极善、极恶,非复在习,故孔子曰:"惟上智与下愚不移。"性有善不善,圣化贤教,不能复移易也。

下等的愚笨者缺乏基本理解力,更无学之自觉,完全无法教之。上等的天分高者,自有学之自觉,并有极好判断力,无待于教。"中人"可教,且人数众多,其状态对于社会秩序之好坏有大影响,故为教之主要对象。

怎么教?中人群体又可细分。教、学旨在提升,故必教以学者尚不知晓、但经努力可理解之知识。其是否发挥效力,看学者是否努力。中人群体中,有人有上进心,已有生命自觉,有自我提升意愿,故有学之自觉,对其可告之以超出其现有知识水准之高深知识。由此,其对生命之认知有所深化,可成为君子。

还有相当数量的人不求上进,满足于现状,甚至甘于堕落。其人缺乏生命自觉,无自我提升意愿,故无学之自觉。就其禀赋言本来可教,但自身拒绝学，无法教之以高深知识。不过，这类人并非全不能教，可教以中、下之学，教以不费力即可明白者，即教以常识、礼乐，不至于堕落至下流，而成良民，在君子组织、领导之下可为优良社会秩序之基础。

天下终究不能无道，故不能无学，以上四章论于无道之世养成君子之道。孔子分辨文与质、直与罔、知之、好之与乐之以及中人以上、以下，其意谓，当因材施教，然后可养成文质彬彬之君子。

> 6:22 樊遲問知（智），子曰："務民之義，敬鬼神而遠之，可謂知矣。"問仁，曰："仁者先難而後獲，可謂仁矣。"

上章论中人，此为治世重点，本章阐明治理者之智与仁。

务，专用力于，致力于。远，保持距离。先，动词，置于先。难，事之难。后，动词，置于后。获，得也，得禄。

樊迟请教智，夫子说："致力于对民众合宜之事，崇敬鬼神但保持距离，这可以说是智了。"请教仁，夫子说："仁者以做事为先，置收获在后，这可以说是仁了。"

此章所记，当在樊迟将出仕时，樊迟所问、孔子所答者，乃治理者之智与仁。

治理者之智，首在"务民之义"。义者，宜也，民之义就是对民众来说合宜之事。君子为政治民，不能专凭自己欲望、理论安排施政之内容、次第，而应深入考察民众之意愿。当然，"义"字也表明，民众所有愿望未必都健全，治理者无条件肯认。君子当有所判断，以合情理。总之，务民之义，需君子体察民情而能思考、判断，此中有智。

治民之智还有一表现："敬鬼神而远之"。君子当敬鬼神。天地氤氲，阴阳气化，体或有别，灵各不同，或为木石，或为禽兽，或为人，或为鬼神，其间更有生死幻化，幽渺难知。然天道流行无间，天人能感通，人神有相应，则君子自当敬鬼神。敬鬼神，则心中常凛然于上天、鬼神之监察观视，而自加检束，而不自欺。

然孔子又告以"远之"，其义大矣哉！《国语·楚语下》记观射父论古者，有巫觋可以降神，此即为近。妄传神之言亦是近神，期待神之拯救也是近神。由此而难免有谄媚鬼神之举，如上篇臧文仲山节藻棁以藏大龟。如此谄媚鬼神，实以物质收买鬼神，以满足私欲，降格鬼神为工具，反而亵渎鬼神。凡近鬼神者，难免亵渎鬼神。

"远"者，与鬼神保持距离也。颛顼、帝尧"绝地天通"，屈神而敬天，华夏即不再近鬼神，君子事鬼神，"敬而远之"，具体而言，事之以礼乐。《春秋繁露·祭义》曰："故圣人于鬼神也，畏之，而不敢欺也；信之，而不独任；事之，而不专恃。"君子依礼祭祀鬼神，以表达敬意，但不指望鬼神降附于己身，也不期望鬼神特别照顾自己，奖赏自己，拯救自己。

敬鬼神而媚之，则不智，盖欲收买鬼神，借其超人力量增进自身利益。有此心者，必定不自主，迷信而放弃自身努力。君子知道，人是人，鬼神是鬼神。鬼神与人有关，但人不可能成为鬼神，人也不可能调遣鬼神以解决人事。人事只能由人承担，而上天、鬼神在监察人，故人不可走邪门歪道，只有借助自己作为人的内在潜力之最大程度发挥，解决自己面对的全部问题。"敬鬼神而远之"，则发挥自己的德与智。近鬼神，则人何必有德？

更进一步，君子若近鬼神，欲借鬼神之力为政，必定以鬼神惑民，最终重鬼神轻忽民，而无从务民之义。"敬鬼神而远之"则把注意力从鬼神转向人，一方面，自己修身立道，另一方面，尽心探究民之义并实施之，这正是对鬼神之大敬。《左传·桓公六年》曰："夫民，神之主也，是以圣王先成民，而后致力于神……故务其三时，修其五教，亲其九族，以致其禋祀。于是乎民和而神降之福，故动则有成。"

关于治理之仁，孔子说，"先难而后获"，据董仲舒《春秋繁露·仁义法》，此乃是孔子教导樊迟以治身之法，意为"先其事，后其食"。此即范仲淹所说"先天下之忧而忧，后天下之乐而乐"。在社会治理过程中，仁就是为政者把民众当成与自己完全相同的人对待，故仁者之为政治民，急民之所急，即务民之义，克服各种困难，实施那些于民众合宜之政策，故为万民所尊仰。如此，君子无须求索，其应得者如利益、名声，自在其中矣。相反，君子若首先关注自身利益、名声，必定不务民之义，即不仁，最终一无所获。

> 6:23 子曰："知者樂（yào）水，仁者樂（yào）山。知者動，仁者靜。知者樂，仁者壽。"

上章论为政之智、仁，本章泛论智、仁之别。

夫子说："智者爱山，仁者爱水。智者是动的，仁者是静的。智者是快乐的，仁者是长寿的。"

本章一波三折：首先以山水描摹智、仁之性，其次以动、静形容智、仁之体，最后以乐、寿说明智、仁之效。

智、仁为人之最为抽象的德，实难以语言清晰描述，故《论语》中，孔子未给智、仁下过定义，多在具体语境中论说。本章第一句，孔子以艺术的、象征的手法描述智、仁。知者之所以乐水，仁者之所以乐山，因水、山之性正合于知者、仁者之性，《说苑·杂言》曰：

"夫智者何以乐水也？"曰："泉源溃溃，不释昼夜，其似力者；循理而行，不遗小间，其似持平者；动而之下，其似有礼者；赴千仞之壑而不疑，其似勇者；障防而清，其似知命者；不清以入，鲜洁以出，其似善化者；众人取平，品类以正，万物得之则生，失之则死，其似有德者；淑淑渊渊，深不可测，其似圣者。通润天地之间，国家以成，是知之所以乐水也。"

"夫仁者何以乐山也？"曰："夫山巃嵸累累，万民之所观仰。草木生焉，众木立焉。飞禽萃焉，走兽休焉。宝藏殖焉，奇夫息焉。育群物而不倦焉，四方并取而不限焉。出云风通气于天地之间，国家以成，是仁者所以乐山也。"

知者达于事理而周流无滞，有似于水，故乐水。仁者如山之安固，自然不动，而生育、包藏万物，故乐山。

孔子在此展现自然与人合一之生命观。包括人在内的万物，皆为上天所生，故彼此相关，其性可通。人之不同气质即可通于自然界的不同物，智通于水，仁通于山。由此，山水超越其物理的存在状态，而进入人的存在情境，与人心共鸣。物我浑融，我身在物中，物在我心中，我观物，我由物而观我，自然与道德综合而为一艺术的人生境界，有限定的个体生命获得普遍的存在意义。

就其体而言，智者是动的。智者求知，而知无穷尽，智者求之不已，自强不息，进德修业，此即动。智者又用其知于治世，以增进世人之利益，故智者行之不已，不断探索、试错，这同样是动。仁者是静的。仁者不是以知解决问题，而以人待人，以己及人，直道而行，视听言动皆合于礼，自然示范于人，如"草上之风"（《颜渊篇》）。故仁者虽静，却能风化众人。

就其效言，智者乐。智者有求知之乐，有应世之乐，有运用才智、成功得志之乐。智者是动的，每一动总能得动之乐。仁者静，仁者含容万物，仁者无求于外，故仁者的生命是确定的，风险控制在最低限度，故仁者得寿。《春秋繁露·循天之道》曰："故仁人之所以多寿者，外无贪而内清净，心和平而不失中正，取天地之美以养其身，是其且多且治。"但此处之寿不等于长寿。"死生有命"，生死寿夭本由天定，非人力所能改变。此处之寿意为得尽天年，无所遗憾，且在有生之每一时刻，生命饱满、活泼。

本章摹写智者、仁者之生命状态至为精微。智者、仁者常有交叠倾向，尤其是仁可含智，仁者必为智者。而《里仁篇》首章说，最大的智是择而处仁。

上一单元，孔子教诲学有所成之弟子于无道之世生存之道，以上两章则指出，此道无非是智与仁，而较为重智，盖在无道之世，不智则不足以应世，然不仁已不足以立身行道。

6:24　子曰："齊一變，至於魯；魯一變，至於道。"

上章记智者、仁者，其使命在回复王道。本章阐明孔子回复王道天下之路线图。

道，指王道，也即优良的社会治理秩序。

夫子说："齐只要经过变革一次，即可达到鲁的状态。鲁只要经过一次变革，即可至于王道。"

孔子志在重建天下秩序，此秩序为王道秩序、礼乐秩序。而天下各邦政俗之美恶，也即其与王道之差距，各不相同，则在不同邦国入手，自有难易之分。孔子认为，相比于齐国，鲁国距王道更近。《汉书·地理志下》说明两国形成这一差距的历史原因：

> 初太公治齐，修道术，尊贤智，赏有功。故至今其土多好经术，矜功名，舒缓阔达而足智。其失夸奢朋党，言与行缪，虚诈不情。急之则离散，缓之则放纵。
>
> 周兴，以少昊之虚曲阜封周公子伯禽为鲁侯，以为周公主。其民有圣人之教化，故孔子曰"齐一变至于鲁，鲁一变至于道"，言近正也。濒洙泗之水，其民涉度，幼者扶老而代其任。俗既益薄，长老不自安，与幼少相让。

两国历史演进呈现不同轨迹：齐尚功利，故较为富强，齐桓公第一个尊王攘夷，且春秋始终为一强国。不过，吕氏传至二十九世，为强臣田和所篡。反观鲁国，也曾为东方大国。自文公以后，政在大夫，三桓专权，不过三桓终未篡位，一直传至三十四世，始为楚所灭。

可见，鲁国君子始终受礼乐支配，时人公认，礼乐在鲁保存最为完好。《左传·闵公元年》记，鲁国发生内乱，齐仲孙湫来省难，归国之后问："鲁可取乎？"对曰："不可，犹秉周礼，周礼，所以本也。臣闻之：国将亡，本必先颠，而后枝叶从之。鲁不弃周礼，未可动也。"《襄公二十九年》记，吴公子季札观乐于鲁，叹为观止。《昭公二年》记，晋卿大夫韩宣子观鲁太史，赞叹"周礼尽在鲁矣！"孔子本人兴起于鲁，原因也在于此。孔子曾感叹："於呼哀哉！我观周道，幽、厉伤之，吾舍鲁，何适矣？"鲁保存周礼较为完备，孔子方能删述诗、书、礼、乐。

由本章可见孔子判断邦国好坏之标准。当孔子之时，从物质实力言，齐强而鲁弱。然在孔子心目中，鲁更近王道。孔子以为，邦国好坏不在其物质实力之强弱，而在其治理秩序之良窳，具体表现为，为政是否依循规则、程序，风俗是美是恶。

由本章也可见孔子重建秩序之次第：先当消除崇尚富强的功利倾向。在孔子时代，功利观念正迅速发酵，各国均依功利原则改造制度，治理民众，孔子对抗此观念。短时期看，历史未按孔子设想发展，事实上所有邦国都变成齐，甚至更糟糕，向秦发展。不过，长期地看，孔子观念始终在发挥作用，反制功利观念，从而成为提升天下于有道的强大力量。

6:25 子曰："觚（gū）不觚，觚哉觚哉！"

上章记恢复王道之规划，本章记孔子感叹时人不知大道。

觚，盛酒之青铜礼器，喇叭形口，细腰，高圈足。流行于殷商，周代罕见。

夫子说："有觚之名而不见觚之物，觚啊觚啊。"

殷人好酒，其青铜礼器多为酒器。周人鉴于殷人好酒乱德而戒酒，青铜礼器构成乃大变：酒器减少，食器增加。到西周中期，基本不作酒器，则到春秋时代，觚必定罕见于当世。孔子好古，知古时有觚，而今则不见，故有本章之叹。

承上章，孔子以觚比拟古圣先王修身、治国之大道，感叹当世君子已忘此大道。孔子之所为正要在此时代阐明大道，传授弟子，以重建秩序。

孔子教授弟子以先王之道及于乱世行道之道，旨在导天下入于道，以上两章孔子观察现实，先有行道之蓝图，终于归于失望，天下滔滔然皆无意于道。

6：26 宰我問曰："仁者，雖告之曰'井有仁焉'，其從之也？"子曰："何為其然也？君子可逝也，不可陷也；可欺也，不可罔也。"

上章论天下无道，本章论君子应世之智。

"井有仁"之"仁"，当为"人"字。逝，往也。罔，诬也。

宰我问："有仁者，即便有人告诉他'有人掉下井了'，他会为了救人而跳下井吗？"夫子说："为什么要这样做呢？君子可以前往查看，而不可能跳下井。别人可以欺骗君子，但君子不可能犯糊涂。"

人皆有不忍人之心，《孟子·公孙丑上》说："所以谓人皆有不忍人之心者，今人乍见孺子将入于井，皆有怵惕恻隐之心。"仁者爱人，闻人落井，定有救人出井之志。那么，仁者是否为救人跳进井中？孔子直截了当地回答：没必要。

仁者必有智。仁者爱人，以善意对待所有人，不算计人，然仁者不愚。

仁者以人待人，故对人情、事理、世故，必有深刻把握，临事冷静理智，处事循理而合情，如《宪问篇》说，"不逆诈，不亿不信"，然而可以"先觉"。非如此，不足以称仁者。忠、孝或失之于愚，因其以情为本，理智难免为情扰乱。仁者必不愚，仁在心之全体，以孟子所说"恻隐之心"为本，而以"思"运转。仁者爱人，仁者亦明智。值得注意的是，宰我问"仁者"当如何，而孔子在回答时说"君子"如何。孔子的意思是，哪怕是君子也不至于糊涂，何况仁者！

本章有隐喻性质。天下无道，君子当出而救世，此为孔子养成君子之旨。正因天下无道，人心难测，世事多变。君子为人处世，当清明通达，以善意待人，又敏锐观察，清醒判断，果断决策。君子若无判断力，轻易为人所骗，谈何行道？当然，仁者以人待人，生命始终处在最敏锐状态，绝不可能是愚者，孔子的"无可无不可"（《微子篇》），即为此典范。

6:27 子曰："君子博學於文，約之以禮，亦可以弗畔矣夫！"

上章阐明仁者之智，本章阐明学文、约礼的关系。

约，约束。畔，即叛。

夫子说："君子广泛地学于文，又以礼约束自己，也就可以不背道了啊。"

孔子创造的成人之道是学，首先是学文。文的范围极广泛，孔子删述六经，为最重要之文。孔子在世，文之种类、范围已有扩展迹象，后世愈益加速。首先是阐释六经而成一家之言的诸子百家；后有诗赋文学，更有异域传来的佛教典籍。随后有各种通俗之文。文明繁荣系以文的繁荣、多样为标志。

孔子预见到此一趋势，而孔子最突出之德是好学，故曰君子首当广学各种文，以对人、对社会秩序、对万物有深入、完整之把握，由此而可以"知天",此所谓"下学而上达"。另一方面,君子的责任是合群,若不能掌握各种知识,君子无从获人尊敬,令人信服。知识是权威之重要来源。

然君子之学非为口耳之资,非为知识而知识,而必见之于行,以提升自我生命,构建和维护优良社会秩序。文在我身外,礼见我之身。博学于文,而文中,至少是六经之中有礼,学文而后习礼,则可以修身立道,成己安人,是为"不畔"。故君子虽博学于文,诸子、历史、诗赋、现代各种人文与社会科学乃至自然科学,无所不学,但终以六经为根底。由此,方能约之以礼。

约之以礼,才可学有所成。有人博学于文,却为文吞噬:彼文中有一新奇观念,他立刻信服;此文中有一新奇意见,他立刻服膺。结果自我迷失,成为变幻不定而相互冲突之诸观念的跑马场,其生命在汹涌的观念、意见大海中飘荡,随波逐流。博学于文,其身反而不能自主,更不要说修身。盖因其不知约之以礼也。

世间之文层出不穷,博学于文易,约之以礼难,难能才可贵。

> 6:28 子见南子,子路不说(悦)。夫子矢之曰:"予所否者,天厌之,天厌之。"

上章论约礼之重要,本章记孔子见南子,展现孔子行道之智慧。

南子,卫灵公之夫人,出自宋公室,"子"为姓。矢,指也。所,若也。否,不也。

夫子拜见南子,子路不高兴。夫子以手指天说:"我若不见人家,天将厌弃我,天将厌弃我。"

卫多君子,重建秩序的条件较好,故孔子对卫情有独钟,周游列国,以卫为中心,且在卫停留时间最长。南子为人向来淫乱,但为卫灵公所宠幸,把持朝政。南子本人为巩固权势，也希望见孔子。孔子欲于卫得行道之机会，不能不见南子。

子路性格直率，为此不悦。《论语》记子路对孔子有三次不悦，《阳货篇》记另两次不悦：第一次，公山弗扰以费畔，召，子欲往，子路不说；第二次，佛肸召，子欲往，子路不悦。加上这次，总计三次，均与孔子为行道而做出的灵活决策有关。

公山弗扰和佛肸都是家臣，背叛其所属卿大夫，孔子对此并不在意，子路却大为不悦。可见子路观念比孔子更为保守，坚持既有封建礼法，不愿孔子为行道而加入背叛自己之君的臣。在卫国之不悦，与此类似。南子干政，不合礼法。而孔子并未坚定地拒绝南子，仍希望借南子获得行道之机会。子路以为这不合礼法。

孔子之见南子可见于无道之世行道之无奈，孔子并不拒绝借助礼法秩序边缘甚至其外的力量。现实复杂，行道不能不权变。智慧恰见于坚持原则的同时能权变，相机应对复杂的人和环境。当然，如董仲舒说："夫权虽反经，亦必在可以然之域"（《春秋繁露·玉英》），其间分寸甚难把握，故子曰："可与共学，未可与适道；可与适道，未可与立；可与立，未可与权。"（《子罕篇》）权变最难，子路无此智慧，难以理解孔子，最终为旧制度而死（《史记·仲尼弟子列传》）。

面对直率的子路，孔子一时很难解释清楚内心衷曲，故以子路最易理解的理由说明见南子之理由：安全。身在异国，不可得罪于当政者，孔子乃指天而言云云。孔子将南子比喻为天，若自己坚持不见南子，很可能招来灾祸。

6:29　子曰："中庸之为德也，其至矣乎！民鲜久矣。"

前两章分别论约之以礼与行道之灵活，本章论中庸之难。

至，极也。民，人也。鲜，少也。

夫子说："作为德，中庸确乎达到极致。少有人做到这一点已经很久了。"

上章所记孔子见南子事，蕴含极深处世智慧，抽象而言即中庸，故本章论中庸之美与难。

何为"中庸"？"中"者，无过、无不及也。"庸"有二义：第一义，用也。据此，"中庸"字面意为用中。《尧曰篇》记载尧告舜以"允执其中"；《中庸》记子曰："舜其大知也与：舜好问而好察迩言，隐恶而扬善，执其两端，用其中于民。其斯以为舜乎！"尧、舜之治国之道就是能用其中。凡事各有两端，如左右、上下、前后、善恶、美丑、真假等；人们对事物的看法也总可简单归类为两端：支持或反对，赞许或厌恶。"中"就是多数意见或共识。舜的美德是尊重民众意见，并致力于从中发现民众之共识，据此立法、施政。

得中，则可常行，故"庸"又有第二义：常也，常行也。据此，"中庸"就是常行中道。此为处事之德，放下自己的意志、意见，抑制自己的欲望、激情、情绪，而探寻事理之"中"，人间之"中"，即顺乎天道、人情、事理者。此"中"必随时间、场合变化而有所移易，故为"时中"。中必依于时，《中庸》曰："君子之中庸也，君子而时中"。孔子对"时中"有深入体会，可见于《易传》，故孟子称孔子为"圣之时者"（《孟子·万章下》）。《微子篇》夫子自道之"无可无不可"，就是中庸。孔子永远坚持原则，但宗能避免风险，因为孔子执中，始终智慧地走在大道上。

至子思作《中庸》，畅论中庸之德："喜怒哀乐之未发，谓之中；发而皆中节，谓之和。中也者，天下之大本也；和也者，天下之达道也。致中和，天地位焉，万物育焉。"这里的"中"已是内在之中。人具此中，方可探究外在事务之中，尽己之性以尽人之性，尽人之性以尽物之性，尽物之性则可以赞天地之化育。

故中庸为德之极致，德之最高明而精微处，此德唯有圣贤可有，而世已久无圣贤，故孔子感慨系之。虽然如此，孔子有中庸之德，故能在礼崩乐坏之时，以高超的智慧笃信、守死善道，并传道于弟子，而保存文明之生机。孔子的中庸之德可谓至矣，孔子希望弟子于行道天下过程中，体悟、运用中庸之德。至于今日，体认中庸之德的最为便捷的门径就是体悟孔子之为人、处世、立论、创制。

以上四章孔子教导弟子以行道之大道。现实复杂多变，混乱而不乏危险，士君子须有敏锐的观察力和清醒的判断力，须约之以礼，须持守正道而能权变，最后归结于中庸之至德。

> 6：30　子貢曰："如有博施於民而能濟眾，何如？可謂仁乎？"子曰："何事於仁？必也聖乎！堯舜其猶病諸！夫仁者，己欲立而立人，己欲達而達人。能近取譬，可謂仁之方也已。"

上章论中庸之为至德，本章论仁之为至德。

博，广也。其，语气词。病，为难。诸，之。夫，语气词。譬，匹也，匹而喻也。方，道也，术也。

子贡问："若有人广施恩惠于民众，并能襄助众人，这人怎么样？算得上仁吗？"夫子说："何止于仁，完全可以说是圣了！尧舜恐怕也觉得有些为难呢！仁是这样的：自己欲有所立而致力于让人有所立，自己欲通达而致力于让人通达。能就近以己推度他人，这可以说是为仁之术了。"

孔子发明仁，"里仁为美"，又不轻许人以仁，故子贡从高处与孔子论仁。由此可见，孔子以为，圣以仁为本。在此，孔子对古典圣的概念有所改造：古典之圣多指知识丰富，无所不通；孔子之圣则以仁为根基，基本上局限于尧、舜、禹、汤、文、武、周公等圣王。全仁而有功，则为圣王。

子贡所问者乃仁之功，功有大小，因人因时因势而异，根本则在仁之体与仁之方，故孔子为子贡详论。

"己欲立而立人，己欲达而达人"，即为仁之体，此即孔子所界定之仁。仁就是以人待人，以己及人，敬人、爱人，与人一体，故己欲有所立则立人，己欲通达则助人通达。此处之"立"，即《为政篇》夫子自道"三十而立"、《泰伯篇》孔子所说"立于礼"之"立"，接受礼仪规范，生命得以挺立，而自主自立。此处之"达"，即《颜渊篇》孔子所说"在邦必达，在家必达"之"达"，达者，通也，应事通达无碍。我为仁，凡我所交接之人与我共立、共达，此即"天下归仁焉"。

然而，何以知人所欲立、所欲达者？"能近取譬"，此为仁之方。人我之间，人为远，我为近。"能近取譬"，就是取我为譬，就近以己度人。人欲求什么，我不完全清楚；但我欲求什么，我自然清楚；而人皆为天所生，故"性相近也"，我可依我之欲推度他人之欲。我欲立、欲达，此为我所知者，我也知何所立、何所达；则我可推度他人，据此为人创造立、达之条件，此即仁。

当然，我所能接触的人的范围可能很小，重要的是我有此发心，做此努力，则仁之效可由亲及疏、由近及远。孔子由此回答子贡之问，尧舜之圣根基就是"能近取譬"，因此而己欲立而立人，己欲达而达人。开始范围在家、在族、在邻里，随着其位提升，所能立、所能达之人的范围不断扩展，以至于天下，而成圣王之功。然其起点只是"能近取譬"，以己及人，故人皆可以因仁而优入圣域。

本章孔子对仁作较为全面论述："能近取譬"是仁之方，为仁之方法；由此成就仁之体："己欲立而立人，己欲达而达人"，此为仁之呈现。《颜渊篇》《卫灵公篇》两次提及之"己所不欲，勿施于人"则为仁之路，循此而行，则可进至于仁；有子又指出，孝悌为仁之本（《学而篇》），人人皆可由孝悌之情而体认仁，扩而充之，则可以至于仁。至于本章所论仁之功，则因人、因位、因时而异，可大可小，可以如本章所说尧舜之行仁政、化天下，也可以是《子路篇》所说"宗族称孝焉、乡党称悌焉"。

神教之博爱出于神之命令，孔子之仁禀于天而出于人，故为仁在于能近取诸己；以己度人，以己及人，则有仁。

　　本章总结本篇，孔子教导弟子行道天下、重建秩序之入手处就在自己，就我一己之仁予以扩充、发用。

　　本章提出"尧舜其犹病诸"，与首章"雍也可使南面"相呼应。只要依于仁之方，即便最初无位，士君子也可由己推人、以己及人，由近及远，构筑仁的家园，以至于"天下归仁焉"。

　　本章提出"圣"字，也开启下篇，记圣人孔子之自述。

述而篇第七

前两篇记孔子教导弟子，本篇及以下三篇专记孔子其人。

本篇共三十八章，多为夫子自道，夫子之语中多有"吾"、"我"，此为他篇所少见，故"述"者，夫子之自述也。诵读本篇，可体认孔子之圣人气象。

> 7:1 子曰："述而不作，信而好（hào）古，窃比於我老彭。"

本章孔子自述其所用心之事。

述，传旧而已。作，创始，制作，创作。好，动词，喜好。窃，自谦之词。老，古人尊敬年高德劭之卿大夫的称谓。老彭，殷商之际贤人，好述古事。"窃比于我老彭"是"窃比我于老彭"之倒装。

夫子说："传述先王政典而自己不制作，信从进而喜好古人古事，我觉得自己与老彭有点像。"

作为《述而篇》首章，本章开宗明义，揭明孔子成圣之根本："述而不作，信而好古"。

自尧舜肇造华夏，即广兴礼乐，以化成天下；到周代，经周公制礼作乐，"郁郁乎文哉"，美盛极矣。生当礼崩乐坏时代，孔子眼见礼乐秩序崩解，而有重建秩序之天命意识，故以一介布衣身份，收集、整理、传述先王之政典，而有《诗》《书》《礼》《乐》《易》《春秋》等六经（大约在战国时代，乐经散佚，故后世多称"五经"），如《中庸》所说："仲尼祖述尧舜，宪章文武"。

孔子删述六经之事总体是"述"。具体而言，《易传》为孔子所作，《春秋》也是孔子所作。据此或可推测，本章是孔子返鲁之前所说，主要指《诗》《书》《礼》《乐》。孔子早年即予以收集、整理，此即"述"，而非"作"。孔子不作，然终成最为伟大之作：正是仰赖孔子，中国古典文明得以保存，圣王之道可道、可学、可传。中国正是凭借着"述而不作"，而成为中国文明之承上启下者。正所谓"天不生仲尼，万古如长夜"。

"信而好古"可见孔子对"古"之态度。"古"者，古圣先王及其政典，华夏先民之生活方式。孔子的态度是"信"与"好"。信最重要，首先是相信，确信，信以为真。其次是信服，相信其于今日仍有意义。诗、书、礼、乐为先王政典，其中有恒常之道，重建秩序必本乎此道。本此信念，孔子以虔敬之心收集整理古代的文书、礼乐。

因对古人之信，孔子避免了自我迷信。现代人对古之基本态度是不信：不信历史记载，不信古人的知识、技艺和智慧，不信古人创造出的那些伟大制度解决了诸多根本性问题，而迷信历史从自己的时刻开始。不信，就不可能好之，现代人不信古，故不好古，甚至厌恶古，以为古人是愚昧的，古代的价值、观念是落后的，古代的社会生活是黑暗的。这种心智也是封闭的，由此而有自我迷信，此为现代社会最常见的迷信，尤其在知识分子中。此亦为最可怕的迷信，必导致致命的自负。

孔子信古，而深入古之世界，体认古人之技艺和智慧，故而好之。孔子志在重建秩序，为此而求道。道非神启，也不出于哲学玄思。古人所走之大路、正路就是道，圣人所行即是道，故道在"古"之中，在古圣先贤之行事中。道既见之古，当下也切实可行，尽管需今人构想新制度。孔子由古把握道，孔子好古而得道。离开古，无所谓道。

孔子最后提到"老彭"，其人其事已不可知，但可推测为王室或某家室之老，而为彭氏。"老"是官职，即总管，因此身份而有机会接触各种政典，故知礼乐而有智慧，世传所谓"老子"，大约也是这类人物。

> 7：2　子曰："默而識（志）之，學而不厭，誨人不倦，何有於我哉？"

上章指明孔学之渊源，本章指明孔子为学之态度。

识，记也。厌，满也，足也。诲，教诲，教育。

夫子说："有所得，默默记下来，广泛学习而永不满足，教诲求学者而不觉疲倦。除此之外，我还有什么呢？"

孔子"述而不作"，"述"有其本原，孔子为一介布衣，何从得之？孔子乃博采旁收，此即"识"，也即"志"，记录。何为"默"？《为政篇》记孔子论颜子为学之态度："吾与回言终日，不违，如愚。"颜子之"不违"，当学自孔子之"默"。"默"的前提是虚心，孔子无先入之见，自虚其心，全身心听取、吸收他人之所言。孔子如此虚心，因其"信而好古"。有此态度，故人皆乐告以其所知。孔子集合众人之所知，而以布衣身份，对先王之政典有最为完整的记录、收集，乃成就六经之删述大业。

在收集、整理先王政典过程中，孔子自身学而不已。学什么？学文，学文中之道。孔子之得道不是来自神启，而经由持续的学。《公冶长篇》：子曰："十室之邑，必有忠信如丘者焉，不如丘之好学也。"孔子之大德是"好学"，好学而成圣。在本章，孔子强调，自己好学，从未满足过，始终在学之中。

孔子删定《诗》《书》《礼》《乐》，学其中之道，提撕自己生命，又以之传授、教育弟子，此即"诲人"。孔子诲人的态度是"不倦"，从不觉得疲倦。何以"不倦"？孔子学道，志在行道天下，乐为传道者，希望养成士君子以弘道。孔子有重建秩序之天命意识，故传道不已，从不疲倦，相反充满悦乐,如孟子后来形容君子有三乐,"得天下英才而教育之,三乐也"(《孟子·尽心上》)。

短短三句话,孔子概括自身生命之三个面相:述古,自学,诲人;同时也指明相应态度:全身心投入,而有求道、体道、传道之乐。

孔子之"默",颇有深意,此为孔子一贯态度,如子曰:"予欲无言"(《阳货篇》)。各种神教之先知或创教人,如有所闻、所见、或冥思所得,多言之不已。唯孔子学古圣先王而有所得,只是默默地记下来,而成诗、书、礼、乐之文。故孔子之教尚文而不尚言,且此文非记孔子之所思所想,而收录先王之政典。可见孔子最为谦卑,上不掠先圣之美,下不强后生崇拜;孔子只是要人循圣人之道,自觉内在之仁,自主挺立为人。如此而成之君子,自当取法孔子,默以行之。

> 7:3 子曰:"德之不脩,學之不講;聞義,不能徙;不善,不能改:是吾憂也。"

上章记孔子为学态度,本章记为学宗旨。

讲,习也,肄也。

徙,迁也。

夫子说:"德行没能够修饬,学问没能够讲习;闻知大义,而没能够迁而就之;身上有不善,而没能够改正:这些是我最为忧心的。"

人皆有其忧,所忧者实为所深欲者,构成生命之驱动力量,驱人求其所忧者。很多人所忧者是利,如财富、权力、虚荣或色,其生命也就是持续地逐利。孔子所忧者,则完全不同。

首先是"德之不修,学之不讲"。德,德行也,健全的行为方式,通常由礼塑造。始终保持健全的行为方式,方为君子。现实生活中,难免各种诱惑而有所懈怠，故需"忧"，常思及于此。如此则能"修"，修葺、修治：发现有所偏离，及时加以矫正，以持守德、扩充德。《周易·蹇卦·象传》曰："山上有水，蹇；君子以反身修德。"

学之本原或为文字，如诗书，或为老师之口传，如礼乐，皆可称之为"文"。学在成就君子，故文须身体化，即内化于心，见之于行。这就需要"讲"。"讲"者，讲习也，通过道德和礼乐实践将文内在化，化入自己的心灵，体现在自己的身体，见之于人伦。"讲"是合群展开的，师徒、朋友之间相互讲习，故《周易·兑卦·象传》曰："丽泽，兑；君子以朋友讲习"。

闻义而徙、不善而改为修德、讲学之效果。义者，宜也，修德、讲学则喻于义，明乎己之所宜，如伦理和法律义务，尽心履行。人有其自然生命，徙义就是把自己迁徙、移动至义之轨道。知义，人才能知不善。对义有所自觉，则可以义自我审查，从而发现自身不善之处，并立刻矫正，重归正道。《周易·益卦·象传》曰："风雷，益；君子以见善则迁，有过则改。"

孔子自述终生所忧在此三者，此"忧"正表示孔子生命之深刻自觉。因为此忧，孔子生命持续提升，而至于圣。

7:4　子之燕居，申申如也，夭夭如也。

上章记孔子之生命自觉，然孔子张弛有道，本章记孔子闲暇时的神态。

燕居，退朝而居于家中。申，同伸。申申，整饬之貌。如，貌，样子。夭，屈也，物初长者尚曲而未伸也。夭夭，俯屈之貌。

夫子退朝而居家之时，有整饬严正之貌，有俯屈自如之貌。

《礼记》有《仲尼燕居》篇，郑玄《目录》云："名曰《仲尼燕居》者，善其不倦，燕居犹使三子侍之，言及于礼。著其字，言事可法。退朝而处曰燕居。"《礼记》又有《孔子闲居》："孔子闲居，子夏侍"。郑玄《目录》

曰："名曰《孔子闲居》者，善其无倦而不亵，犹使一弟子侍，为之说《诗》。著其氏，言可法也。退燕避人曰闲居。"燕居相对于上朝而言，退居于家中。闲居比之燕居，似乎更为闲散。

在朝堂上，作为臣，孔子始终在恭谨状态，《乡党篇》开头对此有所描述。孔子退朝回家燕居，则教育弟子，与弟子论礼。因问题相当严肃，孔子的神态还是比较庄敬整饬的，弟子亦以恭慎态度请问于孔子。但毕竟，燕居非朝于君，故孔子有俯屈之时，身体有所放松，自如地活动肢体，神色也和缓松弛。

本章说明，在不同场合，与不同人交接，孔子有不同体态、神情，分寸拿捏恰到好处。孔子不是老古板，孔子的生命始终是自如而得体的。

以上四章初步揭示孔子形象：孔子好古，而删述诗书礼乐，以之教育弟子。自己进德不已，并塑造健全自如地生命。

> 7:5　子曰："甚矣吾衰也！久矣吾不復夢見周公！"

上章提及在家燕居，本章及孔子之梦，说明孔子与周公的精神联系。

复，再次。周公，周武王之弟周公旦，制礼作乐，礼乐大备。

夫子说："我衰老得太严重了，很长时间没在梦中再次见到周公了。"

值得注意的是"复"和"梦见"。

《论语》中，孔子三次提及周公：《泰伯篇》记子曰："如有周公之才之美，使骄且吝，其余不足观也已"；《微子篇》记周公谓鲁公曰："君子不施其亲，不使大臣怨乎不以。故旧无大故，则不弃也。无求备于一人。"从其他文献如《尚书》之"周公书"，《礼记·明堂记》等也可看到，周公平定管蔡之乱，安定周邦。更重要的是，"周监于二代，郁郁乎文哉"（《八佾篇》），此正周公之大德。故孔子尊崇周公，以周公为典范。

据本章,晚年之前,孔子常梦见周公。何以故?《吕氏春秋·博志》:"盖闻孔丘、墨翟,昼日讽诵习业,夜亲见文王、周公旦而问焉。用志如此其精也,何事而不达?何为而不成?故曰精而熟之,鬼将告之。非鬼告之也,精而熟之也。"日有所思,夜有所梦,孔子梦见周公,乃因为孔子有重建秩序之志,其方案正是恢复周公所建之礼乐秩序。孔子用以教授弟子的诗、书、礼、乐,主体就是周公之政典。孔子早年弟子也都进入封建体系,为公室或大夫之臣,志在恢复周文。故孔子与周公有极深精神联系,汉唐人一直有"周孔"之说。

不过,孔子于本章明确指出,自己已长久不再梦见周公,理由是"衰",首先指身体之衰老,故本章当为孔子晚年所说;但"衰"有更深层含义:五十岁之后,孔子先在鲁国,又周游列国,欲在现有封建结构中恢复秩序,但了无所得,"衰"恐怕就此而言,即在封建体系中寻找行道机会,让他力竭心衰。故孔子决意构想新秩序,返鲁之后,一改"述而不作"立场,作《易传》,作《春秋》,为后王、为万世立法。《卫灵公篇》孔子告颜渊"为邦"之道,已不限于周礼,而综合三代之礼,权衡取舍,自成一代大法。本章表明,晚年孔子重建秩序之道已非重建周公之封建制,更非简单恢复周公之礼乐,故孔子不再日思周公,夜梦周公。

本章实提示孔子晚年思想之巨变,由此,孔子超越具体的封建秩序,思考普遍的成己安人、优良治理之道,而为一代圣人,如朱子所说,"若吾夫子,则虽不得其位,而所以继往圣、开来学,其功反有贤于尧舜者"(《中庸章句序》)。

7:6　子曰:"志於道,據於德,依於仁,遊於藝。"

梦见周公者,欲行其道也,本章论志于道。

志者,心之所之。据,执守。德,得也,得道于己心。依,倚也。游,玩物适情。艺，技艺，六艺，也即礼、乐之文，射、御、书、数之法。

夫子说："有志于道，据守德行，倚偎于仁，悠游于技艺。"

本章系夫子自道，亦示范以成就君子之道，任何人，只要循本章所说四条，皆可成为君子。

志于道。道是事物天赋之性所定之运行正路，天地万物无不有道，人有人道，社会有治理之道。"人之生也直"，人道是人依其天命之性而当走之路，人自当循此道而生。此道不可体，难以言，不易得，故"志"之而已，志就是专一向往，以之为鹄的。志于道，人就走上成人、成就为君子、生命不断提升的正路。

据于德。志于道，则日用伦常不敢放纵、懈怠、轻忽，而始终有敬意，如此必有所得。德者，得道于己身也。自己于道上有所得，心灵、身体就有健全、卓越的模式，此即德行。据者，据守也，有所得，则据守而不使之失去，始终如一地践行，德行即可不断累积。

依于仁。德者，指向他人之卓越行为模式也，不外乎节制私欲，而敬人、爱人。进德不已，则可进于仁，乃至依于仁，意谓，生命依偎于仁之中，即《里仁篇》所说"里仁"，仁灌注自家身心，人居于仁之中。

志于道、居于德、依于仁三者有先后之分，志于道，而后可以积德；据于德，然后可以进于仁，依于仁。盖志者，道在我身之外也；据者，德已在我之身矣；依者，仁常在我，可为我身所依矣。

游于艺。古典君子须掌握六艺：习礼、乐，方能在群体中健全、得体地生活；射、御是战争之技艺，书、数是民事事务管理之技艺。可以说，各种艺术，公私生活之实践性技艺，均在艺的范畴中。习诸艺，君子身心健全，从容地合群生活。子曰："君子不器"（《为政篇》），君子不是礼官、乐工、工匠，也非专业武士，故于艺不在于专业化之精熟，游是非功利的，从容自如。君子博学无方，不把自己局限于专门的一种艺，而游于众艺之中。游于艺，即可对世界万物、众生之情有全面理解，心智全面发育，身体健全活泼，而可以成己安人。

志于道、居于德、依于仁、游于艺四者中，前三者与游于艺之间有轻重之别，而无先后之分。不是说，非得志于道、居于德、依于仁之后，才游于艺。成就君子，志于道、居于德、依于仁这三者可与游于艺同步进行。若不能游于艺，则生命干枯，了无生趣，与人无所交接，所谓志于道、居于德、依于仁，终究虚幻而不可靠。孔子之教区别于神教者，正在于其活泼有生机。

> 7:7 子曰："自行束脩以上，吾未嘗無誨焉。"

上章论养成君子之纲目，本章说明孔子教育之开放。

脩，干肉。十条为一束。

夫子说："凡能以十条干肉以上的礼物求学于我者，我从未拒绝教他。"

古人相见，必执贽以为礼，经典言及"束脩"者，所在多有，如《礼记·檀弓》曰："古之大夫束脩之问不出竟。"《少仪》曰："其以乘壶酒束脩一犬赐人。"《谷梁传》曰："束脩之问不行竟中。"此处"束脩"均指十条干肉。此为礼之薄者，厚礼则有玉帛之属，故这里说"以上"。

孔子之前，学在官府，也即在等级制意义上的君子之家中，教育是封闭的，庶人甚至普通的士无以接受教育，学诗、书、礼、乐。孔子删定诗、书、礼、乐，开门收徒，任何人，只要对孔子行至薄之礼，孔子就提供其学习机会，即可由孔子之学，成为道德和知识意义上的君子。

尽管如此，孔子要求学者行束脩之礼，方始教之，此有深意焉。孔子之学，在于学为人，以成君子。此学展开的前提是学者之自觉，不自觉，教之无益，无以成才。自觉，则弟子乐于求学问道。然而，如何判断其有无自觉？行礼可测试之。束脩之礼至薄，任何人都付得起，行礼，则可见求学者之自觉，求学者也可在其中体认尊师、重道之心。不行礼，无尊师重道之心，定难自觉学习。

　　故孔子收束脩之礼，旨在确定师道尊严，并激发弟子求学之志。《礼记·曲礼上》曰："礼闻来学，不闻往教"，其意相同。神教之先知，传达神之言于人，要人信神而得拯救。孔子兴学而启发人，要人自觉而自我成长，故特别重视学者之自觉心、尊师意，"来学"、行束脩即可见其求道之志，故《学而篇》亦谓"有朋自远方来"，来正见其自觉、自主，而后可以自学、自立。孔子之学，旨在养成士君子，其为人也自觉、自主、自立，如此才能成己而安人。则其教育养成，自当基于其自觉、自主。

> 7:8　子曰："不愤，不启；不悱（fěi），不发；举一隅，不以三隅反，则不复也。"

　　上章以束脩检验弟子求学之心志，本章孔子自述其教学法，以学者自主体为根本。

　　愤，心求通而未得之情。启，开也，开其意。悱，口欲言而未能之貌。发，谓达其辞。隅，方。凡物皆有四方，举其一，则可知其余之三。反，还以相证。复，再告也。

　　夫子说："若不在心求其通而未得之愤愤然状态，我不启而告之；若不在口欲言而未能之悱悱然状态，我不替他表达出来；我说一个方面，而未推知其他三方面的，我也不再次告诉他。"

　　"愤""悱"二字生动描述学习者之两种状态：经老师传授，经自己思考，求学者已有所得。然而，其所得者断断续续，不能连贯，有所不知、不明，而自己又不知其所以然，其心必愤愤然。此时，老师加以点拨，求学者必豁然贯通。另一种情况是，求学者已心有所得，而不能以言语清晰、准确地表达出来，口欲言而不能达其辞，此即"悱"。此时，老师用一个词、一句话言学生之所欲言，求学者必定喜不自胜。

由本章可见孔子之教法，首先让学生自主学习，深入思考。好学深思者可到愤、悱状态，此为临界点，孔子加以指点，突破而精进。此学习模式，对老师、对学生效率最高。且，道理是学生自家体验出来，可以践履。孔子之教学法，学者为主体。

举一反三正是自主学习之效应。老师对事物一个方面作分析，其中蕴涵方法，学者自觉学习，则可探得此方法，运用于分析其他方面，学者得鱼，亦得渔。子贡赞叹颜子"闻一以知十"（《公冶长篇》），孔子说颜子"退而省其私，亦足以发"（《为政篇》），即举一反三也。学者若无此能力，则不可教也。

上一章，孔子要学生有尊师重道之心，本章孔子则指出，学者当有学之意愿和能力。孔子之学是"为己"（《宪问篇》），提升自己生命，学终究是自家之事，需要自觉，自主努力。学习之主动权在学生手中。从根本上说，孔子教人成人之道，重点在学而不在教，老师之教服务于学者之学。

以上三章记孔子教学之道。孔子一生大事是开创开放的教育体系，养成庶民为君子。这二章说明孔子养成君子之纲目，教育之开放、及强调学生主体性的教学法。

7:9　子食於有喪者之側，未嘗飽也。子於是日哭，則不歌。

孔子教人以行，本章记孔子之仁。

哭，指吊丧而哭。

夫子在家有丧事之人在自己旁边吃饭，从未吃饱过。夫子于吊人而哭的当天，就不歌唱。

前数章记孔子教学之法，但孔子之教，关键还是身教。本章所记两件事很小，但可见孔子之仁，足以为学者取法。

仁的具体表现是体贴他人，以己之心推人之情，以他人之情决定自己的举动。家中有丧事的人必有哀戚之情，而无心于食。孔子体贴有丧者之情，故自己亦不饱食于其侧。家人、友朋、同僚甚至弟子去世，孔子前往吊哭，有哀戚之心。人之常情，快乐可立即转变为哀戚，哀戚则很难迅速转变为快乐。吊哭他人之当日，余哀未去，孔子顺乎此情，而不歌唱。这也是对死者之敬。于此二事可见孔子性情之正，又自然而然，无丝毫勉强造作，其本源正在孔子之仁。

以上五章记孔子为行道而教养弟子之道。孔子志于道，为行道天下而开创开放的教育，养成庶民为士君子。士君子之根本特征是志于道，则孔子之教学也以学者的自觉、自主为根本。

> 7：10　子謂顏淵曰："用之則行，舍之則藏。惟我與爾有是夫。"子路曰："子行三軍，則誰與？"子曰："暴虎、馮（凭）河，死而無悔者，吾不與也，必也臨事而懼、好謀而成者也。"

孔子教学有方，养成弟子为士君子，欲行道天下，本章记孔子示弟子以出处之道。

舍，动词，舍弃。军，古典时代军事单位，据礼制，诸侯之大国有三军。"谁与""不与"之与，相与，以之为伴。暴虎，下车搏虎。古人乘车行猎，以箭射杀猎物。下车以短兵器格杀动物，是为勇者。冯，陵也。冯河，不借舟船而以手凭波而渡河。惧，戒惧之心。好，动词，善于。谋，谋于人。成，定也，果断地做出决定。

夫子对颜子说："有人用我，我就起而行道；无人用我，我就藏道于身。大概只有你和我能做到这一点。"子路说："您若动用三军作战，会以谁为伴呢？"夫子说："我不会与下车搏虎、徒身渡河，至死都不知其非的人共事，我一定找临事而有戒惧之心、善谋于人而能果断决策的人共事。"

　　颜子学于孔子，略得孔子之道。然而，孔子、颜子皆无位，能否行道，在相当程度上取决于掌握着位的人用还是不用：得位，可行道邦国、天下；不用，则不能行道邦国、天下。但道一旦得，就恒在我身，不因用或不用而有所改变。故孔子说，不用，道仍藏于我身，我可见几而作。
　　在这段话中，孔子阐明，君子合群而求道、守道、行道。不论出而行道、退而守道，孔子均愿与颜子同行。孔子开门授徒，教育弟子，眼见弟子成长，心中喜悦。尤其是颜子，德行最优。故孔子出处，愿与颜子同行。
　　见孔子如此言说，有子路之发问。子路自以为有行军之才能，故以为孔子若统军用兵，必与己共事。孔子未直接回答子路，而阐明君子之勇。孔子之意出自《诗经·小雅·小旻》末章："不敢暴虎，不敢冯河。人知其一，莫知其他。战战兢兢，如临深渊，如履薄冰。"行军用兵不能只有血气之勇，而需"临事而惧、好谋而定"之德。"惧"非畏惧，有戒慎恐惧之心也，故始终保持警惕，采取周密防范措施。行军用兵也需善谋于人，"谋"不是谋略、计谋，而是谋于人。明智的统帅必广泛听取他人意见，以充分了解情况，汲取他人智慧，增强军中将士凝聚力。但另一方面，他人所谋之意见纷纭多样，而行军须统一行动，故明智的统帅又能"定"，果断决策，坚定行动。
　　孔子以八字精辟概括将领所应有之品质，可推而广之，是一切承担领导责任者面对大事时应有之品质。孔门中，子路属政事科，孔子此处所论，亦可谓士君子为政行道之道。
　　由本章可见孔子出、处之道。是否得位取决于人，这在相当程度上决定着我能在多大程度、多大范围内行道。但士君子志于道，求道不已，且守死善道。得其位，则以位行道；不得其位，则以身行道，区别仅在于影响范围、强度的大小，而道恒在于我。"人能弘道"（《卫灵公篇》），行道方式可有很多，不必执着于出，也不必失望于处，只要志于道，则不论出处，道因我而不绝，我因道而自得其乐，则不怨不尤。

> 7:11 子曰:"富而可求也,虽執鞭之士,吾亦為之。如不可求,從吾所好。"

上章论士君子出处之道,本章续论之。

富,禄位。执鞭,王公狩猎,有人执鞭以驱赶动物,或以为市场管理者,要为卑下之事。士,通事。

夫子说:"禄位若是可求的,即便是执鞭之类卑下之事,我也做。如果不可求,那我就不求啦,按我自己心之所好生活。"

孔子首先指出,自己绝不拒绝富,不拒绝爵禄、地位及其所附带的物质利益。人之生存须众物之养,故地位和物质利益为人人欲求。《里仁篇》记孔子对人性之平实断定:"富与贵,是人之所欲也"。《周易·系辞上》又曰:"崇高,莫大乎富贵"。圣人在这一点上与常人无不同,君子可求富与贵。

区别在于,孔子求富贵,追问可与不可。依于义,合于义,即可。若合乎义,哪怕承担执鞭之事,孔子也不拒绝,由此得禄位,可以养生,甚至可以行道,何乐而不为?孔子确实担任过此类低下职位,《史记·孔子世家》记孔子青年时期,"尝为季氏史,料量平;尝为司职吏,而畜蕃息"。

但孔子于富贵只求其可求者,而不求其不可求者,不可求者就是不合于义者。不可求,则虽有大富大贵也不求。故孔子之求富贵与常人之区别在于,以更高标准也即义权衡审择富贵,由此其生命不为富贵、不为利所支配。

孔子生命之常态是"从吾所好"。至关重要的是,孔子有自己之"所好"。孔子"所好"者不是利,不是富贵,而是学,是道。孔子自谓"好学","好古",又言及"好仁""好礼",此即孔子之"所好"。好之,则可以乐之,从学、从仁、从明道中得到持久而高贵之乐。相比于这种乐,物质利益之乐尚在其次,故虽贫而乐,"饭疏食饮水,曲肱而枕之,乐亦在其中矣。不义而富且贵,于我如浮云"。孔子尽情享受此乐,生命充实、饱满而高贵。孔子的生活只是从己之所好,富只不过是其中一种策略性手段,得富贵而行道，亦是"从吾所好"。

7:12 子之所慎：齊（斋），戰，疾。

上章记孔子慎于出处，本章杂记孔子之慎。
齐，斋戒。疾，疾病。
夫子谨慎于下面三种事：斋戒，战争，疾病。

从尧舜时代起，敬就是最为重要的君子德行，也是其他诸德之基础。敬见于事，则为慎，《说文解字》："慎，谨也。"孔子慎重对待三件事。
第一，斋，此为祭祀前奏，"国之大事，在祀与戎"（《左传·成公十三年》），故祭祀前必斋戒，《礼记·祭统》说：

> 及时将祭，君子乃齐（斋）。齐之为言齐也，齐不齐，以致齐者也。是以，君子非有大事也，非有恭敬也，则不齐。不齐，则于物无防也，嗜欲无止也。及其将齐也，防其邪物，讫其嗜欲，耳不听乐。故记曰："齐者不乐"，言不敢散其志也。心不苟虑，必依于道；手足不苟动，必依于礼。是故，君子之齐也，专致其精明之德也……然后可以交于神明也。

斋约束精神在至诚状态，如此可与神明交接。不斋，则祭祀无益。
第二，战，战争关乎众人之死生、邦国之存亡，故孔子慎重对待战争，如前章对子路所说"暴虎冯河，死而无悔者，吾不与也。必也临事而惧，好谋而成者也。"《子路篇》又记载：子曰："善人教民七年，亦可以即戎矣。"子曰："以不教民战，是谓弃之。"战争不可避免，邦国应为战争做好准备，但绝不可轻启战争。一旦被卷入战争，须谨慎谋划，以求胜利，同时尽可能控制双方死伤。

第三，疾，疾病关乎己身之死生存亡，不可不谨。人为天所生，上天有好生之德，健全地生是人对上天之义。疾病可能夺走自家生命，或影响生命质量，故孔子谨慎地养生，《乡党篇》记孔子重视食品之新鲜、清洁，即为孔子养生之道。养生旨在防范疾病，不仅为自己，子曰："父母唯其疾之忧"（《为政篇》），自己疾病，亲人担忧，是为不孝。一旦患病，则认真对待，《乡党篇》记载：康子馈药，拜而受之。曰："丘未达，不敢尝"。如此敬慎，可尽其天年。

这三件事关乎神明、生死，孔子对此特别慎重。士君子出处之际，最为重要：出而治理邦国、天下，则祀与戎最为大事，不可不慎；退而自处，藏道于身，身在则道在，故不可不慎于己身而远疾病。

上一单元记孔子教养弟子之道，弟子学成而欲行道，以上三章，孔子示弟子以出处之道，归结于慎，慎所抉择，而藏道于身，见几而作。

> 7：13　子在齊，聞《韶》，三月不知肉味，曰："不圖為樂之至於斯也。"

上章记孔子之敬，本章记孔子之乐，彰显孔子生命之艺术性。

子在齐，据《史记·孔子世家》，三十六岁时，孔子因鲁国内乱而至齐，为其卿大夫高昭子家臣，欲通于齐景公，《韶》，韶乐，舜之乐，《尚书·益稷》记载："《箫韶》九成，凤皇来仪。"三月，表示时间相当长。图，想。不图，想不到。

夫子在齐，闻听《韶》乐，三月中忘记肉味，他说："从没想到演奏音乐竟可达到如此境地。"

《韶》为舜之乐，陈国之君为舜之后人，《汉书·礼乐志》记载："至春秋时，陈公子完奔齐。陈，舜之后，《招》《韶》乐存焉。故孔子适齐，闻《招》"

云云。孔子在至齐闻《韶》之前，对《韶》必已有所了解，但很可能没有完整欣赏过包括乐、舞在内的《韶》之完整形态，故曰"不图"。齐国陈氏保留其完整形态，故得以亲闻。

班固又说："乐本情性，浃肌肤而藏骨髓"，孔子闻《韶》，舜之乐立刻深入心灵最深处，拨动生命琴弦，产生刻骨铭心的感受。《孔子世家》记孔子"与齐太师语乐，闻《韶》音，学之三月，不知肉味，齐人称之。"其意谓，孔子学《韶》乐三月，"发愤忘食"，其间完全忘记肉味，盖乐舞之美妙充盈孔子之心，以至于感官已不再接受外界他物之刺激。此刻，孔子的生命是纯粹的、澄明的，而超乎现实之上。

此体验综合了道德与艺术。细观《论语》，孔子对舜的评价最高，因舜以德受禅于尧，又禅位于禹，故其德最为盛美，不论《韶》乐是舜所作，抑或是歌颂舜之德，其乐有舜之德，故孔子评论《韶》乐"尽美矣，又尽善也"（《八佾篇》）。美和德同等重要，两者最完美的融汇令孔子进入出神状态。由此乐，孔子神游于历史上存在过的至美治理秩序中，这秩序不仅是道德的，更是美的。这秩序曾出现过，并以道德化艺术的形式存留着。由此，孔子对优良秩序之可行充满信心。

可见，孔子闻《韶》而经历一次深刻的生命体验，故在宪制设计中重视乐，《卫灵公篇》中孔子教诲颜子为邦之道，"乐则《韶》舞"。塑造和维护优良治理秩序，离不开综合了德与美之艺术。

> 7:14　冉有曰："夫子為衛君乎？"子貢曰："諾，吾將問之。"入，曰："伯夷、叔齊何人也？"曰："古之賢人也。"曰："怨乎？"曰："求仁而得仁，又何怨？"出，曰："夫子不為也。"

上章记孔子之乐，乐则无怨，本章记孔子无怨。

卫君，指卫侯辄，即卫出公。怨，悔也。

冉有问："夫子会协助卫君吗？"子贡说："哦，我这就去问夫子。"子贡进夫子室，问："伯夷、叔齐是什么样的人？"夫子说："古代的贤人啊。"子贡问："有怨吗？"夫子说："求仁而得到了仁，又怨什么呢？"子贡走出，说："夫子不会协助卫君。"

本章涉及两段历史。

首先是伯夷、叔齐之事。《史记·伯夷列传》记其为殷商时代东北方孤竹国君之二子，父临死前立弟叔齐为君，及父卒，叔齐让于兄伯夷。伯夷曰"父命也"，遂逃去。叔齐亦不肯立而逃之，国人乃立其中子为君。后伯夷、叔齐闻西周文王善于养老，共同归往。及至，文王卒，武王伐纣，伯夷、叔齐叩马而谏。武王克殷，天下宗周，伯夷、叔齐耻之，义不食周粟，隐于首阳山中，采薇而食，后饿死于首阳山。《论语》中，孔子多次赞美伯夷、叔齐。

本章称伯夷、叔齐为"古之贤人"，当指其礼让国君之位，因为此事而有后来一连串事件，乃至饿死于首阳之下。孔子谓其"求仁"，指两人相互礼让的至诚之爱、敬：叔齐敬兄长，不愿继位；伯夷遵父命，不肯继位。两人因仁而相让，立刻"得仁"，并以此为乐，而对后来发生的一切均无怨无悔。

子贡请教孔子对伯夷、叔齐的看法，为探究孔子对当时卫国一桩大事之态度。据《左传》，蒯聩是卫灵公之太子，谋杀灵公夫人南子未果，逃亡至宋。卫灵公卒，卿大夫拒绝南子意见，拥立蒯聩之子辄为君，是为卫出公。而后，晋、齐两大国操纵卫政：晋卿大夫赵鞅纳蒯聩于戚，齐卿大夫国夏则与卫石曼姑帅师围戚。据周礼，卫出公君位是合礼的，但父在，拒绝父亲，终究不合情理。

孔子此时正在卫国，冉有推想孔子支持卫出公，因而发问。而孔子通过对伯夷、叔齐的评论间接表达对此事看法。孔子意谓，伯夷、叔齐之贤正在于其对仁之自觉,故相互礼让君位,立刻得其仁。卫出公无此仁之自觉，其位固合乎礼法，不能礼让父亲，终究少孝之仁心，孔子不可能支持之。

本章重点在"求仁而得仁何怨"句。孔子之周游列国正是"求仁"，按功利标准，孔子恓恓惶惶，一无所得，或有所怨。然而，孔子所求者本非功利结果，而是求仁，而"我欲仁，斯仁至矣"，孔子立刻得到了仁，不论现实结果如何。人求利，未必得，得之仍以为不足，难免怨，"放于利而行，多怨"（《里仁篇》）。仁者求仁，不求功利，仁心发动，尽心去做，己心已安，且得其乐，何来怨悔？因为大仁，在生命每一刻，孔子皆有自得之乐。

子贡在孔门属"言语"科，由本章可见，子贡之善言而聪慧，一字未提卫君，而知孔子之意。

7:15 子曰："飯疏食，飲水，曲肱而枕之，樂亦在其中矣。不義而富且貴，於我如浮雲。"

上章记孔子之无怨，本章记孔子的自得之乐。

饭，动词，吃。疏，粗也，疏食，粗食。肱，胳臂。

夫子说："吃着粗食，喝着白水，弯曲着胳臂当枕头而卧，乐就在其中了。不合义之财富、地位，对我就如同浮云。"

《雍也篇》记载：子曰："贤哉回也，一箪食，一瓢饮，在陋巷。人不堪其忧，回也不改其乐。贤哉回也！"本章记孔子之乐，后人合称"孔颜之乐"，程伊川曾说："昔受学于周茂叔（敦颐），每令寻颜子仲尼乐处，所乐何事"，此为君子养成之法门。

生命当求其乐，乐的生命充实而饱满、故可持续。然而乐什么？在此选择中可见境界。很多人所乐者为锦衣玉食，权力财富，总而言之是利，此可带来感官之乐。但此乐终系于外物，而不能自主，实非己之乐也。颜子只有粗食、白水，却"不改其乐"，因颜子另有其乐，学之乐，体道之乐，生命向上提升之乐。此乐不受制于外物而完全自主，故贫贱不能改变颜子之乐。

孔子为圣人，则更进一层。孔子所有者也只是粗食、白水，但在此状况下，孔子依然充实而从容，故"曲肱而枕之"。可以想见陋室中孔子那艺术化生命之造型，孔子无丝毫焦虑，相反内在之乐自然充溢于外，洒脱、快乐而不造作。孔子之乐如此充盈、光辉，食之粗、饮之淡完全无干于此，故无所谓"不改其乐"也。

在此光辉中，不义之财富、权位如同浮云。天自在于上，浮云来来去去，无碍于天，与天无关。孔子那充实、快乐的生命就是天，不义之富贵如同来来去去之浮云，于孔子生命根本是不相干之物。孔子不刻意拒绝富贵，但生命澄明而纯净，得其在己，不假外物，不合于义的富贵根本不可能接近孔子。

7：16　子曰："加我數年，五十以學《易》，可以無大過矣。"

上章记孔子之乐，本章记孔子为学之乐。

夫子说："我若能多活一些年岁，从五十岁那年就学《易》，就可以没有大过啦。"

孔子一生对《易》的态度有所变化，帛书《要篇》云：

夫子老而好《易》，居则在席，行则在囊。子赣（贡）曰："夫子它日教此弟子曰：德行亡者，神灵之趋；知谋远者，卜筮之繁。"赐以此为然矣。以此言取之，赐悎之为也。夫子何以老而好之乎？

从《左传》可见，春秋时代，《易》广泛流传，但孔子早中年只以《诗》《书》《礼》《乐》教弟子，视《易》为占筮之书，未予重视，且不欲弟子观看。

《左传·昭公二年》记，晋卿大夫韩宣子聘于鲁，"观书于大史氏，见《易象》与鲁《春秋》，曰：'周礼尽在鲁矣，吾乃今知周公之德，与周之所以王也。'"孔子晚年据鲁史官《春秋》作《春秋》，必见藏于同地之《易象》，其中有"周公之德"与"周之所以王"即周文王之德。见此《易象》，孔子乃对《周易》刮目相看。故《史记·孔子世家》记"孔子晚而喜《易》"，也即返鲁之后喜《易》，"序彖、系、象、说卦、文言。读《易》，韦编三绝。曰：'假我数年，若是，我于易则彬彬矣。'"

本章之叹似有悔恨之意，意谓，若我能多活一些年岁，也即今人常说，时光若能倒流，五十岁时就认真学《易》，后来人生中也就不会有大过了。

孔子在此指出学《易》之效果："无大过"。世事复杂，人的能力有限，孰能无过？《周易》各卦象辞、爻辞、小象，多有吉凶、悔吝、有咎无咎之断辞。《周易·系辞上》曰："吉凶者，言乎其失得也。悔吝者，言乎其小疵也。无咎者，善补过也。"悔，则过而能改，可至于吉；吝，过而不能改，必至于凶。《周易》正是教人补过，孔子也特别强调改过。

孔子何以提及"五十"？孔子晚年回顾自己一生说"五十而知天命"（《为政篇》）。五十岁是孔子生命之转折点，孔子知晓自身天命，起而行道。在鲁遭遇挫折后，周游列国十四年，最终一无所得，或许这就是孔子所说之"大过"。孔子相信，自己若五十岁那年就认真对待《周易》，以确定自己的进退行止，也许不会有此注定不能成功的努力，而早早在新方向上探索。

此想法在本章"久矣吾不复梦见周公"一语中已有表达。从这两章可见，孔子思想有较大变化，约可分为三期：五十岁之前为一期，述而不作，并以诗书礼乐教弟子；知天命而行道各国为一期；返鲁之后的晚年为一期，作《易传》《春秋》为万世立法。

> 7:17　子所雅言：《詩》、《書》。執禮，皆雅言也。

上章记孔子学《易》，本章记孔子传《诗》《书》。

雅言，正言也。执，掌。

诵读《诗》《书》，夫子用雅言。夫子执礼，整个过程都用雅言。

雅者，正也。言者，言语也，非文字。雅言，通行于天下之言，即今日之国语或普通话。文明与政治共同体均有其雅言，便于共同体成员低成本地交流。雅言在政治上尤其重要，精英群体若不能顺畅交流，无从维系共同体基本秩序。通常情况下，雅言依托于政治权威，故多以都城之言语为基础，向四周辐射。周代雅言以西都宗周之言为本，通行天下。《诗》《书》《礼》《乐》行于天下，则天下君子必以此言诵读《诗》《书》，且以之执礼，也就是相礼、赞礼。

周室东迁后，王室权威下降，雅言维护机制受损，至孔子时代尤甚。各国君子疏于雅言，本国方言地位上升，天下语言交流体系日趋破碎化。在欧洲早期现代，普遍的基督教世界瓦解后，通行于全欧贵族群体的拉丁语即被各国方言取代，形成现代欧洲破碎的语言格局，再加上其文字依托于言语之音，语言文字之破碎助推政治之分裂。

孔子志在恢复礼乐文明于天下，始终超越一国一家之局限，有天下情怀，故在语言交流体系日趋破碎化时代，坚守雅言。孔子生在鲁国，日常生活多与鲁人打交道，当然使用鲁方言。但在传授先王之政典《诗经》《尚书》时，孔子坚持使用雅言；为人主持礼仪之时，孔子同样使用雅言。

经由孔子传授，孔门弟子也即新兴士君子群体掌握雅言，后分散于各地，借六经之文，在更大范围内守护和传承雅言与华夏之文字。孔门弟子、儒家士君子在日趋破碎的方言世界中，维系统一的六经文本及其音声，其中又有华夏之道。这是中国经历春秋、战国之乱局而没有陷入文化、价值破碎、最终重归天下之根本所在。

述而篇第七

上一单元记孔子之慎，慎于出处之际，而有"从吾所好"之句，以上五章记孔子之所好，贯穿其中的是"乐"，求仁而得仁之乐，传先王之道之乐。

> 7：18　葉公問孔子於子路，子路不對。子曰："女（汝）奚不曰其為人也，發憤忘食，樂以忘憂，不知老之將至云爾。"

前两章记孔子学《易》、传《诗》《书》《礼》，本章记孔子之好学。

叶公，楚国叶县之尹沈诸梁，字子高。楚为大国，故其尹为公。奚，疑问词，胡、何。云，说。尔，如此。云尔，相当于云云，如此说。

叶公问子路夫子之为人，子路不对答。后来夫子对子路说："你为何不对他说，孔子这个人呢，发愤求学以至于忘记吃饭，快乐无比以至于忘记忧愁烦恼，甚至不知道自己快要衰老了云云。"

孔子周游列国，最远到楚，约在六十三岁时。叶县在楚之北界，今日河南叶县附近，故孔子师徒与叶公有所交往。叶公闻孔子盛名，不知孔子为人，故问子路。孔子之圣非三言两语所能说清，乍问之下，子路不知从何处说起，孔子乃自我描述。

首先是"发愤忘食"。孔子教弟子"不愤不启"，"愤"者，有所得而不明就里，而意欲知其所以然的神态。孔子有强烈的求知欲，毕生持续地学习、思考，以洞明万事万物，故"发愤"，自发其愤，甚至忘记饮食。可见孔子生命意识之向上不已，心思全在学上。

其次是乐而忘忧。好学而不断得乐，此乐持续积累，充盈于孔子生命，故无忧。用世俗标准看，孔子的物质条件并不算好，甚至满是挫折，但孔子始终是乐的。孔子不论处何种状态，"乐亦在其中"。

最后是不知老之将至。由此，孔子生命进入纯粹、澄明状态，肉体的有限存在已是第二义，故不知老之将至。《中庸》曰："《诗》云'维天之命，于穆不已',盖曰天之所以为天也;'于乎不显,文王之德之纯',盖曰文王之所以为文也,纯亦不已。"此正是孔子之写照。圣人亦有死,死亡必将至,因为孔子生命已超拔于肉体限制之上,而与天地同德、永恒,则已超乎老死。孔子在生之时就做到不朽。

人孰能不老、不死?衰老、死亡为人生大关,孔子这段自述阐明了生命不朽之道。孔子之境界,当然非常人所能及,而其入手处就是学,好学而发奋,至于忘食,则可以得乐而忘忧,此正是下学而上达之道也。

7:19 子曰:"我非生而知之者,好古,敏以求之者也。"

上章记孔子好学忘忧,本章孔子自述好古而敏求。

敏,勉也。

夫子说:"我不是生来就有知之人,我是喜好古人古事且勤勉求知之人。"

《季氏篇》:孔子曰:"生而知之者,上也;学而知之者,次也;困而学之,又其次也;困而不学,民斯为下矣。"孔子以知区分人,而获知有两类:生而知之者,学而知之者。生而知之者乃天赋异禀,孔子是圣人,却明言自己非生而知之者。孔子之生而知之,大约是生而知学,"吾十有五而志于学"(《为政篇》)。

"之"指什么?孔子未明言,《雍也篇》"知之者不如好之者,好之者不如乐之者"章也未明言。"之"者,泛指也,圣人好学,无所不学。然圣人之学,以成己安人为宗旨,故言"好古"。

孔子之好古,乃逆潮流而动。当礼崩乐坏之际,人人都在求新,且日益强烈,人们试图由此求得解决问题的直接、简单办法。孔子却欲求大道,故而好古,喜好正在崩坏的古之礼乐,在古圣先王之行中,实有成己之大道,治理之大道。循此道,可以成己,可以安人。由此好古之心,孔子以一介布衣身份，勤勉地收集、整理先王之政典，删述六经，体认、接续、传承古圣之道。孔子将此"古"传授弟子，传授后人。

本篇首章孔子自谓"信而好古"，本章再度申明。好古而学之，贯穿孔子一生，则学孔子者首当学此好学、好古之精神取向。故孔子虽创教化之道，然大不同于神教先知之聆听神启或苦行冥想或创哲学体系，孔子之教不是神教，不以孔子本人言说为中心，而是文教，要人由六经之文，体认圣圣相承之道，此道又见之于历史过程。不好古者，不足以学孔子之道。

7：20　子不語：怪、力、亂、神。

前数章记孔子之所好，本章记孔子之不好者。

语者，与人言。怪，怪异之事。力，勇力也，如乌获举千钧之类。乱，犯上作乱，如臣弑君、子弑父之事。神，鬼神之事。

夫子从不主动言说怪异、勇力、作乱、鬼神之事。

孔子好学，无所不知，包括怪、力、乱、神。《国语》记载，孔子辨木、石、水、土之怪，及防风氏骨节专车之类。然而，孔子从不主动言说这些。当别人问及，孔子不能不回答，但从不主动提及。

或谓《春秋》大量记载日食、地震、山崩之类，但这些属于重大灾变，已非怪异。《春秋》记载大量悖乱非常之事，旨在令乱臣贼子惧，垂鉴后世。至于鬼神之事，《礼记》中言之不少，然其关注点均在祭祀以敬，而从不细说鬼神之情状。《易传》论鬼神，均在天人关系中言之。

怪、力、乱、神或来自异禀，或事出神奇，既非常态，又难辨真伪。然神教多语怪、力、乱、神，如分开红海、以水治病之类，旨在威服信众，令其全盘信服神的律法，依神之旨意行事。唯孔子立教，从不慑服人，亦不求人崇拜神灵，更不叫人服从自己，只是要人自觉、自学，故丝毫不假怪、力、乱、神。

依孔子之教，人经由学而体道，而有知，而有生命自觉，而能内自省，而明明德，养成君子，仁民爱物，即《大学》所谓"大学之道，在明明德，在亲民，在止于至善"。孔子指示的成人之道不假神怪之力，只要人自我提升，且毕生精进不已——当然借助于文，通过师友之琢磨、切磋。

揆之古今中外，孔子之教最为清明，孔子之教敬天而尊人，本乎人之自觉，确立人之自主，人得以自我挺立，自强不息而成己安人。

上一单元记孔子之所好，以上二章记好学、好古，是所谓"博学于文"，归于"约之以礼"，不语怪力乱神，以揭明孔子之教，文教而非神教。

> 7：21 子曰："三人行，必有我師焉。擇其善者而從之，其不善者而改之。"

前数章记孔子好学，本章记孔子学无常师。

夫子说："三人共行，必有可供我取法之老师。选择其中之善者而取法效仿，其中的不善者若在己身，就改正之。"

学须有师，《子张篇》子贡形容孔子："夫子焉不学？而亦何常师之有？"孔子好古而学文，同样广泛地学于人，不仅学古今之贤人，也学普通人。凡人皆可为我之师，世间之人身上皆有善、有不善。学其善者，而以他人之不善为鉴戒，自我反省，尽力避免或改正。重要的是自觉，自觉，则人皆可为我师。"三人行"者，非谓行于道涂，而为共同行为，"从之"更凸显这一点。君子既博学于文，又广学于人，学于人，多学其行，人有善行，则我效仿，可以成己之德。何以言"三人行"？三者，多也，除了我，至少需两人，有所比较，则可见善与不善。若人多，则我可学之处更多。

在孔子看来，学无定所，君子所学者，成己而安人之道也，则学的过程不能不展开于人之中，与人共同行为。他人之行为就是我的师。学贯穿于生命每一刻，生的过程就是学之道场。"夫仁者，己欲立而立人，己欲达而达人"，反过来，人亦观乎人之所立、所达而立己、达己。君子之生命与人共立、共达，故学在其中。君子敬人、爱人，亦学人；学人是对人最大的敬、爱。

7:22 子曰："天生德於予，桓魋（tuí）其如予何？"

上章记孔子下学而上达，本章记孔子知天。

予，代词，我。桓魋，宋司马向魋，因出于宋桓公，故为桓氏。

夫子说："上天生我，予我以天命，桓魋能把我怎么样？"

《史记·孔子世家》记：孔子游列国，去曹适宋，与弟子习礼大树下。宋司马桓魋欲杀孔子，拔其树。孔子去，弟子曰："可以速矣。"孔子曰："天生德于予，桓魋其如予何！"时约在孔子五十七岁时。

德者，得也，在本章中具体而言，得之于天也，故曰天命。人为天所生，皆秉有天命，孔子自谓"五十而知天命"（《为政篇》）。据此天命意识，孔子起而行道，周游列国，寻找行道机会，得到过礼遇，也遭遇过危险，桓魋欲杀孔子，最为凶险。当此之际，孔子"去"，躲避，不为无妄之灾而枉送性命。但孔子之躲避非因恐惧，故仍保持尊严。盖孔子相信，自己有命在天，任何人都不能改变。天命意识让孔子对自己的生充满信心。

此即孔子"知天命"后之生命状态：在充满风险的世间，从容、纯粹而无忧地生。《颜渊篇》记子夏闻于孔子之言："死生有命，富贵在天"。洞见天命之孔子，对自己的生存环境有精微而准确的把握，"知者不惑，仁者不忧，勇者不惧"（《子罕篇》），故能见几而作，从容不迫。于凶险之时，化险为夷。不知天命者，难免惊慌失措，反而难脱困境、险境。

本章可与《子罕篇》"子畏于匡"章合观。子畏于匡，曰："文王既没，文不在兹乎？天之将丧斯文也，后死者不得与于斯文也；天之未丧斯文也，匡人其如予何？"

> 7:23　子曰："二三子以我為隱乎？吾無隱乎爾，吾無行而不與二三子者，是丘也。"

上章记孔子于凶险从从容而行，本章无行不与弟子共。

二三子，孔子弟子。隐，隐匿。尔，代词，你们。与，相与，相伴。

夫子说："你们几位觉得我对你们有所隐匿么？我对你们无所隐匿，我没有任何行为是不与你们在一起的，那就是原原本本的我。"

孔子志在行道天下，而养成士君子，毫无保留地将自己之所得传授于弟子。诸弟子随孔子学，或见孔子之圣难以企及，遂怀疑孔子有所隐匿。孔子乃坦率对弟子说，自己从无隐匿，悉心传授所知，更重要的是，把自身原原本本展示给弟子，无所隐匿。

本章孔子揭出"行"字，首先指出，自己始终与弟子共行。在孔子看来，自己与弟子共同从事者乃是行，孔门首先是一个行的团体，为行道于天下而合群，其学也是为了行。在孔门，不行不足以为士君子，无从成己而安人。

既然如此，为学首先在学行。前章言"三人行，必有我师"，孔子要弟子学于人，从人之行中学。孔子之教从根本上说是行之教，跟从孔子学，最应学者即孔子之行，孔子之待人处事。学于孔子而不学孔子之行，则为买椟还珠。

孔子由此指出，教人者在教人以文的同时，更应教人以行，践行自己所教于人者，以为人示范，此为最重要的教。自己不行却教人，亦如无教。《诗经·大雅·文王》曰："上天之载，无声无臭。仪刑文王，万邦作孚。"天生人，人当法天而生，法天而治。而天不言，圣人"动而世为天下道，行而世为天下法，言而世为天下则"（《中庸》），足以为人取法。上章孔子言"天生德于予"，孔子之行即为天下法，孔子之行就是道。孔子之行朗朗可见，学之不已，自可成己而安人。

7:24　子以四教：文，行，忠，信。

上章记孔子教人之诚，本章记孔子教人之法。

夫子以四项教人：诵读诗书礼乐之文，养成德行，尤其是忠与信之德。

本章记孔子养成君子之法。

孔子养成君子，首先教之以"文"。《学而篇》记子曰："弟子入则孝，出则弟，谨而信，泛爱众，而亲仁。行有余力，则以学文"，具备一定资质而后学文，即孔子删述之诗、书、礼、乐之文，为先王之政典，君子之成法，成己安人之道在其中。

如上章所云，孔子亦以自己之行示范人，以成人之德行。诵读诗、书、礼、乐之文不只为获得客观知识，更在于约之以礼，化"文"中明言或蕴含之道于学者之身心，而成其德行。学文只是开端，归结于行；学而无德行，不能行道于天下，如不学也。

由学而养成的君子德行中，忠、信最为根本。尽己之谓忠，明乎己之义，而尽心尽力，就是忠。以实之谓信，与人交往，信守承诺，就是信。忠者求之于己，信者敬爱于人，合忠信而为仁。故孔子反复言"主忠信"，忠信，然后可以成己，并担当领导责任。故孔子之教，归于忠信之德之养成与精进，然后可以"里仁"。

故孔子之教，以文为开端，而以行为宗旨。

上一单元记孔子好学，好古，以上四章记孔子以行示范于弟子、后人，而为身教。"行"贯穿于四章。神教以言教，孔子以身教，盖因孔子之教不是转达神之命令，而是启发人自觉自主地成长，学于人之行，且学而行。

> 7：25　子曰："聖人，吾不得而見之矣；得見君子者，斯可矣。"

上章记孔子教人之法，本章记孔子教人之目标，即养成君子。

夫子说："圣人，我是不可能见到了；能见到君子，也就可以了。"

孔子教人，目标何在？孔子劈头提出一重要论断：圣人已不可见。圣人是人间最高明者，《大戴礼记·哀公问五义》记孔子答鲁哀公："所谓圣人者，知通乎大道，应变而不穷，能测万物之情性者也。"然而，圣人是生而知之者，常人不可企及。孔子之前有圣人，孔子本人是圣人，孔子之后无圣人，孔子之后所谓圣人都是虚妄的。

君子是人人经过努力可达到之生命境界，学而成为君子可矣。在此日渐平民化的世界上，只需树立平实目标，不断地提升自己，即可成为君子，达致生命健全状态。《礼记·哀公问》记子曰："君子者，人之成名也"。孔子以养成君子为目标，《论语》各处对君子之品质有诸多论述，《论语》就是君子养成之书。学《论语》而行，则可以为君子。

> 7：26　子曰："善人，吾不得而見之矣；得見有恆者，斯可矣。亡（无）而為有，虛而為盈，約而為泰，難乎有恆矣。"

上章论孔子教人成君子，学而有恒心，而后可以成君子，本章论恒心。

善人，卓越之人。恒，久也，常也。有恒，能持久。

夫子说："善人，我是不可能见到的了；能见到有恒心之人，也就可以了。本来没有却自居于有，本来空虚却自居于丰盈，本来困穷却自居于安泰，这样就难以做到有恒心了。"

《论语》后面多次提及"善人"，善人有卓越品质。善人难见，能见到有恒心者，已心满意足。《周易》恒卦之《象传》曰："雷风，恒；君子以立不易方。"君子循道而行，不改易其方向，即为恒。恒源于自觉、自主，故好学而不已。循此以往，也就能达到善人状态。但孔子感叹，世人有恒心者也难乎其难，骄傲自负，不能自知，则不学，或虽学而不能持久。

《中庸》曰：子曰："回之为人也，择乎中庸，得一善，则拳拳服膺而弗失之矣"；"诚之者，择善而固执之者也。"生命的提升，首先需择；《里仁篇》亦说"择"，择处于仁。作出这一抉择，而后持之以恒，才能"里仁"。《雍也篇》冉求曰："非不说子之道，力不足也"，即为择而无恒。而孔子自己不厌、不倦，并教导弟子"不倦"，正是教人以恒。《周易·恒卦·彖辞》曰："天地之道，恒久而不已也"，人欲成己安人，亦不能不恒久。

7：27 子钓而不纲，弋不射宿。

以上两章记得人之难，本章记孔子施教宁缺毋滥，又可见孔子对动物之仁。

钓，一竿一钩钓鱼。纲，大索，其上悬挂多钩，横于水上，意在多取鱼。弋，以丝线系箭而射。箭射飞禽，禽虽中箭而仍可飞至远处，故系以丝线。宿，宿鸟，栖止之鸟。

夫子取鱼时，只用钓竿，不用挂着很多鱼钩的渔纲；夫子射禽时，不射栖止之鸟。

上两章记得人之难，本章有隐喻义：钓者，鱼自己上钩也，意谓孔子只教自主来学者；宿者，不飞也，孔子只射飞鸟，意谓孔子只教行之不已者。

两者具备，学于孔子，则可以为君子。

又本章可见孔子之仁，格于上下，无所不被，及于鱼、鸟。《尚书·泰誓上》："惟天地，万物父母；惟人，万物之灵"。天生人与万物，故张横渠《西铭》曰："乾称父，坤称母；予兹藐焉，乃混然中处。故天地之塞，吾其体；天地之帅，吾其性。民，吾同胞；物，吾与也。"仁者以人、我为一体，以人、物为一体。

而人为万物之灵，故万物自当养人，人自可取鱼、取鸟，以供祭祀、食用乃至消遣。然而，人为万物之灵，"人之所以异于禽兽者几希"（《孟子·离娄下》），此即人所特有之仁。此仁不仅应施之于人，亦当遍及于万物。万物与人均为上天所生，故人于万物亦当有仁心。故人之取物，当有节制。人可杀生，但杀生时当存仁心。人苟能如此，则鱼、鸟等万物对人尽其用，而其群体又能遂其生。人本乎仁心之节制，人、物得以两全，其间形成良性循环。反之，人而不仁，其表现可能是有害于人，也可能是不加节制地取物。这有害于整个生态系统，于物于人均不仁。

可见，人为万物之灵，构成天人之际的全幅生态系统保持良性循环之关键关节：人有仁心，取物有节，则生态可保持平衡；人放纵欲望，取物无节，必打破生态平衡，人、物两伤。而保持生态平衡的根基，正在人之仁。人之灵，就在于仁。人得仁于天，又以仁赞天地之化育。

上一单元记孔子以行教人，以上三章记孔子施教得人之难，故最后一章隐喻，孔子教人，有所拣择。凡自觉自主，学而行之者，孔子教之。

> 7:28 子曰："蓋有不知而作之者，我無是也。多聞，擇其善者而從之；多見而識（志）之，知之次也。"

上章论孔子对物之仁，本章记孔子对先人、时人之仁。

作，创制立法。识，记录。

夫子说："大概有自己无知却积极创制之人，我却无此念头。广泛闻知古人之法，选择其中优秀者而效仿；广泛考察当世之事，将其记录下来，但这类知识比前一类略次一等。"

本章之"作"，非谓作文、著书，孔子时代尚无此类事，著述活动实始自孔子晚年作《易传》《春秋》。本章之"作"系制作礼乐、法度，以为社会规范。

如何制作法度？孔子自谓"述而不作"，"好古，敏以求之"，此即"多闻"。此处"多闻"似有特定含义，《春秋繁露·楚庄王》曰："春秋分十二世以为三等：有见，有闻，有传闻。有见三世，有闻四世，有传闻五世。故哀、定、昭，君子之所见也；襄、成、文、宣，君子之所闻也；僖、闵、庄、桓、隐，君子之所传闻也。所见六十一年，所闻八十五年，所传闻九十六年。"有闻时代之人、事、法度，已可盖棺论定。孔子回首这个时代，依据义理和历史后果，对各种法度予以权衡判断而有所取舍，此即"择"，其中已证明健全者可行于今世。

"见"是自己亲眼所见，"所见"即自己一生所见各种法度，其后果尚不明朗，优劣得失尚难判断，故孔子只将其记录下来。这也构成知识，但孔子谓其"知之次也"：所"闻"之礼乐已经历史检验，可用以重建礼乐；所"见"之礼乐尚未经检验，难以用于重建礼乐。

由此可见孔子对于先人、今人之仁。先人对于如何实现优良治理多有探索，孔子高度尊重。今人在寻找解决问题的方案，孔子同样予以尊重。孔子也关心下一代，故记下今人之创制立法，以供下一代采择取舍。

由此亦可见孔子创制立法之审慎。制度之好坏只能由历史证实，重建礼乐之道是组合已被证实健全之制度，而不能凭空构想，如孔子告颜子之为邦之道（《卫灵公篇》）。故孔子一开始说，自己不会"不知而作"。孔子志在重建秩序，但首先整理先王之政典，从古圣先王之事中探求优良治理之道。这同样可见孔子之仁。凭空构想而贸然创制立法，很可能给社会带来巨大风险，孔子不忍心于此。

本篇首章"述而不作，信而好古"，次章"默而识之"，正是本章之"多闻"、"多见而识之"。孔子又谓"温故而知新"。凡此种种彰显孔子创制立法之仁：创制立法以救世，本乎仁心；审慎地创制立法，则是为仁也。不审慎，而贸然实施自己的理论，其实出于私欲，恰见其忍心。

> 7:29 互鄉難與言，童子見（现）。門人惑，子曰："與其進也，不與其退也，唯何甚？人潔己以進，與其潔也，不保其往也。"

上章记孔子创制立法之仁，本章揭明孔子教人之仁。

互乡，乡名，今不知其所在。其乡人鄙陋固执，不信人言，难与人交流。童子，未成年人，约指今日之青少年，非指儿童。见，引见。与，许也，从也。甚，过分。洁，清也。保，担保。往，既往。

外人难与互乡之人交流，有位青少年得以进见孔子。门人困惑，夫子说："扶持人家上进，不推人家后退，我这样做，哪有什么过分之处呢？人有自新之意，欲进于善，就成全他这自洁的想法，这不担保他以往的作为。"

子曰："君子成人之美，不成人之恶。小人反是"（《颜渊篇》），故扶持人家上进，而不推动人家后退。孔子积极教导所有上进之人。《卫灵公篇》：子曰："有教无类。"这里的"类"自然包括互乡之人，有这样、那样明显缺陷者。只要其有所自觉，有自新之意，孔子都乐意教化、扶持之、成就之。此可见孔子之仁。

"与其洁也，不保其往也"，略近于"既往不咎""不念旧恶"。人孰无过？君子爱人，有立人之意，故不念人之旧恶。其人有过而欲学，则尽力扶持之。责人以往之过，堵塞其上进之路，不仁也。

> **7：30** 子曰："仁远乎哉？我欲仁，斯仁至矣。"

前三章记孔子之仁，本章揭明仁之易求。

夫子说："仁离我遥远吗？我想要仁，仁即刻来至。"

孔子之道要在于仁。《中庸》："天命之谓性"，此即仁之性。天命人以仁，仁是人人固有之生命的方向、倾向，故仁就在生命中，当然不"远"于我。故我想要仁，即刻就可得到。

后来孟子对此多有发挥，如孟子曰："仁义礼智，非由外铄我也，我固有之也，弗思耳矣。故曰，'求则得之，舍则失之。'或相倍蓰而无算者，不能尽其才者也。《诗》曰：'天生蒸民，有物有则。民之秉彝，好是懿德。'孔子曰：'为此诗者，其知道乎！故有物必则；民之秉彝也，好是懿德'"；孟子曰："仁，人心也；义，人路也。舍其路而弗由，放其心而不知求，哀哉！人有鸡犬放，则知求之；有放心而不知求。学问之道无他，求其放心而已矣"（《孟子·告子上》）。

然而，孔子从不轻许人以仁，即便颜子也只是"三月不违仁"，因为仁是人之道，无止境、无范围，贯穿生命每个时刻、每个面向，故曾子曰："仁以为己任，不亦重乎？死而后已，不亦远乎？"（《泰伯篇》）。虽然如此，只要欲仁、求仁，即可上仁之道，"朝闻道，夕死可矣"。故仁道可谓"极高明而道中庸"。

本章重点在"欲"，孔子多次论及欲："君子欲讷于言而敏于行"（《里仁篇》）；"己欲立而立人，己欲达而达人"（《雍也篇》）；"己所不欲，勿施于人"（《颜渊篇》）；"夫子欲寡其过而未能也"（《宪问篇》）；"欲仁而得仁，又焉贪"（《尧曰篇》），欲就是对其自觉而求之，有欲而后有志，志于学、志于道、志于仁，以志而行之不已，必有所得。君子非无欲，所欲在下学而上达耳。

> 7:31　陳司敗問:"昭公知禮乎?"孔子曰:"知禮。"孔子退,揖巫馬期而進之,曰:"吾聞:君子不黨。君子亦黨乎?君取(娶)於吳,為同姓,謂之吳孟子。君而知禮,孰不知禮?"巫馬期以告,子曰:"丘也幸,苟有過,人必知之。"

陈,诸侯国名。司败,官名,也即司寇。昭公,鲁君,名裯。揖,古人相见、言谈,均先行揖礼。巫马期,孔子弟子,巫马为氏,名施,字期。

陈国司败问:"鲁昭公明礼吗?"夫子说:"明礼。"夫子退出,陈司败对巫马期行揖礼,请其上堂,说:"我听过这样一句话:君子无所偏私。然而,孔子这位君子也有偏私之心么?贵邦之君娶吴国之女,是自己的同姓,鲁国人乃称之为吴孟子。若说这位国君明礼,那谁不明礼呢?"巫马期把陈司败的话转告夫子,夫子说:"我可真幸运,只要有过,别人马上就知晓了。"

孔子周游列国,曾数度至陈,其中第一次居陈三年。《逸周书·谥法解》:"容仪恭美曰昭",鲁昭公当时以"知礼"闻名于天下,《左传·昭公五年》记载:"公如晋,自郊劳至于赠贿,无失礼。晋侯谓女叔齐曰:'鲁侯不亦善于礼乎?'"故陈司败有此发问。孔子很自然地回答:鲁昭公知礼。这一回答,并无掩饰,因鲁昭公之知礼,乃天下共知。

陈司败此话实为圈套,旨在羞辱鲁国,以鲁昭公丑闻为难孔子。吴为泰伯之后,鲁为周公之后,均为姬姓。而按周礼,同姓不婚。但当时吴国强大,鲁昭公为抗齐,不得不与之联姻。按当时礼法,夫人系姓不系国,其夫人当称"吴姬"。昭公为避同姓之讳,去其夫人之姓,冠以国名,称"吴孟子",亦知其非礼。据此陈司败发难,指控孔子有偏私之心。"君子不党"为当时格言,孔子也说过:《卫灵公篇》:子曰:"君子矜而不争,群而不党。"党者,偏私也,陈司败指控偏私本国先君。

鲁昭公是先君,孔子不便主动公开指责,《史记·仲尼弟子列传》引本章最后有孔子之解释:"臣不可言君、亲之恶,为讳者,礼也。"但孔子知鲁昭公之非礼，亦不欲为其辩护，乃巧妙回答：自己先前的回答有过。其实孔子之语无过，仅道出当时众人皆知之事实而已，但孔子宁可将焦点聚集于自己。当然，"丘也幸"一语也委婉暗示，陈司败逼人臣承认先君之过，失之严苛、无礼。

由此事可见孔子心思之周全，于君、父之温柔敦厚。本章反复提到"知礼"，孔子可谓真知礼。"人而不仁，如礼何？"陈司败逼迫孔子批评先君，不仁而无礼；孔子以仁心对待先君，为真知礼。孔子的整个回应不假思索，可见孔子智仁兼备，敏锐而敦厚，故能应物无碍。

7:32　子與人歌而善，必使反之，而後和（hè）之。

上章记孔子对先君之仁，本章记孔子对歌者之仁。

反，复也。和，唱和，应和。

夫子与人同歌，若他人唱得好，必让那人重唱，自己应和人家。

中国最早的教是乐教。孔子好乐，以诗、书、礼、乐传授弟子，《史记·孔子世家》曰："三百五篇，孔子皆弦歌之，以求合韶、武、雅、颂之音。"

以琴瑟等乐器伴奏而唱，且有人声应和为歌。本章所记情形是，孔子歌，他人应和。当孔子发现应和者唱得美妙，就请应和者重唱，但更换角色：人家主唱，自己应和，细听其妙处，更重要的是扶持他人，让他人得以提升。

由此细微处可见圣人谦逊、诚恳之气象：孔子为至圣，然留意他人之优长，且于细微处成全他人之优长，"己欲立而立人，己欲达而达人"，乐于"成人之美"，如春风化雨。

上一单元记孔子施教严于择人，以上五章似相反，记孔子之仁。孔子无处不与人为善，其大本在仁。

7:33 子曰:"文,莫吾猶人也。躬行君子,則吾未之有得。"

上章记孔子谦让,本章孔子之谦逊,强调躬行之重要性。

莫,疑辞,也许,大约。犹人,及人,与他人差不多。

夫子说:"对文的掌握,我跟别人或许差不多吧。以躬行君子标准看,那么我还没有做到。"

孔子删述诗书礼乐,是为"文",孔子以此文开门授徒,此事尽人皆知,孔子不必自谦。然孔子之学要在于践行,故本章孔子提出"躬行君子"。学文而不躬行,口说君子之道不休而不愿行、不能行者,非君子也。华夏圣人向来以行化天下,而非以言喻天下或命天下,古圣人立教,以行为本,君子之名亦系乎行。孔子教弟子以文,而期之以行。博学于诗、书、礼、乐之文,而约之以礼,修身而成己,行道以安人,致力于伦理与治理实践,方为真君子。

躬者,己身也。躬行,自主之行也,不是因为他人命令或者神的命令,而是循仁道而自强不已。如此躬行之范围无远弗届,其过程也无尽头,君子唯有终身躬行,"死而后已"(《泰伯篇》),故无人可说已为"躬行君子"。孔子说自己还没有做到,既是自谦,也道出终身躬行之大义。唯一能使世界变得美好的就是君子之行。终身躬行不已,然后可以成己而安人,然后可以称君子。

7:34 子曰:"若聖與仁,則吾豈敢?抑為之不厭,誨人不倦,則可謂云爾已矣。"公西華曰:"正唯弟子不能學也。"

上章记孔子之谦逊,本章记孔子之精进不已。

圣,古典时代通智。抑,转语词,也就是,只是。为,动词,为之,具体指好学求知。厌,满足。云而,如此说。已矣,语气词。

夫子说："像智与仁，我哪里担当得起？也就是好学而从不满足，以之教人而不辞疲倦，也就只能这样说而已。"弟子公西华说："这正是弟子没有能力学的。"

理解本章，可参考《雍也篇》：子贡曰："如有博施于民而能济众，何如？可谓仁乎？"子曰："何事于仁，必也圣乎！尧舜其犹病诸！夫仁者，己欲立而立人，己欲达而达人。能近取譬，可谓仁之方也已。"孔子谓自己未至圣与仁，并非完全自谦，若以仁之功衡量，圣王如尧舜尚有为不足处，孔子亦然。若只是简单回绝，弟子不明上进之路，故孔子接下来解释。《孟子·公孙丑上》记本章对话之另一版本：

> 昔者，子贡问于孔子曰："夫子圣矣乎？"孔子曰："圣，则吾不能，我学不厌，而教不倦也。"子贡曰："学不厌，智也；教不倦，仁也。仁且智，夫子既圣矣！"

孔子说，自己一向在两个方面努力：好学求知，教人育才，至关重要是，不厌、不倦。人或求知，很少永不满足。孔子做到了，此即"圣"。教人者所在多有，很少永不疲倦。孔子做到了，因孔子有仁。孔子实为圣与仁者。

孔子以此指出生命向上提升之路，入手处很简易，人人皆可做到，重要的是持之以恒，不厌不倦，如《周易·乾卦·象传》所说，"天行，健。君子以自强不息"。

本章可与本篇第二章合观：子曰："默而识之，学而不厌，诲人不倦，何有于我哉？"由这两章及相关各章可见，孔子之圣与仁确乎不同于尧舜、文武：孔子无王者之位，故由学之不厌、诲人不倦，也即由删述六经、以学教化而成圣。故孔子弟子多言，"自生民以来，未有盛于孔子也"（《孟子·公孙丑上》）。

> 7:35 子疾病，子路請禱。子曰："有諸？"子路對曰："有之。誄（lěi）曰：'禱爾于上下神祇（qí）'。"子曰："丘之禱久矣。"

上章既孔子之圣与仁，本章记孔子以圣与仁膺天。

疾，病也。病，疾甚也。疾病二字连言指重病。祷，祷告于神灵。诸，之乎。诔，当为讄（lěi）。讄适用于生者，累功德以求福；诔适用于逝者，哀死者而述其行之辞。上下，即天地。祇，地神。

夫子得重病，子路请求允许为他祷告。夫子问："有这样的礼吗？"子路回答说："有这样的礼。有诔文这样说：'为你而向上下神祇祈祷。'"夫子对子路说："我一直以来都在祷告。"

父兄有病，子弟自可祷告于神灵，如《尚书·金縢》记，周公为武王祷告。不过，为父兄祷告，不可令病人得知，周公特意令诸史与百执事皆不得对武王言。子路问于孔子，不明礼也。

在上曰天曰神，在下曰地曰祇，人戴天履地，自与上下神祇有所感通。然而如《左传·僖公五年》宫之奇曰："鬼神非人实亲，唯德是依。故《周书》曰：'皇天无亲，唯德是辅'"。人若身心、性情、语默、作止无时无处不自我约束，悔过迁善，则上下神祇必监而察之，降人以福。照孟子说法："尽其心者，知其性也。知其性，则知天矣。存其心，养其性，所以事天也。"（《孟子·尽心上》）故自我约束，自我提升，就是祷告，持久而最有效的祷告。孔子据此对子路说，自己祷告已久。

上章记孔子之圣与仁。孔子毕生诚敬，且明明白白地呈现于上下神灵。如此与神灵感格，自可得善终。子路临病而祷，则因恐惧死亡，难免谄媚鬼神，以图延长生命。此系君子所不为。人皆有一死，"死生有命，富贵在天"，死生决于上天；而"仁者寿"，上天、神灵监察人间，故有德者必得其天年，得其善终，因为鬼神"唯德是依"。德性的生命可感格鬼神，故孔子虽疾病而坦荡荡。

7:36 子曰："奢則不孫（遜），儉則固。與其不孫也，寧固。"

上章记孔子之生命观，本章记孔子之生活观。

孙，顺也。固，固陋，寒伧。

夫子说："生活奢侈则失之于骄横，生活俭省则失之于寒伧。与其不谦逊，宁可寒伧。"

人生最高境界是执中，然而很难达到，难免偏离，或者过，或者不及。就生活方式而言，奢是过，俭是不及。孔子说，与其奢侈，不如俭省。俭省必定寒伧，小气，抠门。不过，这只伤及自己，不伤及别人。奢侈之人把物质享受作为最重要的生活价值，并因占有、享用较多物质而对人骄横，此即不逊，骄横。这态度伤害他人，且人必为物质欲望吞没，丧失仁心，故孔子宁可选择后者。孔子时代，精英生活方式之普遍偏颇是奢，《八佾篇》所举种种悖礼行为都属于"奢"，欲望放纵，冲击礼乐秩序，孔子针对此世态、风俗，有感而发。

7:37 子曰："君子坦蕩蕩，小人長戚戚。"

以上记孔子之坦荡，本章申明之。

坦，安也。荡荡，宽广之貌。戚戚，蹙缩之貌。

夫子说："君子心态坦然宽广，小人经常心事重重。"

君子、小人之生命状态不同，外在神情气貌必定大相径庭。君子乐天知命，不为名牵，不为利役，循道重德，故能内省不疚，俯仰无愧，心底安宁，神情坦然。小人多欲，不为名牵，便为利役，患得患失，故经常心事重重，神情焦虑不安。自己紧张，对人多有戒心。孔子指出，君子是从容的、悦乐的，小人是焦虑的、苦痛的。君子常自得其乐，前面已记孔颜之乐；小人常自找其罪，因其为外界之物所纠缠、控制。总之，君子的生命是澄澈的、开放的，小人的生命是浑浊的、封闭的。如何选择，不言自明。

7:38　子温而厉，威而不猛，恭而安。

上章记孔子心态，本章记孔子之貌。

温，温和。厉，严正。威，威严。猛，刚猛。恭，恭顺。安，安宁。

夫子温和而又严正，威严而不失之于刚猛，待人恭顺而自己身心安宁。

《尚书·尧典》已有此描述德行之词：帝曰："夔！命汝典乐，教胄子，直而温，宽而栗，刚而无虐，简而无傲。"弟子以此语式描述孔子，前一个字为主，后一个字为辅。人的气质难免有所偏失，并呈现于容貌：温和者难以严正，有威严者必然刚猛，对人恭顺者难免紧张不安。孔子则做到阴阳合德，于举手投足、进退周旋之际，中和之气洋溢于外。

弟子对孔子的记载也指出修身之阶梯：温和者，济之以严正；威严者，戒之以刚猛；恭顺者，力求身心之安。

上一单元记孔子与人为善，以上六章记孔子之谦逊而坦荡荡。

本篇记圣人气象，每于孔子之语后，间以弟子之客观记录，全面展现了孔子信古、好学、教人、行道之圣人气象，有多记孔子心态、容貌、待人接物，高贵、亲切而活泼泼的圣人形象，跃然纸上。

最后一章，隐然开启《乡党篇》。

泰伯篇第八

上篇记孔子之为人，谓孔子"述而不作，信而好古"，本篇首尾记孔子所尊敬之古人、古事，揭明孔子所学之对象。

共二十二章。除记孔子效法之圣贤外，更指出人人可通过学圣贤之典范而成为君子，好学、笃信、守死善道。

> 8：1　子曰："泰伯，其可謂至德也已矣。三以天下讓，民無得而稱焉。"

本章论让之美德。

泰伯，周人首领古公亶父（也即太王）之长子，让位于幼弟季历。称，称美，赞誉。

夫子说："泰伯，确实可以说有至高之德了啊。他的谦让，经过三代，让出了天下治理权，天下人都不知道因什么而称美他。"

孔子这段话涉及周人兴起过程中一段关键历史。据《史记·周本纪》记载，古公亶父自豳向南迁居岐下，周开始兴起。古公有长子曰太伯，次子曰虞仲，少子曰季历。季历生子昌，德能出众，古公相信其能平天下。太伯、虞仲知古公欲立季历以传昌，乃出奔荆蛮，文身断发，古公卒，季历立，修古公遗道，笃于行义，诸侯顺之。卒后，其子昌立，是为西伯，即周文王。文王成就王道，其子周武王克商，而有天下。

近在眼前的利益，有德者或许能让，通常可得人称赏。泰伯让位季历，经季历、文王、武王三代前赴后继，终得天下治理权，故曰"三"。泰伯之让的后果经三代始显现，因果链条如此漫长，民众难以据此称美泰伯。故孔子称泰伯有"至德"，在此至德中可见泰伯之孝悌、大公与见义勇为。

本章列篇首，点出"至德"二字，本篇所记均关乎"至德"，孔子取法乎此，垂诸后人。尤其是标出让国，以之为至德，用意深刻。本篇记孔子之评论古圣先王，最后将论及尧舜禹之让国，"天下为公，选贤与能"，此为儒家治道之大端所在。当权者让，才能选贤与能，从而保证天下为公，而非一家一姓一集团之私产。《论语》编者置本章于篇首亦隐喻，孔子如同季历，其所养成之士君子如同姬昌，已有重建秩序之德能，旧秩序之当权者理当"让"之。此正为历史之大势。

> 8：2　子曰："恭而無禮則勞，慎而無禮則葸（xǐ），勇而無禮則亂，直而無禮則絞。"

上章论泰伯之让，《里仁篇》：子曰："能以礼让为国乎？何有？不能以礼让为国，如礼何？"让出乎礼，本章论礼。

葸，畏惧貌。绞，尖刻刺人。

夫子说："恭顺而不以礼节之则忙碌劳顿，谨慎而不以礼节之则畏首畏尾，勇猛而不以礼节之则犯上作乱，耿直而不以礼节之则尖刻刺人。"

礼的作用在于节。一切均需要节，欲望、激情、情绪固然需要节，爱、敬之情也同样需要节。《周易》节卦《卦辞》云："节，亨"。亨者，通也，节才能通，恰当地沟通人际。以礼节之，各种情感、欲望、激情才行得通。

恭、慎、勇、直均为有德之行，但失之于过，同样有偏差。对人过于恭顺，自己劳顿，丧失自尊，又助长对方骄横。若以礼节之，恭保持在适中程度，既表达对人之敬，自己保有尊严，《学而篇》："恭近于礼，远耻辱也"。遇事过于谨慎，畏首畏尾，若以礼节之，则可堂堂正正。恭、慎易流于不足，勇、刚易失之于过，以礼节之，则可以不乱、不绞。

《礼记·仲尼燕居》中，孔子说过类似的话："敬而不中礼，谓之野；恭而不中礼，谓之给；勇而不中礼，谓之逆"；"礼乎礼！夫礼，所以制中也"。礼确定适中的、人人均可做到的规范，为言行举止确立轨道。据此，人们可确定健全得体的行为，尤其重要的是，相互形成稳定、可信的预期，如此才能做到《学而篇》有子所说之"和"。

8:3 "君子篤於親，則民興於仁；故舊不遺，則民不偷。"

一般版本均合本章、上章为一章，但学者普遍认为，两章文势、事理皆不相类，故别为两章。上章论礼，本章论仁。

笃，厚也。亲，亲戚。兴，兴起，激发。故，老朋友。旧，老下属。偷，凉薄。

夫子说："君子对亲人感情深厚，可以激发民众之仁心；不疏远老朋友、老下属，民众不会凉薄无情。"

本章当为孔子之言。此处君子指在位之社会治理者，无不希望社会形成良好风俗，民众遵纪守法。如何做到这一点？孔子说，从自己做起。

《中庸》："仁者，人也，亲亲为大。"仁首先、并最经常地存在于亲人之间的爱、敬之中，是为仁之端。君子爱睦自己亲人，民众看在眼里，自然触动、激发其爱、敬自家亲人之心，由此习得对陌生人的敬爱之情，即可塑造良好成社会风气。

《诗经·小雅·伐木》"伐木丁（zhēng）丁，鸟鸣嘤嘤。出自幽谷，迁于乔木。嘤其鸣矣，求其友声"，毛序曰："自天子至于庶人，未有不须友以成者。亲亲以睦，友贤不弃，不遗故旧，则民德归厚矣"。初为朋友，若干年后，地位有别，在上位者常遗忘老朋友。初时之部下，尽心协助自己，当自己地位上升，常遗忘之。遗忘故旧，说明其人心凉薄，治国难有仁心，民众必效仿而风俗趋于凉薄。君子若能不忘故旧，善待老朋友、老下属，同样可影响民情，让民德归厚。

总之，优良社会秩序之根基在于民风醇厚，在此风俗中，民众互爱互敬、互信互助。而民风能否至于淳厚，取决于在上者之作为，故《大学》曰："一家仁，一国兴仁；一家让，一国兴让；一人贪戾，一国作乱。其机如此。此谓一言偾事，一人定国。尧、舜率天下以仁，而民从之；桀、纣率天下以暴，而民从之。其所令反其所好，而民不从。是故君子有诸己而后求诸人，无诸己而后非诸人。"民风淳厚之关键在于担当治理责任之君子有仁心，此仁心不是虚悬的，始于亲亲。

以上三章展现本篇主旨。首章经由孔子评论泰伯，揭出"至德"二字，接下来两章指出，借由礼、仁，可达至德。

> 8:4　曾子有疾，召門弟子曰："啟予足，啟予手。《詩》云'戰戰兢兢，如臨深淵，如履薄冰'，而今而後，吾知免夫，小子！"

前数章论至德，德以敬为本，本章曾子论敬身。

门弟子，曾子之弟子。启，视也。予，我。"战战兢兢，如临深渊，如履薄冰"，出自《诗经·小雅·小旻》。

曾子重病，召集门弟子说："看看我的脚，看看我的手。《诗》云：'战战兢兢，如临深渊，如履薄冰'。从今以后，我知道可免于祸患刑戮了，弟子们啊！"

首先值得注意者，曾子临终，由弟子、而非家人陪侍。据《史记·孔子世家》，孔子预知自己将去，首先告诉弟子子贡。去世后，弟子为孔子服丧三年，子贡服丧六年。想来孔子也终于弟子之手，后来大儒如朱子，均如是。由此可见，儒门同道之情谊极为深厚。

《孝经》曰："身体发肤，受之父母，不敢毁伤，孝之始也。"曾子重孝，《礼记·祭义》记：

> 乐正子春下堂而伤其足，数月不出，犹有忧色。门弟子曰："夫子之足瘳矣，数月不出，犹有忧色，何也？"乐正子春曰："善如尔之问也！善如尔之问也！吾闻诸曾子，曾子闻诸夫子曰：'天之所生，地之所养，无人为大。'父母全而生之，子全而归之，可谓孝矣。不亏其体，不辱其身，可谓全矣。故君子顷步而弗敢忘孝也。今予忘孝之道，予是以有忧色也。壹举足而不敢忘父母，壹出言而不敢忘父母。壹举足而不敢忘父母，是故道而不径，舟而不游，不敢以先父母之遗体行殆。壹出言而不敢忘父母，是故恶言不出于口，忿言不反于身。不辱其身，不羞其亲，可谓孝矣。"

乐正子春是曾子弟子，曾子强调"身也者，父母之遗体也。行父母之遗体，敢不敬乎？"君子孝父母，则当敬己之身。为此，戒慎恐惧，敬贯穿曾子一生，死而后已。此敬即为修身之本，由此敬，修身以礼，"非礼勿视，非礼勿听，非礼勿言，非礼勿动"（《颜渊篇》），君子举手投足，无不循礼，自可免遭伤害。

由此可见，曾子以敬父母之遗体为敬之端，此敬是诸德之本，行礼之要。神教教人敬神，中国圣贤要人敬父母，敬父母所给予之身体，敬意就是由此生发而可以扩展及于所有人、事，乃至于天。故曾子之保身绝非贪生怕死，由以下"临大节"章可见。唯君子以行道为己任，故重在涵养自家之敬。若为行道，虽遇大难、临大节，君子杀身成仁，而无所谓畏惧。

以下"弘毅"章曾子谓人之为仁"死而后已，不亦远乎"；本章曾子之敬，同样是死而后已。

> 8:5　曾子有疾，孟敬子問之。曾子言曰："鳥之將死，其鳴也哀；人之將死，其言也善。君子所貴乎道者三：動容貌，斯遠暴慢矣；正顏色，斯近信矣；出辭氣，斯遠鄙倍矣。籩（biān）豆之事，則有司存。"

上章曾子论敬于身，本章曾子论修身之道。

孟敬子，鲁大夫仲孙捷，任性而无礼之人。问，看望，问候。远，动词，远离。暴，急躁。慢，怠慢。颜，眉目之间。色，现于脸面者。近，动词，接近。辞，言辞。气，语气。鄙，鄙陋。倍，通背，冒犯。笾，竹编容器，形如豆。豆，木制容器。豆盛菹醢，笾盛枣栗，以供祭祀享燕，均为礼器。有司，政府职能部门的官吏。

曾子得重病，孟敬子前来看望。曾子对他说："鸟将死之际，鸣声哀戚；人快死时，所说的话都是善意的。对修身之道，君子看重三项：全身依礼而动，即可避免暴躁和怠慢；依礼端正脸色，即近乎信实；依礼确定言辞、语气，即可远离鄙陋、冒犯。至于摆放笾豆等礼器之类的事，自有专职人员负责。"

本章、上章均为曾子临终之言。上章曾子论敬，敬于身，本章具体指出修身之道。曾子首先说明，自己下面的论断是一生思考之总结。由本章可见曾子之学基本特征：敬于礼，以礼克己修身，谨于外而完其内。

曾子分解身为容貌、颜色、辞气三个方面，论修身之道。人相交接，首先远观容貌，其次近察颜色，最后是言语交谈，故三者递次而言。而三者均须依礼，身体、面色、辞气均依礼而动，如此则进退周旋，无不中节。

一举一动得体、优雅，无一丝一毫粗鄙、寒伧，又充分呈现对人之敬。我能如此，他人必以敬待我，我可免于暴慢、伤害。至于祭祀礼器、仪式等事，有专人负责，君子不必操心。君子行于世，重要的是己身，修身最为重要。

故曾子谓之"道"，即成就君子之道。由本章可见，孔门之修养乃在修身，《大学》八目曰"格物致知、诚意正心、修身齐家、治国平天下"，可见，身不只是心，身者，合内外而言也，包括心在内的完整的身体。《大学》曰："诚于中而形于外"，曾子既教人内心有敬，更教人将此敬呈现于容貌、颜色、辞气。仁而有礼，内敬而外恭，方为君子。《中庸》曰："喜怒哀乐之未发，谓之中；发而皆中节，谓之和；中也者，天下之大本也；和也者，天下之达道也。致中和，天地位焉，万物育焉。"

8:6 曾子曰："以能問於不能，以多問於寡。有若無，實若虛，犯而不校（jiào）。昔者，吾友嘗從事於斯矣。"

上章论修身之道，本章曾子论虚心好学。

校，计较。吾友，或指颜渊。

曾子说："自己有能力，却请教无能力的人；自己知识丰富，却请教知识不多的人；自己虽丰富，却仿佛没有；自己虽充实，却仿佛空虚；纵然遭到冒犯，也不计较。从前，我的朋友曾这样做过。"

曾子所说"吾友"大约是颜子，看语气，此语当在颜子去世后颇长时间。

本章关键是"有若无，实若虚"。颜子志于道，"克己复礼"（《颜渊篇》），仁以为己任，死而后已。故学而不厌，永不以为学已足够；相反，始终觉得所知不多，还有太多东西要学、要践行。有此心态，当然博学于文，博学于人，包括"问于不能""问于寡"。实际上，"不能""寡"只是旁观者的描述，颜子在请教时不会觉得别人"不能""寡"，只关心人家之所能、所有，以丰富、充实自己，此谓虚己而学于人。"犯而不校"意谓，向人请教，别人冒犯自己。对此，颜子不予计较，仍虚心求教，可见颜子之诚。

> 8:7 曾子曰："可以託六尺之孤，可以寄百里之命，臨大節而不可奪也。君子人與？君子人也。"

上章论虚心好学，学以养成君子，本章提出"君子人"概念。

托，寄托，托付。六尺，古尺较短，六尺约合今四尺，不足一百四十厘米。孤，年幼丧父者。托孤，受先君之命辅佐幼主。百里，三代分封诸侯，地方百里。命，政令。

曾子说："可把未成年的君主托付于他，可把邦国之政令交付于他，于生死存亡之关头也不动摇、倾覆：这样的人可算君子之人么？当然算君子之人。"

本章，曾子提出"君子人"概念。孔子以前，君子是社会分层意义上的，即大大小小的共同体之治理者。春秋中后期，此君子群体趋于败坏。孔子乃以学养成德能卓越者，仍称君子，但其含义有重大变化：现在，君子主要是德行意义上的，君子一词也就可作形容词，凡具有君子之卓越品质者，不论其身份、地位如何，均可称为"君子人"。

君子人有何品质？本章举例说明。曾子设想，邦国处于非常时期，承担重任之君子应有两种品质：德、才。受命托孤执掌国政，无德固然不可，无才同样不可，德才兼备，方能安定邦国。无德而有才，必成乱臣贼子；有德而无才，临危百无一用。曾子以此极端情形说明，君子之人须德才兼备，方能承担其社会责任，成为合格的社会领导者。

"曾子有疾"章曾子论敬身，绝非贪生怕死。本章曾子明确提出，君子"临大节而不可夺"，为此不惜杀身成仁。

此章或系曾子自道：孔子生子伯鱼，年五十，先孔子而死，有一子子思，孔子命从曾子学，曾子可谓孔门托孤之人矣。

> 8：8　曾子曰："士不可以不弘、毅，任重而道远。仁以为己任，不亦重乎？死而後已，不亦远乎？"

上章提出"君子人"概念，本章论士君子之德。

弘，弘大宽广。毅，忍耐持久。已，终也。

曾子说："士不可以不弘大而有毅力，因为其任务沉重而道路遥远。士以仁为自己的大任，不是十分沉重么？一直到死才算终了，不是十分遥远么？"

上章曾子提出"君子人"概念，并举例说明新兴君子应有之品质，更多关注承担治理责任之士，本章泛论君子之德，指出其根本在仁。

曾子首先指出，君子当有弘、毅之德，因为任重而道远。此重任是为仁，"仁者，己欲立而立人，己欲达而达人"，而人的范围无限广，其事无限多，故己广阔而繁重，不有弘大宽广之心，不足以当仁之名。此从空间上说，从时间上说，仁是成己安人之道，贯穿生命全程，是毕生事业，唯当离世之际，才算终了，故曰"道远"，不忍耐持久，不足以坚持。弘而不毅者，半途而废；毅而不弘者，鄙陋狭隘而偏执。

《礼记·表记》记孔子说过类似的话：

> 子曰："仁之为器重，其为道远；举者莫能胜也，行者莫能致也。取数多者，仁也；夫勉于仁者，不亦难乎？"
>
> 子曰："《诗》之好仁如此；乡道而行，中道而废，忘身之老也，不知年数之不足，俛焉日有孳孳，毙而后已。"

孔子、曾子之语意在说明，成就君子，仁是根本，苟"志于仁"，精进不已，死而后已，则可进于君子矣。

上一单元论德之纲目，以上五章论成就至德之道，专记曾子之言，由此可见曾子之学之大略。首两章记曾子临终之言，最后一章落脚于"死而后已"，在生死之间，曾子无一刻不敬，尤其是敬己之身。因此而修身以礼，依礼而动容貌、正颜色、出辞气。中间，曾子以颜子为典范，揭明虚心好学，此亦为修身之要道。经此修身而成君子，可担大任，受命于危难之际，而显奇能，有大节。末章曾子针对士君子治世之重任，提出弘、毅两大美德，与"战战兢兢，如临深渊，如履薄冰"之精神状态相互呼应。首两章与末两章语气、大义略有不同，然大义正可贯通，概括言之，曾子之学主敬而修身，以成就君子，以天下为己任。

孟子之学经由子思，上承曾子，最后两章之语气、大义已开孟子之气象。

8:9 子曰："興於詩，立於禮，成於樂。"

上章记君子之本在仁，本章概述君子养成之道。

兴，起也。

夫子说："以《诗》兴起，以礼立身，成全于乐。"

孔子兴学，以《诗》《书》《礼》《乐》养成君子，《困学纪闻》引《子思子》曰："夫子之教，必始于《诗》《书》，而终于《礼》《乐》，杂说不与焉。"本章简练说明《诗》《礼》《乐》在君子养成过程中之功能。

周代君子之养成以《诗》为主要教本，《左传》记君子宴饮，多赋《诗》言志。孔子指出，就君子养成而言，《诗》之用为"兴"。兴为作诗之赋、比、兴三法之一，《关雎》开首之"关关雎鸠，在河之洲"即为兴，由此营造出一种独特气氛，"窈窕淑女，君子好逑"置于其中，生发出丰富、幽微之涵义。孔子养成君子,首先教以诗,诗为韵文,吟咏之间,抑扬反复,学者之生命由此唤醒、兴起、勃发,而有上进之心。而诗的内涵极为丰富,广泛描写历史、地理、动物、植物,描摹人情世态,涉及夫妻、父子、兄弟、朋友、君臣、夷夏等一切人伦关系,所谓"淫诗"也是描摹男女之情。诵诗,则于世间万物,无不略有所知。由此,学者生命有所自觉、走出蒙昧,趋于开明。故孔子施教,以诗为先。

兴于诗,进而立于礼。礼是自发形成、协调人际合作、交往之规则,并呈现于各种具体场合中之仪节。《左传·成公十三年》记刘子曰:"吾闻之:民受天地之中以生,所谓命也。是以有动作礼义威仪之则,以定命也"。"立于礼"就是"定命",有礼有仪,生命才挺立确定。《左传·昭公七年》记载,鲁卿大夫孟僖子曰:"礼,人之干也;无礼,无以立。"立于礼首先意味着,人能在社会结构中确定自己的位,明确自己角色。礼界定各人之名位、职分,明于礼,则知道自己应为者、应得者。立于礼也意味着,在各具体场景中,面对相关者,举手投足、周旋进退皆有法度,自卑而尊人,从而在人生路上,能有所成。立于礼,概言之,即为自立而成人。

君子养成,圆满于乐。《尚书·舜典》:帝曰:"夔,命汝典乐,教胄子:直而温,宽而栗,刚而无虐,简而无傲。诗言志,歌永言,声依永,律和声。八音克谐,无相夺伦,神人以和。"最早的教是乐教,而乐是综合的:所歌者为诗,配以乐器,伴以舞蹈。其难度较高而综合其他技艺,故孔子言"成于乐"。同时,乐的节奏、旋律、歌声直入人心,感人最深,且古典之乐均用于共同体祭祀、庆典等公共生活中,于君子养成,可荡涤邪秽,消融渣滓。故乐可让学者之为人达致成熟、圆满状态。

关于礼、乐之为教,《礼记·乐记》谓:"乐者为同,礼者为异;同则相亲,异则相敬。"礼别尊卑,划定人们各自的名位、职分,乐则主和同,拉近人际距离,催生共同体感。对于君子养成,两者同等重要,故《乐记》曰:

礼乐不可斯须去身。致乐以治心,则易、直、子、谅之心油然生矣。易、直、子、谅之心生则乐，乐则安，安则久，久则天，天则神。天则不言而信，神则不怒而威，致乐以治心者也。致礼以治躬则庄敬，庄敬则严威。心中斯须不和不乐，而鄙诈之心入之矣。外貌斯须不庄不敬，而易慢之心入之矣。故乐也者，动于内者也；礼也者，动于外者也。乐极和，礼极顺，内和而外顺，则民瞻其颜色而弗与争也；望其容貌，而民不生易慢焉。故德辉动于内，而民莫不承听；理发诸外，而民莫不承顺。故曰：致礼乐之道，举而错之，天下无难矣。

由本章，孔子教人之法顺乎人情而至为完备：《诗》兴起学者之志，礼成就学者之身，自立为成人，乐陶冶性情。后世诗学不尽正，礼乐沦丧，近于无存，学者只是苦读文字，遂少活泼滋润之功。孔子之教，可得而复乎？

又，本章所论，亦为治理之大道。《为政篇》：子曰："诗三百，一言以蔽之，曰'思无邪'。"以诗教化，则民无邪。《白虎通义·礼乐》曰："乐所以荡涤，反其邪恶也，礼所以防淫佚，节其侈靡也。"故《孝经》曰："安上治民，莫善于礼；移风易俗，莫善于乐。"孔子为政治世，"道之以德"为先，故诗乐最为重要，由此而知耻，而自我提升、自我约束；礼在其次，"齐之以礼"，则知所以措手足；循此而治，万民自化，辅之以政刑即可。

8:10 子曰："民，可使由之，不可使知之。"

上章论治理之大道，本章论治民之道。

由，从也，循也。之，当指礼乐法度。

夫子说："民众，是可以让其遵循法度的，而不大可能让其理解。"

关于这句话，今人多有议论，以至于刻意弥缝，反而多事。其实，本章孔子指出治国之基本原理：法度治国。

人有智愚之别，不可指望所有人的知识均可达到较高程度。故孔子之治道，不依赖民众知识之普遍提高，如上章所示，孔子以为，治理之要道在于，以施行教化，以诗乐化民，民众知耻；以礼齐民，此礼依乎民众生活而定，合乎天道、人情、事理。民众有德而守礼，即可形成低成本合作秩序，官民皆称其便。以民众之智，难以知晓德、礼之所以然，此即"不可使知之"。最重要的是，在社会分工结构中，民众根本不必知晓其所以然，循之而行即可，此即"由之"，孟子曰："行之而不著焉，习矣而不察焉，终身由之而不知其道者，众也"（《孟子·尽心上》）。优良治理由乎礼乐法度，而非知识。

孔子兴学，教人知识，启人心智，以养成君子。但不是人人皆可以成为君子，故必有君子、小人之别，也即，君子与民之别。君子可以知，民则没有能力知，也比不要知。君子知之，而民"由之"即可。这正合乎社会分工之大义。此"由之"可指由君子："兴于诗，立于礼，成于乐"以养成君子，君子以身作则，民众跟从君子，亦可成人而形成良好秩序。故孔子反复强调君子正人先正己。

> 8:11 子曰："好（hào）勇疾贫，乱也。人而不仁，疾之已甚，乱也。"

上章论治民之道，本章论治不仁者之道。

好，动词，喜欢。疾，动词，痛恨。

夫子说："沉溺于刚勇之气而又痛恨贫困，必定作乱。他人不仁，过于痛恨，必定招乱。"

难免有人呈血气之勇，无所顾忌，胆大妄为。若其不安本分，贪恋物质利益，易以不当手段谋取利益，以至犯上作乱，破坏秩序。此类人"不仁"。不仁还可有其他表现，如父子不睦、兄弟不友，夫妻不爱，朋友失信，乃至于违法犯罪。治国者该如何对待之？孔子提出，不可"疾之已甚"，当然不可对其无动于衷，应予以必要的伦理和法律惩罚；但又不可过分，曾子说："君子好人之为善，而弗趣也；恶人之为不善，而弗疾也"（《大戴礼记·曾子立事》）。若君子"疾之已甚"，必招致不仁者强烈反弹，反令社会陷入更大的混乱。

此为君子治之大智慧。芸芸众生，良莠不齐，孔子在此指明，治理者不可有洁癖，当有含容之美德。此意已见于《周易》师卦《象辞》："地中有水，师；君子以容民畜众"，君子含容一切。又周成王命君陈："尔无忿疾于顽，无求备于一夫。必有忍，其乃有济；有容，德乃大。"（《尚书·君陈》）对愚顽之人不可愤恨、痛恨，也不可求人达到完美。君子有含容之德，以宽和心态治国。失之苛酷，反致社会不安、动荡。

> 8:12 子曰："如有周公之才之美，使骄且吝，其余不足观也已。"

上章论君子含容之德，本章论君子戒骄吝。

周公，周公旦。骄，矜夸，傲慢。吝，吝啬。

夫子说："一个人，即便其才能之美妙出众比得上周公，若骄傲而又吝啬，其余方面也就不值一观了。"

《尚书·金縢》记周公为武王之病祷告而自谓"多才多艺"。周公于危乱之时安定周室，确实才能出众，故孔子以"周公之才"形容人可具备之最卓越才能。世间真有此类人，却傲慢而吝啬，那别的方面就无足观。孔子此说实有其本：《逸周书·寤儆解》记周公语"不骄不吝，时乃无敌"，周公提醒自己戒除骄、吝。《史记·鲁周公世家》记载周公戒伯禽曰："我，文王之子，武王之弟，成王之叔父，我于天下亦不贱矣。然我一沐三捉发，一饭三吐哺，起以待士，犹恐失天下之贤人。子之鲁，慎无以国骄人。"周公身份极为高贵，无丝毫骄矜之气，诚心竭意礼贤下士，把位开放给天下贤士。凭此不骄不吝之德，周公聚天下英才，成就伟大功业。

  孔子指出，对承担治理之责的君子而言，不骄不吝是至关重要的美德。骄是待人骄横，目中无人；吝是吝惜爵禄，不愿与人分享。有位君子易于骄、吝。骄者远人，吝者失人。故不骄、不吝是君子之美德，泰伯之让，就是不吝。更进一步，对君子来说，不骄、不吝之德是最大的才。才是处理事务之能力，然而，君子治世，得人最为重要。故对君子来说，德是才之本，才是德之用。无德，不足以成才；无才，不足以言德。

  上一单元论至德之养成，有至德则可以治世，以上四章论君子治理之德，以"兴于诗，立于礼，成于乐"为本。

8：13　子曰："三年學，不至於穀，不易得也。"

  上章论君子治理之德，然君子不必得禄位而治民，本章论之。

  三年，泛指几年。至，心至。穀，禄也。古代以穀米为俸禄，故以穀指禄。易，轻易。

  夫子说："学了好几年，而未得爵禄，是因为他不轻易接受。"

  孔子兴学以养成士君子，士君子行道天下，自可谋为人所知而得位，也即得禄。士君子既以行道为己任，于职守自不敢轻忽，故于禄位，不敢轻易接受。《公冶长篇》：子使漆雕开仕，对曰："吾斯之未能信。"子说，即是"不易得"也。故子夏曰："学而优则仕"（《子张篇》），学至相当程度，具备充分德行、技艺，士君子才出仕，如此出仕为行道，而非为利禄。如此出仕，也才可以行道。学不足而匆忙出仕，不足以行道。不能行道而出仕，非君子之志也。故君子所贵者，"志于道"而有自知之明。

> 8：14　子曰："篤信、好學、守死善道。危邦不入，亂邦不居。天下有道，則見（現）；無道，則隱。邦有道，貧且賤焉，恥也；邦無道，富且貴焉，恥也。"

上章论君子有自知之明，不急于得位，本章论君子知世而善于出处。

危，将乱之兆也。乱，政治秩序混乱。

夫子说："笃实地信奉善道，认真地学习善道，至死不渝地坚守善道。不进入局势危险的邦国，不在秩序大乱的邦国居留。天下有道，则出仕行道。天下无道，则隐而不仕。邦国有道，而自己处境贫困而鄙贱，这是可耻的。邦国无道，自己却富裕而居高位，这是可耻的。"

本章论君子守道、行道之道，内容丰富，可分四节。

第一节是总论，君子笃信、好学、守死善道。君子区别于小人之处就在于"志于道"（《述而篇》），孔子于此处称之为"善道"。君子"笃信、好学、守死"之对象均为"善道"，且三者有先后次第：先"笃信"，对善道有坚定信念。笃信，才能好学；不笃信，不可能好学。次"好学"，非一般的学，而是"好学"，好学，才能有所得。最后是"守死"，好学而有所得，才有"守死"可谈。守须坚定，至死不渝，此即"守死"。守死之意有二：死而后已，志于道是毕生事业，故守而至于死；或殉道而死，杀身成仁，亦可谓守死。

第二节论君子于行道时如何处理诸邦国之危、乱。君子行道于天下，对下手之邦国有所选择。"入"者，自外而入，从外面看到一邦国已有危险苗头，即不入。"不居"者，迁徙也，为行道而在某邦国有位，该邦秩序陷入混乱，可能遭无妄之灾，当弃位而去。士君子以行道天下为己任，不因一邦之安危而危及行道事业。

第三节论君子在天下的出处之道。上节以邦国为单位讨论，在邦国之间可以选择、迁徙；本节在天下框架中讨论，天下无可去、留，只有现或隐两种选择：天下有道，也即天下尚维持基本礼乐秩序，君子出仕以行道。

天下无道，也即天下礼崩乐坏，君子从位上退隐而去。现和隐均以位言，即以是否出仕为标准。但君子不出仕不等于不行道，君子藏道于身，在尽可能广泛的其他空间内守道、传道甚至行道，如开门授徒，在小共同体范围内行道。这可为天下转为有道创造条件。若无君子此种努力，天下不可能从无道归于有道。

第四节论君子在自身邦国的出处之道。孔子最后回到父母之邦，此同样是君子无可去、留者，只有出、处两种选择：邦国若有道，君子当积极行道，为此可以求位，由此而享富贵。有道的基本特征就是，凡有其德者皆有其位。君子为行道而求位，得富贵，得之无愧。若生在有道之邦国，却不得其位，则说明君子庸庸碌碌，德才不足，实为自己之耻辱。反之，邦国无道，自己却有富贵，同样是可耻的。此富贵是"不义而富且贵"（《述而篇》），求之不以道，君子不居也。

本章在天下、邦国之间转换，各有确指。第二节讨论有位君子可流动以避无妄之祸乱，下面两节则讨论君子无可流动，只能做出、处之选择。而这三种选择均本于第一节所说之守死善道。君子之人生就是笃信、好学、守死善道，君子不拒绝利禄，但以守死善道为自己求取或无视、保持或放弃功名利禄之唯一判准。

君子决定出处，以知世为前提，君子必须能够判断，邦是否"危""乱""有道""无道"，有治世之明，然后见几而作。

8:15 子曰："不在其位，不谋其政。"

上章论君子守道之道，本章论君子行道不止在政。

夫子说："在政府中没有位，就不参与其政务。"

君子行道，自可借助政治力量，为此可求位。得位，则以位之优势积极行道。然而，君子行道不只在位一途，为政只是行道之一途，而非全部。故君子不在政府之位，就不必关注政务，而大可努力运用、乃至创造其他途径行道，如养成君子，发展学术，组织社会自治，改善风俗。唯有保持如此淡泊心态，君子才可摆脱利欲牵扰，笃信、好学、守死善道。不在政府之位，却眼巴巴望着政府，热衷参与政务，必定忽略当下可行之行道空间，其人所热衷者实为得位而非行道。

8:16 子曰："師摯之始，《關雎》之亂，洋洋乎，盈耳哉！"

上章论君子不在其位亦可行道，本章隐喻君子行道必有所得。

师，乐师。挚，乐师之名。始，乐之始也。乱，乐之终也。洋洋，美盛之貌。盈，充盈。

夫子说："师挚起唱，《关雎》收尾，歌声、人声并作，美盛而充盈于耳啊。"

古典时代诸多公共活动皆伴有歌、乐，歌是人声歌唱，乐是乐器演奏。一般次序皆为乐工先歌唱，人声、乐声并作收尾。《仪礼·乡饮酒礼》记，起始，工（盲人乐师）歌《鹿鸣》《四牡》《皇皇者华》。其次，笙、磬合乐《南陔》《白华》《华黍》。再次，歌、乐间奏：歌《鱼丽》，笙《由庚》；歌《南有嘉鱼》，笙《崇丘》；歌《南山有台》，笙《由仪》。最后是合乐：《周南》之《关雎》《葛覃》《卷耳》，《召南》之《鹊巢》《采蘩》《采苹》。本章孔子说，师挚是领唱者，先以人声歌唱，开启全乐。最终是合乐，以《关雎》为首，至此，歌声、人声并作，美妙而充盈。

本章以乐之始终隐喻君子行道必有所得："师挚之始"，隐喻君子之行道，最初可能是孤独的；"洋洋乎盈耳"，隐喻君子只要笃信、好学、守死善道，则"德不孤，必有邻"（《里仁篇》），分散在各处之君子相互唱和，共同努力，完全可以重建秩序；"洋洋乎盈耳"正象征完备的礼乐秩序，与"郁郁乎文哉"相应。

> 8：17　子曰："狂而不直，侗（tóng）而不愿，悾（kōng）悾而不信，吾不知之矣。"

上章论君子行道必有所得，本章论行道，不能不学。

侗，无知貌。愿，悫也，谨厚也。悾悾，无能貌。

夫子说："狂放却不正直，无知却不敦厚，无能却不诚信，这样的人，我可真不知道会怎样。"

狂放、无知、无能为重大的先天或后天缺陷，然若自觉矫正，反可养成德行：性格狂放的人，由学而正直，就会在善之道上积极进取；无知的人，由学而诚挚敦厚，即可赢得他人信任，别人不会以无知欺之；无能的人，若养成诚信，人们会以诚信回报他们，他们仍能得到自己应得者。先天有种种缺陷，却不能由学养成德行，那就麻烦了：狂暴而不正直，必然胡作非为；无知却不敦厚，必成笑柄；无能而不诚信，必遭人惩罚。

本章孔子指出，人的天生气质难免有偏，学则可以纠偏而归于正。孔子于此强调，直、愿、信乃君子行道之根本。天下多有狂者、侗者、悾悾者，只要君子直道而行，谨厚而信实，则仍可行道。

> 8：18　子曰："學如不及，猶恐失之。"

上章论人各有偏，当以学治之，本章论学之心态。

夫子说："学的时候仿佛赶不上，学有所得之后则担心失去它。"

本章描写学者好学之心态：初闻新知，其心态仿佛新知在前，自己在后紧紧追赶，唯恐追不上。此为强烈的求知欲。学而后有所得，则努力消化、吸收、践行，让知识融入身心，见之于行，其心态仿佛那些知识会从自己身心逃走。这两种心态背后贯穿着自觉向上提升生命之强烈意愿。如此，自然好学而精进不已。

本章与上章形成对比：上章批评有不足而不学者，本章赞扬学而不厌者。这是两种完全不同的生命状态。

上一单元论君子行道有多方，以上三章论君子虽然孤单，身在无道之世，但只要好学，终究可让道行于天下，重建礼乐秩序。

8：19　子曰："巍巍乎，舜、禹之有天下也，而不與焉。"

上章论好学，士君子学圣王之道，本章孔子赞圣王公心。

巍巍，高大之貌。与，参与。

夫子说："真崇高啊，舜、禹有天下治理权，却仿佛没放在心上。"

孔子以尧、舜、禹、汤、文、武、周公为典范，理解孔子思想，尤其是社会治理观，即首当理解孔子心目中的尧、舜、禹、汤、文、武、周公之典范。

值得注意者，先论舜禹，盖表彰禅让之道乎？故"有天下"之第一义，当为得天下治理权为王。尧禅让于舜，舜又禅让于禹，故舜、禹之有天下治理权，不是自己求取而得，孔子赞此制伟大。孔子治道之大义是"大道之行也，天下为公，选贤与能"（《礼记·礼运》）。天生人，人人在天之下平等，故天下是天下人之天下，天下人皆有治理之资格和责任。只是，治理需要德能，故需要"选贤与能"，从所有人中遴选出最为贤能者为元首。此为儒家政制止最重要制度。

本章另有一义，如朱子所说："舜禹与天下不相关，如不曾有这天下相似，都不曾把一毫来奉己"(《朱子语类》)，此当指舜禹有天下治理权，而任贤使能，与君子共治，仿佛自己不用力。

以上两义，其实相通，均本乎"天下为公，选贤与能"：最高统治者之位对天下所有人开放，由选贤与能而产生；政制之最好形态是君子共治，此诸君子同样由选贤与能而产生。

> 8：20　子曰："大哉，堯之為君也。巍巍乎，唯天為大，唯堯則之。蕩蕩乎，民無能名焉。巍巍乎，其有成功也。煥乎，其有文章。"

上章论及禅让制，禅让制之开创者为尧，故本章赞美尧之德。

则，动词，效法。荡荡，广远之称。焕，明也。文章，礼乐法度也。

夫子说："伟大啊，尧之为君王。巍峨崇高啊，唯有天最伟大，唯有尧法天而创制。广远无垠啊，尧之功业民众无从赞美。巍峨崇高啊，尧所成就之之功。光辉灿烂啊，尧所制之礼乐。"

孔子心目中的圣人，以尧为首。孔子编定古圣先王之政典《尚书》，以尧为始，尧在孔子心目中有特殊重要地位。对于尧，孔子发出五声由衷的赞叹。

首先，孔子赞叹尧缔造天下之君的位。重点在"大"字。每个小共同体都有其君，而从尧开始，君开始"大"起来：尧的权威遍及天下，意谓尧缔造华夏共同体，稳固地确立天下之君的位。故尧之为君是"大"的。此即《尚书·尧典》开篇所记："曰若稽古帝尧，曰放勋。钦、明、文、思、安安，允恭、克让。光被四表，格于上下。克明俊德，以亲九族。九族既睦，平章百姓。百姓昭明，协和万邦。黎民于变时雍。"尧联合原来分散的小型共同体，构造规模庞大而有凝聚力之华夏共同体，自觉的文明中国由此起步。

其次，孔子赞叹尧之法天而治。此即《尧典》所记，尧"乃命羲和，钦若昊天。历象日月星辰，敬授人时。"此处记载二事：其一，尧"绝地天通"，屈神而敬天，敬天为中国人精神之基底，敬天而后有"天下"，而后有超大规模中国之成立与持续扩展。其二，尧法天而定历法，人事融入天道。

第三，孔子赞叹尧之无为而治。尧有伟大功勋，然而万民无从赞美。因为尧广泛任用贤人，尤其是用舜。《尧典》记尧任用贤人治理洪水，当然最为重要的事件是，尧发现舜，重用舜，舜于尧在世时即发挥重大作用，最终受禅于尧。

第四，孔子赞美尧之功业崇高。成功者，成天下之功也。尧缔造华夏共同体，确立天下之君位，又禅位于舜，天下治理权顺利转移，从而确保天下之完整、一统、稳定。此为最为崇高、伟大的功业。尧之前，已有缔造华夏共同体之努力，但未能持续。尧有所成就，禅位于舜，由舜至禹，华夏共同体终于稳固建立。

第五，孔子赞叹尧之创制立法。《舜典》记载，尧在位时信用舜，舜创制诸多法度礼乐，如建立祀典，确定巡守、朝会制度，协时、月、正日，同律、度、量、衡，分十二州，制定刑罚等。此礼乐即为"文"。正是借由文，华夏共同体得以具有持久生命力。

由孔子之赞叹可见孔子心目中尧之大德，可见孔子认肯的君之大德，即虚君的贤能君子共和。此为"为政以德"的实现形态。尧舜以德引领君子，化成天下，而非依靠权力驱动天下。也恰因其虚权，而能实其德，成为伟大崇高之君。

> 8:21 舜有臣五人而天下治。武王曰："予有亂臣十人。"孔子曰："才難，不其然乎？唐虞之際，於斯為盛。有婦人焉，九人而已。三分天下有其二，以服事殷。周之德，可謂至德也已矣。"

上章论尧之德，本章论君子共治。

五人，指与舜共治天下之禹、稷、契、皋陶、伯益。乱，治也。十人，周武王时代之贤人周公旦、召公奭、太公望、毕公、荣公、太颠、闳夭、散宜生、南宫适、邑姜。唐，尧有天下之号。虞，舜有天下之号。之际，之下。妇人，指上述十人中之邑姜，系周武王之妃。

舜有五位大臣共治而天下大治。周武王说："我有十位治国之能臣。"夫子说："人才难得，不正是这样吗？唐虞时代之后，人才也就以周武王时代为盛，其中还有妇人在内，除去妇人也就九人而已。凭此周人势力覆盖天下三分之二，仍臣服于殷。周人之德，可谓至为崇高之德了啊。"

"孔子曰"之前两句话是古典文献的记载，孔子以此传授弟子，同时有所评论。

孔子首先感叹，可与共治之贤能相当难得。孔子特别指出，舜为君时代之共治最为经典，周文王、武王时代的共治是自尧舜以来最为健全者。凭着贤能共治，到周文王、武王时代，周人已赢得天下三分之二诸侯之臣服。

孔子在此揭示古典革命之形态：天命转移在统治权转移之先，已丧失天命的统治者仍在其位，新受命者则凭借着更为合理的制度安排，主要就是君子共和，逐渐扩张治理权。至周武王时代，其治理权已覆盖天下三分之二。

而周人仍臣服于殷商。孔子赞叹，此乃"至德"。本篇第一章赞泰伯"三以天下让"为"至德"，本章与此呼应。泰伯之至德是让，周武王之至德也是让。《里仁篇》孔子主张"以礼让为国"，周人做到"以礼让建国"，盖以天下为天下人之天下，故以治理权为天下之公器，孔子据此称周人有"至德"。

后来，周武王克殷，丝毫不改变孔子关于周人至德之评价。当殷纣王成为独夫，如《周易·革卦·彖辞》所说，"汤、武革命，顺乎天而应乎天"，救天下于倒悬，仍为秉乎公心之"至德"。

> 8:22 子曰:"禹,吾無間然矣。菲飲食,而致孝乎鬼神;惡衣服,而致美乎黻(fú)冕;卑宫室,而盡力乎溝洫。禹,吾無間然矣。"

上章赞舜,本章赞禹之丰、俭得宜。

间,缝隙,指其缝隙而非之。然,焉,于之。菲,动词,薄也。恶,动词,使之粗恶。黻,祭服之衣。冕,君子所服之冠也。卑,动词,使之低矮。洫大于沟,均为排水道。古代田间有纵横交错的沟洫以排水。

夫子说:"对禹,我没有任何异议。自己餐饮简单,却以丰洁的祭品表达对鬼神之敬畏。自己穿着朴素,却尽可能服用华美的祭祀之服冕。自己宫室低矮,却竭尽全力兴建排水沟洫。对禹,我没有任何异议。"

孔子论禹,用对比法:在私人衣食住方面,禹十分简朴;但在公共领域中,却十分慷慨:以丰洁的祭品、华美的服冕祭祀鬼神,旨在求得鬼神对共同体之护佑;大力兴建沟洫,以平治水土。孔子揭示禹之三大美德:简朴,勤劳,敬鬼神。孔子之后有墨家兴起,正因这三大美德,而特别推崇禹。

纵观前四章,孔子集中揭示圣王之德,从中可见孔子治国之道。首先,孔子赞美"舜、禹之有天下也,而不与焉",揭示天下为公之大义,此为四章总纲。随后称赞尧、舜,周文王、周武王,突出其共治大义。最后一章赞美禹,揭示圣王之德:以天下人为念,不以天下奉一己之私欲。

比较一下四章语气可见,孔子最为推崇尧、舜,对尧、舜赞叹再三。对禹,只用否定说法,"无间然"。《礼记·礼运》记孔子以尧、舜之时为大道之行时代,而禹则至于小康。两者根本区别在于,天下为公与天下为家。"大道之行也,天下为公,选贤与能",尧、舜时代正是如此。禹立家天下之制,弟子或疑孔子对禹有所非议,孔子乃特意声明,自己对禹并无异议。然而,家天下究非健全政制,君位公于天下、贤能共同治理,才是孔子肯认之社会治理模式。

本篇以泰伯之至德开始，以上四章记尧、舜、禹与周武王等圣王的优良治理之道，可见孔子心目中健全政制图景。《中庸》曰"仲尼祖述尧舜，宪章文武"，孔子最大贡献正在于收集、整理圣王之迹，此处四章仅为其大者。正是透过学，思圣王之道，孔子得以集大成而为圣之时者。

子罕篇第九

上篇记孔子承继圣王之道,故孔子为圣之时者,明乎道之至精至微处如利、命、仁,本篇故次于《泰伯篇》。

共三十一章,主旨仍记孔子。然在《泰伯篇》之后,故与《为政》《八佾》《里仁》三篇相比,多涉孔子思想之精微处,于此可见孔子之圣。但孔子之道极高明而又极平实,只要立志,学而不厌,即可有所得。

9:1 子罕言利與命與仁。

本章揭明孔子为教之审慎。

罕,稀也。

夫子很少主动说起利、命与仁。

利者,利益也,《里仁篇》"小人喻于利"之"利";命者,天命也,人各有命,《颜渊篇》所谓"死生有命,富贵在天";仁者,孔子揭明之人之为人所应有的圆满状态:仁者,人也,以人意相存问,把自己当人、把他人当作与自己完全相同的人相对待之心态。这三者于人之生命状态、与君子养成,干系极大,孔子有所论及:如《里仁篇》:"放于利而行,多怨",利欲熏心,则人们必相互伤害;《尧曰篇》:"不知命,无以为君子也";《里仁篇》:"里仁为美"。

然而，弟子观察孔子，平日很少言及此三者。"言"者，主动对人言说也。《论语》确实记孔子论礼、命、仁之语，然多出自与弟子之问答。孔子作《易传》，言利、言命较多，但这已在晚年。此前，孔子以诗、书、礼、乐教弟子，于利、命、仁言之甚少。当然，三者排序也值得注意：孔子言利最少，命次之，仁稍多些。

孔子何以罕言礼、命、仁？言利则害义，故孔子罕言之。孔子凡言及利，多与义对比而言，如"君子喻于义，小人喻于利"、"见利思义"，"见得思义"。命者，天所命于人者也，天道难测难言，勉强言之，可能诱人托命以自卸其责。孔子之罕言仁，谓孔子从不轻易许人以仁，因为仁是人之道，死而后已，孔子自己每谦而不敢自居于仁。总之，利、命、仁三者皆甚为精微，不易对学者说清。说不清而强说，易致偏差，比如多言利，必使弟子逐利而忘义；常言命，弟子必放弃学以自我提升的勇气和努力，而寄托于天；轻许弟子以仁，必然催生弟子之骄傲。故孔子罕言利与命与仁。

神教重言而多言，孔子之教不重言而重行，故本少言；神教多言神命，言拜神之利，言无等差之爱，或威慑人，或利诱人，或造幻象于人。孔子教人，总从平实处言说，望人学而习之，积少为多，明乎义利之辨，尽心尽力以知天命，志于道而渐趋于仁。

本章可与《公冶长篇》子贡之语相参："夫子之文章，可得而闻也；夫子之言性与天道，不可得而闻也。"

本章为本篇导论，谓孔子罕见利与命与仁。然"罕言"非不言，罕言者，因其精微而少言也，本篇各章恰多言利、命、仁，于此可见孔子之圣。

9:2　達巷黨人曰："大哉孔子！博學而無所成名。"子聞之，謂門弟子曰："吾何執？執御乎，執射乎？吾執御矣。"

上章记孔子思想已极高明，故为时人敬仰，本章记之。

巷，基层治理单位之称谓。党，朋辈。御，御马驾车。

达巷一位居民说："孔子真博大啊，其学渊博，简直不知该从哪个方面赞美孔子。"夫子听到这话，对门下弟子说："那我该掌握哪门技艺呢？是掌握御车之术，还是射箭之术呢？我还是掌握御车术吧。"

本章与上一篇孔子赞尧一章间，有所对应：孔子赞尧"大哉，尧之为君也"，达巷党人同样以"大"赞美孔子；孔子赞美尧"荡荡乎，民无能名焉"，达巷党人同样赞孔子"博学而无所成名"。弟子记此章以表明，时人已认识到，孔子之伟大不逊于尧舜。当然，两章对照也清楚显示，尧之大在其构建华夏共同体之功，孔子之大则在其学。

对此赞誉，孔子自谦，自己当掌握一门具体的技艺，如御术。周代君子习礼、乐、射、御、书、数六艺，御是其中之卑下者。孔子这番话教人以为学之道。博学而无所成名是极高妙境界，唯圣人能做到。常人为学，仍当从平实处入手，学有所专，逐渐拓展。否则，好高骛远，必定泛滥而无所归。

弟子记本章亦为一兴：孔子正是天下之"御"者。礼崩乐坏，秩序解体，天下如无御之车，茫茫然而无方向，不知所往。天降孔子，其学博大无涯，其天命正是整顿此车，驾上马匹，带天下走上正道。本章可与《八佾篇》"仪封人请见"章合观。

> 9:3　子曰："麻冕，禮也。今也純（zī），儉。吾從衆。拜下，禮也；今拜乎上，泰也。雖違衆，吾從下。"

上章论孔子有御天下之志，本章记孔子之创制立法。

麻，麻布。冕，冠也。麻冕，古礼所定之冠，以木为干，包以麻布。纯，丝也。拜，行拜礼。下，堂下。泰，骄泰，倨傲。

夫子说："正式场合戴麻冕是礼制的规范。现在流行用丝，相对来说俭省一些，我附和大家的做法。在堂下拜是礼制的规范。现在流行在堂上拜，这过于骄泰了。虽然与大家相悖，我还是愿意遵从堂下拜的礼制。"

礼是规则，无所不在，无所不包。礼作为规则，通常是自发形成的，故有突出特征：自发变迁。孔子在此举了两例：

麻冕是周代礼制所定宗庙祭祀之冠。据郑玄之说，麻冕当以三十升布织成，每升布八十缕，共二千四百缕。麻纤维较粗，须进行细加工，方可容之。后来，以蚕丝加工，容易织成，故孔子称其"俭"，指耗费人工较少。

按礼制，臣见君，先在堂下行拜礼。君辞让后，臣升堂，再拜，以见君臣尊卑之别。《左传·僖公九年》记周襄王派人赐齐桓公胙，身为"霸主"的齐桓公受周王之赐，也是"下拜"，下堂而拜。然而到孔子时代，臣见君，已无堂下拜之礼，而是直接在堂上拜。

孔子的判断申明制礼之基本原理：礼制自发变迁，偏离礼制则成俗，制礼者须密切关注俗。不过，并非所有自发形成之俗都是健全的，对其应予审查、判断、权衡、取舍，方可形成新礼。孔子在此指出据以权衡取舍之原则：俭是可从的，这是孔子一贯立场：《八佾篇》："礼，与其奢也，宁俭"；《述而篇》："奢则不孙，俭则固。与其不孙也，宁固"。泰则不可从，《礼记·曲礼上篇》："夫礼者，自卑而尊人。虽负贩者，必有尊也，而况富贵乎？富贵而知好礼，则不骄不淫；贫贱而知好礼，则志不慑。"礼的功能就是谦抑自己，表达对人之敬，当然包括对在上者之敬。泰则不敬，不敬，则人际难免相互伤害。孔子时代及以后，君臣之间关系确实如此。

本章所记标明，孔子已在创制立法。孔子志在重建秩序，必创制立法，孔子于此阐明创制立法之原则：一方面，如《礼记·礼器》所说"礼，时为大"，社会规则因时而自发变化，人们在生活中逐渐放弃某些旧规则，创制一些新规则。但并非所有新出现的规则都是好规则，创制立法者须依据基本原则审查、权衡、取舍，"多闻，择其善者而从之"（《述而篇》），如此方能维系良风美俗。由此可有《为政篇》子张问章所说"因"中有所"损、益"。

> 9:4　子絶四：毋意，毋必，毋固，毋我。

上章记孔子创制立法之道，本章记孔子处事之态度，表明孔子已至随心所欲之高明境界。

毋，《史记·孔子世家》作无。意即臆也，猜度。

夫子丝毫没有以下四种毛病：不悬空猜度，不期于必成，不拘泥固执，不自我中心。

常人待人处事，易有意、必、固、我之心：未做事之前，妄为臆测，有投机之心。开始做事，则有期于必成之心，抱定必出成果之用心。做事过程中，固执己见，不知变通。事情完结后独占好处，以我为中心，全不考虑他人。归根到底，私心太重。

孔子则全无此四病："直道而行"（《卫灵公篇》），是为毋意；"用之则行，舍之则藏"（《述而篇》），是为毋必；"无可无不可"（《微子篇》），是为毋固；"述而不作"（《述而篇》），是为毋我。总而言之，仁，以己及人，人我一体。

归根到底，孔子志于道，以体道、守道、传道、行道为己任，别无牵挂，无一毫私心，故始终直道而行，而又与时俯仰，孟子所谓"圣之时者"也。《为政篇》所说"六十而耳顺，七十而从心所欲不逾矩"是也。绝者，绝无也。毋不是禁止，而是自然无有。学孔子者，自可自觉而自主地禁绝之，则可以去私而廓公，以至于"里仁"。

以上三章初记孔子之圣，博学而知所抉择，故直道而行，又与时俯仰。

9:5　子畏於匡，曰："文王旣沒（mò），文不在茲乎？天之將喪斯文也，後死者不得與於斯文也。天之未喪斯文也，匡人其如予何？"

上章论孔子之境界，本章论孔子之"知天命"。

畏，困也。匡，邑名。兹，代词，我。后死者，后于周文王而死者，孔子自谓也。斯，代词，文王。文，礼乐。与，接触。予，我。

夫子遭围困于匡邑，说："周文王驾崩后，礼乐不就在我这儿了吗？若上天要毁灭文王之礼乐，那我就不可能得到文王之礼乐。既然上天未毁灭文王之礼乐，那匡人又能把我怎样？"

此为孔子身在危难时对弟子之言，时当孔子五十六岁。《史记·孔子世家》记载此事如下：

去卫，将适陈，过匡。颜刻为仆，以其策指之曰："昔吾入此，由彼缺也。"匡人闻之，以为鲁之阳虎。阳虎尝暴匡人。匡人于是遂止孔子。孔子状类阳虎，拘焉五日。颜渊后，子曰："吾以汝为死矣。"颜渊曰："子在，回何敢死！"匡人拘孔子益急，弟子惧。孔子曰："文王既没，文不在兹乎？天之将丧斯文也，后死者不得与于斯文也。天之未丧斯文也，匡人其如予何！"

《八佾篇》：子曰："周监于二代，郁郁乎文哉！"周文王、武王、周公等前赴后继，建立礼乐，也即"文"，孔子统谓之"文王之文"，即"斯文"。到孔子时代，周之礼乐崩坏，孔子志在恢复礼乐秩序，故有"从周"之意。《中庸》曰："文、武之政，布在方策"，孔子乃以布衣身份收集、整理先王之政典，"祖述尧、舜，宪章文、武"，删定《诗》《书》《礼》《乐》。此即"斯文"，圣王之文，华夏之文，其中有华夏治理之大道。斯文已在孔子，孔子以此兴学，弟子学文而成君子。

"斯文"指向实践,故孔子于"五十而知天命"后起而行道,周游列国。因为误会,在匡邑遭人围困。弟子有畏惧之意,孔子却镇定自若,谓弟子"斯文"已在己身,天不灭华夏之文,不可能丧命于此。子罕言命,然而,当此危难之际,天命意识乃涌现。天生万物与人,定人之夭寿、贫贱、穷通。孔子于五十之际知自己之天命就是传斯文、行斯文,周游列国就是顺天而行。死生在天,外人无可如何,何必畏惧。

本章可与《述而篇》子曰"天生德于予,桓魋其如予何"参读,可见孔子之敬天,与敬天决定之自信从容之人生观。又可与《八佾篇》"仪封人请见"章合观,斯文已在孔子,故"天将以夫子为木铎"。

> 9:6 大宰(太)問於子貢曰:"夫子聖者與(欤)?何其多能也?"子貢曰:"固天縱之將聖,又多能也。"子聞之,曰:"大宰知我乎!吾少也賤,故多能鄙事。君子多乎哉?不多也。"

前数章论孔子之圣,本章记时人、弟子之敬仰。

大宰,即太宰,官名,此处当为吴太宰嚭。《左传》记载,哀公七年、十二年,子贡与太宰嚭两次打过交道。纵,放纵,不加限量。将,大也。

吴太宰嚭请教于子贡:"夫子是圣人么?他怎么有那么多才艺啊?"子贡回答说:"夫子固然是上天所宠幸之大圣,他又多才多艺。"夫子听说这话,说:"太宰真了解我啊。我小时候地位卑贱,所以学会了许多卑贱的技艺。君子需要这么多技艺么?不必要的。"

子贡与太宰对话,孔子已到晚年,天下皆知孔子之圣。但太宰所问子贡之言表明,其所理解之圣仍是古典的,即"多能",知识丰富,精通各种才艺。子贡精彩刻画孔子:孔子是大圣,不同于古典意义上的圣者。孔子之圣是上天所命,故为整全的,绝不限于知识和才艺。具体言之,孔子是得道者，守道者，传道者，行道者。子贡又指出，孔子确实多才多艺，而这与圣不同。

孔子极为谦逊，未评论太宰、子贡关于圣的评论，而解释自己何以"多能"。《史记·孔子世家》记："孔子贫且贱。及长，尝为季氏史，料量平；尝为司职吏，而畜蕃息。"孔子生于衰败的大夫之家，且父亲早卒，为谋生而从事过多种卑贱职业，从而掌握多种事务管理之技艺。

孔子接下来说，君子不必多才多艺。子曰："君子不器。"（《为政篇》）孔子主张社会分工：民众掌握各种技能，是为器；君子维护秩序，故不器，而"志于道"，创制立法，兴起接话，化成天下。若君子从事鄙事，即无人维护社会秩序，以鄙事为业之民众难免因此受损。故君子不贵多能。

本章实为孔子之慨叹。斯文已在孔子，天将以夫子为木铎，御天下入于正道。然而，圣人为行道而做不得不做各种努力，从事鄙细之事，因而多能。夫子之多能，实乃道难行于天下之征也。人欲为君子，行于世，不能无技能，亦当超然与此，而"志于道"。

本章可与"达巷党人"章合观：熟悉孔子的达巷党人以为孔子"博学而无所成名"，不熟悉孔子的人宰却以为孔子"多能"。

9.7 牢曰："子云：'吾不試，故藝。'"

上章记孔子之多能，本章解释其何以多能。

牢，人名，孔子弟子。试，用也。

牢说："夫子曾说过：'我不为世用，所以掌握了很多技艺'。"

上章言孔子之多能鄙事，本章子牢所言加以印证，而含义更为显豁。上章，孔子只说自己"少也贱，故多能鄙事"，强调自己出身卑贱。本章孔子更进一步，延伸至一生，说自己之所以多才多艺，乃因为终其一生不为世用，不能行道于天下以恢复秩序，而被迫从事一些琐碎工作，从而获得各方面丰富知识、技艺。

这句话中有无奈，但也有自豪。孔子的人生态度是"用之则行，舍之则藏"（《述而篇》），孔子并不把得位行道当作人生唯一之路，"无可无不可"（《微子篇》），不能用此方式行道，就在其他领域努力，包括获取各种知识、积累各种技艺。这同样是行道。由本章，可见孔子乐天顺命的生命之道。

本章有"牢曰"字样，透露出《论语》编纂之信息。《汉书·艺文志》曰："《论语》者，孔子应答弟子、时人，及弟子相与言而接闻于夫子之语也。当时弟子各有所记。夫子既卒，门人相与辑而论纂，故谓之《论语》"。孔子教诲弟子或与人交接而言，各弟子随时记录。孔子去世后，最有可能是在为孔子守墓三年期间，弟子汇集各自记录之语，"牢曰"表明本章系牢记录。在此基础上，经过商讨，编纂成册。

上一单元记孔子博学而而耳顺之圣人境界，以上三章记孔子之天命自觉，因此而成圣又多能，其中不乏慨叹。

> 9:8 子曰："吾有知乎哉？無知也。有鄙夫問於我，空空如也。我叩其兩端而竭焉。"

前数章记孔子之圣，本章记孔子之自谦与其教学法。

空空，或作悾悾，诚恳也。

叩，轻轻地敲击。

夫子说："我真的有知识吗？我没有多少知识。有浅陋无知之人请教于我，样子诚恳。我会针对其疑问，从两个方向不断叩问他，直到穷尽之时。"

孔子知识渊博，多才多艺，应问无穷，故弟子、世人都以为孔子无所不知。孔子首先表示自己无知。孔子说此话十分诚恳，面对复杂多变之世界，无人敢说自己无所不知,故孔子"学而不厌",(《述而篇》),"学如不及"(《泰伯篇》),如此孜孜以求知,正因深知自己之无知。

那么,孔子凭什么教人?孔子教人之法是"两端叩问法"。"两端"即《中庸》"舜执其两端,用其中于民"之"两端"。凡物皆有两端,鄙夫提出的疑问必有两端立论。比如,人当何为?对此,杨朱之拔一毛而利天下不为是一端,墨家之兼爱为另一端。孔子围绕鄙夫之疑问,从两端追问。鄙夫有所答,由此再进一步从两端发问。如此往复,直至穷尽其意,鄙夫对自己疑问所涉及种种面相均有所了解,则学有所得。

孔子不以全知全能者自居,不以终极真理掌握者自居,其教人,不是向学者宣讲神启或者真理,而是致力于启发、引导学者自主思考、学习。学者之新知系自主获得,孔子只是发挥协助作用——当然这是至关重要的协助作用。学者既获得知识,也掌握学、思之方法,故可以举一反三。在此过程中,学者之心"空空",承担自己的无知,虚其心而从教,也至为重要。

孔子教学法,《礼记·学记》有更明确论述:

> 善问者,如攻坚木:先其易者,后其节目,及其久也,相说以解;不善问者,反此。善待问者,如撞钟,叩之以小者则小鸣,叩之以大者则大鸣,待其从容,然后尽其声。

孔子为圣人,然教人特别重视学者之自主。盖君子就是自主、自立之人,故在教学过程中,就树立学者之自觉、自主。从孔子学,实为自学,自我成长。

9:9 子曰:"鳳鳥不至,河不出圖,吾已矣夫!"

前数章记孔子之圣,本章孔子自叹不得受命。

凤,灵鸟,雄曰凤,雌曰凰,通称凤。舜时凤凰来仪,文王时鸣于岐山,故凤鸟至为圣王降临之瑞兆也。河图,出于河中、自然成文之玉,《尚书·顾命》中谓"大玉、夷玉、天球、河图在东序",伏羲八卦即为河所出之图。故河出图亦为圣瑞。已,终结。

夫子说:"凤鸟不降临,河中不出图,我到此为止了。"

《史记·孔子世家》:鲁哀公十四年春,狩大野。叔孙氏车子锄商获兽,以为不祥。仲尼视之,曰:"麟也。"取之。曰:"河不出图,雒不出书,吾已矣夫!"《春秋》绝笔于此。麒麟与凤鸟一样,同为瑞兽。麒麟出而为人所猎,孔子以此为不祥之兆。又《汉书·董仲舒传》载董仲舒天人三策之第一策云:

> 故为人君者,正心以正朝廷,正朝廷以正百官,正百官以正万民,正万民以正四方。四方正,远近莫敢不壹于正,而亡有邪气奸其间者。是以阴阳调而风雨时,群生和而万民殖,五谷孰而草木茂,天地之间被润泽而大丰美,四海之内闻盛德而皆徕臣,诸福之物,可致之祥,莫不毕至,而王道终矣。孔子曰:"凤鸟不至,河不出图,吾已矣夫!"自悲可致此物,而身卑贱不得致也。

由此可知,本章为孔子自叹有德而无位之辞。孔子早年删述《诗》《书》《礼》《乐》,以养成士君子。五十岁后十四年间周游列国,以求行道天下。此道不行,孔子转而构想新秩序:作《易传》,以"通天下之志""成天下之务"(《周易·系辞上》);作《春秋》,为万世立法,"是非二百四十二年之中,以为天下仪表,贬天子,退诸侯,讨大夫,以达王事而已矣"(《史记·太史公自序》)。孔子已有完整的新秩序构想,有圣人之德。然而,构建此一秩序还需要位,孔子不得其位,无以行其道,故有本章之感叹。

不过,孔子为万世立法,传道以养成士君子,士君子在后世持续不懈地践行孔子之道。故孔子之道未"已",而常在常新。

> 9:10 子見齊(zī)衰(cuī)者、冕衣裳(cháng)者與瞽(gǔ)者,見(现)之,雖少(shào),必作;過之,必趨。

上章记孔子无位以行道,然而道在日用中,本章记孔子之仁的日常表现。

衰,即缞,丧服之衣。古代丧服,以粗而生之麻布制作,而左右、下边皆不缝,为"斩缞",子对父、臣对君服此丧,丧期三年。以熟麻布制作而下边缝齐,则为"齐缞",有三年、杖期(一年)、不杖期(五月)、三月之异。此处言齐缞,当包斩缞。

冕,大夫以上之冠也。衣,上服。裳,下服。戴冕而服衣、裳,贵者之盛服也。瞽,盲人,三代多以瞽者为师,即乐师。少,年轻。作,起也。趋,疾行也。

夫子见服丧服者、身份高贵者与瞽师:他们来拜会夫子,年龄虽小,夫子也站起来迎接;夫子从其身边经过,一定快步疾走。

仁者以人待人,以己及人,故面对他人,心灵敏感,时刻有他人,体会他人情感,据以安排自己的举手投足,他人觉得熨帖,本章孔子为人示范。孔子之"作"表达敬意,孔子之"趋"表达恭谨。服丧服者必有哀戚之情,体会他人此情而有所同情,《述而篇》记"子食于有丧者之侧,未尝饱也";"冕衣裳者"是地位高贵的君子,自当尊之;瞽师身有残疾,而掌管君子家室、宗庙之礼乐,自当尊之,尊重瞽师就是尊重礼乐。

总之,仁培植心灵之敏感,在任何处境中面对人生成合宜行为,由此,人、己同时立、同时达。

上一单元记孔子之圣,然孔子无位以行道,以上三章记孔子之道遍在人伦日用，见于教学之仁、待人之仁。

> 9：11　颜渊喟（kuì）然叹曰："仰之彌高，鑽之彌堅。瞻之在前，忽焉在後！夫子循循然善誘人，博我以文，約我以禮。欲罷不能，既竭吾才。如有所立卓爾，雖欲從之，末由也已。"

上章记孔子之仁，本章记孔子之道极高明而教人有序。

喟，叹声。仰，向上望。弥，愈加。循循者，有次序之貌。卓，高也。末，无也。

颜渊欢喜感叹说："学习夫子之道，我越是仰望，越觉得崇高；越是钻研，越觉得艰深。本来看见在前面，忽然却在后面。而夫子循着先后次第，完全按照我的性情，一步一步诱导我前行。夫子用文籍丰富、扩大我，又以礼约束我。在夫子诱导下，我想停下来都做不到，让我把自己的才能全部发挥出来了。而夫子之道耸立于前，高峻卓绝，我虽想追随前进，实在不知路在何方。"

颜子最得孔子之传，颜子在此描摹孔子之道与孔子之教法，可分为三节：

第一节，形容孔子之道之高且深。夫子之道，可谓无穷尽、无方体，神妙莫测，故颜子欢喜赞叹不已。然则，孔子之道不可学乎？非也。孔子之道虽然圆满、高明而广大，然非无学习、体认之法。盖孔子之道"下学而上达"（《宪问篇》），"造端乎夫妇，及其至也，察乎天地"（《中庸》），故性情之间，动容之际，饮食起居交际应酬之务，君臣父子兄弟夫妇之常，个人之出处去就，财利之辞受取舍，以至于习惯风俗、政事设施，无非道之所寓。故孔子之道可学、可传。

第二节，颜子描述孔子之教法，循循善诱。诱者，引而进之；善者，得其法也。孔子之道高深莫测，而孔子教人有序，如《泰伯篇》之"兴于诗，立于礼，成于乐"，或本篇"叩其两端而竭焉"。孔子之道就是人之常道，故孔子教人,只是教人体认常道,孔子辅助,在前予以启发、诱导。

颜子接下来总结孔子之教学内容为"博我以文,约之以礼"。文者,《诗》《书》《礼》《乐》之文也,由此可体认修身、齐家、治国、平天下之技艺,通晓历代礼乐制度。而孔子之教不仅传授社会治理知识、技艺,其终极目标是养成君子,故孔子教弟子以礼,弟子因礼而"立",也即对自己的角色有一自觉,遵循君子之行为规范,在社会结构中确立自己的地位。

颜子说,孔子循循善诱,故我"欲罢不能"。孔子激发出弟子好学之心,如颜子这样的"乐之"者,学已成为其生命最大乐趣,自然"欲罢不能",其全部才能发挥出来。《雍也篇》孔子批评冉有"力不足者,中道而废,今女画",颜子则"学如不及",故竭尽其力。

第三节,颜子再次感叹孔子之道的高深。孔子之道彻上彻下,固然平易近人,人皆可学,学则必有所得,但"大哉圣人之道,洋洋乎发育万物,峻极于天"(《中庸》),永远在前面引领人、在高处引提撕人。《庄子·田子方》记颜子之语曰:

> 夫子步亦步也,夫子言亦言也,夫子趋亦趋也,夫子辩亦辩也,夫子驰亦驰也,夫子言道,回亦言道也。及奔逸绝尘,而回瞠若乎后者,夫子不言而信,不比而周,无器而民滔乎前,而不知所以然而已矣。

颜、孔对话是《论语》中最为重要者,本章内涵丰富,一波三折。文辞优美,极富诗意,孔颜气象,于此可见。

> 9:12　子疾病,子路使門人為臣。病間,曰:"久矣哉由之行詐也。無臣而為有臣,吾誰欺?欺天乎?且予與其死於臣之手也,無寧死於二三子之手乎。且予縱不得大葬,予死於道路乎?"

上章记颜子论孔子,本章记子路待孔子。

疾病，重病。为，伪也，假装。间，疾病稍见好转。无宁，宁也。

夫子重病，子路让自家弟子假扮为臣筹备后事。夫子病稍好一些，说："仲由行此诈欺已经太久了。我身为士，本没有臣，子路却假装我有臣。我这是在骗谁？骗天吗？况且，我与其死于家臣之手，宁可死于各位弟子之手。又况且，即便我不能行大夫之丧礼，难道我就死在道路上吗？"

有臣必有君，《仪礼·丧服传》郑玄注曰："天子、诸侯及卿大夫有地者，皆曰君。"有地则可养士，士即是臣，臣臣服于君。依礼，君之丧事由其臣办理，臣且当为君服三年之丧。即便为大夫，若无地，亦无臣。孔子只是偶然担任官职，而无大夫身份，更无地，按礼制，孔子不得有臣。但孔子有诸多弟子，其与孔子间有准君臣关系，尤其是子路，"儒服委质，因门人请为弟子"，而当时封建君臣关系之建立也是"策名委质"。故子路以孔子之臣自居。很自然地，当孔子病重，子路即欲以其弟子为臣，办理孔子丧事。从中可见子路对孔子敬爱之深挚，此与上章颜子相同。

但此与礼不合，故孔子严加批评，于批评之中创制儒门新礼制，从而确立了道统相对于政统之独立地位。

孔子开门授徒，此为千古未有之事，孔门相处需礼。孔子与弟子建立关系之礼，参考封建君臣建立关系之礼，即策名委质。孔子也奔走于封建结构内部，寻找机会。然而，孔子的团体本来就不是一般封建组织，而以兴学为中心，以行道为己任，本来超越于封建的礼乐旧秩序。孔子晚年"不复梦见周公"（《述而篇》），不以复周礼为己任，而致力于建立新秩序，故不希望丧礼仿封建君臣之礼。

那么，孔子丧礼如何办理？《阳货篇》记子路两次反对孔子加入士人之反叛，可见子路较为守旧。然而孔子之志早已超出旧礼乐秩序，故孔子断然指出，与其作为君死于臣之手也，宁可作为师死于弟子之手。孔子要弟子明白，他的身份不是封建结构中之一个君，而是师，是明道、传道、行道者。孔子以此推动弟子们创制新丧礼，《史记·孔子世家》记载：

孔子葬鲁城北泗上，弟子皆服三年。三年心丧毕，相诀而去，则哭，各复尽哀；或复留。唯子贡庐于冢上，凡六年，然后去。弟子及鲁人往从冢而家者，百有余室，因命曰"孔里"。鲁世世相传以岁时奉祠孔子冢，而诸儒亦讲礼、乡饮、大射于孔子冢。孔子冢大一顷。故所居堂，弟子内，后世因庙藏孔子衣冠、琴、车、书。

弟子对孔子服三年之丧，这与臣对君之丧期相同。但弟子所服者乃"心丧"，也即哀戚如父、如君，而不穿丧服。此即因应于儒门这一新组织之新礼制。后世弟子对师均行此礼。弟子又在孔子墓前立祠坛，以时祭祀。弟子又以孔子之居所立庙，即今日曲阜孔庙之前身，而在周代，士不可立庙，弟子却为孔子立庙。凡此种种，皆突破封建礼制。经由孔子教诲，孔门弟子创制新礼，确立孔子之素王地位，在政统之外别立道统。

本章言辞相当激烈，清楚呈现孔子晚年之自我身份自觉。孔子之心已超出周文秩序，也超出三代之制，而直探道体，为万世立法，故孔子不愿死于封建结构中，而决心死于自己正在创立之新秩序中。在封建结构中，孔子只有士之身份，但孔子开创道学，实为万世之立法者。王朝可以更替，政治可以变换，孔子之道常在常新。

上一单元彰显孔子之圣，而孔子不得其位，以上两章记孔子退而教导弟子，组织一个前所未有的学术、社会团体，有道而且有礼，隐然确立孔子为"素王"。

9:13 子貢曰："有美玉於斯，韞（yùn）匵（dú）而藏諸，求善賈（gǔ）而沽諸？"子曰："沽之哉？沽之哉？我待賈者也。"

上章记孔子之自主，本章记孔子出仕之道。

韞，裹也。匵，即椟，匮也，盒子。此作动词，纳于匵中。诸，之乎。

贾，坐商，在古代，行曰商，坐曰贾。沽，卖也。

子贡问："有一块美玉在此，把它裹好纳入盒中藏起来呢，还是选择合适的商人出售？"夫子说："自己叫卖它吗？自己叫卖它吗？我宁愿等待着合适的商人来。"

孔子得道，子贡是商人，而君子如玉，子贡以美玉为喻询问孔子，是否出仕。玉是贵重之器，常作礼器，故在古典时代，玉之交易都经周王或诸侯策命之贾人。在子贡的发问中，善贾就是有能力认识美玉之价值的人，比喻知晓孔子价值之贤君。子贡说，若有此贤君，是否愿意出仕？

孔子首先回应子贡所说"沽"字，模拟沿街叫卖之声"沽之哉，沽之哉"，清楚地表示，自己绝不会这样沿街叫卖自己。孔子宁愿等待善贾者，也即等待贤君礼聘。孔子确愿出而行道天下，但既然旨在行道天下，则绝不可自降身份，枉道事人。君有礼贤之意，给孔子行道天下空间，孔子才会出仕。孔子以此确立道相对于政之尊严。

值得注意的是"待"字。孔子得道，充满信心。欲行道天下，但出仕是有条件的，不急于出仕，此即《微子篇》所说"无可无不可"。为政只是行道之一途，孔子会利用，但绝不热衷。正因此心态，孔子超越于政治，以道导政，行之永远。

9：14 子欲居九夷，或曰："陋，如之何？"子曰："君子居之，何陋之有！"

上章记孔子出仕之道，本章记孔子以道正天下之自信。

九夷，夷人在东方，有九种，具体为何人、在何处，众说不一。

夫子想迁居九夷之地，有人说："太鄙陋了，怎么能住？"夫子回答说："君子居于此地，何来鄙陋？"

孔子为行道周游华夏各国而不得机会,失望之余,乃有居于华夏之外九夷之地的想法。或人指九夷之地过于鄙陋,质陋无文,缺乏礼乐文明。孔子并不措意,因为礼乐文明就在君子身上,对君子而言无所谓陋不陋。更进一步,君子居于此地,必传播、兴起礼乐。夷人得礼乐,也可进于中国,此地自可不陋。

"圣人耐以天下为一家"(《礼记·礼运》),本章孔子指出,对君子而言,华夷之别并非不可逾越的藩篱,只是礼乐文明程度上暂时有所区别而已。礼乐文明是可普遍的,经由君子之化成,鄙陋无文之地可以有文,天下可进于普进于文明,此正君子之责任。君子不自限于某个狭隘族群,而有天下情怀,由近及远,化成天下。

> 9:15 子曰:"吾自衛反魯,然後樂正,雅、頌各得其所。"

上章记君子可正天下,本章记孔子正乐、正诗。

雅、颂,孔子编定《诗经》为三部分:首为十五国风;其次为雅,分小雅、大雅;最后为颂,分周颂、鲁颂、商颂。

夫子说:"我从卫国返回鲁国,经过努力乐音得以复于正,《雅》《颂》各篇也各得其恰当位置。"

中年孔子以《诗》《书》《礼》《乐》教授弟子。鲁定公十四年,孔子五十六岁,离开鲁国到卫国,开始周游列国。十四年后,鲁哀公十一年,孔子六十八岁,返回鲁国。周游列国期间,见各国礼乐错乱之象,故返鲁之后继续从事诗书礼乐整理工作:第一,正乐,即《史记·孔子世家》所说:"三百五篇,孔子皆弦歌之,以求合韶、武、雅、颂之音"。第二,正诗,即"雅、颂各得其所",厘定《诗》之《雅》《颂》各篇之次序。

孔子这番工作针对春秋以来秩序崩坏所导致的乐音之变乱，及诸侯、卿大夫用乐之混乱，而有所订正。由此，孔子也新建礼乐体系，它不同于周之礼乐。此即孔子之制礼作乐。确实，孔子以鲁史记为本作《春秋》，基于鲁太史所藏之《易象》作《易传》，可见，孔子之制礼作乐，以既有之乐、诗为本。但通过编辑删削、重订次第，孔子用旧材料构造出新体系，其中有常道。

只是，乐为活态，孔子之乐未如《春秋》《易传》等经以文字方式传承下来；今日《诗经》篇次系孔子所订，由篇章次第安排中可见孔子之道。

> 9：16　子曰："出则事公卿，入则事父兄。丧事不敢不勉。不為酒困。何有於我哉！"

上章论孔子为后世立法，而孔子之道至为平实，本章记孔子为人之道。

困，乱也。公，诸侯。卿，卿大夫。何有于我哉，自谦之词，除了这些，我还有什么呢，

夫子说："在外出仕，侍奉公侯、卿大夫；回到家中，侍奉父亲、兄长。遇到丧事，不敢不勤勉，又不被酒所乱。除了这些，我还有什么呢？"

孔子之道至高至深，入手处又极平实，无非人伦日用而已。出仕朝廷，则尽其忠信以处理公务；入居私门，则尽其孝悌以侍奉父兄；有丧事，不敢不勉力以循礼仪；又从来不以酒乱其性。殷人好酒，周人戒酒，孔子居其中，饮酒，但不酗酒，不让酒困住自己，让酒在恰当场合发挥恰当作用。"何有于我哉"是孔子自谦之词，意谓自己也就只做到了这些，再无其他长处，其中"乐亦在其中矣"之意。孔子于此指出入道之门：自觉，自主，于人伦日用尽心尽力，自可于道上有所得，于日常生活中有行道之乐。

上一单元论孔子组成一观念和社会团体，寻求行道于天下，以上四章

记孔子行道天下之渠道：孔子既可得位以行道，也可至九夷行道；孔子可通过正礼乐而行道，也可于人伦日用中行道。孔子之道无往而不行，如《中庸》所说："君子之道费而隐。夫妇之愚，可以与知焉；及其至也，虽圣人亦有所不知焉；夫妇之不肖，可以能行焉，及其至也，虽圣人亦有所不能焉。天地之大也，人犹有所憾，故君子语大，天下莫能载焉；语小，天下莫能破焉。《诗》云'鸢飞戾天，鱼跃于渊'，言其上下察也。君子之道造端乎夫妇，及其至也，察乎天地。"

9：17　子在川上，曰："逝者如斯夫！不舍晝夜。"

上章记平实处可以行道，本章孔子劝人及时用功。

川，河。逝，往也。夫，语助词。舍，舍弃。不舍昼夜，不分昼夜。

夫子在河边感叹说："逝者就如同这河水啊，不分昼夜，川流不息。"

此处之"逝者"，概指一切往而不返之事、物，包括时光。孔子站在河边，见河水川流不息，乃感叹说，时光如流水般逝去，一去不复返，故君子不可荒废时光，应抓紧当下，切实用功。

孟子另有解释：

徐子曰："仲尼亟称于水，曰：'水哉，水哉！'何取于水也？"孟子曰："原泉混混，不舍昼夜。盈科而后进，放乎四海。有本者如是，是之取尔。苟为无本，七八月之间雨集，沟浍皆盈。其涸也，可立而待也。故声闻过情，君子耻之。"（《孟子·离娄下》）

流水川流不息，因为源泉充沛，故君子当抓住当下，"学如不及"（《泰伯篇》），进德不已，方可应物无穷。

至于宋儒，有更深一层理解，程子曰："此道体也。天运而不已，日往则月来，寒往则暑来，水流而不息，物生而不穷，皆与道为体，运乎昼夜，未尝已也。是以君子法之，自强不息。及其至也，纯亦不已焉。"意谓孔子以水流而不已示人以天行不已之大义，故《周易·乾卦·象传》曰："天行健，君子以自强不息。"

9:18 子曰："吾未見好德如好色者也。"

上章论及时用功，本章论好德。

夫子说："我没见过好德之程度与好色相当的人。"

人皆有性欲，此为人之本能，故好色正是人之基本情感，不待学而有，且此情通常十分强烈。孔子承认这一点，不认为好色是恶。儒家不主张禁欲，只主张节制欲望。

孔子同时指出，好德与好色一样，是人之自然情感。《诗经·大雅·烝民》曰："天生烝民，有物有则。民之秉彝，好是懿德。"德同样是生命成长固有之倾向，因为德让生命趋向圆满，谁不想圆满呢？孔子要人体认此情，对好德之本能有所自觉，从而"志于道、据于德"（《述而篇》），向上不断提升。对好德之本能有所自觉，此系人之为人的标志，《大学》说："所谓诚其意者，毋自欺也，如恶恶臭，如好好色，此之谓自谦"。

若人不能对此有所自觉，则好色可能伤害生命。色内在于人的自然生命，德则提升这生命超乎自然，达致文明状态，并在礼乐规范下好色。如此，好色之欲满足，生命又向上提撕，如《诗经》之《周南》《召南》所讽诵者。人若好色而不好德，停留在自然状态，性欲泛滥横溢，生命向下坠落，自戕且相互伤害。

> 9：19　子曰："譬如為山，未成一簣（kuì），止，吾止也。譬如平地，雖覆一簣，進，吾往也。"

上章揭示好德之自然倾向，本章孔子教人自强不息。

簣，竹编之土笼。覆，倾倒。

夫子说："好比堆土为山，只差一笼土了，我却停下来，结果没成，这可是我自己停下来的。好比平地上，即便刚倒下一笼土，只要持续就可有所成，那我就向前努力。"

本章孔子以堆土成山为喻说明，君子为学，当自强不息。本章重点在"吾"，我，堆土成山能否成功，完全取决于自己之止或往。《雍也篇》中，孔子批评冉有"力不足者，中道而废，今女画"，就是本章之"止"。本篇颜子之"既竭吾才"，则是本章之"进"。止而不进，难免功亏一篑。进而不已，必定自有所得。个体生命之境界究由自己之抉择和努力决定，故《里仁篇》曰："择不处仁，焉得知？"孔子教人自觉、自主，自强不息。

> 9：20　子曰："語之而不惰者，其回也與（欤）？"

上章论自强不息，本章举颜子之例说明。

语，动词，主动地说。惰，懈怠也。

夫子说："与之讲说而不懈怠的，就是颜回吧？"

《礼记·学记篇》记教学法："必也听语乎？力不能问，然后语之；语之而不知，虽舍之可也。"第一个语指弟子发问之语。孔子教学，强调弟子之自主学习，故弟子发问，孔子回答，即本篇"叩其两端而竭焉"。至其竭，即没有能力发问，孔子直接教导，此即本章和《学记》所说"语之"。

然而，老师所语为其所未知者，其理或者难知，弟子兴致消退，容易懈怠。只有颜子，于夫子之语，"闻一以知十"（《公冶长篇》），触类旁通，豁然心解，而有会心之悦，故而"不惰"。颜子不惰，孔子亦不惰，故可与"与回言终日"（《为政篇》）。本章重点在"不惰"。颜子之不惰，本于学之自觉，生命之自主。

9:21　子謂顏淵曰："惜乎！吾見其進也，未見其止也。"

上章赞颜子不惰，本章赞颜子精进不已。

夫子评论颜渊说："真让人痛惜啊！我只看到他精进不已，从未见他中途而止啊。"

本章重点在"进"，以颜子为例，孔子教人为学之道。唯其永不懈怠，精进不已，生命才可不断向上提升。不进而止，必定下坠。子曰："君子上达，小人下达。"（《宪问篇》）人必须在"进"与"止"之间抉择，此抉择决定生命是上达还是下达。

9:22　子曰："苗而不秀者有矣夫！秀而不實者有矣夫！"

上章记颜子精进不已，本章论为学不可中道而废。

苗，禾谷初生。秀，禾谷开花。实，结成果实。

夫子说："庄稼出苗了而不开花的情形是有的啊，庄稼开了花而不结成果实的情形是有的啊。"

每颗种子均指向结成果实。同一片田地，同时撒下种子，同时出苗，有些禾谷却未开花。开了花的禾谷中，有些没进一步结成果实。凡此种种,都是禾谷生命成长之中道而废,未能实现自己的目的。就学而言,这两种情形都属于上章所说的"止",中途而废。在孔门弟子中,这两种情形可能都有。与禾谷不同的是,人之不能持续成长,通常不是因为客观原因,多因自己中道而废,如孔子所说"我未见力不足者"(《里仁篇》),结果,前功尽弃,终无所成。孔子激励学者当立定志向,自强不息,持之以恒,方可下学而上达,成己而安人。

> 9:23　子曰:"後生可畏,焉知來者之不如今也?四十、五十而無聞焉,斯亦不足畏也已。"

上章告诫学者不可中道而废,本章论好学。

后生,年少者。

夫子说:"年轻人是值得敬畏的,怎么知道这些年轻人不如今天这一辈呢?然而,他们也有可能到了四十、五十岁而依然没有成名,年轻人也不是那么值得敬畏的。"

孔子首先指出,年轻人年富力强,若能好学不厌,博学于文,约之以礼,定可成德成功,赶上今天主导社会的一代人。故孔子说,年轻人的势头是可畏的。孔子调转话头又指出,"后生可畏"是有条件的:好学。若不好学,荒废青春年华,到四五十岁,必一无所成,此时即无可奈何矣。孔子指出,年龄确实是优势,年轻意味着选择空间巨大。但获得年龄红利的前提是自觉而充分地利用年龄优势学而不已。故真正可畏的是好学,好学则每代人各尽其责,文明持续积累;一代人不好学,文明就可以断裂。

上一单元论无处不可行道,既然如此,君子没有理由一刻懈怠,而应抓紧一切时间、机会充实、行道。以上七章孔子激励后学,先言"逝者如斯夫",时光流逝不息,故学者当抓紧时间,学而不厌,不可中道而废。如此,则能在求道路上精进不已。其中多以颜子为例,强调生命之上达或下达,完全取决于自己之抉择。

> 9：24　子曰："法語之言,能無從乎？改之為貴。巽(xùn)與之言,能無說(悅)乎？繹之為貴。說而不繹,從而不改,吾末如之何也已矣。"

前章论好学,本章论以人为师。

法,法度。法语,具有法度意义的言语。巽,顺也。与,许也、从也。绎,寻其绪也。

夫子说："他人以严正教诲之语对我说话,我能不听从吗？因此改正自己过失是可贵的。他人以恭顺赞许之语对我说话,我能不喜悦吗？据此而分析一番自己是可贵的。喜悦而不分析,听从而不改过,这样的人,我实在对他无话可说了。"

与人交往过程中,他人对我之言,皆为我之师:第一种情形,他人以严正教诲之语对我说话,我自当听从,内自省,见己之过而改正,由此可"不贰过"。第二种情形,他人对我说话态度恭顺,颇多赞许。我当然喜悦,可分析哪些行为赢得其赞许,由此进一步提升。总之,"三人行,必有我师焉。择其善者而从之,其不善者而改之"(《述而篇》),在孔子看来,与人交,人皆为我师;听人言,皆可供我学。生活处处是道场,重要的是自觉与内自省。

> 9：25　子曰："主忠信,毋友不如己者,過則勿憚改。"

上章论人言有益于我,本章论交友须自觉。

夫子说:"始终奉持忠、信之德。不结交不如自己的人。有过,不怕改正。"

本章已见《学而篇》,重出于此,以补足上章之意。上章指出,我有自觉,则他人之言于我都有益,不论其为批评、赞许。不主动结交不如自己者,而结交贤于我者,导正于我,改我之过,助我提升。

上一单元论自强不息,在于己;以上两章以人为师,在于外。然外人能否有助于我,仍取决于我之自觉、自主。

9:26 子曰:"三軍可奪帥也,匹夫不可奪志也。"

上章论以人为师,本章论自身立志。

三军,周代礼制,大国有三军。帅,统帅。匹夫,士、大夫以上之君子有妾媵,庶人只有夫妇相匹配而已,故云匹夫。

夫子说:"三军之众的统帅也有可能被敌军获取。匹夫若立定志向,却是不可撼动的。"

三军统帅,地位尊崇,然端赖军众之捍卫。若军众人心不一,了无斗志,一战即败,统帅难免被敌方俘获。匹夫地位虽然卑微,只要立志坚守,就无人可以撼动,因为志在心中,无人能从外夺取。

孔子说明,为学,莫先于立志。志者,心之所之也,志划定生命方向。不立志,则生命无方向,茫然漂流,最大可能是往下堕落。立志,则生命上正轨,沿此方向努力,必能有所成。孔子就是典范,子曰:"吾十有五而志于学"(《为政篇》);子曰:"苟志于仁矣,无恶也"(《里仁篇》);子曰:"士志于道";子曰:"志于道,据于德,依于仁,游于艺"(《述而篇》)。志之用大矣哉!成为君子,立志为先。

孔子指出,志不可夺。志是心之所之,心在我之内,任何外在力量无从强行改变。立定志向，环境顺利，故不必论；环境即便不利，我也可换一种方向行动，如孔子"舍之则藏"（《述而篇》)，但此志仍在。《礼记·儒行》记孔子言，儒者"适弗逢世，上弗援，下弗推，谗谄之民有比党而危之者，身可危也，而志不可夺也"。君子矢志不渝，此志唯在于我，在于我对生命的自觉。

> 9：27　子曰："衣敝缊（yùn）袍，與衣狐貉者立，而不恥者，其由也與（欤）？'不忮（zhì）不求，何用不臧？'"子路終身誦之。子曰："是道也，何足以臧？"

上章论志，本章论志于道。

衣，动词，穿也。敝，破败。缊，丝絮也。狐貉，以狐、貉之皮为裘。"不忮不求，何用不臧"，出自《诗经·邶风·雄雉》。忮，害也，嫉妒也。求，贪也。臧，善也。

夫子说："穿着破败的絮棉袍子，与穿着狐貉皮裘之人并肩而立而不以为耻者，大概就是仲由吧？诗云：'不忮不求，何用不臧？'子路准备终身诵念这句诗，夫子对子路说："你所求者为道，怎能满足于这一点点善？"

凡贪恋于物、以物衡量生命价值者，若与富贵者在一起，必定自惭形秽。《里仁篇》：子曰："士志于道，而耻恶衣恶食者，未足与议也"，子路行之。故孔子引用诗句予以赞赏。人以恶衣恶食为耻，或因为忮，或因为求。忮者，见人之有而有艳羡、甚至加害之心；求者，见己之无而有获得、甚至以不当手段获取之心。二者均起因于外物之牵累，以物质占有之多寡、好坏为衡量生命之判准。

子路"志于道"，故不以物质之多寡、好坏为意。孔子接着教诲子路，所求者当为道，不能仅满足于这点善。"耻恶衣恶食者"只是最低标准，对士君子来说，重点还在"志于道"。不因贫富动心，不以恶衣恶食为耻，只是打开生命继续提升之门。若停留于此，同样"未足与议也"。

9∶28　子曰："歲寒，然後知松栢之後彫也。"

上章论志于道，本章论君子不改其志。

岁，年。寒，大寒。彫，树叶枯萎凋敝，非凋落。

夫子说："在特别寒冷的年份，才能知道松树和柏树是最后才有一点凋敝的。"

山间林木繁多，正常年份，众木容或有不死甚至荣茂者。唯至大寒年份，松柏之耐寒品性方凸显出来。众木皆凋零，甚至已被冻死，而松树、柏树只是有一点凋敝而已，依然亭亭耸立，在寒冷的冬天撑起一点生意。春天一到，又立刻生机焕发。松树柏树之"后凋"，因其耐寒之内在品性，故能在外部恶劣环境中维系生机。

孔子以松柏喻君子，《荀子·大略》："君子隘穷而不失，劳倦而不苟，临患难而不忘细席之言。岁不寒，无以知松柏；事不难，无以知君子无日不在是。"治平之世，法度健全，礼乐完整，君子行其道，小人从教化，君子、小人各得其所，各尽其职。若法度失灵、礼乐崩坏，小人为时风吞没，放纵欲望，肆无忌惮，相互伤害，自我毁灭。君子却不受外部恶劣环境影响，守正不阿，坚守伦理和社会治理原则，此即"后凋"。

所以然者，"士志于道"（《里仁篇》）也，"匹夫不可夺其志"也。君子自觉、立志而自主，不论外部环境如何变幻，都能"笃信、好学、守死善道"。因君子之坚守，伦理、礼乐能在乱世中勉强维持，社会赖以保持一线生机。待春天到来，以君子为中心，社会方逐渐重建秩序，走出乱世。若无君子之坚守，社会秩序无以重建。故从社会角度看，君子养成，至关重要。君子是社会生机不断、赓续不已之关键。一个社会，虽在乱世，只要君子在，必能走出混乱。若无君子，终究不能由乱而治，重建秩序。

孔子生当"岁寒"之时，犹如松柏，《庄子·让王》记孔子自谓："君子通于道之谓通，穷于道之谓穷。今丘抱仁义之道，以遭乱世之患，其何穷之为？故内省而不穷于道，临难而不失其德。天寒既至，霜露既降，吾是以知松柏之茂也。"孔子就是礼崩乐坏时代的松柏，为中国重建秩序保存生机。孔子是永远的松柏，为人类保存生机。

上一单元论君子以人为师，然成己安人终在于己，以上三章论君子以立志为本，士志于道，方能有所得，提升生命，且不为外界暴力所屈或为外界富贵所惑。

9:29 子曰："知（智）者不惑，仁者不忧，勇者不惧。"

上章论君子于乱世之意义，本章论知、仁、勇三德。

夫子说："智者无所迷惑，仁者无所忧虑，勇者无所畏惧。"

君子当同时有知、仁、勇三德。

知者不惑，《为政篇》孔子谓自己"四十而不惑"。惑者，为欲望、情绪所控制。不惑，不受情绪干扰，而能客观、通达地面对己对人，故可洞明世事，得其至理，此即智。

仁者不忧，《颜渊篇》：司马牛问君子。子曰："君子不忧不惧。"曰："不忧不惧，斯谓之君子已乎？"子曰："内省不疚，夫何忧何惧？"然而，仁者何以不忧？《春秋繁露·必仁且知》解释说：

> 仁者憯怛爱人，谨翕不争，好恶敦伦。无伤恶之心，无隐忌之志，无嫉妒之气，无感愁之欲。无险诐之事，无辟违之行。故其心舒，其志平，其气和，其欲节，其事易，其行道，故能平易和理而无争也。

概言之,仁者把他人当成与自己完全相同的人对待,故"己欲立而立人,己欲达而达人"(《雍也篇》),"己所不欲,勿施于人"(《卫灵公篇》),敬、爱他人,以救济为务,不伤害他人,则不可能为人伤害,故不忧。

勇者不惧,《为政篇》:"见义不为,无勇也"。君子无惧,因为"君子喻于义"(《里仁篇》)。君子之勇不是血气之勇,而本乎义。故君子大义凛然,不为利所动。君子喻于义,义高于身,故君子可为义舍身。义之所在,虽赴汤蹈火,在所不辞,是为不惧。

孔子言知、仁、勇三德,而以知为先,仁、勇次之,其中有深意焉。知、仁、勇三者间有一定次第:知以明之,仁以守之,勇以行之。首在致知。知者,自知也,有生命之自觉也。知者,知于道也,知道,方能"志于道"。孔子兴学,弟子博学于文,此为养成君子的基础。由学而得知,知"为仁由己"(《颜渊篇》),而有仁者不忧。知社会治理之道,而有起而行道之勇。

《中庸》又称知、仁、勇为"三达德":"天下之达道五,所以行之者三,曰:君臣也,父子也,夫妇也,昆弟也,朋友之交也,五者,天下之达道也。知、仁、勇三者,天下之达德也,所以行之者一也。"此处笼统地以知、仁、勇三者为践行公私生活之伦理的普遍德行。诚然,伦理和社会政治秩序之健全,均有赖于知、仁、勇三德。

> 9:30 子曰:"可與共學,未可與適道;可與適道,未可與立;可與立,未可與權。"

上章论智、仁、勇三德,本章论为学上进之层次。

与,以也。适,之也,往也。权,秤锤也。

夫子说:"可一起学习,未必有能力求道;可以求道,未必能有所立;可有所立,未必能够权变。"

孔子兴学，以养成君子。孔子之学是开放的，弟子合群而学，曾子曰："君子以文会友，以友辅仁"（《颜渊篇》），故孔子曰"共学"。学可以共，然不是每人都"志于道"（《里仁篇》）。孔子教弟子"博学于文"（《雍也篇》），其中有道，然能否体道、求道，却因人而异，看其是否"志于道"。

人若能"志于道"，也就走上生命提升之路。然最终能否有所立，取决于每人抉择。孔子自谓"三十而立"（《为政篇》），又谓"立于礼"（《泰伯篇》）。立是以礼塑造自己，生命有所定止，不为外物所撼动。"志于道"才能有所立，然"志于道"而不能守，亦不能立，如《里仁篇》所说"士志于道，而耻恶衣恶食者，未足与议也"，此即不能立。

更进一步，尚需权变。权，秤锤也，置于衡也即秤杆上。权自身重量固定，人移动其在衡上之位置称出外物之重量。若权不移动，就不能称物之轻重，故权意味着变。孔子说可以权，意谓君子能权变。《春秋公羊传·桓公十一年》："权者，反乎经者也。反乎经，然后有善也"，反经而合道是为权。天不变，道亦不变，但经非道，经者，常也，伦理与治理之惯例、礼法。正常情况下，人循礼而为；非常时期，不能不反乎常礼，出以非常之举，此即权。

关于权变，孟子举过这样例子："嫂溺不援，是豺狼也。男女授受不亲，礼也；嫂溺援之以手者，权也。"（《孟子·离娄上》）天生人，欲人生，故人道以生为大。嫂子溺于水中，援之以手，固然有悖于男女授受不亲之礼，却合乎人生之大道。此处之权，反乎经，却合于道。《庄子·盗跖》记不知权变之寓言："尾生与女子期于梁下。女子不来，水至不去，抱梁柱而死。"信固为美德，大难临头，如此守信，则为不知权，虽合于经，然反乎人道。

国家亦有行权之时。正常时期，一切自当依循宪法、法律，非常时期如外敌大规模入侵，或内部有大规模暴乱，则不能不暂时中断宪法某些条款，进入紧急状态。此即行权，不行此权，宪法秩序将被倾覆。

但权变非权术、权谋。权确需移动，方能衡物之轻重，但权本身的重量固定不变。行权之时，人们可采取有悖于常法之措施，但实施这些措施，与实施常态下措施之用心一致，止于善。若为一己之私利而变乱常法，则不属于权。权在衡上，终究由人移动，若人心不正，变乱权衡，则无可如何矣。归根到底，行权，以人有所立为前提。有所立者，守死善道也，用常或者用权一以传道、行道为鹄的。虽有权变，终究不离大道。正是通过权变，道才得以行于天下。孔子本人正是典型。

本章孔子论为学上进之层次，愈往后而愈微妙，愈难以企及。尤其是用权，若非大本有所立，定然肆无忌惮，堕入小人之道。但在复杂多变的世上，君子欲行道天下，又不能不知权、用权。"不可与权"，难免如孔子所说之"硁硁然小人哉"，甚且有尾生之祸。用权却需明道，且为了行道。此中精微之处，正可见利、命、仁之复杂关系。

又本章可见，生命成长实无止境。君子行道于天下，而世事动态多变，君子唯有学而不厌，进而不已，方可成己而安人。

9∶31　"唐棣(dì)之華，偏其反而。豈不爾思？室是遠而。"子曰："未之思也，夫何遠之有？"

上章论为学可致高明境界，本章论思。

"唐棣之华，偏其反而。岂不尔思？室是远而"，未收入《诗经》之逸诗。唐棣，植物名。华，花也。偏，或作翩，花落之貌。反，翻也。

诗云："唐棣之华，偏其反而。岂不尔思？室是远而。"夫子说："这是因为没有思之，若思，有什么远的？"

本章所引乃逸诗，无传，今人难明其义。《诗经》之《召南·何彼襛矣》有"何彼襛矣，唐棣之华"句，郑玄笺："兴者，喻王姬颜色之美盛"。《小雅·常棣》有"常棣之华，鄂不韡韡"句，毛传："兴也。常棣，棣也。鄂，犹鄂鄂然，言外发也。韡韡，光明也。"此两诗均取唐棣开花美盛之象。

或人引用这几句诗似乎说明，道虽美盛，然不易求。

孔子断然指出，这只是因为未思。只要思，大道就不远。《述而篇》：子曰："仁远乎哉？我欲仁，斯仁至矣"。天命人以仁，仁内在于人，故不远。"欲"即自觉地有所求，则可进于本章所说之"思"。《为政篇》：子曰："诗三百，一言以蔽之，曰'思无邪'。"后来孟子畅论思之重要性："仁义礼智，非由外铄我也，我固有之也，弗思耳矣"。经由思，人固有的"四端"扩充为仁、义、礼、智四德（《孟子·告子上》）。此"思"实为自思，思我内在之仁，扩充、发用。成就君子端赖于自思，不思，生命受限于肉体，只能下达，而难以上达。

以上三章描述孔子其人知、仁、勇俱全，高明而精微。尽管如此，孔子之道是可学的，思则必有所得。由此开启下篇，记孔子之处事待人。

乡党篇第十

孔子之圣呈现于外,自有圣者之威仪,故本篇在上论之末。

本篇本不分章,今参照各家注疏、依记述脉络分为二十三章,记孔子之举手投足、进退周旋之容貌、颜色、辞气,可见孔子之威仪。道不离乎日用之间,学者欲潜心于圣人,宜于此求焉,于孔子之视听言动求孔子之心。

君子必有威仪,《诗》云:"敬慎威仪,唯民之则"。《左传·襄公三十一年》:"君子在位可畏,施舍可爱。进退可度,周旋可则。容止可观,作事可法。德行可象,声气可乐。动作有文,言语有章。以临其下,谓之有威仪也。"孔子于礼崩乐坏之际,重述君子威仪,垂法万世。

> 10:1　孔子於鄉黨,恂(xún)恂如也,似不能言者。其在宗廟、朝廷,便便言,唯謹爾。朝,與下大夫言,侃侃如也;與上大夫言,誾(yín)誾如也。

本章记孔子于不同场合之言语辞气。

乡党,基层社区。恂恂,信实之貌。如,样子。本篇前半部分多记孔子之容貌,故多有"如也"之句。便便,言辞明晰流利之貌。大夫,封建时代之禄位,在大夫之等级而在国君之朝中担任卿之职者,为卿大夫,即上大夫。一般大夫即为下大夫。侃侃,和乐之貌。誾誾,和悦而严净之貌。

夫子在乡党中,容貌诚恳,好像不善言谈的样子。在宗庙中、朝廷上,则明晰流利地表达，而十分谨慎。上朝，在国君未来之前，与下大夫言谈，有和乐之貌。与卿大夫言谈，和悦而中正。

礼之基本原则是"自卑而尊人"（《礼记·曲礼上》），礼形之于身体，即为仪，礼仪约可分为三，即《泰伯篇》曾子所说"动容貌，正颜色，出辞气"。在不同场合，对不同人有不同的容貌、颜色、辞气。本章大体描摹孔子在不同场合、对不同人之不同辞气。本章可分为两部分，均采用对比的方式，呈现孔子之出辞气。

前半章对比孔子与亲情社会和公共空间之不同辞气。乡党是父兄宗族之所在，言谈对象是亲戚、朋友、相熟的乡人。此系亲情社会，乡党中人均知孔子为圣人，尊敬孔子。而孔子无一毫骄傲、炫耀，面对乡党中人容貌诚恳，不欲多言，好像不能言者。孔子尊重别人，愿意倾听。在此，孔子享受亲情，融入乡党，浑然忘却自己的身份。宗庙、朝廷是公共空间。宗庙祭祀邦国先君、举行重大公共礼仪活动，是礼法之所在；君臣共同审议国政于朝廷。处理公共事务，不能不言。孔子于此处言，用词切当，语气堂皇，逻辑明晰，条分缕析，无含糊其辞之处。但宗庙、朝廷又是严肃崇高的场所，孔子于此处发言，绝不放肆，而恭敬谨慎。

后半章对比孔子与下大夫、上大夫言谈之不同辞气。当孔子仕于公室，其位当在下大夫，对同等之下大夫不难以中正，而难以和乐。孔子恰能以平等心对待同僚，可见孔子敬人之意。反过来，对尊者不难以和悦，甚至可能失之于谄媚，而难以做到中正，维护自己尊严。孔子敬尊者，但不失自身尊严，故与卿大夫言谈，和悦，但中正。

礼仪纷繁复杂，孔子彰显，礼仪之要在于合宜、得体，敬人而保持自身尊严。

10:2 君在，踧（cù）踖（jí）如也，與與如也。

本章记孔子对君之容貌。

踧踖，恭敬之貌。与与，徐徐也，行步安舒之貌。国君在，夫子起恭敬之貌，其神态又安舒不急。

上章记孔子对不同人之辞气，本章记孔子对国君之容貌。

君在，可能在宗庙，也可能在朝廷，不管何时何处，只要君在，孔子之容貌就是恭敬。礼别尊卑，国君为国中最尊贵者，对君，自当表现出足够的敬，《八佾篇》：子曰："事君尽礼，人以为谄也。"又《里仁篇》子游曰："事君数，斯辱矣"。尊君，但绝不谄媚君，否则将丧失自身尊严。

本章两个词生动描摹孔子在尊君与自尊间保持微妙平衡的艺术。国君到来，向群臣行揖礼，群臣自然起恭敬之貌，但孔子又非急急忙忙的样子，相反"与与如也"，神态安舒而不急。如此威仪恰合中道：尊君，而又自尊。

10：3　君召使擯（bìn），色勃如也，足躩（jué）如也。揖所與立，左右手，衣前後，襜（chān）如也。趨進，翼如也。賓退，必復命曰："賓不顧矣。"

本章记孔子引导宾客之容貌、颜色。

擯，接待宾客。勃，盛气貌。躩，逡巡欲行之貌。襜，衣服摆动而整齐之貌。趋，疾行也。翼，小心翼翼之貌。

国君派夫子接待外国宾客，孔子立刻精神抖擞，容貌矜庄，脚下逡巡欲行的样子。夫子对自己的同列行揖礼，向左或向右，上衣前后摆动，但整整齐齐。疾步前进时，小心翼翼的样子。宾客辞别后，夫子必定向国君汇报说："贵宾已不回头了。"

春秋时代，各邦国之间频繁互访，聘礼即规范两国相互聘问之外交礼仪。客人有"介"，据《礼记·聘义》："上公七介，侯伯五介，子男三介，所以明贵贱也"。主人有"摈":"主君,公也,则摈者五人;侯伯也,则摈者四人;子男也,则摈者三人";"卿为上摈,大夫为承摈,士为绍摈"。介、摈之功能是"相礼",即协助客人和东道主践履礼仪,需熟悉礼仪。

第一节记,君召为摈,鲁侯派孔子为摈,接待来访的他邦之君或卿大夫。据下文,孔子似为承摈。接到邦君指令后,孔子立刻抖擞精神,而呈现出庄重神态,并时刻准备起身迎接客人,故脚下逡巡欲行,这两者"如也"生动写出孔子对君命之敬。

第二节记孔子行动之态。邦君宫室坐北朝南,迎接客人时,主摈在东,客介在西。摈至少三人,这里说"左右",则可以推断,孔子为承摈。绍摈在最南,上摈在最北,承摈居其中。以承摈位置言,其左立者为绍摈,其右立者为上摈。为迎客之计,他们都斜向大门而立。他们负责逐个传达主、宾之辞,而依礼,每说话前行揖礼,"左右手"意谓,时而向左侧之绍摈行礼,时而向右侧之上摈行礼。这时,衣服左右摆动。行揖礼时,上身一俯一仰,衣服前后摆动。虽然如此,孔子衣服始终保持整齐之貌。

第三节记相礼之趋进容貌。客人升堂后,摈退至中廷,即堂前空地。邦君行礼时,摈当相礼,从中廷步行至堂前阼阶,有数十步。相君行礼,不可有失,故快步而行,此即"趋进"。虽趋进仍小心翼翼,步履整齐,身体端庄,充分呈现恭谨之状,如贾谊《新书·容经》所说"趋以微磬之容,飘然翼然,肩状若流,足如射箭",虽急速而依然端庄优美。

最后一节记孔子对君命之敬。主人、宾客结束会见,主人送宾客至大门内,摈则送宾客出大门之外,再拜,即两次拜宾客,客人不还礼而去。凡拜送之礼,送者拜,去者不答拜,此即"不顾"。孔子送宾客于门外,然后进门至阼阶,报告邦君客人已离去,整个聘礼终结。孔子以恭敬神态完成这一步骤。

本章彰显孔子奉君命为摈,自始至终保持着敬:对君命之敬,对同僚之敬,对宾客之敬。这种敬通过得体而又优美的礼仪动作充分呈现。

> **10:4** 入公門，鞠躬如也，如不容。立不中門，行不履閾。過位，色勃如也，足躩如也，其言似不足者。攝齊（zī）升堂，鞠躬如也，屏氣似不息者。出，降一等，逞顏色，怡怡如也。沒階，趨，翼如也。復其位，踧踖如也。

本章记孔子朝见公侯之容貌、颜色。

公，公侯，也即邦君、诸侯。鞠躬，非动词，而是双声词，躬当为窮，谨敬自敛之貌。閾，门槛。过，经过。位，君平常所立之位置。摄，提也。齐，衣裳缝了边的下摆。息，气息。降，下也。等，台阶之级。逞，纵也，放松。没，尽也。复，再次经过。

夫子进邦君之门，必收敛身体，保持谨慎恭敬的样子，好像那门容不下他的身体。夫子从不站在大门中间，走路也绝不足踏门槛。经过邦君平常所站位置，夫子必保持矜庄之貌，脚下快步行走，放低言语，仿佛气力不足。夫子提裳之下摆登邦君之堂，必收敛身体，保持谨慎恭敬的样子，屏住气息，仿佛不再呼吸。出了邦君之堂，下一级台阶，夫子放松脸色，怡然有和悦之色。完全下了台阶，到了中廷平地，他便快步前行，而小心翼翼。再次经过邦君之位时，夫子又放缓脚步，起恭敬之貌。

本章描写孔子上公侯之朝的容貌，可分为六节。

第一节记孔子进公门之神色。孔子由此门进入参加公侯朝会，处理邦国事务。孔子从入门开始，就收敛身心，保持在敬的状态，看起来仿佛高大的宫门也不足于容纳自己的身体。这种敬既针对君，也针对自己的职事。

第二节记孔子如何过门。门之左右树有长木，为枨，中央两扇相交处树一根短木，是为闑。邦君出入，近闑，此即门之中，即中门。此既为尊者所行，则臣当走相对靠外之处。孔子注意这一点，不于门中走过。孔子也从不践踏门槛。践踏门槛，自己忽然高出别人，对别人不敬。践踏门槛，也必致其肮脏，后来者经过，难免弄脏下裳，对人不敬。

第三节记孔子经过君位时之神色。进门后，很快到君所常立之位。邦君每天常朝于宫前廷中，与群臣互行揖礼。君常立于相对固定位置，此即君位。然后君入堂处理公事，群臣各在官府处理公务。如需君臣相商，君命臣入内廷或升堂，本章所记即此种情形。经过君位，君虽不在，然此位可尊，故孔子过之，必起敬意，表现在神色上，也表现在行为上。这里的言不是孔子主动说话，而是同僚言语。孔子不能不答话，必低声细语，仿佛气力不足。

第四节记孔子登堂之神态。宫皆建在高出地面的台上，故堂前有台阶。将登台阶时，孔子以手提起下裳下摆，以免踩到跌倒，也免弄脏下裳下摆。孔子也调整身心，曲敛其身，屏住呼吸，因为马上进入堂中与邦君议事，仪容在恭敬状态。孔子与邦君交谈的神态，前已描述，本章从略。

第五节记孔子出堂之后的神态。孔子从堂中出来，始终保持恭敬之态。下一级台阶后才舒口气，而有和悦之色。因与君相交，或许领受君命，当积极完成，故下完台阶，快步疾行，又小心翼翼。

第六节即孔子再度经过君位时的神态，与进入时相同，必起敬意。

本章记孔子朝见邦君之全过程，贯穿其中者为敬，敬于邦君，敬于职事。

10∶5　执圭，鞠躬如也，如不胜。上如揖，下如授。勃如战色，足蹜（sù）蹜，如有循。享礼，有容色。私觌（dí），愉愉如也。

本章记孔子出聘外邦之容貌、颜色。

圭，玉质礼器名，长条形，上端尖锐，下端平直。圭长因爵位而异，公之圭长九寸，侯、伯长七寸。公侯朝觐周王，聘问他邦，以圭为信物。大夫出聘，亦执君之玉而缩短一寸，以为信物。襄汾陶寺遗址出土有圭。上，奉也。下，下堂。战色，战战兢兢之色。蹜，抬脚短促，步幅较小。循，顺行也。如有循，前脚迈出，后脚紧跟，前脚之根与后脚之趾相接，顺递而行。享，献也，呈献礼物。觌，见也。

夫子聘问他邦，执持邦君之玉圭，必收敛身体，保持谨慎恭敬的样子，仿佛力气拿不住玉圭似的。夫子向主人奉上玉圭时，如同行揖礼；下堂之时，依然保持奉上之时的神态。在整个奉圭过程中，始终保持着矜庄之貌，战战兢兢的样子。步幅紧促，前后脚相接，顺递而行。到奉献礼物的环节，夫子则和气满容。到了以个人身份向主人奉献礼物时，则有愉悦之色。

本章可分三节，完整描述孔子奉邦君之命聘问他邦之容貌、颜色。

第一节记孔子执邦君之圭的神态。圭是邦君与他邦之君相见之信物，邦君授圭于己，即将与他邦相交之重任托付于己。故使者所持着，邦国之得失安危也。孔子深感责任重大，故始终保持谨慎恭敬状态，举轻若重，仿佛拿不住圭。

第二节记孔子与主人交接时之容貌。与主人相见，孔子奉圭的动作一如行揖礼，其手与心平。自己代表本邦之邦君，过低失之于骄傲，惹对方之君不满；过高，过于自卑，辱没自家邦君。孔子拿捏恰到好处，与心相平，既敬主人，又不失自尊。奉圭之后下堂，孔子始终保持恭敬之态，如奉圭之时，呈现对主人之敬。经文回头描述孔子奉圭之前趋进于主人时神态，始终保持矜庄之貌，有战战兢兢之态，其行走快疾而整齐。

第三节记孔子奉献礼物之颜色，分两部分：首先，代表邦君向主人奉献礼物，即享礼，礼物以玉最贵重，裹之以帛。又有虎豹之皮、骏马及本地所出特产，罗列于庭中，是谓"庭实"。奉献礼物旨在和两君之好，故孔子一改此前矜庄恭敬之貌，和气满容。享礼之后，使者向主人奉上私人礼物，此即"私觌"，比起公事，颜色更为和悦松弛。

从本章可见，孔子办事，公私分明，容貌、颜色也相应调整。

以上五章记孔子在乡党、宗庙、朝廷、聘享等公共场合之容貌、颜色、辞气，与周旋进退之节，一本乎仁，而有亲、敬之别。

> 10:6　君子不以紺（gàn）、緅（zōu）飾，紅、紫不以為褻服。當暑，袗（zhěn）絺（chī）綌（xì），必表而出之。緇衣，羔裘；素衣，麑（ní）裘；黄衣，狐裘。褻裘長，短右袂。必有寢衣，長一身有半。狐、貉之厚以居。去喪，無所不佩。非帷裳，必殺（shài）之。羔裘、玄冠，不以弔。吉月，必朝服而朝。

本章记孔子之衣冠。

君子，指孔子。绀，颜色，青而含赤色也。緅，颜色，色赤而微黑。饰，饰衣领袖口等边缘。紫，颜色，黑赤色也。褻，贴身之服，也即中衣。袗，单也，此处做动词，穿单衣。絺、绤皆为葛纤维所织，精者为絺，粗者为绤。表，动词，穿外衣。出，出门也。之，往也。缁，帛之黑色者。衣，古人穿裘，毛向外，另有罩衣，称之为裼（音锡），羔，羊羔。麑，小鹿。短，动词，使之短。袂，袖也。寝衣，被子。居，坐也。去，除也。佩，佩玉。帷，围也。裳，下身之裳也。帷裳，朝、祭之裳以整幅布制作，不加剪裁，故无缝，多余的布折叠成褶子。杀，缝也。玄冠，朝会祭祀之冠，外覆以黑缯。吉，或以为当为"告"，告朔。

夫子不以绀色、緅色装饰衣领边缘，也不用红色、紫色制作贴身之服。暑热之时，夫子在家中单穿絺、绤做的上衣，出外时，一定加上一件外衣。夫子穿黑色的羔羊皮裘时，一定外罩黑帛之衣；穿白色的幼鹿皮裘时，一定外罩素色之衣；穿黄色狐狸皮裘时，一定外罩黄色之衣。为了保暖，居家所穿之皮裘较长，右侧袖子略短，以便于做事。夫子一定有睡觉专用之衣，尺寸是身长的一倍半。冬天，夫子以厚重的狐、貉之皮毛作坐垫。丧服期满之后，夫子会佩戴一切当佩之玉饰。以整幅布做的朝祭之服之外的衣裳，夫子加以剪裁拼接。人若刚死，夫子不会穿着羔裘玄冠之朝服去吊唁。正月，夫子必穿着朝服去赴邦君之朝会。

古人之服，头有冠；上身为衣，交领，右衽；下身为裳，不是裤，而是裙。

足为屦。衣冠皆有礼制规范，孔子严格遵守。本章可分九节，描述孔子衣冠之礼。

第一节记衣裳用色之严谨。依礼制，冕服玄衣、纁（xūn）裳，故玄、纁是祭服之色，而绀、緅、紫均在玄色之类，红在纁色之类，故孔子不以之装饰衣领、袖口，也不用作贴身之服。

第二节记暑期衣着之礼。夏天暑热之时，孔子穿着葛纤维做的衣服，较凉爽。一旦出门，孔子必定加上外罩之衣，容貌更为严整、庄重，表现对人之敬。

第三节记冬季衣着之礼。古代君子冬季以皮裘御寒，孔子在皮裘之外必加以罩衣，颜色与皮裘相近。其中，缁衣、羔裘是朝服；素衣、麑裘偏于素，用于凶礼；军、聘之礼，用黄衣、狐裘。冬季在家，为御寒，皮裘较长。右侧袖子略短，便于做事。

第四节记寝衣。寝衣不同于今日被子，有衣之外形，日本尚可见其形制。寝衣规格为身长之一倍半，充分遮体，不至于睡觉时身体外露。

第五节记之坐垫。古人席地而坐，冬季阴气较重，下体寒冷，为身体健康，以较厚重的狐、貉之皮毛制作坐垫，以抵御寒气。

第六节记处理丧礼与佩玉关系之原则。古人重玉，《诗经·秦风·小戎》："言念君子，温其如玉"。《礼记·玉藻》说："古之君子必佩玉"；"君子无故，玉不去身，君子于玉比德焉"，君子如玉，刚强而温润。"孔子佩象环五寸，而綦组绶"（象，象牙质地。綦，青黑色。组绶，用以佩玉的丝带。郑玄注："象，有文理者也。环，取可循而无穷"）。《礼记·聘义》记孔子更为详尽地解释说：

> 夫昔者，君子比德于玉焉：温润而泽，仁也；缜密以栗，知也；廉而不刿，义也；垂之如队，礼也；叩之，其声清越以长，其终诎然，乐也；瑕不掩瑜，瑜不掩瑕，忠也；孚尹旁达，信也；气如白虹，天也；精神见于山川，地也；圭璋特达，德也。天下莫不贵者，道也。《诗》云："言

念君子，温其如玉。"故君子贵之也。

但丧主于哀，故除去各种装饰，包括佩玉，此外各种场合都佩玉，以使容貌庄严齐整。

第七节记制衣裳之礼。朝、祭之裳，即下身之裙，以整幅布制作，不加剪裁，故无缝，多余的布折叠成褶子。此外，孔子也有儒服，《礼记·儒行》记：鲁哀公问于孔子曰："夫子之服，其儒服与？"哀公馆孔子，见其服与士大夫异，又与庶人不同，疑为儒服而问之。孔子之服独树一帜，此为"深衣"，《礼记》有专篇记其规制。与衣、裳上下相分不同，深衣一体贯通，整幅布多以裁剪拼接，故需缝制。

第八节记吊丧之服。羔裘、玄冠是朝、祭之吉服，人刚死，仓促之际仍着此服。孔子深以为不安，以为不足以表达哀戚之情，故吊唁时，其服与常人有异，不以羔裘、玄冠吊丧。孔子在此对传统礼制有所调整，《白虎通义》谓："玄冠不以吊者，不以吉服临人凶，示助哀也"。

第九节记年初朝会之礼。周礼有周王告朔、诸侯听朔或视朔之制，后虽废，但《八佾篇》记："子贡欲去告朔之饩羊，子曰：'赐也，尔爱其羊，我爱其礼。'"有司仍供告朔之牺牲，孔子从中看到恢复礼制之可能，故于每年告朔之日，先穿皮弁之服，以示参加告朔之礼，然后才换朝服参加朝会，《礼记·玉藻》记孔子曰："朝服而朝，卒朔，然后服之。"

可见，孔子于衣冠，既重视其护体之实用功能，又重视其界定伦理与政治关系之公共功能，健康与得体并重。

> 10:7 齊（斋），必有明衣，布。齊（斋），必變食，居必遷坐。

本章记孔子斋戒之礼。

明衣，浴衣。布，麻或葛纤维纺织之布，棉花大面积种植已在宋代以后。

坐，唐以前，室内铺席，人席地而坐，两膝着地而坐于足。

夫子斋戒前必沐浴，穿明衣，质料为布。斋戒时，夫子必改变饮食，也必定改变居室。

祭祀之前须斋戒，《礼记·祭统》说："齐（斋）之为言齐也，齐不齐以致齐者也……及其将齐（斋）也，防其邪物，讫其嗜欲，耳不听乐"，戒断动摇心旌之物，"心不苟虑，必依于道；手足不苟动，必依于礼"，旨在"专致其精明之德也"，由此"可以交于神明也"。古人洗澡不易，但斋戒必沐浴。沐浴之后穿明衣，为麻或葛之布所作，比起丝织品有较好的吸水性能，便于身体干燥。

斋戒也必改变饮食。约有两种说法，或谓君子每日三餐，朝、中、夕，平常只有朝餐新做，同时做好中餐和夕餐，后两餐简单加热即可食用。斋戒时，三餐皆为新做。或见《庄子·人间世》，"不饮酒，不茹荤"，荤指葱、韭、蒜、姜之类有异味者。两者均为保持饮食之洁清。

斋戒时必定调整居室。君子常在燕寝，相对松弛舒泰。斋戒时移居正寝，严肃庄重，远离各种方便舒适之物。同时也与妻子分居，以整齐身心。

本章所记斋戒之礼，旨在去除享乐，洁净身心，专致其精明之德，非如此，不足以与神明交接。

10：8　食不厭精，膾不厭細。食饐（yì）而餲（ài），魚餒而肉敗，不食。色惡，不食。臭（读如嗅）惡，不食。失飪，不食。不時，不食。割不正，不食。不得其醬，不食。肉雖多，不使勝食（sì）氣。唯酒無量，不及亂。沽酒、市脯，不食。不撤薑食，不多食。

本章记孔子饮食之礼。

厌，饱也，足也。脍，细切之肉、鱼，日本人喜食之生鱼片即是。饐，饭受湿热。餲，饭味变也。馁，鱼烂也。败，肉腐也。臭，气味。割，解也，裂也。"食气"之"食"，粟米所做的饭。沽，买也。市，买也。撤，撤去。

夫子不在饭食精细，鱼、肉切细时才吃饱。饭受湿热而变质，鱼、肉腐败变质，不吃。颜色失常，不吃。变味，不吃。加工烹饪失常，不吃。不在时令的食物，不吃。割肉不合法度，不吃。酱不匹配，不吃。肉即便多，也不使胜过五谷之食，以养元气。酒无限量，而以不醉为限。从市场买来的酒和肉脯，不饮、不吃。饭后，不撤除姜，随时食用以提神，但不多吃。

本章从多个角度记孔子饮食之礼，可分七节。

第一节记不求饮食之精美。脍为细切之肉、鱼；食指饭，饭有精、粗之分，古代粗食似为今人所说高粱饭，精食是粱，品质较好的小米。《里仁篇》：子曰："士志于道，而耻恶衣恶食者，未足与议也"；《泰伯篇》中孔子赞禹"菲饮食"。孔子以求道、传道为乐，向来不求食之精美，《述而篇》：子曰："饭疏食饮水，曲肱而枕之，乐亦在其中矣"。

第二节记食品卫生之礼。变质、腐败食品有损健康，孔子不吃。颜色失常、变味，说明食品已变质，有损健康，孔子不吃。

第三节记烹饪、享用之礼。食品的加工烹饪有其礼数，若烹饪失常而不合礼，不利健康，孔子不吃。孔子也不吃不在时令的食物，万物皆有其生长之时，人应时而食，尽物之性，利人之生，生态健全运作。作物培植或动物饲养若违物之性，则不利健康，孔子不吃。

古人食肉，保持各部位完整，如动物的脊、肋、臂、前肢之类，厨师按一定礼数、也即规范切割，才可保持其完整。故割不正，不吃。古人多食肉、鱼，配以相应的酱，如醢（肉酱）、鱼醢（鱼酱）、蜃醢（蛤蜊酱）、芥酱等。不同动物的肉、同一动物的不同部位，配有相应的酱，《礼记》对此有详尽记载，孔子坚持之。

第四节记谷、肉之平衡。至少从尧舜时代起，中国人饮食即以谷物为主，肉食为辅,《论语》中的食、饭指谷类食物,食用谷物,是华夏人与西方之戎、北方之狄的主要区别(《礼记·王制》)。人赖气而生,生长于土地的五谷可养人之气,故人以谷物为主食。君子生活,肉食较多,孔子却节制肉食,而以谷物充分培植人的元气。

第五节记节酒。酒是奇异饮料,适量饮用有益身心,宴饮让人放下矜持,拉近情感,祭祀可以之娱神。但多饮致人神志混乱,殷人因酒而亡国,故周公对周人再三申明酒戒。孔子循中道:不戒酒,但不纵酒,而是节制饮酒,不多饮,不至于醉而神志混乱,《子罕篇》孔子自谓"不为酒困,何有于我哉",正是此意。

第六节记谨于饮食。孔子不吃从市场上买来的酒和肉脯。今日之白酒即蒸馏酒出现于元代,此前之酒以黍或米酿成,其酿造较易,家庭自可酿造。君子狩猎,可自制肉脯。故这两种食品,孔子不从市场购买。孔子这样做也为卫生,当时礼崩乐坏,民众贪利,市面的酒、肉脯可能不清洁,而难以鉴别,故谨慎对待。至于其他食品,如谷物、蔬菜,其品质容易鉴别,孔子恐怕多从市场购买。

第七节透露古代生活有趣习惯。姜是重要调料,吃饭时装入豆,置于几上食用。饭后,肉、饭、羹、酱和其他调料撤去,唯独姜留下不撤,疲倦时吃一点,用以提神。茶叶到汉代才为人饮用,此前以姜提神。不过,孔子不多吃,多吃生内热之疾。

综合本章所述孔子饮食习惯,合礼、卫生而节制。

10:9 祭於公,不宿肉。祭肉不出三日;出三日,不食之矣。

本章记孔子食用祭肉之礼。

公,公侯。宿,动词,保留一夜。

夫子助祭于鲁侯,鲁侯分赐祭肉,不在自家留一夜。自家的祭肉,不让其过三天。超过三天，就不吃了。

本章记孔子食用祭肉之礼。

周王祭祀，诸侯、公卿助祭；鲁侯祭祀，大夫、士助祭。祭祀之时，奉献牺牲，祭祀已毕，分赐牺牲于助祭者，以分享神灵福惠。肉通常过三天就变质，应在三天内食用。若数量较多，孔子分给亲戚乡党，以免放置自家败坏，亵渎神灵。

鲁侯祭祀，凡杀牲，通常在祭祀日凌晨，但次日又会祭祀，祭祀完毕后分赐祭肉，若再留一晚就到三天，可能败坏。故当天应食毕。自家祭祀用牲，杀于当天，故于三天内食毕。

这里体现孔子对神灵之敬。

10:10　食不語，寢不言。

本章记孔子之专一。

寝，睡眠。

夫子吃饭时不说话，睡觉时不说话。

孔子作任何事都专心一虑，当食而食，当寝而寝，不与人言语。就寝而与人言语，难免扰乱心神，不利于入睡。宴饮之际，难免与人交谈，咽下食物而后说话，口衔食物与人语，言语不清，尤其是与人不敬，大不可也。

10:11　雖疏食、菜羹，瓜祭，必齊如也。

本章记孔子之报恩之情。

瓜，当作必，与祭连读。齐，严敬之貌。

即便食用粗饭、菜羹，夫子也行祭祀之仪，必定是庄严诚敬的样子。

"疏食"指粗糙的谷类食物，"菜羹"是以蔬菜所煮之羹。古人吃饭多有羹，一般为煮肉之有汁者：不调入盐菜者，称之为"大羹"，最为高贵；调以五味，盛入铏（xíng，盛羹的小鼎，有盖、两耳、三足）中食用，称之为铏羹。无肉，以藜（类蒿植物）、藿（豆类植物的叶）之类的菜作羹，是为"菜羹"。疏食、菜羹均属简朴食品，孔子食用时仍行食祭之礼，《左传·襄公二十八年》称为"氾祭"。圣人发明各种器具，人可渔猎；圣人用火，供人烹饪食物；后稷播种百谷，人得以食饭。故人于吃饭时祭祀，所以报功，示不忘本也，其仪为，取少数食物置于笾、豆之间，以供神灵食用。常人食用丰盛食品时祭祀，孔子在食用简单食品时也虔敬祭祀，可见孔子对先圣之敬。

10：12　席不正，不坐。

本章记孔子居坐之礼。
席子铺得不正，夫子不坐。

唐以前室内铺席，席由芦苇、蒲、竹等植物柔软而有韧性之表皮、茎秆编织而成。可铺多层，越尊贵，层数越多。下层贴地者称筵，其上所铺者为席。人入室即坐于席上，室内一切活动，常居、诵读、宴饮均在席上，夜间睡眠也在席上。故于席有礼。本章所说之"正"，涉及多个方面：首先，席的材质是否合宜；其次，席一般是长方形，同一室内铺多张，每张席摆放的方位有正、有不正；再次，同一张席可坐数人，在不同场合有不同规范。席正，室内整洁，令人心情舒畅，活动也得体、便利。

以上七章记孔子日常生活中衣冠、饮食、起居、祭祀之礼，贯穿其中的是敬，敬己之身，合礼、得体、健康、优美地生活。

> 10：13　鄉人飲酒，杖者出，斯出矣。鄉人儺，朝服而立於阼階。

本章记孔子与乡人相处之道。

杖，手杖。老人用杖，故杖者，老人也。儺，巫师驱除厉鬼的仪式。阼，台阶。

乡人会饮时，拄拐杖的老者告辞，夫子也告辞。乡人行儺时，夫子穿着朝服立于堂前台阶上。

古有乡饮酒之礼。《礼记·乡饮酒义》记载：

> 六十者坐，五十者立侍，以听政役，所以明尊长也。六十者，三豆（盛放食物的木制容器）；七十者，四豆；八十者，五豆；九十者，六豆。所以明养老也。民知尊长、养老，而后乃能入孝、弟（悌）。民入孝弟，出尊长、养老，而后成教。成教，而后国可安也。君子之所谓孝者，非家至而日见之也；合诸乡射，教之乡饮酒之礼，而孝、弟之行立矣。孔子曰："吾观于乡，而知王道之易易也。"

乡民大会，旨在养成地方尊长、养老之风，孔子参加，并尊敬老者。老者未离开前，孔子陪侍老者。老者告辞后，孔子随之告辞。因老者告辞后，青壮年开怀畅饮，可能醉酒，尤其是年末的蜡（zhà）祭，于冬至后第三个戌日遍祭众神（这是今日腊八节的前身），如同狂欢节。孔子不愿醉酒，也不愿妨碍年轻人开怀畅饮，故随老者离开。

乡人也每年行儺，以巫术驱除疫疠、横死之鬼。驱鬼者逐户入室作法，到孔子家时，孔子着朝服立于堂前台阶。《礼记·郊特牲》记："乡人裼（儺），孔子朝服立于阼，存室神也"。先祖亦为鬼，孔子担心驱鬼之术惊动先祖，故于驱鬼时着朝服立于阼阶，先祖神灵暂依于己身而安，因平日祭祀时，君子皆穿朝服，故此刻也穿朝服。

由此可见孔子与乡人相处之道。成名君子与乡人相处远非易事，君子于生命有自觉，开明而得体地生活；乡人生活多因乎惯习，难免鄙俗、迷信。君子若因此采取峻拒态度，则不近人情，自远于乡人。若同于流俗，又难以化成风俗。其中分寸，颇难把握。本章所记可见圣人之智慧：乡人行饮酒礼，有助于化成尊长、敬老之风俗，故孔子参加。但饮酒礼最后，子弟难免畅饮，孔子乃及时而出，此后一切不见不闻，乡人得尽其情，君子不失其重，两得其宜。乡人驱除厉鬼之过程难免扰杂狎戏，孔子并不禁绝，着朝服立于阼阶，先祖神灵有所安依，傩者亦有所忌惮，而不至于乱，同样两得其宜。可见孔子与乡人相处的原则是亲之敬之，而又"义之与比"(《里仁篇》)。

10:14　問人於他邦，再拜而送之。

本章记孔子之敬人。
问，讯也，问候。人，指朋友。再，两次。
夫子托人问候身在异邦的朋友，必定拜两次表示感谢。

孔子扬名天下，周游各国，朋友遍天下。朋友之间相互存问，而往来不便，若有要事，孔子遣使者专程询问。更多时候，孔子托人顺道问候朋友，或捎带礼物，故"问"有"遗（wèi）"之意。托付此事时，孔子为表谢意，拜两次。

华夏致敬之礼略分拜、揖两种：揖行于站立时，在室外或军中；拜行于跪坐时，在室内。人在室内均席地而坐，双膝着地，以臀压足。欲行拜礼则先直身，是为"长跪"。直身过程中双手拱合，齐于心，男子左手压右手。先举手加额，后弯腰鞠躬，手触地或与心平，头顺势触在手上。头不至地，称"空首"。行拜礼一般是一拜，古文凡言"拜"，均指拜一次。再拜，即拜两次，加重敬意。孔子托人问候朋友，以再拜之礼对人表示感谢、敬意。

10：15　康子饋藥，拜而受之，曰："丘未達，不敢嘗。"

本章记孔子处事之智慧。

康子，鲁之卿大夫季康子。馈，馈赠，赠送。丘，孔子之名，对尊者自称名。

季康子馈赠药，夫子拜一次而接受。（待来人离开后），说："我不明此药之效，不敢服用。"

孔子有病或年老体弱，季康子派人送来药，可见季康子对孔子之关爱，故孔子行拜礼感谢。但服药需医生诊断，确定药材分量。康子赠药，能否对症，实未可知。孔子感谢其盛意而并不服用。推测起来，孔子的话当在使者离开后对弟子言，否则于人不敬。

本章可见孔子之爱生保身。天地生人，死生有命。人生在世，即当尽己之性，不可无故伤害自己身体。

10：16　廄焚。子退朝，曰："傷人乎？"不問馬。

本章揭明孔子之仁。

厩，马房。

马厩发生火灾。夫子退朝归来立刻问:"有没有人受伤?"没有问马。

孔子曰:"天地之性人为贵"(《汉书·董仲舒传》),故"仁者爱人"(《孟子·离娄下》)。"伤人乎"之问为孔子之仁的当下呈现,不假思索。故弟子特别强调:此刻,孔子没有问马。《盐铁论·刑德》曰:

> 仁者,爱之效也;义者,事之宜也。故君子爱仁以及物,治近以及远。传曰:"凡生之物,莫贵于人;人主之所贵,莫重于人。"故天之生万物以奉人也,主爱人以顺天也。闻以六畜禽兽养人,未闻以所养害人者也。鲁厩焚,孔子罢朝,问人不问马,贱畜而重人也。

万物一体,仁者爱人以及于物。孔子亦爱马,但与人相比,更爱人。仁者之爱由亲及疏,由人及物,孝悌然后爱人,爱人然后禽兽万物。顺乎此道,人、物各得其宜;人、物同等观之,悖乎天道、人情,实不可行也。

又,古典时代,以马为地位、权力、财富的主要象征,公侯、卿大夫甚至为此盘剥民众,如《季氏篇》所记:"齐景公有马千驷,死之日,民无德而称焉"。孔子之爱人,与当时在位君子之爱马,形成强烈对比。

10:17 君賜食,必正席,先嘗之。君賜腥,必熟而薦之。君賜生,必畜之。侍食於君,君祭,先飯。疾,君視之,東首。加朝服,拖紳。君命召,不俟駕行矣。

本章记孔子事君之礼。

食,熟食。腥,祭祀用的生肉。荐,进也,献也,奉献于神。生,祭祀用的活动物。畜,动词,养也。饭,动词,吃。视,看望。东首,头向东。绅,古人以带束腰,一部分下垂于正前方,是为绅。命,名词,命令。俟,等待。驾，驾车。

邦君赐予熟食，夫子必摆正席，品尝之后分给众人。邦君赐予祭祀的生肉，必做熟奉献于自家先祖神灵。邦君赐予祭祀的牲畜，必定饲养。侍奉邦君用餐，当邦君行饭祭之礼时，夫子先为邦君尝饭。夫子得病，邦君前来看望，则头向东。把朝服盖在身上，并展开绅带。邦君下令召见，夫子不等马车驾好就先步行上路了。

本章杂记孔子事君之礼，尤其是君有恩于己时，分四节。

第一节记孔子对待君之赏赐之礼。邦君赐予臣下食品和祭祀之后的牺牲，以表示荣宠，臣下自当敬之，本章略记三个方面。

孔子以虔敬之心接受邦君赐予，故"正席"。这些赐品均可奉献于先祖，但邦君赐予的熟食可能是吃剩的，担心不洁净，故不奉献。孔子当着使者的面先尝，以领受君之盛情，其余分给家内众人分食，以分享邦君之荣宠。

邦君赐予的牲体，孔子加工至熟，奉献于先祖。因礼制规定，只有周王、诸侯可以牲体祭祀，其他人只能以熟体馈食。邦君赐予的牲畜，孔子饲养，以供祭祀之时用。《孔子家语·本姓解》记：孔子"至十九，娶于宋之上官氏，生伯鱼。鱼之生也，鲁昭公以鲤鱼赐孔子，荣君之贶（kuàng），故因以名鲤，而字伯鱼"。

第二节记孔子陪君用餐之礼。古人用餐，常先祭祀。另礼制规定，邦君用餐，膳夫取少许先尝。当邦君祭祀之时，孔子承担先尝之责，故先吃一点，以表达对邦君之忠。

第三节记孔子应对邦君问疾之礼。古时君臣关系密切，大夫、士生病，邦君必亲临看望、问候，《礼记·丧大记》记载："君于大夫疾，三问之，在殡，三往焉；士疾，壹问之。"古代房屋格局，室在堂后，室之门户在堂后墙之偏东位置，邦君看望由此入。孔子头向东而卧，邦君入室，即见首而非足。在室内，因门户在东，故面东为尊，君入室后，孔子头在东，移步入内，转身面向东与孔子言语，君自然处于尊的位置。

孔子有疾，必定躺卧，只穿贴身之服，外罩以寝衣。邦君到来，孔子命人将上朝衣裳展开平铺于寝衣之上，又特别拖动绅带，成下垂之状，如同自己站立时，以此表示，即便在病中，君臣仍有尊卑之别。

第四节记孔子回应君命之态。《孟子·公孙丑下》记载齐之景子谓："礼曰：'父召，无诺；君命召，不俟驾。'"周代君子出行皆乘马车，准备马车需一定时间。君下令召见自己，孔子等不及马车备好，立刻穿好衣裳起身，马车备好后，从后面追赶孔子。

以上可见孔子对君命之尊重。何以尊君？邦君是邦国秩序之象征，为维护秩序，臣民自当以礼敬君。臣民敬君，君即置于礼治秩序中，而不能不履行为君之义，有君君、臣臣之宜。至于臣敬君，而君不君，则另当别论。

本章及前面若干章记载孔子事君之礼，可见孔子事君完全依礼，而以敬为根本。另可注意者，此处所记事君之礼是礼制所规定，只是时人多不遵守，尤其是权势不断扩张的卿大夫，故孔子感叹："事君尽礼，人以为谄也"（《八佾篇》）。其实，孔子只是依礼而行而已，尊君而自尊。

以上五章记孔子对待各色人等之礼，从乡人到士、卿大夫乃至于邦君，可见孔子对人，唯敬而已。

10：18　入太廟，每事問。

本章记孔子敬于宗庙祭祀之事。

夫子进太庙，看到各种礼器，都要问人。

本章已见《八佾篇》：子入大庙，每事问。或曰："孰谓鄹人之子知礼乎？入大庙，每事问。"子闻之曰："是礼也。"可见孔子敏于探索礼制之用心。本篇记孔子生平常行之事，再度收入本章，而予以简化处理，旨在表现孔子敬于宗庙祭祀之事。

> 10：19　朋友死，無所歸，曰："於我殯。"朋友之饋，雖車馬，非祭肉，不拜。

本章记孔子事朋友之礼。

归，依归。殡，死者敛于棺中，暂停宅内以待葬，是为殡，其意为以宾待之。馈，馈赠。

外地朋友来，没有地方投宿，夫子说："到我家里吧，即便死了，也可在我家停殡。"朋友的馈赠，除了其宗庙祭祀之肉，即便贵重如车马，也不拜谢。

本章记孔子对待朋友之道，分两节。

第一节记孔子对朋友之仁至义尽。《礼记·檀弓上》有更详尽记载："宾客至，无所馆，夫子曰：'生，于我乎馆；死，于我乎殡'。"本章所记乃此事简本。

第二节记孔子对待朋友馈赠之礼。车马相当昂贵，然而朋友有通财之义，既赠之，则坦然受之，故礼虽厚，孔子不拜。朋友所馈赠之祭肉有其先祖神灵之福惠，故孔子拜而受之，如同对待自己先祖。

可见，孔子与朋友相处，以义而已。

> 10：20　寝不尸，居不客。

本章记孔子睡、坐之容。

寝，卧也，卧而睡。尸，古人祭祀先祖时，必立尸以象征先祖，接受祭拜，常由长孙为祖父之尸。居，坐。客，今本作容，依汉儒所传改正，宾客。

睡卧时身体不像祭祀之尸那样，坐于自家不像客人那样。

《述而篇》说："子之燕居，申申如也，夭夭如也"，本章具体描述孔子居家"夭夭如也"之容。祭祀之尸象征先祖，始终保持矜庄之态。寝是夜间睡卧休息，以安宁舒适为主，屈伸辗转，尽可自如。作客他人室中，或接待宾客，自当矜持庄重。自家人在室中燕居、闲居，自不必以客礼相待，否则疲累而难以为继，家人反见生疏。本章所记孔子在家寝、坐之容，放松自如。

> 10:21 見齊衰者，雖狎，必變。見冕者與瞽者，雖褻，必以貌。凶服者，式之。式負版者。有盛饌，必變色而作。迅雷風烈，必變。

本章记孔子遇特殊情形时容貌之变。

齐衰，丧服。狎，习也，习见。冕，大夫以上君子所服之冠。瞽，盲人乐师。亵，数相见。貌，《洪范》："貌曰恭"。凶，死。凶服，死者所穿之服。

式，周代君子乘马车，立于车厢中，车前有横木供人手扶，是为式（或作轼）。于车中致敬，则凭之而俯首，是为式之礼。版，夯筑土墙所用之木版。尧舜以前，华夏已用版筑法筑墙，先立挡土版。在版外立桩，用绳将版缚于桩，填土于两版之间夯实。夯完后，拆板上移。此法所筑之墙相当牢固，殷商之墙有保留至今者。馔，饭食也。色，脸色。作，起也，长身而拜。

见穿丧服者，即便已见多次，夫子也必改变颜色。见位尊者、瞽师，每次见到，夫子必起辞让之貌。乘车行进中，碰到运送死者所穿衣物者，夫子必凭轼俯首而致敬。碰到执持筑墙之版者，夫子必凭轼俯首而致敬。主人奉送丰盛的饭食，夫子必改变颜色，长身而拜。遇有雷霆、狂风，夫子必一改常态。

本章记孔子于日常生活中遭遇非常之人、事时的神态，分四节。

第一节记孔子对待服丧者、位尊者、瞽师之礼。类似记载已见《子罕篇》：

"子见齐衰者、冕衣裳者与瞽者，见之，虽少，必作；过之，必趋"，而略有不同：此处所见者乃生人，本章所见者与此不同。对穿丧服者，常人若习见，哀戚之情逐渐淡化，而孔子每见均变色，仍有哀戚之色。对位尊者、瞽师，每次见到，孔子都有恭敬辞让之貌。

第二节记孔子对待两类特殊人士之礼。第一类是运送死者所服之衣冠者，第二类是执持筑墙之版者。这两类人本身地位卑下，但前者送死，孔子哀敬死者；后者所执之版，可筑邦国城墙，关乎邦国、人民安危，故于车行途中碰到这两类人，孔子凭轼俯首以致敬。

第三节记孔子于宴饮中敬主人。主人亲自奉上丰盛的饭食，表达爱敬之意，孔子报之以敬，改变颜色，起恭敬之意，长身而起，拜而后食。

第四节记孔子敬天。《礼记·玉藻》有更详尽记载："若有疾风、迅雷、甚雨，则必变。虽夜必兴，衣服冠而坐。"本章所说"风烈"即此处之"疾风"，狂风，迅雷即霆或霹雳。这两者连同暴雨，均为异常天象，乃上天震怒之体现，而在人间或致灾难。孔子一改常态，即便晚上入睡也会坐起，穿好衣裳。这也是为应付灾难做好准备。

本章所记者均为孔子容貌之变。遇到某些特殊人士或情形，孔子改变正常容貌，而有哀戚或恭敬之意。凡此之变均为孔子之仁的自然呈现，无任何矫揉造作。

10:22　升車，必正立執綏。車中：不內顧，不疾言，不親指。

本章记孔子乘车之礼仪。

升，登，上。绥，周代马车车厢前面、两侧围以木板，空出后方，人由此登车。车厢较高，其轮与马齐，故厢中左侧系以绳索，是为绥。君子登车，御手回首授绥，君子以左手执绥而上。不内顾，鲁论作"内顾"。疾，高急也。亲，当为妄。登车时，夫子必正身而立，而后援绥登上。在车中，夫子目不乱看，口不高声说话，手不乱指。

本章略记孔子乘车之礼仪，依次序分为两节。

第一节记孔子登车之礼仪。当御车者递给绥时，孔子必正身而立，以示敬意，然后执绥而上。

第二节记孔子在车中之容貌。《礼记·曲礼上》有类似记载："车上不广咳，不妄指。立，视五巂（xī，犹规也，车轮周长）；式，视马尾；顾，不过毂。"人在车上，居高临下，他人行止俱在目下。四面张望，不够庄重，并对他人不敬，故孔子在车中只"内顾"。向前看，最远只到两三丈远；向两旁，最多只到车毂。在车上，孔子从不大声说话，因人高声远，难免惊到路人；也不以手乱指，身在高处，挥动胳臂，可能惑乱路人。

孔子登车、乘车全过程贯穿一个敬，敬御车手，敬路人。

以上五章杂记孔子身处各具体情境中之威仪，突出孔子敬天、敬事、敬人之德。

> 10:23 色斯舉矣，翔而後集。曰："山梁雌雉，時哉時哉！"子路共（供）之，三嗅而作。

本章明孔子之心志。

梁，水上架木为桥。雉，俗称野鸡，有多种。毛色斑斓，雌雉毛色稍暗。善走，不能久飞。举，起也。翔，回飞也。集，群鸟在木上。共，投食饲养。嗅，闻。作，起也。

雉见人的颜色不善，立刻飞起；在空中盘旋之后，才落下来。夫子说："山梁上的雌雉，时的拿捏真准啊，时的拿捏真准啊。"子路听夫子这样说，投食饲喂，雉只闻了几下，就飞走了。

《乡党篇》记孔子平日之动容周旋、衣冠饮食之仪。唯末章较为特别，记孔子之感慨。孔子平日之言行起居，饮食衣冠，绝不苟且，然孔子绝非拘泥僵化之人，其谨敬本乎仁心，当下呈现，得体优雅而不造作。孔子得道如此，必欲行道于天下。而孔子之行道同样绝不苟且，本章揭示这一点。

孔子师徒所见之雌雉，美丽而警觉、敏锐，见人颜色不善，立刻飞起，在空中盘旋反复观察之后再度降落。睹物起兴，孔子赞雌雉拿捏时机准确。此为夫子心志之自道。孔子行道天下，不能不借助在位之人。然孔子必待在位者诚心向道，尊重自己，才肯出而用世。一旦发现在位者有一丝犹豫，立刻离开，如《卫灵公篇》：卫灵公问陈于孔子。孔子对曰："俎豆之事，则尝闻之矣；军旅之事，未之学也。"明日遂行。此处之"时"既为出之时，也为隐之时；以时出，可以行道；以时隐，免于自取其辱。

接下来的情节更有深意。子路喂的雌雉，它只闻几下就飞走。此为寓言，盖谓屡经挫折，到晚年，孔子确信，世间已无恢复周礼秩序之时。即便看似有人提供机会，孔子也不再轻信。孔子已不受现实拘束，而直探大道，为万世立法。

本章以寓言方式揭示孔子之志，"时"字最为重要，贯穿下论十篇，孔子为行道与人接触，而又不断离去，最终高翔而去，凌越万世。

致力于中国人的心灵成长与文化重建

立 品 图 书·自 觉·觉他
www.tobebooks.net
出 品

《论语》大义浅说 下

可大可久的生命之学

姚中秋 著

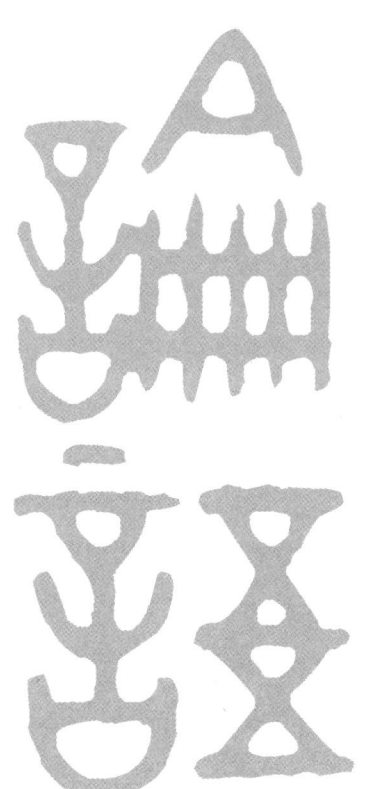

中国友谊出版公司

先进篇第十一

本篇为下论之首篇，可视之为导论。

共二十五章，"先进于礼乐者"即孔子以学养成之新式士君子，孔子行道天下之所依凭者。本篇广泛涉及诸多弟子，展示孔门之万千气象。

> 11:1　子曰："先進於禮樂，野人也；後進於禮樂，君子也。如用之，則吾從先進。"

本篇记孔门弟子言行，本章揭明孔门新兴君子的特出之处。

野人、君子，就地位言。进，自勉强也。用，用以治国。从，谦辞，就也。

夫子说："未仕而先行学习礼乐，这是地位卑下之人；先仕而后学习礼乐，这是君子。如果让我用人，我宁愿选择先行学习礼乐之人。"

本章孔子以简短话语揭示新式士君子与古典君子间之根本区别。

古典君子是等级制意义上的，君子之先祖是君子，自幼习礼乐于"官府"，即自家专司礼乐之乐官、史官。仕进之后，随现实需要，在乐官、史官辅导下继续于实践中学习。先入仕有位，而后学习，此即"后进于礼乐"。

到孔子时代，此种学习机制已松弛，故君子不通礼乐者所在多有，礼乐因此开始崩坏。孔子乃另创新路，删述先王之礼乐政典为《诗》《书》《礼》《乐》，开门授徒。弟子从孔子"学文"，其地位普遍低下，多为庶人，不乏贱民，且均未仕进，而专业学文，就地位言为"野人"；先学礼乐而后或可入仕，即"先进于礼乐"。

故孔子兴学后，天下同时存在两类君子：等级制意义上的古典君子，孔子以文养成、德能卓越之新兴士君子。孔子志在重建秩序，眼见前者之败坏，乃庄严宣告：当道行于天下，必由地位虽卑下、但已习得礼乐之新兴士君子出于治理之责。古典时代之治理原则是：有其位者，必有其德；孔子宣告，新时代之治理原则是：有其德者，当有其位。

故本章乃孔门宣言，宣告孔门已养成德能出众、可担当治理之责的新兴士君子群体，必定替代等级制意义上的古典君子。后世历史虽有反复，终究走上孔子指明之大道。

本章为下论开篇，与上论开篇之"学而"章遥相呼应，突显学之重要，由此而养成之士君子，当重建秩序。

11:2 子曰："從我於陳、蔡者，皆不及門也。"

上章论新兴士君子可用，本章说明用世之艰难。

陈、蔡，诸侯国名。门，仕进之门。

夫子说："跟随我周游陈、蔡的弟子，不曾仕进于陈、蔡之公侯、卿大夫之门。"

《学而篇》："有朋自远方来，不亦乐乎？"同门曰朋，孔子弟子来自各邦国，学文之后，又仕进于各邦国公侯之门或卿大夫之门。孔子周游列国，弟子或已仕进于所在邦国，协助孔子联络公侯、卿大夫，并提供保护。但孔门弟子未有仕于陈、蔡之公门与卿大夫之门者，故孔子在此遭遇围困。《史记·孔子世家》记：鲁哀公三年，孔子年六十，自卫南下至陈。次年，迁于蔡，停留三年，其间曾访楚之叶公。后楚人欲礼聘孔子，陈、蔡大夫相谋害孔子,"于是乃相与发徒役围孔子于野。不得行,绝粮。"危难之中,孔子"使子贡至楚,楚昭王兴师迎孔子,然后得免。"孟子曾谓"君子之厄于陈、蔡之间,无上下之交也"(《孟子·尽心下》)。

本章承上一章,说明孔子在旧秩序中行道相当困难。旧式等级制封闭而僵化,新兴士君子群体发挥作用,有待于更为开放的新制度。

> **11:3** 德行:顏淵、閔子騫、冉伯牛、仲弓;言語:宰我、子貢;政事:冉有、季路;文學:子游、子夏。

上章记新兴士君子欲用于世,本章例举孔门四科之杰出者。

文,六经之文。文学,关于六经之义之学,也即经学。

门人中,德行杰出者:颜渊、闵子骞、冉伯牛、仲弓;言语杰出者:宰我、子贡;政事杰出者:冉有、季路;精通六经之文者:子游、子夏。

孔子兴学,以《诗》《书》《礼》《乐》之文(晚年加上《易》《春秋》之文)传授弟子,养成新式士君子,承担社会治理之责。而弟子气质各异,孔子因材施教,俱成君子而各有所专,可分四科:

首为德行。孔子之教,"志于道,据于德"(《述而篇》),此德就是德行。《周礼·师氏》郑玄注曰:"德行,内外之称。在心为德,施之为行。"德行者,其德必见之于行,伦理与治理之行,德、行不可分。故德行实可涵括言语、政事、文学三科,其卓越之行必以卓越之德为支撑。只不过,言语、政事、文学三科弟子在各领域的专业能力相对突出,相比之下颜子等人于德上有独到贡献,故特别列出。

颜子实有治国之大才,故孔子传颜子以"为邦"之道(《卫灵公篇》),即创制立法之道,只是颜子未得机会施展其治国才能。《论语》所记颜子之德如下,好学:"有颜回者好学";依于仁,"回也,其心三月不违仁";安贫乐道:"一箪食,一瓢饮,在陋巷。人不堪其忧,回也不改其乐"(俱见《雍也篇》);出处有道:"用之则行,舍之则藏"(《述而篇》)。颜子展示新兴士君子之德,与士君子进退取舍之德。

其他三哲之德见于记载者,闵子骞:不仕季氏(《雍也篇》);孝,从而"人不间于其父母昆弟之言"。仲弓:孔子赞其"可使南面",又与孔子论敬而简(《雍也篇》)。冉伯牛事迹无考,当其去世,孔子深叹之(《雍也篇》)。战国时代有一说法,"子夏、子游、子张皆有圣人之一体,冉牛、闵子、颜渊则具体而微"(《孟子·公孙丑上》)。总起来看,颜子等人之德行是新兴士君子理当具备之德行:好学,为仁,知出处,安贫乐道。

古典时代,言语是君子应有之重要技艺,策命、祭祀、宴饮、丧葬、盟誓、邦国间相互聘问等场合,无不需要言语,主要是口头表达技艺。学文,自可赋予弟子以言语之资源;学诗,则给弟子以言语之技巧,"不学诗,无以言"(《季氏篇》)。宰我和子贡在这方面最为突出,《史记·仲尼弟子列传》记宰我"利口辩辞",子贡"利口巧辞",并长篇记载子贡以言语辗转各国游说"存鲁、乱齐、破吴、强晋而霸越"之事。

冉有、子路是孔门中政事才能最为杰出者。孔子为重建秩序而兴学,旨在养成君子承担社会治理之责。《诗》《书》《礼》《乐》《春秋》《易传》皆承载治国平天下之道,故孔门弟子皆有从事政事之能力,如子游为武城宰(《雍也篇》)。只不过,冉有、子路早早出仕于卿大夫之家室,孔子称"由也果""求也艺","于从政乎何有"(《雍也篇》),故列之为政事之代表。

最后一科是文学。文是六经之文,文学即经学,传承孔子所删述之《诗》《书》《礼》《乐》,及晚年所作《易传》《春秋》之文本与大义,故文学两位代表人物子游、子夏皆为孔子晚年弟子。前三科弟子皆为孔子早年弟子,如言语、政事两科弟子均积极参与当时的政事,试图弥补、恢复周礼秩序。此时的《诗》《书》《礼》《乐》之文,更多服务于一般君子之养成。周游列国后,孔子放弃恢复周礼秩序之志,致力于新秩序之规划与准备,为此,传文以俟之后世,故晚年全力传授经义于年轻一辈弟子,文学成为孔门要务。故文学列于四科最后，象征着孔子将以文塑造未来的历史。

子游之文学，以习礼著称。《礼记·礼运》记孔子参加蜡祭，事毕，与子游纵论礼之起源、流变、功用等。《礼记·檀弓》记当时公卿、大夫、庶人，在礼仪上有所疑惑，皆求教于子游。

子夏在经学发展史上最为重要：孔子闲居，与子夏言诗（《礼记·孔子闲居篇》），孔子称子夏"可与言诗"（《八佾篇》），《诗大序》出自子夏之手，各家诗说均传自子夏。《尚书大传》卷五记子夏读《尚书》毕，对孔子说："《书》之论事也，昭昭如日月之代明，离离如参辰之错行，上有尧舜之道，下有三王之义，商所受于夫子者，志之不敢忘也"，可见子夏传《尚书》。《礼记》多处记载，子夏向孔子请教礼，作《丧服传》在《仪礼》中。子夏曾与魏文侯言乐（《礼记·乐记》），故子夏传乐。《孔子世家》说，"至于为《春秋》，笔则笔，削则削，子夏之徒不能赞一辞，弟子受《春秋》"云云，可见子夏参与《春秋》写作，而得其传授，《孝经钩命诀》记孔子曰："《春秋》属商（子夏）"，《春秋》之公羊学、穀梁学皆出自子夏。《孔子家语·六本》记子夏与孔子讨论损、益二卦，《执辔》记子夏与孔子论易理之精微处，可见子夏得传《易传》。总之，六经多由子夏传于后人。

本章所列贤人，后世称"四科十哲"，唐代起配享于孔庙。不过，孔门四科乃弟子所见而记，孔子并未设科而教。孔子之学旨在养成君子，以学文也即熟悉经典入手，以养成德行为根本，以培植治理技艺为器用，以塑造和维系健全的伦理和治理秩序为目的。学者气质或有所偏，为学却不可偏至，如此方可成君子。

以上三章指明孔子养成弟子之方法是学习礼乐，弟子各有所成，新兴君子发挥作用途径是为政，目的是重建秩序。

以下各章分记弟子之气质、长短、命运，其中言及颜子、子路最多，因颜子为德行之首，子路为政事之首，此为孔子最器重者，故后两篇分别以二哲命名。

> 11:4　子曰:"回也非助我者也,於吾言,無所不說(悦)。"

上章记孔门四科以颜子为首,本章赞颜子之默契于孔子之道。

回,孔子弟子颜回。助,益也。

夫子说:"颜回不是有助益于我的人,对我说的话,他当下会心通解而悦服。"

众弟子从学于孔子,常有不能理解之处,故而发问,孔子予以解答,逐层递进,广泛发挥,其知识、见识、智慧源源不断地涌现。此即弟子有助益于孔子之处,如子夏就诗请教孔子,孔子说"起予者商也"(《八佾篇》)。

颜子与众弟子不同,孔子与之"言终日,不违,如愚"(《为政篇》),因为颜子有"闻一知十"(《公冶长篇》)之异禀,于孔子所说默识心通,故无所发问。面对颜子,孔子无所发挥,师徒会心而已。孔子虽说颜子无助益于他,又谓其于吾言无不悦,实对颜子之才、对颜子与己心灵默契深为欣喜。以下多章记孔子对颜子早逝,甚为痛惜。

孔子谓颜子"非助我者",其意谓,养成士君子非为自己,而为天下苍生。经由学,以颜子为代表的士君子已可以助天下、导正天下入于正道矣。

> 11:5　子曰:"孝哉閔子騫,人不間於其父母昆弟之言。"

上章记颜子对孔子之教,闵子骞在德行科仅次于颜子,本章记闵子对父母之孝。

间,非议。昆,兄也。

夫子说:"大孝啊闵子骞,人们从不对其父母、兄弟之言论有所非议。"

孔子重孝,孝子必敬父母,但非单向顺服,闵子骞之孝对此有所揭示。《艺文类聚》卷二十引《说苑》记闵子骞之孝曰:

闵子骞兄弟二人,母死,其父更娶,复有二子。子骞为其父御车,失辔。父持其手,衣甚单。父则归,呼其后母儿,持其手,衣甚厚温,即谓其妇曰:"吾所以娶汝,乃为吾子。今汝欺我,去,无留!"子骞前曰:"母在,一子单;母去,四子寒。"其父默然。故曰:"孝哉闵子骞,一言,其母还;再言,三子温。"

闵子若从父命,实陷父于不义,故闵子不顺其父之言,而以情理劝谏父亲收回成命,父、母、兄弟皆得其宜。闵子之孝正体现在以情、以理让全家人各行正道,故其父母、兄弟之言论皆合于礼,外人无所非议。

由此可见,孝本于仁而义之与比,《礼记·祭义》记曾子曰:"君子之所为孝者:先意承志,谕父母于道"。爱敬父母自为人子之义,然行正道也是人之大义所在。父母所行,若有悖礼义,侵害他人,子女自当劝谏,故《白虎通义》论三纲之父子关系曰:"父者,矩也,以法度教子;子者,孳孳无已也。故《孝经》曰:'父有争子,则身不陷于不义。'"《里仁篇》也指出"事父母,几谏"之道。孝非无条件顺服,亦非生硬顶撞,而是以情感动、以理引领父母、兄弟、姐妹、子弟俱上正道,此为大孝。

上章,孔子赞叹颜子已可以出而导正天下矣,本章孔子则赞叹,弟子由学而可以齐家矣。

11:6 南容三復"白圭",孔子以其兄之子妻之。

前两章记颜子、闵子之德,本章记南宫括之谨于言。

南容,孔子弟子南宫括,字子容。三,多也。"白圭",《诗经·大雅·抑》有句:"白圭之玷,尚可磨也。斯言之玷,不可为也。"

南容三番重复"白圭"之句,孔子把其兄之女儿嫁给他。

《公冶长篇》已记子谓南容："邦有道，不废；邦无道，免于刑戮"，以其兄之子妻之，可见南宫括有出色判断力，且能于无道之世谨言慎行，免于祸患。本章解释南宫括何以有此见识。

本章所引之诗意谓，白圭上的瑕疵尚可磨掉，人说出口的话，若有差错，却无计可施。此前一句是"慎尔出话，敬尔威仪，无不柔嘉"。南宫括读到这里，感触极深，故反复诵读，而以之为箴铭，终身诵之。遵此教诲，南宫括平日言语极为谨慎。言者，行之表；行者，言之实。南宫括如此谨言，故谨其行，在无道时代免于刑戮，以至于孔子将侄女终身托付于他。

前两章，孔子赞颜子可以治天下，闵子可以齐家，本章，孔子赞叹，弟子可以正夫妻之义矣。

以上三章择取孔子德行出众之三位弟子：颜子好学，于孔子之道无所不通，闵子大孝，令全家不为人非议；南容善学而谨言慎行，深为孔子所喜。其德行分别指向师、父母、妻，此即为学之功，子夏曰："贤贤易色，事父母能竭其力，事君能致其身，与朋友交言而有信。虽曰未学，吾必谓之学矣"（《学而篇》）。

> 11：7　季康子問："弟子孰為好學？"孔子對曰："有顏回者好學，不幸短命死矣。今也則亡（无）。"

上章记南容好学，本章记孔子赞颜子之好学。

季康子问："弟子中，谁称得上好学？"夫子对答说："有位叫颜回的弟子是好学的，不幸寿命不长，已经去世。现在则没有了。"

《雍也篇》有类似记载：哀公问："弟子孰为好学？"孔子对曰："有颜回者好学，不迁怒，不贰过。不幸短命死矣！今也则亡，未闻好学者也。"孔子对季康子、对鲁哀公都称许颜子之好学，可见颜子在孔子心目中地位。

孔子回答鲁哀公，较之回答季康子，更为详尽。盖哀公欲有所作为，孔子寄予一定希望，故以颜子好学之道详告哀公，冀对其有所激励。季康子是权臣，冉有、子路曾为其臣，但只用其人之才，不用其人之德，言之无益，故孔子不多言。

鲁哀公、季康子之问表明，当时公卿、大夫均知孔子以学养成士君子，而好学是士君子至关重要的美德。孔子的回答则表明，好学不易做到，唯颜子做到。好学不只是学，还对学产生情感，学内化于生命。唯有好学，生命方能成长、提升。

> 11:8　顏淵死，顏路請子之車以為之椁。子曰："才不才，亦各言其子也。鯉也死，有棺而無椁。吾不徒行以為之椁，以吾從大夫之後，不可徒行也。"

上章记颜子好学，而颜子早死，孔子大为哀痛。本章记孔子爱徒以义。

颜路，颜渊之父颜无繇，字路，亦为孔子弟子。椁，此处当为未葬之前、停殡之椁。徒，步行。

颜渊去世，颜路请求夫子以其马车暂用为颜渊停殡之椁。夫子说："不管有没有才，说来都是自家儿子啊。我儿孔鲤去世时，停殡也只有棺而没有椁。我不能徒步出行，而把马车作为停殡之椁，因为我曾在大夫之列，依礼不可徒步出行。"

据《史记·孔子世家》，颜子死于孔子晚年，西狩获麟之后，约在鲁哀公十四年，孔子七十一岁。此前，其子伯鱼已去世。

颜路、颜回父子俱从孔子求学，颜子聪敏，孔子抱有极大期望，颜路当更甚。不幸颜子早死，颜路哀痛之情可以想象，故欲厚葬颜子。然而颜家贫困，自身并无财力，乃转而请求孔子帮助。但《礼记·檀弓上》记子路曰：

"吾闻诸夫子：丧礼，与其哀不足而礼有余也，不若礼不足而哀有余也"。礼本于人情，至于礼仪所用之器物，丰俭视家庭状况而定，有财，自可完备一些，无财，致哀即可。基于这一想法，孔子不答应颜路。

但孔子对颜子也有深厚感情，把颜子视同己子，对颜子之死甚为痛惜；且不愿直接回绝颜路，故提出两项理由。或可说，孔子在很大程度上是为说服自己：第一，伯鱼去世时也只有棺而没有椁，即便把颜子视为己子，也应同等对待。第二，孔子作为师，作为具有崇高声望的人，作为曾经的大夫，得体的出行方式是乘车。若因弟子丧礼而无车可乘，为人耻笑。

由本章可见，孔子深爱颜子，但不任情感泛滥，而节之以礼义。本章之大义统摄下面三章。

11:9 颜渊死，子曰："噫！天丧予！天丧予！"

本章记颜子在孔子心目中的地位。

噫，痛伤之声。丧，亡。予，我。

颜渊去世，夫子说："噫，上天这是要亡我，要亡我啊。"

本章所记约在颜子刚死时，孔子内心至为伤痛。对本章之义，汉代刘歆有所揭示，《汉书·董仲舒传》末之赞曰：

> 刘向称董仲舒有王佐之材，虽伊、吕亡以加，管、晏之属，伯者之佐，殆不及也。至向子歆以为，伊、吕乃圣人之耦，王者不得，则不兴。故颜渊死，孔子曰"噫！天丧余"，唯此一人为能当之，自宰我、子赣、子游、子夏不与焉。

天生圣人，欲行道于天下，必为之生贤能以为辅佐，尧、舜如此，商汤、周武王如此。孔子相信"斯文"已在己（《子罕篇》），将传道、行道于天下。颜子与孔子之道最为相契，孔子告之以"为邦"之道（《卫灵公篇》），显然寄希望于与颜子共同行道。颜子竟不幸先于孔子而死，得知颜子死讯，孔子情不自禁，而有此伤痛叹息。可见孔子对颜子情感之深切，远超儿子伯鱼，孔子伤痛于自己之道难以完整地传承。孔子生命，以道为本。

11：10 顏淵死，子哭之慟。從者曰："子慟矣。"曰："有慟乎？非夫人之為慟而誰為？"

上章记孔子于颜子初死之伤痛，本章记孔子于颜子丧礼之伤痛。

哭，吊哭于颜家。恸，哀之过也。从者，跟从孔子吊丧之弟子。夫，代词，那。

颜渊去世，夫子吊丧哭得十分哀恸。跟从吊丧的弟子说："先生过于哀恸了。"夫子说："我过于哀恸了吗？我不为那人哀恸，还为谁哀恸呢？"

孔子至颜家吊丧，不禁哀从中来，哭之甚为哀恸，以至于自己未察觉，而实有违于孔子之教，《礼记·檀弓上》记，"弁人有其母死而孺子泣者，孔子曰：'哀则哀矣，而难为继也。夫礼，为可传也，为可继也，故哭踊有节'。"人死，亲戚朋友自有哀痛之情，礼则节制此情，使人不过于哀，"节哀，顺变也"（《檀弓下》）。孔子于此刻，情之所至，难以自制。此当为小过，《里仁篇》子曰："人之过也，各于其党。观过，斯知仁矣"。孔子哭颜子之过，正可见其仁。

11：11 顏淵死，門人欲厚葬之，子曰："不可。"門人厚葬之。子曰："回也，視予猶父也，予不得視猶子也。非我也，夫二三子也。"

上章记孔子对颜子早夭之哀痛，本章记孔子以义节制情感。

门人，当为颜子之弟子。犹，若也，似也。

颜渊去世，夫子门人想厚葬颜渊。夫子说："不可这样。"门人仍厚葬颜渊。夫子说："颜回啊，他一直把我当作父亲对待，可我不能把他当作儿子对待。不是我不愿意，是因为有你们这些位啊。"

本章记颜子丧具之安排，《礼记·檀弓上》记载：

> 子游问丧具，夫子曰："称家之有亡（无）。"子游曰："有亡恶乎齐？"夫子曰："有，毋过礼；苟亡矣，敛首足形，还葬，县棺而封，人岂有非之者哉！"

孔子主张，明衣、棺木、墓穴等规格当与自家状态相称：家庭富裕，可完备一些；家庭贫困，可简约一些。颜家较贫，孔子不同意厚葬颜子。但颜路爱子心切，其弟子也爱戴颜子，终于厚葬，恐怕难免借用孔子资财。

孔子痛惜颜子，对此未坚决反对，听任弟子为之。事后，孔子对众弟子解释反对理由。首先可见，心契而相得之师徒间有父子之谊，尤其是颜子，确把孔子当父亲对待，如本篇：子畏于匡，颜渊后。子曰："吾以女为死矣。"曰："子在，回何敢死？"孔子也把颜子当作儿子，在道的传承意义上的儿子。

但是，孔子克制感情，不使之过分。原因很简单：因为还有其他众多弟子。孔子器重颜子，不吝赞美颜子，但在颜子生时、死时不特别照顾。颜子可以把孔子视同父亲，但孔子不能把颜子视同儿子而特殊对待。孔子公平对待每位弟子，为之提供同样机会。唯其公平，众弟子才一致而衷心地敬爱孔子，孔门方人才济济，孔子之道方得以广泛传承，尽管颜子早死。

以上连续五章记孔、颜关系，以处理丧事为主，始以义，终于公，孔颜情深，颜子早夭，孔子至恸，然于丧事，节之以礼。

又，此处记孔子遭遇颜子之死的情态，《论语》编者以颜子早死为孔子之道难行于当时之寓言。四章均冠"颜渊死"，可谓触目惊心。

五章次序，未按时间排列，其间或有大义在：孔子赞颜子、闵子、南容三章记孔门之盛况，可见孔子之欣喜，笔锋一转，而为第七章，在本单元中时间最后而排列在先，可见颜子之死对孔子打击甚大，以至于久久不能忘怀。随后是第八章，当在停殡时，旨在提示伯鱼之死，颜子之死，属于雪上加霜。然后有第九章，当为孔子闻颜子死讯时，生理意义上的儿子已死，传道意义上的儿子又死，故孔子内心苍凉至极而呼天。第十章，当在吊哭时，直接描摹孔子之恸。第十一章，当在入葬时，重点在"夫二三子"，以见孔子之公心。"夫二三子"与第七章之"今也则亡"相呼应，孔子之心情由悲痛转向希望：颜子之死固为重大损失，然孔门众弟子仍有能力传夫子之道。

11：12　季路問事鬼神，子曰："未能事人，焉能事鬼？"曰："敢問死。"曰："未知生，焉知死？"

前数章记颜子之死，本章论生死、鬼神。

事，服事。敢，不敢也，冒昧。

子路请教服事鬼神之道，夫子说："若无能力服事人，怎有能力服事鬼神？"子路说："容我大胆地请教死。"夫子说："若不知生，如何知死？"

生死、鬼神是生命之本源性问题，孔子对子路之简洁回答，蕴含无穷意味。

关于如何服事鬼神，孔子以反问方式回答，正面论述可见《礼记·中庸》曰："事死如事生，事亡如事存"。事鬼神之道如事人之道，此处之"如"，即"祭如在，祭神如神在"之"如"（《八佾篇》）。人诚，则鬼神仿佛在眼前如生者，故服事死者，当视其仍生。据此，事人之道即事鬼神之道，具体而言，事亲孝，故事鬼神敬，如《祭义篇》说："君子生则敬养，死则敬享"。反过来同理，敬先祖鬼神，则孝敬父母。

据孔子，生死之间似无界限，故子路继续发问：死究竟是怎么回事？人死在何种状态？孔子未直接回答，而把重点放在"知"上。确实，生、死是什么取决于生人之知，生、死之意义也只有生人可知，故生、死问题实为生人之知生、死而已。就知而言，生近，死远，故生易知而死难知；或者可以说，生是生者唯一可知者，至于死者是什么状态，生者甚难知也，《说苑·辨物》记孔子、子贡之对话：

> 子贡问孔子："死人有知、无知也？"孔子曰："吾欲言死者有知也，恐孝子顺孙妨生以送死也；欲言无知，恐不孝子孙弃不葬也。赐欲知死人有知、将无知也？死，徐自知之，犹未晚也。"

孔子告诉子贡，死者是否有知，人死，则自然可知；至于生人，难知死时之事，但完全可知生。既然如此，生者尽力于知生即可。所谓知生，就是知如何生，则生最为充实、饱满。天命人以仁，故仁道就是人生之道。尽管人不能知死，但生死相连接，则原其始而知人之所以生，必能反其终而推知人之所以死。

总结本章，孔子以为，有人，自有鬼神；有生，难免有死。然而，鬼神难知，故人当以事人之道事鬼神；生易知，死难知，故人当由知生以知死。如此，生死两全，人生易把握，而又有所归宿。以在生之人而妄论死后之事，以人之身而究鬼神之事，难免虚妄惑乱。诸多神教纠缠于死、沉溺于鬼神，或能惑人于一时，终不如孔子之道清明澄澈，行之久远。

11∶13 闵子侍侧，誾誾如也；子路，行（háng）行如也；冉有、子贡，侃侃如也。子乐，"若由也，不得其死然。"

上章论生死，本章孔子由子路之生推知子路之死。

訚訚，和悦而中正之貌。行行，两脚并进之态，急躁刚强之貌。侃侃，和乐之貌。乐，当作曰。

闵子陪侍夫子，神态和悦而中正；子路是急躁刚勇的样子；冉有、子贡是温和从容之象。夫子说："像仲由这样，不一定能尽其天年啊。"

孔门弟子来自天下各处，气质、禀性各异，学业各有专长，神态个个不同。由众弟子神态，今人也可想见其为学趋向与做事风格。孔门正是靠着这气质、专长之丰富性，而具有深厚的生命力。

不过，并非每种为学趋向、做事风格都同样好，尤其是在无道之世，某些为人处世之风格可能招来灾祸。对子路，孔子颇为担心，其性格急躁刚猛，孔子担心子路处事不当，死于横祸。后来，子路为卫国大夫孔悝之邑宰。孔子听说卫国发生内乱，即预言子路将死，果然。子路头部被人攻击，冠缨断裂，子路曰"君子死而冠不免"，遂结缨而死，事见《史记·仲尼弟子列传》。

"不得其死然"亦有死而不得其所之义。《述而篇》记孔子不为卫君，而子路所事之孔悝正是力保卫庄公，子路为其而死，终无助于行道，盖因其不明义理。《子路篇》记孔子师徒入卫，子路曰："卫君待子而为政，子将奚先？"子曰："必也正名乎！"子路曰："有是哉，子之迂也！"子路不明"正名"大义，终有此无谓之死，子路乃真"迂"者也。

本章重点实为子路，与上章关联。上章孔子对子路说，"未知生，焉知死"，然而，子路终究不知生，不知君子出处之道，而不得其死然。子路的例子证明，生、死实为生命之两个连续阶段，生之道决定着死之道，与其关心未可知之死，不如关心易把握之生，善生者则死必善矣，则何必轻生而忧死？

11:14 魯人為長府，閔子騫曰："仍舊貫，如之何？何必改作？"子曰："夫人不言，言必有中（zhòng）。"

上章提及闵子，本章赞闵子之判断力。

鲁人，鲁侯之人，此鲁侯当为鲁昭公。长府，聚藏兵器、财货之所。仍，因也，因循。贯，事也。夫，代词，此也。中，箭至靶曰中，引申为中肯，得当。

鲁侯手下修葺长府，闵子骞说："因循原来的样子，怎么样呢？何必修葺改造呢？"夫子说："此人平日不大开口，只要开口说话，必定一语中的。"

本章涉及鲁国一桩大事。自宣公起，三桓专权，经成公、襄公，七八十年间，公室衰微。昭公不忿，于二十五年对季氏发难，反遭三家联合反攻，被迫流亡。当年，孔子在鲁，三十五岁，闵子骞二十岁。鲁人即鲁侯公室之人，发难之前，昭公必有所准备，包括修葺长府，旨在积聚兵器、车马、资财。然而，三桓专权已久，实力雄厚。鲁侯轻举妄动，定遭大祸。

当时多有贤智者指出这一点。闵子年轻，也看清这一点，故讽喻鲁人不可妄动。后来结局证明，闵子的判断是正确的，故孔子赞扬闵子。闵子言必有中，恰因其平日不多言，全面观察，深入思考，探究天道、人情、事理，临事必能做出准确判断。由此，闵子言虽不多，而言必有中。在孔子看来，言贵在中，而中的前提就是不多言而好学深思。

本章闵子之"不言"，与上章子路之"行行"，形成对比。本篇最后一章记载，子路"率尔"而对，可见子路性格急躁。

孔门四科中，闵子列"德行"，紧在颜子之后，可见其德行甚为出色，然《论语》关乎闵子者不过五章，录闵子之语仅两章，除本章外之另一章在《雍也篇》：季氏使闵子骞为费宰，闵子骞曰："善为我辞焉。如有复我者，则吾必在汶上矣。"又《先进篇》记孔子赞叹曰："孝哉闵子骞！人不间于其父母昆弟之言。"可见闵子之孝，与其品行之高洁。

> 11：15 子曰："由之瑟奚為於丘之門？"門人不敬子路，子曰："由也升堂矣，未入於室也。"

上章记闵子之洞察力，本章记子路之粗疏。

由，孔子弟子仲由，子路。瑟，弦乐器，尧舜时期即出现，多为二十五弦。奚，何以。升，登，上。堂、室，古代房屋建于台基，上台阶为堂，堂后为室。

夫子说："仲由为什么在我家门之中这么奏瑟？"听了这话，子路门人不敬子路，夫子说："仲由么，于道已经登堂，只是尚未入室而已。"

关于子路鼓瑟，《孔子家语·辨乐解》记载，子路鼓琴，孔子闻之，谓其为"北鄙之声"，有"杀伐之气"，即缺乏温柔中和之气，故孔子提出批评。此系子路气质使然。

子路门人因为孔子的批评而不再敬重子路，孔子乃出面回护子路，指出子路虽有这样那样的缺点，但就学的程度上说，已经入门，并且登堂，只是尚未入室而已。其意曰，子路对孔子之道的整个结构已有把握，但于其精微处尚无体认。

孔子之教"兴于诗，立于礼，成于乐"（《泰伯篇》），观子路临死正冠之举，可知子路已"立于礼"；又由《孔子家语》可见，子路于乐尚有欠缺，故未至于"成"之境界。

以上四章以子路为中心，间以孔子其他弟子如闵子，以与子路对比。

子路入孔门最早，仅少孔子九岁，于弟子中年长；有勇，保护夫子甚力；孔子周游列国，子路从游，故《微子篇》记其与隐者对话。在孔门属"政事"，故多次出仕于鲁、卫，想来在孔门也发挥一定领导作用，故《论语》中，子路出现频繁，有三十多章，与子贡相伯仲。可见孔子喜爱子路，对其教诲甚多，多有关乎政事。唯子路性粗，如本章所记，孔子以为，颜子已经入室，子路只是登堂，故不传孔子之学。子路先于孔子去世，孔子甚为悲恸。

11：16　子貢問："師與商也孰賢？"子曰："師也過，商也不及。"曰："然則師愈與（欤）？"子曰："過猶不及。"

本章论弟子子张、子夏。

师，孔子弟子颛孙师，字子张。商，孔子弟子卜商，子夏。过，过分。愈，胜也。犹，如也。

子贡问："颛孙师和卜商谁更出色一些？"夫子说："师倾向于过，商倾向于不及。"子贡说："既然如此，师比商出色一些吧？"夫子说："过与不及一样。"

孔门弟子气象万千，子张与子夏气质正好相反：子张为人处事，常倾向于过，过，超过正常的度；子夏常倾向于不及，不及正常的度。《子张篇》记两人交友之不同，子夏交友谨慎选择，此即不及；子张交友，无所选择，此即过。《礼记·檀弓上》记二人自道其性情：

> 子夏既除丧而见，予之琴，和之不和，弹之而不成声，作而曰："哀未忘也。先王制礼，而弗敢过也。"子张既除丧而见，予之琴，和之而和，弹之而成声，作而曰："先王制礼，不敢不至焉。"

子夏时刻提醒自己不要过，结果常不及；子张总提醒自己不要不及，结果当然是过。故孔子篇章孔子教导子夏、子张，即大师相同，针对子夏之不及，常予以提撕；针对子张之过，常予以抑制。

孔子指出，过犹不及。人当执中，行中道，中者，无过无不及也。何以中？循礼，礼之功能就在于确立规范，让人的行为适度，孔子曾对子贡说："夫礼，所以制中也"（《礼记·仲尼燕居》），依礼行事、待人、接物，大体可避免过与不及两种偏颇。

11：17 季氏富於周公，而求也為之聚斂而附益之。子曰："非吾徒也，小子鳴鼓而攻之，可也！"

上章论过与不及，冉求不及，本章孔子批评冉求。

季氏，鲁国卿大夫，长期专权，聚敛财富。富，厚也，重也。周公，周公旦捍御周室有功，周成王封周公于鲁，其子伯禽就国，循周公之礼法以治鲁。

求，孔子弟子冉求。附，益也，增也。小子，弟子。鸣鼓，《国语·晋语五》："伐备钟鼓，声其罪也"，讨伐对方罪责，则堂皇鸣鼓而进。攻，击也，引申为责。

季氏征收的赋税已重于周公之法，冉求仍为其想办法增加收入，而加重赋税。夫子对众弟子说："冉求不是我们的同道了，大家完全可以大张旗鼓地谴责他。"

关于季氏加重赋税之举，《左传》有记载：鲁哀公十一年，季孙欲以田赋，使冉有咨询孔子，孔子反对但不便明言，故不表达意见，私下对冉有说："子季孙若欲行而法，则周公之典在；若欲苟而行，又何访焉。"季孙氏未从孔子意见，次年开始征收田赋。

周公之法就是井田制：农民耕种"私田"，其对君的义务是耕种"公田"及服劳役。新法则在此之外对农民私田收税，民众负担超过周公之法。冉求全从季氏意旨，仍在想办法增加收入，从而进一步加重民众负担。这完全违背孔子"节用而爱人，使民以时"（《学而篇》）之大义，故孔子斥责冉求。当然，孔子让众弟子鸣鼓攻之，也是故意让季氏知道，或可起到遏制作用。

由此可见孔子赋税观念，《左传》记孔子对冉求所说："君子之行也度于礼，施取其厚，事举其中，敛从其薄"。自孔子之后，儒家一贯主张轻徭薄赋，藏富于民，而反对政府重税重赋，更反对法外横征暴敛。故对冉求之助纣为虐甚为失望，欲逐之出孔门。可见，孔子于弟子，义之与比，弟子行道，则孔子喜；弟子悖道，则孔子忧。

由孔子对冉求之失望，亦可见新兴士君子之困境：欲恢复礼治秩序，不能不仕于卿大夫之家，然而势单力孤，迫于主君压力，难免违心做践踏礼法之事，反而破坏礼治秩序。冉求之无奈、子路之死，恐怕坚定了孔子构建新秩序之决心。

> 11:18 柴也愚,参也鲁,师也辟(僻),由也喭(yàn)。

本章泛论四位弟子之气质。

柴,弟子高柴,字子羔。愚,憨也。参,弟子曾参,字子舆。鲁,钝也。师,弟子颛孙师,字子张。辟,偏也。由,弟子仲由,字子路。喭,武强也。

高柴有些愚憨,曾参有些迟钝,颛孙师有些偏激,仲由有些鲁莽。

孔子开放办学,弟子气质、禀性各异,前几章已记孔子之评点,本章类似。这其中,子羔之愚憨、曾子之鲁钝,属于不及;子张之偏激、子路之鲁莽,属于过。两者都有所偏,分属于孔子所说之"狷"和"狂"(《子路篇》),均有可取之处:愚者厚重,鲁者诚笃,辟者其才高,喭者其性直。孔子对其予以引导、剪裁:愚者充实以知识,鲁者勉励以敏求,辟者节制以忠信,喭者文饰以礼乐,最终均学有所成,孔子之教可谓有方矣。《孔子家语·弟子行》记子贡之言曰:

> 匹夫不怒,唯以亡其身。不畏强御,不侮矜寡。其言循性,其都以富,材任治戎,是仲由之行也。孔子和之以文,说之以《诗》曰:"受小共大共,而为下国骏厖,荷天子之龙,不戁不悚,敷奏其勇。"强乎武哉!
>
> 满而不盈,实而如虚,过之如不及,先王难之,博无不学,其貌恭,其德敦,其言于人也,无所不信,其骄大人也,常以浩浩,是以眉寿,是曾参之行也。孔子曰:"孝,德之始也;悌,德之序也;信,德之厚也;忠,德之正也。参中夫四德者也。"以此称之。
>
> 美功不伐,贵位不善,不侮不佚,不傲无告,是颛孙师之行也。孔子言之曰:"其不伐,则犹可能也;其不弊百姓,则仁也。"《诗》云:

"恺悌君子，民之父母。"夫子以其仁为大。

自见孔子，出入于户，未尝越屦；往来过之，足不履影；启蛰不杀，方长不折；执亲之丧，未尝见齿，是高柴之行也。孔子曰："柴于亲丧，则难能也；启蛰不杀，则顺人道；方长不折，则恕仁也；成汤恭而以恕，是以日跻。"

本章昭示，人虽有气质之偏，只要重道、尊师、好学，亦可成材。

11∶19　子曰："回也其庶乎，屡空。赐不受命而货殖焉，亿则屡中（zhòng）。"

上章对比诸弟子之气质，本章对比颜子、子贡之处境。

回，弟子颜回。庶，近也，近于道。空，空匮也，无资财。赐，弟子端木赐，字子贡。命，策命。货，财也。殖，长也。货殖，以货财生利之业，即商业。亿，也即臆，猜度。中，猜中。

夫子说："颜回呢，已近于道，经常身无分文。端木赐不接受官府策命而自主从事商业活动，猜测市场走向，每每能够猜中。"

本章揭示新兴士君子面临之生存困境。古典时代，君子是等级制意义上的，不愁衣食。孔子弟子多为庶人，包括颜子这样家境贫寒之人。其志于道而好学，志在重建秩序，但首先要自己解决生计，贫富由己，能否不受贫富影响而笃信、好学、守死善道，对学者是一大考验。孔子在本章指出此问题，也指出解决之道。

颜子聪颖好学，与孔子之道心契神通，孔子屡加赞许。但颜子专心学习，而忽略生计，常身无分文。不过，在颜子本人，这不成问题，如《雍也篇》记子曰："贤哉回也，一箪食，一瓢饮，在陋巷。人不堪其忧，回也不改其乐。"

颜子自得其乐，故安贫乐道。这是一种解决方案，难度颇大，颜子做到了。

子贡提供了另一解决方案：自己谋生。而此处"不受命而货殖"一语，还涉及中国经济史一大转折。

文明离不开货物交易，故商贾自古就有，行曰商，坐曰贾。但古典时代，所有人纳入封建君臣关系中，商人也不例外。建立君臣关系之程序是"策命委质"，商人也与周王、邦君或卿大夫以策命委质程序建立君臣关系，《左传·昭公十六年》记郑执政子产之语：

> 昔我先君桓公，与商人皆出自周，庸次比耦，以艾杀此地，斩之蓬蒿、藜藿而共处之。世有盟誓以相信也，曰"尔无我叛，我无强贾，毋或匄夺；尔有利市宝贿，我勿与知。"恃此质誓，故能相保，以至于今。

子产述及郑君策命商人之辞，此即商人之"命"，也即特许状。而商人活动也受其君之节制，并效忠于君，故郑国商人弦高于贸易途中见秦师东行，即刻通知郑君（《左传·僖公三十三年》），此为其对君之义务。

到孔子时代，礼崩乐坏，孔子创学，子贡则创造自由商业，即不再接受邦君之策命，故其活动不称"商"，而称"货殖"。名称变化背后是功能之不同：此前商人主要为邦国、尤其是邦君之奢侈品如玉器需求，交易货物，获取固定佣金；子贡则以资产为本，自由买卖各种货物，为自家获利。子贡实为中国第一批自由商人，故司马迁作《货殖列传》，子贡为货殖者第一人（《列传》以范蠡为第一，但范蠡早期商业活动系服务于越王，更类似于古典商人，且其出生晚子贡十多年）。子贡经商颇为成功，是孔门最富裕者，恐怕也是天下巨富。

孔子明白指出子贡致富之道。"亿"意为猜度，猜度市场走向，而子贡每每能够猜中，从而获利。《史记·仲尼弟子列传》说得略微具体一些："子贡好废、举，与时转货、赀"。废是卖出，举是买进；货是货物，赀是货币。子贡在货物与货币之间不断转换，买进卖出，以博取利润。这些都需要猜度供给、需求，准确把握交易时机。此实为企业家才能之核心，子贡就是企业家之典范。

子贡因从事商业，见多识广，故而"达"（《雍也篇》）。同样是因为"达"，子贡对孔子之道有深入把握："己欲立而立人，己欲达而达人"的仁之方（《雍也篇》）与"己所不欲，勿施于人"的恕道（《卫灵公篇》），均为孔子在与子贡的讨论中提出。经商之子贡也极为尊崇孔子，《子张篇》记载，孔子去世后，子贡捍卫孔子最力。可以推测，子贡正是将孔子之道，尤其是仁恕，用于经商，而大获成功。另一方面，孔子十分喜爱子贡，由本章语气可见，孔子对子贡之商业成功，颇为赞赏。

子贡的人生经历表明，致富与求道可以两全，商人可成君子，只要其有学之自觉；君子也可从事赢利性活动。两者合于子贡身上，故中国的自由商人自诞生就是"儒商"或曰"商君子"。

子贡是孔门重要弟子，以上四章以子贡为中心，始于子贡之问，终于孔子对子贡之评论，对比诸弟子之气质，及由此所决定之生存状态。冉求进入封建结构，不能不枉道以事君；颜子和子贡跳出此结构，子贡常富，而颜子庶几常贫，显示新兴士君子之生存困境。然而，困然后见君子。

> 11：20　子張問善人之道，子曰："不踐迹，亦不入於室。"子曰："論篤是與（欤）？君子者乎？色莊者乎？"

上章论颜子之庶几于道，本章论善人之近道。

践，循也。迹，足迹。笃，厚也。色，神色。

子张请教善人自处之道，夫子说："不循着前人的足迹，恐怕也不能入室。"夫子说："善人将成为言论笃实之人呢，还是君子之人，或者神色庄重之人？"

善人具备一定善德、且行善已有所成者，其生命已至一定境界，子张问孔子，善人当如何持续提升？孔子回答：善人须"博学于文，约之以礼"（《雍也篇》）。文、礼即前人所留成就君子之足迹，若不循此前行，就不可能提升自己生命至于健全状态，而辜负上天美意。《先进篇》中，孔子形容子路"由也升堂矣，未入于室也"。善人已登堂，尚未入室。何以入室？学，学文，习礼，循道。

下一节当为孔子在另一场合所说，因与前一节相关而连缀，故又冠以"子曰"。孔子在此列举善人三种可能前景，故皆为疑问句：第一种可能，不学，只是基于其天生美质，言论笃实而已。第二种可能，博学于文，约之以礼，则可成为君子。第三种可能，仅习于仪，而不通礼，徒有庄重之容貌，而不明乎大义。春秋时代，不少君子都如此，故时人有仪、礼之辨（可参见《左传》之昭公五年女叔齐之论、昭公二十五年子大叔之论）。善人结局如何，取决于是否学，是否全面地学。

> 11：21　子路問："聞，斯行諸？"子曰："有父兄在，如之何其聞斯行之？"
>
> 冉有問："聞，斯行諸？"子曰："聞斯行之！"公西華曰："由也問聞斯行諸，子曰'有父兄在'；求也問聞斯行諸，子曰'聞斯行之'。赤也惑，敢問。"子曰："求也退，故進之；由也兼人，故退之。"

上章记颜子、子贡之别，本章记孔子之因材施教。

斯，即也，就。退，懦弱不进。赤，公西华，名赤，字子华。兼人，急公好义，仿佛自己可兼他人之事。

子路请教："有人求助，就该行动吗？"夫子说："你父亲、长兄尚在，怎么可以听言就行？"冉有请教："有人求助，就该行动吗？"夫子说："有人求助，就行动起来。"公西华问："仲由问您有人求助就该行动吗，您说'父亲、长兄尚在'。冉有问您有人求助就该行动吗，您说'有人求助就行动起来'。我有些迷惑，冒昧请您解释一下。"夫子说："冉有呢，有点懦弱，我激励他；仲由呢，急公好义，我抑制他。"

本章孔门师徒讨论帮助他人之义，可见孔子之因材施教。同样的问题，孔子对子路、冉有回答不同，因两人气质不同：冉有失之于不及，子路失之于过。故孔子激励冉有，使之无不及；抑制子路，使之无过。两人可从不同方向逼近于中。除天生圣人，所有人气质都有所偏，但只要自觉，清楚自己的偏，而时刻反省，并学，就可逐渐变化气质，逼近于中道。孔子之教，不是传达神启、真理，故不要求所有人以相同的律法规范，而因各人之材质而予以启发、矫治、提撕，归根到底，孔子所示成人之道乃是自觉、自主、自学、自立。

在回答子路时，孔子提出一原则，对此，《白虎通义》论二纲六纪之朋友一纪中有所论述：

> 朋友之道，亲存，不得行者二：不得许友以其身，不得专通财之恩。友饥，则白之于父兄；父兄许之，乃称父兄与之；不听，则止。故曰：友饥，为之减餐，大寒，为之不重裘。故《论语》曰："有父兄在，如之何其闻斯行之也！"

朋友有通财之义，理当相互救济。然而，朋友一伦当置于整个人伦体系中处理，且父子、兄弟两伦天然重于朋友。故当父兄在世时，不可为朋友义气而牺牲自己，因为孝悌是更基本的义。救济朋友也当尊重父兄在家中的权威，得其同意。否则，对朋友固然有义，而不义于父兄。对任何人来说，人伦关系是涉及多层、多面关系的复杂体系，需平衡取舍，此为最高层次的义。顾此失彼，必定陷于不义。

本章有两个关键词，闻、行。闻而知道，然后起而行道，此为真君子。闻而不行，其实不知。

> 11：22　子畏於匡，顏淵後。子曰："吾以女（汝）為死矣！"曰："子在，回何敢死？"

上章提及行，本章记行道途中孔颜师徒之情。

畏，围困。

夫子遭围困于匡邑，颜渊落在后面。赶上来后夫子说："我以为你死了啊。"颜渊回答说："先生尚在，颜回我怎么敢死？"

孔子被困于匡邑，混乱之中，颜子与孔子失散，本章描写师徒再见时情形。孔子与弟子间关系类似于君臣关系，有"致其身"之义，《国语·晋语一》记晋国大夫栾共子之语：

> 成（栾共子之名）闻之：民生于三，事之如一。父生之，师教之，君食之。非父，不生；非食，不长；非教，不知生之族也。故壹事之。唯其所在，则致死焉。报生以死，报赐以力，人之道也。

孔子以此思量，颜子可能与围困自己的人战斗而死。然而，《子罕篇》记子畏于匡，但深信天命在己，必不会死。至于颜子，师徒失散，以其对孔子及其天命之理解，坚信孔子必不至于死，故未贸然与围困孔子者战斗，而是保全自己，寻找孔子，师徒终得以相会。见到颜子，孔子更为喜欢颜子，在生死关头，颜子直探孔子之天命，而预知孔子之生死，"吾以女为死矣"语中有深挚情感，可见孔子对颜子知己之喜悦。由此简短对话可见孔颜师徒相契之深，而揭明士君子处生死之道。

本篇前文有五章记颜子之死与孔子之恸，本章重回颜子之死主题，而为假设之辞，但提出严肃问题：当初，颜子为传圣人之道而不敢死；而今，颜子已死，谁传圣人之道？

以上三章记弟子闻孔子之道而行道天下，所遭遇者难测，颜子以传孔子之道自任而不敢死，此即士君子之天命。

> 11:23 季子然問："仲由、冉求，可謂大臣與（歟）？"子曰："吾以子為異之問，曾由與求之問。所謂大臣者，以道事君，不可則止。今由與求也，可謂具臣矣。"曰："然則，從之者與（歟）？"子曰："弒父與君，亦不從也。"

上章记颜子事孔子之道，本章论士君子事君。

季子然，孔子弟子。异，不同也。曾，乃也。止，中止，去位不仕。具，备具。具臣，刚刚称职之臣。弒，卑者杀尊者。

季子然请教："仲由、冉求可算人臣么？"夫子说："我以为你问谁呢，原来是问仲由和冉求。可称为大臣的人，以道服事其君；若无法行道，则去位不仕。至于仲由和冉求，只可说是具臣。"季子然问："既然如此，他们是无条件顺从其君之人吗？"夫子说："若他们的君弒杀其父、君，他们倒也不会顺从。"

本章，孔子区分"大臣"与"具臣"。君为治理社会而设立诸多职位，由臣填充，个个行使相应职能。具臣即填充这些职位、正常履行自己职责之臣，其有治理社会之才能，可有效完成本职工作，可谓称职之臣。任何君都需要这样的臣，故能安全保有自己之位。仲由、冉求经过学，完全合乎这一标准。

但孔子希望士君子成为"大臣"。大臣首先有能力完成本职工作，但不限于此，而有行道之志，因"志于道"而出仕。他们经认真选择才出仕，在政治过程中也谨守善道，为此始终保持独立判断与自主抉择，不会无条件服从君，对君之命，以道衡量。其出仕，旨在以位行道，故视君为友，力图致君行道，将道灌注于政治、行政、司法过程中。"大臣"就是行道之臣，大臣之大在于其志于道，故其政治人格"大"于具臣。

君可能接受大臣，但经常，出于欲望、激情、意志而不能接受之，其立法、行政、司法有悖于道。此时，大臣面临选择：首先谏诤，劝说君回到正道，《礼记·曲礼下》："为人臣之礼：三谏而不听，则逃之"。最多三谏，仁至义尽。君若固执不听，解除君臣关系，去位离职。此即本章之"不可则止"，《礼记·内则》也说："道合则服从，不可则去"。

孔子养成新兴士君子，旨在重建秩序，当然希望养成大臣。不过，孔门中，即便有从政才能之仲由、冉求似乎也未成"大臣"。前面记冉求为季氏聚敛，未能以道正君；君有悖于道，也未去位不仕。由此可见，守死善道之士君子不易养成。不过，孔子也指出，仲由、冉求尚能坚守大节，毕竟，习孔子之道，知君臣大义，不会无条件顺从其君。

本章孔子标举"以道事君"之义理，对中国政制影响极为深远。治理有道，政治不再是纯粹权力游戏，而有向上提撕之力量。士君子的功能是以道导正君，以道提撕政治，引导邦国、天下入于正道。

> 11：24　子路使子羔為費宰，子曰："賊夫人之子。"子路曰："有民人焉，有社稷焉，何必讀書，然後為學？"子曰："是故惡夫佞者。"

上章论及以道事君，道在学中，本章论学与为政之关系。

子羔，孔子弟子高柴。费，邑名。宰，邑之长官。夫，代词，那。民，庶民。人，君子。社，祭祀土地神之所。稷，谷神，祭祀谷神亦在社内。恶，厌恶。佞，口齿伶俐，巧言善辩。

子路让子羔担任费邑之宰，夫子说："这是在害人家的孩子。"子路说："那里有庶民有君子，那里有社稷，何必读书，然后才算学？"夫子说："这就是我厌恶巧言善辩者的缘故。"

子路担任鲁国卿大夫季氏之家宰，费是季氏之邑，故子路安排子羔担任费邑之宰。宰是邑之长官，全面管理邑内行政司法，责任相当重大。而孔子清楚，子羔之学未成，不足以担此重任。德、位当相称，否则，"德薄而位尊，知小而谋大，力小而任重，鲜不及矣"（《周易·系辞下》），自取其辱，故孔子劝阻子路。

子路回应孔子之语透露出一个重要历史事实：孔子兴学，通过读书养成君子，确属创举。此前，君子的治理技艺确实不是通过学文，也即读书养成的，而是在青少年时代习礼乐，而后在社会治理实践中习得治理技艺，此即本篇首章所说"后进于礼乐，君子也"。

当然，在孔子之前，也无篇章前后连贯之文籍。孔子删述六经，才有此类文籍。孔子之弟子多为庶民，先学文，而后寻机得位，此即首章所说"先进于礼乐，野人也"。既然成长于庶民家庭，对社会治理完全没有体认，若不学好文，新兴士君子是无力承担社会治理之责的。故孔子要求其弟子博学于文，约之以礼，而后求位以治世。孔子在此斥责子路，正为申明学而后为政之治理新原则。这之后，从观念上和制度上，学然后为政，成为中国治道之大义。学成为治理之基础；人不学，则不能为政；政府不兴学，无从得善政。

《左传·襄公三十一年》记子产一段话：

> 子皮欲使尹何为邑，子产曰："少，未知可否。"子皮曰："愿吾爱之，不吾叛也，使夫往而学焉，夫亦愈知治矣。"子产曰："不可，人之爱人，求利之也。今吾子爱人则以政，犹未能操刀而使割也，其伤实多，子之爱人，伤之而已，其谁敢求爱于子。子于郑国，栋也，栋折榱崩，侨将厌焉，敢不尽言？子有美锦，不使人学制焉，大官大邑，身之所庇也，而使学者制焉，其为美锦，不亦多乎？侨闻：学而后入政，未闻以政学者也。若果行此，必有所害，譬如田猎，射御贯，则能获禽，若未尝登车射御，则败绩厌覆是惧，何暇思获？"

其义相近，但子产所谓学乃学礼乐，其形态不同于孔子之学文。

> 11:25　子路、曾皙、冉有、公西華侍坐，子曰："以吾一日長乎爾，毋吾以也。居則曰：'不吾知也！'如或知爾，則何以哉？"子路率爾而對曰："千乘之國，攝乎大國之間，加之以師旅，因之以饑饉。由也為之，比及三年，可使有勇，且知方也。"夫子哂之。"求，爾何如？"對曰："方六七十，如五六十。求也為之，比及三年，可使足民。如其禮樂，以俟君子。""赤，爾何如？"對曰："非曰能之，願學焉。宗廟之事，如會同，端章甫，願為小相焉。""點，爾何如？"鼓瑟希，鏗爾，舍瑟而作，對曰："異乎三子者之撰。"子曰："何傷乎？亦各言其志也。"曰："莫（暮）春者，春服既成，冠者五六人，童子六七人，浴乎沂，風乎舞雩（yú），詠而歸。"夫子喟然歎曰："吾與點也！"三子者出，曾皙後。曾皙曰："夫三子者之言何如？"子曰："亦各言其志也已矣！"曰："夫子何哂由也？"曰："為國以禮，其言不讓，是故哂之。唯求則非邦也與？安見方六七十，如五六十，而非邦也者？唯赤則非邦也與？宗廟會同，非諸侯而何？赤也為之小，孰能為之大？"

上章论学而后可以治，弟子从孔子学而有治国之志，本章记弟子各言其志。

曾皙，孔子弟子曾点，字子皙，曾参之父。以吾一日，倒装句，吾以一日。长，年长。尔，代词，你们。毋吾以也，倒装句，毋以吾也。毋，不要。以，因为。居，平日。不吾知也，倒装句，不知吾也。以，为。率，仓促。千乘之国，诸侯大国。摄，夹。加，益也。因，继也。为，治也。比，近也。方，向也，常道。哂，微笑。方，每边长。如，与也。足，富足。俟，等。

宗庙之事，指祭祀。会同，诸侯相会。端，衣之整幅者也，凡朝聘、祭祀之上衣，皆用整幅布，而不加剪裁，故此衣称为端，如玄端。章甫，殷商朝聘、祭祀所服之冠。相，接待宾客之官。小相，协助接待宾客者。希，少也。铿，瑟之声。舍，置之一旁。作，起也，尊者问话，卑者皆起而回答。撰，当为僎，读如诠，善也。伤，害也。冠，古人于成年加冠。童子，未加冠之青少年。沂，沂水，从鲁城之南流过。浴，被濯于水中以除灾求福。风，动词，迎风。雩，祈雨之祭，其中有舞。舞雩指祈雨舞蹈之坛。喟，感叹之声。与，许也。

子路、曾晳、冉有、公西华四人陪侍，夫子说："我也就是比你们年长些，不要因此而拘谨。你们平日总是说：'没人知晓我啊'。如果现在有人知晓你们、用你们，你们将做什么？"

子路立刻对答说："假定有一个千乘之大国，夹在大国之间，蒙受刀兵之灾，又发生饥荒。若我来治理这个邦国，到三年后，就可让其国人普遍有勇之德，而且知道方向。"夫子微笑了一下。

"冉求，你怎么样呢？"冉求对答说："假定有一个邦国，六七十里见方，或五六十里见方。我来治理它，到三年后，可让民众富足起来。至于礼乐之事，那就要等候君子了。"

"公西赤，你怎么样呢？"公西赤回答说："不敢说自己能怎样，我愿意学习。若有宗庙祭祀，与邦君相会之事，我愿穿上玄端、戴上章甫之冠，辅助人家行礼。"

"曾点，你怎么样呢？"曾点所奏之瑟声稀落下来，铿的一声，他把瑟推开，站起来回答说："与三位同门的高远志向有点不同呢。"夫子说："有什么妨碍呢？也就是各人说说自己的志向而已。"曾点说："晚春时节，春天的夹衣做好，我与五六位成年人、六七位青少年，被濯于沂水之滨，在舞雩坛上任春风吹拂，然后歌咏而归。"孔子感叹地说："我认可曾点。"

子路、冉有、公西华出去了，曾晳留在后面。曾晳请教："那三位同门的话怎么样啊？"夫子说："也就是各人说说自己的志向而已。"曾晳问："仲由说完，夫子为什么微笑？"夫子说："治国应当依礼，而仲由说话不礼让，我因为这个原因而笑仲由。至于冉求的志向难道不是治理邦国么？怎见得六七十里或五六十里见方的地方不是邦国？至于公西华的志向难道不是治理邦国么？宗庙祭祀、诸侯相会，做这事的不是诸侯是谁？倘若公西赤只能做小相，那还有谁能做大相呢？"

本章在《论语》中篇幅最长，从中可见孔门为学之和悦之气氛。

首先值得注意的是，孔子说弟子们平日常抱怨"不吾知也"。孔子开放办学，养成庶民子弟为士君子。其掌握治理技艺，却不为人知，不得其位，无以施展德能，难免有所抱怨。《论语》首章即提出"人不知而不愠"，此后多次提及"知"的问题，可见其为孔门之大焦虑所在。学而不为人知，始终是士君子所不能不面对者。

子路毫不谦让，立刻发言，其志向是治理处境艰危的大国，让其获得安全，让民众有勇。冉有善于理财，其志向是富足邦国。公西赤精通礼仪，其志向是担任傧相，安排好祭祀与外交礼仪。三位弟子各有所精，故其志向偏向实务。曾晳与此不同，其志向颇有诗意，孔子不禁赞叹。

曾晳大约比较得意，故告辞时故意落在后面，让孔子评价一下三位同门，曾晳尤其关心孔子何以笑仲由。孔子乃解释，非笑仲由治国之志向，而是笑仲由之鲁莽。《礼记·曲礼下》："侍于君子，不顾望而对，非礼也"，顾望表示谦让，孔子话音一落，仲由立刻回答，不见谦让之意，而子曰："能以礼让为国乎，何有？"（《里仁篇》）君子以礼治国，礼之本在让，仲由欲治大国，却无礼让精神，自相矛盾，故孔子发笑。后两位谦退，孔子则认为，其志向均为治理邦国，且已有此德能，可以出而治世。

对话至此戛然结束，耐人寻味。曾晳无出仕之意，其自然洒脱、不为外物牵累之生命状态，孔子怦然心动，此与"曲肱而枕之，乐亦在其中矣"颇为相近。不过，孔子仁心包覆，志在天下之有道，故对其他三位弟子相对务实之志向也予以充分肯定。孔子同时追求生命之自由与天下之有道，弟子各有所偏，孔子无可无不可，此正为圣者也。

以上三章论士君子之出处，首先孔子评论冉有、仲由而提示以道事君，接下来指出学然后为政，最终归结于弟子各言其为政之志，开启以下各章孔子积极行道之心态；孔子肯定曾皙出世之思，又预示《微子篇》之大义。

颜渊篇第十二

上篇记孔子养成弟子以行道,由本篇开始以孔子三位高足命名,纵论孔子行道天下之规划,而以本篇为首,论为政之大纲。

共二十四章,首章"颜渊问仁"即提示本篇主题:为政之本在为仁。为仁由己,以养成君子,为政过程当以仁为本,天下归仁系为政目标。孔子政治义理之纲领,多在本篇。

> 12:1 顏淵問仁,子曰:"克己復禮為仁。一日克己復禮,天下歸仁焉。為仁由己,而由人乎哉?"顏淵曰:"請問其目。"子曰:"非禮勿視,非禮勿聽;非禮勿言,非禮勿動。"顏淵曰:"回雖不敏,請事斯語矣。"

本章论克己复礼为仁。

克,约也。己,身也,自己。复,返也,复归。为,是。归,归往,达到。为仁,行仁。目,要目。勿,不。动,动容貌。不敏,谦辞,不聪敏。事,践行。

颜渊请教仁,夫子说:"约束自己返归于礼,就是仁。不论什么时候,只要约束自己返归于礼,天下就归仁于我了。行仁在自己主动,难道还由别人吗?"

颜渊说:"敬请告诉我要目。"夫子说:"不看不合礼者,不听不合礼者,不说不合礼者，不动不合礼之貌。"颜渊说："颜回虽不够聪敏，就请您让我践行这些教诲吧。"

《左传·昭公十二年》引孔子之语："古也有志：克己复礼，仁也"，可见孔子答颜子之"克己复礼为仁"系古语。孔子发明仁，仁是人心之全德，更是生命向上提撕之道。仁者，以人待人，以己及人。

然而，如何最为得当地以己及人？最为简捷的办法是，治己而依乎礼而行。克己者，自治其身也，即《大学》所说"修身"，修饬己身。礼是普遍有效之仪则，在人伦中依礼而行，敬人、爱人之情见之于己身，而及于人，其如沐春风。故孔子说，为仁之道就是约之以礼，依礼而行。克己复礼以待人，当下即是仁；不能克己以复礼者，不足以言仁。

以上为大纲，指出为仁之大道，其次论其效。人人皆愿天下归于仁，然而人、我之间，人远，我近，我所能控制者是我，我欲天下归于仁，则从我开始，让天下在我这里归于仁。只要我处于仁，我所交接之人即能沐浴于我的仁之春风中，就我而言，天下归于仁了。

据此，孔子道出以下命题："为仁由己"。此论为仁之主体，《述而篇》：子曰："仁远乎哉？我欲仁，斯仁至矣。"天命之谓性，此性即是仁，人人秉此性，故我是否"里仁"，完全取决于我，只要有仁之自觉，就可进入仁。自觉与否，不由他人，全由自己。在孔子看来，人人都是让天下归仁的自主之主体。

至此，对为仁、为仁之功用、为仁之自主有所了解，颜子乃请孔子告诉其要目。礼无所不在，无人不包，广泛而琐细，故孔子提纲挈领地概括为四条，其中，动非一般动作，指曾子所说"动容貌"（《泰伯篇》）。人以视、听两种感官和言、动两种动作与外部世界交接，以礼约束视、听、言、动，即可进于仁。孔子说的"勿"，不是别人禁止，而是自己主动地不为，自我约束，自我控制。《春秋繁露·天道施》谓：

> 君子非礼而不言，非礼而不动。好色而无礼，则流；饮食而无礼，则争；流、争则乱。夫礼，体情而防乱者也。民之情，不能制其欲，使之度礼：目视正色，耳听正声，口食正味，身行正道。非夺之情也，所以安其情也。

视、听、言、动四者又可细分：视、听者，我接受他人信号之感官；言、动者，我对他人施加之动作。故非礼之主体有所不同：前者，非礼之主体是他人，我不视、不听，或更准确地说我对其不在意；我若在意，很可能以怨报怨，以同样的非礼回应之。我不视、不听其非礼，始终合礼地对待之。在后者，非礼之主体是我，我不非礼地对他人言说、动容貌。两者涉及两种不同的"约"：前者，我是被动的，故需防御外物之害，且约束我对他人之反应；后者，我是主动的，不非礼待人。综言之，"四勿"均为"克己"，不待他人，自我节制，自我提撕。此正可见自觉、自主，而择善固执，自强不息，自进于仁。克己，正所以成己；而成己于人之中，故成己自然安人。

闻孔子之言，颜子豁然，谓请"事"斯语。事者，践行也。身在人之中，礼在人之间，克己复礼必见之于人事之中，践行不已然后可以为仁。《子罕篇》记，颜渊回顾孔子对自己的引领说："夫子循循然善诱人，博我以文，约我以礼"。颜子于每个人、每件事上以礼用仁，故能"三月不违仁"（《雍也篇》）。

本章，孔子阐明仁、礼之关系。"人而不仁，如礼何？人而不仁，如乐何？"（《八佾篇》）反过来也可说，人而无礼，如仁何？为仁由己发动，而仁在人之间。仁见之于具体情景中之人、事即为礼，礼最恰当适中地表达对人之仁。仁向外发用而以礼文节之，可行而优美，成己而安人，故子曰"里仁为美"（《里仁篇》）。离开礼，仁是悬空无根的，无所谓"美"可言。博爱而不知礼，反而惑乱人伦。

颜子是孔子最器重的弟子，颜子得孔子之道最全、最深，但颜子不多言，故《论语》所记孔颜对话不过两章：本章及《卫灵公篇》"颜子问为邦"章，本章指出克己复礼之原则，以成就君子；"为邦"章指出论创制立法之原则，为君子用世之道，两章均十分重要。

颜子"四勿"，实为君子修身为仁之法门，程子作《四箴》以申明之：

视箴：心兮本虚，应物无迹；操之有要，视为之则。蔽交于前，其中则迁；制之于外，以安其内。克己复礼，久而诚矣。

听箴：人有秉彝，本乎天性；知诱物化，遂亡其正。卓彼先觉，知止有定；闲邪存诚，非礼勿听。

言箴：人心之动，因言以宣；发禁躁妄，内斯静专。矧是枢机，兴戎出好；吉凶荣辱，惟其所召。伤易则诞，伤烦则支；己肆物忤，出悖来违。非法不道，钦哉训辞。

动箴：哲人知几，诚之于思；志士励行，守之于为。顺理则裕，从欲惟危；造次克念，战兢自持；习与性成，圣贤同归。

本章为本篇首章，统括全篇要旨。

> 12：2　仲弓問仁，子曰："出門，如見大賓；使民，如承大祭。己所不欲，勿施於人。在邦無怨，在家無怨。"仲弓曰："雍雖不敏，請事斯語矣。"

上章论克己复礼为仁，本章续论仁。

仲弓，孔子弟子。大宾，尊于己之宾。承，承办。在邦，仕于邦国。在家，仕于卿大夫之家。

仲弓请教仁，夫子说："出门与人打交道，如同迎接尊贵的宾客；居上调遣民众，如同承办盛大的祭祀。自己不欲人施加于己者，不施加于他人。若能如此，则仕于邦国，邦国之人不会有怨；仕于卿大夫之家，家室之人也不会有怨。"仲弓说："我虽不够聪敏，就请您让我践行这些教诲吧。"

迎接尊贵的宾客，承办盛大的祭祀，自当以最大的敬意；孔子说，当以如此敬意对待家门以外一切人，包括调遣、征发普通民众承担国家的劳役。也即，不论他人地位、处境，我均待之以仁。

有此敬意，即可做到恕：己所不欲，勿施于人。孔子亦与子贡讨论过这一命题（《卫灵公篇》），其基础是，以仁待人，"能近取譬"，基于我所不欲者，想象他人所不欲者，反身节制自己。由此，本章与上章发生关联：上章孔子教诲颜子为仁之道是"克己复礼"，"勿施于人"就包括非礼不言、非礼不动。

由敬而恕，其效果是"在邦无怨，在家无怨"。其人感受到我的敬，自然无怨。《中庸》曰："正己而不求于人，则无怨。"孔子在此提到邦、家，已涉及仁与为政之关系，此系本篇主题。

最后，仲弓同样表示，"请事斯语"。孔子教诲向来简单平实，言之不难，行之实难。颜子、仲弓在孔门均属德行卓越者，其之所以有如此修为，在于其闻孔子之教后力行不已。

上章强调"为仁由己"，自主地克己而复礼，天下归仁于己，可见颜子刚健之气；本章持敬行恕，谦退而持守，故其效为无怨。

> 12:3　司馬牛問仁，子曰："仁者，其言也訒（rèn）。"曰："其言也訒，斯謂之仁已乎？"子曰："為之難，言之得無訒乎？"

本章续论仁。

司马牛，孔子弟子，姓司马，名耕，字子牛，宋人，宋国大夫向魋之弟。讱，顿也，不忍言之貌。

司马牛请教仁，夫子说："仁者对人言语谨慎而迟钝。"司马牛问："言语谨慎、迟钝就是仁了吗？"孔子说："做是难的,言说不得谨慎而迟钝么？"

理解本章,可参照《里仁篇》:子曰："君子欲讷于言,而敏于行。""讱"相当微妙,心有所不忍而不能径直表达,故于言语过程中,遣词、语气委曲迟疑,字斟句酌,辄有停顿,似乎吞吞吐吐,不甚痛快,甚至让人觉得有所保留。孔子却对司马牛指出,仁者说话,神态恰恰如此。《中庸》："庸德之行,庸言之谨。有所不足,不敢不勉,有余不敢尽。言顾行,行顾言,君子胡不慥慥尔！"

言易行难,很多人,言不顾其行,故说话痛快,却不能践行。他人预期落空,是为不敬。仁者敬人,故有所言,必有所行。仁者知道,自己口出一言,如对人承诺,别人必有预期,满足预期,方为敬人,而这要付出努力。念及于此,仁者对人承诺,必再三斟酌,预先考虑自己能做什么,不能做什么,只承诺自己能做到的。仁者也会思考,对方最为紧迫的需要是什么,自己能为此做什么。如此从人、我两方向深思,仁者之言语自然不那么痛快淋漓,而不乏迟疑甚至迟钝。

言还有另一含义:作为在上者对民众提出要求,即上章所说"使民"。当此之时,仁者必充分考虑民众承受力,唯恐越出法度,对民众提出非分的、难以承担的要求。由此考虑,仁者同样委顿迟疑。

凡此迟疑系仁心之呈现。不仁者之言是单向的表达,仁者之言是在想象的心灵相契中展开,我始终基于想象的对方回应安排我之言。我把他人当成与我完全相同的人对待,故我必定充分考虑我的言在对方引起之回响;我不愿对方蒙受伤害、不悦,或我不愿为人"怨",那我必定极为审慎地言说。

本篇首章论及"非礼勿言",上章论及"己所不欲勿施于人",本章是对前两章的延续和深化。

以上三章论仁。颜渊、仲弓、司马牛均为孔门德行之卓越者,孔子示之以为仁之道,克己复礼最高明,持敬行恕较平实,其言也讱是基础。循此以修身,则可以渐进于仁。

本篇以下各篇多论为政以行道，孔子主张为政以仁。

> 12：4　司馬牛問君子，子曰："君子不憂不懼。"曰："不憂不懼，斯謂之君子已乎？"子曰："內省不疚，夫何憂何懼？"

上章记司马牛，本章仍记司马牛，由仁而论君子。

司马牛请教君子之道，夫子说："君子不忧不惧。"司马牛说："不忧不惧，这就是君子了吗？"夫子说："如果内省而无愧于心，还有什么值得忧惧的？"

理解本章可参照《述而篇》，子曰："君子坦荡荡，小人长戚戚。"司马牛为宋人，其兄弟在宋国欲作乱，司马牛难免忧惧，故孔子有此回答。

预期到外来灾祸可能将来，人有惧怕之情；担心灾祸给自己造成损失、伤害，人有担忧之意。此为人之常态。面对兄弟可能引发的灾祸及其可能带给自己的损害，司马牛难免忧、惧。孔子告诉司马牛，当控制、抑制此情绪反应。忧惧之情于事无补，沉浸于此，可能行为失常，甚至导致自己行为短期化，胡作非为。孔子说，君子当不忧、不惧；或者说，做到不忧、不惧，即为君子。

司马牛对此不明白，孔子乃让司马牛转回自身：内省。人所惧之事态自外而来，人之忧是对此事态之情绪反应。不论忧、惧，其实都是外物入主于我。故忧、惧意味着自己被外部事态控制，丧失生命之自主。孔子要司马牛"内省"，就是自我翻转，恢复自己的主体地位。忧、惧是对外的，内省是返回自己。君子、小人的区别就在于能否内省。

内省对应的情感反应是内疚。内疚即自责，责己，从自己身上找原因。疚不同于忧、惧。我所忧、惧者是我自己不能控制的外物；我所内疚者是我可控制的，咎是我对自己之过的自责。若有外部因素侵害我，我内省自己是否有过。有过，我则改过，可免于忧惧；内省而无过，则坦然受之，而何忧何惧？孔子在此指出，君子为人处世，知己而能克己，知天命而尽人事，只忧惧自己可以控制的，也即自己之德行，故而能"坦荡荡"。本章所论，要点在于自觉而自主。

> **12：5** 司馬牛憂曰："人皆有兄弟，我獨亡（无）。"子夏曰："商聞之矣：'死生有命，富貴在天。君子敬而無失，與人恭而有禮，四海之內皆兄弟也。'君子何患乎無兄弟也？"

本章续论司马牛，由内省而论敬而无失。

司马牛忧愁地说："人人都有兄弟，就我没有。"子夏说："我听夫子说过：'生死是命定的，富贵听之于天。君子行事以敬，没有差失，待人恭谨而合乎礼，四海之内的人都可成为兄弟。'君子何必担心没有兄弟呢？"

司马牛之兄弟在宋国作乱失败，或死或流亡，故感叹自己失去手足兄弟，将孤独度过一生。同门子夏见状，引用孔子的话宽慰司马牛。

子夏首先针对司马牛兄弟之死亡、流亡指出，死生有命，富贵在天。上天生人，赋人以命，尤其是命人以不同的气：禀得坚强之气，则体健壮而寿命长；禀得贫弱之气，则体羸弱而寿命短。此于有生之初即已确定，为人所不能变动者。至于财富多寡、地位高低，人虽可努力争取，然其成败取决于外在因素，同样为人所不能控制。既然如此，人当乐天、顺命，于寿命之长短，坦然面对；于富贵之有无，不牵于心。如此方可"坦荡荡"，免于"长戚戚"。

堪破这一大关口，既安于天命，人就可修其在己者。我不能决定寿命长短、富贵多寡，但完全可以决定自己的生命状态。与其忧惧自己无法控制之事，不如用力于自己可以改变的领域。而这些领域对于生命的状态其实最为重要，故孔子转而论述，人若能持己以敬而无过失，与人交接恭谨而有礼节，则天下之人皆爱我、敬我，一如我亲生兄弟。

子夏引用孔子这句话，虽为宽慰司马牛，却道出普遍的陌生人相处之道。类似的话，曾子也说过，《大戴礼记·曾子制言上》：

> 曾子门弟子或将之晋，曰："吾无知焉。"曾子曰："何必然，往矣！有知焉，谓之友；无知焉，谓之主。且夫君子执仁立志，先行后言，千里之外，皆为兄弟。苟是之不为，则虽汝亲，庸孰能亲汝乎？"

人所相处者，无非亲人与陌生人。亲人有血缘关系，自然有相亲相爱之情。在此情中，人的生命可获安宁，此种情感也有助于维系社会秩序。然而，人不能仅在此类关系中，不能不与陌生人打交道，这样才能伸展身心，才有文明之积累和扩展。那么，陌生人之间如何相互信任，从而低成本地沟通、交流、交易？孔子揭出仁，正为解此一问题。尤其是孔子生活在古典秩序崩溃之际，人的流动性不断加大，人们越来越频繁地卷入陌生人世界。孔子以仁楷定陌生人相互信任、共同生活之道。

子夏、曾子进一步指出其具体机制：以血亲关系拟制陌生人关系，不过，这里的血亲关系只是兄弟，因兄弟是平辈，其尊卑之别的色彩最淡，因而最有一般化可能。陌生人间关系是平等的，其间形成兄弟之情，只能由我的敬而无失、恭而有礼，修其在我，陌生人之间也可互敬、互爱、互信、合作。孔子之道实为个体合群，以至于天下大同之大道，极平实而又极高明。

12：6 子張問明，子曰："浸潤之譖，膚受之愬（sù），不行焉，可謂明也已矣。浸潤之譖、膚受之愬不行焉，可謂遠也已矣。"

上章论无失，本章论视之无失；又，首章提出"非礼勿视"，本章讨论视之德：明与远。

浸润，如水之浸灌、滋润，渐渍而不骤也。谮，毁人之言也。肤，身体表面之皮肤。肤受，作用于皮肤。愬，即诉，诉求，要求。

子张请教明，夫子说："如水浸润般不知不觉到来的谮毁之言，如对皮肤无多少刺痛的诉求之言，都不听从，这可谓之明了吧。若能做到这两点，也可谓见识之远了。"

《季氏篇》说："视思明"，人运用视觉，当求"明"，明察所见之对象。怎样才算明？谮毁他人之言，或提出不合理诉求之言，若直截了当，谁都听得出来，无所谓明察。有些谮毁之言并不明显，只说一些小事，而不断重复，如水之渗透，看似很小，但一点点积累，最终发挥作用。有些提出不合理要求之言也不明显，如皮肤上的小痛小痒，一点不难受。身体逐渐适应，最终深入体内。若能认清这两者，从一开始就绝不听从，即可谓明，所谓明察秋毫。孔子接下来说：这也可谓"远"。浸润之谮、肤受之诉发挥作用均需经较长时间。若从其开始出现即预计长远后果，从而禁绝之，拒之于未萌，即为远见。

见不明而识不远，不足以为君子，仁者必明且远。

上一单元论仁，欲仁则可以为君子，以上三章论君子内省而无疚，故敬而无失，而又能明、远，则可以为政矣，故以下转入讨论为政之道，仁是政之大本，仁政就是孔子期望的社会治理之道。

> 12:7 子貢問政，子曰："足食，足兵，民信之矣。"子貢曰："必不得已而去，於斯三者何先？"曰："去兵。"子貢曰："必不得已而去，於斯二者何先？"曰："去食。自古皆有死，民無信不立。"

以上数章论仁与君子，君子之仁必见之于政，本章论君、食、兵、民之关系，揭示为政之要道，实为以下论政之提纲。

足，动词，保持在充足状态。食，邦君之食，代指邦国之财政收入。兵，兵器，代指邦国之军备。之，指邦君。

子贡请教为政之道，夫子说："府库充足，军备充足，国民给予信任即可。"子贡说："不得已必须去掉一项，这三者中去掉哪一项？"夫子说："削减军备。"子贡说："不得已必须去掉一项，剩下二者中去掉哪一项？"夫子说："削减财政收入。自古以来人都会死，而国民若不信任，邦君是无从保有其位的。"

本章孔子论邦君为政之道，关键因素是三个：有充足的财政收入，有充足的军备，有国民之信任。"足食、足兵"的主体都是邦国之君，也即政府，民信的对象也是邦国之君。前两者是物质的硬力量，后者是精神层面的软力量。"矣"字统就三项而言，其意为，也就这三项而已。三项之间无因果关系，并不是说，有充足财政收入和军备，民众才信任邦君。这与后面的论述相矛盾。国民对邦君的信任，并非来自邦国的物质力量，实际上，据本章及"哀公问于有若"章，两者可能存在冲突。邦君赢得国民信任，另有其道，即前几章所论君子之德，包括明。

而子贡性"达"（《雍也篇》），追根究底，故逐层假设，追问为政之大本。孔子首先说，可以"去兵"。政府只要有财政收入，即可重整军备。接下来孔子说，可以去食。去食，邦君可能饿死。但孔子说，人皆有一死，邦君虽饿死，只要国民还有信任，那邦国还在，邦君之政治生命仍可延续。邦君若苟且偷生，失信于民，邦国解体，则邦君虽生，实如行尸走肉。

到最后，孔子提出政治之核心原则：无民之信，邦国不立。《尚书·五子之歌》曰："民惟邦本，本固邦宁"。邦何以固？以民对邦之信。信如大车之輗、小车之軏（《为政篇》），把国民与邦国联结起来。有信，则国民以邦君为中心凝聚为一整体，国民力量可传导至邦国，拉动邦国之车驰骋，此即邦国之"立"。无信，国民力量与邦国之车脱节，甚至于"水能覆舟"，《孔子家语·五仪解》记孔子之言曰:"夫君者,舟也;庶人者,水也。水所以载舟,亦所以覆舟"。君、政府最大之义正在于取信于民,赢得民众信任。邦国存续的要害在于君民关系,而非物质条件。君、政府能否享有治理权,归根到底由民众的意愿决定。国民信任,君即为君,邦国存续;民若不信任,君难以为君,邦国解体。

本章孔子阐明政治之基本原理与邦君之基本伦理。

国家之基本构成元素即君(政府)、民、财政、军队。君有治理权;为保障安全,需军队;为供养军队及治理社会,需财政收入。而所有这些资源均取之于民,君之治理权的行使有赖于民之服从。故国家存续、和平、繁荣之根本问题就是君、民之间能否形成良好关系。

孔子、子贡对话阐明儒家之核心政治命题:邦国属于全体国民,而非属于君主一人或政府。邦国公共利益高于君主个人利益,设立君主之目的在于增进邦国公共利益。如荀子后来所说:"天之生民,非为君也;天之立君,以为民也。故古者,列地建国,非以贵诸侯而已;列官职,差爵禄,非以尊大夫而已"(《荀子·大略》)。故邦君之私人利益乃至生死当服从于邦国之公共利益,以邦国达于优良治理为唯一职责,为此当克己复礼。若个体生命与邦国存亡不可兼得,就当牺牲自己,成全邦国。做到这一点,才是真正的君。

12:8 棘子成曰:"君子质而已矣,何以文为?"子贡曰:"惜乎夫子之说君子也,驷不及舌。文犹质也,质犹文也,虎豹之鞹(kuò)犹犬羊之鞹。"

上章论为政之要道,为政不可无文即礼乐,本章论文质并重。

棘子成,卫大夫。驷,周代之战车驾四匹马,两服在里,两骖在外。犹,如也。鞹,动物去毛之皮。

棘子成说:"君子有质就可以了,要文做什么?"子贡说:"您这么论说君子可真是太可惜了,这话谬以千里,就是四马之车也追不上了。(若有质即可,)那文就是质,质就是文,则去了毛的虎豹之皮也就是犬羊之皮了。"

《雍也篇》中孔子说:"质胜文则野,文胜质则史。文质彬彬,然后君子。"孔子既重质,也重文,如《学而篇》所论:"弟子入则孝,出则弟,谨而信,泛爱众,而亲仁。行有余力,则以学文。"孔子之教就是给品质良好的弟子以文教,"文"是六经之文,其中有礼乐。孔子相信,品质良好而"文之以礼乐"(《宪问篇》),方可为君子。只有良好品质,而不学,无礼乐之节文,不能成为君子,所谓"恭而无礼则劳,慎而无礼则葸,勇而无礼则乱,直而无礼则绞"(《泰伯篇》)。

棘子成对此存有非议,其思想或与墨家、老子有关,反对"文"。在他看来,君子有质即可,不必文饰以礼乐。子贡起而反驳。子贡曾与孔子讨论过"富而好礼"(《学而篇》),深知礼乐对君子养成之重要,故毫不客气地指出,棘子成之论实谬以千里。若君子只要质即可,即意味着文、质无别,质本身足以替代文;反过来也可说文就是质。子贡以归谬法推论,这样说来,去了毛的虎豹之皮也就是犬羊之皮了。

其意谓,虎豹与犬羊之别就在毛色、花纹,去掉两者之毛,只剩光秃秃的皮,两者就看不出差别了。子贡以此指出,君子与非君子之别,就在于文之有无。重文而无质固然偏颇,重质而轻文同样偏颇。有些人品质很好,但未学文,不明礼,不足以为君子。子曰:"十室之邑,必有忠信如丘者焉,不如丘之好学也"(《公冶长篇》),不学,不知礼乐,则无以立,无以为君子。博学于文,而约之以礼,文质彬彬,然后君子。尤其是对社会治理而言,礼乐之文至关重要。离开礼乐,君子无以修身,更无以齐家、治国、平天下。

> 12:9　哀公問於有若曰："年饑，用不足，如之何？"有若對曰："盍徹乎？"曰："二，吾猶不足，如之何其徹也？"對曰："百姓足，君孰與不足？百姓不足，君孰與足？"

上章论为政不可无礼乐，取财有礼，本章论之，阐明君民一体观念。

年，年成，收成。用，国用，公室财政收入。盍，何不也。彻，通也，天下之通法也，其法即"藉"：民众耕种私田，收成归己；合力耕种公田，供应君。约计其负担，为十分之一。二，鲁宣公十五年，初税亩（《左传·宣公十五年》），开始对土地征税，即在农民承担力役之外，又对农民私田按亩征税，农民乃有两层负担。孰，谁也。与，相与。

鲁哀公问有若："年景不好，公室财政收入不足，我该怎么办呢？"有若对答说："为什么不实行彻法呢？"哀公说："在彻法之外，已对土地征税了，尚不能满足公室财政需求，怎能实行彻法？"有若对答说："百姓如果富足了，谁能让邦君不丰足呢？百姓如果不富足，谁能让邦君丰足呢？"

春秋后期，礼崩乐坏，其中一个重要表现是，邦君、卿大夫之财政需求持续增加，为此不断突破礼制，加重民众负担，如鲁宣公在农民按周礼应承担的力役负担之外，对农民私田按亩征税。而礼制一旦遭到破坏，君子的物质欲望释放出来，其财政需求持续放大，总觉收入不足。鲁哀公就在此状态，希望有若出谋划策，增加公室财政收入。

冉有就这样为季氏效力，《先进篇》记"季氏富于周公，而求也为之聚敛而附益之"。但有若不同于冉有，他坚持孔子之道，要求哀公"复礼"，去除横加于民众的负担，回到"彻"法，并阐明治理之两项大义：君民一体，藏富于民。

《尚书·大禹谟》记舜曰："众非元后，何戴？后非众，罔与守邦？"邦国不可无君，邦君维护安全和秩序，提供公共品。邦君与民共同构成邦国之身体，两者分工而合作。邦君有资格分享获得财政收入，民众直接创造财富，滋养邦国之身体，生产血气，其中一部分流向邦国这个身体之心，邦君。邦君既从民众创造的财富中切割一部分，则政治之首要问题就是，确定民众与邦君分配民众创造的财富之比例。

这一比例必须是恰当、合乎情理的，如此邦君分享民众之财，而依然能得到民众的"信"，君民保持一体。若民对君无信，则君民分体。那么，如何分配才算恰当？标准是民"无怨"。有若所说的"与"字，大有深意。民众若富足，自会让邦君丰足。民众若不富足，邦君单方面求己之富足，民众有怨，不信任君，与邦君分体，则邦君危殆矣。故民众创造的财富在民众与邦君间分配之比例，主要取决于民众之能力和意愿，归根到底由民众决定。春秋时代楚国伍举也曾说："夫君国者，将民之与处；民实瘠矣，君安得肥。"(《国语·楚语上》)

有若论述中蕴含邦国处理财富之健全原则：藏富于民。财富为民众所创造，应让尽可能多财富留在民众手中，邦君取以最为必要的程度即可，孔子的财政主张是"薄赋敛"(《孔子家语·贤君》)，这也是儒家在财政问题上始终坚持的基本立场。儒家反对政府横征暴敛，增加民众负担。这一观念对后世中国有极为深远的影响，好政治的基本标志是轻徭役、薄赋敛，控制政府开支，减轻民众负担。

孔子去世后，有子曾为孔门领袖，故其语列《论语》第二章，然其学不传，其语收入《论语》者仅四章，其中《学而篇》三章："其为人也孝弟"章，论孝悌为秩序之本，为仁之本；"礼之用和为贵"章，论礼治；"信近于义"章，论君子之自觉、自主；本章论君民一体。可见有子思想博大而深刻，孟子谓"有若智足以知圣人"(《孟子·公孙丑上》)，信夫。

> 12：10　子張問崇德、辨惑，子曰："主忠信，徙義，崇德也。愛之，欲其生；惡之，欲其死；既欲其生，又欲其死，是惑也。'誠不以富，亦祇（zhǐ）以異'。"

上章论利益在君民间分配之原则，君子为政，不可为利欲所惑，故本章论崇德、辨惑。

崇，增进。辨，别也，分辨。徙，迁也，改变。恶，厌恶。"诚不以富，亦只以异"，《诗经·小雅·我行其野》之句，此处属于古人引诗之断章取义法，有别于原意。祇，只也。

子张请教崇德、辨惑，孔子说："始终坚守忠、信之德，唯义是从，这就能增进德行。爱某人就希望他一直活下去，厌恶这人却希望他立刻死掉，一会儿希望他活下去，一会儿希望他死掉，这就是惑。诗曰：'诚不以富，亦祇以异'。"

君子承担治理之责，需增进德行，也需辨惑。孔子说自己"四十而不惑"（《为政篇》），又说"知者不惑"（《子罕篇》）。辨惑，则能不惑，成为智者，明智地、智慧地生活。故辨惑对君子养成，尤其是为政，相当重要，后面樊迟还将问及"辨惑"。

孔子先解释如何增进德行。首先是"主忠信"，已见于《学而篇》，而"子以四教：文、行、忠、信"（《述而篇》）。忠信是君子最重要的德行，始终坚守，自可增进德行。其次是"徙义"，《述而篇》孔子自谓"闻义不能徙，不善不能改，是吾忧也"。徙义就是改变自己，迁就于义，诸行皆合乎义，在伦理和政治上，当做的就努力做好。依义而行，就是德行。

接下来解释辨惑，孔子举例说明什么是惑：爱憎之情令人陷入惑的状态。由此可以看出，惑，就是人为激情、欲望、情绪所控制，无法对自己、对外面的人、物、事有冷静、客观之认知和判断。孔子引用逸诗说：这实在对自己没好处，只让人觉得怪异。欲不惑，欲有智，就应节制激情、欲望、情绪等，让心灵始终保持在清明状态。

上章，鲁哀公在民众负担已经加重的情况下仍拟加税，此即为政之惑，惑于自己的欲望、激情，心灵为欲望、激情充斥，而根本不考虑，不加节制地增加民众负担，终将导致民众之怨，反而危及治理权。同样，鲁哀公之所以增加收入，欲反击三桓，公侯与卿大夫之间相互猜疑、抢夺权力，相互厌恶,期望对方死。这正是惑,这种广泛的惑正在瓦解鲁国的公共秩序。不幸的是,孔子时代的为政者差不多都处在惑的状态,导致秩序日趋混乱。本章孔子指出,为政者必须崇德、辨惑。

> 12:11　齊景公問政於孔子,孔子對曰:"君君、臣臣、父父、子子。"公曰:"善哉。信如君不君、臣不臣,父不父、子不子,雖有粟,吾得而食諸?"

崇德、辨惑,则可正名,本章论君君臣臣、父父子子。

齐景公,名杵臼。孔子于三十五岁那年至齐。时景公中年,颇为尊重孔子。信,诚也,确实。食,吃。诸,之乎。

齐景公请教为政之道,夫子对答说:"君有君的样子,臣有臣的样子,父有父的样子,子有子的样子。"景公说:"说得真好。如果真的君不像君的样子,臣不像臣的样子,父不像父的样子,子不像子的样子,则即便有粟米,我能吃得到吗?"

本章孔子提出正名思想,虽然未用此词。

君、臣皆为名位,此名位内在地要求承担者有特定德行、能力,此即为承担者之义。《尚书·皋陶谟》阐明九种德行后提出:"日宣三德,夙夜浚明有家;日严祗敬六德,亮采有邦;翕受敷施,九德咸事,俊乂在官"。大夫当有三德,公侯当有六德,王当有九德,每个层级的治理者之德、位应当相应。父与子之名、义与此类似。《左传·昭公二十六年》记载,晏子对齐景公论君臣父子之义:

> 君令、臣共,父慈、子孝,兄爱、弟敬,夫和、妻柔,姑慈、妇听,礼也。君令而不违,臣共而不贰,父慈而教,子孝而箴,兄爱而友,

弟敬而顺，夫和而义，妻柔而正，姑慈而从，妇听而婉，礼之善物也。

《礼记·礼运》说法更简单："父慈、子孝，兄良、弟弟，夫义、妇听，长惠、幼顺，君仁、臣忠，十者谓之人义。"在君之位上的人当仁，此为君之义。与臣相对，他应当仁，此即其应有的样子。与此相应，忠是为臣应有之义。在父子关系中，慈是父母应有之义，孝是子女应有之义。义是相互的，而非单向的。每一方积极行己之义，生命趋于充实、饱满，相互间也形成良好关系。

齐景公同意孔子，并补充说：若君不行君之义，臣不行臣之义，父、子均不行其义，人际秩序就会陷入混乱，此时，即便有粮食，他也吃不到嘴里，不能维持生命。此语颇为深刻。所有人，包括君，皆存身于复杂的社会分工合作网络中，其中任何一个人能否维持其生命，取决于网络中其他人是否或在多大程度上践履其伦理和法律义务，如臣若不忠，君则不成其为君，甚至丧失性命。反过来，君若不仁，臣可能遭到伤害。归根到底，每人能否幸福、安宁，取决于人际是否维持良好关系，而这又取决于人际关系中每一方是否"喻于义"，故社会治理之关键就在于让更多的人喻于义、行己之义。

但修其在己，人人各行其义的起点在我，因为我所能控制的是我，我积极行己之义，尽己之伦，必定带动与我相交接之人行义尽伦。若我不行己之义，何以指望他人行其义？在君臣、父子等公、私人伦关系中，每一方依对方是否行义决定自己的行为策略，必陷入"囚徒困境"，故正确的行为策略是，基于自主和主体意识，先行己之义，感动相对一方亦行己之义。

齐景公本人虽赞成孔子之说，却未能行己之义。景公幼年继位，在位五十八年之久。其人颇有才略，信用晏子、司马穰苴（《司马法》传为其所作）等名臣，曾谋复齐桓公霸业，然中年以后贪图享乐，尤其是临死前做出错误决定，为情爱所惑，立宠妾所生之少子，驱逐其他成年儿子，致公室大乱。而自己死后半年，也不能安葬。此时的齐景公正是"君不君，父不父"，结果死而无人埋葬，类似于有粟而无食。

上章论崇德、辨惑，能辨惑，则可喻于义；而崇德，就是在君臣、父子等公私伦理、法律关系中行义尽伦。

> 12：12　子曰："片言可以折狱者，其由也与（欤）！"子路无宿诺。

上章论政，狱为政之重要者；又，"子贡问政"章论"民无信不立"，本章论司法无信不立。

片，半也。片言，诉讼一方之言。折，断也。狱，监狱，代指狱中所押之犯罪嫌疑人。宿，夜晚。

夫子说："凭诉讼一方之辞就可裁决案件而令人信服的人，大概也就仲由吧。"子路只要做出承诺，不会过夜才履行。

本章刻画子路之信，孔子以断狱也即裁决案件打比方。裁决案件的常态，司法官同时审查双方当事人的诉求，并令其相互答辩，《尚书·吕刑》要求司法者"罔不中听狱之两辞，无或私家于狱之两辞"，"两辞"就是诉讼双方之辞。兼听两辞，可判断双方之是非曲直，且令双方信服。

案件终了之要义在于当事双方信服，子路恰恰以信出名：《左传·哀公十四年》记"小邾射以句绎来奔，曰：'使季路要我，吾无盟矣'"。子路以信著名，故当子路审理案件，当事双方均信赖子路，以至于哪怕子路只凭借一方之辞做出裁决，双方当事人都信服。

为说明子路之信，《论语》编者客观记载子路习惯："无宿诺"。"忠信"为君子之根本美德，子路尤其突出。《公冶长篇》"子路有闻，未之能行，唯恐有闻"，正是此意。

> 12:13　子曰："聽訟，吾猶人也。必也使無訟乎。"

上章论子路之断狱，本章论听讼当求无讼。

讼，谓以财货相告者，即今日民事诉讼；狱谓相告以罪名者，即今日刑事案件。犹，如也。

夫子说："审理案件，我跟别人差不多。但我必定努力让人不产生诉讼。"

治理社会不能无刑，听讼，即解决人与人纠纷之司法，是社会治理之大端。《尚书》有多篇论及司法之重要和基本原则，其中《吕刑》专篇讨论司法。孔子养成士君子，旨在有效治理社会，当然必须掌握司法技艺。上章记子路断狱为人信服，说明其对司法胜任愉快。本章孔子更明确表达司法能力之自信。后世士君子，凡治理社会，均很好地履行司法职责。

但孔子于本章指出，士君子于公正解决已发生之纠纷的同时，应致力于减少纠纷，使人不发生纠纷，即至于"无讼"状态。"必也"意谓，"无讼"确实永难达致，但士君子当有志于此。此即孔子社会治理观高明、完整之处。孔子重视司法，这一点与法家相同；但有更开阔的视野，有更完整的治理规划。孔子认为，治理者还要关注司法、纠纷发生之前、有助于提撕人心、塑造人际优良关系伦理、风俗等维度。君子治世当有宽广的、综合的视野，《周易·讼卦·大象传》曰："天与水违行，讼。君子以作事谋始"。王弼注引用孔子解释说：

"听讼，吾犹人也。必也使无讼乎？"无讼在于谋始，谋始在于作制。契之不明，讼之所以生也。物有其分，职不相滥，争何由兴？讼之所起，契之过也。故有德司契而不责于人。

君子治世固需"道之以政，齐之以刑"，更需"道之以德，齐之以礼"

(《为政篇》)。《大戴礼记·礼察》说:"凡人之知,能见已然,不能见将然。礼者,禁于将然之前;而法者,禁于已然之后。是故法之用易见,而礼之所为生难知也。"君子需采取各种措施,主要是实施教化,"崇德",让人"有耻";同时兴起礼乐,完善法度,让人各行其义。由此人际形成良好合作关系,再辅之以司法,即可形成和维护优良社会秩序。单纯迷信司法,而忽略人伦风俗之塑造,是不可能塑造和维护良好秩序的。

以上七章论治理之道,呈现为双主题协奏结构:孔子和弟子论德行提升、君子养成,与孔子和弟子论为政,两者交替进行,从而揭示孔门为政之完整义理:既确定为政之原则,也养成据此原则为政之士君子。对优良秩序之塑造和维护而言,观念与主体是同等重要的。

12:14 子張問政,子曰:"居之無倦,行之以忠。"

以上论为政之道,本章论为政者之德。

子张请教为政之道,夫子说:"居于其位不可倦怠,履行职责当尽心力。"

孔子对子张阐明为政者之德:既在其位,当谋其政。位是社会治理所需,自己得到禄位,即当敬于此位,不可有丝毫厌倦、懈怠。有其位,就有其义。当行己之义时,当尽心尽力,此即忠。

孔子多次强调"主忠信"(《学而篇》《子罕篇》,本篇),可见,忠是承担治理之责的君子之大德。尽己之谓忠,忠者,尽心尽力于自己之职守,如子路之忠就是断狱公正,给诉讼者以正义。士君子之忠,就是让社会"无讼",这需要长久、持续努力,故孔子说"居之无倦"。孔子也强调"行",为政不在于言,而在于行。自己忠心行己之义,人各尽其义,所谓"先行其言,而后从之"(《为政篇》),自有良好秩序。

12∶15　子曰:"博學於文,約之以禮,亦可以弗畔矣夫。"

上章论为政者之德,本章续论之。

夫子说:"广泛研习各种文,又以礼约束,也就可以不背道了啊。"

《雍也篇》:子曰:"君子博学于文,约之以礼,亦可以弗畔矣夫!"本章重出,而无"君子"二字,故其义略有不同。本章前后两章均论君子为政之德,本章当在此范围中,非论君子养成,而是阐明为政者之德。君子为政,亦当博学于文:为政有其道,在六经之中,君子固需学之;为政亦有其术,如理财听松,君子亦需学之。故子夏曰:"仕而优则学,学而优则仕"(《子张篇》)。学而后约之以礼,也即,依循法度为政,而非随心所欲。孔子以为,两者具备,则可不偏离为政之大道。

12∶16　子曰:"君子成人之美,不成人之恶;小人反是。"

本章续论为政者之德。

成,就也,促成。

夫子说:"君子成就别人美善之事,不成就别人之恶事。小人与此相反。"

何为美?对人而言,"里仁为美"(《里仁篇》)。君子志于仁,有仁心,把他人当成与自己完全相同的人对待,故"己欲达而达人,己欲立而立人"(《泰伯篇》)。自己欲进于成己安人之美善,也协助他人进于成己安人之美善。若见人之恶,则"忠告而善道之"。《大戴礼记·曾子立事》曰:

> 君子己善,亦乐人之善也;己能,亦乐人之能也;己虽不能,亦不以援人……不说(悦)人之过,成人之美;存往者,在来者;朝有过,

夕改，则与之；夕有过，朝改，则与之。

至于小人，与君子相反。小人不仁，以我为中心，视他人为实现自己利益最大化的工具，不问他人之好坏、善恶。他人有善，若不能有益于自己，就冷眼旁观，不鼓励，不协助；他人有恶，若有益于自己，即加以怂恿。但这种做法，最终必定害人害己。

本章之君子系为政之君子，即治理者。孔子指出，治世君子之大义就是成人之美，成共同体内所有人之美。心安，富足，有礼，和平，概言之，普遍的仁，是人人期待之美。君子为政当为此多多努力，"成"非包办，而是创造道德伦理的条件、礼乐的条件、制度的条件、财政的条件等，让人至于仁。此即仁政，仁政就是本乎仁心、成人之美、让天下归仁之政。治世君子不可成人之恶，"君不君、臣不臣，父不父、子不子"是恶，人们讼争不已也是恶。君子为政，不可成全此恶，而当化解此恶，孔子志于"无讼"就是不成人之恶。

以上三章论为政者之德或者政治伦理。士君子为政，当修己以忠信，博文约礼，成民众之美。这与季康子之为政倾向形成对比。

> **12:17** 季康子問政於孔子，孔子對曰："政者，正也。子帥以正，孰敢不正？"

君子成人之美，先当美己，本章阐明为政先当正己。

季康子，姬姓，季孙氏，名肥，康子是谥号，强势卿大夫，把持鲁国之政。孔子晚年，季康子迎孔子归鲁，多次问政于孔子，然终不用孔子。

帅，同率。

季康子请教为政之道于孔子，孔子对答说："政，就是正。若您率先端正自己，谁人敢不端正？"

这是孔子正名说在政治现实中之应用。政即是正，乃孔子对政之基本看法，故孔子多次重复，对鲁哀公说过类似的话，见《礼记·哀公问》：

> 公曰："敢问何谓为政？"孔子对曰："政者，正也。君为正，则百姓从政矣。君之所为，百姓之所从也。君所不为，百姓何从？"

每人皆有其位，有不同社会角色。有其位，则有其应为者，此即义，人行己义，主动、积极地履行自己的伦理、法律义务，就是正的。"君君、臣臣、父父、子子"，君臣、父子就是正的。每人"各正性命"，即可共至"保合太和"（《周易》"乾"卦《象传》）。各人正，则群体和。其中一方不正，必致双方关系不和。若社会中相当数量的人不正，则社会难至于和，人心普遍不安。故为政之要旨在动态地让每人进至于正之状态，治理者之职责就是正人。

如何正人？人为远，我为近，我可自主地正己。《春秋繁露·仁义法》论述说："义之法在正我，不在正人。我不自正，虽能正人，弗予为义……义者，谓宜在我者"。正己，就是以义自我要求，就是"克己复礼"，约束自己在任何场合、针对各色人等的行为合礼、合义。我正己，立刻对与人交接之人产生影响，而有正人之效果，即"天下归仁焉"。尤其是在高位者，为众人所瞩目，影响广泛而巨大，其正己之效果，最为显著。在上者正己，可塑造正派的社会风气，在此风气中，人人正己，无人敢不正己。故在上位者正己，启动人人正己的连锁效应，社会即可形成良好秩序。故孔子主张，君子欲正人，当率先正己。德、位相应，在其位，应有其德；位越高，其德应越完备。

孔子在此阐述的为政之道，简单易行。至于君子之正己，既有赖于在位者之道德自觉，也有赖于健全制度之激励与约束。

> 12:18 季康子患盜，問於孔子，孔子對曰："苟子之不欲，雖賞之，不竊。"

上章论君子先正己，正己首当节欲，本章论君子不可多欲。

季康子苦于国内多盗，请教于孔子，孔子对答说："您确实不贪求财货，那么即便悬赏，也没人行窃。"

春秋中后期，礼乐崩坏，庶民流出小型共同体，无正常生机，且无礼乐约束，乃成盗贼：《左传》襄公二十一年记"于是鲁多盗"，襄公三十一年记晋"寇盗充斥"，以至于宾馆须修筑厚门高墙以防御；郑最严重，昭公二十年记"郑国多盗，取人于萑苻之泽"。盗成群结队，抢劫财物。从襄公到哀公已六七十年，问题没有解决，鲁仍多盗，季康子请教孔子治盗之策。

孔子直指盗贼多有之症结：执政者"多欲"。庶民流出小型共同体，乃因为公侯、卿大夫聚敛无度，本篇"哀公问于有若"章、《先进篇》"季氏富于周公"章说明这一点。民众不堪重负，被迫弃业而逃，成为流民，沦为盗贼，危害秩序。当时君子只知以武力镇压，终究无济于事。

孔子提出的方案十分简洁：执政者节制欲望。民众为盗，因执政者多欲，增加民众负担，民众被迫为盗。同时，执政者多欲，塑造不良社会气氛，民众同样多欲，欲求无度，乃不守本分，故而为盗。欲解决多盗问题，执政者须"克己复礼"，自我约束，节制贪欲，减轻民众负担，重塑社会风气。如此，民众安居乐业，自然不会为盗。

上章提出，为政者欲正人先正己，本章指出，为政者正己，首当节制物质欲望。民众愿以资财供养君子、设立政府之目的，再由君子维持秩序；若君子不能正己，放纵欲望，则成为秩序之最大破坏者，不足以为君子。君子去私欲，而后可治国。

> 12:19　季康子問政於孔子曰："如殺無道，以就有道，何如？"孔子對曰："子為政，焉用殺？子欲善，而民善矣。君子之德，風；小人之德，草；草上之風，必偃。"

前两章论为政者正己，本章论正己而正人之机制。

就，成也，成就。德，地位、品质。上，或作尚，加也。偃，伏也，倒也。

季康子就政事请教于孔子说："若杀戮无道者，以成就有道者，这样做怎么样？"孔子对答说："您治理社会，哪里用得上杀戮？您心向于善，民众必至于善。执政君子之作用如同风，庶民的地位如同草，风从草上吹过，草必定随风而倒。"

季康子展现礼崩乐坏时代执政者之治国观念：迷信刑罚。面对礼崩乐坏之社会失序，如盗贼横行，执政者唯以刑罚应对。此即《为政篇》所说"道之以政，齐之以刑"。这当然可收一定效果，但因为"民免而无耻"，终究效果有限。治国者杀不胜杀，终究无以形成良好秩序。

孔子断然反对曰"子为政，焉用杀"，实为严厉斥责，且有讽刺之意。孔子以为，治国者不可以刑杀为治国之基本方略。治国不可不用刑罚，但只是最后手段，且在刑杀严重破坏秩序之民众时当有悲悯之心，如《盐铁论·疾贪》所说："古者大夫将临刑，声色不御。刑以当矣，犹三巡而嗟叹之，其耻不能以化而伤其不全也。政教暗而不著，百姓颠蹶而不扶，犹赤子临井焉，听其入也，若此，则何以为民父母？故君子急于教，缓于刑。"季康子谈论刑杀过于轻易，此为治国精神之大变。

孔子的治理之道是，正己以正人。孔子首先指出，"子欲善，则民善矣"，此"欲"与上章"苟子之不欲"形成对比。欲者，愿望、期望、欲求也。人皆有欲，执政者之"欲"决定着执政者之行为，进而决定着邦国风气。若治国者欲善，民众定趋向于善，自然少盗。若执政者欲财利，民众也必多欲而竞逐财利，自然多盗。

基于这一点，孔子阐明社会治理中君子、小人的关系。此处君子、小人就位而言，君子就是承担社会治理责任者，执政者，价值、思想、观念、知识的创造和传播者，大规模财富的拥有者等，其在社会中的作用，如同风，普通民众如同草。风向哪个方向吹，草就向哪个方向倒伏。治世君子之欲、行，决定着资源分配方式，决定着观念走向，决定社会风气与风俗。凡此种种作用于普通民众，必定深刻塑造民众的观念和行为。

既然如此，相对于普通民众，社会精英就应有特别清醒的自觉，严格地自我约束。《大学》引用《诗经·小雅·节南山》之句："赫赫师尹，民具尔瞻"。权威意味着责任，掌握着社会领导权的君子若对自己的地位和责任缺乏自觉，放纵欲望，必定造成广泛而严重的负面影响。

本章季康子迷信刑杀而谈论"无道""有道"，实有讽刺之意。孔子之政道，修己以敬，成人之美。在季康子那里，"道"已收缩为刑法，违反刑法者，就是"无道者"；遵守刑法者就是"有道者"。季康子如此观念，实系为政之无道者。

以上三章接连记录孔子对季康子论为政之道，可见孔子之治理观：为政在正人，正人先正己。政治的根本问题是管束为政者。然而，季康子未接受孔子为政义理，孔子失望，乃养成士君子以行道。故接下来五章，孔子转而教导其弟子以为政、行道之道。

> 12:20　子張問："士何如斯可謂之達矣？"子曰："何哉爾所謂達者？"子張對曰："在邦必聞，在家必聞。"子曰："是聞也，非達也。夫達也者，質直而好義，察言而觀色，慮以下人。在邦必達，在家必達。夫聞也者，色取仁而行違，居之不疑。在邦必聞，在家必聞。"

上章论正己，正己则可以达，本章论达，达则可行道天下。

士，介于君子与庶民之间，仕于卿大夫之家或公室。达，通达无碍。在邦，仕于邦国。闻，有声誉。在家，仕于卿大夫之家。质，气质。好，动词，喜好。色，脸色。下，动词，居于下。违，背离。居，处也。

子张请教："士怎么做可称之为达？"夫子说："你所说的达是指什么呢？"子张对答说："仕于邦国，必定闻名于一邦；仕于卿大夫之家，必定闻名于一家。"孔子说："这是闻，不是达。达是这样的：气质正直，且依义而为；仔细聆听别人的言辞，观察别人的脸色，时刻想着退让于别人之下。如此，仕于邦国，必定通达无碍；仕于卿大夫之家，必定通达无碍。至于闻呢是这样的：脸上看起来充满仁爱，行为却与之背离，且以仁者自居，无所顾忌。如此，仕于邦国，必定出名；仕于卿大夫之家，必定出名。"

达者，通达也，交人、处事无不顺畅、自如，即是达。人在人群中，无不希望达，达则可以成己而安人，不达则无所成就。孔子谓子贡"达"，又谓"己欲达而达人"，达是生命的一种高明境界。"达"与"闻"有相近处：达者常有名，人人知晓，故子张混淆两者。孔子分别两者志不同。

达者首先"质直"，"敬以直内"，内有忠信之德；"好义"，义者，宜也，社会角色所要求于人者，即伦理与法律义务，"好义"，即积极行义以尽伦。其次，"察言观色"，心中有人，以人待人而敬人，聆听他人而非忙于自己表白，关注他人而非我行我素；同时，"虑以下人"，也即，时时刻刻想着谦退礼让，不与人争。"虑"字可见其对人之敬。己尽义则人尽义，己敬人则人敬己，自己自然通达无碍。"质直而好义"与"虑以下人"看似相反，实则相成：好义者，以义正己，正己即是先于人，即是下人。好义而不能虑以下人，失之于狂；不好义而虑以下人，难免为乡愿。

闻，则与此不同，闻者伪装而缺乏反思，或可暂时出名，人们终可见其伪，徒有虚名，无以通达无碍。

孔子时代，周王、诸侯权威衰落，权在卿大夫。前数章孔子与季康子论政，季康子多欲而迷信刑杀，无力整顿社会、塑造良好社会秩序。重建良好秩序之重任已落在新兴士君子身上，欲为政、行道，士君子不能不达，甚至不能不闻名于家、邦，故子张有此发问。孔子则指出，好义而敬人，士君子即可通达于家、邦乃至天下。

第五章子夏引夫子"君子敬而无失，与人恭而有礼，四海之内皆兄弟也"，亦即是"达"。

> 12：21　樊遲從遊於舞雩之下，曰："敢問崇德、脩慝、辨惑。"子曰："善哉問。先事，後得，非崇德與（欤）？攻其惡，無攻人之惡，非脩慝與（欤）？一朝之忿，忘其身，以及其親，非惑與（欤）？"

上章论达，达需崇德、修慝、辨惑，本章论之。

舞雩，指鲁城南之舞雩坛。下，舞雩坛下之广场，有树木，故可游。慝，恶也，恶之匿于心者。先，动词，置之于先。后，动词，置之于后。攻，责也。其，己也。朝，早晨。及，连累。

樊迟跟从观游于舞雩坛之下，说："冒昧地请教一下崇德、修慝、辨惑。"夫子说："很好啊这个问题。以做事为先，置收获于后，这不就能增进德行么？内省自己的恶，不责备别人的恶，这不就能对治自己心中之恶么？因为一时的愤怒而忘了自己，进而连累亲人，这不就是惑么？"

樊迟如此发问，大约因为，雩祭之祝词中有崇德、修慝、辨惑之词。樊迟听而发问，有好学之心，故孔子予以赞许。

针对崇德，孔子答曰："先事，后得"。《雍也篇》记，同样是樊迟问仁，孔子答曰"仁者先难而后获"，意思相近：埋头耕耘，不问收获。此即董仲舒所说"夫仁人者，正其谊不谋其利，明其道不计其功"（《汉书·董仲舒传》）。如此持之以恒，自可增进德行。

慝是心中之恶，未必表现出来，对治此恶，需内自省。故孔子所说修慝之道是内省自己，而非责备别人。此即《卫灵公篇》所说"躬自厚而薄责于人，则远怨矣"。君子与常人最大区别就在于能内自省，从而可改过。

前面"子张问崇德、辨惑"章，孔子指出一种惑：好恶之情。本章指出另一种惑：愤怒。比起好恶，愤怒的情绪更为强烈，此激情后果更为严重，彻底遮蔽心灵，不计后果，故孔子指出，为保持心灵之清明，君子当节制愤怒之激情。

上一章孔子指出，士君子好义、敬人，可通达于家、邦、天下。本章孔子指出，崇德、修慝、辨惑，才能喻于义，才能志于仁，方可通达无碍。

12:22　樊遲問仁，子曰："愛人。"問知（智），子曰："知人。"樊遲未達。子曰："舉直錯（措）諸枉，能使枉者直。"樊遲退，見子夏曰："鄉也吾見於夫子而問知，子曰'舉直錯諸枉，能使枉者直'，何謂也？"子夏曰："富哉言乎！舜有天下，選於衆，舉皋陶（yáo），不仁者遠矣；湯有天下，選於衆，舉伊尹，不仁者遠矣。"

上章所论之崇德为仁，不惑为智，故本章论以智行仁。

达，明了。直，直者。枉，妄者。错，置也。乡，昔也。皋陶，据《尚书·舜典》舜命皋陶为"士"，即司法官。远，动词，远之。伊尹，商汤之相。

樊迟请教仁，夫子说："爱人。"又请教智，夫子说："知人。"樊迟不明白其意，夫子说："举用正直之士置于邪枉之人以上，能让邪枉之人变得正直。"

樊迟退出孔子之室，见到子夏说："刚才我拜见夫子请教智，夫子说'举用正直之士置于邪枉之人以上，能让邪枉之人变得正直'，这是什么意思？"子夏说："这句话含义太丰富了。舜有天下治理权，从众人中遴选，举用皋陶，不仁的人就远远躲开了。汤有天下治理权，从众人中遴选，举用伊尹，不仁的人就远远躲开了。"

孔子主张君子当有智、仁、勇三达德，故樊迟发问。孔子谓"仁者爱人"，后来孟子袭用此说（《孟子·离娄下》）；又说"智者知人"，人最为复杂多变，最难了解，爱人，当知人。乍看两者相背：知人则有分别，不能遍爱，故樊迟未达。故孔子继续解释："举直错诸枉"即知人，知道谁是直谁是枉，各置于恰当位置。此语已见《为政篇》："举直错诸枉，则民服"。此处换一角度讨论："举直错诸枉"约束邪枉之人，激励其走上正道。由此，直者得其应得之位，是为"爱人"；枉者迁善改过，同样是"爱人"；民众因此得到好处，是更大范围的"爱人"。孔子说明，治国不能无智：判断力，明智，智慧。治国者之仁当在智上体现，最重要者为知人，知人而善用。这能提升社会治理群体之整体德行和技艺，造福于民众，此即"仁政"，大禹曰："知人则哲，能官人安民则惠"（《尚书·大禹谟》）。

子夏闻之而喜，向樊迟举例解释说，舜选举皋陶，公正执行法律，不仁者有所收敛，以至改邪归正。这样，不仁者数量减少，社会整体道德和治理水平向上提升。伊尹协助汤，发挥同样作用。舜与汤有知人之明，借贤者力量，其仁覆盖天下，博施于民而能济众，此即仁者爱人之道。

本章孔子爱、智并举，有深意焉。爱人展开人伦之中，不可能同等遍覆于所有人，而是由亲及疏，由近及远，故须以智辨之。具体到君子治世，行仁需借助智，治国者行仁政，关键是发现贤能，将其置于合适位置。子夏于此阐明"选贤与能"之义。《泰伯篇》论圣王，孔子赞"舜禹之有天下也，而不与焉"，内含选贤与能为王之大义，此处则有广泛实施选贤与能之制的大义。仁政必选贤与能。

以上三章，孔子教导弟子以为政之道：正己，不断提升自己，爱人而知人。

> 12:23 子贡问友，子曰："忠告而善道（导）之，不可，则止，毋自辱焉。"

上章论为政需贤能协助，以之为友，故本章论朋友相处之道。

子贡请教朋友之道，夫子说："尽心劝告他，善意引导他，若他不接受，也就罢了，不要自取其辱。"

朋友自当相互帮助、提携，见朋友偏离正道，走上邪枉之路，不可袖手旁观，当"忠告而善道之"。忠者，尽心之谓也，诚挚而全心全意。善者，善意之谓也，真心引导朋友回到正道。朋友可能听得进，也可能听不进。听得进，皆大欢喜。听不进，不可勉强。朋友关系不同于血气相连之父子、兄弟关系，也不同于亲密的夫妻关系，而较接近于君臣关系。朋友以义而合，合则为友，不合则分。朋友若不听劝告，仍加劝告、引导，对方必定生厌，强人所难而无益。《里仁篇》曰"朋友数，斯疏矣"，与本章相近。朋友有相劝之义，然后生命成长终究自觉、自主。为学如此，为人如此，君子敬人，故不强人从己。

上章论"举直而错诸枉"，乃治国者自上任用贤能；本章之"友"有同僚之意，为政过程中，对同僚当"忠告而善道之"。

12:24　曾子曰："君子以文會友，以友輔仁。"

上章论朋友相处之道，本章论交友之道。

文，诗书礼乐之文。友，同志曰友。

曾子说："君子以学文会聚朋友，以朋友辅助自己之仁。"

君子养成于学文，学文则能知礼，但成就君子，更重要的是体认和扩充仁。本篇首章谓"为仁由己"，故"我欲仁，斯仁至矣"，然毕竟仁在人之中，故我欲进于仁，即须置身人之中，然后可以知人，以人待人，以己及人。故此处说"辅仁"。

故君子当合群而学，《论语》首章曰"有朋自远方来，不亦乐乎"，同门曰朋，弟子同在老师门下合群而学。出师门之后，则当求友。同志曰友，芸芸众生，或有与我志同道合者，则合群而学。《周易·兑卦·象传》曰："丽泽兑，君子以朋友讲习。"《礼记·学记》则说："独学而无友，则孤陋而寡闻"。

如何合群？君子以文为合群纽带。以文会友，则朋友相会，共同读书、谈学、论道，非为鄙俗之事。在学文过程中相互启发，切磋琢磨，取长补短，共同提升。尤其是对仁有切身体认，而不断扩充，此即"以友辅仁"。

人自可以其他缘由合群，如以利相交，然如此成友，有利则合，无利则散，相互谋利，而难以向上提升，甚至见利而忘义，相互伤害。若欲体认仁、扩充仁，只能以文会友，在与友之相与中扩充仁，此为"天下归仁焉"之要道。

本章"以友辅仁"，与首章"克己复礼为仁"呼应。为仁由己，但仁在人之中，与朋友合群，方能更真切地体认仁并行仁。

上一单元论爱人、知人，爱人、知人则有朋友，以上两章论交友之道。"君子群而不党"，合群方能行道于邦国、天下。不能合群者，非君子人也。

子路篇第十三

上篇冠以颜子之名，论为政大纲；子路于孔门在政事科，本篇论行政之道，故次于《颜渊篇》。

共三十章。以子路"问政"开篇，故以论政为中心；孔子教之以"先之劳之"，故多论为政之先后次第，"先后""远近"等字屡次出现，从而揭明行政之基本原则。

13：1　子路問政，子曰："先之，勞之。"請益，曰："無倦。"

本章论君子为政之德。

先，动词，居于先。之，代指民。劳，出力。益，增加。

子路请教为政之道，夫子说："自己先带头，再让民众出力。"子路请求多讲一些，夫子说："这样做而不倦怠。"

为政必定"劳"民，民众出财出力。君子治世亦然，唯君子于劳民之先劳己，即上篇"子帅以正"及"草上之风，必偃"。非谓君子先做民众分内之事，种地、做工、经商；而是说君子先正己，尽心履行自己义务，则民信之矣，乐意服从其权威，承担分内之义，为共同体出财出力。孔子又谓"无倦"，即上篇"子张问政"章之"居之无倦"，君子自始至终地先正己。持之以恒，自可化民成俗，有良好社会秩序，包括官民关系。

本章虽简洁，却阐明君子为政之最大义，先正己而后正人。

> 13：2　仲弓為季氏宰，問政，子曰："先有司，赦小過，舉賢才。"曰："焉知賢才而舉之？"曰："舉爾所知。爾所不知，人其舍諸？"

上章论治民之原则，本章论治官之原则。

仲弓,孔子弟子冉雍之字。宰,家室的大管家。先,动词,居于先。有司,专司其职的官员。

仲弓任季氏之家宰，请教为政之道，夫子说："先让各部门各负其责，不追究别人的小过错，举用贤能之人才。"仲弓说："从哪里发现贤能人才予以举用呢？"夫子说："举用你所知道的贤才即可。至于你所不知道的，别人会舍弃不用吗？"

仲弓担任鲁国卿大夫季氏之家宰，手下有若干部门、众多官员，故孔子告之以行政管理之道有三：

第一，授权。规模略大的组织必分设部门，各有专职人员，承担相应职守。明智的领导者尊重下属，让各部门充分发挥作用，自己予以引领、协调、监督，使各部门协力工作。若大权独揽，事必躬亲，必致部门间分工、合作秩序混乱，挫伤相关部门的工作热情。事实上，每个部门人员皆有他人不具备的专业技能，领导者也未必有此专能，贸然越俎代庖，往往不能成事。

第二，宽和。凡人做事，难免有过。若失误较大，严重损害事业，伤害他人，自当予以惩处。但对小过，大可不予追究。如此宽和，反可激励有过者内自省，避免重犯此过。宽和原则可在组织内塑造轻松和悦气氛，激发人们承担责任，积极进取。若对小过过于严厉，组织成员会人人自危，畏首畏尾，事业难成。《孔子家语·入官》记孔子对子张说"水至清即无鱼,人至察则无徒"。

第三，举贤。领导者当有知人之明，如上篇所说，一旦发现贤能之才，立刻予以提升、重用。这有助于事业，更重要的是，可激励其他成员，在组织内塑造积极向上气氛，人人用力，事业必定通达。若有贤才，而不得举用，就会抑制人们上进心。贤能者甚至因为不满，而扰乱组织事业。

孔子所论三点是最为平实也最为重要的行政管理原则。仲弓于后一点有点疑问：贤才何在？孔子的回答十分智慧。"举而所知"之"知"即《论语》首章"人不知"之知。新兴士君子总抱怨"不吾知也"（《先进篇》），自己为政，能否知人乎？在任何组织内，贤才总有，问题在于领导者能不能发现，以及最关键的是，愿不愿看到。贤不贤是相对的，领导者若秉持公心，以事业为重，必定有贤才可举。领导者若私欲过重，以个人权位为重，组织内即便贤才济济，领导者也不会举用，反而可能压制、排挤。韩愈《马说》对此有所论述。而在孔子看来，举贤才恰系为政之根本。

孔子赞"雍也可使南面"（《雍也篇》），在本章教之以南面之道，为君之道，也即领导的艺术。

> 13:3 子路曰："衛君待子而為政，子將奚先？"子曰："必也正名乎！"子路曰："有是哉子之迂也！奚其正？"子曰："野哉由也！君子於其所不知，蓋闕如也。名不正，則言不順；言不順，則事不成；事不成，則禮樂不興；禮樂不興，則刑罰不中；刑罰不中，則民無所措手足。故君子名之，必可言也；言之，必可行也。君子於其言，無所茍而已矣。"

前两章论君子行政管理之道，本章论为政当先正名，阐明正名说。

卫君，当为卫出公辄。孔子于鲁哀公六年，六十三岁那年自楚返卫，定居于卫数年，而孔子弟子多仕于卫，卫君欲得孔子为政，本章当在初返卫时。奚，何也。迂，迂腐。野，鄙也。阙，略也。苟，苟且。

子路说："卫君等着您治理邦国，您将从何处着手呢？"夫子说："一定从正名开始。"子路说："您竟然迂腐到这种程度，这名怎么正？"夫子说："仲由，你可真鄙陋。君子对自己不了解的事，付诸阙如，不发表意见。行为若与名位不符，那提出要求就不合于礼；提出的要求不合于礼，就不能处理好政事；政事处理不好，礼乐就无法正常发挥作用；礼乐不能发挥作用，刑罚就无以公正；刑罚不公正，民众就手足无措了。因此，君子给人确定名位，必定是可对他提出要求的；而对他提出的要求，他必定是可以做到的。君子对自己的言，是不会苟且的啊。"

孔子周游列国，始终以卫为中心，盖因卫最有可能行道。此次，卫君确有意用孔子，故子路请孔子阐明自己施政纲领。孔子以"正名"为先。此为社会治理之根本，子路熟悉具体行政管理工作，但对治理大纲不甚了了，故讥讽孔子"迂"，遭孔子痛斥。随后，孔子提出一套推理严密的论说。

名者，名位也，即治理架构中之岗位。名位附带一组权益，也对应一组职分、职责、义务，得此名位者当有相应之德、能。孔子谓正名，名家主张"循名责实"：在此名位上的人，德能当合乎此名位之要求，行己之义，尽己之伦。上篇"君君、臣臣"就是正名：在君位上者有君之德、能，履行君之职责；在臣位上者有臣之德、能，履行臣之职责。

名位是成体系的，其间有君臣关系。履行职责，必然向人提出要求，"言"即对人提出要求，发布命令。言有顺、不顺之别，顺就是合于礼，"君使臣以礼"（《八佾篇》）就是"顺"。君准确理解自己之名，礼所规定的自己权限，在此范围内指令臣，臣必欣然承担，即"臣事君以忠"。如此，君所欲之事就能成就。君超出礼所规定的权限，对臣提出不合礼要求，即言不顺乎礼，可能遭臣拒绝。如此则"事不成"，政务无法正常运作。

政务不能正常运作，礼乐就不能正常发挥作用。礼乐尤其是礼，核心功能就是构造和维系健全的君臣关系，也就存在于健全的君臣关系中。君使臣不以礼,臣事君不以忠,君臣关系混乱,礼乐必定失序,君臣相互猜疑、争斗。

礼乐崩坏,刑罚必定不中,也即刑罚失当。在礼治秩序中,刑从属于礼,礼规范名位、职守;若有人不履行职守,甚至侵害他人,刑予以惩罚。刑是强制执行礼制之手段,刑的依据在礼,刑的执行靠君子。礼制混乱,刑罚必定失去依据;君子不守礼,司法不公;这些必定导致"刑罚不中",违反礼制者得不到惩罚,礼制之约束力必定流失。

由此,民众就不知道有效的社会规范究竟是什么,手足无措。君子群体内部秩序的混乱向下传递,导致整个社会失序。很大程度上,此即孔子所处时代之状态。

可见,"名不正"会导致一连串后果,故为政首当正名。但正名该从何处入手?孔子转而从正面论述正名之道。"名之必可言也"意谓,君子设立某个名位,必须可厘定其具体职能,是共同体事业所需要者,如无法厘定,就不必设立;授予某人名位,必须可以明确规定其职责,能对共同体事业有所贡献,否则不可授予。"言之必可行也"意谓,名位之职能是其承担者可以完成的,也即,关于名位之规定当合情合义。从一开始,君、臣之名均正,相互信赖、合作,可逐渐恢复秩序。

最后一句话是双关语。第一层含义,顺承前面讨论,孔子得出结论,君子规定承担某个名位之职能或某在位者之职责,不可苟且,必定使之合于礼义。第二层含义是教诲子路:君子当三思,而不可率发言。

由本章之论说可见孔子于治理机制有深刻全面之把握。惜乎子路不明乎此,最终正死于君臣之名之不正。而子路讥孔子为"迂",则显示新兴政治观念以效率为准,为苟简之治,无长远眼光,最终至战国、秦,以诈力相尚,以富强为宗旨,而无法构建稳定秩序。

以上三章概述为政之要义,其中均有"先"字,可见其系为政者之所先务者。第三章之正名论尤其关键,孔子为政,以正名为先,此以下之论述皆本于此。

> 13：4 樊遲請學稼，子曰："吾不如老農。"請學為圃，曰："吾不如老圃。"
>
> 樊遲出，子曰："小人哉樊須也。上好禮，則民莫敢不敬；上好義，則民莫敢不服；上好信，則民莫敢不用情。夫如是，則四方之民襁負其子而至矣，焉用稼！"

上章论正名，本章正君子之名，阐明君子于社会治理之功用。

稼，种植五谷粮食作物。圃，种植蔬菜。小人，德行意义上的。上，在上位者，社会治理者。好，动词，喜好。情，实也，用情，尽忠。襁，以布编织，用以背负幼儿。

樊迟请求学种庄稼，夫子说："这方面，我不如老农民。"樊迟请求学种蔬菜，夫子说："这方面，我不如老菜农。"

樊迟退出后，孔子说："樊迟可真是小人啊。在上位者好礼，民众就不可能不敬；在上位者好义，民众就不可能不顺服；在上位者好信，民众就不可能不尽忠。若能如此，四方民众也就背负着孩子前来归附了，哪里用得着亲自种庄稼？"

社会正常运转依赖人际分工、合作。市场分工仅广泛的社会分工中之一，分工，而后合作，则有效率提高，文明积累。君子，即治理者之出现，同样是社会分工之自然产物。"君子不器"（《为政篇》），其功能是协调人际关系，维护人际合作秩序。君子确实不直接从事生产活动，但对其他生产性职业的价值巨大：提供安全、秩序以及兴办道路、教育等公共品。无君子维持秩序，社会、市场分工合作网络就难以为继。

孔子时代，古典君子群体败坏，社会秩序趋于混乱，民众负担加重，或有为盗者。樊迟见及当时在位者之败坏、贪婪，民众生活之艰辛，故而以为，不如直接教授民众以实用技术，或可更有效地改善民众处境。孔子不以为然，称樊迟为"小人"，即无见识之普通民众。樊迟从孔子学大人之学，本可成为君子，改变更多人处境，却有小人之志，自我限制可发挥作用之空间。

孔子指出，担当治理之责的君子好礼，以礼约束自己，兴起礼乐；好义，尽心地履行岗位所要求于己之义，也即公共职责；好信，信守承诺，信守法律，对民言而有信，则民众自然对君子、对邦国报之以敬、服、忠，以君子为中心，相互间形成良好秩序，人人安居乐业，四方之民众也来归附。

故现实统治者即便确实损害民众，也不可设想取消权威，取消治理者，这必将让人退回野蛮状态。唯一可努力之方向是改造、提升社会治理者，让其好礼、好义、好信。这正是孔子所做的事。孔子对当时君子多有不满，对当时政多有批评，但未因此主张去君子、去政。孔子养成庶民为君子，旨在承担社会治理之责，以重建优良社会秩序。在此秩序中，农民、工匠、商人等生产性劳动者可安全地生存，并享受种种公共品。

樊迟似开后世农家之先河，据《孟子·滕文公上》，战国时代，"有为神农之言者许行"，主张取消社会治理，人人耕种自养。孟子予以讥讽，并阐述社会分工合作理论："有大人之事，有小人之事。且一人之身，而百工之所为备。如必自为而后用之，是率天下而路也。故曰：或劳心，或劳力；劳心者治人，劳力者治于人；治于人者食人，治人者食于人：天下之通义也"。孔孟主张君子、小人之别，系维护社会分工合作制度。只有在此制度中才有公共品之生产、供应，劳力者才能安享安全、和平、公共福利，共同体才有文明之积累。

> 13：5　子曰："誦《詩》三百，授之以政，不達；使於四方，不能專對；雖多，亦奚以為？"

上章正君子之名，本章正学之名。

诵，依照音节朗读。使，被派遣为使臣。专，擅也，独立自主。奚，何也。

以,动词,用也。为,疑问语助词。

夫子说:"诵读《诗经》三百首,但邦君交给他政事却处理不好,派遣他出使各国,做不到独立地恰当应对。纵然诵读很多,又有什么用呢?"

古典时代,君子之教,以诗为本。孔子继承这一传统,其教亦以《诗经》为首,《礼记·经解》《史记·儒林列传》均列《诗经》在六经之首,《论语》中孔子提及最多的也是《诗经》。

学《诗》,宗旨何在?如《阳货篇》所说"诗,可以兴,可以观,可以群,可以怨。迩之事父,远之事君。多识于鸟兽草木之名"。《诗经》是君子之百科全书,君子诵诗,可了解天文历象、名山大川、动物植物;可了解四方风土、各国民情,君子知人,然后可以为政;可体会男女、父子之情,君臣、朋友之义,君子知人,然后可以知人而尽义;可验风俗之盛衰,见政治之得失,君子明乎此,然后可以为善政;而诗之为言,温厚和平,长于讽谕,君子诵之,可养成言辞技艺,用之于朝聘、宴饮、祷祝等各种公共场合。

孔子于此指出诗教之政治功能:诗之中,有为政之道。君子诵诗,当悉心体认之。一旦受命为政,即可运用。孔子此用"专对"一词,突出学之重要性。《春秋公羊传·庄公十九年》:"聘礼:大夫受命、不受辞。出竟,有可以安社稷、利国家者,则专之可也"。使臣出国前,只确定出使之职责范围,至于具体应对之辞,现场临机自行确定。君子学诗,可丰富知识,以备临机应变。诗也训练言辞技艺,诵诗而用心,则出使各国,就可以诗言志。

大约孔子看到,弟子中有人虽然诵读《诗经》,却未能体认其中的社会治理之道,故发此感慨。在此,《诗经》代表孔子所授六经之文。孔子要人学文以成人,但有些弟子陷溺于文,而无力因文而明道,这就易成"小人儒"(《雍也篇》)。后世学文之士不"志于道",无齐家、治国、平天下之德能者,所在多有。

13:6　子曰:"其身正,不令而行;其身不正,雖令不從。"

诵诗旨在正身,本章论君子为政,当先正己。

其,假设之词也。身,己也。

夫子说:"其人若能让自己正,即便不发令,政事也可正常运转。自己不正,即便发令,也无人听从。"

本章正人先正己观念,孔子在上篇对季康子论政三章中已阐明。唯本章承上章,系对士君子养成而言,故重点在"其身正"三字。上章论"诵诗三百",《为政篇》记子曰:"诗三百,一言以蔽之,曰'思无邪'"。无邪,就是正,孔子教弟子诵诗,即在正弟子之身。士君子因学而身正,即可为政正人。虽学文而身不正,一旦为政,难以正人,也就不是称职的君子。

本篇首章谓"先之劳之",与本章大义相近。

以上三章正新兴士君子之名,指明士君子的责任是治理社会,学以达用,学在正身。

13:7　子曰:"魯、衛之政,兄弟也。"

上章论为政之道,孔子为行道周游列国,而常在卫,本章对此予以解释。

夫子说:"鲁国和卫国的政制,如同兄弟一般。"

周游列国,孔子在卫时间最长,本篇所记也多与卫有关,本章解释,孔子何以偏爱卫国。

鲁之始封君为周公,卫之始封君为康叔。《左传·定公六年》记卫国之公叔文子曰"大姒之子,唯周公、康叔为相睦也",两兄弟向来关系亲睦。《尚书》所录周公策命康叔之辞,详尽阐明封建治国之道,谆谆教诲,情谊深厚。

《左传·定公四年》记卫国之祝佗云,周成王封鲁公以殷民六族,分康叔以殷民七族，"皆启以商政，疆以周索"。两国之民构成相似，周人加殷人，政制安排也相同：尊重殷人之俗，但依周礼定君臣关系。据此，孔子说，鲁、卫之政如同兄弟，都有比较完整的礼乐秩序。

几百年后，列国之中，鲁、卫两国民情仍大体相似：两国礼制保存较为完整，在礼制驯化下，两国多君子之人。《公冶长篇》曰"鲁无君子者，斯焉取斯"，《左传·襄公二十九年》记吴公子札聘于卫，见蘧瑗、史狗、史鳅、公子荆、公叔发、公子朝等人，评论说："卫多君子"。

孔子五十而知天命，志在恢复礼治秩序。鲁国条件最好，故先在鲁国出仕、努力。失败之后，到他国寻找机会，而首先到卫。其后周游各国，又始终以卫为中心，且在卫长期滞留。孔子相信，在卫率先恢复礼治，最有可能。

> **13：8** 子谓卫公子荆"善居室。始有，曰'苟合矣'；少有，曰'苟完矣'；富有，曰'苟美矣'。"

恢复礼治，依赖君子，故本章例举卫之君子，其特点为少欲。

公子荆，公侯之子为公子，公子荆为卫献公之子。善，善于。居，处。室，家室，指大夫家室之公事。苟，诚也。合，配也。完，备也。

夫子说卫公子荆"善于处置家室之事。家室资财刚开始有一点，他就说'确实已经够用了'；略多了一些，他就说'确实已经充足了'；又增加了一些，他就说'确实已经完美了'"。

人需生存，君子不拒财富，唯以义处之而已。时人公认卫公子荆为君子，孔子在此称赞其对待财富之心态。

上篇孔子批评季康子，指出当时在位者之通病："多欲"，物质欲望过盛。多欲则好谋利，以致不择手段，为所欲为，无所不为。如此必定不义、不仁，生命向下坠落，加害民众。公子荆对待财富，与众不同：淡然处之，每每知足，从中可见其人之少欲，或者说，节欲。公子荆不拒斥财富，应得者得之，只是无贪求之心。如此，既有财，又合义。合义之财，方可长保不失，此即"君子喻于义"。

13:9　子適衞，冉有僕。子曰："庶矣哉！"冉有曰："旣庶矣，又何加焉？"曰："富之。"曰："旣富矣，又何加焉？"曰："敎之。"

上章论卫有君子，故孔子适卫，本章论在卫恢复秩序之纲领。

适，往也。仆，动词，御车。庶，众也。加，益也。

夫子去往卫国，冉有御车。夫子说："卫国人口已经繁庶了。"冉有问："人口已经这么繁庶了，接着该做些什么呢？"夫子说："让民众富裕。"冉有问："已经富裕后，接着又该做什么呢？"夫子说："教化民众。"

本章所记对话当在孔子开始周游列国、第一次赴卫途中，时在鲁定公十四年，孔子五十六岁。孔子以简练语言阐明治国之完整纲领。

对邦国来说，人是根本，邦国是人之聚合体。人是万物之灵，人有创造力，有人就有一切。人口增加，表明邦国生命力旺盛；人口减少，邦国生命力必萎缩。无人，一切无从谈起。任何时候，从任何角度看，邦国都是人越多越好，邦国当鼓励人之繁衍。本章，孔子把人口繁庶列在卫国可恢复礼乐秩序之基础。

人之生存和发展需要财富，故孔子接着提出"富之"。财富本无罪，可用于提升生命，如衣食无虞，才能学文；兴起礼乐，有赖财富支撑。故君子不拒绝财富，如同上章之公子荆。对民众来说，财富尤其重要。如孟子所论：

无恒产而有恒心者，惟士为能。若民，则无恒产，因无恒心。

苟无恒心，放辟邪侈，无不为已。及陷于罪，然后从而刑之，是罔民也。焉有仁人在位，罔民而可为也？是故，明君制民之产，必使仰足以事父母，俯足以畜妻子。乐岁终身饱，凶年免于死亡。然后驱而之善，故民之从之也轻。(《孟子·梁惠王上》)

故君子为政，首当富民。富民之道涉及财富之生产、分配；其制度因时而异，不一而足。

尽管如此，人不是禽兽，人是万物之灵，内在地有文明生活之要求。邦国不能推卸这方面的责任，故君子为政，不可止步于富民，还应在此基础上广施教化。此即孔子谓子贡之"富而好礼"(《学而篇》)，孟子说得略微详尽一些："谨庠序之教，申之以孝悌之义"(《孟子·梁惠王上》)。

富、教之先后并非截然，何为富，也并无确定标准。故孔子所说的先后是原则上的：邦国治理，富民是基础，教民很重要。君子富民，让民众生存；君子教民，让民众提升。教而不富，仿佛只要大厦不建地基；富而不教，仿佛只有地基而无大厦。只富民不教民，把民降格为禽兽，拒之于文明之外，其富断不能长久；只教民不富民，错以为民众不食烟火，民众难以生存。民众是中人，富、教相辅相成，缺一不可。

富之、教之，为孔子一贯立场，《孔子家语·贤君》记孔子对鲁哀公说："政之急者，莫大乎使民富且寿也。省力役，薄赋敛，则民富矣；敦礼教，远罪疾，则民寿矣。"神教及其世俗版本只教不富，一切功利主义者只富不教，唯孔孟之道，两者兼顾，洵为中道，故行之久远。

13：10 子曰："苟有用我者，期（jī）月而已可也，三年有成。"

孔子欲治卫而不得，有此感慨，表明孔子之自信。

期，或作朞，复其时也，期月，十二月则复，也即一年。

夫子说："只要确有邦君任用我，那么一年就可初见成效，三年就可成就大功。"

孔子眼见礼崩乐坏，立志重建秩序，为此删述诗、书、礼、乐，体认、探究先王之道。"五十而知天命"（《为政篇》），乃出而欲行道于天下。先在鲁国小试牛刀，初有所成，却被强行中止。孔子乃周游各国，本以为在卫国机会最大，卫灵公也曾有用孔子之意。然灵公老，怠于政务，不用孔子，孔子乃发出感叹。由此感叹可见孔子之自信，只要依循正道，即可在较短时间内形成优良秩序。

> 13:11 子曰："'善人為邦百年，亦可以勝殘去殺矣'，誠哉是言也！"

上章论孔子治国之效果，本章论善人治国之效果。

善人云云句系古语，孔子引用。为，治理。残，残虐。杀，刑杀，死刑。

夫子说："'善人治理邦国百年，也可以克服残虐行为，取消死刑了'，这句话很中肯啊。"

《先进篇》孔子对子张说，善人"不践迹，亦不入于室"。善人品质较好，在治国上已登堂，尚未入室。本章所说"善人"，固然不及下章将论及之王者，亦非当时君主所可比拟。为中上之君，有求治之心，有治国能力，只是尚未把握治国之道的精微处。尽管如此，只要持之以恒地努力，也能"胜残去杀"。社会或许未到太平盛世，至少法律健全，秩序尚可，残虐之人受到震慑、驯化，不敢行残暴之事，故无严重犯罪行为，政府可不执行死刑。此为古语，孔子引此感叹，当时各邦之君甚至不能为善人，无求治之心，故自己不得其用。其结果，天下也就不能上正轨。

本章以"胜残去杀"为治国为政之宗旨，民众克治其心而无残虐之行，至于政府，也刑措而不用，为此不能不富民、教民，移风易俗以正人心。

> 13：12　子曰："如有王（wàng）者，必世而後仁。"

前两章论为政收效之速，本章论治国收效之慢。

世，每三十年为一世，约相当于一代人时间。

夫子说："即便王者在位，也需要一代人时间才能让天下归仁。"

孟子曰"五百年必有王者兴"（《孟子·公孙丑下》），可见，王者罕见于世。董仲舒说："王者，民之所往。"（《春秋繁露·灭国上》）王者不靠强力，万民自愿归附之而得治理权。孔孟所说圣王，尧、舜、禹、汤、文、武、周公，就是王者。

孔子指出，即便王者让天下归仁，也需一代人时间，可见达成优良社会秩序，难度极大。社会治理的对象是人，人复杂而多样。王者常起于乱世，民众习于乱世之残虐，不可无威刑之用。但王者正己以行仁政，逐渐化民于正道。随着世代更替，一代人之后，即可天下归仁。

此三章论改变现状之迟速，主体、效果各不相同：孔子本人行道，一年收效，三年大成；善人治国百年，可胜残去杀；王者行道，三十年而后天下归仁。三章并列，涵义明显：重建秩序，只能依靠儒家士君子。王者不可求，善人难有，但孔子已揭明治理之大道，士君子已成形，完全有能力重建良好秩序。

> 13：13　子曰："苟正其身矣，於從政乎何有？不能正其身，如正人何！"

上章论治国收效之难，然其入手处却十分简易：正己，本章论正己。

苟，诚也。

夫子说："如果确实做到了正己之身了，那对于为政来说，还缺什么呢？如果不能正己之身，那拿什么正别人呢？"

《颜渊篇》："政者，正也"，为政就是正人，让人各正其身，行己之义，各得其所，各安其分。正人当先正己，正己，才能正人。承上三章，本章意谓，重建秩序，不论收效多大，在多长时间收效，正己同为根本，正己的努力决定着重建秩序收效之大小。孔子正己，故三年有成。王者正己，天下归仁。善人正己，百年胜残去杀。

孔子周游列国，寻找行道机会，以卫为中心，以上六章指明孔子构想的为政于卫国之规划、及对此规划之信心，最后归结于正己。与上一单元同义。为政以正名为中心，正名始于正己。

> **13：14** 冉子退朝，子曰："何晏也？"對曰："有政。"子曰："其事也！如有政，雖不吾以，吾其與聞之！"

上章论正己，本章正政、事之名。

朝，朝会。此处指季氏之家的朝会。晏，晚也。政，君之教令为政。事，臣之教令为事。以，用也。

冉子从季氏之私朝退回，夫子问："怎么这么晚啊？"冉子对答说："有政务处理。"夫子说："那是事务。如果确实有政务，我虽然不为邦国所用，也会有人知会相关情况的。"

封建制下，各级君都有自己的朝会，与其臣共同处理本共同体公共事务：周王有朝会，公侯有朝会，卿大夫有朝会。卿大夫参加公侯之朝会，是为"公朝"；与家臣处理自家事务，相对于公朝，是为"私朝"。冉有仕于季氏之家，参加季氏私朝。而按礼制，私朝处理私人事务，称为"事"；公朝处理公共政务，称"政"。此即君、臣名分之别。此名不正，即为礼崩乐坏。冉子无意中忽略这一区别，说自己在处理"政"务。正名是为政之本，故孔子严肃纠正冉子之误。

由本章可见，孔子虽不仕于鲁，但鲁国上下尊孔子为"国老"，邦国有重大政务，必请孔子参与，发表意见，《左传·哀公十一年》记季氏欲开征田赋，让冉有咨询孔子意见，孔子再三缄口，季氏乃曰："子为国老，待子而行"。故凡有国政，孔子必闻。

> 13：15　定公問："一言而可以興邦，有諸？"孔子對曰："言不可以若是。其幾也，人之言曰：'為君難，為臣不易。'如知為君之難也，不幾乎一言而興邦乎？"曰："一言而喪邦，有諸？"孔子對曰："言不可以若是。其幾也，人之言曰：'予無樂乎為君，唯其言而莫予違也。'如其善而莫之違也，不亦善乎？如不善而莫之違也，不幾乎一言而喪邦乎？"

上章正政、事之名，本章正君之名。

定公，鲁定公。几，近也。

鲁定公问："只一句话就振兴邦国，有没有这样的话？"孔子对答说："言语是不可能有这等效果的。不过，近于这种效果的话，有人这样说过：'为君是辛苦的，为臣也不容易。'若确实由此理解了为君之辛苦，不就近乎一句话而振兴邦国吗？"

定公说："只一句话就覆灭邦国，有没有这样的话？"孔子对答说："言语是不可能有这等效果的。不过，近于这种效果的话，有人这样说过：'我从为君中得不到别的快乐，除了人们从不违反我的命令。'若其命令是好的，人们不违反，不也是好的吗？若其命令是不好的，不就近乎一句话而覆灭邦国吗？"

鲁定公请教古人治国之得失，孔子对定公指出，仔细体会古人说过的一句话可振兴邦国，即"为君难，为臣亦不易"。君、臣为名，各有其义，双方各尽其义，则"君君、臣臣"。这当然辛苦，但邦国由此可有良好秩序。孔子教诲鲁定公，为君尽其义，即可兴邦国。

下一节结构相同，孔子举出一句有可能覆灭邦国之语：此君唯一的快乐来自臣民的服从。在邦国中，君居尊位，当然可对臣民发布命令；为维护秩序，臣、民也当服从君命。然而，臣民之所以服从其命令，因其有助于维护邦国秩序。故其命令当出自公心，维护公益，故需不逾礼法，即"君使臣以礼"，则其命令臣民，实为尽其对邦国之职守。若君以臣民服从为乐，则难免随心所欲，忽略公共利益，践踏礼法，必定引发臣民之怨，覆灭邦国。

孔子在这两节正君之名，指出君尽忠于职守，才能兴邦；放纵欲望，必定丧邦。君明乎此，则为"君君"。

13：16　葉公問政，子曰："近者說（悅），遠者來。"

上章论君之义，本章指出，君之义在悦民、来民。

叶公，楚叶县之长官。

叶公请教为政之道，夫子说："已在治下的民众欢悦，远方之人自会归附。"

县，本意为悬，悬于遥远之处。春秋时代之县皆在各国之边疆，通常是新占领之邑。叶县在楚之边疆，原属应国，楚灭之，后迁许于此，又迁走而设县，以沈诸梁为公，即叶公。县之设立是各国扩张的标志，叶公大概在思考如何继续扩张疆域。

在孔子看来，治理者不必关心疆域之广狭，而应关心治下民众是否幸福欢悦。其为政当采取各种努力，让"近"处也即治下之民欢悦。"悦"之立意颇高。唯有心悦，才能诚服，自愿接受统治秩序。远方民众见近处之民心悦，必自愿归附。

孔子在此所用之"近者""远者"两词，由来已久。舜受禅于尧，即肯认王者之责为"柔远，能迩"（《尚书·舜典》）。可见，圣人始终以近与远看待、思考、构建、维护天下秩序。近者，已在王之政教覆盖下之民众；远者，尚未纳入治下之民众。远近的天下观不以种族、神教、阶级等标准划分天下，而以纯粹政治和文明的空间分布来看待天下，又隐含着政教由近及远地扩展、远者变为近者、最终天下一家之趋势。先后王者所治有先后，自然形成远近之空间结构。基于远近的天下观，天下秩序是动态成长的历史过程，王者持续为此而努力。

孔子假设，天下必然同时有多个治理者相互竞争，民众可自由选择。每个治理者治理之范围之大小，由天下之民的选择所决定，民心决定治理权之归属及其规模。明智的治理者必定致力于提供良好的政教以留住治下之民，吸引治外之民，为此就必须行仁政，富之然后教之。

> 13：17　子夏為莒（jǔ）父宰，問政，子曰："無欲速，無見小利；欲速，則不達；見小利，則大事不成。"

上章论为政之远近，本章论为政者当有长远心态。

莒父，鲁之邑名。

子夏出任莒父之邑宰，请教为政之道，夫子说："不要贪图快速见效，不要只看见小利。贪快，反而达不到目标；只见小利，成不了大事。"

子夏担任邑之主管官员，孔子对他阐明担当治理之责的君子应有之心态。

孔子首先告诫"无欲速"。一心贪求快速，必盲目追求短期内出成果，对更基础、长远的重大问题视而不见。短期内可收一定效果，但不能治本，短期见效之措施本身甚至可能造成长远的负面后果，此即"欲速则不达"。

孔子又告诫"无见小利"。贪图小利，必定不明，看不清大利所在，则虽得小利，却无法成就大事，所谓"大事不成"。小利、大利也可从私人、公共利益角度理解：为政过程中，只见私人小利，不见公共大利，最终难成大事。

现实中，"欲速"和"见小利"多在一起：短期内看得见、容易得到的利经常是小利，大利常需要较长时间才能实现，需有长远视野才能看到。孔子时代，执政者普遍"欲速"，面对当时之社会失序，急于寻找技术型解决方案，如加强刑罚；他们只见"小利"，任用冉有等人聚敛财富，固然暂时增加政府收入，但损害民众利益，最终侵蚀邦国凝聚力，导致秩序进一步崩解。

相形之下，孔子的方案，正名、克己复礼等，渊源于悠久的历史，立足于宏大的视野，定志于至美的目标，故在欲速者、见小利者看来，"迂"（本篇子路语）。迂者，绕远也，孔子之圣正在于此，孔子示人以常道，引领、提撕人世，持续地带来大利，成就大事。

> 13:18　葉公語孔子曰："吾黨有直躬者，其父攘（rǎng）羊，而子證之。"孔子曰："吾黨之直者異於是：父為子隱，子為父隱，直在其中矣。"

上章论为政当有长远眼光，本章举例说明，阐明容隐原则。

直躬，躬为人名，人们公认其有直之德。攘，六畜自来而取之。证，作证。隐，不称扬其过失也。

叶公对孔子说："我们这地方有个大家公认正直的人，名叫躬，他父亲占有走失之羊不还，他就其父之罪作证。"孔子说："我们那地方的直者与此不同：父亲隐瞒儿子之罪，儿子隐瞒父亲之罪，而直却在其中了。"

本章孔子提出了容隐原则。此原则之提出，始于叶公提出之案例：父亲不当占有他人之羊，其子到法庭作证，得"直"之美誉。叶公对此颇为自豪。此子之告发确合乎法律精神，子之作证有助于恢复正义。

孔子则提出司法正义之上的更高原则。父子血气相连，情感深厚，父慈、子孝，相亲相爱，此为父子双方之义。其中一人犯罪，此种情、义立刻发挥作用，并引领其作出反应，即相互容隐，此即情感上的率直，孔子所谓"直在其中矣"，意谓父子容隐之行为，不假思索，率直而发。同时，这在伦理上也是直的，因其合于父子相亲相爱之义。

这确与司法正义相冲突。孔子认为"必也无讼乎"（《颜渊篇》），司法正义只是塑造良好秩序之一端，而非全部，亦非最高。法律之直应让位于人的情感之直与伦理之直。良好社会治理秩序之生发和维护依靠众多机制：国家是重要的，法律是重要的，但非唯一。家庭也是重要的，健全的情感和伦理关系对于良好社会秩序之维护同样至关重要，甚至更为重要。当两者发生冲突，不是国家和法律天然占优，很多时候国家和法律当为家庭、情感、伦理让步，当政治混乱、法律不健全时尤其如此。有情感与伦理之直，法律之直就有基础，反之却不成立。

即便从司法正义角度看，子不作证，法庭也完全可以找到其他定罪证据。强令子作证，必导致家内伦理关系崩解，比之其父攘羊以及逃脱惩罚，其危害更大、更深。两者相权，容隐更为可取。因此，各朝法律及列国现代法律，多有夫子、夫妻等至亲者相互容隐之条款。

上章孔子告诫为政者"无欲速"、"无见小利"，治理者要子证其父，就是欲速而见小利。如此做法必定导致人心苛酷、人伦沦丧、风俗浇薄。容隐看起来比较"迂"，却有助于社会维护其基础秩序。

> **13：19** 樊遲問仁，子曰："居處恭，執事敬，與人忠。雖之夷狄，不可棄也。"

叶县在楚，楚近于夷狄，故本章论，虽至夷狄，不可弃仁。

居，平居，日常。处，自处。执，持也。之，至也。

樊迟请教仁，夫子说："日常容止恭谨，处理事务敬慎，与人交往诚心。即便到了夷狄之中，也不可放弃这些。"

孔子对樊迟论仁，分解为三项：恭主容，敬主事，忠主人。平日对人，不论什么人，恭谨有礼，自卑而尊人。处理事务，不论什么事务，持敬而认真。尽心之谓忠，与人交往，尽心尽力，诚心待人。这三点是德行养成之起点，其实也是终点，所谓彻上彻下。始终如此，即为仁，亦即"克己复礼为仁"。

孔子又说：虽在夷狄之中，也不可放弃这三点。君子欲仁，不论身处何境，均依于仁。此为天赋予人之内在趋向，只要对生命有所自觉，即不能终已。夷狄文明程度虽低，但同样是人，其人虽未必至于仁，见恭、敬、忠也必悦而敬之。故夷狄亦可进于中国，君子至于夷狄，启发、引领，夷狄即可有仁之自觉，"君子居之，何陋之有？"（《子罕篇》）孔子认为，夷狄与华夏之别仅在于对仁的自觉之程度暂时别，终究可与中国接近。仁道是普遍的人道，只是上路之时间或有差别而已。

至本章，樊迟已三次问仁：《雍也篇》孔子答曰"仁者先难而后获"，《颜渊篇》孔子答之以"爱人"，本章更为详尽。三章相互发明，"居处恭，执事敬，为人忠"即是"先难"，循之而行，即是"爱人"。

《论语》关乎樊迟者共六章，两次记樊迟之不达，第一次在《为政篇》"孟懿子问孝"章，第二次在《颜渊篇》"樊迟问仁"章，然《颜渊篇》"樊迟从游于舞雩之下"，孔子亦称"善哉问"，而本篇"樊迟请学稼"，孔子又斥之"小人哉，樊须也"，可见其不甚聪敏，然为人质朴，颇有好学之心，故孔子每每谆谆教诲。

以上六章记孔子在鲁、楚、乃至夷狄之为政规划，而以远近为论说范式，鲁卫与夷狄有远近之别。但至于善治之道其实一致，只需治国者有长远眼光、不求小利，即可做到近者悦、远者来。

> 13：20　子貢問曰："何如斯可謂之士矣？"子曰："行己有恥，使於四方，不辱君命，可謂士矣。"曰："敢問其次？"曰："宗族稱孝焉，鄉黨稱弟（悌）焉。"曰："敢問其次？"曰："言必信，行必果，硜（kēng）硜然小人哉，抑亦可以為次矣。"曰："今之從政者何如？"子曰："噫！斗筲（shāo）之人，何足算也！"

上章论仁，士志于仁，本章论士之标准，评论当政者。

行己，安排自己的行为。宗，尊也。族，聚也。宗族，有人领导、组织起来的族人。果，敢也，进取也。硜，小石之坚确者。硜硜然，坚硬而不移之貌。小人，庶民。抑，抑或。噫，象声词，心不平之声。斗，装粮食的容器，容量为十升。筲，装粮食的竹容器，容量为五升。在容器中，斗、筲均较小。

子贡问："什么样的人才可称为士？"夫子说："做事有羞耻之心，受命出使各国，不负邦君之使命，这可称为士了。"子贡说："冒昧请教一下，略次一等的士是什么样的呢？"夫子说："族人公认其孝敬长辈，乡党公认其友爱兄弟。"子贡又问："冒昧请教再次一等的呢？"夫子说："出言必定守信，做事果敢进取，身为普通民众而有所持守，抑或也可列在其次了。"子贡说："当今当政者怎么样呢？"夫子说："噫，算计一斗一筲之人，哪里值得考虑呢？"

本章子贡与孔子讨论士的行为规范，也就是正士之名，确定什么样的人才合乎士的标准。

周代礼制分人为王、公侯、卿大夫、士、庶民五等，前三者属君子，士居中间。士者，事也，各级封建共同体之公共事务均由士承担。很多时候，君子也称为士。春秋以来，前三等级君子日渐败坏、衰颓，士的地位上升，并自由流动。孔子创办教育，受教者多为士，其程度超过此前君子，有卓越德能，此即新式士君子。由此，士的构成发生巨变，整个社会领导阶层之构成随之开始调整。子贡经商，周游各国，眼见这一变化，故而发问，孔子乃描述新兴士君子之形态。

孔子以为，士君子应担当治国之责。春秋时代各国朝聘频繁，士君子自应有能力担当此任，一如前章"诵《诗》三百，授之以政……使于四方"。为此，需有羞耻之心，这与孔子论子产之德"行己也恭"（《公冶长篇》）不同。恭依乎礼，耻存乎心，置身于相互关系中而生发的情感性道德判断能力，以此自觉什么可做，什么不可做，从而克己，自我约束。同时也需要治国技艺，在复杂多变的环境中应对自如，顺利完成邦君交付的任务。有德有能，即为真正的士。

但并非所有士君子都有机会为政治国，事实上，多数士君子无此机会，子贡发问，恐怕也是见及这一事实。孔子乃退而论其次谓有孝、悌之德，且为宗族、乡党"称"之，承认其有此德，故有道德、伦理权威，可在宗族、乡党中发挥领导作用，兴起礼乐，生产和分配分工品。此亦为行道。

即便这样的机会，士君子也未必有，身在"小人"之位，也即作为普通民众。但他们也与一般"小人"不同，有道德自觉，故与人相处，言必信；做事情，行必果。最重要的是有所持守，有所为有所不为。则虽然无从发挥领导作用，仍是自觉、自主之人，是社会形成和维护良好秩序之主体力量。

故孔子以为，不管身处何地，士君子均可为表率：如孟子所说："得志，泽加于民；不得志，修身见于世。穷则独善其身，达则兼善天下"（《孟子·尽心上》）；如荀子所说"在本朝，则美政；在下位，则美俗"（《荀子·儒效》）。孔子所说第一种士就是美政，第二种是美俗，第三种可谓独善其身。

接下来，孔子近乎蔑视地说当下执政者不足道。就字面看，孔子讽刺其每日工作就是计斗、量筲，即追求物质利益，且为琐屑利益。深层含义是，当下执政者器识浅陋，身在君子之位却只"喻于利"，实为小人。此系孔子对当时当政者最严厉的批评，指向诸侯和卿大夫。孔子此话有感而发，行道过程中，孔子与各国当政者接触，对其器识浅陋有深切认识。孔子认识到，重建秩序，只能寄望于新兴士君子，故由本章开始，进入士君子养成之主题。

> 13：21　子曰："不得中行而與之，必也狂、狷乎！狂者進取，狷者有所不為也。"

上章论士之层次，本章论养士之质料。

中行，依中道而行者。与，相与，交往。狂，志向高远而不顾时俗者。狷，不为流俗所动而有所不为者。

夫子说："如果确无依循中道而行的人可交往，那就必定与志向高远者和狷介守节者相交往。前者乐于进取，后者有所不为。"

孔子重建秩序，自然期望与依中道而行者为伍。然而，此类人很难遇见，孔子退而求其次，选择狂狷之人予以教养而为伍。《孟子·尽心下》解释本章之意：

> 孟子曰："孔子'不得中道而与之，必也狂狷乎！狂者进取，狷者有所不为也'。孔子岂不欲中道哉？不可必得，故思其次也。"
> "敢问何如斯可谓狂矣？"
> 曰："如琴张、曾皙、牧皮者，孔子之所谓狂矣。"
> "何以谓之狂也？"
> 曰："其志嘐嘐（xiāo）然曰'古之人，古之人'，夷考其行而不

掩焉者也。狂者又不可得，欲得不屑不洁之士而与之，是狷也，是又其次也。"

狂者志向远大，向往圣王之美善秩序，这在当时忙于追逐看得见之利益的务实者眼里是可笑的，但其不以为意，以高远志向给社会带来活力。《公冶长篇》孔子说："吾党之小子狂简"，即这类人。孔子对这些人将"裁之"，即"约之以礼"（《雍也篇》），即可成为富有进取精神之士君子。

狷者有羞耻之心，不为时人所为之事：人们追逐利益，他们却谨守礼义，不为不当之事。相比于狂者，其谨厚有余，进取不足，而重建秩序是需要进取心的。但其有所持守，则由"博学于文"（《雍也篇》），而"志于道"（《里仁篇》），也可承担重建秩序之重任。

如孟子所说，孔门中子张、曾皙等人属狂者，冉有、闵子骞等人属狷者。不论狂者、狷者，经由孔子剪裁、充实，即经过学，都趋向于"中行"，成为有守、有为之士君子。本章揭示，健全的士君子既有所不为，也有进取之心，自觉此两者，即可趋于"中行"。

> 13:22 子曰："南人有言曰：'人而無恆，不可以作巫醫'，善夫！""不恆其德，或承之羞"，子曰："不占（zhān）而已矣。"

上章论士君子之养成，本章论恒。

南人，南方人，当指楚人，其俗好巫。

"人而无恒，不可以作巫医"，当时流行语。作，立也。巫，能事无形、以舞降神、治病请福者也，女为巫，男为觋（xí）。巫、医古代不分，巫亦治病。

"不恒其德，或承之羞"，《周易·恒卦》九三之爻辞。或，有可能。承，蒙受。

占，视卜、筮之兆以知吉凶。

夫子说:"南方人有句俗话:'人无恒心,是不可当巫医的',这话说得真好。""人若不能持之以恒,就有可能蒙受羞辱。"夫子说:"这样的人就不要占问了吧。"

本章孔子引用两段话,论述恒心之重要。第一段话是南方流行语。巫医在当时属于低贱之职业,但巫降神灵医治人病,亦赖其诚敬。若无恒心,不能保持精神之专心诚恳,则无以感格神明,不足以为巫医,其他更为高贵的职业更需要恒心。

第二段话出自《周易·恒卦》。其《彖辞》曰:"恒,久也",恒者,常久也、持久也。恒之为卦,震上巽下;九三爻位不中,又处下体巽之极,上接于震。震者,动也,变也,故为不恒,不能恒久保持。其《小象传》曰:"不恒其德,无所容也",无所容于各爻,无所容于人,即为蒙受羞辱。

孔子接下来说明,无恒之人根本不适合占问。《礼记·缁衣》曰:"龟筮犹不能知也,而况于人乎?"古人以烧灼龟甲卜问,以筮草成卦占问。无恒之人没有常性,以龟、筮之先知能力,也不能知其为人,故无法告之以吉凶,故占问无益。

以上孔子从三方面说明无恒之后果:无恒之人,甚至连一些低贱之事也做不了,必定蒙受羞辱,鬼神也弃之,可谓层层递进。故人无恒心,无以成长为士君子。《里仁篇》:"士志于道";《述而篇》记孔子养成君子,以"志于道"为首。欲为士君子,首当志于道。志是心之所至,心灵持续不断的倾向。此倾向恒定,生命即有方向。人欲成士君子,须持之以恒地向道、好学、求道,如此才能有所得,故孔子重视恒,《述而篇》记:子曰:"善人,吾不得而见之矣;得见有恒者,斯可矣。亡而为有,虚而为盈,约而为泰,难乎有恒矣。"

以上三章指出,当时当政者皆为小人,必得养成士君子方能重建秩序。孔子养成之士君子有所持守,而又有志向。士君子之成长,恒心最为重要。

13:23　子曰:"君子和而不同,小人同而不和。"

恒而成士君子,本章对比君子、小人之合群能力。

夫子说:"君子善于协调不同而不求同一,小人只求同一而不能协调不同。"

人无时无处不在群中,如何塑造良好群内秩序,是社会稳定、文明积累之关键。人之合群有两种模式:一为同,一为和。和、同之辨是古典中国思想中至关重要的议题,《国语·郑语》记西周末年史伯对郑桓公论和、同之异:

> 夫和实生物,同则不继。以他平他谓之和,故能丰长而物归之。若以同裨同,尽乃弃矣。故先王以土与金、木、水、火杂,以成百物。是以和五味以调口……于是乎,先王聘后于异姓,求财于有方,择臣、取谏工而讲以多物,务和同也。声一,无听;色一,无文;味一,无果;物一,不讲。

《左传·昭公二十年》记春秋后期晏子对齐景公论和、同之异:

> 和如羹焉:水、火、醯、醢、盐、梅,以烹鱼肉。燀之以薪,宰夫和之,齐之以味,济其不及,以泄其过。君子食之,以平其心。君臣亦然:君所谓可,而有否焉,臣献其否,以成其可;君所谓否,而有可焉,臣献其可,以去其否。是以,政平而不干民无争心……今据不然,君所谓可,据亦曰可;君所谓否,据亦曰否。若以水济水,谁能食之?若琴瑟之专一,谁能听之?同之不可也如是。

两位贤人都指出,同就是相同的人、物之数量叠加。但人各不同,则同质的量上叠加终究有限。和是不同的人、物之协调、合作,协调的前提是承认个体之多样、成员之丰富,而借各种机制,不同之人相互调适,以最低成本合作而各自追求其目标。

孔子指出，小人只能同，而不能和。因为"小人喻于利"，只能与可直接给自己带来利益之人合群，无法与不同之人共处，这将限制其合群之范围。相反，君子能和，因为君子不求同。"君子喻于义"，不以利、不以偏私之情划分人群，而基于义，以公正规则协调人际关系。如此，君子能合大量的人为群。

唯有不同之协调、合作，才有生机。群的生机、社会的生机即在于多样个体之调适、合作，君子的功能就是创造和维护人们协调、合作之支撑体系，即道德、伦理、习俗和法律。唯有借助君子之和，尽可能多的人方能合群。群的规模越大，人际分工越细密，效率越高，文明越有可能发展和积累。故对于个体生存、社会繁荣而言，君子至关重要，合群有赖于君子，群内秩序之生成和维护有赖君子。"君子不器"，故能"和"。

本章指出君子发挥作用之机制。而君子和人之前提是有德有能，秉诸公心，且有合群之技艺。有些人身在社会治理者位置上，却出于私心，同而不能和，即非真君子，而为小人。

以教化之道而论，神教求同，所有人共同崇拜唯一真神，同受神命；尧舜孔子之教则主和，人人自主成长，各正性命，保合太和。和而不同是圣贤之大义，中国因此而内部多样又成一体，持续成长而为天下。

> 13：24　子貢問曰："鄉人皆好之,何如？"子曰："未可也。""鄉人皆惡之，何如？"子曰："未可也。不如鄉人之善者好之，其不善者惡之。"

上章论和、同，本章举例予以说明。

子贡请教："一个人，一乡之人都喜欢一个人，其人怎样？"夫子说："不可说他为善。"子贡问："一乡之人都厌恶，其人怎样？"夫子说："不可说他为恶。这两者都不如这样的人：乡里的善人喜欢他，乡里不善的人厌恶他。"

如何判断人之善恶，尤其是群体领导者之好坏？人在群之中，故人之善恶必见之于与人的交往中，最有资格评价某人之善恶的当为这些交往对象，个人道德形象取决于其评价。不过，并非每人的评价都准确公正。很多人受欲望、情绪影响，而错误判断一人，比如仅因得到某个利益或损失某个利益而称赞或厌恶某人。不是每人都有健全的观察和判断能力，无以准确判断某人行为之善、恶，比如把"巧言令色"视为仁。被评价者清楚这一点，也可能采取投机策略，以博取善名、美誉。

故孔子说"乡人之善者好之"，"乡人之恶者恶之"，方为真正的善者、君子。孔子在此举出乡中两类较极端的人：大多数人是"中人"，突出的善者和不善者都是少数，而其意见恰能突出君子之卓越品质：君子为善，增进公共利益，必为乡人之善者所肯定。君子持守正道，绝不苟且，必定妨碍不善者为恶，故为其厌恶。前者可见君子之仁，后者可见君子之义。君子秉持仁、义而行，不刻意地同于所有人。有些人希望得到所有人赞美而放弃原则，但孔子以为，这样的人"未可也"。

此即上章"君子和而不同，小人同而不和"的另一层含义。身在领导者之位，而逐名求利，不惜同于流俗，即"小人同而不和"；身在领导者之位，而"志于道"，保持尊严、坚守理志向想，即"君子和而不同"，不随波逐流。长远地看，君子这样做，必能得到绝大多数人肯定，合众人为群。毕竟，不善者是极少数，其厌恶不足以影响君子发挥和的功能。而君子持守正道，与善者相和，即可改变、提升乡中风俗，引领乡人普遍向上。

> 13:25　子曰："君子易事而難說（悅）也：說之不以道，不說也；及其使人也，器之。小人難事而易說也：說之雖不以道，說也；及其使人也，求備焉。"

上章论君子能和、小人能同，本章论君子易事、小人易悦。

事,服事,服务。使,分派工作。器,器各有用,此处作动词,量器而用。

夫子说:"君子易于服事,而难以取悦:不以正道取悦他,他不会悦喜;而他在用人做事时,会量器而用。小人难以服事,而易于取悦:即便不以正道取悦他,也会欣喜;而到他用人做事时,对人却求全责备。"

本章再度论述"君子和而不同,小人同而不和"。此处君子、小人是道德意义上的,同样在位,亦有君子、小人之别。

君子难以取悦,但容易服事,因为"君子喻于义"(《里仁篇》),有公心,以公事为重,故对下属,只看其履之德能,不论其对己之情感。即便其不取悦自己,只要德能出众,也置于高位,充分信任、授权,此即"君子和而不同"。如此,群内之人各得其所,人尽其才,无不可用之才,此即"器之"。人各不同,有其优势,有其缺点,君子的作用恰恰是和,也即协调不同之人,形成健全分工、合作结构,个个取长补短,而有其单个行事无法比拟之成效。

小人与此相反,常有私欲,故容易取悦,见溜须拍马或物质利益,即心中喜悦。情感影响其对人事之配置,此即"小人同而不和"。此类人容易取悦,却难以服事。悦是情绪反应,悦或恶的情绪倏忽而来,倏忽而去,容易取悦的领导者对待下属之情绪易变。此类人必定以自我为中心,缺乏同情心,故对人必定求全责备,人才无从发挥作用,事业终究难以顺利。

一个人,究竟是成为君子式领导者还是小人式领导者,取决于其偏好于"和"还是偏好于"同",而这由其心之公、私决定。

13:26　子曰:"君子泰而不骄,小人骄而不泰。"

前数章论君子、小人和、同之别,和则能成功,同则不能,本章论君子、小人对待成功之心态。

夫子说:"君子舒泰而不骄傲,小人骄傲而不舒泰。"

据《周易·泰卦》，泰者，亨也，通也，达也。君子居于仁，以敬、爱待人，自然通达无碍，万事顺遂。君子于成功之后，心情安乐、舒泰。因其只求自己生命之提升，故虽然成功，而无骄情，感恩一切协助、协作之人，并与之分享所得。由此，君子的人生、事业进一步扩展。

小人与此相反。"小人喻于利"，贪求一己之所得。一旦小有所得，自以为是，自大自负。然而，小人重利，"其未得之也，患得之；既得之，患失之"（《阳货篇》），故不能做到舒泰。此类小人人生前景实在难测。

本章所论君子、小人都在领导者之位。在其位，自然在众人之上，小人处此，难免骄傲自大；君子处此，则以位行道，尽心通群内成员之志，协调众人共同努力，此即"泰"卦之大义。

以上四章从为政之德的角度对比君子、小人，君子、小人系描述在位者之品质，其核心命题是君子和而不同，小人同而不和，四章均围绕这一点展开。

13：27　子曰："刚、毅、木、讷，近仁。"

前数章论君子、小人之别，君子志于仁，本章论成仁之道。

刚，刚强不屈挠。毅，果敢，见义必为。木，质朴无文。讷，言语迟缓，似不欲言。

夫子说："坚强，果敢，质朴，慎言，这接近于仁。"

刚、毅即《泰伯篇》"士不可以不弘毅"之弘、毅。刚之人能承担重任，面对压力，绝不屈服。毅谓果敢决断，见义必为，永不懈怠。木谓纯真质朴，故处世耿直而无城府。讷者，《里仁篇》曰"君子欲讷于言"，《颜渊篇》孔子对司马牛说"仁者其言也讱"，言辞迟钝，不欲多言之貌。

刚、毅、木、讷是人之四种气质，孔子认为，有此四种气质，不能说是仁，但近乎仁。若能有所自觉，学文，"志于道"，内自省，则可由此而进于仁。

> 13:28　子路問曰："何如斯可謂之士矣？"子曰："切切偲（sī）偲，怡怡如也，可謂士矣。"朋友切切偲偲，兄弟怡怡。

上章论仁，仁发用于人之间，本章论士君子待朋友、兄弟之道。

切，以物相磨也，引申为责之义。偲，节也，限制。怡，乐也，和乐。

子路请教："一个人要怎样才可称为士？"孔子说："相互切磋劝勉，情感和乐柔顺，这就可称为士了。"朋友之间相互切磋劝勉，兄弟之间和乐柔顺。

五伦之中，兄弟、朋友是平等的两对关系，但性质有所区别，而易被忽略。朋友以义合，故孔子指出，朋友相处当"切切偲偲"，相互激励，相互劝勉，一方有过，"忠告而善道之"（《颜渊篇》）。兄弟以恩合，血气相连，故孔子指出，兄弟相处当"怡怡"如也，情感融洽，一派和乐景象。

很多人未注意到两者间区别，朋友是无原则的酒肉朋友，兄弟间却精打细算，求全责备。唯有学文，对五伦之义有所认识，才能分清"义"与"恩"，于朋友、兄弟处之各有所宜。此即为士。

后来儒者也于此有所阐发，曾子曰："君子之于子也，爱而勿面也，使而勿貌也，导之以道而勿强也。宫中雍雍，外焉肃肃。兄弟僖僖，朋友切切。远者以貌，近者以情。友以立其所能，而远其所不能，苟无失其所守，亦可与终身矣。"（《大戴礼记·曾子立事》）；孟子曰："父子之间不责善。责善则离，离则不祥莫大焉"（《孟子·离娄上》）；"责善，朋友之道也；父子责善，贼恩之大者"（《离娄下》）。《礼记·丧服四制》则提出处理家内外关系之总体原则："门内之治，恩掩义；门外之治，义断恩"。

前章子贡问"何如斯可谓之士矣",孔子分析当时之士,严厉批评当政者。至本章,子路再度提出同一问题,孔子正面论述,经由"切切偲偲",即可为士。

上一单元对比为政之君子、小人,以上两章指出,本乎仁心,经由"切切偲偲",即可有为政君子之德。

13:29　子曰:"善人教民七年,亦可以即戎矣。"

君子为政,以教化为本,本章阐明教化民众之大义。

即,就也,至于某个位置。戎,兵也,兵器。

夫子说:"善人教化民众多年,民众也就可拿起兵器上阵了。"

前几章论士君子之养成,士的功能是合群、治民。本章指出,治民先当教化民众。

民众需教化,《春秋繁露·深察名号》云:"天生民,性有善质,而未能善。于是为之立王以善之,此天意也。民受未能善之性于天,而退受成性之教于王。"经由自觉、经由学,民众中少数人提升生命,具有德行,成为士君子,承担领导责任。普通民众无此禀赋和条件,故需教化,教化就是"道之以德",使之知孝悌、忠信、仁义。行教化之机制,首先是兴学,其次兴起礼乐,而有风俗之化成,法度之约束。如此,普通民众的生命亦能有所提升,相互合作。唯有经过教化之民众才能形成和维护稳定、健全的社会秩序。

教化民众需耗费较长时间。古人谈论约数,多用奇数,十为全,九为终,七是多,五是较多,三是少许。"七年"是说,善人教化民众需要较长时间。对人数众多而知的能力较差之民众,唯有透过风俗持久的滋润渗透,透过法度的长期公正实施,始渐有孝悌忠信之行、公共精神和纪律意识。经由长期教化之民众,方为健全的国民,当邦国出现危难之时会拿起兵器上阵,且有精忠报国之义。不明礼义的民众，即便强行驱使上阵，也只是乌合之众。

本章及下章，孔子讨论民众何以即戎、作战。可见在孔子为政治国之规划中，军备不可或缺。仁者为政，不可残民黩武，也不可无保障安全、维护和平之严密措施，此为健全社会治理秩序之前提。然而深可注意者，孔子论军备，却以教化为本，教化可塑造具有凝聚力的民。最坚实的防御力量不是锋利的兵刃，而是经过教化的民。有此民，外敌不敢觊觎，可御敌于国门之外，虽陈兵而不用，此最善。

13∶30　子曰："以不教民戰，是謂棄之。"

上章论教民可战，本章论不教民者不可战。

夫子说："以未经教化的民众投入战争，等于遗弃他们。"

本章承上章指出，派遣未经教化的民众上阵，等于遗弃他们，让其送死。《春秋穀梁传·僖公二十三年》曰："夏，五月庚寅，宋公兹父卒。兹父之不葬，何也？失民也。其失民，何也？以其不教民战，则是弃其师也。为人君而弃其师，其民孰以为君哉！"送民众去死的君已丧失君之资格，民众不必奉其为君。战本是为邦国而战，为万民之安全而战，若民众未经教化，不明礼义，不习战阵，战则覆亡，则战复何用？

以上两章同样是对比为政之君子、小人，论及战，焦点却在教：为政而为君子，以教化为先；为政而为小人，不教民而战。孔子的思想十分明确：为政治国，教化为先。不施教化，民尚不能战，遑论形成良好社会秩序。

本篇论为政治国之先后，首章孔子教诲子路为政当"先之劳之"，最后两章补充以"教之"，不先教之，即不可劳之。故教化在君子为政之最先处。

同时，不教而驱民以战的君是可耻的，由此下接下篇之"宪问耻"。

宪问篇第十四

《颜渊篇》论政治大纲，《子路篇》论行政次第，次之以本篇，论为政之伦理。

共四十六章，在《论语》中章次最多。首章已揭示本篇主题：论为政之伦理，即士君子为行道天下，何以出、处。本篇指明，士君子欲行道于天下，不能不有知、仁、勇三达德，尤其当有知人知世之明与乐天知命之心态。

14：1　憲問恥，子曰："邦有道，穀；邦無道，穀，恥也。"

本章概论士君子出处之道。

穀，禄也，获得名位、权位。

原宪请教耻，夫子说："邦国有道，仕进而有爵禄；邦国无道，却有爵禄，这就是可耻的。"

孔门四科中，原宪属德行科，有敏锐的道德意识，其请教孔子的问题是"耻"。耻感是德行之情感基础，内自省而有耻，则能自我约束。观孔子之回答，原宪所问者乃士君子之耻。士君子志在行道天下，不能不借助权力，然则如何处理行道与权位间关系，诚为大事，而关乎荣耻。

孔子指出：邦国有道之时，君子自当出仕，以位行道，此为行道之最经济手段。当邦国无道时，君子难为在位者所容，若仍求位得禄，必出于私欲，难免枉道而行，故可耻。无论何时，对士君子来说，行道是目的，得位是途径之一，不明此义者，不足以为君子。

《泰伯篇》孔子已指出："邦有道，贫且贱焉，耻也；邦无道，富且贵焉，耻也。"本章再度提出，且冠于全篇之首，揭示全篇大义：士君子当有"耻"，有羞耻之心，慎独而自我约束。

曾子曰："子不贵兴道之士，而贵有耻之士也；若由富贵兴道者与？贫贱，吾恐其或失也。若由贫贱兴道者与？富贵，吾恐其赢骄也。夫有耻之士，富而不以道，则耻之；贫而不以道，则耻之。"（《大戴礼记·曾子制言上》）正是羞耻之心让君子面对富贵、贫贱，能做出正确抉择。孟子也说过："人不可以无耻。无耻之耻，无耻矣"；"耻之于人大矣。为机变之巧者，无所用耻焉。不耻不若人，何若人有？"（《孟子·尽心上》）人若无耻，则无所不为矣。

故孔子论修身为政重"有耻"，比如子曰："古者言之不出，耻躬之不逮也"（《里仁篇》）；子曰："巧言、令色、足恭，左丘明耻之，丘亦耻之。匿怨而友其人，左丘明耻之，丘亦耻之"（《公冶长篇》）；子曰："行己有耻，使于四方，不辱君命，可谓士矣"（《子路篇》）；子曰："君子耻其言而过其行"（本篇）；子曰："道之以政，齐之以刑，民免而无耻；道之以德，齐之以礼，有耻且格"（《为政篇》）。君子有耻，且兴起礼乐教化，使民有耻，此为优良治理之基础。

本章可与《泰伯篇》"笃信好学"章合观：子曰："笃信好学，守死善道。危邦不入，乱邦不居。天下有道则见，无道则隐。邦有道，贫且贱焉，耻也；邦无道，富且贵焉，耻也。"

本章揭示本篇讨论之主题：士君子为政以行道之伦理，耻至关重要。

14:2 "克、伐、怨、欲不行焉，可以为仁矣？"子曰："可以为难矣，仁，则吾不知也。"

邦无道而仕，必因克、伐、怨、欲，本章论节制此类情绪。

克，好胜。伐，自矜。怨，怨恨。欲，贪欲。

"好胜、自夸、怨恨、贪欲这四者不行于身上，可算得上仁吗？"夫子说："这可算是难能可贵了，至于算不算仁，我就不知道了。"

本章当仍为原宪发问。好胜、自夸、怨恨他人、贪得无厌者，私欲重而心中无人，必引起他人反感，甚或伤害他人，而遭人羞辱。原宪说不行克伐怨欲，即对此类心态予以节制，则可无损于人，而有益于己。此可谓行恕，"己所不欲，勿施于人"，此为成仁之起点，但未为仁，盖因其未至"己欲立而立人，己欲达而达人"（《雍也篇》）。

《颜渊篇》首章颜渊问仁，孔子告之以"非礼勿视，非礼勿听，非礼勿言，非礼勿动"，盖已立一"礼"为准，故事四勿而可以为仁。原宪之所谓四不行，则仅有克制，而未立大本，未去病根，故孔子不许以仁。

孔子之教要人"欲仁"、"志于仁"，扩充仁心，所谓"明明德"以自我成长，而非消极地约束。约束、节制不可少，但若无仁心之自明，则如《周易·节卦·卦辞》所说"苦节，不可贞"，单纯地消极约束，终究不可持久，生命也必定干枯无趣而了无生机，则无悦乐可言矣。此系孔子之教有别于神教之处。

又本章可与《子罕篇》"子绝四"章对观：子绝四：毋意，毋必，毋固，毋我。

14:3　子曰："士而怀居，不足以为士矣！"

上章论克、伐、怨、欲之不行不足为仁，本章论士君子当精进不已。

怀，思也。居，处也，已得者。

夫子说："身为士而怀恋已得而处之者，那就不足以为士了。"

士者,士君子也。士君子志在行道天下,自当起而有为,而不可"怀居"。此处之"居",含义丰富:既可具体地指"小人怀土"之"土"(《里仁篇》),怀恋乡土,而胸无天下;也可指已得之于己者,知识上、事业上略有所成,即自满自足,安于现状,不思进取。这样的人不足以为士。士君子以天下为己任,见义勇为,"己欲立而立人,己欲达而达人"(《雍也篇》),以各种方式行道天下,且永不懈怠,精进不已,有一人饥溺则不安,故行之"无倦"(《颜渊篇》《子路篇》),如此方见其仁,《周易》曰:"天行健,君子以自强不息"。

14:4 子曰:"邦有道,危言危行;邦无道,危行言孙(逊)。"

上章论士君子当行道天下,本章论其策略。

危,正也。

夫子说:"邦国有道时,言语严正,行为严正;邦国无道时,行为严正,但言语委婉逊顺。"

行道天下,不能不考虑环境之安危。邦国有道时,政治秩序良好,君主宽容大度,士君子当积极而尽情地发挥其导正社会入于正道之作用,故言语严正,行为同样严正。领导者若有不妥之处,严正指出,坦诚谏诤。邦国若在无道状态,君主昏愚,派系尖锐对立,政治风险巨大,士君子仍当守节不屈,行为仍严正,不可有丝毫枉道谄媚之行。但言语当谨慎、委婉、逊顺。否则,徒然招致祸端,无以守死善道。士君子有德,同时也有政治的判断力与技艺,否则,不足以行道天下。

孔子于本章提醒士君子,以行道为终身之志。而道在政之上,政只是行道之一途,故对某统治者或某政府之兴亡,不必过多措意。"人能弘道"(《卫灵公篇》),士君子经由学,藏道于己身,可进可退。于无道之世当明哲保身，此非逃避，而为行道。士君子于乱世之中危言高论，无济于事，反招大祸，灭身而亡道。目标是行道，士君子当据此确定自己的话语和行为策略。

以上三章的关键词是"行"，指出士君子当慨然以救世、行道，不行克伐怨欲，亦当有政治判断力和技艺。

14：5　子曰："有德者必有言，有言者不必有德；仁者必有勇，勇者不必有仁。"

上章论危行言孙，涉及德、言关系，仁、勇关系，本章承上论之。

夫子说："有德者必定有所言说，但所言说者未必有德；仁者必定有勇，但勇者未必有仁。"

孔子首先阐述德、言关系。士君子之德必见之于行，见之于与人的关系中，与人相交，不能不言。孔门专门有"言语"科，曾子特别强调"出辞气"（《泰伯篇》），旨在以德出言。有德者之言必定是正言，诚笃平实，而无虚饰。此言可以达人，可以立人。反过来，并非所有言说者都有德。有些人多言，有些人"巧言"，则"鲜矣仁"（《学而篇》），言反见其无德。"诚于中而形于外"，有德者和顺积中，英华发外，有的当之言。故在德、言关系中，德为本，言为用，且仅为其一，另可见于容貌、动作、颜色等。

另一对关系，仁与勇，与此类似。仁者有立人、达人之志，故凡事之有益于人者，必果决以行之，此所谓见义勇为，仁心发动，自然而然。反之，有些人徒有血气之勇，其背后反而是不仁，不敬己，不敬人，《阳货篇》谓"君子有勇而无义为乱，小人有勇而无义为盗"。故在仁、勇关系中，仁为本，勇为用。

神教以言为中心：神言说，先知传达言于人，人依神言而向善，故其教好言。孔子教人明明德而依于仁,见义勇为以安人。

> 14:6 南宫适(括)问於孔子曰:"羿善射,奡(ào)盪(荡)舟,俱不得其死然。禹、稷躬稼,而有天下。"夫子不答。南宫适出,子曰:"君子哉若人!尚德哉若人!"

上章提及仁、勇关系,本章提供历史例证。

南宫适,孔子弟子,字子容。

羿,上古之善射者。后羿为官名,故自五帝至夏皆有其人,此处当指《左传·襄公四年》所载夏初有穷国之君,曾篡夏政,"恃其射也,不修民事,而淫于原兽",后被其家臣杀死食肉。

奡,羿篡夏政后,信用寒浞。羿死后,寒浞占有其家室,生奡,即浇,灭斟灌及斟鄩氏,后为夏之少康所杀。荡,古人作战之法,以精锐冲杀敌阵。荡舟,在水战中冲锋陷阵。《竹书纪年》记"帝相二十七年,浇伐斟鄩,大战于潍,覆其舟灭之。"

稷,周人祖先,名弃,善种五谷,被帝舜命为"后稷",主管五谷之官。躬,身也。稼,动词,种植五谷。

若,如也。

南宫适请教于孔子说:"夏代的羿擅长射艺,奡在水战中能冲锋陷阵,但两人都不得善终。帝禹和后稷亲自种植五谷,却拥有天下治理权。"夫子没有答话。南宫适退出后,夫子说:"君子啊这个人!崇尚德行啊这个人!"

《公冶长篇》记:子谓南容"邦有道,不废;邦无道,免于刑戮",以其兄之子妻之。可见南宫适的判断力极为卓越,本章同样可见其历史判断力。

羿与奡两人均有上章所说之勇,而无仁,迷信武力,以之夺取、巩固统治权，均告失败，死于非命，不得善终。另两位圣贤，帝禹和后稷有仁者之心，且见义勇为：帝禹不忍黎民深陷水灾，而"尽力乎沟洫"(《泰伯篇》)；后稷不忍"黎民阻饥"(《尚书·舜典》)，播种五谷。因仁而有勇，见义勇为，得天下治理权，帝禹当时获得，后稷积德千年而得。南宫适从纷繁历史中分辨得失，得出如下结论：有德者必有其位，无德者不能保其位，故君子尚德。

孔子之所以不答，盖因南宫适之言语义浅白，不须答；又隐然以禹、稷比拟孔子，谓以孔子之仁，孔子之道必将行于天下。然其论正大，而孔子赞之。

14:7 子曰："君子而不仁者有矣夫，未有小人而仁者也！"

上章末提及君子，本章论君子、小人与仁的关系。

夫子说："君子而偶尔不仁，这种情况会有，但绝不会有小人而仁的事。"

仁是生命成长之方向，人道就是仁道，永无终点，故孔子不轻许人以仁。孔子论颜子，"其心三月不违仁"，其余弟子"则日月至焉而已矣"(《雍也篇》)。君子"欲仁"、"志于仁"(《里仁篇》)，容或偶有懈怠而对具体一人、一物不仁。此为君子之过，立刻自觉而内自省，改过则可以精进。至于小人，贪于利，蔽于物，与仁背道而驰，不可能进至于仁。

孔子对人有期待，但不苛责，重要的是做出生命方向之正确抉择，"里仁为美。择不处仁，焉得知"(《里仁篇》)，由此方向抉择，即可下学而上达。难免有过，改之即可。《尚书·舜典》帝舜命契作司徒，"敬敷五教，在宽"，孔子之教宽和而不严苛。

上一单元论及生存策略问题，以上三章列举德与力，德与言、仁与勇，君子、小人与仁之复杂关系，明辨之，即可有明智抉择，而免于耻，进于仁。

> **14:8　子曰："愛之，能勿勞乎？忠焉，能勿誨乎？"**

上章论及仁，本章揭示爱、忠之道。

劳，出力。诲，教诲。

夫子说："爱一个人，能不让他勤劳么？尽心于一个人，能不教诲劝谏他么？"

本章孔子阐明，爱，不可成为娇宠；忠，不能变成愚忠。

爱常针对下属或子女。爱一个人，不应替他承担其本应承担之事，这只会让其能力退化，丧失在复杂环境中的生存能力，且丧失独立自主意识，无以健全成长。故孔子说，爱一个人，就让他自己做自己的事，承担责任，从而成长为完整、自主的人。

忠常针对上司，意为尽心。尽心不是愚忠，所谓愚忠，就是缺乏独立的判断力，只是盲目服从。愚忠害人，且祸及于己。孔子说，忠于上司，不可盲从服从，而应在必要时指导他，在他有过时教诲、劝谏他。《白虎通义·谏诤》说："臣所以有谏君之义何？尽忠纳诚也"，以恰当方式教诲、谏诤自己的君，才是真正的忠。

孔子期待每个人独立、自主，有尊严、负责任，可得生命之完整与健全，而又相互尊重，相互扶持，相互导正，此即"各正性命，保合太和"。

> **14:9　子曰："爲命，裨（bì）諶（chén）草創之，世叔討論之，行人子羽脩飾之，東里子產潤色之。"**

上章论爱、忠之道，本章以郑国之例说明。

为，动词，制作。命，用于内政、外交之策命书。裨谌，郑大夫，疑即《左传》之"裨灶"。世叔，郑大夫游吉，《左传》作子太叔。行人，官名，遣使之臣。

子羽，郑大夫公孙挥。东里，地名，子产所居之里。

夫子说："制作策命书时，裨谌起草初稿，世叔推敲其是非、斟酌其次第，行人子羽予以增损，最后，东里子产润饰以文采。"

《左传·襄公三十一年》记载卫北宫文子赞美子产担任执政，任用贤能：

> 子产之从政也，择能而使之：冯简子能断大事；子大叔美秀而文；公孙挥能知四国之为，而辨于其大夫之族姓、班位、贵贱、能否，而又善为辞令；裨谌能谋，谋于野则获，谋于邑则否。郑国将有诸侯之事，子产乃问四国之为于子羽，且使多为辞令；与裨谌乘以适野，使谋可否；而告冯简子，使断之；事成，乃授子大叔使行之，以应对宾客。是以鲜有败事。

本章与此记载略异，意旨相同。子产执政于郑国，知人善任，充分发挥国中贤能之德、能。国中贤能君子各自发挥优势，相互合作，妥善处理邦国政务。孔子以此说明，治国者之大德，正在于发现贤能、与之共治，使之各尽其能，是即上章之"劳之"，而自己从中可以得"诲"。

14：10 或問子產，子曰："惠人也。"問子西，曰："彼哉！彼哉！"問管仲，曰："人也。奪伯氏駢邑三百，飯疏食，沒齒無怨言。"

上章论及子产，本章记孔子论子产等当时各国大夫。

惠，爱也。子西，郑大夫公孙夏之字，与子产同时执政，而德能远逊。彼，代词，那人。人，即《中庸》"仁者，人也"之"人"。夺，臣有大罪，没收其财。伯氏，齐大夫。骈邑，地名。三百，三百户。没，尽也。齿，年也。

有人请教子产之为人，夫子说："慈惠之人。"请教子西之为人，夫子说：

"那个人啊,那个人啊。"请教管仲之为人,夫子说:"以人待人。他剥夺了伯氏三百户的骈邑,伯氏只能吃粗饭,但一直到死都没一句怨言。"

孔子对春秋时代三位大夫予以评价:

第一位,子产,孔子赞其为惠人,即慈爱民众,并施加恩惠于民众。子产执政,多有此类惠民之政,这在当时难能可贵,故子产去世,孔子出涕曰:"古之遗爱也"(《左传·昭公二十年》)。不过,孔子也指出:"子产犹众人之母也,能食之,不能教也"(《礼记·仲尼燕居》)。

第二位,子西,孔子认为其无足称道,如此而已。

第三位,管仲,孔子对其评价最高。"人也"之意为,以人待人,管仲对待犯罪之伯氏也如此,故尽管剥夺伯氏之邑,以至其后半生生活困窘,但因处理公道,伯氏无丝毫怨言。本篇后面,孔子对管仲另有评价。

从孔子评价可见,对执政者来说,以人待人最为高尚,其次是惠,其他无足道。

上一单元论德,以上三章举春秋时代之君子,论有德之行,君子以此为政,人各得其所,各尽其能,而有善政。

14:11 子曰:"貧而無怨,難;富而無驕,易。"

上章提及伯氏之饭疏食而无怨言,本章继之以贫而无怨难。

夫子说:"贫困而无所抱怨是难以做到的,富裕而无骄横是容易做到的。"

贫困直接危及生存,故人在贫困中,罕能无所抱怨。颜子之"一箪食,一瓢饮,在陋巷,人不堪其忧,回也不改其乐"(《雍也篇》),系常人难以做到,故圣贤为政,以富民为先(《子路篇》)。身在富贵之中而不骄横,相对容易一些,毕竟只需节制。不过,这也是相对而言,世间富而骄者所在多有。

欲做到无骄，需对生命有所自觉，轻财重仁，方能好礼、求道，"富而无骄"（《学而篇》）。

孔子于本章阐明，判断一个人是否君子，可观察其身在贫困是否有怨言，身在富贵中是否骄横。身在贫困中而有怨气，身在富贵中而骄横，即为小人，反之为君子。

《学而篇》子贡谓"贫而无谄"，夫子教以"贫而乐"，本章之"贫而无怨"优于前者而劣于后者，"富而无骄"之上尚有"富而好礼"境界。

14：12　子曰："孟公绰为赵、魏老，则优，不可以为滕、薛大夫。"

上章教人在具体情势中判断君子、小人，本章则区分君子之类别。

孟公绰，公绰，鲁大夫。赵，晋大夫之家。魏，晋大夫之家。老，家臣之长。优，优裕。滕，小国。薛，小国。"

夫子说："孟公绰担任赵或魏的家室之老，绰绰有余，却没能力担任滕、薛这样的小国之大夫。

孔子以孟公绰为例，说明政治家与行政官员之区别。

封建时代，最基本的社会治理单元是"家"，此非现代之家，而由众多人口组成。"大夫"是其首领，故相当于今日地方政府首脑，承担全面治理之责。用现代词汇说，大夫是政治家、政务官，上对邦君承担责任，下协调士，全面管理庶民。为此，大夫不仅要有德，亦应有把握全局之视野，处理复杂事务之技艺。哪怕是小国的大夫，也同样如此。

大夫有其"家室"，由直属于自己的士和庶民组成。"老"是其大管家，相当于今日地方政府的办公厅、室主任，主要处理行政系统内部事务，故为协助大夫工作的行政官员。此系专业性工作，按部就班地处理日常行政事务。哪怕是赵、魏这样大家之老，其性质也相同。下章言及"公绰之不欲"，孟公绰有廉洁不贪之美德，确实适合担任家老，但担任大夫，尚需治理技艺。

本章孔子区分为政君子之两种类型：政治家和行政官员，政务官与事务官。同为君子，其德、能有异，有人适合担任政务官，有人适合担任事务官。合理的政治体系当让每人到其合适位置，分工合作。

> 14:13　子路問成人，子曰："若臧武仲之知（智），公綽之不欲，卞莊子之勇，冉求之藝，文之以禮樂，亦可以為成人矣！"曰："今之成人者，何必然？見利思義，見危授命，久要（yāo）不忘平生之言，亦可以為成人矣！"

上章论人各有其偏，本章论成人之道。

成人，全人，健全的人。臧武仲，鲁大夫，臧孙纥，谥武，仲为字。《左传·襄二十三年》记其流亡齐，齐庄公将给其田邑，他预见庄公将被杀，故意得罪庄公，庄公乃不给他田，得以避免灾祸，孔子称"臧武仲之知"。

公绰，孟公绰。不欲，无贪欲。卞庄子，鲁卞邑大夫，庄子为其谥号，其勇闻于天下，故《荀子·大略》记："齐人欲伐鲁，忌卞庄子，不敢过卞。"久，长久。要，约也。平生，平日也。

子路请教何为健全之人，夫子说："像臧武仲那样的智慧，像孟公绰那样的无欲，像卞庄子那样的勇敢，像冉求那样的才艺，而以礼乐予以文饰，也就可以成为健全之人了。"又说："至于今天的健全之人，又何必如此呢？见利立刻想到义，见危险而甘愿牺牲生命，平日与人有约，哪怕很早以前做出的，也一定履行，也可以成为健全之人了。"

怎样才算全人，即完善的人、健全的人？孔子给出前后两个回答。

孔子首先列举同时代几位古典君子，各有卓越品质：智，无欲，勇，艺。此即"质"，有此质，文之以礼乐，则"文质彬彬，然后君子"（《雍也篇》），可以成人。重点在"文之以礼乐"句，孔子暗示，当时在位君子有质而无文，无礼乐之节制、文饰，即《先进篇》所说"后进于礼乐，君子也"。

孔子说"今之成人者何必然"，意为，今人成就君子，不必循此旧路，盖因以上君子皆已有位，而后成人；而孔门弟子无位，故孔子另创成人之道，所谓"先进于礼乐，野人也"。孔子创造的成人之新道，重在精神之自觉，故曰"见利思义，见危授命，久要不忘平生之言"，由内在德性而有外在之德行，故不再分言智、无欲、勇、艺等质。

首先是"见利思义"。孔子教人辨义利，故云"君子喻于义，小人喻于利"（《里仁篇》）。孔子不否定利，而谓"见利思义"。利是各种物质利益，人要生存，不能无之；文明的礼乐生活也不能无物质作基础，故人可求利。小人、君子之别在于，小人只见利，君子见利而思义。义者，宜也，思义，即反思所得之利是否合宜，从伦理和法律角度看是否自己应得者，若是，大方享有；若不是，则放弃。"见危授命"即忠之德，尽心尽力地履行职守，必要时献出生命，即子夏所说"事君，能致其身"（《学而篇》）。"久要不忘平生之言"为信。平日做出不那么重要的承诺，且时间久远，他人可能忘却，君子仍不忘。

孔子以为，通过学文，有忠、信之德，尤其明乎义利之辨，既可为全人，也即成人，也即士君子。《学而篇》记曾子曰："为人谋而不忠乎？与朋友交而不信乎？传不习乎？"与孔子此处所论新兴士君子之德近似。

本章子路问"成人"，其义大矣哉！天生人，人即是人，然并非人人对此有自觉。"仁者，人也"，孔子只是要人有人的自觉，从而"明明德"，做人，成长为真正的人；而人在人之中，故同时要人以人待人。仁，即是成人之道，"里仁"即是成人，成人则可与天地参。孔子之教不以神管束人或引领人，也无任何利诱、威逼，只是要人自觉、自主地成就自己为真正的人。

上一单元论治世君子有德之行，以上三章论知人而用人之道，归结于士君子之养成。

> 14:14 子問公叔文子於公明賈曰:"信乎夫子不言、不笑、不取乎?"公明賈對曰:"以告者過也。夫子時,然後言,人不厭其言;樂,然後笑,人不厭其笑;義,然後取,人不厭其取。"子曰:"其然,豈其然乎?"

上章论见利思义,本章记公叔文子之义,阐明知人之难。

公叔文子,卫大夫公孙拔,文为其谥。公明贾,卫人,公明为氏。夫,代词,那。时,时机。厌,满足。

夫子向公明贾请教公叔文子之为人:"那位君子平日不说话、不笑,也不取财物,确实如此吗?"公明贾回答说:"这是向您描述的人说得太过了。那位君子只在恰当时机才说话,所以人们觉得他说得太少;只有真正快乐时才笑出来,所以人们觉得他笑得太少;只有当合于义,他才拿取财物,所以人们觉得他不取财物。"夫子说:"他是这样的啊。难道他真是这样的吗?"

公叔文子是卫国贤人君子,关于其事迹,《礼记·檀弓》记载:公叔文子卒,其子戍请谥于君曰:"日月有时,将葬矣。请所以易其名者。"君曰:"昔者,卫国凶饥,夫子为粥与国之饿者,是不亦惠乎?昔者,卫国有难,夫子以其死卫寡人,不亦贞乎?夫子听卫国之政,修其班制,以与四邻交,卫国之社稷不辱,不亦文乎?故谓夫子'贞惠文子'。"

而当时世间流传说,公叔文子不言、不笑、不取。孔子颇为好奇,故询问卫人公明贾。公明贾首先指出,传言者描述失真。由此可见,知人,首先面临语言的约束。对于不在当面的古人、陌生人,只能借第三者的语言描述来了解。无此语言描述,无从了解。然而,描述的语言、文本本身必有描述者的情感和判断,可能存在遮蔽、误解甚至扭曲。知人之难,首先在此。

公明贾乃解释公叔文子之为人,其一举一动、一言一笑无不合宜。孔子仍有疑惑。唯仁者之行无不合宜,公叔文子果真做到了吗?由孔子之疑,开始以下几章,专论知人之难。

> **14：15** 子曰："臧武仲以防求為後於魯，雖曰不要（yāo）君，吾不信也。"

上章孔子对公叔文子有所疑，本章不信臧武仲。

防，邑名，臧武仲所封之邑，在齐鲁交界处，为战略重地。后，继嗣。为后，立为自己爵禄之继嗣者。鲁，鲁侯。要，要挟。

夫子说："臧武仲依凭防邑请求鲁侯立自己的继嗣者，虽然人们都说他没有要挟邦君，但我不相信。"

据《左传·襄公二十三年》记载，臧武仲为三家之一的季氏、孟氏所排挤，无法在鲁国立足，乃出奔于邾。他又不甘心失去自家爵禄，故又入据防邑，使其兄臧为以自家所守的大蔡之龟纳于鲁侯，并请曰："纥非能害也，知不足也。非敢私请，苟守先祀，无废二勋，敢不辟邑！"鲁侯乃立臧为其后，臧武仲乃归还防邑于鲁侯，自己奔齐。

臧武仲请求鲁侯立自家之后的言辞相当谦卑，而臧氏为季氏、孟氏排挤，国人也同情臧氏，故国人当时以为，臧武仲未要挟鲁侯。孔子却指出，臧武仲占据防邑向鲁侯提出请求，而当鲁侯答应其要求后，他离开防邑流亡齐国。由此可见，臧武仲之入据防邑，实有要挟之意。

孔子在此指出，判断人既要"听其言"，还需"观其行"（《公冶长篇》）。仅依据其言判断人，很可能不准确。

> **14：16** 子曰："晉文公譎而不正，齊桓公正而不譎。"

前两章评价大夫，本章评价两位侯伯。

谲，权也，诈也。

夫子说："晋文公精于权诈而不守正道，齐桓公能守正道而较少权诈。"

齐桓公、晋文公是春秋时代两位最著名的诸侯。齐桓公，姜姓，名小白，齐僖公之子，齐襄公之弟。襄公无能，齐国内乱，政变不断。避难于莒的公子小白捷足先登，即齐侯位。在管仲辅佐下，励精图治，并尊王攘夷，成为春秋时代第一位侯伯（即霸主）。第二位侯伯是晋文公。姬姓，名重耳，晋献公之子，因其父立幼子为嗣，十七岁流亡，在外十九年。后在秦国援助之下，于三十六岁时回国继位，谋取霸业，在位九年去世。

　　春秋时代，周王权威衰微，"天下无道，礼乐征伐不自天子出"（《季氏篇》），诸侯相互侵伐，夷狄趁机扰乱华夏，齐桓公、晋文公乃起而以武力"尊王攘夷"，先后被周王命为"侯伯"，即后人所说"霸"。孔子的评价即针对两人为侯伯之作为。两人均属孟子所说的"以力假仁"（《孟子·公孙丑上》），难免使用权道，但还是有所不同。

　　齐桓公能守正道。这首先表现为，齐桓公在中国遭遇夷狄大规模入侵，灭邢、侵卫之时，奋起攘夷。对共同参与攘夷大业的诸侯，比较尊重，尤其是面对周王，能谨守礼义。齐桓公率诸侯伐楚，也是依礼而战。凡此种种说明，齐桓公还有礼制意识，因而相对有公心，较多考虑维护天下礼治秩序，较少追求齐国自身利益，此即为"正"。

　　晋文公的正道意识要差。他对礼制缺乏足够自觉，即位之后，急于立功，与各诸侯国打交道过程中，考虑重点是增加晋国利益，而非维护天下秩序。尤其是晋文公不甚尊重周王，《左传·僖公二十八年》记载，当年冬天，晋文公大会诸侯于温邑，"晋侯召王，以诸侯见且使王狩"，以臣召君，于礼不合，此即为"谲"。

　　孔子对比齐桓公、晋文公，揭示评价历史人物的标准：礼与义。正，也就是合乎礼义。"政者，正也"（《颜渊篇》），为政关键是正人，让每人明于其义，且尽心履行。正人先正己，能正己者谓之正，齐桓公尚能正己，孔子称之为正而不谲；晋文公不能正己，孔子称之为谲而不正。由齐桓公而至晋文公，正可见礼崩乐坏之大势。

> 14:17 子路曰:"桓公杀公子纠,召(shào)忽死之,管仲不死。"曰:"未仁乎?"子曰:"桓公九合诸侯,不以兵车,管仲之力也。如其仁,如其仁!"

上章评价齐桓公正而不谲,正齐桓公者,管仲也。本章论管仲之如其仁。

子路说:"齐桓公杀公子纠,其臣召忽因此而自杀,管仲却没有献身。"过了一会儿又说:"管仲不仁吧?"夫子说:"齐桓公多次大会诸侯,不是凭借武力,这是管仲的功劳。谁有这样的仁,谁有这样的仁!"

据《左传》,齐襄公无道,鲍叔牙奉公子小白流亡于莒。襄公从弟公孙无知杀襄公,管仲、召忽两人奉公子纠流亡于鲁。其后,齐人杀公孙无知,鲁伐齐,护送公子纠返国。公子小白自莒先入,是为桓公。桓公迫鲁人杀子纠,召忽自杀,管仲被囚。鲍叔牙知管仲才德出众,说服桓公重用管仲,管仲又尽心辅佐桓公。

子路对管仲不死于公子纠颇有微词,君子"主忠信"(《学而篇》),臣当事君以忠(《八佾篇》),包括"见危授命"。召忽成全君臣之义,管仲则否。子路言毕,孔子未答,盖孔子不以为然。

见子路以管仲为不仁,孔子乃启口肯定管仲。在管仲辅佐下,齐桓公尊王攘夷,多次会盟诸侯,《春秋穀梁传》言齐桓公"衣裳之会十有一",多能遵守礼制,尊重诸侯,维护天下礼治秩序,如《春秋公羊传》记载,齐桓公会诸侯于阳谷,发誓"无障谷,无贮粟,无易树子,无以妾为妻"。此即上章所说之"正",而皆与管仲之教有关。据《国语·齐语》记载,周王遣宰孔致胙于齐桓公,且不欲桓公下拜,齐桓公召管子而谋,管子对曰:"为君不君,为臣不臣,乱之本也",故桓公下拜。齐桓公尊重礼制,故能赢得诸侯信任,而能不凭武力会盟诸侯。《齐语》记当时诸侯称齐桓公之仁。孔子特别指出,由导正齐桓公维护礼治秩序之事功,可见管仲之仁。

"夫仁者,基于立而立人,己欲达而达人",仁者成己而安人,为政君子之仁须见于塑造和维护优良社会秩序之事功。君子而为政，仅守君臣之义，远远不够。仁为全德，可见于一切人事，君子应使其所立、所达之人的范围最大化，方可见其仁。在其位，而不能安人，何以称仁？后人评价前人，同样当见其大者。下一章，孔子对此仍有申论。

> 14：18　子貢曰："管仲非仁者與？桓公殺公子糾，不能死，又相（xiàng）之。"子曰："管仲相桓公，霸諸侯，一匡天下，民到于今受其賜。微管仲，吾其被（披）髮左衽（rèn）矣！豈若匹夫匹婦之為諒也，自經於溝瀆而莫之知也。"

本章续论管仲之仁。

相，动词，辅佐。霸，与伯同，长也。匡，正也。微，无也。衽，衣襟。中国人至成年，皆束发戴冠，其上衣左前襟掩向右腋系带，右襟掩覆于内，是为右衽。披发、左衽为夷狄之俗。匹夫匹妇，庶人，《白虎通义》云："庶人称匹夫者，匹，偶也。与其妻为偶，阴阳相成之义也，一夫一妇成一室"。谅，信也。经，缢也。沟渎，田间排水道。

子贡请教孔子："管仲算不得仁者吧？齐桓公杀公子纠，管仲不能死命效忠公子纠，反而辅佐齐桓公。"夫子说："管仲辅佐齐桓公，为天下诸侯之伯，匡正天下秩序，万民到今天还蒙受其恩惠。若没有管仲，我恐怕就要披散头发、衣襟左交了！难道要他像庶人那样，为践履私人之信自缢于沟壑之中而无人知晓？"

与子路一样，子贡同样以君臣之义评估管仲，而明确断言管仲不仁。上章孔子对子路指出，管仲辅佐齐桓公依礼而行，维护天下礼治秩序；本章，孔子对子贡指出，管仲辅佐齐桓公攘夷，避免中国之夷狄化，其功甚大。

周平王东迁，关中夷狄化，夷狄且由北方兴起，自北而南压迫中国，至齐桓公时代，亡邢、灭卫，震动中国。管仲说服齐桓公救卫。与此同时，南方楚国北上骚扰中国。此时情势，《春秋公羊传·僖公四年》谓"南夷与北狄交，中国不绝若线"。管仲辅佐齐桓公救卫、伐楚，"救中国而攘夷狄"，保卫华夏文明，也促成楚国之华夏化进程，此即管仲之大仁大义。

孔子在此更为明确地指出，召忽为公子纠而自杀，不过是守小信而不明大义。对于那些几乎不参与公共生活的普通人来说，信守私人间承诺，确为美德。这是社会维护正常秩序的重要机制。不过对君子而言，尚有更高层次的大义，即作为社会与政治主体维护社会秩序，保卫和扩展文明。君子有多种义，当面临冲突，须舍小而取大，故有子曰："信近于义，言可复也"（《学而篇》）。能从大义，方可见君子之仁与智。

由本章可见，在孔子心目中，君子之最高义务在于维系和扩展文明。召忽为君而死，然与君相比，文明才是君子所应"授命"之对象。文明是生命之自然要求，生命因此而有优美形态，唯有在文明中，生命才可至于仁。倒退回野蛮状态，生命必定堕落，甚至不能生存。政治的最高任务正是维系和扩展文明，管仲之大仁大义正在于保卫文明，保卫中国人长期积累而形成、且令其生命得到妥帖安顿的生活方式，故值得敬仰。

以上两章，弟子均以君臣之礼怀疑管仲之仁，孔子则从长远的、广泛的效果角度力辩管仲之仁。由此可见，仁必定向外发用，令"天下归仁焉"（《颜渊篇》）。判断人是不是仁，需要更为宽广的视野。

《论语》有四章论管仲，由抑而扬：《八佾篇》论管仲之器小，不俭亦不知礼，夫子责备贤者、深为管仲惋惜也；本篇论君子为政之大义而三论管仲，首先指出管仲能以人待人，故人无怨；其次指出管仲九合诸侯，而不以武力，尚能保持华夏礼乐秩序；管仲正是凭此得以尊王攘夷，保卫华夏文明。由此孔子指明，君子之仁绝非局限于其心，有其心而无其行者，不足以言仁。仁者必有智、有勇、能行，然后可以成己而安人。

> 14∶19　公叔文子之臣大夫僎（zhuàn）與文子同升諸公，子聞之曰："可以為文矣！"

上两章论管仲保中国的大公之心，本章论公叔文子知人之公心。

臣大夫，即大夫家室所属之大夫。僎，人名。公，公侯，指卫侯。

文，谥号，《逸周书·谥法解》："经纬天地曰文，道德博厚曰文，勤学好问曰文，慈惠爱民曰文，愍民惠礼曰文，锡民爵位曰文"。

公叔文子有一位名叫僎的臣大夫，与文子一同登上卫侯之朝，夫子听说这件事后说："他确实可以谥为文了。"

公叔文子一秉公心，推荐其家臣成为卫侯公室之大夫，与自己地位齐平。孔子据此事感叹，公叔文子确当得起"文"之谥号，因其有仁者之心，道德博厚，且能锡民爵位。

第十四章记孔子对公叔文子之疑惑，因为孔子只是听闻关于公叔文子之言。孔子今知公叔文子之行，故给予公叔文子以肯定评价。态度前后变化说明，孔子了解人、评价人，十分慎重，力图最为全面地掌握各种信息，尤其是观其行，观察那些直接触及自己利益的行。

以上六章，始于孔子对公叔文子之疑，终于对公叔文子之肯定，重点是孔子辩管仲之仁，可见知人之难，君子不能不于此用心，然后可以知人而为政、行道。

> 14∶20　子言衛靈公之無道也，康子曰："夫如是，奚而不喪？"孔子曰："仲叔圉治賓客，祝鮀（tuó）治宗廟，王孫賈治軍旅。夫如是，奚其喪？"

上章论公叔文子之知人与公心，本章论卫灵公之知人善任，阐明君子侍奉无道之君之道。

康子，鲁卿大夫季康子。丧，丧失其位。

夫子提及卫灵公的无道，季康子问："既然如此，他为什么没有丧失其位呢？"夫子说："在他治下，仲叔圉负责接待各国宾客，祝鮀负责宗庙祭祀，王孙贾管理军队、战争。既能如此，卫灵公怎么会丧失其位？"

第十章记子产执政郑国，与其他大夫密切配合，共同制作策命。本章描述，在卫国，大夫们各司其职。因此之故，其君卫灵公虽无道，卫国关乎邦国生存的政事，也即外交、祭祀、军事依然得到有效处理，故邦国尚能维持秩序，卫灵公依然保有其位。《孔子家语·贤君》记载孔子对卫灵公为政的另一段评论：

> 哀公问于孔子曰："当今之君，孰为最贤？"孔子对曰："丘未之见也，抑有卫灵公乎？"公曰："吾闻其闺门之内无别，而子次之贤，何也？"孔子曰："臣语其朝廷行事，不论其私家之际也。"公曰："其事何如？"孔子对曰："灵公之弟曰公子渠牟，其智足以治千乘，其信足以守之，灵公爱而任之。又有士曰林国者，见贤必进之，而退与分其禄，是以灵公无游放之士，灵公贤而尊之。又有士曰庆足者，卫国有大事，则必起而治之；国无事，则退而容贤，灵公悦而敬之。又有大夫史鰌，以道去卫，而灵公郊舍三日，琴瑟不御，必待史鰌之入而后敢入。臣以此取之，虽次之贤，不亦可乎？"

此与本章经文之旨相同。卫灵公有各种缺陷，却有为君之最大美德：知人善用。时人称卫多君子，其各尽其能，弱小的卫国能在齐、晋、楚等大国之夹缝中艰难生存。孔子也正是在卫灵公时代入卫，试图找到行道之机会。

由本章可见，孔子治国思想之核心是君子共治，故邦君之首要责任是知人善任。君主若能做到这一点，即便其私德有亏，也可保持基本秩序。至于君子，不论君主如何，只要在其位，就当谋其政。即便君主无道，诸君子同心协力，邦国之政也仍可大体在正道上。孔子由此指出，在那个时代，邦君普遍无道，维护和重建秩序，关键还看士君子。

14：21　子曰："其言之不怍，則為之也難！"

上章记卫有尽心之臣，本章论大言不惭者。
怍，惭也。
夫子说："大言不惭地做出的承诺，履行起来一定困难。"

大言不惭者，心中无必为之志，未考虑自己能否做到，而贸然对人做出注定无法履行之承诺。既难履行，难免蒙羞。只是，大言不惭者对此本不在乎，故其问题在缺乏耻感，无内省意识。大言不惭者与《颜渊篇》孔子对仲弓论仁之义正相反："为之难，言之得无讱乎？"故"其言也讱"（《颜渊篇》）。

上章指出，卫灵公虽无道，但诸君子尽心为政，故卫尚能维持其秩序。本章指出，时有大言不惭之臣，君子当以此为戒，言而有信，以为乱世之中流砥柱。

14：22　陳成子弒簡公。孔子沐浴而朝，告於哀公曰："陳恆弒其君，請討之。"公曰："告夫三子。"孔子曰："以吾從大夫之後，不敢不告也。君曰告夫三子者。"之三子，告，不可。孔子曰："以吾從大夫之後，不敢不告也。"

上章论大言不惭者，本章记孔子秉义循礼而言。

陈成子，齐大夫，名恒，成为谥号。其祖先为陈人，流亡至齐，改为田氏。至陈恒之父已专齐政。此后历代陈氏不断积累力量，终于篡齐。简公，齐简公，名壬。陈成子本为简公之相，后因与人争权，简公立四年而杀之。

沐，洗发。浴，洗身。沐浴，据礼制，臣见君当斋戒，斋戒则必沐浴。夫，代词，那。三子，指鲁国专权之三桓。

齐大夫陈成子杀死齐简公，孔子沐浴上朝，陈情于鲁哀公："陈恒以下犯上，杀死其君，请求您讨伐他。"鲁哀公说："告诉那三位卿大夫吧。"孔子说："因我忝在大夫之列，不能不报告于君。现在，是君说告诉那三位卿大夫的。"孔子到那三位卿大夫处告知，他们都不答应，孔子说："因我忝在大夫之列，是不能不报告的。"

据《春秋公羊传·宣公十一年》："上无天子，下无方伯，天下诸侯有为无道者，臣弑君，子弑父，力能讨之，则讨之可也。"陈恒弑君，践踏礼治秩序，而礼治秩序属于天下，故孔子以为，鲁当讨之。唯鲁久为三桓专权，公侯无力。孔子当然知道这一点，但志在恢复礼治秩序，向来尊君，故孔子首先陈情于鲁哀公，此即孔子事君之道：不管君有没有实权，都尊君，因为君是秩序之象征。君享有尊严是保持健全秩序的原点。鲁哀公自知无力，要孔子找三桓。孔子特别强调，自己陈情三桓，乃哀公之命。三桓对维护天下礼治秩序了无兴趣，孔子也预料到这一点，仍知之以君命。三桓无反应，孔子即中止努力。

本章揭示孔子在乱世事君之道：修其在我，恪尽责任；尊重礼制，敬畏大人；知其不可为而为之，而又适可而止。《左传·哀公十四年》记此事曰：

甲午，齐陈恒弑其君壬于舒州，孔丘三日齐（斋），而请伐齐三。公曰："鲁为齐弱久矣，子之伐之，将若之何？"对曰："陈恒弑其君，民之不与者半，以鲁之众，加齐之半，可克也。"公曰："子告季孙。"孔子辞，退而告人曰："吾以从大夫之后也，故不敢不言。"

由此可见，孔子不仅以义说服鲁侯，且陈之以利害，盖若自不量力而徒伸大义，也属于言之不怍，可见孔子有大仁而又又大智，此孔子所以为圣人。

> 14:23　子路問事君，子曰："勿欺也，而犯之。"

上章记孔子事君之道，本章论事君之道。

犯，谓犯颜谏争。

子路请教事君之道，夫子说："不欺骗君主，而犯颜谏诤。"

君有过，臣该怎么办？在礼崩乐坏时代，君子常遇此情形。孔子教诲子路，不可欺骗君主。欺骗是指，君的做法本不合礼，臣却佯装不知，甚至为君辩护，纵容君。正确的事君之道是犯颜谏诤，此为臣之义。《礼记·檀弓下》曰："事亲，有隐而无犯……事君，有犯而无隐"。

不过上一章，孔子已彰显：谏需讲究方式，而谏的义务也非无限。《礼记·曲礼下》说："为人臣之礼：不显谏。三谏而不听，则逃之。"君子固需承担谏之义务，但也需掌握谏之技艺，并知谏之限度。如此才能在乱世中明哲保身、守死善道。

上一单元论知人之难，以上四章论事君之道，以言为中心。首先表明，当时之君，无道者居多；因而，为人臣而言之不怍者甚多；孔子则言之有道，尊君，同时谏君；如此则可以君臣共治而行道。

> 14:24　子曰："君子上達，小人下達。"

上章论君子事君之道，唯君子可通达，本章论君子上达。

夫子说："君子向上提升，小人向下堕落。"

人为天所生，虽在地上，均可上达。然有自觉不自觉之分：自觉，则"欲仁"，克己复礼，向上持续提升，成己而安人，如《中庸》所说："唯天下至诚，为能尽其性；能尽其性，则能尽人之性；能尽人之性，则能尽物之性；能尽物之性，则可以赞天地之化育；可以赞天地之化育，则可以与天地参矣。"此即"上达"。另有人，于人之为人之性不能自觉，而为物欲牵累、诱惑，不断堕落，如《礼记·乐记》所说，"人化物"而不复为人，此即"下达"。

君子之上达无止境，小人之下达同样无止境，而生命究竟是上达还是下达，取决于人之抉择，子曰："里仁为美。择不处仁，焉得知？"（《里仁篇》）

14:25　子曰："古之學者爲己，今之學者爲人。"

上章论上达、下达，本章论为己、为人。

夫子说："古代的学者为了自我提升，今天的学者为了别人。"

孔子好古，古之学者即真君子，为自我提升而学。知己之不足，博学于文，又约之以礼。在学的过程中，他致力于克己、治己，修饬自己，充实自己，总之，提升自己。如此学而精进不已，即上章所说之"上达"。反过来，今天的学者是为给人看而学，有强烈虚荣心，急于成名，以博取爵禄富贵，故总按别人标准确定学之内容和方式。如此学，或许可以"闻"（《颜渊篇》），终究所学不精，自我并未充实、高明，难免"下达"。《荀子·劝学》解释为己、为人之学的内涵：

> 君子之学也，入乎耳，著乎心。布乎四体，形乎动静。端而言，蝡（rú）而动，一可以为法则。小人之学也，入乎耳，出乎口。口耳之间则四寸耳，曷足以美七尺之躯哉！"古之学者为己，今之学者为人"，君子之学也，以美其身；小人之学也，以为禽犊。

上章论"君子上达，小人下达"，本章深化之：为己，然后可以上达；为人，反而下达。又程子曰："古之学者为己，其终至于成物；今之学者为人，其终至于丧己。"能近取譬，为仁之方也。为己，则成己以安人；为人，则徇人而丧我，我、人两失。

孔子之言有其历史脉络。此前，等级制意义上的君子在实践中学，故其为己之用而学，此即"为己"。孔子开创之学，弟子无位而学文，"学而优则仕"，有些弟子难免求位心切，急于为人所知，此即"为人"而学，夫子乃深诫之。

孔子之学即为己之学也，《论语》中"己"字出现二十次左右，修身立道，完全围绕己展开。而孔子之教非由外在规范灌注于人，而是"明明德"；"明德"属己，则"明"之亦在己，"仁以为己任"；明之之道，在"克己复礼"；然后"己所不欲，勿施于人"，"己欲立而立人，己欲达而达人"。《中庸》谓："取人以身，修身以道，修道以仁"，己是起点、支点，由己然后及人。故无己则无人，仁则连接己人，己人终归于一体。

> **14：26** 蘧（qú）伯玉使人於孔子，孔子與之坐而問焉，曰："夫子何為？"對曰："夫子欲寡其過而未能也。"使者出，子曰："使乎使乎！"

上章论古之学者为己，蘧伯玉为典范，本章记之。

蘧伯玉，卫大夫，名瑗。吴公子季札聘卫，见蘧伯玉等人，称"卫多君子"。蘧伯玉年长于孔子，《史记·仲尼弟子列传》说"孔子之所严事：于卫，蘧伯玉"。孔子居卫期间，曾寄于蘧伯玉之家。孔子返鲁，蘧伯玉遣使看望。

蘧伯玉派遣使者看望孔子，孔子请使者坐下，询问蘧伯玉的近况："蘧夫子在做什么？"对答说："夫子期望控制自己的过，而没有能力做到。"使者退出，夫子叹道："这使者！这使者！"

上章孔子说"古之学者为己",卫国之贤大夫蘧伯玉即为己而学之典范。蘧伯玉是当时有名贤德君子,而其德来自于内自省,即使者所说"欲寡其过"。世界复杂多变,人的知识、能力有限,孰能无过?君子难免有过,然"欲寡其过","欲"字表明蘧伯玉自觉的生命志向,始终自觉,内自省,控制自己可能之过,矫正已有之过。蘧伯玉又始终以为,自己"欲寡其过而未能",始终内自讼,故不敢懈怠。其字很重要,在自己身上用力。故蘧伯玉之学,正是君子为己之学。使者如此精彩的描述,可见蘧伯玉为己之学之效:蘧伯玉克己复礼,自家之人归仁于己。此即证明程子之言:学者为己,恰足以成人成物。

> **14:27** 子曰:"不在其位,不谋其政。"曾子曰:"君子思不出其位。"

前两章论为己之学,本章论为己之政。

夫子说:"不在那个位上,就不要参与那个位的政务。"曾子说:"君子之所思,不越出自己的岗位。"

前两章论学当为己,提升自己,本章孔子和曾子指出,君子为政亦系为己,发挥自己的能力,尽心履行自己的职责。

孔子之语已见《泰伯篇》,唯在彼处,孔子阐明,君子不在政府中,就不关心政务。在本章则曾子之语共同阐明社会治理中的分工原则,而重点在"思",自思,自觉。

君子承担社会治理之责,各有其位。在其位则忠,即尽心尽力处理好自己的事务。且专心于己事,不插手别人事务。如此,按事务规则、程序,各人形成分工合作关系,事务顺畅处理。插手别人事务,只会让整个流程陷入混乱。此系政治和行政之基本伦理。君子之为政，乃是为己，也即是"忠"。

值得注意的是"谋"字。《尚书·洪范》："汝则有大疑，谋及乃心，谋及卿士，谋及庶人，谋及卜筮"。《诗经·小雅·皇皇者华》提及多个与谋同义的字："周爰咨诹"，"周爰咨谋"，"周爰咨度"，"周爰咨询"。可见，古典时代的决策常由具有一定资格的君子共同审议，君子提出自己意见就是谋。谋，是在其位的君子之责任。那么反过来，不在其位者，不当谋其政。

曾子申论孔子之言出自《周易》"艮"卦之《象传》："兼山，艮；君子以思不出其位。"君子之所思仅在己位之政，即君子为政，尽己之义，心无旁骛。由此，整个政务体系中，自己的环节畅通无阻，自己的治理技艺不断提升，从而为承担更为重要的位做好准备。在某位而思出其位，荒废自己责任，招惹他人厌烦，扰乱政治和行政流程，必失其位。思不出其位而善谋其政，反可通达，在更大范围内行道。

14:28　子曰："君子耻其言而过其行。"

思出其位，即为言过其行，君子耻之，故次之以本章。

夫子说："君子以自己的言超过其行为耻辱。"

言过其行，即说得多，做得少；做出很多承诺，而无意愿或能力履行。之所以如此，因其不仁，对他人不敬，"其言之不怍，则为之也难"。君子则知"耻"，他人若因我之言产生之预期落空，会有耻感，事先想象的或事后现实的耻感让君子对人审慎而言。

本篇开始，原宪问"耻"，此处再次提出"耻"，君子有耻：君子"耻有其辞而无其德，耻有其德而无其行"（《礼记·表记》）；"君子有五耻：居其位，无其言，君子耻之；有其言，无其行，君子耻之"（《礼记·杂记下》）。

知耻，而后可以为君子。

乱世中事君甚难，重建秩序，君子唯有力学以上达，以上五章论君子上达之道，要旨在于为己，故"欲"寡其过，"思"不出其位，"耻"其言而过其行，自觉，自主，在自己身上用力，方可上达。

> 14:29　子曰："君子道者三，我無能焉：仁者不憂，知（智）者不惑，勇者不懼。"子貢曰："夫子自道也。"

上章论君子言不过其行，本章为孔子自省。

夫子说："君子之道有三，而我没有能够做到：仁者无所忧虑，智者无所迷惑，勇者无所畏惧。"子贡说："这是夫子在说自己啊。"

君子具智、仁、勇三"达德"（《中庸》）。《子罕篇》有"知者不惑，仁者不忧，勇者不惧"句，不同本章次序。盖《子罕篇》论进学之道，故以智为先，自觉，内在省，而体认仁，并勇于践履。本章论君子之德，故以仁在先，君子首先是仁者，而以智、勇行仁。

本章孔子展示了至关重要的品质：内自省。人人公认，孔子有仁智勇三德，此即"言"。孔子担心言过己行，故谦逊地说，自己尚不能做到这三点。前面"蘧伯玉使人于孔子"章，使者描述蘧伯玉"欲寡其过而未能也"，孔子也说自己"未能也"。此自不足之心恰为君子之大德。仁智勇三德实为生命成长之方向，终身行之，毫不懈怠，死而后已，君子者也。

> 14:31　子貢方人，子曰："賜也賢乎哉？夫我則不暇。"

上章记孔子自省，本章记子贡好论人而成对比。

方,比也。夫,那。暇,闲也。

子贡评论别人的优劣,夫子说:"端木赐已经优秀了吧?对于那事,我则没有闲工夫。"

《论语》中,孔子多论人之得失。子贡见多识广,故在孔门,喜好评骘各色人物之优劣得失,《史记·仲尼弟子列传》说子贡"喜扬人之美,不能匿人之过"。然孔子之批评子贡,盖因子贡心骛于外耳未内自省乎?人于生活、工作中,必与各色人等广泛交接,对其人品、能力必有所评估;读书接于古人,亦必有所鉴别。然而,君子以为,他人之优劣得失,均可为师:子曰:"三人行,必有我师:见贤思齐焉,见不贤而内自省也"(《里仁篇》)。评骘人物而能内自省,以人为镜,自我省察,则可以学人而上达。

14:32 子曰:"不患人之不己知,患其不能也。"

上章论子贡好论人,本章论人当提升自己。

夫子说:"不担心别人不知己,只担心自己不能为人知。"

类似的话,孔子说过多次。《里仁篇》,子曰:"不患无位,患所以立;不患莫己知,求为可知也。"《卫灵公篇》,子曰:"君子病无能焉,不病人之不己知也。"君子为学,志在行道。为人知而在政治、社会、文化结构中有位,则易于行道,故君子当求为人知。何以求之?反求诸己。其学"为人",或易为人知,难免枉道而屈于人。君子"为己",充实自己,提升自己。由此可为人所知,而依然保持尊严和独立;即便不为人知,也不改其乐。归根到底,君子不求人知,人知,只是为己上达之附带结果。君子始终保持相对于世间一切权威之主体和自主,而这对于行道而言,至关重要。

上一单元君子上达,以上三章论内自省。内在省,则可以上达,有仁智勇三达德，为人所知，行道天下。

14：33 子曰："不逆詐，不億不信，抑亦先覺者，是賢乎！"

上章论为人知之道，本章论知人之明。

逆，未至而迎之也，逆料。诈，谓人欺己，欺骗。亿，未见而意之也，猜度。不信，谓人疑己。抑，转语之辞。

夫子说："不预先防范别人的欺诈，也不猜测别人对自己不守信。不过，对别人的欺诈、不守信又能事先察觉，这才算得上卓越。"

人际交接之策略基于对他人的想象：事先想象他人为恶，可能欺诈自己，必事先采取防范措施；事先想象他人不守信，必不信他人之承诺。如此陷入恶性循环，囚徒困境，无法形成低成本合作关系。君子不如此想象他人。《大戴礼记·曾子立事》也说："君子不先人以恶，不疑人以不信"。君子不恶意设想他人，而以善意想象一切人。对方知我知诚、信，必报以同样的诚、信，人际关系形成良性循环。君子先人以诚信，从而启动诚实、信任之相互激励过程。

然则，世间总有欺诈、不信。君子善良但不迂腐，洞见事之几微，对他人之欺诈、不守信，当其刚发动之时即予察觉，所谓"先觉"，并立刻作出恰当回应，免遭损害。孔子以此为"贤"。

本章可与《雍也篇》"井有仁焉"章合观。宰我问曰："仁者，虽告之曰：'井有仁焉'，其从之也？"子曰："何为其然也？君子可逝也，不可陷也；可欺也，不可罔也。"君子与人为善，但绝不可欺。遭遇欺诈而茫然不觉，非君子也。

君子与人相处，就在不逆不臆而先觉之间，其分寸微妙而又至关重要。《尚书·尧典》记帝尧之德，"钦"之后就是"明"。君子以其诚而明，君子依凭其仁，洞见人情之幽微，故不论身处何世，善待一切人而又能明哲保身。明者未必仁，仁者必明而智。

> 14:34 微生亩謂孔子曰："丘，何為是棲棲者與（欤）？無乃為佞乎？"孔子曰："非敢為佞也，疾固也。"

上章论君子之仁与明，本章论统治者之固。

微生，氏，亩为其名。栖，楼也，飞鸟栖息。栖栖，鸟频繁地飞起而栖息，形容孔子周游列国，不遑暇处。佞，巧言利口。疾，厌恶。固，固陋。

微生亩对孔子说："孔丘，你为什么如此周游各国不遑暇处？该不是想以巧言利口讨好别人吧？"孔子说："我可不敢炫耀口才，只是因为痛恶这个时代的鄙陋顽固。"

微生亩直呼孔子之名，言辞倨傲，或为有德能而隐居不出之长者。他形容孔子如飞鸟一样，一会儿落在这个国家，一会儿落在那个国家，并怀疑孔子为逞口舌之才讨好他人，以得利禄。孔子尊敬长者，未驳斥此不恭之辞，而是明己之志：他深为世人之鄙陋顽固痛心，而力图改变之，为此奔走各国。

《学而篇》"君子不重则不威"章谓"学则不固"，当时公侯、卿大夫不学，故"固"：社会政治秩序已有严重问题，在位者却茫然不知，不明问题根源；最糟糕的是，固执闭塞，孔子有道而不听。尽管如此，孔子仍奔走各国，此乃仁者淑世之心，自不能已也。

> 14:35 子曰："驥不稱其力，稱其德也。"

上章论统治者之固，本章论其无德，当此时代，士君子不可无德，本章论才、德关系。

骥，古之善马。

夫子说："马被称为骥，不是因其力气，而因其品德。"

上章孔子论当时在位者之"固"，本章孔子讥讽在位者有力而无德。由此，孔子阐明德、才关系。

马之为骥，不只因其力能行千里，有此力之马不少，不全为骥。力能行千里，而有卓越品德，方为骥。对马而言，其卓越品德就是通人性，与御手配合无间，而最为充分地发挥其对人的效用。人之为君子，固需卓越才能，唯当同时具有优秀德行，方为君子。有德而无才，百无一用；有才而无德，则害人复害己。常态下，有德可以有才；无德，可有小才，难有大才。以德为基础，其才方能收大功。而在乱世中行道，德尤其重要：有才而无德，或致杀身之祸。孔子以学养成君子，体仁、求道而有德，掌握知识而有才。循乎孔子之教，则德才兼备。

14：36　或曰："以德報怨，何如？"子曰："何以報德？以直報怨，以德報德。"

上章论德，本章论德之报。

德，恩德。报，复也，回应。怨，因他人的伤害而怨恨。

有人说："用恩德回应别人的伤害，怎么样？"夫子说："那拿什么报答别人的恩德？以直道回应别人的伤害，用恩德报答别人的恩德。"

"或人"所说见《老子》："大小多少，报怨以德"，别人伤害我，我虽有怨恨，仍报以恩德。神教也有此类教诲，如所谓"爱你之仇敌"。

孔子不以为然。别人伤害你，你报之以恩德；当那别人有恩德于你，如何报答？对这两者之报相同，显然于有恩德于你者不公，很可能不再施恩德于你以及他人。而伤害你者或受鼓励，不加收敛，继续伤害你以及他人。"以德报怨"看起来大度敦厚，但诱导风俗趋于浇薄，人际趋于相互伤害。

孔子提出的原则是"以直报怨，以德报德"。"以德报德"者，明白易晓。"直"意为率直，遭受伤害而有情感、理智上的直接反应，可依此决定回应策略。无非两种：或不怨，自不必以怨回应对方；或者有怨，则以同比例的伤害回应。"何以报怨"说明已有怨恨之情，强使其报之以德，制造虚伪，故孔子说："匿怨而友其人，左丘明耻之，丘亦耻之"（《公冶长篇》）。怨恨长期压抑，不断积累，反而可能以暴烈方式迸发，造成不可控后果。孔子直面人情之率直反应，提出平实解决方案：若有怨恨之情，则可以抱负。此即义之所在。伤害者遭到惩罚，被伤害者的怨恨得以平息，每人恢复情感至安定状态，社会也恢复正义。当然，如此直道反应必须适度，不可过分。否则，对方再怨，冤冤相报何时了。故孔子待人之道就是直道："以直报怨"是直，"以德报德"也是直。

《子路篇》孔子谓："父为子隐，子为父隐，直在其中矣"。可见，孔子极为重视人的情感反应，最重直道。盖因子曰："人之生也直"（《雍也篇》），故直道即是正道。当然，人生之直，仍然涵养。礼的功能是导正情感，诗乐的作用是养性情之正。经此熏陶，面对复杂的人、事，士君子可有合宜情感，以恰当方式回应。性情不正，则不能直。

君子仁而且明，以上四章展示世人之多诈、不信、鄙固、无德、好怨，孔子要士君子洞悉种种人情，作出恰当回应。最可靠的生存策略是修德，在与人交往中，以直报怨，以德报德。

14：37　子曰："莫我知也夫！"子貢曰："何為其莫知子也？"子曰："不怨天，不尤人，下學而上達。知我者，其天乎！"

上章论及怨，本章论不怨天、不尤人，揭示了孔子的天道信仰。

尤，怪罪。

夫子说："没人了解我啊。"子贡说："没人了解您，您怎么办呢？"夫子说："不怨恨上天，不怪罪他人，学习各种知识，不断提升自己。了解我的，就是上天啊！"

孔子周游各国，欲行道天下。然而，各国执政者皆不知孔子之圣而用之，故孔子感叹无人知己，随后明己之志。

首先，不怨天，不尤人。常人不得其志，多抱怨上天不公，或责怪他人。然而荀子说："自知者不怨人，知命者不怨天；怨人者穷，怨天者无志。失之己，反之人，岂不迂乎哉！"（《荀子·荣辱》）孔子五十而知天命，坚信"天生德于予"（《述而篇》），"文王既没，文不在兹乎？"（《子罕篇》）；当时智者也公认，上天将以孔子为"木铎"（《八佾篇》）。虽然在人世间，孔子不得机会，然孔子不怨上天。又，当世之人不用孔子，孔子不怪罪之。

孔子之"两不"，自然而然，盖因孔子"躬自厚而薄责于人"（《卫灵公篇》），反求诸己，反己自修，故人不知则学。前章孔子谓"君子上达"；本章孔子指出，"下学"然后"上达"。上者，天也；下者，人所在之地也。"唯天地，万物父母"（《尚书·泰誓上》），万事万物皆为天所生，皆在天中，皆有天理。人在天之下博学于文，学人与万物之理，贯通上达，以至于知天，与天地参；孔子之所为就是天之所行，故曰："知我者其天乎"。孔子之圣，难以企及，然凡人下学，则上达在其中矣。由下学而知己，知人，知物，自可"上达"，以至于知天。人上达不已则天成之，何所怨于天？己欲立而立人，己欲达而达人，何所尤于人？

各种神教奢谈上达于神，而未措意于下学，故多幻妄。孔子之教，罕言命与天，而就"下学"立论，上达只是指明生命向上提撕之志向。孔子教人，只是自主而好学，自立以成人而安人，以至于赞天地之化育，而终究不离人伦日用，而非至于神国、来世。

> 14：38　公伯寮（liáo）愬子路於季孫，子服景伯以告，曰："夫子固有惑志。於公伯寮，吾力猶能肆諸市朝。"子曰："道之將行也與（欤），命也；道之將廢也與（欤），命也。公伯寮其如命何？"

上章记孔子"知我者其天乎"之信念，本章记孔子的天命信念。

公伯寮，鲁卿大夫季氏之家臣，公伯为氏，名寮。愬，谮也。子服景伯，鲁大夫，子服氏，名何，字伯，谥景。力，势力。肆，陈尸也。古代对死刑犯，处死之后陈尸三日，以为儆戒。市，市场。朝，朝廷。死刑犯陈尸，大夫以上在朝廷，士以下在市场。此处当为市，朝为语助，无实义。

伯寮在季氏面前诋毁子路，子服景伯将这情况告诉夫子，说："那位卿大夫确已被公伯寮的话迷惑了。但对公伯寮，我还有办法让他陈尸于市场。"夫子说："治国的大道实施了呢，那是天命；治国的大道废弃了呢，那也是天命。公伯寮能把天命怎样呢？"

此事约在孔子仕于鲁、子路仕于季氏为其家宰之时，师徒均有张大公室之志，相互呼应。季氏家臣公伯寮欲杯葛此谋，在季氏面前说子路坏话，季氏受其迷惑，怀疑子路。子服景伯乃自告奋勇除之。孔子知道，季氏已被公伯寮之言所惑，行道鲁国的可能已不大，治公伯寮之罪也无济于事，故不接受其好意。

从回应公伯寮语中可见孔子三个信念：上天必让人间行大道；自己的天命就是行道于天下；行道的具体时机亦由天命确定。正因为此，孔子孜孜以求道，也在五十之后起而行道，不因某人态度而轻易放弃行道之机会。尽管如此，孔子绝不强求其在当下实现。当下不能实现，即耐心等待。孔子也不欲为行道而让公伯寮陈尸于市。公伯寮阻止不了大道行于天下之天命，但其一语即阻挠行道，说明上天所定之时机未到，公伯寮死而无益。本章可与上章相参，如钱穆先生所说："人道之不可违者为义，天道之不可争者为命。命不可知，君子惟当以义安命。"杀公伯寮不义，故孔子不为。

由此可见孔子之大仁。神常因人不从其律法而惩罚人，不从其命令而怨恨人。孔子之行道天下，纯出于立人、达人之仁，救人救世。故于行道，孔子绝不放松，也绝不急躁，更不可能为行道而杀人，"行一不义、杀一不辜而得天下，皆不为也"（《孟子·公孙丑上》）。故孔子仰望着天，而期待着众人与他共同提升、共上大道，孔子为此宁愿等待。孔子教人自觉、自主、自立、自强，故孔子之行道于天下，毋宁是孔子启发天下人躬行大道。

> **14:39** 子曰："贤者辟（避）世，其次辟地，其次辟色，其次辟言。"子曰："作者七人矣。"

上章论道之不行，本章记孔子退避之意。

辟，去也。作，起也。

夫子说："贤者避开世人，其次避开某个无道的邦国，其次因某人的脸色而避开，再其次因他人的无理要求而避开。"夫子说："起而避者已有七位了。"

贤者有行道济世之志，若无时机，不妨暂且避开。当天下无道，只能完全避开世人，不在世间做任何行道努力，独善其身，此即"天下有道则见，无道则隐"（《泰伯篇》）。有时，只是若干邦国无道，贤者可在邦国之间选择，避开无道邦国，进入有道邦国，此即"危邦不入，乱邦不居"。情况再好一些，天下、邦国尚有行道空间，只是有些人不知我、不尊重我，或对我提出不合理要求，此时，只需避开其人即可。孔子以此指出，士君子行道，需评估环境，明智判断。君子好学、笃信、守死善道，但不盲目而固执地采取同一种行动策略。士君子以行道为志，守道而明察知变。

孔子接下来说，能起而避者，也即，明智做出退隐决策的贤者，已有七位。具体是哪七位，今已不可知。"七"这个数说明，自古以来，确有贤人能做出明智选择，孔子若做此选择，也是贤者。但孔子未如此做，故孔子不止贤者，而为圣人，如下章所记。

> 14：40　子路宿於石門。晨門曰："奚自？"子路曰："自孔氏。"曰："是知其不可而為之者與（欤）？"

上章记孔子有退隐之意，本章阐明孔子知其不可而为之志。

石门，鲁城之门。古代城门夜间关闭，不得出入，清晨开启。晨门，掌管早晚开关城门者或有退隐之贤者。

子路晚上睡在石门门洞中，负责清晨开门者说："你从哪家来？"子路说："从孔氏之家来。"开门吏说："就是那位明知没有可能却仍努力的人吗？"

由子路回答可见，孔子与弟子共立其家，类似季氏、孟氏封建之家的公共机构，鲁人乃至天下人均知晓。守门人形容孔子"知其不可而为之"，有讽刺之意，明知其不行，仍然孜孜努力，在功利主义者看来不划算，在避世者看来甚无谓。但孔子就是如此，屡遭挫折，难免失望，如上章所记，或有退隐之意。但孔子终究有大仁大义，以大道为念，不忍弃绝世人，故屡挫而屡行。当周游列国无望之后还作《春秋》，为万世立法，传承弟子，以俟之后世。在此过程中，孔子展现其信念与智慧。

正因其明知其不可而为之，孔子乃成大仁、大义、大智、大勇之圣人。盖不可者，命也；为之者，义也。天行不已，当世不可，不等于万世不可。故孔子自强不息，为之不已，才真知天命者，故无不可为之时，总有可为之空间也。

> **14:41** 子擊磬於衛，有荷蕢而過孔氏之門者，曰："有心哉，擊磬乎！"既而曰："鄙哉，硜硜乎！莫己知也，斯己而已矣！'深則厲，淺則揭'。"子曰："果哉，末之難矣！"

上章记孔子知其不可而为之，本章记孔子之不避世。

磬，石制乐器，中国最早出现的乐器之一，列入"八音"中。单只为"特磬"，成组为"编磬"。蕢，草编容器。硜硜，象声词，石磬之声。"深则厉，浅则揭"，见《诗经·卫风·匏有苦叶》。厉，垫石过水。揭，提起下裳涉水。果，诚也。末，莫也。

夫子居留卫国，在室中击磬，有位背着草篮子的人从孔氏门口经过，说："这磬声，可是颇有深意啊。"过一会又说："磬声硜硜的，太坚确执着了。既然没人了解自己，那就守住自己好了。诗云：'深则厉，浅则揭'。"夫子说："这么做，诚然不怎么难。"

孔子在卫国寻找行道之机会而不得，在家中击磬。荷蕢者是归隐之智者，乐之本"在人心之感于物也"（《礼记·乐记》），从磬声听出孔子心声：虽不得志而意志坚定。据此提出自己的看法：世人不知己，那就退隐而自得其乐即可。其引用诗句谓，河水太深，就踩石头过河；水较浅，就提着下裳涉水过河。人当随时为义，与时俯仰，顺势而为。

孔子回应，随时为义，不难做到。但孔子不愿选择这个相对容易的策略，宁走艰难人生路，即上篇所说"知其不可而为之"。孔子之时，礼崩乐坏，而世道鄙固，有道者不得其位，故隐者辈出。孔子能理解其心，却不同其行，盖因孔子大仁大义，故不愿抛弃世人，而为世人寻找可出乱世之道。

上一单元记世道鄙固，以上五章记孔子心曲：首先记孔子不为人知，难有行道机会；孔子难免有退避之意；但孔子终究不同于隐者，知其不可为而为之，可见孔子之大仁大义大勇。此数章可与《微子篇》合观。

> **14:42** 子張曰："書云'高宗諒（liáng）陰（ān），三年不言'，何謂也？"子曰："何必高宗，古之人皆然。君薨，百官總己以聽於冢宰三年。"

上章记孔子有救世之心，重建礼乐秩序，故本章记殷高宗之守礼而中兴。

书，《尚书》。"高宗谅阴，三年不言"，见《尚书·无逸》。高宗，殷商中兴之王武丁。谅，古作梁。阴，闇，庵也，庐也。谅阴，居丧之庐舍。薨，王公之死。总，聚束也。冢，大也，太也。

子张说："《尚书》记载：'殷高宗居丧于凶庐，三年都不对政事发表意见'，这是什么意思？"夫子说："岂止殷高宗，古人都是这样。君主驾崩，新君即位，不问政事，百官都拿自己的职事听命于太宰。"

据礼制，先君崩薨，新君服三年之丧，《尚书大传》曰：

> 《书》曰"高宗梁闇，三年不言"，何谓梁闇也？传曰：高宗居倚庐，三年不言，百官总己以听于冢宰而莫之违，此之谓梁闇。子张曰："何谓也？"孔子曰："古者君薨，王世子听于冢宰三年，不敢服先王之服、履先王之位而听焉。"

不过，殷高宗尤其突出，故本章记殷高宗中兴殷商之道。对此，《礼记·丧服四制》有略微详尽的说明：

> 《书》曰："高宗谅暗，三年不言"，善之也。王者莫不行此礼，何以独善之也？曰：高宗者，武丁；武丁者，殷之贤王也。继世即位，而慈良于丧。当此之时，殷衰而复兴，礼废而复起，故善之。善之，故载之书中而高之，故谓之高宗。

而高宗三年不言，并非无所作为，而是发现了贤人，《史记·殷本纪》记：

> 帝武丁即位，思复兴殷，而未得其佐。三年不言，政事决定于冢宰，以观国风。武丁夜梦得圣人，名曰说（悦）。以梦所见视群臣百吏，皆非也。于是乃使百工营求之野，得说于傅险中。是时，说为胥靡，筑于傅险。见于武丁，武丁曰是也。得而与之语，果圣人。举以为相，殷国大治。故遂以傅险姓之，号曰"傅说"。

《尚书》收录傅说对武丁阐述的治国之道。此前，殷商衰微，经武丁、傅说君臣之努力，殷商中兴。而这一切恰起于武丁之守丧礼。孔子指出，先王去世，恰敞开重建秩序之窗口。新王只要复礼，任用贤人，即可重建秩序。

本章有隐喻意味：旧君已死，也即在位之君子群体在政治上已死，治理权应交给"冢宰"，也即孔子养成之新兴士君子群体。如此即可恢复礼乐，重建秩序。

14:43 子曰："上好禮，則民易使也。"

上章记殷高宗守礼而中兴，本章阐明其间机制。

夫子说："在上位者尊重礼，那么在下位的民众就易于指挥使用。"

礼规范各人之名位、职事，在上位者若自我约束，凡事遵守礼制，正己而行己之义，不对下位者提出非分要求，民众权益有所保障，自然尊敬在上者，如《子路篇》中孔子对樊迟说"上好礼，则民莫敢不敬"。民众尊敬在上位者，则乐于承担自己对君之义务，此即"易使"。君子如欲建立和维持良好秩序，必须正己，正己则民自正。在上位者不仅要守礼，还须"好"礼。《春秋繁露·立元神》谓：

> 明主贤君必于其信，是故肃慎三本：郊祀致敬，共事祖祢，举显孝悌，表异孝行，所以奉天本也。秉耒躬耕，采桑亲蚕，垦草殖谷，开辟以足衣食，所以奉地本也。立辟雍庠序，修孝悌敬让，明以教化，感以礼乐，所以奉人本也。三者皆奉，则民如子弟，不敢自专；邦如父母，不待恩而爱，不须严而使。

故君子之使民者，实为以身教民，使民自行其义而已。孔子之政，乃是人人自治其身，自尽其义，而相互成就。

> 14:44　子路問君子，子曰："脩己以敬。"曰："如斯而已乎？"曰："脩己以安人。"曰："如斯而已乎？"曰："脩己以安百姓。脩己以安百姓，堯舜其猶病諸！"

上章论使民当先己好礼，本章论修己以敬。

病，为难。己，身也。人，臣僚。

子路请教君子之道，夫子说："修养自己在敬的状态。"子路问："这样就够了吗？"夫子说："修养自己，让你的臣僚安宁。"子路问："这样就够了吗？"夫子说："修养自己，让天下百姓安宁。修养自己，让天下百姓安宁，尧舜恐怕也觉得有些为难呢。"

君子是社会领导者，子路尤其在政事方面能力出众，故请教孔子如何成为卓越的为政君子。孔子简洁回答一句："修己以敬"。修己即修身，修，好像修饰房屋，好像修剪树木。修身，即控制自己始终在敬，敬者，专一诚悫。《周易·坤卦·文言》曰"敬以直内，义以方外"，以此向外发用，无所不敬，尊天敬神，守礼好义，恭谨待人，则无往而不利。孔子之意本已圆满，子路仍追问，孔子乃立足修己、修身，逐层解释：安臣僚，进而安万民。孔子曾说"老者安之"（《公冶长篇》），治理之最佳结果就是人人"安"，人人安分守己，心满意足，安宁平静。孔子说，哪怕是尧舜也会觉得，让天下民众普遍安宁有点难度。

此意可与《雍也篇》末章相参。子贡曰："如有博施于民而能济众，何如？可谓仁乎？"子曰："何事于仁，必也圣乎！尧舜其犹病诸！夫仁者，己欲立而立人，己欲达而达人。能近取譬，可谓仁之方也已。"两章同样有"尧舜其犹病诸"，"博施于民而能济众"即本章之"安百姓"，此系仁之功用。功用可大可小，因人而异，虽尧舜之圣王，亦难免有憾。然其本在修己以敬而里仁。

《尚书·尧典》首章记帝尧之德，以"钦"为首，钦者，敬也，由敬而有"明、文、思、安安，允恭克让"诸德，而天下平。《卫灵公篇》，子曰："无为而治者，其舜也与？恭己正南面而已矣。"舜之恭己正南面，就是"修己以敬"。

《学而篇》，子曰："道千乘之国：敬事而信，节用而爱人，使民以时。"敬为君子治国平天下之第一德。本章指出，修己然后可以至于敬。孔子为政之道，就是修己以敬，简单可行，其功至大。

上一单元记孔子知其不可而为之，以上三章阐明道行于天下之途径：殷高宗之守礼，即实现中兴；因为君子守礼，则民易使，天下安宁。故欲复礼，君子当修己以敬。

14:45 原壤夷俟，子曰："幼而不孫（逊）弟（悌），長而無述焉，老而不死是為賊！"以杖叩其脛。

上章论修己以敬，本章斥责原壤之不敬。

原壤，孔子之朋友，《礼记·檀弓下》记载，母死而歌，盖类于后世庄子之流，自放于礼法之外者。夷，踞也，也即蹲。古人坐、跪，均膝在前着席，足在后。蹲则以足底着地，膝盖高耸，臀部悬垂于后。古人无裤，蹲则易露下体，不敬于人。俟，待也。述，称誉。胫，小腿，此处指踝骨。

原壤蹲踞着等候，夫子斥责说："年轻时不逊顺长者、友爱兄弟，成年之后的作为也不足称道，年纪大了还不死，就是祸害。"以拐杖轻轻敲击其小腿。

原壤见世风日下，愤世嫉俗，乃故作无礼之态。因其为故友，故孔子直率斥责之，语气中有幽默，但对原壤代表之心态有严厉批评。乱世常有愤世嫉俗者，其人知美善，于世间不见美善，乃愤激而放纵，故作惊人之举。其人有良心而无良行，或有批判意义，实无建设之功，甚至推波助澜，如原壤之无礼，实助礼崩乐坏，故孔子斥责之。

又《大戴礼记·曾子立事》曰："少称不弟焉，耻也；壮称无德焉，辱也；老称无礼焉，罪也。"与本章大义相同。

> 14：46　闕黨童子將命。或問之曰："益者與？"子曰："吾見其居於位也，見其與先生並行也。非求益者也，欲速成者也。"

上章记老者之无礼，本章记童子之不敬。

阙党，地名，孔子所居之里。童子，未成年之人。将，犹传也。将命，传命，传递言语。居，坐也。位，成人之位，依礼制，童子侍长者，皆立而不坐。先生，成人。并行，并肩而行。依礼制，童子当随于成人之后，不可并肩而行。

阙党一位少年到孔子家里替人传递言语，有人问："这少年是愿意充实自己的吧？"夫子说："我看到他坐在大人位上，我看见他与大人并肩而行。这少年不是想充实自己的人，而是急于求成的人。"

少年替人传话，进孔子家门，大模大样坐到大人位子上，出门，又与大人并肩而行，可见该少年心中无敬，不循礼仪。孔子断定此少年是急于求成之人，忙碌做事，但缺乏敬意，故不能学习、提升，终难成大器。做事重要，更重要的是以敬做事，用心做事。如此做事，方能有所"益"，于德行和技艺上有所收获。

本章可与《述而篇》之"互乡难与言"章互参：互乡难与言，童子见，门人惑，子曰："与其进也，不与其退也，唯何甚！人洁己以进，与其洁也，不保其往也。"互乡之人难与言，然此童子有上进之心，故孔子与其进；本章阙党童子非求益者，孔子难免忧心。

以上两章记基层社会一老一少两人之不敬、无礼：一为孔子之故旧，一为孔子本里之少年。从诸侯、卿大夫之无道到普通民众之不敬、无礼，可见礼乐崩坏之情势非常严重，可见人之无耻，呼应首章，也呼应次章之"克、伐、怨、欲"。

这两章或有隐喻之义：原壤隐喻旧秩序中在位君子，无礼之甚，孔子斥责之；童子者，孔子养成之新式士君子也，眼见礼崩乐坏，其中或有欲速成者，孔子忧心之。以下三篇，即循此展开。

卫灵公篇第十五

前三篇阐明孔子为政之大纲、次第、伦理，以下三篇记孔子行道之努力。行道不能不借助于在位者，当时在位者由尊而卑为公侯、卿大夫、士，三篇即依此命名。

本篇共四十二章，以卫灵公为例，指出当时在位公侯之无道，以致士君子行道艰难。故全篇主要论述士君子行道所需之知、仁、勇，尤其讨论了士君子辨言之道与以道事君之道。

> 15:1 衞靈公問陳（阵）於孔子，孔子對曰："俎（zǔ）、豆之事，則嘗聞之矣；軍旅之事，未之學也。"明日遂行。

本章揭示，当时在位者缺乏长远考虑，故孔子无以行道。

陈，两军作战之兵阵。俎，四足方形，用以切肉。豆，长足圆形，盛放食物之器。两者为主要礼器。军、旅，均为军队组织单位。

卫灵公向孔子请教行军布阵之法，孔子对答说："关于如何使用俎豆等礼器之仪节，曾听人说过；关于行军布阵之事，没有学过。"第二天就起身离开卫国。

卫灵公在位时间颇长，且有知人善用之明，在当时列国中算有为之君。故孔子几番入卫，寻找行道机会，卫灵公也确曾礼遇孔子。不过，卫灵公终未用孔子，据《史记·孔子世家》，本章事当在孔子与卫灵公最后见面中。

孔子并不认为军队不重要，孔子对子贡论为政，言及"足兵"（《颜渊篇》）。这确系君主应关心者，但卫灵公竟然询问具体如何作战，此为将领在战场上考虑的问题。卫灵公器识不足，不思考治国之道，自难有行道机会，故孔子立刻起身离开卫国。

由本章可见，当行道机会丧失，孔子决不留恋，态度极为决绝。可见孔子之明察秋毫，有情形政治判断力；可见孔子之大仁而勇，见机而作；可见孔子心地之纯正，之周游列国只为行道，别无他求。

本章为劈头揭示，当时相对而言较为有为之卫灵公亦无长远眼光。孔子无法借其行道，而决绝离开，这为士君子树立行藏、出处之典范。

> 15：2　在陳，絕糧，從者病，莫能興。子路慍，見（现）曰："君子亦有窮乎？"子曰："君子固窮，小人窮斯濫矣。"

上章记孔子不得机会行道，本章记孔子在陈绝粮，而不改其志。

陈，国名。兴，起也。见，求见。穷，无路可走。固，固守而不易。滥，溢也，无所约束。

在陈国，粮食供应断绝，随从者病倒了，站不起来。子路有点恼怒，求见夫子说："君子也会走投无路么？"夫子说："君子身处绝境也持守不变；小人走投无路，就会无所不为。"

据《史记·孔子世家》，鲁哀公六年，孔子六十三岁，吴伐陈。楚救陈，且有用孔子之意。陈、蔡大夫恐惧，乃相与发徒役围孔子于野。孔子师徒不得行，绝粮。从者病，莫能兴，而孔子讲诵、弦歌不衰。

此可谓危难之时，性格鲁莽的子路难免"愠"。《学而篇》谓"人不知而不愠，不亦君子乎？"子路所愠者，即人不知也。子路之愠，盖愠于君子下学而上达，而竟有道穷之时，更愠于如孔子之道而竟亦有穷时。子路不知命，故愠。孔子乃对子路阐明君子、小人身处困境之不同反应。

君子志于道，喻于义，故虽身处绝境，仍笃信、好学、守死善道，绝不枉道屈人。《庄子·让王》记孔子对子路之言："君子通于道之谓通，穷于道之谓穷。今丘抱仁义之道，以遭乱世之患，其何穷之为？故内省而不穷于道，临难而不失其德。天寒既至，霜露既降，吾是以知松柏之茂也。陈、蔡之隘，于丘其幸乎！"此即孔子对鲁哀公所说"劫之以众，沮之以兵，见死不更其守"（《礼记·儒行》），孟子所说"故士穷不失义"（《孟子·尽心上》）。至于小人，只"喻于利"，当走投无路时，为求生存，无所不为。正常情势下，君子、小人之别或不甚明显，在此穷途，恰可见君子、小人之别。士人于此时如不能持守，必堕落为小人。

《史记·孔子世家》记孔子与三弟子论君子之穷，与本章相关：

> 孔子知弟子有愠心，乃召子路而问曰："《诗》云'匪兕匪虎，率彼旷野'，吾道非邪？吾何为于此？"子路曰："意者吾未仁邪？人之不我信也。意者吾未知邪？人之不我行也。"孔子曰："有是乎？由，譬使仁者而必信，安有伯夷、叔齐？使知者而必行，安有王子比干？"
>
> 子路出，子贡入见，孔子曰："赐，《诗》云'匪兕匪虎，率彼旷野'，吾道非邪？吾何为于此？"子贡曰："夫子之道至大也，故天下莫能容夫子，夫子盖少贬焉？"孔子曰："赐，良农能稼而不能为穑，良工能巧而不能为顺。君子能修其道，纲而纪之，统而理之，而不能为容。今尔不修尔道而求为容，赐，而志不远矣！"
>
> 子贡出，颜回入见，孔子曰："回，《诗》云'匪兕匪虎，率彼旷野'，吾道非邪？吾何为于此？"颜回曰："夫子之道至大，故天下莫能容。虽然，夫子推而行之，不容何病？不容，然后见君子！夫道之不修也，是吾丑也。夫道既已大修而不用，是有国者之丑也。不容何病？不容，然后见君子！"孔子欣然而笑曰："有是哉颜氏之子！使尔多财，吾为尔宰。"

君子道穷，子路乃自我怀疑，子贡乃求与世相容，唯颜子笃信、守死善道。

在卫，孔子无以行道，乃决绝离开；在陈，乃至绝粮。但在此处境中，孔子"固穷"。士君子于乱世中行道，须有艰难困苦之思想准备，须有"固穷"之志。

> **15：3** 子曰："赐也，女（汝）以予為多學而識（志）之者與（欤）？"對曰："然。非與（欤）？"曰："非也。予一以貫之。"

上章记孔子勉励子路固穷，本章孔子勉励子贡力行。

赐，端木赐，子贡也。

一，壹也，专一。贯，习也，行也。

夫子问子贡："赐啊，你以为我就是个广泛学习并牢记各种知识的人吗？"子贡对答说："是啊。难道不是吗？"夫子说："不是。我致力于践行。"

据《孔子世家》，本段对话同样发生在孔子于陈绝粮时，"子贡色作"，也有愠怒之色，乃有本章之对话。

《里仁篇》同样有"一以贯之"：子曰："参乎！吾道一以贯之。"曾子曰："唯。"子出，门人问曰："何谓也？"曾子曰："夫子之道，忠恕而已矣。"主语是"吾道"，"之"者，孔子之道也，孔子自言其道连贯为一。本章主语为"予"，孔子本人；"之"者，博学而多识也。故两章大义不同。

孔子曾说自己好学，博学于文，多闻、多见、默而识之等（《述而篇》），所谓博学多识也。故乍问之下，子贡率尔曰"然"。但子贡为人聪敏，立刻意识到孔子之问有深意，故又追问，孔子乃断然指出，自己之所为，绝不止博闻多识。一以贯之者，于所学、所知者，予以力行。博学多识，只要自身用力即可；践行先王之道，重建秩序，则需借各种外在条件，难免于"穷"。因为"一以贯之"，才需君子"固穷"。

孔子学以力行，行道天下，不力行，不足以为孔子之学。力行，则不能不有固穷之志。

> 15:4 子曰："由，知德者鲜矣！"

上章记"穷"，穷由于人不知，本章慨叹遇人之难。

由，子路名仲由。

夫子说："仲由啊，知晓德行的人是很少的。"

德者，修道而得于己者，且见之于行。此为双关语，表层含义是，很少有人知晓德行进而养成德行。深层含义是，很少有人能从人群中识别出有德者，并予重用，"德"指"有德者"，有德者常不得其位。两义有相关：不修德者，不知其意味之实，则无以知有德者。

本篇首章记卫灵公不知孔子，孔子行，行而穷，以上三章记之。天下无道而不知德，士君子行道天下，难免于穷。穷，然后见可以君子之德也。

> 15:5 子曰："無為而治者，其舜也與（欤）！夫何為哉？恭己正南面而已矣。"

上章论知德者鲜矣，本章论舜之知德。

治，达到治的状态。夫，那。南面，古代君王朝群臣于朝廷，均坐北面南，此指王位。

夫子说："自己无所作为而实现天下大治的王者，恐怕就是舜吧。他做了什么呢？尽心于自己的职事，端正自己之位，如此而已。"

古圣先王中，孔子最推崇舜，由本章可见。孔子首先赞叹舜乃古往今来唯一做到"无为而治"之王。无为而治，意谓自己不亲自处理各种具体政务。那天下如何大治？董仲舒解释说："尧崩，天下不归尧子丹朱而归舜。舜知不可辟，乃即天子之位。以禹为相，因尧之辅佐，继其统业，是以垂拱无为而天下治。"（《汉书·董仲舒传》）刘向解释说："故王者劳于求人，佚于得贤。舜举众贤在位，垂衣裳，恭己无为，而天下治。"（《新序·杂事四》）舜借助群贤共治，实现天下大治。

孔子说舜"无为而治"，非谓王者一无所为。舜所为者，恭己，正南面。《尚书·尧典》谓帝尧有"钦"、"允恭"之德，钦者，敬也；不懈于位曰恭。尧有此德，舜亦有之。面对自己的职守，舜之精神在敬的状态，身体在恭的状态，尽心尽力地担当。子曰："政者，正也"（《颜渊篇》），"南面"是王者之位，"正南面"谓，舜正己之名，故对群臣"言"顺，"使臣以礼"，群臣"事君以忠"，君臣各得其分，各尽其能，无间协作，天下因此大治。

在孔子看来，舜之伟大正表现在他认识到自己的局限，乐于寻找贤能之人，共享治理权。舜借助天下之贤智治天下，故《礼记·礼运》说："大道之行也，天下为公，选贤与能"，贤能共治是公天下之核心制度安排。《泰伯篇》也记"舜有臣五人而天下治"。

舜是孔子心目中圣王，如此圣王若在南面之位，德能出众的士君子就有行道机会。孔子之感叹有期待、也有批评，并勉励士君子不绝望。

《中庸》孔子谓"仲尼祖述尧舜，宪章文武"，综观《论语》，圣王之中，关于舜的章句最多，除尧舜并称之二"尧舜其犹病诸"章外，《泰伯篇》中，孔子赞叹"舜禹之有天下也，而不与焉"；舜有臣五人而天下治；《颜渊篇》中子夏赞"舜有天下，选于众，举皋陶，不仁者远矣"。孔子对舜之《韶》乐，评价最高。可见在孔门历史叙事中，舜的地位最高，从中可见孔子思想之根本义。《礼记·表记》：

> 子言之曰："后世虽有作者，虞帝弗可及也已矣。君天下，生无私，

死不厚其子。子民如父母，有憯怛之爱，有忠利之教。亲而尊，安而敬，威而爱，富而有礼，惠而能散。其君子尊仁畏义，耻费轻实，忠而不犯，义而顺，文而静，宽而有辨。甫刑曰：'德威惟威，德明惟明'，非虞帝，其孰能如此乎？"

> 15：6 子張問行，子曰："言忠信，行篤敬，雖蠻貊（mò）之邦，行矣；言不忠信，行不篤敬，雖州里，行乎哉？立，則見其參（森）於前也；在輿，則見其倚於衡也。夫然後行。"子張書諸紳。

上章论行道需在上者知德，本章论行道所应具有之品质：忠信。

问行之"行"，达也，通也。笃，厚也。蛮，四裔之人，南方曰蛮。貊，北方狼属之兽，代指北狄。州，古代中层行政管理单位，二千五百家为州。里，古代最小的行政管理单位，二十五家为里。参，森然排列。舆，马车之厢。倚，倚靠。衡，古代车为独辕，辕端置一横木，是为衡，与车厢同宽，衡下置轭驾马。书，书写。绅，古人以带束腰，垂其余以为饰，谓之绅。

子张请教如何行于人世，夫子说："出言则尽心履行、信守不渝，做事则敦厚而专一，即便在南方之蛮地、北方之貊地，依然可以通达。出言而不履行、不守信，做事又不能敦厚专一，即便在自己家乡，能通达吗？站立，仿佛忠信笃敬几个字森然立于前面；在车厢中，仿佛忠信笃敬几个字出现在前方衡木上。做到了这一点，定能通达。"子张把这几个字书写在衣带上。

孔门师徒志在行道天下，频遭挫折，子张难免疑惑：究竟怎样才能顺畅行道？孔子乃教导子张以行道之道：言忠信，行笃敬。言忠信，必得人信赖，行笃敬，可做好任何事情。则可得人信赖、尊敬，哪怕是戎狄蛮夷。此可与《子路篇》"樊迟问仁"章相参：樊迟问仁，子曰："居处恭，执事敬，与人忠。虽之夷狄，不可弃也。"孔子又对子张指出修养法门，即自觉提撕，忠信笃敬常在心中，然后一言一行，自然不离于忠信笃敬。

子张请教孔子，如何通达于人之间，孔子告之以反求诸己。我藏道于身，行道由我，道是否行于天下，看我是否修己以忠信、笃敬。此处可与《颜渊篇》子张问达章相参："夫达也者，质直而好义，察言而观色，虑以下人。在邦必达，在家必达。"质直而好义者，忠信也；察言而观色，虑以下人者，笃敬也。

子张把孔子教诲书写于绅上，孔子之语得以保存。孔子随时教诲弟子，弟子随时笔记，反复体会。弟子所记虽略有差异，但大体不差，今日《论语》，正是众弟子笔记之精编。

> 15:7　子曰："直哉史魚：邦有道，如矢；邦無道，如矢。君子哉蘧伯玉：邦有道，則仕；邦無道，則可卷而懷之。"

上章论行道之品质，本章论行道而辨识机遇之智慧。

史鱼，卫大夫史鳅（qiū），字子鱼。矢，箭，《诗经·小雅·大东》"其直如矢"，古人以为，射出之矢飞行的路线最直。蘧伯玉，卫大夫蘧瑗，字伯玉。卷，收也。

夫子说："正直啊史鱼：邦国有道时，正直如飞行之矢；邦国无道时，同样正直如飞行之矢。真是君子啊蘧伯玉：邦国有道时就出仕，邦国无道时就收起自己，藏道于己身。"

欲行道天下，需行道智慧，孔子通过对比史鱼和蘧伯玉揭示这一智慧。史鱼以正直闻名，《孔子家语·困誓》记载：

> 卫蘧伯玉贤，而灵公不用；弥子瑕不肖，反任之。史鱼骤谏而不从。史鱼病将卒，命其子曰："吾在卫朝，不能进蘧伯玉、退弥子瑕，是吾为臣不能正君也。生而不能正君，则死无以成礼。我死，汝置尸

牖下，于我毕矣。"其子从之。灵公吊焉，怪而问焉，其子以其父言告公。公愕然失容曰："是寡人之过也。"于是，命之殡于客位，进蘧伯玉而用之，退弥子瑕而远之。孔子闻之，曰："古之列谏之者，死则已矣，未有若史鱼死而尸谏，忠感其君者也，可不谓直乎？"

孔子指出，史鱼之正直表现在，不论君王是否有道均秉义而行，无所曲挠。这令人尊敬。

不过，孔子以为，此非最高明，蘧伯玉才是真君子。据《左传》相关记载，蘧伯玉年少时即仕，及见卫献公无道，乃退而不仕；当卿大夫作乱专权时，流亡他国，后辅佐卫灵公。《孔子家语·弟子行》记孔子评论蘧伯玉："外宽而内正，自极于隐括之中。直己而不直人，汲汲于仁，以善自终。盖蘧伯玉之行也。"孔子曾自谓"用之则行，舍之则藏"（《述而篇》），正与蘧伯玉相同。史鱼有忠君之美德，固然可敬。蘧伯玉、孔子则志于道，道在君之上，事君只是行道之一途，故择君而事，而不为某君之人身而死。

本章孔子指出，士君子之志在于行道，出仕事君、为政只为一途，故对出、处当审慎权衡、选择，并相继灵活处理。君若行道，则忠于君；君若不能行道，则可去之，所谓"以道事君，不可则止"（《先进篇》）。为无道之君而死，甚无谓也。此正可见士君子之自主与主体精神：人世之好坏在我，我藏道于身，对于道行天下，比君更重要。

上一单元论君子行道"穷"，以上三章记士君子虽穷而不已，尧舜之治可复，为此，士君子行道以忠信笃敬；虽然，士君子当知世而明智抉择。以下各章多论此智。

15:8 子曰："可與言，而不與之言，失人；不可與言，而與之言，失言。知（智）者不失人，亦不失言。"

上章论事君之抉择，本章论与人交接之智慧。

夫子说："本来是值得与之交流的，却未与之交流，这就错失了有益之人。本来不值得与之交流，却与之交流，这就浪费了自己的言辞。明智者既不错失有益之人，也不浪费自己的言辞。"

言为心声，言辞是人际交流、沟通之主要媒介。君子不以暴力压服别人，也不以利益引诱别人。君子行道天下，主要以言论说，且说服掌握资源的人行道，其是否有入道之意，也以言呈现，故君子行道天下，"知言"是重要技艺。《论语》末句曰"不知言，无以知人也。"有知言之技艺，即可辨析其人是否值得交流、讨论、说服，既不错失对我有益之人，也不浪费时间和情感。

本章点出"智"字，孔子强调，行道者必得有智，明智，判断力，智慧。上章所说蘧伯玉是智者，明察邦国之有道、无道，并果断确定自己之出处。无智者，不足以言行道。

15:9 子曰："志士仁人，無求生以害仁，有殺身以成仁。"

上章论智，本章论行道之勇。

夫子说："志于道者和仁人，永远不会为了保全生命而损害仁，而会为了成就仁而付出生命。"

前几章论行道之智，尤其是"邦无道则卷而怀之"、"舍之则藏"，然则君子贪生、逃避乎？非也，本章正为回应此疑惑，而论行道之勇。

《里仁篇》：子曰："苟志于仁矣，无恶也。"子曰："士志于道，而耻恶衣恶食者，未足与议也。"《述而篇》：子曰："志于道，据于德，依于仁，游于艺。"可见，"志士"即志于道、志于仁之士，"仁人"即志于仁而依于仁之人，两者之义接近。

若生命与仁不可兼得，志士仁人何为？杀身以成仁。志士志于道，仁人依于仁，本为道而生，本居于仁中，其自然生命只是道和仁的承载者，义之所在，宁可为道、仁献出自然生命，这恰恰成全生命本身。同样也是循乎这一生命之道，志士仁人不会为某人、某王朝而牺牲自然生命，道藏于身，以此身行道，故不作无谓牺牲。当然，非常时节罕见，重要的还是平日之修身、立德、为仁。由此而据于德、依于仁，然后在死生关头，庶几不差。

曾子、孟子后来发挥孔子思想，《大戴礼记·曾子制言上》记曾子曰："富以苟，不如贫以誉；生以辱，不如死以荣。辱可避，避之而已矣；及其不可避也，君子视死若归。"《孟子·告子上》曰：

> 孟子曰："鱼，我所欲也；熊掌，亦我所欲也，二者不可得兼，舍鱼而取熊掌者也。生，亦我所欲也；义，亦我所欲也，二者不可得兼，舍生而取义者也。生，亦我所欲，所欲有甚于生者，故不为苟得也；死，亦我所恶，所恶有甚于死者，故患有所不辟也。"

君子行道天下，不能不智，也不能不勇，然君子勇于行者，义也。

15：10 子贡问为仁，子曰："工欲善其事，必先利其器。居是邦也，事其大夫之贤者，友其士之仁者。"

上章论行道之勇，而行道必借助于人，本章论择人之智。

工，工匠。善，动词，做好。利，动词，以砺石磨器具以至锋利。是邦，指这个邦国。事，动词，侍奉。友，动词，结交为友。

子贡请教为仁，夫子说："工匠要做好自己的活儿，需要首先磨利自己的器具。居留在这个邦国，就侍奉这邦国中之贤良大夫，结交这邦国中好仁之士。"

为仁者，行仁者之事也，如行仁政。为仁，不能不与人同行。孔门弟子多为士，故与各国之士为友，仕于大夫之家为臣。孔子说，当选择贤良大夫为君，以好仁之士为友。大夫贤良，容我行道，或可以行仁政；士人好仁，与我相互砥砺，共同行道。士君子选择君、友，始终以行道、为仁为依归。

孔子教诲"无友不如己者"（《学而篇》）；曾子曰"以友辅仁"（《颜渊篇》）；《大戴礼记·曾子制言下》记曾子曰："凡行不义，则吾不事；不仁，则吾不长。奉相仁义，则吾与之聚群；向尔寇盗，则吾与虑。国有道，则突若入焉；国无道，则突若出焉，如此之谓义。"慎其君友之择为智，而可以成仁。

15：11 颜渊問為邦，子曰："行夏之時，乘殷之輅（lù），服周之冕，樂則韶、舞。放鄭聲，遠佞人；鄭聲淫，佞人殆。"

前面数章论行道之智、勇、义，本章论行道之方案。

为，造，立。行，实施。时，历法。辂，车。冕，周人之冠，冠上有覆，前后有旒。《韶》，舜之乐舞。舞，读如武，周之乐舞《大武》。放，放逐，排斥。郑声，郑人之乐声。远，动词，疏远。佞，捷口利辩。殆，惑也。

颜渊请教立邦之道，夫子说："实施夏的历，乘坐殷代的木车，戴周代的冠冕，乐舞用舜的《韶》、周的《武》。排斥郑国之乐声，疏远捷口利辩之人。郑国的乐声过于淫靡，捷口利辩之人迷惑人。"

前几篇中，多位弟子请教孔子为政之道，颜子径直请教孔子以造邦之道，也即为邦国创制立法之道。由此可见，颜子早已超出修复当时社会治理秩序之层面，而有重建秩序之雄心。孔子相信颜子有此能力，乃以举例方式向颜子阐明创制立法之道：因中有所损益。前代已有制度，孔子重建秩序，非闭门造车，悬空想象，而立足历史，考察历代曾经实施之制度的利弊得失，权衡取舍，重新装配，而成一周全制度组合。

此为审慎而谦卑的创制立法之道。创制立法影响无数人的生活，决定邦国之生死兴衰，当高度审慎。立法者须尽己心力创制最好的制度，然而，何为好制度？好制度不能只是理论上的好制度、想象中的好制度，而须为已获历史证明。孔子充分尊重前代圣贤之法度，以之为创制立法之素材。故孔子详尽考察史上已有之种种制度，对比、权衡，做出取舍。可见，孔子之好学是立法者之好学，孔子"好古，敏以求之"（《述而篇》），故于夏礼、殷礼均可言之（《八佾篇》），且知其间之损、益（《为政篇》），从这损益中，孔子体认圣王创制立法之道。本章，孔子只是举例说明而已。其他各方面的制度，均可依此而定。

从孔子取舍中也可见孔子创制立法之取向：三代各有其历法，正月各在不同月份：夏历最早确定正月，殷正在夏历之季冬十二月，周正在夏历之仲冬十一月。夏历最合天道，有利农时。取夏之时，可见孔子立法，顺天应人。殷代车制较为质朴，周代之车多金玉之饰；周之冕较为华贵，然其物小，故华而不靡，虽费而不及奢。可见，孔子于器用选择上遵循适度原则，无过无不及，不奢靡，但也不简陋。于乐，孔子取舜之《韶》、周武王之《武》，《八佾篇》孔子说《韶》"尽美矣，又尽善也"，谓《武》"尽美矣，未尽善也"，但也为三代之盛美者。

孔子又阐明为政之道："放郑声，远佞人"。郑声多言男女之情，《白虎通义·礼乐》记孔子曰："郑声淫何？郑国土地民人，山居谷浴，男女错杂，为郑声以相悦怿，故邪僻声，皆淫色之声也。"此"郑声"与《诗经·郑风》无关。当时，郑声远播天下，孔子以其为淫靡之声，在男女之情上无节制，有害风俗，故排斥之。佞人捷口利辩，以言辞惑人，尤其是在位者，为私利而害公义，故疏远之。可见，孔子为政平实，未言消灭郑声、佞人，这是做不到的；也未言民众不可接触。孔子只是要求君子排斥、疏远之，令其不至于进入宗庙朝堂，成为主流。

士君子欲行道于天下,必有其制度方案。孔子言颜子者,仅举其大端耳,颜子"闻一以知十"(《公冶长篇》)，自可推而广之，而成一邦国之礼乐法度。

由本章可见，孔子之志非复周礼，而在综合三代之良法美意，加以创造，成一代大法。孔子告颜子者，创制立法之常道也：立足历史经验，于"因"中审慎权衡，而加以"损"、"益"，守常而随时。又可见，孔子敬天，兴礼乐而不扰民，重教化而能含容，故立意高而又可行于天下。

颜子在孔门在"德行"之首，最为孔子器重，《论语》关于颜子有十余章之多，多为孔子或同门之赞叹，尤其是《先进篇》连续数章，记孔子对颜子之早夭之悲恸。《子罕篇》"颜渊喟然叹曰"章则记颜子之描摹孔子之圣，最为精当，可见圣贤之相契。而颜子请教孔子者，仅《颜渊篇》"颜渊问仁章"与本章，两章互补而构成儒家思想之大纲：前者论"里仁"，后者论创制。克己复礼为仁，"夫仁者，己欲立而立人，己欲达而达人"，仁民爱物而不能自已，必至于创制立法，力行仁政，而后可以"博施于民而能济众"(《雍也篇》)。孟子曰："徒善不足以为政，徒法不能以自行"(《孟子·离娄上》)。故仁者为政，必重法度。然尚法度而不仁，则必为暴政。故君子治国，以仁为本，以法度为用，然后可以道之以德，齐之以礼，和之以乐，动之以政，辅之以刑，则王道备矣。

> 15：12　子曰："人無遠慮，必有近憂。"

上章论制定行道规划之原理，本章论行道之策略。

夫子说："人若缺乏长远考虑，麻烦定在眼前。"

生命是一连续过程，今日作为决定未来之成败，而时间尺度决定着人之行为策略。若思考问题的时间尺度较长，时间偏好较低，追求较长远目标，注意长远后果，即有节制美德，对未来可能的风险预作防备。若时间尺度较短，时间偏好较高，热衷于当下利益之追逐，其行为必定短期化，对未来风险缺乏防范，则随着时间推移，必定遭遇各种麻烦而无计可施。君子、小人之别也正在此。《左传·襄公二十八年》记子服惠伯曰:"君子有远虑,小人从迩"。

本章一语双关,首先对士君子指出,行道天下是远虑,需付出持久而艰苦的努力。士君子当有充分心理准备,而有长远视野,对未来可能出现的后果预作准备。则不论环境如何恶劣,依旧通达于天下。孔子又批评,当时在位者无远虑,只图解决当下问题,追求当下看得见的短期利益,对长远的健全治理之道没有兴趣,如此短视的治国策略难以有效解决问题。上章孔子告颜子的创制立法之道就是远虑,惜乎在位者不无远虑而不用。

本章可与《子路篇》"子夏为莒父宰"章相参:子夏为莒父宰,问政,子曰:"无欲速,无见小利。欲速,则不达;见小利,则大事不成。"

以上五章论行道之智、勇、义。邦国、天下高度复杂,君子行道,须有智、勇、义三达德,且有远虑,有立法者之技艺。如此可通达无碍,进退自如。

15:13　子曰:"已矣乎!吾未見好德如好色者也。"

上章论在位者无远虑,本章感叹在位者不好德。

夫子说:"罢了,我没见过好德之程度与好色相当的人。"

《子罕篇》已有:子曰:"吾未见好德如好色者也。"本篇再度收入,孔子感叹当时在位者无知人之明,士君子无以行道。"已矣乎"之叹词令本章语气更为沉重。

15:14　子曰:"臧文仲,其竊位者與(欤)!知柳下惠之賢,而不與立也。"

上章感叹在位者不好德,本章举例说明。

臧文仲，鲁之执政卿大夫，臧孙氏，名辰，字仲，谥文。臧孙氏世为鲁司寇。

柳下惠，鲁大夫，展氏，名获，字禽。食邑于柳下，死后谥曰惠。据《微子篇》，柳下惠为士师。

不与之"与"，相与，共同。立，位也。

夫子说："臧文仲啊，恐怕是窃取了官位的人吧！明知柳下惠的贤良，却不给予他位。"

上章，孔子感叹当时在位者不好德，贤能之士君子无机会行道，本章孔子举例说明。臧孙氏是鲁司寇，柳下惠是士师，即司法官，为臧文仲之下属，两人常有交接，故当知柳下惠之贤。《国语·鲁语》也有一段记载：

> 海鸟曰"爰居"，止于路东门之外三日，臧文仲使国人祭之。展禽曰："越哉，臧孙之为政也！夫祀，国之大节也；而节，政之所成也。故慎制祀以为国典。今无故而加典，非政之宜也……"
>
> 是岁也，海多大风，冬暖。文仲闻柳下季之言，曰："信吾过也，季之言不可不法也。"使书以为三策。

臧文仲身为执政大夫，明知柳下惠之贤，始终不给柳下惠以更高的位，孔子据此指斥臧文仲"窃位"，意谓埋没贤良，不称其位。孔子论为政，始终强调"举直错诸枉""举善而教不能"（《为政篇》）"举贤才"（《子路篇》），此系为政者之大德，舜表现最为卓越，而成就天下大治。做不到这一点的为政者就是"窃位者"，此词清楚指出其人不举贤才之原因：私欲。位本为维护和增进共同体福利而设，其人却以之谋取私利，占有己有，此即《颜渊篇》孔子指季氏之"欲"，私欲甚重。故不用贤能，甚至故意压制之，盖担心自己因贤能而失去禄位，所谓"既得之，患失之"（《阳货篇》）。

《泰伯篇》：子曰："巍巍乎！舜禹之有天下也，而不与焉。"盖因圣王无欲故能公天下。当时各国执政者普遍私欲重而无公心，故孔门士君子无从行道。

> 15：15　子曰："躬自厚而薄責於人，則遠怨矣！"

上章论在位者不知士君子，本章论士君子当反求诸己。

躬，身也，自身也。躬自，自己。厚，连下文，厚责也。远，远离。

夫子说："多责求自己而少责求他人，就可远离于怨了。"

责者，有责求、问责、责备等多重相互关联之意。比如不为人知，则如之何？责人，则人必怨我。孔子的教诲是，反求诸己，多责备自己，内自省，反思自己之过错、不足，勇于改正、提升。此处之怨，还有自家之怨。责人本已有怨人之意，责人而人怨，则必怨人。怨怨相生，则不可止矣。厚责于己，人无怨于我；更重要的是，内自省、进德不已而上达。

士君子是自主、自立之人，故能自觉，也能对自己的行为承担全部责任，故厚责于己。厚责于人者，实丧失自主，不能自立，沦为小人矣。孔子树立的典范是，"不怨天，不尤人，下学而上达"（《宪问篇》）。厚责于人者，无以下学而上达。

《颜渊篇》：仲弓问仁，子曰："出门如见大宾，使民如承大祭。已所不欲，勿施于人。在邦无怨，在家无怨。"自我约束则不为人怨，反求诸己则远人之怨。

> 15：16　子曰："不曰'如之何、如之何'者,吾末如之何也已矣。"

上章论厚责于己，本章论思。

末,莫也。

夫子说:"若不反复追问'怎么办、怎么办',我可真的拿他没办法了。"

"如之何、如之何"系事前深思熟虑之情态,反复追问自己,该怎么办呢,该怎么办呢。由此深思,明于事理而有周全方案。无此深思,必仓促行事。

"如之何、如之何"亦为事后内自省之情态,反复地自问,这样做会怎么样,那样做会怎么样。由此内自省,可全面检讨自己之作为,改过而知善。事后若不内自省,也就无以改进、提升。

故"如之何、如之何"就是思,君子、小人之别就在于愿不愿意思、能不能思,思则可以上达,不思必然下达。此系自思,以充分调动自己的德能,与上章形成对比。

15:17　子曰:"羣居終日,言不及義,好行小慧,難矣哉!"

上章论内在省,本章批评不用心者。

好,动词,喜好。

夫子说:"与人共同求学,一天到晚所说的话都不合于义,却喜欢耍小聪明,这样的人难有所成啊。"

此为孔子家塾之戒铭,以警示弟子。《学而篇》首章曰"有朋自远方来",弟子入师门,与同门群居。入师门,即当用心求学,以期有所成就。但有人不够用心,又喜言说。因无根底,其言说必不合于义,说一些不该说,因而对己对人无益之语。有人略有所学,喜欢炫耀,此即"好行小慧"。这两种倾向都由于不虚心、好虚荣。不虚心,学难入于心;好虚荣,学必浅尝辄止。孔子断言,此类人难成大器。不止求学,普通人群中常有此类人。

上章孔子笼统批评不思者,本章所批评者,虽学而不思,非真学者也。

以上五章论士君子虽有淑世之情怀，然在位者不用新兴士君子。在此处境中，士君子不可责备于人，而修其在己，尽心于学，否则，无以言行道。

> 15：18　子曰："君子義以為質，禮以行之，孫（逊）以出之，信以成之。君子哉！"

上章提及言不及义，本章以义开头，论君子之德。

质，体也。三个之，均代指义。孙，逊顺。

夫子说："君子以义为质干，以礼仪践行义，以逊顺的辞气表达义，以信实的心态成就义。这就是君子啊！"

义者，宜也，人所当为者也，《礼记·礼运》说：

> 何谓人情？喜、怒、哀、惧、爱、恶、欲，七者弗学而能。何谓人义？父慈、子孝，兄良、弟弟，夫义、妇听，长惠、幼顺，君仁、臣忠，十者谓之人义。讲信修睦，谓之人利。争夺相杀，谓之人患。故圣人所以治人七情，修十义，讲信修睦，尚辞让，去争夺，舍礼何以治之？

义即人承担伦理、社会、政治角色而所当为者。礼，所以尽其义者也，在具体场景中，以特定仪节，呈现对不同人之义，即为礼。出者，曾子所说之"出辞气"（《泰伯篇》)，对人言语，用词、语气逊顺谦卑。信者，信实也，始终做到礼以行之、逊以出之，即可成就自己之义。

"敬以直内，义以方外"，自身之敬，发而对人、处事，则为义。"君子喻于义"，但义以合宜方式表达，才能传达对人之敬。以礼仪、辞气、信实恰当安排自己身体、行为，则可以尽己之义，而呈现对人之敬，方为真君子，故孔子感叹"君子也"。神教或倾向于悬空言义，君子须"文质彬彬"，故孔子教诲颜子"克己复礼为仁"。

以上诸章论君子有行道之智、勇、义，然不得其位，无以行道。孔子并不气馁而相信，只要有其德、固穷而不懈，君子终必有行道之机会。故由本章"君子也"的感叹起头，纵论君子之品质。

15：19 子曰："君子病無能焉，不病人之不己知也。"

上章论君子，君子以行道为义，本章论君子为人所知之道。

病，犹患也，担心。

夫子说："君子担心是自己没有能力，不担心别人不知己。"

意思相近之语已出现多次。《学而篇》，子曰："不患人之不己知，患不知人也。"《里仁篇》，子曰："不患无位，患所以立；不患莫己知，求为可知也。"《宪问篇》，子曰："不患人之不己知，患其不能也。"

孔子以此反复强调，君子当修其在己，不以他人是否知己为念。君子如此，则掌控自己命运，由自修而上达。君子上达，自可为人所知，得应得之位，而不为人主宰，能以位行道。即便不为人所知，也可"不愠"（《学而篇》）"不怨天、不尤人"，不改其乐。此为士君子于人世行道时保持自主、尊严之道。

15：20 子曰："君子疾沒世而名不稱焉。"

上章论君子修其在己，然君子为行道，亦不能不有名而为人知，本章论之。

疾，嫉也，引以为憾。名，声誉。称，称道。

夫子说："君子以身后无名为人称道为憾。"

"古之学者为己"（《宪问篇》），士君子下学而上达，至一定程度，内笃实则外光辉，必定为人所知，他人承认我有可称道之处，是为"名"。孔子曰："君子去仁，恶乎成名？"（《里仁篇》）孔子所说的"成名"是成就仁者之名。而仁定能为他人所感知。然孔子谓"没世"者，盖于生之时，君子无意于名，下学而上达而已，唯于身后，他人称己之名，则不朽矣。

孔子于本章言"没世"，则名为了死生之大道。神教信神而有来世、神国之类幻象，以为死后之归宿。孔子不求知死，而求知生。人生一世，不过百年，身死之后，与草木同腐，唯名可以长存，故《孝经》曰："修身立道，扬名于后世，以显父母，孝之终也"。君子虽没世而名仍在，则其人"如在"，后人称述，于世道人心有益，此即君子不朽之道。

故孔子之教亦可谓之"名教"，《史记·孔子世家》记，子曰："弗乎弗乎，君子病没世而名不称焉。吾道不行矣，吾何以自见于后世哉？"乃因史记作《春秋》，所以自见于后世也；《春秋》以一字褒贬，正在于以名正天下也。循孔子之教，东汉士人重名，故其风俗醇正。范仲淹谓张载"儒者自有名教可乐，何事于兵"，范氏专门著文《近名论》，谓"人不爱名，则虽有刑法干戈，不可止其恶也"，盖人不重名，则无耻而无所不为矣。

君子有其名，实为善事。行仁者成名，对整个社会是正向激励，有助于改进风俗。从此意义上说，君子当求成名。不过，成名与得位是两回事。成名不意味着得位，孔子与其弟子当时相当有名，但多未得位。君子可以不得位，但不能不成名。成名，则虽不得位，也可在其他领域获得资源而行道。当然，君子不可"为人"，为成名而故意做给人看，此恰足以毁其名。本章重点在"没世"一词，孔子要人深思，死后何以长有名？《大学》亦论君子之为人"没世"不忘：

《诗》云："瞻彼淇澳，菉竹猗猗。有斐君子，如切如磋，如琢如磨。瑟兮僩兮，赫兮喧兮。有斐君子，终不可諠兮！""如切如磋"者，道学也；"如琢如磨"者，自修也；"瑟兮僩兮"者，恂栗也；"赫兮喧兮"者，威仪也；"有斐君子，终不可諠兮"者，道盛德至善，民之不能忘也。《诗》云："於戏前王不忘！"君子贤其贤而亲其亲，小人乐其乐而利其利，此以没世不忘也。

15：21　子曰："君子求諸己，小人求諸人。"

上章论君子当成名，本章论成名在求诸己。

夫子说："君子要求自己，小人要求别人。"

"求"的含义较丰富，有期待、要求、责备等义。君子把握自己命运，凡事自己努力。事若不成，反求诸己，从自己身上找原因，改正、完善自己，由此不断提升。反过来，凡事依赖他人，事若不成，责怪他人，自己必定停滞不前，甚且堕落，而不能掌握自己命运，此即小人。小人是心智不够成熟、无以自主之人。

"民受天地之中以生"（《左传·成公十三年》），子曰："人之生也直"（《雍也篇》），率性而生，自主择处于仁，而立于礼，自然挺立于天地之间，乃至于赞天地之化育，自为大人、君子。君子是自主而喻于义、自立而担责之人，故不仅可以成己，而且可以安人，担当领导之责。求诸人，何以领导人？

后人反复发挥君子求诸己之大义。《中庸》："正己而不求于人，则无怨。"《礼记·射义》："射者，仁之道也。射求正诸己，己正然后发。发而不中，则不怨胜己者，反求诸己而已矣。"《孟子·离娄上》，孟子曰："爱人不亲，反其仁；治人不治，反其智；礼人不答，反其敬。行有不得者，皆反求诸己，其身正而天下归之，《诗》云'永言配命，自求多福'。"

《论语》中有十余章对比君子、小人,以本章与《里仁篇》"君子喻于义,小人喻于利"最为重要,而相互关联:君子喻于义,故能反求诸己;小人喻于利,故必求诸人。君子求诸己,然后可以和而不同,周而不比,成人之美,泰而不骄;君子喻于义而求诸己,故坦荡荡;小人求诸人,必定同而不和,比而不周,无以成人之美,骄而不泰;小人喻于利而求诸人,故长戚戚。

以上三章,文义相足,当连贯而读。君子虽不病人之不己知,然亦疾没世而名不称。然君子所以求者,亦反诸己而已。小人求诸人,故违道干誉,无所不至,实不能成名,《中论·考伪》曰:

> 问者曰:"仲尼恶没世而名不称,又疾伪名。然则将何执?"曰:"是安足怪哉?名者,所以名实也,实立而名从之,非名立而实从之也。故长形立而名之曰长,短形立而名之曰短。非长短之名先立,而长短之形从之也。仲尼之所贵者,名实之名也。贵名乃所以贵实也。

15:22 子曰:"君子矜而不争,群而不党。"

前章论君子成名,本章论君子不争、不党。

矜,矜持自重。党,以私意相与。

夫子说:"君子矜持自重而不与人争,乐于合群而不结党营私。"

"矜"者,有自尊之心、羞耻之感,约束行为合于礼义,以免遭人耻笑,故不与人争。与人争者,常务自尊之心,为利益无所不为,哪怕遭人鄙夷。

君子是有卓越合群品质之人,君子之德指向人之合群。正是借助君子,分散的人合群从事集体行动,而有治理与文明之生发与积累。君子之合群基于公义,而非为私欲。出于私欲而结成之群是"党",党的规模注定有限,君子所合之群的规模可不断扩展,成员密切合作。恰恰因为去除结党之心,君子成就合群之大功。此与"君子周而不比"(《为政篇》)"君子和而不同"(《子路篇》)大义相近。

以上五章论君子之德，重点讨论君子修己以成名之正道。成名，则有为人知而行道之可能。

> 15：23　子曰："君子不以言舉人，不以人廢言。"

矜或争、群或党均可见之于言，本章论待言之道。

夫子说："君子不因其人之言而提拔他，也不因其人品而忽视其言。"

此处君子当指在位者。《宪问篇》，子曰："有德者必有言，有言者不必有德"，故君子不可因人言辞漂亮，就委之以重任，而当于考察其行之德、能。反过来，君子也不能因人品格可能有瑕疵甚至污点，就忽视其建言，其人完全可能在某个具体问题上说出有道理的话，君子听之有益。考察人，当言顾行，行顾言，言行相符，至为重要；尽管如此，言本身也具有独立而重要的价值。

以上"可与言而不与之言"章论知言之重要性，本章与此呼应，揭示言之复杂。此下各章所论多与言有关，讨论知言能力及更广泛的辨析、判断能力。

> 15：24　子貢問曰："有一言而可以終身行之者乎？"子曰："其恕乎：己所不欲，勿施於人。"

上章论言，本章举出可终身践行之言。

子贡请教："有没有一句话可供人终身奉行不渝？"夫子说："那就是

恕吧：自己不欲人施加于己者，不施加于人。"

《雍也篇》孔子谓子贡："夫仁者，己欲立而立人，己欲达而达人。能近取譬，可谓仁之方也已。"能近取譬者，以人待人，推己及人，则可以成就仁之体，"己欲立而立人，己欲达而达人"。孔门以仁为己任，死而后已，子贡问可以终身行之者，孔子告之以恕。由此可见，恕者，行仁之道也。仁为全德，恕可见之于行，当下即行，且可行之终身。《颜渊篇》"仲弓问仁"章同样有"己所不欲，勿施于人"，亦可见其为行仁之道。

仁者，己欲立而立人，己欲达而达人，是所谓以己及人，爱人而成就人，与人共同上达；然爱人，先需敬人，不伤害人，此即本章所说之恕：基于我所不欲者，想象他人所不欲者，反身节制自己。其基础是以人待人，以己推人。我未把他人当成与己相同之人对待，自不可能想象他人之所不欲，忽视他人感受，肆意而为，伤害他人。先对人自我约束，有敬人之意，以礼待之，而后可以立人、达人，即"克己复礼为仁"。《中庸》曰：

> 子曰："道不远人"。人之为道而远人，不可以为道。《诗》云"伐柯伐柯，其则不远"，执柯以伐柯，睨而视之，犹以为远。故君子以人治人，改而止。忠恕，违道不远，施诸己而不愿，亦勿施于人。君子之道四，丘未能一焉：所求乎子以事父，未能也；所求乎臣以事君，未能也；所求乎弟以事兄，未能也；所求乎朋友先施之，未能也。庸德之行，庸言之谨，有所不足，不敢不勉，有余不敢尽；言顾行，行顾言，君子胡不慥慥尔！

"以人治人"就是"能近取譬"，故由己身即可知人之道，由此而有恕，己所不欲，勿施于人。进一步，"为人君，止于仁；为人臣，止于敬；为人子，止于孝；为人父，止于慈；与国人交，止于信"（《大学》)，则庶几乎近于仁矣。

就成己而安人言，"己所不欲，勿施于人"是人人可行之起点，"己欲立而立人，己欲达而达人"是任重而道远之方向，前者是消极的，后者是积极的。前者要人自我约束，使人相互不伤害；后者要人关爱他人，让人相互协助。人各是私人，故需前者，以划清相互间界限；人必定生于群中，故需后者。前者让人保持必要距离，后者让人亲近。前者为敬，后者为爱。敬人、爱人两者相反而相成，系社会构造之两大原则，缺一不可。以敬人为路，终归于爱人。如孔子所说，终身行恕不渝，则天下归仁于己。

神教有爱而无恕，则难免以爱而强制之弊，或者爱此而怨毕。孔子教人，普遍地敬而推仁爱由近及于远。

又，孔子之论仁之体，"夫仁者己欲立而立人，己欲达而达人"，亦出于与子贡之讨论，可见子贡深契于孔子之心。

15：25　子曰："吾之於人也，誰毀誰譽？如有所譽者，其有所試矣。斯民也，三代之所以直道而行也。"

毁誉皆为言，本章阐明，君子当辨之。

毁，诋毁。誉，过誉。试，测试、验证。

夫子说："我对人，可曾诋毁过谁、过誉过谁？我若确对人有所称赏，那也是经过一定考验的。就是依凭这群民，夏、商、周圣王治理之时，道得以原原本本地行于天下。"

毁、誉都是言，孔子公正对待所有人，故无所毁、无所誉。不过，如前章君子"躬自厚而薄责于人"，相比较而言，孔子较少责备别人，而更愿称誉别人，孔子更多看到别人身上美好的一面，以激励人，进人于善，此所谓"与其进也，不与其退也"（《述而篇》），故有时确会对人较多称誉，不过孔子补充说，凡自己称誉之人，其美好一面定有充分表现，故其言不虚。

接下来孔子举例说明,称誉自己生活时代之民众,弟子奇怪,因为当时礼崩乐坏,孔子行道各国,频遭挫折。弟子或许怪罪民众。孔子却不做如是想,相反他说,就是同样的民众,道得以行于三代。孔子意谓,礼崩乐坏,行道遭挫,不是因为民众变坏了,民众未变,民众实为受害者。民之性是上天所赋,"人之生也直"(《雍也篇》),自有向善可能,只要君子顺乎其性而提撕之。道者,成人之道也,至于治之道也,必不外乎人性。故以仁义礼乐治世,则为直道而行。三代王者、君子修己以敬,帅之以正,故直道而行,民知仁义,熏染以礼乐,自然形成良好秩序。今日则在位君子败坏,不能直道而行,故"民无所措手足"(《子路篇》),无从形成良好秩序。

孔子于此指明,士君子绝不可抱怨民众,若社会秩序不好,君子当内自省。前几章对此已有论述,贾谊《新书·大政》曰:

> 王者有易政而无易国,有易吏而无易民。故因是国也而为安,因是民也而为治。故汤以桀之乱氓为治,武王以纣之北卒为强。故民之治乱在于吏,国之安危在于政,故是以明君之于政也,慎之;于吏也,选之,然后国兴也。故君能为善,则吏必能为善矣。吏能为善,则民必能为善矣。故民之不善也,失之者吏也;故民之善者,吏之功也。故吏之不善也,失之者君也;故吏之善者,君之功也。是故君明而吏贤,吏贤而民治矣。故苟上好之,其下必化之,此道之谓也。

本章孔子告诫弟子,不要责怪民众。圣王敬天而保民,顺乎人性而治人。神教常责怪民众不信神,甚至因此而集体惩罚民众。近世诸多思想、政治人物同样责怪民众,有所谓改造"国民性"之说。凡此皆为不敬民,自以为掌握真理而必定强制人,不能内自省而难免胡作非为。不敬民者,不足以为领导者。

15:26 子曰:"吾猶及史之闕文也,有馬者借人乘之,今亡(无)矣夫!"

上章论今之民即三代之民,本章论今日风俗败坏。

史,古代掌管书写、文字的官员。阙,缺也。文,字也。

夫子说:"我还见到过史官留缺的字,也见到过有马者借马给人的事,今天却没有这样的人了。"

史是承担文字工作之官员,记录、保存文书,并确保通用文字正确,《汉书·艺文志》曰:"古制,书必同文,不知则阙,问诸故老。至于衰世,是非无正,人用其私。故孔子曰'吾犹及史之阙文也,今亡矣夫',盖伤其浸不正。"孔子说,他以前见过有史官,碰到自己不确定的字,就留缺,由此可见史官之审慎。君子乘车,必有马。他尚见过这样的事:若有人借马,君子慷慨借与。孔子感叹,今日无此君子矣。

上章孔子说,同样的民,三代所以直道而行也,而今却在乱世。本章孔子指出,之所以如此,因为君子不如从前,普遍败坏,自以为是,多欲贪利,此为社会秩序混乱之源。

阙文、借马尚有隐喻意味:执政君子无知,却假装有知,拒绝新兴士君子之指正。马喻位,执政者自家有马,也即有位,却不愿借给新兴士君子,以造福邦国天下。

15:27 子曰:"巧言亂德。小不忍,則亂大謀。"

上章提及文、言、文相关,本章续论辨言、为言之道。

夫子说:"巧言利口扰乱自己的德行。在小处不忍心,就不能给对方提出正大的建议。"

《学而篇》记孔子曰："巧言令色，鲜矣仁"，本章"巧言乱德"进一步指出，巧言利口妨碍自己德行之提升。巧言，因为不诚，或取媚他人，为利欲而丧失尊严；或文过饰非，不能反求诸己。有此两者，必不能进德。

　　接下来孔子提示巧言何以发生。"忍"意为忍心，狠心，即《八佾篇》首章"是可忍也，孰不可忍也"之"忍"；"谋"意为提供意见、建议。最初的巧言，常因于小处不够狠心，即为情所惑，如亲人做错事，碍于情爱，未明确制止，提出正大之建议。大谋者，正大之建议也，可让人向上成长，而成为大人。无此大谋，其人不知改过，终陷入大不义。

　　本章讨论巧言之两种情形：一种是主动对人巧言，扰乱自身之德；一种是被动对人巧言，败坏对方之德。两种巧言都是惑于欲望、情感，结果则相同：害人而又害己。

　　后人解"忍"为忍耐，其意曰，在小事上不能忍耐，即不能成大事，此非圣人之意。圣人以直为美，不尚忍耐。

> 15∶28　子曰："众恶之，必察焉；众好之，必察焉。"

　　上章斥巧言，本章论察言。

　　夫子说："即便众人厌恶其人，也须详加考察；即便众人喜欢他，也须详加考察。"

　　《子路篇》，子贡问曰："乡人皆好之，何如？"子曰："未可也。""乡人皆恶之，何如？"子曰："未可也。不如乡人之善者好之，其不善者恶之。"本章进一步讨论，君子本人如何独立判断人。众人很可能受欲望、情绪影响，意见偏颇，故君子不可人云亦云，为此须考察其人行为，自主判断。敬人，更是领导者所所需。君子可以公正评断塑造健康向上的舆论，引导社会趋向于善。

以上六章论君子之辨言能力。言是人际交往的主要媒介，君子欲行道天下，不能不知言，知言才能知人、知世、知时，才能于为政、于出处做出正确抉择。

15:29 子曰:"人能弘道，非道弘人。"

能知言、知人，则可弘道，本章论人能弘道。

弘，廓而大之也。

夫子说："人能弘大正道，而不是道弘大人。"

道者，常道也，天有天道，地有地道，人有人道，社会治理亦有其道。道恒在，不因尧舜治天下才有，不因桀纣乱天下而无。道无形而人有体，故道不可能主动充实、弘大任何一个人，故"非道弘人"。

天生人，为万物之灵；道无所不在，唯人心可以知道，唯人可以体道而行道。子曰："志于道，据于德"（《里仁篇》），人志于成人之道而尽心用力焉，得之于己身者即为德，此系人以道弘己。道让人成长，然用力者仍然是人。《中庸》云："苟不至德，至道不凝焉。"人有大德，则道凝于己身，藏道于身，人行于人间天下，则道行于天下，而天下归于道，是即"人能弘道"。

弘者，弘大也。道常在，唯人知之而后可以行之；道者，正路也，人行然后才能知之。尧、舜、禹、汤、文、武、周公圣圣相继，行而不已，成人之道、至于大治之道因之而日益弘大。孔子亦为弘道者，集先圣之大成者，而创立道之学，然后先圣之道可以学、可以传。后人读圣贤书而志于道，亦可以为弘道者。

董仲舒在"天人三策"第一策中鼓励汉武帝说：

> 道者，所繇适于治之路也，仁义礼乐皆其具也。故圣王已没，而子孙长久安宁数百岁，此皆礼乐教化之功也……夫人君莫不欲安存而恶危亡，然而政乱国危者甚众，所任者非其人，而所繇者非其道，是以政日以仆灭也。夫周道衰于幽厉，非道亡也，幽厉不繇也。至于宣王，思昔先王之德，兴滞补弊，明文武之功业，周道粲然复兴。诗人美之而作，上天佑之，为生贤佐，后世称诵，至今不绝。此夙夜不解（懈）行善之所致也。孔子曰"人能弘道，非道弘人"也，故治乱废兴在于己。（《汉书·董仲舒传》）

本章大义是，道恒在，但能否行于天下，取决于人。士君子以弘道为志业，越在乱世，越应如此。无道之世，尤其需要士君子志于道、知道、体道、行道，道才有可能行于天下。

在神教中，神以其律法或命令规范人、充实人。孔子谓，非道弘人，而人能弘道。人之成己安人，实出于自觉于道、自主地知道、自立地行道。故君子自强不息，道因此而弘大不已。

15:30　子曰："過而不改，是謂過矣！"

弘道就是以道矫正人世，故本章论改过。
夫子说："有过而不改正，这就是过啊。"

君子"过，则勿惮改"（《学而篇》），孔子曾感叹："已矣乎，吾未见能见其过而内自讼者也"（《公冶长篇》）。本章孔子进一步说，有过而不内自省，从而不能改过，才是真正的过。人谁无过？身在复杂而动态的社会中，任何人的知识、能力都是有限的，难免有过。重要的是能见其过而内自省，如此则可如颜子"不贰过"（《雍也篇》）。《韩诗外传》卷三记孔子曰：

"过而改之，是不过也。"人有过而不能改，则又增一过。且必定重蹈覆辙，此为品质之过，不可救药矣。

本章当系对当时治国者而言：其治国背道而驰，而不知改过，以致社会秩序日益败坏，难以收拾。孔子告诫治国者知过即改，回归正道。

15：31 子曰："吾嘗終日不食，終夜不寢，以思。無益，不如學也。"

何以改过？学，本章论学。

夫子说："我曾经整天不吃饭，整晚不睡觉，苦苦思索。最终无所增益，不如投入于学。"

子曰："学而不思则罔，思而不学则殆"（《为政篇》），本章更生动地表达了后句大义。若学无根底，缺乏基本知识储备，废寝忘食地思索，徒劳无益，不可能提升生命，只会让人迷狂，自以为是地提出莫名其妙的想法。故孔子说，先学，博学于文，尽可能完整掌握既有知识，而后思考，或可有所得。

神教创始人多苦思冥想者，故妄言神启；孔子则"信而好古"，博学于文，故其道极高明而道中庸。

本章亦对当世执政者言。社会秩序已败坏，《颜渊篇》季康子问政各章描述，执政者也在苦苦寻思解决方案，然其不学，故不知治国之大道。结果只是头疼医头，脚疼医脚，勉强弥缝支撑而已。孔子奉劝治国者，欲求良好秩序，当努力学道，贾谊《新书·修政语上》记商汤之语曰：

汤曰：学圣王之道者，譬其如日；静思而独居，譬其若火。夫舍学圣之道，而静居独思，譬其若去日之明于庭，而就火之光于室也。

然可以小见，而不可以大知。是故，君子贵尚学道，而贱下独思也。

> **15：32** 子曰："君子謀道不謀食。耕也，餒在其中矣；學也，祿在其中矣。君子憂道不憂貧。"

上章论学道，本章论君子谋道。

餒，饿也。

夫子说："君子谋求道而不谋求物质之利。耕田，难免歉收而无粮可吃；学道，爵禄却可以不求而得。所以，君子操心于道，而不担忧贫穷。"

君子何以谋生？这是孔子在本章讨论之问题。有些人为此而直接求物质之利，然而，求利之事均有不确定行和风险，如农人耕田可能遭遇歉收，而无粮可吃。相反，君子学道，有所得而为人知，自可得位，解决生存问题。"禄在其中"意谓，君子不直接追求利禄，却可轻易得到，利禄是君子学道之非意图后果。故学道也可解决生计，结论是：君子忧道不忧贫。

孔门教养之士君子出身贫寒，不能不谋食。孔子从解决生存问题的角度晓之以利害，鼓励士君子谋道、忧道，故本章一波三折。"士志于道"，志则谋之。常态下，谋道确可解决生计问题。盖人行有道，君子明乎道，则可以通达于人之中。即便不得为政之爵禄，也可以通过其他方式谋事，比如子贡之经商，其中有道。

当然，谋道而不得食，抑或有之。然而，谋道固然可能贫，谋食同样可能贫。谋道而贫，尚可"贫而乐"（《学而篇》），谋食而贫，则无可奈何矣。

本章首先谓"谋"道，最后谓"忧"道，前提则是"志于道"。志之则谋之，谋之而不得则忧之，忧道，然后可以弘道。

以上四章论人能弘道，故士君子当学道、谋道。个体生命之提升与社会秩序之良好，均有赖于道，而体道、学道、行道正是士君子之大义所在。

> 15:33 子曰："知（智）及之，仁不能守之，虽得之，必失之。知及之，仁能守之，不莊以涖之，則民不敬。知及之，仁能守之，莊以涖之，動之不以禮，未善也。"

上章论君子学道，学而习之，本章论善治之道。

之，皆指民。庄，庄重。涖，临也。动，动用。

夫子说："智足以得到民众，而仁不足以保住民众，即便得到民众，也必定失去。智足以得到民众，仁足以保住民众，而不能庄重对待他们，民众就不会有敬意。智足以得到民众，仁足以保住民众，也能庄重地对待他们，但不依礼使用民众，也算不得善治。"

本章孔子所说主体，为治理民众之各级君子。

治理民众，先需得到民众认可。得民方式很多，可能是自己结成团体，民众自愿归附，也可能是君位的自然继嗣，也不乏暴力夺取，如"打天下"，或以欺诈夺取。孔子将得众之道归纳为"智"，理智，智谋。

凭智可以得民，未必能保民众。要让民众安于现状，靠得民者之仁。君行仁，民众才会长期生活在其共同体中，《逸周书·武王践阼》记师尚父对周武王言："且臣闻之：以仁得之，以仁守之，其量百世；以不仁得之，以仁守之，其量十世；以不仁得之，以不仁守之，必及其世。"《周易·系辞下》："何以守位，曰仁。"仁君将民众当作与自己完全相同的人对待，敬之、爱之，故行仁政，民众安居乐业，自然"安之"（《季氏篇》）。

君虽行仁政，但君民间自有尊卑之别，而维护社会秩序需要民众对君有足够敬意。故孔子提出，君当临之以庄，孔子曾对季康子说："临之以庄，则敬。"（《为政篇》）庄，需有威仪，赋予君的权威以情感魅力，令君成为秩序的象征，增强凝聚力。

君为共同体提供公共品，不能不动民：或取民之财，或者用民之力。《学而篇》："使民以时。"君子动民当依礼，礼规定民众对共同体之义，且为民众所知、所习惯，民众乐于承担。君子若不依礼，民众必定不满，君的治理也算不得善。

本章孔子阐述得民而安民之道，智、仁、仪、礼各有其用。孔子在此按时间顺序阐明得到治理权并实现良好秩序之次第，通用于各种共同体，不论是一般社会组织，还是天下。治理权之得到多依赖于智，其得到认可有赖于仁，其行使有赖于仪、礼。关键在于从智到仁之转换，不仁，无以有仪、有礼。

15：34　子曰："君子不可小知，而可大受也；小人不可大受，而可小知也。"

上章论君子得民、安民之道，本章言君子、小人德能之别。

夫子说："君子不可能从小事上为人所知，但可以承受大事；小人承担不起大事，却可在小事上知其人。"

此处君子、小人当以位言。小人是器，长于专业事务，其能力于可见。然此能力有特定范围，而大事涉及范围广泛，需承担者有复杂技艺、卓越德行，超出小人专业技能之范围。"君子不器"（《为政篇》），君子超越功能特定而局限的器，有更抽象、普遍之德、能，故可承担大事，此处大事，当指社会治理，相反，于小事上倒未必专精。

上章所说智、仁、仪、礼，为小人难以具备而君子恰好具备。小人承担各门专业事务，君子发挥领导协调作用，两者分工合作，各尽其能，共同体既有活力，又有秩序。

> **15:35** 子曰："民之於仁也，甚於水火。水火，吾見蹈而死者矣，未見蹈仁而死者也。"

上章论君子可以大受，君子之大在其仁，本章论仁于生命之重要性。

蹈，践也，踩入。

夫子说："民众之对仁的需求，更甚于水与火。但我见过民众因为水、火而死亡的，还没见过民众因为践履仁而死亡的。"

水火系民众生活所必需，而于人而言，仁更紧要。仁者，人之道也，志于仁，则人可成长为真正的人，互敬、互爱。没有这些，人就不能生存一刻，即便活着也无意义。而在人所必需的三要素中，仁全无风险：人需水，但可能溺亡于水中。人需火，火灾可能造成巨大损失；至于仁，却只有好处，而无一丝一毫风险、坏处。既然如此，人当"仁以为己任"（《泰伯篇》），全身心地求仁，"里仁为美"（《里仁篇》），"依于仁"（《述而篇》）。

归根到底，水火虽为人所需，但在人之外，人取之而后可以得之，取则有不确定和风险；仁内在于人，为人所固有，不待外求，"我欲仁，斯仁至焉"，故无任何不确定与风险。故仁为人之安宅，舍仁而生者，不智也。

> **15:36** 子曰："當仁，不讓於師。"

上章论仁之重要，本章论勇于行仁。

当，值也，碰到。

夫子说："碰到为仁的机会，不必谦让自己的老师。"

依礼，师在，弟子做事，当请师而后行。然而，碰到为仁的机会，弟子不必谦让老师，而可勇于行仁，此即"见义勇为"。老师所教弟子、所期望于弟子者，行仁而已，弟子勇于行仁，正是对老师的礼敬。

实际上，当仁，不仅不让于师，也不让于君。楚大夫子反奉君命取宋，而宋发生饥荒，乃临机决定接受宋提议之和平协定。《春秋繁露·竹林》评论说："今子反往视宋，闻人相食，大惊而哀之，不意之至于此也，是以心骇目动而违常礼。礼者，庶于仁文、质而成体者也。今使人相食，大失其仁，安著其礼？方救其质，奚恤其文？"故《春秋》书而美之。此即当仁，不让于君。

以上三章阐明，仁于人最为根本，欲成就君子，即当志于仁，勇于行仁。

15：37 子曰："君子贞而不谅。"

上章论仁与礼的关系，本章论正与信之关系。

贞，正而固。谅，信也。

夫子说："君子持守正道而不拘泥于小信。"

信为一大德行，故"主忠信"（《学而篇》）。做出承诺，即当履行，此为信，"人而无信，不知其可也"（《为政篇》）。尽管如此，信者，信于仁义也，信之德旨在行仁尽义。本章指出，君子以持守正道为志业，"贞"多见于《周易》，不仅正，而且坚固。君子持守为人、处世之正道而不动摇，信已在其中，但比信更宽更高。孔子以管仲保卫华夏文明，即为贞，正因此贞，才有"匹夫匹妇之为谅也"（《宪问篇》）。

孟子曰："大人者，言不必信，行不必果，惟义所在。"（《孟子·离娄》），此言微有瑕疵，不如有子曰"信近于义，言可复也"（《学而篇》）更周全，君子与人约信，即以义审衡之，自可以守信。

本章孔子当有所指：士君子为行道而难免事君，君臣订立契约，士君子当"主忠信"。但君若无行道之心，谏而不从，则可以去之。此固不守君臣之信，但合于行道之大义。士君子已立之于先，宁弃爵禄而不枉道，此即贞，正可见君子之信于道也。

15:38 子曰："事君，敬其事而後其食。"

上章论士君子事君为行道，本章续论士君子事君之道。

后，动词，置之于后。食，食禄。

夫子说："侍奉君，敬于对君之职事，而置君赐之俸禄于后。"

士君子为人之臣，自有俸禄，即当敬于职事。敬者，认真对待，竭尽心力以担当。此即"忠"，此为人臣之义。孔子论儒者之行，谓其"先劳而后禄"（《礼记·儒行》），《孔丛子·记义》记孔子读《诗》，"于《伐檀》，见贤者之先事后食也"，《雍也篇》孔子对樊迟所言"仁者先难而后获"，意思均相近。此为士君子事君之大义。若不敬其事，尸位素餐，即为不义。

本章与上章相互补充。君使臣以礼，士君子主忠信；君背道，士君子相机行事。相对于君，士君子始终自主而自立。士君子以行道为志业，事君只是一途。

15:39 子曰："有教無類。"

上章论士君子事君之原则，本章论士君子当教君以道。

有，虚字。类，类别。

夫子说："教导所有人，不设类别限制。"

人各有其类，如贵贱、贫富、智愚、美丑、远近等之别。孔子之前有教，比如乐教，帝舜命夔"典乐，教胄子"(《尚书·舜典》)，"胄子"者，君子之长子也，只有君子之子弟可以学，其教有类。孔子兴学，于学者无任何类别限制，完全开放，哪怕地位卑贱之庶民，只要有学之诚意与资质，孔子均接纳而教之："自行束修以上，吾未尝无诲焉"(《述而篇》)。孔子以其学助推人际平等。

从学者角度看，孔子之道是提升之大道，人人可学。故孔子之道开放给天下所有人，人只要学，定有所得，其生命必有提升。不学，则无以为成人，无以为君子。

联系上章，孔子亦欲令士君子承担起教养君王之重任。士君子所教之对象，不分贵贱、尊卑、上下，自当包括君。士君子虽为臣，然其为学而知道，理应当仁不让，教君以道，致君行道。这是对君最大的忠。也正是这一点把士君子与普通的士区别开来，把"大臣"与"具臣"区别开来，此即"以道事君"(《先进篇》)。孟子后来特别强调，士君子以其德为王者师(见《孟子·万章下》)。士君子之首要责任正是教育君；经士君子之教，掌握政治权力者可归于正道，助生良好社会秩序。

15:40 子曰："道不同，不相為謀。"

上章论事君以道，本章论君不行道则去之。

夫子说："若与己之道不同，不必为之出谋。"

谋者，提供建议、意见也。天下之大，人各有其道。孔子说，他人若与己之道不同，即不必与之相谋。也就仅此而已，孔子不主张讨伐他人之道，"各从其志"(《史记·伯夷列传》)，人各行其道可矣。

具体而言，本章指明士君子以道事君之道。士君子行道于天下，与各种各样的人打交道，包括臣事于各种各样的君。对士君子言，事君旨在行道，士君子为君所谋者，也是行道。若君不认同其道，士君子不必为其出谋效忠，自可去之，另寻行道机会。决绝而去，不违君臣之义；苟且迁延，反见利禄之欲。

15：41 子曰："辭，達而已矣。"

士君子事君行道，必借助于言辞，本章论之。
夫子说："言辞，能其达义即可。"

群体生活的纽带是言辞，言辞传递有意义的信息，故言辞之善在于达义，合宜地对他人传达己之心志。《仪礼·聘礼》之记曰："辞多则史，少则不达。辞，苟足以达，义之至也。"达者，无过、无不及也。不达，不足以传达自己心志；巧言，则不仁。辞，莫贵乎达，亦莫难乎达。

联系前几章，本章指示士君子以行道之言说原则。士君子求位，得位事君，致君入道，无不借助言辞。无言辞技艺，不足以达义，即无从得君行道。然士君子以行道为志业，则不必巧言，亦不可巧言。巧言或可讨君喜欢而得位，但由此构建的君臣关系将无行道之空间。士君子与君相言，辞达而已矣；如此而仍不相得，则去之可矣，不可巧言以求之。

15：42 師冕見（现）。及階，子曰："階也。"及席，子曰："席也。"皆坐，子告之曰："某在斯，某在斯。"師冕出，子張問曰："與師言之道與（欤）？"子曰："然，固相（xiàng）師之道也。"

前数章论士君子事君之道，本章以引导盲人比喻相君。
师，乐师，古代乐师皆用瞽，即盲人。冕，乐师之名。相，导也。

师冕拜见孔子。到台阶前，夫子说："到台阶了。"到室内席上，夫子说："现在是席了。"大家都坐下，夫子告诉师冕说："某某在这个位置，某某在那个位置。"师冕出去后，子张请教："这就是与乐师说话之道吗？"夫子说："是的，这确实是引导盲人乐师之道。"

师冕来见孔子，入门后，孔子即细心引导，圣人之仁于此自然呈现，有不能自已者。盖孔子以己及人，体其意之所欲知而告之，一本于诚敬而已，不假思索，不为造作。

本章为一隐喻。本篇论士君子致君行道之方，开篇即记卫灵公之不明道。本章隐喻卫灵公等当时在位之国君、执政者即盲目者，不明邦国方向，不知治国大道。孔子自比为"相"，也希望自己养成之新兴士君子为"相"，悉心引导盲目的在位者入于治理之大道。而执政者既然盲目，士君子即当不厌其烦，一步步引导之。

此前两单元先论人能弘道，次论士君子当仁不让，生于礼崩乐坏时代，士君子当起而行道，得位、事君是行道之一途，以上六章论士君子以道事君、行道天下之基本原则。

末章孔子展示"相"盲人之道，下篇首章孔子期待弟子"相"季康子，其意相承。

季氏篇第十六

上篇冠以诸侯之名，本篇冠以鲁卿大夫之名，故次于上篇。

共十四章，与《八佾篇》宗旨相近，明确指出专权之卿大夫是礼治秩序之最主要破坏者，故孔子虽教之以改进之道，但终不可期待，故孔子转而兴学，以养成士君子，为重建新秩序之主体。

16:1 季氏將伐顓（zhuān）臾，冉有、季路見於孔子曰："季氏將有事於顓臾。"孔子曰："求，無乃爾是過與（欤）？夫顓臾，昔者先王以為東蒙主，且在邦域之中矣，是社稷之臣也，何以伐為？"冉有曰："夫子欲之。吾二臣者，皆不欲也。"孔子曰："求，周任有言曰：'陳力就列，不能者止。'危而不持，顛而不扶，則將焉用彼相矣？且爾言過矣：虎兕出於柙，龜玉毀於櫝（dú）中，是誰之過與（欤）？"冉有曰："今夫顓臾，固而近於費；今不取，後世必為子孫憂。"孔子曰："求，君子疾夫舍曰欲之，而必為之辭。丘也聞：有國有家者，不患貧而患不均，不患寡而患不安。蓋均無貧，和無寡，安無傾。夫如是，故遠人不服，則脩文德以來之。既來之，則安之。今由與求也，相夫子，遠人不服而不能來也；邦分崩離析，而不能守也；而謀動干戈於邦內。吾恐季孫之憂不在顓臾，而在蕭牆之內也！"

本章孔子论士君子臣事大夫之责任及治国之大道。

季氏，指鲁专权之卿大夫季康子。颛臾，邦名，鲁侯之附庸，在今山东平邑县境内，实为独立之诸侯国，然以国小，不通于周王，而附于鲁侯，是即"附庸"。事，《左传·成公十三年》曰"国之大事，在祀与戎"，此指用兵。东蒙，山名，即蒙山，在鲁之东，故鲁人称为东蒙。主，主祭。先王封颛臾于东蒙山下，使主其祭。邦，邦国。域，疆域。社稷，指公室。周任，古之史官。陈，布也。就，即也，就位。列，位也。相，瞽者之相也。兕，犀牛，古代中原气温高，有犀牛。柙，槛也。龟，用以占卜之龟壳。椟，匮也，盒子。固，城郭完整坚固。费，季氏之私邑。疾，恶也，厌恶。舍，隐藏。国，诸侯之国。家，卿大夫之家。远人，远方异邦之人。来，吸引。干，盾牌。戈，戟也。萧墙，即照壁。

季康子准备征伐鲁侯之附庸颛臾，冉有与子路一起见孔子说："季氏准备对颛臾用兵。"

孔子说："冉求，你不该被责备吗？那个附庸，以前，先王指派他承担蒙山的祭祀；而且就在鲁侯疆域之内，是鲁侯之臣。凭什么要征伐他呢？"

冉有说："是季康子要这么做，我们两个为臣的都不想这样。"

孔子说："冉求，古代的史官周任有这样一句话：'能够贡献能力，才接受职位。承担不了职位，就放弃它。'身为盲人的向导，看到盲人将入险地而不去保护，将要摔倒而不去搀扶，要这个向导干什么？而且，你的话是不对的。猛虎、犀牛从笼中逃逸，贵重的龟壳和玉器在盒中毁坏，这是谁的过错呢？"

冉有说："这个颛臾嘛，城墙坚固，离季氏的费邑较近。如果今天不拿下它，后世必定成为子孙的祸患。"

孔子说："冉求，君子就是厌恶这种隐藏自己之贪欲却费心为之另找说辞的做法。我听过这样一段话：治理邦国、治理家室之人，不担心民众贫穷而担心分配不均衡，不担心人口寡少而担心人心不安。只要分配均衡，就不会有人贫穷；只要人际谐和，就不会觉得人口寡少；只要人心安宁，就不会倾覆。确实做到了这些，而异邦之人还不顺服，那就修葺文德，以招徕他们。归附之后,就让他们安心。而今,仲由和冉求你们两人辅佐季氏,异邦之人不顺服,你们没有能力招徕他们;邦国正在分崩离析,你们没有能力守护;相反,你们却筹划在邦国之内发动战争。我怀疑,季孙氏所担忧的不是颛臾,而是萧墙之内的鲁侯啊。"

本章篇幅较长,可分两节。上节,孔子对冉求、子路两人论述士君子事君之大义。

季氏欲伐颛臾,冉有、子路为季氏家臣,孔子对其指出颛臾不可伐之理由:第一,颛臾为周之先王所封,其地位为礼法所保障;第二,颛臾在鲁侯疆域内,为鲁侯之臣,据此,颛臾若有罪,当由鲁侯惩罚,无关乎季氏。季氏伐之,实为僭越,破坏礼治秩序。两位弟子乃指出,季氏欲伐颛臾,他们作为臣也无办法。孔子向两位弟子阐明士君子事君之道。

孔子用三个比喻:第一,承接上篇末章,君相当于盲人,士君子是"相",向导。君受欲望控制而不明道,士君子当引君入道。君若有过,士君子当谏诤。第二,君相当于猛虎、犀牛,凶猛而有力量,对社会治理是必要而重要的,但须控制在笼子内,按法度发挥作用,若冲出笼子,定会伤人。士君子之责正在关君入笼子,在法度轨道内用其力量。第三,君类似于龟壳和玉器,对社会治理来说是宝贵的,离开君就没有秩序,士君子就是这些宝物之守护者。

通过这三个比喻,孔子全面而深刻地揭示了君之性质及士君子之责任:君居于政治结构顶端,有巨大力量,其权威、力量对于维护秩序十分宝贵而重要。但君经常是盲目的,士君子的功能就是守护此权威又约束之、引导之,使之摆脱私欲,服务于邦国之公共利益。士君子若不发挥此作用,这个力量就会成为秩序的最大破坏者。优良社会治理秩序之生成和维护,以两者各尽其义为前提。

孔子据此批评冉有、子路未能尽责任。可见孔子对当时卿大夫已不抱希望,他们被欲望控制,优良治理之实现实有赖于学道之士君子。归根到底,唯有归道，才能达于优良秩序。

下节，孔子完整阐述治国平天下之道。首先需说明，"丘也闻"后一句，通行本作"不患寡而患不均，不患贫而患不安"，令人费解。《春秋繁露·度制》所引与此不同：

> 孔子曰："不患贫而患不均。"故有所积重，则有所空虚矣。大富则骄，大贫则忧。忧则为盗，骄则为暴，此众人之情也。圣者则于众人之情，见乱之所从生，故其制人道而差上下也：使富者足以示贵而不至于骄，贫者足以养生而不至于忧。以此为度而调均之，是以财不匮而上下相安，故易治也。今世弃其度制，而各从其欲。欲无所穷，而欲得自恣，其势无极。大人病不足于上，而小民羸瘠于下。则富者愈贪利而不肯为义，贫者日犯禁而不可得止。是世之所以难治也。

可见，此句汉初尚作"不患贫而患不均"，后一句自为"不患寡而患不安"，传世本有误。董子已说明"不患贫而患不均"的含义："贫"指财富匮乏，均非绝对平均，而是调均、均衡，其中最为重要的是，采取恰当措施，最贫穷者足以养生。社会治理者不必担心财富匮乏，而应担心财富分布是否均衡，为此不能不进行必要的财富再分配。"寡"指人口寡少，治理者不必担心人口寡少，真正值得关心的是，人心是否安定。

接下来，孔子提出几个描述共同体状况的重要的词，阐明达致优良秩序之道：财富调均，则不会有人因过分贫困而不足以养生；人际可处于和的状态，愿共同生活在一起。共同体有凝聚力，也就有力量，即不必担心人口寡少，"民和而神降之福，故动则有成"（《左传·桓公六年》）。人心安定，共同体就不会倾覆。孔子认为，调均财富，塑造信赖，安定人心，此系社会治理者之三项主要职责。"贫"和"寡"关乎物之量，"均""和""安"描述人心与人际关系，治国者不应过于关心物，而应关心人，关心财富在人际之分布，人际关系之协调，人心之安宁。

治理者做到这些，即可维系优良秩序。孔子接下来阐明对待"远人"之道：若能在自己共同体内维持良好秩序，远方之人包括异邦之人，乃至蛮夷，必自愿归附，此即《子路篇》之"近者说，远者来"。远人也可能不顺服，那也不可动用武力，而应修茸文德，以招徕之。《尚书·大禹谟》记禹伐三苗而不利，舜"乃诞敷文德，舞干羽于两阶，七旬，有苗格"。"文德"就是文明，服章、乐舞、礼仪、宝货等文明的生活方式，此为人人所向往者，治理者可以此招徕远人。一旦远人来归，则当令其安心生活。归根到底，人人安心、安定，社会秩序即在良好状态。孔子之治道，通于远近、内外。

据此，孔子批评两位弟子：辅佐季氏，不能以文德招徕远人即颛臾，而以武力征伐之；邦国正在分崩离析，即三家瓜分公室之田邑，反而助纣为虐，图谋征伐鲁侯之臣颛臾，进一步削弱鲁侯权威。此处，孔子站在鲁侯立场上立论。孔子最后明确指出，季氏伐颛臾正是瞄准鲁侯，旨在削弱鲁侯权威，此非孔子所不愿见者，浙江导致鲁国礼治秩序将彻底崩塌。以下将会论及。

本章为首章，清楚指出卿大夫是礼治之主要破坏者，也揭明士君子对此无可奈何的困境，以至于治国平天下之大道无以落实。同时有阐明士君子对道行于天下之重任。至于其中阐明的治国平天下之大道，万万世不易之大法。

> 16：2　孔子曰："天下有道，則禮樂征伐自天子出；天下無道，則禮樂征伐自諸侯出。自諸侯出，蓋十世希不失矣；自大夫出，五世希不失矣；陪臣執國命，三世希不失矣。天下有道，則政不在大夫。天下有道，則庶人不議。"

上章揭示卿大夫专权之现象，本章阐明其形成并演化之过程。

天子，指周王。世，一代人的时间。希，少也。失，丧失。陪，重也，陪臣，指大夫之家臣。大夫为诸侯之臣，故家臣为诸侯之臣之臣。国，邦国。命，用于政务之策命。

孔子说："天下有道，制礼作乐、用兵征伐之事由周天子决定；天下无道，制礼作乐和用兵征伐之事由诸侯决定。诸侯决定这些大事，大约相传十代，就很少有不丧失权威的。大夫决定这些大事，相传五代就很少有不丧失权威的。至于家臣执掌邦国之政，相传三代就很少有不丧失权威的。天下若有道，政治权威就不在大夫之手。天下若有道，庶人就不会议论纷纷。"

本章分三节，阐明封建制下权威下移之趋势及其后果。

第一节论封建治理秩序演变之大势：权威下移。此为封建制自身机理所决定。封建秩序由君臣链条连结而成，在上之君的权威实取决于在下之臣的忠顺，而臣亦有独立权威，故忠顺逐渐弱化。同时，君臣链条是断裂的：臣之臣不是自己的臣，如大夫为诸侯之臣，不直接效忠于周王。这两个原则导致封建秩序内在地具有离散倾向。

首先丧失权威的是周王。当西周盛世，周王确有较大权威，制礼作乐，且用于各国；征召各国诸侯，征伐不顺服者或蛮夷戎狄，此即"天下有道"，盖谓礼乐通行于天下且有人维护也。但周王权威有赖于诸侯顺服，逐渐弱化。尤其西周晚期，厉王、幽王不守礼法，诸侯亦不守礼法，致厉王被废，幽王为犬戎所杀，平王东迁。此后，诸侯不再朝会，周室权威削弱。诸侯自作礼乐，专行征伐，大国实力在周室之上，齐桓公、晋文公之类侯伯可号令诸侯。此即孔子所说"无道"状态，盖谓诸侯虽违背礼乐，而无人可以惩罚矣，故礼乐逐渐崩坏。

第二节论权威落在不同层级，保持时间长短不一。

诸侯逞强时期，大约维持十代。若按鲁之世系，起自隐公、桓公，《春秋》始于此，至于昭公，被迫流亡在外。其他各国，与此类似。

诸侯相争，不能不依赖大夫之力量，故诸侯专权时，大夫势力即在各国崛起，逐渐地，瓜分公室，专擅国政。大约从鲁僖公、文公以下，鲁即进入三桓专权时代，鲁侯权威大幅削弱。各国情况类似。孔子指出，卿大夫专权局面差不多也就维持五代。以季氏为例，季文子初得政，经过武子、悼子、平子，到桓子，其权威同样受到巨大威胁。

威胁卿大夫权威者是其家臣，即"陪臣"，如下篇将会提及之阳虎（阳货）、公山弗扰、佛肸等人。他们管理卿大夫之家室，或为其所属之邑之宰，权力不断扩大。孔子谓其"执国命"，盖因卿大夫已专擅国政，士人乃借助卿大夫之权执邦国之政。孔子同时指出，此类家臣中颇有人试图削弱卿大夫，张大公室，《左传·昭公十四年》记南蒯据季氏之费邑而叛，即有张公室之志。不过，这些陪臣的权威不能超过三代。

以上，孔子指出周代历史演进之两大趋势：权威持续下移；愈下移，权威保持时间愈短促。原因在于，权威每一次下移，均因礼治之松动，反过来又加剧礼治之崩塌，故权威维系期日益短促。

第三节阐明天下有道之状态。

上一节，孔子未提及礼乐征伐自天子出可维持多长时间，因为，天下有道，自可长久保持权威。孔子在本节即论述天下有道之政治后果。

首先，治理权在天子、诸侯之手，不在大夫之手。诸侯是治理邦国的主体，王是治理天下的主体。维护普遍礼治秩序，有赖于王之权威。保证各邦国之有效治理，有赖于诸侯之权威。这两者构成有效的多中心治理秩序，即富有活力的天下秩序。大夫专权，权威必定私人化，无益于公共利益。故孔子认为，天子和诸侯分享治理权，可见政制有道，而天子专权或天子无权都导致无道：天子专断，抑制天下之活力；天下无权，无以维持普遍的和平秩序。天下有道存在于两者之平衡中。

天下有道的第二个政治后果是，庶人不议论国政。天下有道之基本内涵是，选贤与能，德位相应，君子发挥治理功能；君子、庶人分工合作，庶人勤于农、工、商等生计。在此秩序中，庶人正常生活、交易，用不着议论国政。庶人议论国政必发生于秩序混乱时，《史记·周本纪》记周厉王在位，"王行暴虐侈傲，国人谤王"，此即庶人议政。周厉王不听大臣谏诤，国人"乃相与畔，袭厉王"。正是王之无道迫使庶人议政，且以暴力方式参与政治。

孔子当然无意阻止庶人议政，《诗经·大雅·板》云"先民有言，询于刍荛"，刍荛者，取薪柴之庶人也。孔子意谓，君子有治理之责，当尽心尽力，维护良好秩序，庶人在其中各执其业，两者分工合作，各得其所。君子无道，庶人议政，社会分工合作结构瓦解，人人不得其所。

孔子开办教育，养成庶人为士君子，正为打通庶人执政、行道之途，若庶人已有代表执政，庶人自然不议。修身、齐家即是治理，治理远大于政治。庶人皆为治理主体，不必是政治主体。为政需相应之德与能，庶人为政而求治者，未之有也。

> 16∶3　孔子曰："禄之去公室，五世矣。政逮於大夫，四世矣。故夫三桓之子孙微矣。"

上章论大夫专权之形成过程，本章论其衰微之势。

禄，爵禄，指分赐爵禄之权。去，离开。公，公侯。逮，及也。夫，代词，那。

孔子说："赏赐爵禄之权离开公侯之手，已有五代了。邦国政事落在大夫之手，已有四代了。所以，那三桓的子孙现在也衰微了。"

上章孔子分析封建制下权威下移之大势，本章具体讨论鲁国治理结构演变之趋势。自鲁文公薨，公子遂杀子赤，立宣公，而公侯失其政权，主要是分赐爵禄之权，而出现所谓"世卿"。本来，卿由公侯从大夫中遴选策命，而今落入三桓家中世袭。这种局面，经成公、襄公、昭公，到孔子时代的定公，共五代。

至于三桓专权，始于季武子，经历悼子、平子，到孔子时代的桓子，共四世，而为家臣阳虎所因。孔子据此趋势断定，曾专擅鲁国之政的三桓已走下坡路。

以上两章，孔子揭示卿大夫专权之由来并预测其结局，可见专权之卿大夫实为礼治秩序之主要破坏者，而正在衰败。故士君子恢复礼治秩序之努力，不应，也不必借助他们。

16·4 孔子曰："益者三友，损者三友：友直，友谅，友多闻，益矣；友便（pián）辟（避），友善柔，友便佞，损矣。"

前两章论政治秩序演变之大势，本章论为君者交友之道。

谅，守信。便辟，谄媚奉承之貌。善柔，善于柔顺，假装恭维之貌。便佞，捷口利辩之貌。

孔子说："有益的朋友有三种，有害的朋友也有三种：结交直率者为友，结交守信者为友，结交见多识广者为友，这是有益的；结交谄媚奉承者为友，结交虚情假意者为友，结交捷口利辩者为友，这是有害的。"

本章孔子论交友之道，分朋友为两大类：有益者，有害者。有益的朋友有三种：直率的朋友，随时指出自己过失，"忠告而善道"（《颜渊篇》）；守信的朋友，值得信赖；见多识广的朋友，有助于自己增加知识、拓展视野。有害的朋友也有三类，与有益者正好相反：工于媚悦，虚情假意，与"直"相反；表面谄媚奉承，实不可靠，与"谅"相反；夸夸其谈，道听途说，与"多闻"相反。子曰："巧言、令色、足恭，左丘明耻之，丘亦耻之"（《公冶长篇》），便辟就是足恭，善柔就是令色，巧言就是便佞。

曾子曰"以友辅仁"（《颜渊篇》），孔子告子贡曰："工欲善其事，必先利其器。居是邦也，事其大夫之贤者，友其士之仁者。"（《卫灵公篇》）。故孔子主张，朋友间当"切切、偲偲"（《子路篇》），择友当慎重："无友不如己者"(《学而篇》)。结交品质较好之士，自己的生命可以提升；交接品质不好之人，自己的品质必随之下降。曾子曰：

> 与君子游，苾乎如入兰芷之室，久而不闻，则与之化矣；与小人游，贷乎如入鲍鱼之次，则与之化矣；是故，君子慎其所去就。与君子游，如长日加益而不自知也；与小人游，如履薄冰，每履而下，几何而不陷乎哉？（《大戴礼记·曾子疾病》）

联系前两章，本章论交友之主体当为在位君子，即诸侯，尤其是卿大夫。封建时代，君臣有尊卑之别，又有朋友之义，如《诗经·小雅·常棣》云："丧乱既平，既安且宁。虽有兄弟，不如友生"；《伐木》云："嘤其鸣矣，求其友声"，此处之友均为文王之臣。孔子告诫在位之君，欲有所作为，即当明智择友，以新兴士君子为臣、为友。唯其如此，其为政才能走上正道。

16:5 孔子曰："益者三樂，損者三樂：樂節禮樂，樂道人之善，樂多賢友，益矣；樂驕樂，樂佚遊，樂宴樂，損矣。"

上章论交友之损益，本章论乐事之损益。

节，动词，以为之节。道，言说。佚，放纵。

孔子说："有益的乐趣有三种，有害的快乐有三种：以自己的行为皆合于礼乐为乐，以言说他人之善为乐，以广交贤良之友为乐，这是有益的。以骄横自恣、为所欲为为乐，以毫无节制的游玩为乐，以沉湎于酒宴的口腹之乐为乐，这是有害的。"

人自然地趋乐而避苦，希望享受快乐。不过，什么样的快乐能提升生命？孔子指出三种有益的乐趣：第一，以礼乐节制自己。孔子谓子贡"贫而乐，富而好礼"（《学而篇》），好礼，则行为合礼，得体、优美，人乐与我交往。第二，乐道人之善，《中庸》说舜"隐恶而扬善"，可以激励别人向善。第三，广交贤良之友，以友辅仁，以朋友之力提升自己。凡此种种之乐无关乎物，助我"上达"。

有害的快乐也有三种：第一，骄横而为所欲为，固可带来快乐，然遭受有意、无意伤害者必心中怨恨。第二，无节制地游玩，在古代尤其是田猎。以此为乐，必荒废正事，故《尚书·无逸篇》周公告诫"继自今嗣王，则其无淫于观、于逸、于游、于田，以万民惟正之供"。第三，饮宴，以此为乐，必身心萎靡，无心政事。凡此种种不正之乐均为肉体欲望满足之乐，致人"下达"。

本章同样是对当时在位君子之告诫：君子而有益者三乐，则可不断提升德行，广得君子辅助。损者三乐让自己堕落，更给佞臣小人带来机会，置己于不正环境中，君子不能不戒之。

> 16：6　孔子曰："侍於君子有三愆：言未及之而言，謂之躁；言及之而不言，謂之隱；未見顏色而言，謂之瞽。"

上章论君子之乐，本章论言谈伦理。

愆，过也。躁，急躁。隐，隐匿不尽情实。瞽，无目，故不能察言观色。

孔子说："侍奉君子时可能有三种过失：没轮到自己说话而发言，这是急躁；轮到自己发言却不说话，这是隐瞒；不察看君子的脸色而发言，这是盲目。"

封建秩序中，除周王外，每人有双重身份：某些人之君，某人之臣，如大夫是士之君，又是公侯之臣。本章论臣事君的言说之道。封建之治理是君臣共治，众君子于朝会中共同审议政事，臣有"谋"之义，对处理君之事务发表意见，提出建议，必借助于言，故言语艺术是士君子必须掌握的技艺。

孔子指出，下级在讨论本组织公共事务过程中，当拿捏好言说之"时"：没轮到自己发言，就静静等候，耐心、认真听取他人意见，否则就是急躁。轮到自己发言，尽心发表意见，若拖延、回避，言不及义，就是隐瞒，甚至可谓不忠。孔子也告诫，发言时当察看君之脸色，君是审议程序的主持人，臣当尊重主持人。不看主持人，只管自己言说，必定影响会议程序或气氛。

孔子在此阐述会议伦理，无此伦理，会议无法有效展开。会议是政治展开的主要载体，故重要的政治伦理。荀子后来说过意思类似的话："故未可与言而言，谓之傲；可与言而不言，谓之隐；不观气色而言，谓之瞽。故君子不傲、不隐、不瞽，谨顺其身"（《荀子·劝学》）。

> 16：7　孔子曰："君子有三戒：少之時，血氣未定，戒之在色；及其壯也，血氣方剛，戒之在鬬；及其老也，血氣既衰，戒之在得。"

上章论会议伦理，践履伦理源于自觉，本章论君子对生命历程之自觉。

血气，人身之所赖以生者，血阴而气阳。方，正在。得，贪得也。

孔子说："君子戒备三种倾向：年轻时血气尚未定型，戒备色欲冲动；到壮年时血气旺盛，戒备争强好斗之心；到年老时血气衰竭，戒备贪得之心。"

血气是人的生命力之活的源泉，人赖血气维持生机。人禀气于天，周流贯通上下内外，血则畅行于人体。有血气，则人生；血气竭，则人亡。血气盛，则人的自然生命力比较强健；血气衰，则人的自然生命力衰朽。

人的一生中，血气有盛衰之变。年轻时，精神对血气的控制力较弱，故血气尚未定型，尤其是性欲最为强烈而盲目。在人生这一阶段，君子当控制性欲。再过一定年龄，到青年、壮年时期，血气达到最为旺盛的状态，易有好斗、争强倾向，君子对此当予以戒备。到老年，血气衰退，自然生命力衰竭，死亡临近，人留恋现世，很容易通过对物的贪婪占有，转移、化解生命力衰竭引发的恐惧。君子于此时，当戒备贪得之情。

本章重点在"戒"字。孔子所说君子之三戒，基于对人的生命演变历程之精准观察，可概括为自觉、能思而立志。君子时刻注意自然生命之动态，以心控制之。君子以心所有之思的能力审视血气，节制自然的生命力，引导自然生命始终在正道上。

> 16：8　孔子曰："君子有三畏：畏天命，畏大人，畏聖人之言。小人不知天命而不畏也，狎大人，侮聖人之言。"

上章论三戒，以控制自然生命力；本章论三畏，敬畏外在之权威。

畏，敬畏。大人，居于高位者，权威。狎，因为亲昵而不庄重。侮，轻慢诋毁。

孔子说："君子有三个敬畏：敬畏天命，敬畏权威，敬畏圣人的教诲。小人不知天命，因而不予敬畏，小人狎弄权威，忽视圣人的教诲。"

此处之畏，不是畏惧，而是敬畏。君子必有所敬畏，主要是三个对象：首先，敬畏天命，首先是天对人之命，其次是天对个我之命。关于前者，董仲舒曾有论述：

> 人受命于天，固超然异于群生：入有父子、兄弟之亲，出有君臣、上下之谊；会聚相遇，则有耆老、长幼之施；粲然有文以相接，驩然有恩以相爱。此人之所以贵也。生五谷以食之，桑麻以衣之，六畜以养之。服牛乘马，圈豹槛虎。是其得天之灵，贵于物也。故孔子曰："天地之性，人为贵。"明于天性，知自贵于物；知自贵于物，然后知仁谊；

知仁谊,然后重礼节;重礼节,然后安处善;安处善,然后乐循理;乐循理,然后谓之君子。故孔子曰"不知命,亡以为君子",此之谓也。(《汉书·董仲舒传》)

君子敬畏天命,故顺天命而生,下学而上达,则可以知己之天命(《颜渊篇》),乐天知命,不为寿夭、贵贱、贫富所困,而自得其乐。

大人相对于小人而言,大人是人群中之卓越者,社会各领域之权威。本章所说君子主要指在位者,大人当指在位者之外各种权威,如思想、学术权威,德行出众被人尊敬者。君子敬畏大人,表明其不以权力傲人。同时,君子责任在创建和维护优良社会秩序,而大人享有权威,对民众有广泛影响力,可以正人心,美风俗,明智的君子当让其充分发挥作用。

君子第三个敬畏对象是圣人之言。《大戴礼记·哀公问五义》记孔子曰:"所谓圣人者,知通乎大道,应变而不穷,能测万物之情性者也";汉人又云:"夫圣人为天口,贤者为圣译。是故,圣人之言,天之心也"(《潜夫论·考绩》)。圣人观乎天文而作人文,则天道、缘民情而创制立法,指明成己安人之道,指明社会优良治理之大道。君子学之,可以上达。

至于小人,则与君子相反:小人没有意识,也没有能力知天命,故无以敬畏天命,或逆天而为,或茫然而生。小人在位,却不能认识到大人对社会秩序的重要性,常凭权力傲视大人,狎弄大人。小人不知道,不明道对个体生命成长和社会治理的决定性意义,故轻慢甚至诋毁圣人之言。

戒者,其心有所戒备;畏者,对外在权威有所敬畏。内外兼备,然后可以为君子。

以上五章,孔子对在位之君子,主要是季氏所代表之卿大夫指出提升之道。他们掌握权力,对人心、秩序之好坏有重要影响,孔子希望其有所自觉,有所敬畏,有所节制。然当时卿大夫做不到这些,故以下转而论学,以养成士君子。

> 16:9 孔子曰:"生而知之者,上也;學而知之者,次也;困而學之,又其次也;困而不學,民斯為下矣!"

上章论及圣人,本章论圣人及其以下者。

之,道。困,有所不通,遭遇困境,陷入困惑。

孔子说:"生来就知道的人,属于上等;通过学而知道的人,属于次等;有所不通而发愤于学的人,又次一等;有所不通而又不学,这样的人就是下等的了。"

本章之所谓"之"为泛指。盖在孔子,无所不学也。具体到成己安人,则可以说是仁,也可以说是道,此二者本相通,仁就是人之道。人当循道而生。不过,因禀性不同,人于道之自觉有早有晚。

圣人是生而知之者,生而知道、求道、循道而生。孔子就是这样的圣人。但圣人不世出,贤人就是常态社会中的典范。学而知之者就是贤人,他自然地有学之自觉,经由学圣人所阐明之道,而走上生命之正道。接下来一种人,对道的自觉较晚,只是在生命有所不通,即遭遇困难、有所困惑时,才有求道之自觉。据此而学道,经学道而知道。以上三种人均可以知道,《中庸》说:"或生而知之,或学而知之,或困而知之,及其知之,一也"。三者差别只在禀性,及由此造成的对道的自觉之早晚,最终循道而生则是相同的,即便其程度不等。

最后一种人最为可悲。其人生不甚顺畅,屡屡不通,但缺乏思的能力,不能反求诸己,转身志于学,寻求正道,而是怨天尤人。结果,自身生命与处境不能有丝毫改变。这些人沦于下流,完全因其不自觉而不学。虽然如此,通过圣贤君子兴起礼乐,民德也仍可归厚,而成为良民。

故孔子指出,禀赋之高下对生命状态无决定意义,至关重要的是自觉,尤其是学之自觉,下学然后可以上达,成为君子,乃至于希贤希圣;不学,则必然下达。境界之别取决于学之程度。

> 16：10　孔子曰："君子有九思：視思明，聽思聰，色思溫，貌思恭，言思忠，事思敬，疑思問，忿思難，見得思義。"

上章论君子之自觉，本章论君子之思。

难，祸难，严重后果。

孔子说："君子总在思：看时，寻思观看清楚；听时，寻思聆听清晰；脸色，寻思保持在温和状态；容貌，寻思保持在恭谨状态；言语，寻思忠心诚挚；承担职事，寻思敬业专一；有疑惑，寻思追问到底；心中愤怒，寻思可能导致的严重后果；看到物质收益，寻思是否自己所应得者。"

"九"是约数，孔子举九例说明，君子无时、无事不"思"。君子、小人之别就在于思与不思，《孟子·告子上》记：

> 公都子问曰："钧是人也，或为大人，或为小人，何也？"孟子曰："从其大体，为大人；从其小体，为小人。"曰："钧是人也，或从其大体，或从其小体，何也？"曰："耳目之官不思，而蔽于物，物交物，则引之而已矣。心之官则思，思则得之，不思则不得也。此天之所与我者，先立乎其大者，则其小者弗能夺也。此为大人而已矣。"

大人就是君子，君子有思之意愿和能力，故在生命每时每刻都在思。思什么？寻思让自己的身、心之每一器官、每一功能，都趋向于其健全状态。

君子首先尽可能充分而客观地接受外部的信息，此即"视思明，听思聪"。反过来，又让自己身心对外的呈现，趋向于美善，此即"色思温，貌思恭"。孔子的说法有古老渊源，《尚书·洪范》第二畴曰"五事：一曰貌，二曰言，三曰视，四曰听，五曰思。貌曰恭，言曰从，视曰明，听曰聪，思曰睿。恭作肃，从作乂，明作哲，聪作谋，睿作圣。"

当与人直接交接、有所行动时，君子尽心尽力，此即"言思忠，事思敬"。在行动过程中，难免有疑问，君子"疑思问"，此即上章"困而学之"。《尚书·仲虺之诰》曰："好问则裕，自用则小"。与人发生交接，难免情绪、激情波动，君子努力控制之，从而"不惑"（《颜渊篇》），此即"忿思难"。《周易·损卦·象传》曰："山下有泽，损；君子以惩忿窒欲。"

君子的努力必有所得，财富、权位、荣誉等方面之得，可带来利。然而"君子喻于义"（《里仁篇》），故君子必定"见得思义"，思考自己之所得在法律上、伦理上、道德上是不是应得的。

总之，君子的生命是自觉的，其"思"乃反身而思，"内自省"（《里仁篇》），"省"（《学而篇》）。正是思，提撕君子上达。思则仁扩充，天下归仁于我；不思，固有之仁枯萎，生命即堕落为肉体本能之存续。思之义大矣哉！君子、小人之别唯在思耳。

> 16:11　孔子曰："'見善如不及，見不善如探湯'，吾見其人矣，吾聞其語矣！'隱居以求其志，行義以達其道'，吾聞其語矣，未見其人也！"

上章论思而养成君子，君子当行道，本章论乱世中君子不忘行道之义。

探，触摸。汤，沸水。

孔子说："'见到善行，唯恐不能参与其中；见到不善之行，唯恐卷入其中'，我见过这样的人，也听过这些人的言语。'隐居不仕，以追求自己的志业；做自己应当做的事，以实践自己的道'，我只听过这样的言语，却没见过这样的人。"

孔子论及君子在两种状态下的抉择：

第一种是常态，环境宽松，善恶易辨。探汤，以手触摸沸水，易致烫伤，故不可为之。曾子曰："见善，恐不得与焉；见不善，恐其及己也"（《大戴礼记·曾子立事》）。人不难做到行善而避恶，故孔子谓见过其人，听到其语。

第二种是非常状态，环境恶劣，君子不能不退隐，面临考验：能否坚守志业？环境改善，有荣华富贵，君子同样面临考验：能否做自己一直想做也应做之事，行己之道？做到这两点的难度较大：环境恶劣时，人易放弃志业；环境陡然变好，人易忘记志业。隐居起来是容易的，隐居而不忘其志是有难度的；出仕是容易的，出仕而行义以达其道是有难度的。

孔子意谓，在乱世，士君子恰要做到那不易做到者：即便隐居，也不忘其志；只要出仕，一定行义而达其道。孟子曰："故士穷不失义，达不离道。穷不失义，故士得己焉；达不离道，故民不失望焉。古之人，得志，泽加于民；不得志，修身见于世。穷，则独善其身；达，则兼善天下"（《孟子·尽心上》）。士君子何以做到这一点？靠思，自觉。

> 16：12 齊景公有馬千駟，死之日，民無德而稱焉。伯夷、叔齊餓于首陽之下，民到于今稱之，其斯之謂與？

上章论士君子当于乱世持守志、义，本章论即便无位，君子亦可以德而不朽。

驷，古代一车四马。千驷，超过四千匹马。考古发现，齐故城河崖头齐景公墓旁殉马坑内至少殉葬六百匹马。首阳，山名。斯，德。谓，称也。

齐景公拥有可驾千乘之马，可他死之时，人们不知道他有什么德行值得称述。伯夷、叔齐在首阳山下受饿，然而到今天，人们还在称颂他们，人们称颂的就是德行吧？

肉体生命有限、短暂，而人皆望不朽。如何不朽？《左传·襄公二十四年》记鲁大夫穆叔论不朽之道："太上有立德，其次有立功，其次有立言。虽久不废，此之谓不朽。"德泽于人，功惠于人，言以导人，则身虽死而人称述，生命即不朽。

齐景公在公侯之位，有庞大财富，然其肉体死亡之时，即生命消散之日，其无德、无功、无言，人无从称道，即无以不朽。《史记·伯夷列传》记载：伯夷、叔齐互让君位，义不食周粟，隐于首阳山而饿死，然"求仁而得仁"（《述而篇》），其德行彰显于天下，尽管早早去世，人们称颂不已。两相比较，齐景公是过眼烟云，伯夷叔齐得以不朽。

子曰："君子疾没世而名不称焉"（《卫灵公篇》）。本章孔子最后的反问句意谓，唯一值得人们称颂、让人不朽者，即德行。欲求生命不朽，即当用力于德行。肉身必死，神恩虚妄，不朽之道，唯在于德。

> 16:13 陳亢問於伯魚曰："子亦有異聞乎？"對曰："未也。嘗獨立，鯉趨而過庭。曰：'學詩乎？'對曰：'未也。''不學詩，無以言！'鯉退而學詩。他日，又獨立，鯉趨而過庭。曰：'學禮乎？'對曰：'未也。''不學禮，無以立！'鯉退而學禮。聞斯二者。"陳亢退而喜曰："問一得三：聞詩，聞禮，又聞君子之遠其子也。"

上章论以德不朽，本章孔子教子以成德之道。

陈亢，孔子弟子，字子禽。伯鱼，孔子之子，名鲤。《孔子家语·本姓解》曰：孔子"至十九，娶于宋之亓（音其）官氏，生伯鱼。鱼之生也，鲁昭公以鲤鱼赐孔子。荣君之贶，故因以名鲤，而字伯鱼。鱼年五十，先孔子卒"。伯鱼生子伋，字子思。异，不同。独，独自。立，站立。趋，恭敬地小步快走。

陈亢问伯鱼："你在夫子那里可得到过什么特别的教诲？"伯鱼对答说："没有啊。父亲曾独自站在庭中，我从他那里经过，恭谨地小步快走。父亲问我：'学诗了吗？'我对答说：'没有。'父亲说：'不学诗，是没办法说话的。'我退回开始学诗。另一天，父亲又独自站立，我从他那里经过，恭谨地小步快走。父亲问我：'学礼了吗？'我对答说：'没有。'父亲说：'不学礼,是没办法立身的。'我退回开始学礼。也就听到这两者而已。"

陈亢退回,欢喜地说:"我提出一个问题而得到三个收获:知道了诗的重要,知道了礼的重要,又知道了君子与儿子不亲昵。"

伯鱼是孔子之独子,陈亢猜测,孔子会给伯鱼以不同于弟子的特别关照,故发问伯鱼。伯鱼首先回答没有,细想之下,觉得有两件事有点特别:孔子要伯鱼学诗,学礼。但孔子本以诗、书、礼、乐教弟子,这两点实无特别之处。从伯鱼叙孔子教诲中,陈亢得到的比较独特之智慧是:君子不与儿子太亲昵。从伯鱼的叙述可见,孔子似未直接教伯鱼,大约由弟子中优秀者教伯鱼。孔子平日甚至与伯鱼很少照面,可见两人分开居住。孔子长年在外,似不清楚伯鱼学业,故在偶然机会询问伯鱼学习与成长进度,予以简短指导。此即孔子教子之道,后来孟子提出"君子不教子",并有解释:

公孙丑曰:"君子之不教子,何也?"

孟子曰:"势不行也。教者必以正;以正不行,继之以怒;继之以怒,则反夷矣。'夫子教我以正,夫子未出于正也',则是父子相夷也。父子相夷,则恶矣。古者,易子而教之。父子之间不责善,责善则离,离则不祥莫大焉。"(《孟子·离娄上》)

父子以恩合,而教育必定责善,父子责善,则伤恩。易子而教,可让父子之情、师徒之义两全。后世儒者,多如此教育子弟。故儒门子承父业者,并不算多。

本章有一定隐喻义:孔子之道的传承,不以血缘,故人生而不能知,必须通过学,即便圣人之子,也唯有通过学,而成为君子。撇开血缘,孔子之教是开放的,所有人均可学道而志于仁,成己而安人。由此,孔门有健旺而持久之生命力。上章论不朽,本章表明,孔子之不朽不是通过血缘上的生生不已,而通过道之传承。孔子生命不是传入其子,而传于其弟子。

这与封建礼制完全不同。

以上五章阐明学之重要性，此为新兴士君子养成之渠道。当时卿大夫已然败坏，故孔子以学养成新兴士君子，以为重建秩序之主体。除了学，无其他途径，即便圣人之后，也须通过学，才能成人。

> **16:14** 邦君之妻，君稱之曰"夫人"，夫人自稱曰"小童"。邦人稱之曰"君夫人"，稱諸異邦曰"寡小君"。異邦人稱之，亦曰"君夫人"。

上章论及礼，本章以礼正邦君之妻之名。

邦，邦国，诸侯国。

邦国君主之妻，君称她为"夫人"，邦君夫人对邦君自称"小童"。本邦臣民称她为"君夫人"，本邦臣民对外邦人称她为"寡小君"。外邦人称呼她，也为"君夫人"。

同一个人在位上，面对不同人，有不同称谓，此即"名"，确定双方关系及其仪节。礼乐崩坏，称谓也出现混乱，有"以妾为妻"现象，齐桓公曾特意立盟，相约各国公侯"无以妾为妻"（《春秋公羊传·僖公三年》）。孔子恢复礼治秩序，以"正名"为先（《子路篇》），本章举例正名。《白虎通义·嫁娶》曰：

> 国君之妻称之曰夫人何？明当扶进夫人，谓八妾也。国人尊之，故称君夫人也。自称小童者，谦也，言己智能寡少如童蒙也。《论语》曰："国君之妻，称之曰夫人，夫人自称曰小童，国人称之曰君夫人，称诸异邦曰寡小君。"谓聘问兄弟之国及臣他国称之，谦之词也。

本篇首章记专权卿大夫是礼治秩序最大破坏者，中间论述，士君子当恢复礼治秩序。末章正邦君夫人之名，联系第二章所说"天下有道，则政不在大夫"，本章实为一隐喻，意谓，若能张公室，治理权复归公侯，即可恢复礼治秩序。故末章与首章呼应，表达去私室、强公室之重建秩序设想，此良好秩序是以公侯为中心的礼治秩序。

阳货篇第十七

上篇论及"陪臣执国命",阳虎(阳货)是封建等级制意义上的士,借卿大夫专权之势而执掌国政之典型,孔子行道天下,与之打过交道,本篇以之命名。

共二十六章,多记孔子对当时士人之评论,重点列举当时士人之种种不良倾向,以此儆戒弟子。

> 17:1 陽貨欲見(现)孔子,孔子不見。歸孔子豚。孔子時其亡(无)也,而往拜之。遇諸塗,謂孔子曰:"來,予與爾言。"曰:"懷其寶而迷其邦,可謂仁乎?曰不可。好從事而亟失時,可謂知(智)乎?曰不可。日月逝矣,歲不我與(欤)!"孔子曰:"諾,吾將仕矣。"

本篇记孔子行道而与专权之士打交道,本章记当时最具代表性的两位士人之交接。

阳货,阳为氏,名虎,字货。季氏之家大夫,而专鲁国之政。第一个"见",求见。归,馈也。豚,蒸熟的小猪。时,算准一个时间。拜,依礼,大夫有赐于士,士受拜于其家,又往其门拜谢。涂,途也。亟,多次。诺,应诺之声。

阳货希望孔子拜见自己,孔子不去求见。阳货馈赠孔子以蒸熟的小猪,孔子选择在其不在家时前往拜谢。阳货在路上遇到孔子,对孔子喊:"过来,我想跟你说话。"阳货说："有一身本领，却让自己的邦国迷失方向，这能算仁吗？要我说不能算。总想做事，却一次又一次错失时机，这能算明智吗？要我说不能算。时光一天天流逝，岁月不待人啊。"孔子说："嗯，我会出仕的。"

据《史记·鲁周公世家》记载，鲁定公五年，季平子卒。阳虎私怒，囚季桓子，与盟，乃舍之。此后，借季氏之势，阳虎专鲁国之政，甚至欲尽杀三桓之嫡嗣。直到定公九年，阳虎被攻而逃亡。

本章所记之事约发生在阳虎专权之初。阳虎知道孔子之圣，孔门之力量，孔子有行道之志。出身卑微、权力不稳的阳虎冀得孔子之助，然乏君子之德，不知礼贤下士。孔子清楚阳虎为人，只有权力欲望，绝无向道之心，故避之不见。阳虎乃馈赠孔子以礼物，希望孔子上门拜谢。孔子仍回避阳虎，专挑其不在家时拜谢。不过，两人还是相遇于途中。

阳虎见孔子而大声叫喊，极为无礼，故孔子不答言。接下来所记为阳虎自问自答，确实道出孔子心志：孔子希望邦国走上正道，也希望行道以救天下，曾感叹"逝者如斯夫"（《子罕篇》）。但孔子深知阳虎不足与谋事，故虚与委蛇，含糊答应，但并未表示将臣事阳虎。

本章生动描述新旧时代交替之时，两种士之状态及其关系。如上篇"天下有道"章所说，周制有权威下移之内在趋势，至孔子时代，卿大夫衰落，而有"陪臣执国命"之事，阳虎即为其代表。然而，这些掌权的士缺乏古典君子之传统权威，又未受孔子新兴之教，故全无君子之德，行为粗鄙，为政鲁莽，最终迅速失败。孔子本在士阶层，洞悉此群体弱点，故如下面几章所记，孔子虽有所心动，终未与之合作，而坚持以学养成士君子，为未来良好秩序作长远筹划。

本章描写新兴士君子之代表与旧秩序中之士之相遇，可见其各自生命状态，也预示两者间关系。

17:2 子曰："性相近也，习相远也。"

上章记阳货、孔子之不同，本章解释之。

夫子说："人性是相近的，习惯却让其相互不同。"

此为孔子唯一论及人性处。性者，生也，生而禀有之品质也，《中庸》曰："天命之谓性"，人为天所生，《大戴礼记·本命篇》曰："分于道谓之命，形于一谓之性"。天为一，故人之性是"相近"的。此性为何？孔子未明言，但多次间接提及，如子曰："仁远乎哉？我欲仁，斯仁至矣"（《述而篇》）；"为仁由己，而由人乎哉？"（《颜渊篇》）人人皆有仁，仁即是性，此即"性相近也"之第一层意思：属于同一类。

"相近"又有第二层含义：对此人人皆有之仁，各人自觉程度不等，这同样是人之性的构成要素。故人之性实有两个紧密关联的部分：仁，产出对其自觉。前者人人相同，后者有所区别。故同样为人，而有"生而知之"，"学而知之"、"困而学之"、"困而不学"之别（《季氏篇》）。但这终究只是程度之不等，还在同一类中，故孟子说"圣人与我同类者"（《孟子·告子上》），民与圣人终究是同类，此即"相近"。

由此相近，则可"相远也"，现实中，人有较明显差异，盖缘于习。习者，重复也，人成长于特定环境，礼乐法度、惯例风俗都会影响人，故人之品行有明显的良窳之别。故学和兴起礼乐至关重要，兴起礼乐，置人于良好环境中，得以养成良好的习惯，学同样可以养成良好的习惯。

循此思想，儒家重视教化。君子可通过塑造较好社会环境，引导人们塑造较好习惯，进而对自己内在之仁有所自觉，而向上提升，故教化是必要的。而因为"性相近也"，即便小人也与君子有相近之性，故有向上成长之期望，故教化又是可能的，董仲舒论述说：

名性，不以上，不以下，以其中名之。性如茧如卵：卵待覆而成雏，茧待缲而为丝，性待教而为善。此之谓真天。天生民，性有善质，而未能善。于是为之立王以善之，此天意也。民受未能善之性于天，而退受成性之教于王。王承天意，以成民之性为任者也。（《春秋繁露·深察名号》）

孔子未言"性善"，至于孟子，生当战国乱世，畅论人有共同之善性：

孟子曰："人皆有不忍人之心……所以谓人皆有不忍人之心者，今人乍见孺子将入于井，皆有怵惕、恻隐之心。非所以内交于孺子之父母也，非所以要誉于乡党朋友也，非恶其声而然也。由是观之，无恻隐之心，非人也；无羞恶之心，非人也；无辞让之心，非人也；无是非之心，非人也。恻隐之心，仁之端也；羞恶之心，义之端也；辞让之心，礼之端也；是非之心，智之端也。人之有是四端也，犹其有四体也。有是四端而自谓不能者，自贼者也；谓其君不能者，贼其君者也。凡有四端于我者，知皆扩而充之矣，若火之始然，泉之始达。苟能充之，足以保四海；苟不充之，不足以事父母。"（《孟子·公孙丑上》）

孟子归性于心，断言人皆有"不忍人之心"，由此"心"而有"四端"，此为人人皆有，即"性相近也"，人人皆有向善之趋向和可能。四端由"思"扩充而为四德，此为"心之官"，同为上天予人者。在这一点上，人则"相远"：有人思的意愿和能力较强，能扩充其固有之四端而成"大人"；有人不能思，故不能扩充，而为小人（《孟子·告子上》）。孔子同样重视"思"，孟子以之为四端扩充为善行之关键力量。

故在孔子、孟子论述中，人性不是相同而圆满、确定的，而是天命人质生命内在趋向与上达之固有能力；由此，在生的过程中，人之性动态地成长。天生人，而有相近之性；但实有之生命状态由人生成。故孔子要人"择"仁，反复强调"志于仁""志于道""志于学"，确定生命发育、成长之方向；

基于仁之自觉的生之过程，性得以成型。在神教及其世俗版本中，人为神所造，故其性完全相同且固定不变，但在孔孟论述中，性毋宁是道，人禀于天之仁是人成长之道。人间固有"生而知之"者，思的能力较强者也可"学而知之"，或者"困而学之"，但绝大多数人虽有善之性，但"困而不学"，不愿学或不能学，故需教化，以辅助人性之生成和呈现。

联系上章，本章指明，阳虎等旧秩序中之士与孔子所代表的新兴士君子，其性虽相近，但因学与不学之别，因环境之不同，其德、能有很大差异，只有新兴士君子能承担起构建新秩序之责任。

17:3　子曰："唯上知（智）與下愚不移。"

上章论习令人之德相远，本章论人的知之相远。

移，改变。

夫子说："只有最高明的智者和最劣等的愚者是不改变自己的。"

"性相近也"，但现实中人之品质差异很大，上篇孔子曰："生而知之者，上也"，此即本章所说之"上智"，最高明的智者，生而知道，故不受外部环境之不良影响而下达，此即"不移"。"困而不学，民斯为下矣"，即本章之"愚者"，愚在其不学，故不能自我提升，同样是"不移"。至于介于两者之间的人，"学而知之者，次也；困而学之，又其次也"，都有学之自觉，故可"移"，可以上达。

孔子谓"不移"，非言不可移。移是自己主动改变：愚者不能产生自觉，故不能主动改变，但并非其不能为人所移。礼乐教化可改变他们，圣人及产生了自觉之贤人、士君子之责任，正是正己而美风俗，兴起礼乐教化，使不能自移者在风化之中迁善、提升。

阳虎等士在封建秩序中是最下等君子，其人陡然掌权，因为不学故而愚，即便告之以治国平天下的大道，也懵懂不明，此即"下愚"而"不移"，终究不能改变礼崩乐坏的大趋势，无力重建新秩序。

> 17:4 子之武城，聞弦歌之聲。夫子莞（wǎn）爾而笑，曰："割雞焉用牛刀？"子游對曰："昔者，偃也聞諸夫子曰：'君子學道則愛人，小人學道則易使也。'"子曰："二三子！偃之言是也，前言戲之耳！"

前两章论人性与教化，本章论士君子兴起礼乐教化。

之，至。武城，鲁之邑名。弦，琴瑟有弦。歌，人声歌唱。莞尔，微笑之貌。牛刀，宗庙祭祀中割牛牲之鸾刀，较大。子游，孔子子弟，氏言名偃，时任武城之邑宰。戏，开玩笑。

夫子到武城，听到邑中有弹琴、歌唱之声。夫子满意地微微一笑，说："杀鸡哪里用得着杀牛的鸾刀？"子游对答说："以前，我听夫子教诲说：'在位者学了道，就会爱人；庶民学了道，就容易使唤。'"夫子说："弟子们，言偃的话是对的，我前面说的话是同他开个玩笑罢了。"

在孔门四科中，子游属"文学"，明礼乐。故治理小小的武城，兴起礼乐教化。宰割牛牲需用尊贵而大之鸾刀，杀鸡用普通小刀即可。孔子相信，自己以学养成之新兴士君子，已能使用杀牛之鸾刀，也即掌握治国平天下之大道，子游在此小试牛刀。

孔子开玩笑，子游却认真解释，引用孔子之教诲。董仲舒说："道者，所繇适于治之路也，仁义礼乐皆其具也"（《汉书·董仲舒传》）。君子学道，则志于仁，故爱人。君子行仁政，必兴起礼乐，化民成俗，故庶民安分守己。良好秩序，即在其中。

孔子之戏言实出于喜不自胜，也有苦笑之意。新式士君子已明乎治国平天下之道，完全可以治理邦国、天下，现在只能治理小小的武城邑，而不能施展身手，以导正邦国、天下。

以上三章阐明旧秩序之士与新兴士君子虽人性相近，德能大为不同，子游的实践表明，新兴士君子已完全有能力重建秩序。

这三章同时阐明，"性相近，习相远"，故兴起教化既是必要的，也是可能的：人性相近，天生人而有上智者，可为主体，兴起礼乐教化；礼乐教化置众人于善习之中，同样因性相近，众人认可而接受之，故能化成良好品行，共进于善。神教之教化主体是人之外的神，孔子的人性论让教化内生于人之中，而为人的自我教化。

> 17：5 公山弗擾以費畔，召。子欲往，子路不說，曰："末之也已，何必公山氏之之也？"子曰："夫召我者，而豈徒哉？如有用我者，吾其為東周乎！"

上章记子游之小试牛刀，本章记孔子的行道之心。

公山弗扰，疑即《左传》所记之公山不狃，字子洩，为季氏之费邑宰。末，莫。"之之"之第二个"之"，至也。东周，周本定都于镐，周幽王被杀于骊山之下，诸侯拥立周平王东迁至洛邑，是为东周。

公山弗扰准备凭费邑反叛季氏，召夫子加入。夫子准备前往，子路不悦，说："没地方去也就罢了，何必到公山弗扰那里？"夫子说："召我前往的人难道是平白无故召我的吗？若有人用我，我难道会为了东周吗？"

此事来龙去脉，《史记·孔子世家》记载如下：

> 定公八年，公山不狃不得意于季氏，因阳虎为乱，欲废三桓之适[嫡]，更立其庶孽阳虎素所善者，遂执季桓子。桓子诈之，得脱。定

公九年,阳虎不胜,奔于齐。是时孔子年五十。

公山不狃以费畔季氏,使人召孔子。孔子循道弥久,温温无所试,莫能己用,曰:"盖周文、武起丰、镐而王,今费虽小,傥庶几乎!"欲往。子路不说,止孔子。孔子曰:"夫召我者岂徒哉?如用我,其为东周乎!"然亦卒不行。

阳虎等旧秩序中之士反叛卿大夫之事,发生在孔子"知天命"之前。也许,正是这些士之反叛刺激孔子,其失败又让孔子看出,旧秩序已不能自救,自己不能不出世。自己删述诗书礼乐,推明圣王之道,养成士君子,已有能力重建秩序,此即"知天命",起而行道,最初想过与反叛之士合作。

公山弗扰有意据费邑以叛,以"张公室"为名,与孔子政治立场有相近之处,孔子认为,重建礼乐秩序,必须抑制卿大夫,恢复公侯权威,以恢复邦国权威结构之平衡。子路反对孔子前往,孔子乃对子路阐述自己心志:一旦有发挥作用的空间,将寻求建立新秩序,以替代不可救药的东周秩序。太史公所记孔子之语表明,孔子期待费邑成为当年文王、武王之丰、镐,以此为立足点而王天下。

不过,孔子并未成行。盖因孔子深知旧秩序中士人远非当年文王、武王。尽管如此,此后,孔子在鲁慨然出仕,并周游列国,以寻找行道天下之机会。

> **17:6** 子張問仁於孔子,孔子曰:"能行五者於天下,為仁矣。""請問之。"曰:"恭、寬、信、敏、惠。恭則不侮,寬則得衆,信則人任焉,敏則有功,惠則足以使人。"

上章记孔子不为东周建设新秩序之志,本章论王者之德。

子张向孔子请教仁,孔子说:"能行五种德行于天下,就是仁。"子张说:

"请问这五种德行。"孔子说:"恭、宽、信、敏、惠:有恭之德,就不会遭受侮辱;有宽之德,就能得到广泛支持;有信之德,别人就愿为你所用;有敏之德,就能成就事业;有惠之德,就可以指挥调遣别人。"

孔子所论五德是担负领导之位的君子之德,且孔子明确说"行"之于天下,故此五德非一般士君子之德,实为帝王之德,重点在得众、使人,也即创建和领导共同体。

《尚书·尧典》谓帝尧"允恭",《卫灵公篇》孔子谓舜"恭己正南面而已矣"。皋陶论"行有九德":"宽而栗,柔而立,愿而恭;乱而敬,扰而毅,直而温;简而廉,刚而塞,强而义"(《尚书·皋陶谟》),后三德为大夫之德,中间三德为诸侯之德,前三德是王者特有之德,本章五德与前三德接近,可见本章所论者,帝王之德也。《国语·周语中》记刘康公论君臣之德:

> 为臣必臣,为君必君。宽、肃、宣、惠,君也;敬、恪、恭、俭,臣也。宽所以保本也,肃所以济时也,宣所以教施也,惠所以和民也。本有保则必固,时动而济则无败功,教施而宣则遍,惠以和民则阜。若本固而功成,施遍而民阜,乃可以长保民矣,其何事不彻?

君臣之德有相通者,亦有不同之目。刘康公所说君之德均在孔子所说五德中。

孔子指出,有君之德才能得众而为王,并保有王位。君王之得众、君位之保有不可能依赖暴力和他人恐惧,只能赖人之自愿归附、信赖和服从。孔子谓"行",必见之于行为,以行感人,自可得人之应,君王之权威就在感应过程中逐渐形成。君王以人待人,修己以敬,行此五德,以己及人,即是仁,此为王者之仁,仁政之本。

上章孔子隐然有代东周而王天下之志,故本章论王者行仁于天下之大德。由此德者，行之不已者，可有天下。

> 17:7　佛（bì）肸（xī）召，子欲往。子路曰："昔者由也聞諸夫子曰：'親於其身為不善者，君子不入也'。佛肸以中牟畔，子之往也，如之何？"子曰："然，有是言也。不曰堅乎？磨而不磷。不曰白乎？涅而不緇。吾豈匏（páo）瓜也哉？焉能繫而不食！"

上章论王者之德，本章论有其德者当求其位。

佛肸，晋大夫赵氏所属中牟邑之宰。亲，犹自也。不入，不入其党也。磷，薄也。涅，染布帛为黑色之黑泥。缁，黑色。匏，瓠也，对半剖开可为瓢。

佛肸派人请孔子，夫子准备前往。子路说："以前，我曾听夫子这样说过：'人若亲身做了不善之事，君子不入其地。'佛肸盘踞中牟邑而背叛其君，夫子前往，这是要做什么呢？"夫子说："是的，我说过这话。不是号称坚硬吗？那虽然打磨也不会变薄。不是号称洁白吗？那即便投入黑泥中也不会变黑。我难道是匏瓜吗？怎能只系在架上而不吃呢！"

《史记·孔子世家》记此事在孔子周游列国、卫灵公老而不用孔子后，"佛肸为中牟宰。赵简子攻范、中行，伐中牟。佛肸畔，使人召孔子，孔子欲往"云云。

本章与公山弗扰章情节类似，同样是士人反叛，孔子同样心动，同样是子路质疑。孔子从两角度回答子路：第一，自信。只要自己有健全德行，即便身处乱局，也不会迷失。第二，行道之热心。匏瓜系于架上，只因其不能为人食用，自己所学之道要行于天下，不可始终挂在架上。

《论语》记子路三次质疑孔子：《雍也篇》记子路质疑孔子见南子；本篇两次记子路反对孔子加入士人反叛，显示子路之观念与孔子不同。子路大体在原有封建秩序框架中生活，信守君臣之义，最终以卫大夫之家臣身份为其君而死。至于孔子，却已超乎此旧秩序，志在行道天下，故不以周的君臣伦理限定自己。"君子贞而不谅"（《卫灵公篇》），其此之谓乎？

以上三章记孔子欲有所用于当世，两次欲加入叛君之士人，可见孔子行道之殷切，两个"欲往"，生动刻画了孔子起而行道之热切心态。而孔子之往无一毫私欲，志在行道，故超越周的君臣伦理，甚至不为子路理解；但是，孔子对旧秩序中士人之缺陷有清醒认识，不足以成大事，故两次心动，终未成行。由此可见孔子救世之仁与知人之智。

这两章可与首章相参，孔子有所心动，终究不能信之。当时，士人之反叛曾引发各国卿大夫恐慌，最终因其德能不足而迅速败亡。

眼见这些士之无德无能，孔子转而致力于养成新兴士君子，由此而有以下各章之论学。

> 17:8 子曰："由也，女（汝）聞'六言六蔽矣乎？'"對曰："未也。""居，吾語女：好仁不好學，其蔽也愚；好知（智）不好學，其蔽也蕩；好信不好學，其蔽也賊；好直不好學，其蔽也絞；好勇不好學，其蔽也亂；好剛不好學，其蔽也狂。"

上章记子路质疑孔子，本章孔子教诲子路，论以学成德。

蔽，障也，受遮蔽而有所偏失。居，坐也。师问话，弟子起立回答，师命坐则坐。荡，流荡，泛滥。贼，害于物。

绞，切也，尖刻。

夫子说："仲由啊，你听过'六言六蔽'之说吗？"子路对答说："没有啊。"夫子说："坐下吧，我告诉你：为人好仁而不好学，其偏失是愚蠢；为人好求知而不好学，其偏失是流荡；为人好讲信而不好学，其偏失是受害；为人率直而不好学，其偏失是尖刻；为人勇敢而不好学，其偏失是乱来；

性格刚正而不好学,其偏失是狂放。"

本章孔子强调学之重要。

六言六蔽似为古人教人之语,孔子以之教诲子路。仁、知、信、直、勇、刚是均为美德,好之,则有热爱之情感,若不以学引导、节制,必然偏激而有所偏失:好仁者愚蠢而迂腐,如《雍也篇》所记,人告之曰井中有人而从之入井。好知者博学而不能约之以礼,为纷繁复杂的知识所淹没。好信者盲目,于人之不信与诈,不能"先觉"(《宪问篇》),而遭受伤害。好直者对人尖刻,好勇者逞血气之勇,《泰伯篇》曰:"勇而无礼则乱,直而无礼则绞"。好刚者狂放不羁,不见容于世人。

孔子指出,好德者还需好学,"学文"(《学而篇》),学诗、书、礼、乐,由此而知道、知礼。以道牵引,以礼节制,可避免偏失。本章出现两个"好",而"好学"是根本。人生而气质不同,也必有各种情感,学然后可以导正之而为君子。

承接上章,孔子指出,旧秩序中之士因不好学,未学诗书礼乐,故有种种偏蔽,无从担当恢复秩序之重任。孔门弟子"博学于文,约之以礼"(《雍也篇》),以好学节制各种情感,而为德行健全之君子。

> 17:9 子曰:"小子!何莫學夫詩?詩,可以興,可以觀,可以羣,可以怨;邇之事父,遠之事君;多識於鳥獸草木之名。"

上章论以学成德,本章论学诗之用。

小子,孔子称呼弟子。迩,近。

夫子说:"弟子们啊,怎能不学诗呢?诗,可用以起兴,可用以观察,可用以合群,可用以批评;学了诗,近,可以更好地侍奉父母;远,可以更好地侍奉君;学了诗,可以广泛地掌握自然界鸟、兽、草、树的名称。"

孔子之前，君子之教主要是诵诗。孔子删定《诗经》，以之教导弟子，列六经之首。《诗经》何以如此重要？孔子予以说明，可分三方面：

第一，兴、观、群、怨。诗的作法有赋、比、兴：赋是直接铺陈其事；比是比喻，打比方；兴最为独特，诗中广泛应用，一百多首诗用兴。汉儒郑众说："托事于物，则兴者，起也。取譬引类，起发己心，诗举草木鸟兽以见意者，皆兴辞也。"诗文描述植物、动物，以其某一明显特征促人联想人的特定气质、心态、状态。学诗，可掌握起兴的艺术，托物言事，婉转表达情感、意见。观是观察、了解，无所不包，如观察历代风俗之兴衰，了解各国风土人情，了解男女之情等。群是合群。学诗，可掌握合群之技艺，如前篇孔子对伯鱼说"不学诗，无以言"，言说技巧有助于合群。怨是怨刺，婉转表达批评意见，尤其是对君，《诗大序》曰："主文而谲谏，言之者无罪，闻之者足以戒"。

第二，事父事君。诗中多有涉及男女夫妇之道者，如《周南》《召南》。这两篇、《小雅》《大雅》多有涉及君臣之道者。另有《凯风》《白华》等诗相戒以养，教导君子以事父之道。故诵诗，可明侍奉父母、君上之道。诗中尚有展示兄弟、朋友之道者。故《诗经》是五伦之最佳教本。

第三，增广见闻。《诗经》中共出现一百多种草，七十余种树木，三四十种鸟，六七十种兽，二三十种虫，二十多种鱼，分布华夏各地，诵诗，即可知各地常见之草木虫鱼。天生万物与人，诗中尤其描述草木虫鱼与人之关系，君子诵诗而知物，可以长期知识，廓其胸怀，明乎天道之生生不已，兴起与万物一体之心。

由此可见，《诗经》是君子养成大全，诵诗可增加知识，扩展视野，掌握社会生活之技艺，养成德行，故孔子说"何莫学夫诗？"

此后，诗学确实在君子养成中占有重要位置，子思、孟子引诗最多；汉代早中期，诗学最为发达，故《史记·儒林列传》列诗学为首；不过到《汉书·儒林传》，则以易学为首，其次为书学，诗学退居第三。此后，诗学持续衰落,二十世纪以来视之为所谓"文学",诗之大义彻底沦丧。

> 17:10 子謂伯魚曰:"女(汝)為《周南》《召南》矣乎?人而不為《周南》、《召南》,其猶正牆面而立也與(歟)!"

上章论学诗之功用,本章专论《周南》《召南》。

为,治也,研读、体会。

《周南》《召南》,《诗经》国风前两篇。

夫子对伯鱼说:"你研读、体会过《周南》《召南》么?人如果不研读、体会《周南》《召南》,就好像面对墙而站立啊。"

面对墙壁站立,虽很近,却什么也看不见,连墙壁也看不清;又不能前行,甚至不能转身。孔子以此比喻,不诵读、体会《周南》《召南》,人生必促狭、无路而在绝境。

二南为十五国风之首,列《诗经》之首,多为文王之诗,主题主要有二:男女、夫妇之道,君臣之道。此为人间最重要的两伦,前者涉及最为深刻的激情,如《关雎》所述,男女之情导入夫妇之伦,然后有家庭之和美,子孙之多而有德,由此而有健全而充满情爱的私人生活秩序。男女激情放纵,则人不能遂其生。后者为陌生人间结成之公共关系,君有仁、臣尽忠而有健全公共秩序,人际合群范围可持续扩大,而有生产效率之提高。夫子、兄弟等人伦出自血缘,夫妇、君臣二伦出自教化,二者不正,难有文明之突破和积累。故《诗大序》曰"《周南》《召南》,正始之道,王化之基"。

故孔子教人读诗,以二南最为重要。二南所收之诗均有温柔敦厚、诚挚纯净之绝美品质,单是反复吟诵,即可滤尽渣滓,令人宁静而澄澈。

上篇"陈亢问于伯鱼"章孔子首先问伯鱼"学诗乎",告之以"不学诗,无以言",本章孔子令伯鱼学二南。可见圣人教子,以诗为重,其中有大义焉。

以上三章论学,尤其强调学诗,以《诗》为首,所谓"兴于诗"(《泰伯篇》),以诗正性情,美风俗。

虽然孔子兴学,但好学者难得,故士人难免良莠不齐,以下广泛描述士人群体中存在之种种恶劣现象。

> 17:11 子曰:"禮云禮云,玉帛云乎哉?樂云樂云,鍾鼓云乎哉?"

上章论学诗,本章论礼乐。

玉,玉器,古人行礼,多有玉器。帛,丝织品,用于包裹玉器。三代诸侯、王祭祀奉以玉帛,朝聘以玉帛为礼品。

夫子说:"这样说礼那样说礼,难道就是指玉器和束帛之类礼物吗?这样说乐那样说乐,难道就是指钟啊鼓啊之类乐器吗?"

《汉书·礼乐志》解释本章:

> 乐以治内而为同,礼以修外而为异;同则和亲,异则畏敬;和亲则无怨,畏敬则不争。揖让而天下治者,礼乐之谓也。二者并行,合为一体。畏敬之意难见,则著之于享献辞受、登降跪拜;和亲之说难形,则发之于诗歌咏言、钟石管弦。盖嘉其敬意,而不及其财贿;美其欢心,而不流其声音。故孔子曰:"礼云礼云,玉帛云乎哉?乐云乐云,钟鼓云乎哉?"此礼乐之本也。

礼的机制是别人之亲疏尊卑,使之各得其所,玉帛是礼之仪,用以呈现互敬之意。乐的作用是和亲，拉近距离，塑造共同体感，钟鼓是其物质形态，背后是人心亲爱，故《礼记·乐记》说：

> 乐者，非谓黄钟大吕弦歌干扬也，乐之末节也，故童者舞之。铺筵席，陈尊俎，列笾豆，以升降为礼者，礼之末节也，故有司掌之……是故，德成而上，艺成而下；行成而先，事成而后。

君子关注乐之养德，礼之成事。关注玉帛而无互敬之情，礼即为虚文。关注乐器而无和亲情谊，乐徒有其表。孔子时代，恰恰如此，如《八佾篇》记当时在位者只关注礼乐之物质表现，并沉溺于此，不仅忘记德行之养成，反而僭越礼乐之制，满足虚荣心和权力欲，玉帛、钟鼓反而诱惑其放纵欲望，敬、亲之意更快流失。

《八佾篇》孔子质问："人而不仁，如礼何？人而不仁，如乐何？"孔子指出，当时在位者不仁，故只关注玉帛、钟鼓。本章孔子指出，君子群体败坏，玩弄礼乐，礼乐徒有其表，实已沦丧矣。

17：12 子曰："色厉而内荏（rěn），譬诸小人，其犹穿窬（yú）之盗也与（欤）？"

上章论当时徒有礼乐之文而无其本，本章论色厉内荏。

色，脸色。厉，威严。荏，弱貌。穿，通也。窬，门旁小户，穿墙为之。

夫子说："脸色威严，但内心怯弱，这样的人，若以小人来比喻，就好像那些从偏门进入的盗窃者。"

"君子不重则不威"（《学而篇》），治人者当有威仪，才能令人信服，具备权威。但庄重、威仪当出于自身庄敬之心，诚于中而形于外，内充实而庄重。然当时在位者，内不充实，亦无庄敬之心，为让人顺服，强作威严之色，实则不足服众，内心怯弱。孔子厌恶其人，于诸多类型小人中选取其一比拟之，即穿过门旁小户进入人家盗窃之贼：不是越墙而入的强盗，而走门户，不能不装作常人。但毕竟做贼心虚，乃强作镇定，比常人僵硬。

"穿窬之盗"有隐喻义：孔子批评执政者是窃权者，礼乐秩序的"穿窬之盗"。孔子曾斥臧文仲为"窃位者"（《卫灵公篇》）。当时在位君子本无德能，全凭世袭特权而窃据权位，色厉内荏，做出庄严样子，却无力赢得人们敬服。《为政篇》记，哀公问曰"何为则民服"，季康子问"使民敬、忠以劝，如之何"，君可见其内心之焦虑。

17：13　子曰："乡原（愿），德之贼也！"

上章论穿窬之盗，本章论德之贼。
乡，鄉也，向也。向愿，推测他人意向，屈己容媚以合之。
夫子说："投人所好之人，是窃取德行之名的贼。"

关于乡愿，孟子有专门论述。
孔子说："不得中行而与之，必也狂、狷乎！狂者进取，狷者有所不为也"（《子路篇》）。孟子曾将乡愿与狂、狷对比，故说"阉然媚于世也者，是乡原也"；"非之无举也，刺之无刺也；同乎流俗，合乎污世；居之似忠信，行之似廉洁；众皆悦之，自以为是，而不可与入尧舜之道，故曰德之贼也"（《孟子·尽心下》）。孟子意谓，狂者志存高远，狷者有所持守，乡愿则放弃是非原则，专意于柔媚事人。与人交往，喜推测他人心志，投其所好而、取媚，即孔子所说"色取仁而行违，居之不疑"之"闻"人（《颜渊篇》）。其人凭此窃得有德之名，遮掩真正的德，扰乱德行标准，故孔子斥为"德之贼"。

上章孔子指出，当时在位者是盗窃礼乐之贼，本章孔子所指似乎更为广泛，身在礼崩乐坏之世，既无重建秩序之大志，也无坚守底线之耿介，而同流合污，悦众媚世，窃得好名，居之若素，实为大害。

> 17：14　子曰："道聽而塗說，德之棄也！"

上章论德之贼，本章论德之弃。

道，路也。涂，道也。

夫子说："在路上听来一些消息，又在路上说与别人，德行就这样流失了。"

"博学于文，约之以礼"，然后可以有德；"志于道"，然后可以"据于德"，此道是仁道，圣王之道。而道路上传播之信息通常未必确实，人流匆匆又无法证实，君子姑妄听之、置之不理可也。若转过身来，又在道路上广为传播，说明其人无判断力、无责任心，又好虚荣。心中充斥不能证实、毫无意义的信息流，无所用心，必定迷失自己，最终一无所成。孔子称之为"德之弃"，其人为德所弃，实则其心不在焉，故自弃于德。

在今日所谓信息时代，道听途说之言横飞，人多沉溺于其中，而不知所终。

上章孔子谓乡愿为"德之贼"，窃得有德之名；本章孔子谓道听途说者为"德之弃"，放弃进德。前者作伪，后者下达。

> 17：15　子曰："鄙夫可與事君也與（歟）哉？其未得之也，患得之；既得之，患失之。苟患失之，無所不至矣！"

上章论德之弃，本章论鄙夫之患得患失。

夫子说："能与鄙陋之人共同侍奉君主吗？未得位之前，琢磨怎么得到；得位之后，总担心失掉。如果真的担心失掉，就会没有不敢干的事。"

鄙夫者，鄙陋之人也。所谓鄙陋者，胸无大志，唯见利者也，为了得位、保位，而无所不为。孔子提醒说，不可与这样的人为友、共事，其为得位、保位可以毫不犹豫地伤天害理。

人之患得患失者，皆因利字当头。天下之利熙熙而来，攘攘而往，鄙夫心神不定，求之不已，不能自主，而为外物所牵，"人化物"矣。鄙夫患得患失，故无一日之乐；君子乐道顺天，故有终生之乐，故子曰："君子坦荡荡，小人常戚戚"（《述而篇》）。《荀子·子道》记：

> 子路问于孔子曰："君子亦有忧乎？"孔子曰："君子其未得也，则乐其意，既已得之，又乐其治。是以有终生之乐，无一日之忧。小人者其未得也，则忧不得；既已得之，又恐失之。是以有终身之忧，无一日之乐也。"

17：16 子曰："古者民有三疾，今也或是之亡（无）也。古之狂也肆，今之狂也荡；古之矜也廉，今之矜也忿戾；古之愚也直，今之愚也诈而已矣。"

上章论鄙夫，本章论民之三疾。

疾，偏失。廉，器物之棱，喻指人的行为方正，自相检束。忿，怒也。戾，乖戾。

孔子说："古代的人也有三种偏失，而今天，可能连此偏失也没了：古人的狂表现为率意直言，现在的狂呢只是放荡不羁；古人的矜持表现为行为方正，今人的矜持呢只是愤世嫉俗、行为乖张；古人的愚表现为耿直，今人的愚呢只是伪装欺诈罢了。"

持守中道者，古今均不多见，故孔子曰"不得中行而与之，必也狂狷乎！狂者进取，狷者有所不为也"（《子路篇》）。古今之民多有这样那样的气质之偏，如狂、矜、愚。不过，同样的偏，在古时与今时之表现大相径庭。此处之古指天下有道之时，礼乐教化完备，矫正气质之偏，甚至顺其气质发展而成美德。而今天下无道，礼崩乐坏，气质之偏不受节制，没有引导，放大而为恶行。今人之偏尚不如古人，士风之恶劣可想而知。源头是礼崩乐坏，而人不好学。

上篇子曰："斯民也，三代之所以直道而行也"。人生而中正者，鲜也；今日之民与圣王之民，并无区别。古今民风、民德之别，由于在上位者之有道、无道。

17：17　子曰："巧言令色，鲜矣仁。"

上章论民之疾，其要在于不仁，本章论之。

夫子说："刻意地修饰言辞，装饰脸色，仁必定很少。"

本章已见《学而篇》，此为当时士林恶劣现象之一种，故重出于此。实际上，"鲜矣仁"统摄前数章，其所描述之士林乱象，根源皆在不仁：不仁，故以玉帛钟鼓为礼乐；不仁，故色厉而内荏；不仁，故为乡愿；不仁，故道听而途说；不仁，故患得患失；不仁，故有三疾；不仁，故巧言令色。

17：18　子曰："惡紫之奪朱也，惡鄭聲之亂雅樂也，惡利口之覆邦家者。"

恶，动词，厌恶。朱，正色，周代君子之衣用朱色，《小雅》之《采苢》《斯干》等诗有"朱芾斯皇"之句。紫，春秋时代，诸侯改朱用紫，《礼记

·玉藻》记:"衣冠紫緌(ruí),自鲁桓公始也"。《韩非子·外储说左上》记:"齐桓公好服紫,一国尽服紫"。

郑声,郑国流行之歌曲,多歌男女之情。利口,伶牙俐齿,言而不实。

夫子说:"厌恶紫色夺取朱色的地位,厌恶出自郑国的流行歌曲扰乱雅乐,厌恶华而不实的言辞倾覆邦国、家室。"

春秋时代,礼乐开始崩坏,诸多礼制有变,如君子之衣由朱色变为紫色;君子更喜欢出自郑国,主要歌唱男女之情的流行歌曲,而冷落陶冶性情之雅乐;社会风气更为浮夸,华而不实的人走红,有些邦国、家室因此而倾覆。孔子对此深为厌恶,孟子曾引用孔子:

> 孔子曰:"恶似而非者:恶莠,恐其乱苗也;恶佞,恐其乱义也;恶利口,恐其乱信也;恶郑声,恐其乱乐也;恶紫,恐其乱朱也;恶乡原,恐其乱德也。"君子反经而已矣。经正,则庶民兴;庶民兴,斯无邪慝矣。(《孟子·尽心下》)

本章所列现象均为"似是而非者",其于不知不觉中败坏德行与社会风气。实际上,以上数章所列现象均属"似是而非者",士风因此而败坏。

以上八章列举当时君子、士人种种不良现象,根源在于不学、不仁。孔子指出这些现象,意在警示弟子,孔门弟子也多少有此倾向,故有以下孔子之慨叹。

> 17:19 子曰:"予欲無言!"子貢曰:"子如不言,則小子何述焉?"子曰:"天何言哉?四時行焉,百物生焉,天何言哉?"

以上记士林乱象,本章记孔子之失望、慨叹。

四时，古人编历，首先通过观测太阳运行推算春分、秋分，确定夏至、冬至，是为四时。四时定，则四季定。

夫子说："我不想说话了！"子贡说："夫子若不说话，我们后辈称述什么呢？"孔子说："天说过什么话吗？春分、秋分、夏至、冬至四时运行于天，万物生育成长于天，天说过什么话吗？"

孔子有救世之心，而世人不听。孔子以学养成新式士君子，但不是所有弟子好学、善学。"予欲无言"即为孔子失望之慨叹，对世人，对士人，对弟子。子贡发问，孔子乃发宏论而显天道。

早期人类崇拜多神，必经一次精神突破才可有文明之跃迁。突破路径大约有二：中国以西，由多神崇拜而至唯一真神崇拜，其神"言"，且喜言，言之不已，如犹太、基督教之经多记神之言：神以言创世，神说要有光于是就有了光之类，所谓"太初有言，言与神同在，言就是神"；神以言启示先知，命人以信神或爱人之诫；神以言颁布律法，规范万物与人。至于华夏之突破路径，则由颛顼、帝尧"绝地天通"（见《尚书·吕刑》《国语·楚语下》)，而有屈神而敬天。天别于神之大端，在其不言，如《诗经·大雅·文王》曰："上天之载，无声无臭"。本章孔子确认这一点。孟子后来也说："天不言，以行与事示之而已矣"(《孟子·万章上》)；庄子曰："天地有大美而不言，四时有明法而不议"(《庄子·知北游》)。

天不言，则天何在而如何存在？天不在人外、物外，天、人不二，人、物一体，呈现为孔子所说之行与生。《周易·乾卦·象传》："天行健"；《周易·系辞下》："天地之大德曰生"。天生万物与人，生生不已；万物与人行而不已。天就是生生不已、健行而不居之万物之大全。

天不言，则人无从以言知天、从天，然则如何法天而生、人间如何法天而治？"四时行焉"，天行有常，则有"文"；世间万物皆有其文，皆可见天意，为人所取法。《周易·贲卦·象辞》曰："观乎天文，以察时变；观乎人文，以化成天下"，圣人观天地万物之文而作人文，《周易·系辞下》曰：

古者包牺氏之王天下也，仰则观象于天，俯则观法于地，观鸟兽之文，与地之宜，近取诸身，远取诸物，于是始作八卦，以通神明之德，以类万物之情。作结绳而为罔罟，以佃以渔，盖取诸离。

作结绳而为罔罟，以佃以渔，盖取诸离。

包牺氏没，神农氏作，斫木为耜，揉木为耒，耒耨之利，以教天下，盖取诸益。

日中为市，致天下之民，聚天下之货，交易而退，各得其所，盖取诸噬嗑。

神农氏没，黄帝、尧、舜氏作。通其变，使民不倦，神而化之，使民宜之。易穷则变，变则通，通则久。是以自天佑之，吉无不利。

黄帝、尧、舜垂衣裳而天下治，盖取诸乾坤。

刳木为舟，剡木为楫，舟楫之利，以济不通，致远以利天下，盖取诸涣。

服牛乘马，引重致远，以利天下，盖取诸随。

重门击柝，以待暴客，盖取诸豫。

断木为杵，掘地为臼，臼杵之利，万民以济，盖取诸小过。

弦木为弧，剡木为矢，弧矢之利，以威天下，盖取诸睽。

上古穴居而野处，后世圣人易之以宫室，上栋下宇，以待风雨，盖取诸大壮。

古之葬者，厚衣之以薪，葬之中野，不封不树，丧期无数。后世圣人易之以棺椁，盖取诸大过。

上古结绳而治，后世圣人易之以书契，百官以治，万民以察，盖取诸夬。

圣圣相继，观天文、作人文，而造福万民。

由此可见，因为敬天，华夏圣贤、人民自始即有两大倾向：第一，尚文而不尚言：圣人非以言传达神意命令人，而是作人文以示人，八卦为文，文字为文，礼乐同样为文，中国之教为文教，圣人以文化成天下；第二，尚行而不尚言：作者，行也，非言也。圣人不言而作，其文行于天下，万民各得其利，而心悦诚服。圣人不是以神恐惧人，也非以暴力强制人，而是以其公益振作万民，兴起万民，万民归往。万民实以圣人所作之文而自觉、自主、自立。

孔子继往圣而集大成，同样尚文不尚言：孔子"述而不作，信而好古"，删述六经而成万古未有的六经之文，集先圣之大成；孔子尚行不尚言，自谓"躬行君子，则吾未之有得"（《述而篇》），孔子四处奔波，以行道天下。故孔子为政之道曰"君子先行其言，而后从之"（《为政篇》），为政关键不在君子之言，而在君子之行；君子不以言宣教，而以其行得众而化成天下，故其美德是"欲讷于言而敏于行"（《里仁篇》）。孔子教导弟子"行有余力，则以学文"（《学而篇》）。至于孔子开创之学，乃"博学于文，约之以礼"（《雍也篇》），先圣之大道俱在六经之文中，博学于文则可以知之，但最为重要的是行之。

故孔子"不欲言"。天不言，圣人法天，同样不言；六经俱在，圣人不言而可以成教。人学孔子，固可学其言，要在学其行。子曰："二三子以我为隐乎？吾无隐乎尔。吾无行而不与二三子者，是丘也。"（《述而篇》）

各种神教均迷信言，孔子则兴起不言之文教，而以行为依归。学孔子之道而后行于天下，方为君子。而君子之行始于修身，修身本身就是行。

以上各章所列在位者、士人之败坏，多因其闻言而不行，或行不副其言，《中庸》曰："庸德之行，庸言之谨；有所不足，不敢不勉，有余不敢尽；言顾行，行顾言，君子胡不慥慥尔！"

17:20 孺悲欲見孔子，孔子辭以疾。將命者出戶，取瑟而歌，使之聞之。

上章记孔子欲不言，本章记孔子之不言而教。

孺悲，孔子弟子。将命，传命。

孺悲想拜见孔子，孔子以身体不好为由推辞了。但传命者刚走出房门，孔子就取瑟伴奏，歌唱起来，故意让传命者听到。

《礼记·杂记下》记载："恤由之丧，哀公使孺悲之孔子，学士丧礼。士丧礼于是乎书。"鲁哀公派孺悲从孔子习士丧礼，可见其与鲁哀公有相当密切的关系。推测起来，因这层关系，孺悲对孔子或有非礼、不敬处，故孔子予之以教诲，以反常做法警示孺悲反思自己的非礼、不敬。孔子相比对孺悲也有一定了解，知道他会因此而反省，孺悲后来确随孔子学士丧礼。

由本章可见孔子教人有方。对弟子，除了言传，更有言语之外的教导。不过，这样的教之有效，须以受教者之自觉、内自省为前提。

上一单元记当时在位者与士人之败坏，以上两章记孔子之慨叹，孔子乃以行教人。

> 17:21　宰我問："三年之喪，期已久矣！君子三年不為禮，禮必壞；三年不為樂，樂必崩。舊穀既沒，新穀既升，鑽燧改火，期（jī），可已矣。"子曰："食夫稻，衣夫錦，於女（汝）安乎？"曰："安！""女安，則為之！夫君子之居喪，食旨不甘，聞樂不樂，居處不安，故不為也。今女安，則為之！"宰我出，子曰："予之不仁也！子生三年，然後免於父母之懷。夫三年之喪，天下之通喪也。予也有三年之愛於其父母乎？"

三年，古代对父母、君等人服丧三年。

没，尽也。升，登也。钻燧，古人钻燧取火，以绳旋转之木棍为钻，所钻之方盘为燧。改火，周代，四季各以不同木质所制之钻燧取火：春取榆柳之火，夏取枣杏之火，夏季取桑柘之火，秋取柞楢之火，冬取槐檀之火，一年循环一个周期。已，止也。稻，在古代中原，稻是高级饭食。锦，绣有文饰之丝织品。食，动词，吃。旨，美味。处，常处之处。怀，怀抱。

宰我请教："为父母服丧三年，这期限也太长了吧。君子三年不行礼仪，礼仪就荒废了；君子三年不表演乐舞，乐舞必定崩坏。陈谷吃尽了，新谷收进场了，取火的钻燧之木更换一轮了，故守丧一年就可结束了。"夫子说："父母去世还没出三年，你就吃上美味的稻米，穿上华美的锦衣，你是否心安？"宰我说："心安。"夫子说："心安，你就去做吧。君子在父母去世之后，吃美味，不觉得甘美；赏乐舞，不觉得快乐；睡觉居住在平日所在之处，心里不安，所以才不这么做。既然你心安，那你就去做吧！"

宰我退出，夫子说："宰予真是不仁啊！子女生下三年，才离开父母的怀抱，所以，三年守丧期是通行于天下的丧制啊。宰予从他父母那儿得到过三年之爱吗？"

本章记孔门师徒讨论丧期问题。古代礼制，子女为父母守丧三年，实为二十五月，《礼记·三年问》云：

"三年之丧，何也？"曰："称情而立文，因以饰群，别亲疏贵贱之节，而不可损益也，故曰：无易之道也。创钜者，其日久；痛甚者，其愈迟；三年者，称情而立文，所以为至痛极也。斩衰，苴杖，居倚庐，食粥，寝苫，枕块，所以为至痛饰也。三年之丧，二十五月而毕；哀痛未尽，思慕未忘，然而服以是断之者，岂不送死者有已、复生有节哉？"

三年守丧期本乎哀戚之情，而予以节文。太短，不能尽人哀戚之心；太长，影响生人正常生活。宰我反对，主张一年。孔子启发宰我内省父母去世时自己之心与情，宰我在孔门中属言语科，捷口利辩，脱口而出"心安"。孔子大为失望，乃阐明制礼之道。

《礼记·礼运》说："夫礼,先王以承天之道,以治人之情。"《丧服四制》说："凡礼之大体,体天地,法四时,则阴阳,顺人情,故谓之礼。"《乐记》则总论曰："先王之制礼乐,人为之节"。礼本乎人情,而予以节文。三年之丧制基于孝子对父母去世自然、普遍具有的哀戚之情,而为之确立仪节。

然宰我谓心安,孔子乃剖析宰我之缺陷:"不仁"。子女刚出生,柔弱而不能自立,父母怀抱子女三年,倍加爱护。凡人思及此,自有报恩之心,于父母去世后,不忍心于物质享受。照孟子的看法,此不忍之心就是仁之端。圣人制礼,旨在让人有充分的时间守护、扩充这仁之端而为仁,故曾子曰"慎终追远,民德归厚矣"(《学而篇》)。当礼崩乐坏之世,人心趋于浇薄,宰我之心不仁而忍,一如《八佾篇》首章所斥季氏之忍,故其欲改古礼而振振有词。

当此之际,孔子从两方面同时下手,一方面唤醒人之仁,一方面重建礼乐。礼制之本是人情,丧制之本是哀戚之情。有此情,为之节文,即为丧礼。反过来,循此礼,成就哀戚之情,可以扩充人之仁,《大戴礼记·盛德》论证其间互生关系:"凡不孝,生于不仁爱也;不仁爱,生于丧祭之礼不明。丧祭之礼,所以教仁爱也。致爱,故能致丧祭。"

本章重点在"不仁"二字,本篇所列在位者、君子之种种乱象,皆可归本于不仁。不仁,则悖礼而胡作非为,而仍然心"安"。故正人心,至关重要。

宰我在孔门列"言语"科,《论语》所收数章,确可见其利口辩辞:哀公问社于宰我,宰我谓周人以栗,"曰使民战栗",孔子批评之(《八佾篇》);本章宰我遽然回答"安",孔子批评之。当然,宰予昼寝,孔子更是严厉斥责,并谓"始吾于人也,听其言而信其行;今吾于人也,听其言而观其行。于予与改是"(《公冶长篇》),可见其言不经心,轻率言说而不经意。追根溯源,在敬人、爱人之心淡薄,故孔子谓其"不仁"。子曰:"仁者其言也讱"(《颜渊篇》),讱者,正因其敬人、爱人之情。《论语》之中,宰我大约是唯一可为人戒者,其失正在于言过其行而不以耻。学孔子之道,不可不慎于言而敏于行。

> 17:22　子曰："飽食終日，無所用心，難矣哉！不有博弈者乎？為之，猶賢乎已！"

上章论不仁，本章批评不用心。

博，博彩游戏，由博局、六箸、十二颗棋组成，盛行于东周、秦汉。弈，围棋。两者当时均属底层大众游戏。贤，胜也。已，止也，无所作为。

夫子说："整天吃得饱饱的，对什么都不用心，这样的人会有大麻烦。世间不是有玩博彩、围棋的人吗？玩玩博彩、下下围棋也好过无所用心。"

孟子曾申说孔子之意："今夫弈之为数，小数也；不专心致志，则不得也。弈秋，通国之善弈者也。使弈秋诲二人弈，其一人专心致志，惟弈秋之为听。一人虽听之，一心以为有鸿鹄将至，思援弓缴而射之，虽与之俱学，弗若之矣"（《孟子·告子上》）。

孔子对比"饱食"与"用心"，突出肉体与心之别。饱食，旨在满足肉体感官之需求。人沉浸于此，心难免遮蔽，而无所用。人为物质欲望牵引、支配，不断下坠，是为"下达"，甚至无所不为，如鲁公父文伯之母所说："夫民劳则思，思则善心生；逸则淫，淫则忘善，忘善则恶心生"（《国语·鲁语下》）。故子曰："君子食无求饱，居无求安"（《学而篇》）。

《尚书·泰誓上》："惟人，万物之灵"，人与万物之区别正在于有心。用心，人方能超出肉体感官之局限，体会人固有之情，如孟子所说"不忍人之心"，此情指向他人，人超越自我肉体的局限。孟子又说，"心之官则思，思则得之，不思则不得也"（《孟子·告子上》），心能思，人可用心自觉而内自省，体仁、知义、明礼、志道，成己而安人。用心，才可以成君子。

围棋很早出现，直到魏晋士族参与后，才成为一种高雅游戏。

> **17:23** 子路曰:"君子尚勇乎?"子曰:"君子義以為上。君子有勇而無義為亂,小人有勇而無義為盜。"

前两章分别论仁、智,本章论勇。

尚,崇尚。上,同尚。

子路说:"君子崇尚勇之德吗?"夫子说:"君子崇尚的是义。君子若有勇而不知义,就会作乱;庶民若有勇而不知义,就会成为盗贼。"

本章所记,大约是子路初见孔子时,孔子对子路的教诲。

孔门中,子路最勇。君子当然尚勇,但以义为本。义者,宜也,依道德、伦理和法律,凡属自己当为者,勇于为之,甚至不惜"杀身以成仁"(《卫灵公篇》)。与勇相关有两种偏颇,第一种是"见义不为,无勇也"(《学而篇》)。第二种是无义之勇。此处君子、小人指位而言,拥有共同体治理权的君子若有勇无义,必蔑视尊者,犯上作乱;无位的普通民众若有勇无义,必为满足利益或虚荣心侵害他人财产、生命。《泰伯篇》曰:"勇而无礼则乱";本篇孔子对仲由说:"好勇不好学,其蔽也乱"。《礼记·聘义》则论述最为高尚之勇如下:

> 故强有力者,将以行礼也……以成礼节,以正君臣,以亲父子,以和长幼。此众人之所难,而君子行之,故谓之有行;有行之谓有义,有义之谓勇敢。故所贵于勇敢者,贵其能以立义也;所贵于立义者,贵其有行也;所贵于有行者,贵其行礼也。故所贵于勇敢者,贵其敢行礼义也。故勇敢强有力者,天下无事,则用之于礼义;天下有事,则用之于战胜。用之于战胜则无敌,用之于礼义则顺治;外无敌,内顺治,此之谓盛德。

真正的勇就是勇于行礼义,以礼恭谨待人,明乎己之礼义而勇为。克己复礼，里仁，杀身成仁，乃是大勇。

以上三章专记孔门弟子中存在之不良现象，不仁，不用心，有用而无义，孔子予以严厉批评。

> 17∶24　子貢曰："君子亦有惡乎？"子曰："有惡：惡稱人之惡者，惡居下流而訕上者，惡勇而無禮者，惡果敢而窒者。"曰："賜也亦有惡乎？""惡徼以為知（智）者，惡不孫（遜）以為勇者，惡訐以為直者。"

前数章列举士林不良倾向，本章对此表达强烈厌恶之情。

流，衍字。讪，谤毁也。窒，不通也。徼，同绞，急于表白，以炫耀其能。讦，攻人之隐私也。

子贡说："君子也有所厌恶吗？"夫子说："有所厌恶：厌恶到处宣扬别人不好者，厌恶身为下属而毁谤上级者；厌恶有勇气而不懂礼义者，厌恶果断敢为而顽固不通者。"孔子问："赐啊，你也有所厌恶吗？"子贡说："厌恶以抢着说话为明智者，厌恶以对人粗暴不逊为勇敢者，厌恶以揭发别人隐私为耿直者。"

孔子首先列举自己厌恶的几种人。君子与人为善，舜之智慧正在于"隐恶而扬善"（《中庸》）。臣事君，主忠信，自当尊敬上司。上司有过，当面劝谏，劝谏不听，自可辞去。毁谤上司，徒见其不知礼、不明义。后两种比较接近，有血气之勇而不通礼义，常伤害他人。

子贡列举自己厌恶的三种人，共同特点是自以为是，对人无敬意，或者急着表现自己的智，抢着说话，"言未及之而言，谓之躁"（《季氏篇》）；或者对人粗暴无礼，自以为勇敢；或者到处传播别人隐私，自以为耿直。

孔子、子贡所厌恶者均为不仁无义者，对人无同情体贴之心。君子有情，故有好恶，"恶不仁者，其为仁矣，不使不仁者加乎其身"（《里仁篇》）。然于此类人，当"不念旧恶"，对事不对人，则可以无怨（《公冶长篇》）。

> **17：25** 子曰："唯女子與小人為難養也！近之則不孫（遜），遠之則怨。"

上章论列令人厌恶者，本章论列不易相处者。

女子，未婚之女孩子。小人，仆隶下人。养，待也。近，动词，亲近。远，动词，疏远。

夫子说："只有小女子与仆隶下人是难以相处的。亲近他们，会放肆无礼；疏远他们，会心中有怨。"

《诗经》中，"女子"与"男子"相对而言，《小雅·斯干》谓"乃生男子，载寝之床，载衣之裳，载弄之璋。乃生女子，载寝之地，载衣之裼，载弄之瓦。""男子"即男性之子，"女子"即女性之子。《国风》多首诗有"女子有行"句，均指女孩子出嫁。孔子本章所说"女子"正指成家前的女孩子，其心智尚未成熟，性情变化不定，故不易相处。"小人"指家中仆隶，听人指使。女子和小人不易相处的原因在于，其为人所养，而不自主，故心智不够成熟，不能有效控制情绪，所以，"近之则不逊，远之则怨"。

不过，只要生活环境改变，如小女子成婚，或仆隶成家，则无此倾向。比如，女子成婚，心智成熟，与丈夫共承宗庙，经营家室，如《周易·家人卦·象辞》所说"女正位乎内，男正位乎外，男女正，天地之大义也"，妇人发挥自己作用，本不需人"养"，反而是养人者，无所谓"难养"。

《国语·楚语下》记叶公子高对此问题有更一般论述，子高与孔子有过接触（见《述而篇》《子路篇》），这段话很有可能闻之于孔子：

> 吾闻之：唯仁者可好也，可恶也，可高也，可下也。好之不逼，恶之不怨，高之不骄，下之不惧。不仁者则不然：人好之则逼，恶之则怨，高之则骄，下之则惧。

本章孔子告诫士君子以女子与小人为镜鉴，自主而自立，则人近之而无不逊，人远之而不怨，不见恶于人。本章同时也告诫士君子，对女子与小人，当知其情态，既不近之，也不远之，待之以礼，则可免于其不逊、不怨。

17:26 子曰："年四十而見惡焉，其終也已！"

前两章论君子所恶者，本章论不为人恶。
见，被。已，动词，止。
夫子说："年至四十却遭人厌恶，其人终其一生也难有所成啦。"

在事业上平平淡淡，并不要紧；若为人厌恶，如上章孔子、子贡所列七种情形，可见此人品行不端，无仁心，不知礼义。尤其是到四十依然如此，则可断定，此人已无可奈何。孔子自谓"四十而不惑"（《学而篇》），不受激情、欲望、情绪的控制。孔子、子贡列各种令人厌恶之人，皆因不能控制激情、欲望和情绪，听凭其泛滥而不加节制，伤人而不自知。当青壮年时，血气未定、血气方刚，偶有此失，尚可谅解。年龄增长，阅历增加，而依然如故，惹人厌恶，说明其人缺乏自觉，不能内自省而改过，无可救药，以至于"老而不死是为贼"（《宪问篇》）。

本篇后半部分描述士林常见之种种不良倾向。以上三章对此表达强烈的厌恶之情，关键词是"恶"。孔子以此警示士君子，内自省而改过，免于这些倾向。唯其如此，才能上达，成为君子，承担起建设新秩序之重任。

最后一章告诫士君子，不可令人厌恶。怎样做到？靠内自省，控制激情、欲望、情绪，如此，生命将随年龄增长而持续提升，并有可能知天命，行道于乱世而百折不回。这呼应第一章，也导向下一篇。

微子篇第十八

前三篇记孔子为行道天下而周游各国，与当时在位之公侯、卿大夫、士发生交接。而此三群体均已败坏，不信用孔子，孔子何以处之？本篇阐明孔子身处无道之世之心志。

共十一章，先记孔子无以行道，难免失望，故与隐者心有戚戚焉。不过，孔子终有大仁大义，故知其不可而为之，而养成士君子，从长规划道行于天下之大计。

> 18：1 微子去之，箕（jī）子為之奴，比干諫而死。孔子曰："殷有三仁焉。"

本章记殷末三位仁者面对殷纣王的三种不同抉择。

微子、箕子、比干，均为殷末之人。之，代指殷纣王。

微子逃亡离开殷纣王，箕子沦为殷纣王的奴仆，比干谏诤殷纣王而被杀死。孔子说："殷有三位仁者啊。"

《史记·宋微子世家》记殷末三仁者事迹如下：

> 微子开者，殷帝乙之首子而帝纣之庶兄也。纣既立，不明，淫乱于政，微子数谏，纣不听。及祖伊以周西伯昌之修德，灭黎国，惧祸至，以告纣。

纣曰:"我生不有命在天乎?是何能为!"于是微子度纣终不可谏,欲死之。及去,未能自决,乃问于太师、少师……太师若曰:"王子,天笃下灾亡殷国,乃毋畏畏,不用老长。今殷民乃陋淫神祇之祀。今诚得治国,国治身死不恨。为死,终不得治,不如去。"遂亡。

　　箕子者,纣亲戚也……纣为淫泆,箕子谏,不听。人或曰:"可以去矣。"箕子曰:"为人臣谏不听而去,是彰君之恶而自说于民,吾不忍为也。"乃被发佯狂而为奴。

　　王子比干者,亦纣之亲戚也。见箕子谏不听而为奴,则曰:"君有过而不以死争,则百姓何辜!"乃直言谏纣。纣怒曰:"吾闻圣人之心有七窍,信有诸乎?"乃遂杀王子比干,刳视其心。

面对暴虐的殷纣王,三仁者都有谏诤,但态度不同:比干耿直刚烈,遭杀害;箕子见谏而无用,又不欲彰显纣王之恶,乃假装疯癫;微子虽谏诤,适可而止,并流亡至外。

三仁者均为纣王亲戚,微子最近,反为选择为其而死,而是离开纣王。他预计纣王无道,殷商必倾覆,身为先王之子,负有延续殷祚之大任,故不为无道者死,而待机行道。周武王灭纣,封纣子武庚禄父于殷之故国,以续殷祀,使管叔、蔡叔傅相之。武王驾崩后,管、蔡作乱,武庚卷入,周公东征,诛武庚,杀管叔,放蔡叔,"乃命微子开代殷后,奉其先祀,作《微子之命》以申之,国于宋"(《史记·宋微子世家》)。殷商之祚终赖微子延续,薨后,其弟微仲继位,孔子正是微仲后人。

孔子不轻许人以仁,而言殷末三贤均为仁者,盖其均出于至诚恻怛心存爱人之心。通观本篇,孔子必不"为之奴",蒙受羞辱;也不"谏而死",白白葬送行道之身。本章以微子开头,本篇以微子命名,可见孔子的选择类似乃祖微子:志于道,见机而作,而无可无不可。

本章为本篇之提纲,列举殷末三位仁者之选择,类似于《诗经》之"兴",彰显孔子于乱世行道之志:孔子不会为衰微之秩序而死,也不会抛弃天下,而以行道为志，知其不可而为之，又无可无不可。

本章标举微子之"去"，此字贯穿全篇，描摹孔子在去与不去之间的抉择、思考。

> 18:2　柳下惠為士師，三黜。人曰："子未可以去乎？"曰："直道而事人，焉往而不三黜？枉道而事人，何必去父母之邦？"

上章论微子"去"之，本章论柳下惠之不去国。

柳下惠，鲁贤人展禽。士师，刑狱之官。黜，贬官，降职。

柳下惠担任士师之职，几次遭到贬退。有人对他说："您遭到这种待遇，还不离开鲁国啊？"柳下惠说："完全依循于道为人做事，到哪儿不是屡遭贬退呢？若放弃道而为人做事，又何必离开自己父母之邦国呢？"

柳下惠是贤人（《卫灵公篇》），三次遭贬，彰显邦国之无道。君子于此时代，当何为？《战国策·燕策》记燕王喜谢乐毅书中记此事曰：

> 昔者，柳下惠吏于鲁，三黜而不去。或谓之曰："可以去。"柳下惠曰："苟与人之异，恶往而不黜乎？犹且黜乎，宁于故国尔。"柳下惠不以三黜自累，故前业不忘；不以去为心，故远近无议。

柳下惠何以不去？当时，不仅鲁国无道，整个天下均无道，他邦与鲁没有区别，则不如留在父母之邦，可见柳下惠之坦荡从容。生于乱世，有行道之志者难免急躁；面对不利遭遇，难免愠怒怨恨。柳下惠却无此反应。相反，三次被同一君贬黜，仍坦然承当。盖其以行道为志，抓住能掌握的机会行道。

本章也彰显柳下惠对父母之邦的情感，《宪问篇》，子曰："士而怀居，不足以为士矣。"士君子以天下为己任，志在行道天下。然生于斯，长于斯，对父母之邦自有深挚情感。故柳下惠不去父母之邦，孔子周游列国不得其志，仍回父母之邦。在父母之邦，有父母之庙、墓，有亲戚故旧，人在其中，尽享深情厚谊。故即便天下一家，对父母之邦，人也有特殊情感。爱故乡、爱国，乃是自然而可贵之情感。

> 18：3 齊景公待孔子曰："若季氏，則吾不能，以季、孟之間待之。"曰："吾老矣，不能用也。"孔子行。

上两章记微子之去、柳下惠之不去，本章记孔子之去。

齐景公欲确定孔子之名位，说："像季氏那样，我是做不到的，我给你之位将在季氏、孟氏之间。"后来他对孔子说："我年纪大了，没有能力用您了。"孔子乃起身离开齐国。

此事发生于孔子中年在齐时，《史记·孔子世家》记载：

> 景公问政孔子，孔子曰："君君，臣臣，父父，子子。"景公曰："善哉！信如君不君，臣不臣，父不父，子不子，虽有粟，吾岂得而食诸！"他日又复问政于孔子，孔子曰："政在节财。"
>
> 景公说（悦），将欲以尼溪田封孔子。晏婴进曰："夫儒者，滑稽而不可轨法；倨傲自顺，不可以为下；崇丧遂哀，破产厚葬，不可以为俗；游说乞贷，不可以为国。自大贤之息，周室既衰，礼乐缺有间。今孔子盛容饰，繁登降之礼、趋详之节，累世不能殚其学，当年不能究其礼。君欲用之以移齐俗，非所以先细民也。"
>
> 后景公敬见孔子，不问其礼。异日，景公止孔子曰："奉子以季氏，吾不能。以季、孟之间待之。"齐大夫欲害孔子，孔子闻之。景公曰："吾

老矣，弗能用也。"孔子遂行，反乎鲁。

齐景公有重用孔子之意，齐国大夫反对，尤其是晏子认为，儒学不足以解决当时问题。晏子是当时贤大夫，《史记·仲尼弟子列传》说："孔子之所严事：于齐，晏平仲"，孔子也赞"晏平仲善与人交，久而敬之"（《公冶长篇》）。但作为旧秩序中在位君子，晏子忙于解决当时紧迫问题，"欲速"（《子路篇》）而缺乏长远眼光，故不能理解孔子之道。受此影响，齐景公疏远孔子，不拟用孔子，孔子乃立刻离开齐国。

这是孔子行道天下，眼见机会而遭遇挫折之第一次。可见孔子行道之志坚定，但在现实政治世界中，绝不执着。得位、为政只是行道之一途，故在政治世界中，孔子的抉择绝不拖泥带水。

18：4 齊人歸（馈）女樂，季桓子受之，三日不朝。孔子行。

上章记孔子去齐，本章记孔子去鲁。

归，赠送。季桓子，鲁执政之卿大夫，季孙氏，名斯，谥桓。

齐国人赠送一支貌美善舞的女子乐舞队，季桓子接受了，并且三天都不上朝。于是，孔子告辞离开。

《史记·孔子世家》记载，鲁定公八年，孔子五十岁，定公以孔子为中都宰。此后，孔子地位不断上升，邻国齐国恐惧：

> 齐人闻而惧，曰："孔子为政必霸，霸则吾地近焉，我之为先并矣。盍致地焉？"黎锄曰："请先尝沮之，沮之而不可则致地，庸迟乎？"于是选齐国中女子好者八十人，皆衣文衣而舞康乐，文马三十驷，遗鲁君。陈女乐、文马于鲁城南高门外，季桓子微服往观再三。将受，

乃语鲁君为周道游，往观终日，怠于政事。子路曰："夫子可以行矣。"孔子曰："鲁今且郊，如致膰乎大夫，则吾犹可以止。"桓子卒受齐女乐，三日不听政；郊，又不致膰俎于大夫。孔子遂行。

孔子由季桓子迷恋女乐及不分赐大夫祭肉看出，季桓子不能控制欲望、疏于礼义，缺乏向道之心，不足以成大事。不过，季桓子怠慢孔子，或另有隐情。此前，士人反叛，季氏困窘，季氏为自保而任用孔子。孔子起而用世，循序渐进地行动，首先削平士人反叛，稳定局势，此举对季氏有利，季氏对孔子言听计从。但季氏深知，孔子之志绝不限于此，而在恢复礼治秩序，重点是张大公室，必定威胁季氏既得利益，故在鲁国局势稍稳定后，季氏即疏远孔子。

孔子见此势，毅然决然辞别父母之邦，此后十四年未回鲁国，周游各邦，寻找行道机会。

以上三章，以柳下惠"不去"开头，记孔子之两"去"，可见孔子之道于当世难行之处境，更可见孔子不枉道事人之决绝。而柳下惠之不去父母之邦，与孔子之去父母之邦，亦可见两人胸怀之不同：柳下惠是贤人，孔子则是圣人，志在天下，故虽心系父母之邦，却并不迷恋。

孔子为行道，而"行"遍天下，周游列国，遭遇各种挫折而多次"去"，如《卫灵公篇》：卫灵公问陈于孔子。孔子对曰："俎豆之事，则尝闻之矣；军旅之事，未之学也。"明日遂行。行，可见孔子行道之志；去，可见孔子守死善道之志。

18:5 楚狂接輿歌而過孔子，曰："鳳兮鳳兮，何德之衰？往者不可諫，來者猶可追。已而已而，今之從政者殆而！"孔子下，欲與之言。趨而辟之，不得與之言。

上章记孔子去鲁，孔子周游各国期间，与各国隐者有所交接。本章记之。

接舆，楚之隐而狂者，不知其名，因接于孔子之车舆而权益称之。

德，所得，命运。谏，谏止，追回。已，止也。而，语助辞。殆，危也。下，下堂。

一位楚国狂隐者唱着歌从孔子车前经过，其辞曰："凤鸟啊凤鸟，命运何以如此衰微？过去的已不可挽回，未来的还可掌握。停下吧，停下吧，当今为政者已危不可救矣。"听到歌声，孔子下车，想与他搭话。其人快步行走，躲开孔子，孔子没法与他搭话。

此事发生在孔子周游至楚时，《史记·孔子世家》记载，当时孔子六十三岁，楚昭王器重孔子：

> 昭王将以书社地七百里封孔子，楚令尹子西曰："王之使使诸侯，有如子贡者乎？"曰："无有。""王之辅相，有如颜回者乎？"曰："无有。""王之将率，有如子路者乎？"曰："无有。""王之官尹，有如宰予者乎？"曰："无有。""且楚之祖封于周，号为子男五十里。今孔丘述三王之法，明周召之业。王若用之，则楚安得世世堂堂方数千里乎？夫文王在丰，武王在镐，百里之君，卒王天下。今孔丘得据土壤，贤弟子为佐，非楚之福也。"昭王乃止。

随后是本章事。可见，孔子在楚遭遇与在齐、鲁类似，虽公侯欲用，而大夫恐惧，并说服公侯。这些旧秩序中在位者清楚，孔子志在重建秩序，必将改变既有利益格局，故不喜孔子。

时运不济，同样面临这种处境，楚狂退隐，放弃导正秩序之责任，并劝孔子同样如此。《庄子·人间世》完整记载楚狂之歌曰：

> 孔子适楚，楚狂接舆游其门曰："凤兮凤兮，何如德之衰也！来世不可待，往世不可追也。天下有道，圣人成焉；天下无道，圣人生焉。

方今之时，仅免刑焉。福轻乎羽，莫之知载；祸重乎地，莫之知避。已乎已乎，临人以德！殆乎殆乎，画地而趋！迷阳迷阳，无伤吾行！吾行却曲，无伤吾足！"

接舆比拟孔子为凤鸟，鸟中之最高贵者，可见其知孔子之圣，可知其人乃贤而隐者，其歌部分道出孔子心声，触动孔子心灵，故孔子闻歌而下车，欲与之言而不得。

那么，孔子想与楚狂说什么？本章引而不发，留待下章揭晓。

> 18：6　長沮、桀溺耦而耕。孔子過之，使子路問津焉。長沮曰："夫執輿者為誰？"子路曰："為孔丘。"曰："是魯孔丘與？"曰："是也。"曰："是知津矣！"問於桀溺，桀溺曰："子為誰？"曰："為仲由。"曰："是魯孔丘之徒與？"對曰："然。"曰："滔滔者天下皆是也，而誰以易之？且而與其從辟（避）人之士也，豈若從辟世之士哉？"耰而不輟。子路行以告，夫子憮然曰："鳥獸不可與同羣！吾非斯人之徒與而誰與？天下有道，丘不與易也。"

上章记孔子与楚狂之交接，本章记与另两位隐者之交接。

长沮、桀溺，南方隐者，不知其名，记者依两人身体特征名之。长，身材高大；桀，身体强壮。沮、溺，足有湿泥。耦，两人并耕。津，渡口。舆，车厢。执舆，即执辔。子路本来驾车，子路下车问津，故孔子执辔。滔滔，水流泛滥之貌。以，犹与也。易，变易。而，尔也，你。耰，耱地之农具，播种之后，以之磨平翻开的地，令土壤完全覆盖种子。辍，停止。怃，怅惘之貌。

长沮与桀溺两人共同耕地，孔子从其田旁通过，让子路上前询问过河的渡口。

长沮问："现在执辔的人是谁呢？"子路回答："是孔丘。"长沮说："是鲁国的孔丘吗？"子路回答："是的。"长沮说："他可是知道渡口的呀。"子路转而询问桀溺，桀溺问："你是谁？"子路回答："我是仲由。"桀溺问："就是鲁国孔丘的那位弟子？"子路回答说："是的。"桀溺说："天下到处都像大水泛滥的样子，你要跟谁一起改变这局面呢？至于仲由你，与其跟从躲避无道之人的士人，哪里比得上跟从躲避无道之世的士人？"两人继续耰地而不停。

　　子路回来把这段对话告知孔子，孔子怅惘地说："既然我无法与鸟兽共同生活，那除了这世人，我又能跟谁共同生活呢？天下若有道，我就不用改变了。"

　　据《史记·孔子世家》，此事发生在孔子远游至叶而返回蔡的路上。长沮、桀溺了解孔子之为人与志向，故长沮径直说：孔子知道渡口。此语略带讥讽，也不乏敬佩，其中有双重隐喻：首先，长沮谓孔子"知津"。盖孔子删述六经，推明治道，又养成行道之主体——士君子，此即通往秩序重建之渡口。其次，孔子却不知通往渡口之路而不能不问人，隐喻现实政治世界中，无人给孔子提供行道之以救天下之机会。

　　桀溺则指出，如大水泛滥，天下各处同样混乱、无道，故孔子周游各国实属无益。接下对比自己与孔子：孔子是避人者，躲避身在此处的无道之君，又到他处寻找可能的有道之君，可见对世人还抱一线希望。两位隐者则是避世者，相信世人皆无道，干脆完全抛弃世人，不对任何具体的人抱有希望。

　　这两段话均触及孔子心曲，故孔子"怃然"。但接下来，孔子解说自己心志：逃避无助于出乱世。恰因天下无道，才越发需要入世，努力加以改变。孔子之至仁至义由此可见。民胞物与之情禀之于天，故圣人不敢有忘天下之心。无论天下有道、无道，圣人均在世人中，而欲世人如人一般生，如人一般相互对待。天下越是无道，圣人救世之心越不能自已。人世正有待于圣人之苦口婆心的教诲、提撕，才有可能出乱世。无圣人之悱悱惶惶，天下之滔滔将永无休止。隐士可谓高洁，圣人才是出路。

> 18:7 子路從而後，遇丈人，以杖荷蓧（diào）。子路問曰："子見夫子乎？"丈人曰："四體不勤，五穀不分，孰為夫子？"植其杖而芸，子路拱而立。止子路宿，殺雞、為黍而食之，見（現）其二子焉。明日，子路行以告，子曰："隱者也。"使子路反（返）見之。至，則行矣。子路曰："不仕，無義。長幼之節，不可廢也；君臣之義，如之何其廢之？欲絜其身，而亂大倫。君子之仕也，行其義也。道之不行，已知之矣！"

从，跟从。后，落于后。丈人，老人。荷，背负。蓧，用以除草的竹器。四体，四肢。五谷，中原地区种植的五种主要谷物：黍、稷、麦、菽、麻，另说有稻无麻。分，理也，理而治之。植，立也，倚靠。芸，除草。水田除草，系以足踩踏，故须倚杖。拱，两手伸出交叠行礼，男子左掌在外，右手在内。黍，小米，是较好的饭。伦，序也，伦理关系。

子路跟从孔子而落在后面，遇到一位老人，以手杖背着除草竹器。子路询问说："老人家可曾见过那位先生？"老人说："四肢不劳动，不能恰当地种植五谷，那位先生是谁啊？"老人靠着手杖除草，子路拱手站立行礼。老人留下子路，让他在家里过夜，杀鸡、用黍做饭给子路吃，又让两个儿子出来拜见子路。

第二天，子路起身，告诉夫子这件事，夫子说："这是隐士啊。"夫子让子路返回再见老人。到了老人家里，老人已外出。子路让老人两个儿子转告夫子的话："不出仕是不合于士人之义的。年长者与年幼者间的次序礼节若不可废弃，君臣之大义怎能废弃？本想洁身自爱，却破坏了更重大的人伦。君子出仕为的是做自己应为者，至于道不能行于天下，自己原是知道的。"

本章所记之事紧接上章。老者似有后世农家之风，故批评孔子四体不勤，五谷不分。"五谷不分"非谓孔子分不清五谷，这是常识；而是说，孔子分不清什么时间种植哪种谷物，《子路篇》：樊迟请学稼，子曰："吾不如老农"。此类依靠经验积累的技术知识，只有老农知道。

隐者虽批评孔子，但子路有礼，隐者乃安排子路在家借宿，热情招待，且让两个儿子出来，依长幼之序拜见子路。故孔子让子路转告老人：隐者承认兄弟长幼之序，也就不能否认君臣之义。此为基本人伦，且君臣更为重要。兄弟仅限于血亲之间，范围有限；君臣却在陌生人之间，是公共的，范围可以无限，大范围的公共秩序之维护有赖于此。唯有形成健全的君臣关系，父子、兄弟等关系才能在和平环境中正常发育。据此，君子不能不出仕，此乃君子之大义，人间"大伦"。君子出仕，固然对君有义，但其实是对天下人有义。君子不出仕，天下混乱而不能归于有道，大不义也。

正是见义而为，驱动孔子周游列国。孔子完全知道，行道于天下几无可能，但不忍世间如此混乱，不忍世人遭遇苦难，故总抱一丝希望，"知其不可而为之"（《宪问篇》）。此孔子不同于隐者之处。

18：8　逸民：伯夷、叔齊、虞仲、夷逸、朱張、柳下惠、少連。子曰："不降其志，不辱其身，伯夷、叔齊與？"謂柳下惠、少連："降志辱身矣，言中倫，行中慮，其斯而已矣"，謂虞仲、夷逸："隱居放言，身中清，廢中權。我則異於是，無可無不可。"

前三章记孔子不同于同时代隐者，本章记孔子不同于历代逸民。

逸，通佚，遗落。民者，无位之称。

伯夷、叔齐，殷末周初孤竹国二公子。虞仲，据《史记·吴太伯世家》记载，周太王之子吴太伯与弟仲雍逃至吴，相继为君，周武王克殷，求太伯、仲雍之后，乃封虞仲于周之北故夏虚，是为虞仲，列为诸侯。夷逸，《尸子》记有人劝其出仕而不肯。朱张，不见经传。柳下惠，鲁人。少连，《礼记·杂记下》：孔子曰："少连、大连善居丧，三日不怠，三月不解，期悲哀，三年忧。东夷之子也。"

降，降低。中，合也。伦，伦理。虑，思虑。放，放置。废，废置。异，不同。权，权宜之策。

古今被遗落为民之贤人有：伯夷，叔齐，虞仲，夷逸，朱张，柳下惠，少连。夫子说："不降低自己的志向，不让自己遭受屈辱，伯夷、叔齐就是如此吧。"评论柳下惠、少连："降低自己的志向，蒙受一些屈辱，但言语合于伦理法度，行为经过思虑，也就如此而已。"评论虞仲、夷逸："避世隐居，不再谈论世事，为人洁身自好，被废置也是自己的权宜之策。至于我，在出处问题上与这几位都不同，没有非做者，也没有非不做者。"

孔子评论殷末周初以来若干德能出众而为在位者遗落为庶民之贤人，分其处世态度为三类：

第一类，伯夷、叔齐。最为刚烈，绝不降低自己的志向，也不让自己受一丁点委屈，故选择直接对抗不义之事，不食周粟，受饿而死。

第二类，柳下惠、少连。比较随和，故出仕于无道之邦，但言行并无过错。既然屈居下位，也就不能不降低自己的志向，遭受一些委屈。

第三类，虞仲、夷逸。洁身自好，避世隐居，索性不再关心世事。

孔子说，我与这几人不同，"无可无不可"。此语同时涵盖隐遁或出仕：孔子不会事先确定，一定要隐遁或不隐遁，一定要出仕或不出仕。事先确定自己的出处策略，难免以自己之得失为中心。孔子是圣人，以天下有道为志业，所关心者非一己之得失，亦非具体君王之是非，而是道之是否行于天下。行或藏，出仕于某邦或辞别某君王，取决于其是否有利于行道天下。因有行道之志而不执着于自我，故在复杂多变的现实政治世界中，孔子有广阔选择空间，进亦可，退亦可；出亦有所为，处亦有所守。

孟子曾比较孔子与历代贤人：

> 伯夷，目不视恶色，耳不听恶声。非其君不事，非其民不使。治则进，乱则退。横政之所出，横民之所止，不忍居也。
>
> 伊尹曰："何事，非君？何使，非民？"治亦进，乱亦进。
>
> 柳下惠，不羞污君，不辞小官。进不隐贤，必以其道。遗佚而不怨，厄穷而不悯。
>
> 孔子之去齐，接淅而行；去鲁，曰"迟迟吾行也"，去父母国之道也。可以速而速，可以久而久，可以处而处，可以仕而仕，孔子也。"
>
> 伯夷，圣之清者也；伊尹，圣之任者也；柳下惠，圣之和者也；孔子，圣之时者也。孔子之谓集大成（《孟子·万章下》）。

正因孔子"无可无不可"，故能为"圣之时者"。"时"为行道之时，孔子以行道为志，无论治乱，无论何君、何民，无论彼邦、此邦，无论位之高、下，无论夷、夏，孔子念兹在兹，因时而为。在孔子眼里，世间一切权、利皆为行道之手段，孔子一以是否有机会行道判断自己出处之时。而因为孔子除了道无所执着，故总是有其时。归根到底，只有孔子是圣人。

以上三章连续记载隐者奉劝孔子隐居以避世，本章更列举贤人之抗世、救世。最后归结于孔子之无可无不可，最为平实又最为高明。

以上四章，首先连续记孔子与南方隐者之交接。孔子从礼乐之邦流落至此，说明道之难行。另，多记南方隐者似乎提示，南方多隐者，老子、庄子即在南方。

这些隐者或与孔子有相同遭遇，无门行道，因而绝望，避世隐居。见孔子悽悽遑遑，于心不忍，奉劝孔子莫做避人之无谓努力。此类言语触动孔子心弦，孔子心有戚戚焉。然而，孔子终究是天下之大仁大义者，失望但不绝望，相反兴起救世之大愿，决心与世人同群；不论当世之君如何，决心行义。

由此四章，隐士与圣人之别显而易见：圣人之情仁，隐士之情忍。因为忍，故隐士以为天下已不可为；因为仁，天下无不可为之时。隐士清风亮节，而难免胶固；圣人仁至义尽，方见通达。有隐士，乱世不是一团黑；有圣人，人间才能出乱世。

> 18：9　大（太）師摯適齊，亞飯干適楚，三飯繚適蔡，四飯缺適秦，鼓方叔入於河，播鼗（táo）武入於漢，少師陽、擊磬襄入於海。

上章记孔子无可无不可，孔子行道不利，并未退隐，而是养成士君子。本章记殷末乐师四散之事，隐喻孔子养成弟子，遍布天下。

大师，乐官之长。适，至。亚饭、三饭、四饭，以乐侑食之官。河，河内，古代黄河下游向西北穿过河北平原入海，拐弯处以北为河内，约相当于今河南北部。

播，摇。鼗，两旁缀灵活小耳的小鼓，有柄，执柄摇动，两耳双面击鼓作响，今俗称"拨浪鼓"。汉，汉水之滨。少师，乐官太师之佐。海，海边。挚、干、缭、缺、方叔、武、阳、襄，皆为人名。

王室乐师中，太师挚流落到齐，亚饭干到了楚，三饭缭到了蔡，四饭缺到了秦，敲大鼓的方叔进入河内，摇小鼓的武进入汉水之滨，少师阳、击磬的襄进入海滨。

《汉书·礼乐志》曰："世衰民散，小人乘君子，心耳浅薄，则邪胜正。故书序'殷纣断弃先祖之乐，乃作淫声，用变乱正声，以说妇人'。乐官师瞽抱其器而奔散，或适诸侯，或入河海。"据此，本章所记之事在殷末。纣王无道，礼乐崩坏，王室乐师们不仅无事可干，甚且面临危险，乃纷纷出逃，散布天下四方：东到齐、海滨，西到秦，北到河内，南至汉水之滨、蔡、楚。故纣王虽覆灭，华夏礼乐文明仍得以保存，且传之天下各国。当周兴起后，礼乐文明有深厚地方基础，乃成就其"郁郁乎文哉"（《八佾篇》）之胜景。

本章类似于《诗经》之"兴"，以殷末无道、乐师四散之事，"兴"孔子之兴学，弟子"自远方来"，聚于孔子门下，通先王之道，而后分散各处，孔子之道因此而遍行于天下。以下各章亦为"兴"。

> 18:10 周公謂魯公曰："君子不施其親，不使大臣怨乎不以。故舊無大故，則不棄也。無求備於一人。"

上章记殷末乐师四散天下，周公定周，本章记周公传授鲁公治国之道。

周公，周公旦。鲁公，周公之子伯禽。周武王克殷，封周公于鲁。周公辅佐王室，不就封，其子伯禽就国，为鲁之始封君。施，弛也，废弛。以，用也。故，老朋友。旧，老下属。"大故"之故，过失。

周公对鲁公说："在位之君子不怠慢、疏远亲戚，不让大臣抱怨不用其言。对老朋友、老下属，只要没有严重过失，不会弃而不用。对人，不求全责备。"

此为伯禽就封周公的诫命之辞，周公向鲁公阐明治国待人之四原则：

第一，亲和亲戚。不可因自己有位，废弛、怠慢自己亲戚。《礼记·大传》曰："君有合族之道，族人不得以其戚戚君，位也。"宗法之根本在"别"，君之亲戚不得以亲戚之情，寻求与君的特殊关系，此为保障君之公正对待所有人。但反过来，君有合族之道，不可疏远亲戚。《学而篇》："因不失其亲，亦可宗也"；《中庸》："亲亲，则诸父、昆弟不怨"。《泰伯篇》曰"君子笃于亲"，笃于亲，可见君之仁心。

第二，尊重大臣。君之治理不可自我迷信，当与其臣共治，尊重大臣意见。《中庸》曰："敬大臣，则不眩"。"不以"就是不用，大臣对公共事务提出意见，君却不用，大臣难免有怨。不用大臣之言，君的政务难免狭隘错乱。大臣有怨，离心离德，则君位难保。

第三，尊重故旧。故是老朋友，旧是老部下。周公告诫伯禽，地位上升后，需重用老朋友、旧部下，只要其无严重不足和过失。《泰伯篇》曰："故旧不遗，则民不偷。"此亦为行政智慧：行政活动有赖于君臣间信任，与故旧之间已有信任，承担大任后继续任用，可节约合作成本。当然，故旧若有严重不足和过失，自不能任用之。

第四，对人不可求全责备。人无全人，人各有其长，亦必有其短。在位之君子当有开放视野，用各人之长，使之形成分工合作关系，即可实现优良治理。求全责备于某一人，该人必定不堪其重，其他人则可能遭受冷落。《尚书·伊训》曰"与人不求备，检身若不及"，《君陈篇》记载周成王诫命周公之子君陈曰："尔无忿疾于顽，无求备于一夫。必有忍，其乃有济；有容，德乃大"。

本章所记为周公总结之君子待人技艺，贯穿于其中的是忠厚，仁心。周公传之于鲁公，鲁公以之治国，故鲁之礼乐最盛，且多君子。孔子在鲁，于种种礼乐、风俗中可见周公之道，且以之为本，兴起道学。本章解释了，孔子之学何以兴起于鲁。

本篇第一章对孔子祖先致敬，本章对鲁先君致敬。又，本章为"兴"：以周公喻孔子，周公传治国之道于伯禽，伯禽行周公治国之道于遥远的鲁国；孔子传道于弟子，弟子将行道于普天之下。

> 18:11　周有八士：伯达、伯适，仲突、仲忽，叔夜、叔夏，季随、季騧（guā）。

上章记周公传鲁公以治国之道，本章记周因八士而兴起。

周初有八位贤良之士：伯达、伯适、仲突、仲忽、叔夜、叔夏、季随、季騧。

本章所说八士乃周初人,《春秋繁露·郊语》曰:

> 《诗》云:"唯此文王,小心翼翼,昭事上帝,允怀多福。"多福者,非谓人也,事功也,谓天之所福也。傅曰:"周国子多贤,蕃殖至于骈孕男者四,四乳而得八男,皆君子俊雄也。"此天之所以兴周国也,非周国之所能为也。

"八士"为同母所生,"四乳而得八男"意谓,这位母亲四次生育,都生下双胞胎,故伯、仲、叔、季各有两人。八士有卓越品质,得到周文王重用:《国语·晋语四》记文王即位后,"询于八虞,而谘于二虢,度于闳夭而谋于南宫,诹于蔡、原而访于辛、尹,重之以周、邵、毕、荣,忆宁百神,而柔和万民。"此处"八虞"当即本章之八士,周文王充分听取贤能之意见,从而兴周克殷。

本章记周初人才之盛,而周文王得众贤士而有天下,兴孔子养成众多弟子为新式士君子,只要有合适机会,即可成就孔子重建秩序之志。

以上三章非孔子或弟子之言,而是编者客观记述殷末、周初之事,类似于《诗经》之"兴"。《论语》编者以为,周之礼崩乐坏之际孔门之兴起,类似殷末礼崩乐坏之际周之兴起。孔子正在构建新秩序,并将替代旧秩序,一如当初的周之代殷。

三章重点均在于,天下有志青年聚于孔子门下,孔子以血养成其为新式士君子,且分散天下,以各种方式行孔子之道,最终将建立新秩序。这呼应首章:孔子虽然恓恓惶惶,但孔子弟子终将重建秩序,一如微子之延续殷祚。

这三章开启下一篇,记孔子之后儒门之万千气象。

子张篇第十九

上篇记孔子行道而遭遇挫折，不减其淑世救民之心，乃致力养成士君子。本篇全记孔门弟子之言行。

共二十五章，均为孔门弟子之语，包括子张、子夏、子游、曾子、子贡。引人注目的是，本篇多记众弟子相互批评之语。可见本章所记弟子语当在孔子去世后，众弟子之说已有所分歧。但相互直率批评收入一篇，正彰显"和而不同"之自由思想和坦诚论辩气氛，儒家正赖此保持其健壮而顽强之生命力逾两千余载，其根源则在孔子之博大宽和。

> 19∶1　子張曰："士見危致命，見得思義，祭思敬，喪思哀，其可已矣。"

孔子兴学以养成士君子，本章子张论士之标准。

致，授也，献出。

子张说："士身处危境而能献出生命，有所得时想到义，祭祀时存心于敬，居丧时存心于哀戚，也就可以为士了。"

孔门为学，旨在养成士君子，然而何为士君子？子张提出两大标准：第一类，知义。"士见危授命"也就是子夏所说"事君能致其身"（《学而篇》），此为臣之义。《季氏篇》已有"见得思义"。孔子曾谓子路："今之成人者何必然？见利思义，见危授命"（《宪问篇》），子张申言之。第二类，有仁。祭思敬，丧思哀，可见其仁。

此前，子贡、子路曾就何为士请教过孔子（《子路篇》），子张综合孔子之说，内外兼顾。两者之关键均在"思"，《季氏篇》曰"君子有九思"。思则自觉，身在某情境中，精神可保持在相应状态。

本篇以本章为首，提示全篇主题是讨论士君子之养成。

> 19：2　子張曰："執德不弘，信道不篤，焉能為有？焉能為亡（无）？"

上章论士，本章续论之。

执，执守。弘，也。笃，笃实。

子张说："执守德行不够弘大，信奉大道不够笃实，有他这个人又多些什么呢？没他这个人又少些什么呢？"

《述而篇》：子曰："志于道，据于德"，"执"意与"据"相近。养成德行是一持续过程，有所得，紧紧执守，毫不懈怠，自可不断提升、积累。子张则指出，修饬德行，还应弘大，扩充己之德行，使之覆盖更多人。有所得而守之太狭，则德孤而不足以成己安人。

《泰伯篇》谓"笃信、好学、守死善道"。有所闻而信之不笃，则道废。笃实之信，持之以恒地信，且信道而身体力行，即便遭遇挫折，也不放弃，然后有所得于己身。

在孔门，子张属于狂者，故其强调弘与笃。本章可与《泰伯篇》"是不可不弘毅"章相参：曾子曰："士不可以不弘毅，任重而道远。仁以为己任，不亦重乎？死而后已，不亦远乎？"曾子言"仁"，子张言"德"、"道"，或可见二者之别。

> 19:3　子夏之門人問交於子張，子張曰："子夏云何？"對曰："子夏曰：'可者與之，其不可者拒之。'"子張曰："異乎吾所聞：'君子尊賢而容衆，嘉善而矜不能。'我之大賢與（欤）？於人何所不容？我之不賢與？人將拒我，如之何其拒人也？"

上章记子张之语，本章记子夏、子张之别。

交，与人交接。云，说。"与之"之"与"，相与，交接。嘉，褒美。矜，悯也。

子夏门弟子向子张请教与人交接之道，子张说："子夏说些什么？"门弟子对答说："子夏说：'值得交接者就交为朋友，不值得交接者就拒绝他。'"子张说："我学到的与此不同：'君子敬重德行卓越之贤人，而含容德行平平之众人；赞美能力出众之人，而怜悯能力不足之人。'我是非常优秀的人吗？如果是，对人有什么不可含容的？我是不优秀的吗？别人拒绝我，哪里轮得上我拒绝别人？"

《先进篇》：子贡问："师与商也孰贤？"子曰："师也过，商也不及。"可见二人气质有别，本章论交友之道亦然。子夏态度比较严厉，慎所拣择；子张态度比较开放，广交于人。

两人所说，各有道理，各有所据。子曰："无友不如己者"（《学而篇》），子夏意谓，主动交人时当慎所选择，则能"以友辅仁"（《颜渊篇》）。子曰："泛爱众而亲仁"（《学而篇》）。子张意谓，君子有合群、领导之责，当善意对待一切人，不论其德行是否贤良，能力是否出众。求学当上进，治世当宽和。

子张反复提到"拒"字，批评子夏"拒人"态度。人若品质不好，我固然不必主动交接于他；但他若主动与我交接，我也不必拒绝，而完全可与之交接，子曰："与其进也，不与其退也，唯何甚！人洁己以进，与其洁也，不保其往也"（《述而篇》）。

以上三章首先透过子张之语阐明孔门所养士君子之德。第三章论士君子与人交接之道，这对士君子行道天下而言相当重要。

子张为孔子重要弟子，孟子谓子张"有圣人之一体"(《孟子·公孙丑上》)，韩非说，"自孔子之死也，有子张之儒"，列为第一(《韩非子·显学》)，其语收入《论语》者有十数条之多，可见其在孔子去世后，确为儒门之显学。至于其思想，由《学而篇》两章可见其大概："子张学干禄"章，"十世可知也"章，可见子张慨然有行道天下、以重建秩序之大志，故属于"狂者"。

此章也提示子张、子夏气质上的分别，由此过渡到下一单元，专记子夏之学。

> **19：4** 子夏曰："雖小道，必有可觀者焉。致遠恐泥，是以君子不為也。"

上章记子夏待人严，本章记子夏求学严。

泥，陷入其中而不能自拔。

子夏说："即便是小道，也定有可取之处。只是求之过深，恐怕陷入其中难以自拔，因为这个原因，君子不从事于它。"

小道相对于大道而言，范围广泛，农、圃、工、医、卜、商等专业技艺，其中皆有道，用心尽力方可体认。从事这些工作于人有益，故子夏首先肯定小道。然而，深陷其中则为"器"，而"君子不器"(《为政篇》)。人成器，方能谋生。但人之成人，成君子，则应不器。社会需要各种成器之人，方有分工、合作，也需不器之君子合群。故君子当志于大道，不为小道所限。

小道也可指六经之外各种学说、知识，如后世之百家言，现代各种学科，从不同侧面、从不同层次阐明万事万物之理，终究有所局限，只是"小道"。从事于此可获一定知识，若专力于此，难免视野狭窄、目光短浅，无法对人生、社会、世界有整体把握，而这恰恰是士君子成己安人所需者。故士君子不可泥于学说、知识之小道，而当于经中、于孔子之学中求大道。

子夏所说君子就是"君子不器"的君子，经由学而有生命自觉、具备一定德行、知识和治理技艺，从而可担当治理之责。君子博学于文，广学各种技艺、对各种学说、各门学科，但又当超乎其外，用心于六经之文与孔子之学。此系君子之学之大本，君子务本，本立而道生。

> 19:5　子夏曰："日知其所亡（无），月無忘其所能，可謂好學也已矣！"

上章论道，本章论好学。

子夏说："每天获知前所不知之新知，一月下来不忘记已掌握者，这就可以说是好学了吧。"

无者，以前所无，自己不知之新知。好学第一个表现是求知心强，日日求新知，此即孔子之"学而不厌"（《述而篇》）。好学还需更进一步：不忘。学而遗忘，如同未学。何以不忘？把已获之新知化入自己之身心，"学而时习之"（《学而篇》），由践履，新知融入身心而不忘。

子夏之语，大义近于子曰："学如不及，犹恐失之"（《泰伯篇》）。又《中庸》记：子曰："回之为人也，择乎中庸，得一善，则拳拳服膺而弗失之矣。"

> 19:6　子夏曰："博學而篤志，切問而近思，仁在其中矣。"

上章论好学，本章由学而体仁。

切，割也，刻也，喻问之深入。近，己也。

子夏说："广泛地学，培厚自己之志，深入追问最紧要者，就近反思自己，如此自可至于仁了。"

子夏列举学之四步骤：第一步，博学，凡有益于己者皆致力于学，即"博学于文"。第二步，笃志，培厚自己之志，孔子所说之"志于学"、"志于道"、"志于仁"。博学圣人之道，然后知所选择，而坚定志向。笃志者，"约之以礼"也。笃志，则博学有益于己。博学而不笃志，则泛滥无归矣。第三步，切问，学然后行于人事中，难免有疑，此切身之疑如同加工切割骨器，深入义理之堂奥。第四步，近思。孔子说"能近取譬，可谓仁之方也已"（《泰伯篇》），相对于他人之远，近者，自己也；"近思"者，以类相推也，也即以己思人。切问者，问其切于己身者也；由切问，于义理上贯通；由近思，以人待人，可以有"己所不欲、勿施于人"之恕、可以有"基于立而立人、己欲达而达人"之仁，故子夏曰，"仁在其中矣"。

子夏所论者乃君子为己之学，如此"下学"而积德，持续"上达"，《中庸》曰：

> 诚之者，择善而固执之者也。博学之，审问之，慎思之，明辨之，笃行之。有弗学，学之弗能，弗措也；有弗问，问之弗知，弗措也；有弗思，思之弗得，弗措也；有弗辨，辨之弗明，弗措也；有弗行，行之弗笃，弗措也。人一能之，己百之；人十能之，己千之。果能此道矣，虽愚必明，虽柔必强。

子夏在孔门属"文学"，传承经学，故博学者，博学于六经与孔子之学也，然后可以笃志、近思而近仁。

19：7 子夏曰："百工居肆以成其事，君子学以致其道。"

上章论学以成仁，本章论学以致道。

肆，市肆，市中陈列货物之处。致，极也，尽也。

子夏说："各种工匠居于市场中可成就其事业，君子通过学推明大道。"

市场陈列各种货物，同类货物，美恶各不相同。价廉物美者，必受欢迎；价高质次者，必无人问津。居于市场之中，工匠可观察、比较市面情况，效仿好的，避免坏的。此即学，可提高自身技艺水平，成就事业。道在人之中，道在万事万物之中，君子由学，"博学"，对人、对世界、对礼乐制度等广有了解，然后可以深明大道。君子不学，对道或有所知，但不足以言"致"。致，需要博学。《白虎通义·辟雍》解释本章大义曰：

古者所以年十五入太学何？以为八岁毁齿，始有识知，入学学书计。七八十五，阴阳备，故十五成童志明，入太学，学经术。学之为言觉也，悟所不知也。故学以治性，虑以变情。故玉不琢不成器，人不学不知道。子夏曰："百工居肆以致其事，君子学以致其道。"

19:8 子夏曰："小人之过也必文。"

上章论学以致道，本章文过饰非者，其不足以致道。

子夏说："小人必定想办法文饰其过。"

百工难免有过，居肆则可以由市场反应而改其过。子曰："学则不固，过则勿惮改"（《学而篇》），则可以如颜子"不贰过"（《雍也篇》），最终"学以致道"。小人于改过有所"惮"，或因虚荣，或为推卸责任，故文过饰非，无所反省，旧过重犯，子说"过而不改，是谓过矣"（《卫灵公篇》），文过饰非是比过更为严重的过。

> 19:9　子夏曰："君子有三變：望之儼然，卽之也溫，聽其言也厲。"

上章论小人虚荣而文其过，本章论君子威仪。

俨，矜庄之貌。即，就也。厉，严正。

子夏说："君子仿佛有三个变化：远远望见，容貌庄重；近前接触，温润和煦；听其言辞，严正果决。"

一般认为，子夏所说"君子"指孔子，孔子为士君子树立威仪之典范。

子夏说"三变"，其实，君子未变，只是人们与君子交接，由远而近，感受有所变化。远远望见，见其容貌庄重，子曰："君子不重则不威"（《学而篇》）。一旦走近，感受到温和之气，子贡形容孔子"温"（《学而篇》）。交谈，其言辞严正果决，无游移不定，也无无益之言，也即，无"巧言"（《学而篇》）。

常人俨然则不温，失之于冷；温则不厉，失之于柔媚。君子之威仪仿佛是玉，坚刚而温润可亲。诚于中而形于外，如此威仪是充实而澄澈的生命之自然呈露。

> 19:10　子夏曰："君子信而後勞其民，未信，則以為厲己也。信而後諫；未信，則以為謗己也。"

上章论君子威仪，本章论君子为政之道。

厉，虐也。

子夏说："君子得民众之信才动用民众，未得其信，民众会认为你在虐待他们。得人之信之后才可劝谏人，未得其信，别人会以为你在故意诋毁他。"

君子学有所成，则可为政，而为政之本在信。首先是获得民众信任，信将君子与民众联结为一体，民众把君子领导的公共事业当成自己的事业，乐为君子所用。劝谏人亦当在得其信任之后。子贡问政，子曰："自古皆有死，民无信不立"（《颜渊篇》）。至于赢取民众、君、同僚之信，只能靠自己的诚、信，《韩诗外传》卷六曰："不以诚立，虽立不久矣；诚未著而好言，虽言不信矣。"子曰："道千乘之国：敬事而信，节用而爱人，使民以时。"（《学而篇》）君子信实以待人，则可以得人之信，然后可以为政。

19:11 子夏曰："大德不踰闲，小德出入，可也。"

上章论信，本章论权。

德，行为之特征。逾，逾越。闲者，阑也，引申为法度。

子夏说："在大节上不逾越法度，在小节处有所出入，也还是可以的。"

上章论信，君子主忠信，然而，"贞而不谅"（《卫灵公篇》），持守正道高于守信。子夏之意相近：人当立其大者，明白人伦、政治之大是大非，谨守之而不逾越。至于在具体环境中的细小行为，相对于细节性规矩难免有所出入，难免出现过或者不及，如此也算可以。

这确实不是最好，故自瞽说"可也"，但在复杂动态的现实世界中大约是唯一可行的。即便孔子，也有此小节之出入，《韩诗外传》卷二记载：

> 孔子遭齐程本子于郯之间，倾盖而语终日。有间，顾子路曰："由，束帛十匹，以赠先生。"子路不对。有间，又顾曰："束帛十匹，以赠先生。"子路率尔而对曰："昔者，由也闻之于夫子：士不中道相见；女无媒而嫁者，君子不行也。"孔子曰："夫诗不云乎：'野有蔓草，零露溥兮。有美一人，清扬婉兮。邂逅相遇，适我愿兮。'且夫齐程本子，天下之贤士也。吾于是不赠，终身不之见也。大德不逾闲，小德出入，可也。"

人当遵循法度。然而，在一切时刻严格遵守大大小小一切法度，必不可能，故有子曰："礼之用，和为贵。先王之道斯为美。小大由之，有所不行"。强求，必遏制其生命之生机，令其无所措手足，甚且导致虚伪。同时，拘泥于小节，反而可能临大节而站立不定。孔子评价管仲，即肯定其大节（《宪问篇》）。

神教常强调绝对服从神，其戒律无微不至，盖因人非成德之主体，赖神之拯救。《大学》谓"大学之道，在明明德"，即"自明"，人自主地学，修德而自立，成己、安人，依凭乎生命一机向上之活泼力量。明智的人生态度是立大志，明乎大是大非，用心于此，尽力于此，而不局促、束缚生命力量，则可凭活泼生机持续上达，"里仁"之美也仍然活泼泼地与人、物一体。

君子治世，也应关注大节，不可过于苛细，暴政总表现为苛细之政。

> 19:12　子游曰："子夏之門人，小子當灑埽、應對、進退，則可矣。抑末也，本之則無，如之何？"子夏聞之曰："噫，言游過矣。君子之道，孰先傳焉，孰後倦焉？譬諸草木，區以別矣。君子之道焉可誣也？有始有卒者，其唯聖人乎！"

本章记子夏、子游教人方法之不同。

洒扫，前人清扫庭院，先洒水，而后扫地，以免扬尘。应，人呼而应声；对，人问而对答。进退，礼仪之周旋进退。传，传授。倦，疲倦。区，品类。卒，终也。

子游说："子夏的门人中，年纪较小的，在洒扫庭院、应对尊长宾客、在礼仪中周旋进退，做得还可以。只是，这是末节啊；至于根本，还是没有的。这怎么可以呢？"子夏听到这话后说："唉，言游这话可有点过分了。君子之道，应该先传授什么呢？谁会后疲倦呢？这就好像草木，品类有所不同。

故君子之道，怎能拿来随便教人以致误人？教养君子，有其始而必定有其终者，只有圣人能做到。"

孔子兴学以养成士君子，但从何处入手？子夏、子游均在孔门文学科中，在教育上用功甚大，但两人气质不同，教学法不同。子夏教育门人，刚入门弟子从日常小事做起。子游以为，此系细枝末节，未能把握根本。子游之教倾向于直探大"本"，子游为武城宰，即兴起礼乐（《阳货篇》），此或即是"本"，塑造美善人生与良好社会秩序之道。

子夏不以为然。他认为，君子之道有小有大，有本有末，通过洒扫、应对、进退等末节，观察哪些弟子具备学本之资质。此资质者，可进一步教以本；不具备者，不必教授，其掌握末节，也足以健全地生活。其人本无资质，老师随便教以大道，反而误导其低不成高不就。

应当说，子夏的做法适合于广泛施教，但子游的提醒，也非常重要，教人不可停留于洒扫应对。子曰："弟子入则孝，出则弟，谨而信，泛爱众，而亲仁。行有余力，则以学文"（《学而篇》），孔子之教亦有次第。程子曰："君子教人有序，先传以小者、近者，而后教以大者、远者。非先传以近小，而后不教以远大也。"

子夏、子游所争者，在教人之入手处、侧重点。后世儒学内部始终有此两种教法之别，如程朱理学强调洒扫应对、格物穷理，而陆王心学直指本心而立定大本，实可相辅相成也。

19:13 子夏曰："仕而優則學，學而優則仕。"

上章论学，本章论学与政。

优，余裕也，余力。

子夏说："在官为政而有余力则当学，为学而有余力则可出仕。"

从历史脉络看，本章描述孔子、子夏所处时代之转型性质：当时在位之君子是世袭的，多未经过学，而正在败坏，前几篇对此有所描述。子夏认为，这些在位者当致力于学，从等级制意义上的君子成为品德意义上的君子。反过来，孔门通过学养成新兴士君子，子夏为自己所在群体发出呼声：新兴士君子学已有所得，即当得位，出仕为政。

孔子之后，经过漫长演变，主要是经过汉武帝复古更化，逐渐形成学、仕互动、共生之结构，此为中国之学、中国政治之根本特征。私人兴学，官府同样兴办学校，一切人皆可由学文成长为士君子，士君子有生命自觉，有治理之德行、知识和技艺，经选举程序，早期是察举、唐宋以来是科举，进入政府，担当治理之责，由此形成"儒家士大夫"群体，而有"士人政府"以及士君子所领导之民众自我治理。此一治理模式的关键正是政、学共生，道、政互动。

以上十章记子夏之语，以学为中心。子夏阐明，孔子重建秩序之道是，以学养成士君子，士君子的生命是健全、向上的，且有治理社会之德行、知识与技艺，故当获得位以行道于天下。

本篇记孔门弟子，子夏之语最多；加上前面各篇所记，近二十章，数量较多，可见子夏在孔门中影响极大，尤其在孔子去世后。孟子谓子夏"有圣人之一体"（《孟子·公孙丑上》），其于传承经学，贡献至大，故重学。荀子当出自子夏三晋之学传统，故《荀子》首篇为《劝学》。

由此数章可见，子夏气质确乎不同于子张，而有"不及"之倾向。

以上数单元杂以子夏、子游之争，引出下面的子游单元。

19:14　子游曰："丧，致乎哀而止。"

前章提及子游，本章记子游之学。

丧，居父母之丧。致，尽也。

子游说："居父母之丧，达到充分的哀戚，而以礼为节限。"

子夏、子游同属"文学"，故记子夏之学后记子游之学。子游娴熟于礼，尤其是丧礼。首章子张曰"丧思哀"，丧主哀，孝子居父母之丧，难免心中哀痛欲绝。子游作为礼学专家明确指出，哀戚当有限度。"止"意谓止乎礼，把哀戚之情限制在礼制范围内，不逾越礼制，过分哀痛，乃至伤身灭性。《孝经》说："毁不灭性"，唐玄宗注云："不食三日，哀毁过情，灭性而死，皆亏孝道。故圣人制礼施教，不令至于陨灭。"丧而不哀，非人也；丧而哀痛过度，亦不可取。

由本章可见，子游之学不同于子张之学，重礼。

19:15　子游曰："吾友張也，為難能也，然而未仁。"

上章记子游之礼学，暗含对子张之批评，本章记子游批评子张。

张，子张。为，动词。

子游说："我的朋友子张这个人嘛，可以做到他人难以做到的事情，却未至于仁。"

子游评论说，子张可做到别人难以做到的事情，此事是什么？子游未明言，当为下章所说"堂堂"，即容仪贵盛。孔门中，子张善容仪。这是一门专业技巧，他人难以做到。不过，也正因为此，子张难以称仁。容仪贵盛，令人敬畏而不敢亲近，此与仁相悖，《学而篇》曰："巧言令色，鲜矣仁"，容仪过盛易流于"令色"。

以上两章记子游之言。孔门中，子游最为明礼，然子游论礼、论人，以仁为本。

孔门四科中，子游属"文学"科，与子夏并列，于传六经有功，尤明礼乐，有本篇可见，子游对"不及"之子夏固有批评，对"过"之子张同样有所批评。其习礼乐，以治国为志：子之武城，闻弦歌之声，夫子莞尔而笑，曰："割鸡焉用牛刀？"子游对曰："昔者偃也闻诸夫子曰：'君子学道则爱人，小人学道则易使也。'"子曰："二三子！偃之言是也，前言戏之耳。"（《阳货篇》）又有识人之明：子游为武城宰，子曰："女得人焉尔乎？"曰："有澹台灭明者，行不由径。非公事，未尝至于偃之室也。"（《雍也篇》）《礼记·礼运》或成于其手，可见其气概。

> 19：16　曾子曰："堂堂乎張也，難與並爲仁矣。"

上章记子游批评子张，本章记曾子批评子张。

堂堂，明也，容仪贵盛之貌。

曾子说："子张容仪贵盛，难以与人同至于仁。"

关于子张，《孔子家语》多处论及，《五帝德》中孔子说："吾欲以容貌取人也，则于子张改之矣"。《六本》中，孔子对子夏说，"师之庄贤于丘"，然而，"师能庄而不能同"。《七十二弟子解》说："颛孙师，陈人，字子张，少孔子四十八岁。为人有容貌资质，宽冲博接，从容自务，居不务立于仁义之行。孔子门人友之而弗敬。"

可见，子张仪表容貌堂堂，为孔门公认，孔子以下对此颇有微词，盖如此之行不能"同"人，不能亲近人，也不利于子张体认仁。同在孔门，如曾子曰："以文会友，以友辅仁"（《颜渊篇》），子张容仪过盛，甚至无法得到同门之敬，当然无法与人共至于仁。仁者，以人待人，以己及人，子张之行则有矜己之嫌。不过，《大戴礼记·卫将军文子》记载：

业功不伐，贵位不善，不侮可侮，不佚可佚，不敖无告，是颛孙之行也。孔子言之曰："其不伐，则犹可能也；其不弊百姓者，则仁也。诗云'恺悌君子，民之父母'，夫子以其仁为大也。"

孔子以为，子张实有大仁。

本篇结构相当奇特：以记子张之两章开篇，揭示孔子养成之新兴士君子之品质。子曰："不得中行而与之，必也狂狷乎！狂者进取，狷者有所不为也"（《子路篇》），子张属狂者，孟子曰："其志嘐嘐然，曰'古之人，古之人'。夷考其行，而不掩焉者也"（《孟子·尽心下》）。当礼崩乐坏之际，士君子欲行道天下，不能不有狂者之志。故本篇以子张开篇，提纲挈领。但同样是为行道天下，士君子当有其志，尚需有其德，故本篇第三章记子张与子夏之分歧，此处两章连续记载子游、曾子对子张之批评，批评子张重容貌而于仁上有所不足。合而言之，这几章提示士君子欲行道天下，当如子张有进取之心，如子夏审慎而好学，如子游之明礼，如曾子之诚笃，根本在"志于仁"。

19:17 曾子曰："吾闻诸夫子：'人未有自致者也，必也亲丧乎！'"

上章论仁之难，孝为仁之本，本章论孝。

致，尽其极也。亲，父母双亲。

曾子说："我听夫子说过：'人即便从未尽心尽力过，但对父母之丧，也必定尽心尽力吧。'"

天命之谓性，人皆禀有仁心，然未必自觉，人于父母生时也未必皆能尽孝起敬。然父母死亡，凡为子女者，莫不哀痛至极。此即仁心之自然呈现而不能自已者。孔子以为，于此自觉，扩而充之，即可进于仁。仁既然内在于人，必在生命某个时刻自我呈现，则凡人莫不可以进于仁，唯在自觉与否耳。

有子曰："孝弟也者，其为仁之本与"（《学而篇》），曾子之教以孝为本，由这一人人具有的自然之情而知仁，即可开辟出生命上达之通途。《大戴礼记》多篇记载曾子论孝，曾子也作《孝经》。

曾子此一论式为孟子所沿用，孟子首先提出："人皆有不忍人之心"，此为仁之本。何以见之？孟子曰："所以谓人皆有不忍人之心者，今人乍见孺子将入于井，皆有怵惕恻隐之心。"据此不忍人之心"扩而充之"，则可至于仁矣（《孟子·公孙丑上》）。

19：18　曾子曰："吾聞諸夫子：'孟莊子之孝也，其他，可能也；其不改父之臣與父之政，是難能也。'"

上章论孝之见仁，本章论孝之政治功用。

孟庄子，鲁大夫仲孙速，其父孟献子，名蔑。

曾子说："我听夫子说过：'孟庄子的孝行，其他方面是他人可以做到的；他不替换父亲的旧臣与父亲的为政措施，要做到是很难的。'"

孝不仅是私德，在政治上亦有大用，除《学而篇》泛论之"其为人也孝弟，而好犯上者，鲜矣；不好犯上，而好作乱者，未之有也"外，更对在位之君子构成政治伦理义务：孝道要求，父亲去世、自己继位后，不可匆忙替换父亲之旧臣，不可匆忙改变父亲的为政措施，以节制在位者的权力欲望，保持共同体政事之连续稳定。

孟庄子在这方面表现突出：其父孟献子于鲁襄公十九年八月卒，二十三年八月，孟庄子卒。孟庄子在位时间只四年，基本沿用父亲的旧臣和施政措施。孔子和曾子赞扬这种做法，旨在批评当时执政阶层正在释放、膨胀之权力欲望。权力欲望必定驱动其突破礼制，蔑视法度。尊重先王之臣与政，要求后王审慎行事，尊重习惯形成之法度。

《学而篇》中已出现"三年无改于父之道，可谓孝矣"句，本章再度说明这一礼制规范的政治内涵。

19:19 孟氏使陽膚為士師，問於曾子，曾子曰："上失其道，民散久矣。如得其情，則哀矜而勿喜。"

上章论为政以孝，本章论治民心态。

阳肤，曾子弟子。士师，典狱之官。情，实情。哀，怜也。矜，悯也。

孟氏派阳肤担任士师，阳肤请教曾子，曾子说："在上位者偏离治国正道，民众已散乱很久。你若确实审讯到民众犯罪之实情，当怜悯他们，万不可欣喜。"

礼崩乐坏时代之典型特征是"民散"，首先表现为其身之散：礼乐崩坏，小共同体解体，民众分散、流动，动荡而缺乏秩序。其次表现为人心之散：在位者追求私欲，滥用权力，侵害民众，民众不再信服在位者，上下人心乖离。《大戴礼记·盛德篇》说："教训失道，风俗淫僻，百姓流亡，人民散败，曰危也"。《大学》这样论述：

《诗》云："殷之未丧师，克配上帝。仪监于殷，峻命不易。"道得众则得国，失众则失国。是故君子先慎乎德。有德此有人，有人此有土，有土此有财，有财此有用。德者本也，财者末也，外本内末，争民施夺。是故，财聚则民散，财散则民聚。

民散，犯罪率必定上升。《颜渊篇》多章记鲁国多盗。阳肤任士师，其责任正是打击犯罪。曾子告诫阳肤，审理案件当有哀矜之心。《尚书·吕刑》有"哀矜折狱"，《尚书大传》曰："子曰：听讼虽得其指，必哀矜之。死者不可复生，绝者不可复续也。"哀矜出于仁心：民胞物与，庶民犯罪，难免牢狱之灾，士君子心中自然痛心怜悯。

既有哀矜之心，则应自我反省，寻找治本之道。民众确实在犯罪，士君子不能不打击。但士君子为政不可止步于此，不可迷信严刑峻法，以惩罚民众为能事，而应反思致民犯罪之源，重点反思在位者之过。曾子明确指出，上失其道致民众离散，则士君子治国，首当回归于道，具体而言，重视事先的教化与制度的完善。《盐铁论·后刑》解说本章大义曰：

> 古者，笃教以导民，明辟以正刑。刑之于治，犹策之于御也。良工不能无策而御，有策而勿用。圣人假法以成教，教成而刑不施。故威厉而不杀，刑设而不犯。今废其纪纲而不能张，坏其礼义而不能防。民陷于网，从而猎之以刑，是犹开其阑牢，发以毒矢也，不尽不止。曾子曰："上失其道，民散久矣。如得其情，即哀矜而勿喜。"夫不伤民之不治，而伐己之能得奸，犹弋者睹鸟兽挂罥罗而喜也。

孔子、曾子不拒绝用刑，但不迷信刑罚。若民众大量犯罪，位者当自我反省，完善教化，聚民之心，导民趋善，从源头上遏制民众之为恶。抓获罪犯而欣喜不已，社会永远不能走出乱局。

以上四章记曾子之语，可见曾子之治国思想。由孝，而仁，而为政，短短四章构成优良治理之完整方案，而以人心为根本。

曾子之语收入《论语》中，集中于本篇数章和《泰伯篇》五章，可见曾子在孔门中重要地位。又曾子两度言及"吾闻诸夫子"，可见曾子与孔子之相契。此亦可见于《里仁篇》"参乎吾道一以贯之"，曾子应之以"唯"。故孔子之孙子思从曾子学，又传孟子，而为宋明儒接续，实为儒学之大宗。

19:20　子貢曰:"紂之不善不如是之甚也,是以君子惡居下流,天下之惡皆歸焉。"

上章论民散,纣之时民散,本章论纣之恶名。

纣,殷纣王,著名的无道之君,为武王所伐。居,处也。下流,地形卑下之处,众流之所归。

子贡说:"殷纣王之恶不像人们说的那样严重,因为这个缘故,君子厌恶处在道德卑下之行列,天下所有恶名都会归到其身上。"

子贡并非辩白殷纣王不恶,而是阐明社会舆论形成机制:人们会因憎恶大恶者而愿意相信,一切恶行均系其所为,哪怕是其未为,从其既有之恶行,人们见其品质之恶,相信其会实施所有恶行。社会舆论以此机制惩罚为恶者,警示他人不可为恶,塑造积极向上的社会风气。子贡告诫士君子检点自己,不可为恶,如诸葛亮所说,"勿以恶小而为之,勿以善小而不为",对最微小的恶也戒慎恐惧。

19:21　子貢曰:"君子之過也如日月之食焉:過也,人皆見之;更也,人皆仰之。"

上章论纣王之恶名,本章论君子之迁善改过。

子贡说:"君子的过就好像日食、月食:其过,人人都可看见;其改过,人人都尊仰他。"

日、月难免有食,君子难免有过,君子、小人对待过的态度不同。本篇子夏曰:"小人之过也必文"。君子与此绝然不同:不掩己过,故有过,人人可见;同时,"过,则勿惮改"(《学而篇》),人人同样可见。正是这一品质，让人人敬仰君子。君子不惮于改过，故能"不贰过"(《雍也篇》)而上达。这与纣的遭遇正好相反。《孟子·公孙丑下》记载孟子一段对话：

〔陈贾〕见孟子，问曰："周公何人也？"
曰："古圣人也。"
曰："使管叔监殷，管叔以殷畔也，有诸？"
曰："然。"
曰："周公知其将畔而使之与？"
曰："不知也。"
"然则圣人且有过与？"
曰："周公，弟也；管叔，兄也。周公之过，不亦宜乎？且古之君子，过则改之；今之君子，过则顺之。古之君子，其过也，如日月之食，民皆见之；及其更也，民皆仰之。今之君子，岂徒顺之，又从为之辞。"

照孟子看来，周公用管叔的确有过，然周公不文饰，有过则改，仍为人所尊仰。

> 19：22 衞公孫朝問於子貢曰："仲尼焉學？"子貢曰："文、武之道，未墜於地，在人。賢者識（志）其大者，不賢者識其小者，莫不有文、武之道焉。夫子焉不學，而亦何常師之有？"

上章论改过而人皆仰之，本章论孔子学无常师。

公孙朝，卫大夫。仲尼，孔子之字。文、武，周文王、周武王。识，记也。

卫国公孙朝请教子贡："仲尼学自何处？"子贡说："周文王、周武王之道尚未失传，还保留在人那里。卓越的人记得其中较重大的部分，不那么卓越的人记得其细枝末节，其中无不蕴涵文王、武王之道。孔夫子何处不学呢？孔夫子又怎会只向某个人学呢？"

孔子自谓"十有五而志于学"（《为政篇》），最特出品质即"好学"（《公冶长篇》），孔子所学者是古，即《述而篇》开篇所说："述而不作，信而好古"，其中当然包括文、武之道，《中庸》曰："仲尼宪章文武，祖述尧舜"，文武之道即周道，尤其是礼乐。

子贡说，文、武之道为人普遍记诵，孔子向所有这些人学习。《论语》多所记载：孔子"在齐闻韶"（《述而篇》），又"入太庙，每事问"（《八佾篇》）。《左传》昭公十七年记载，孔子学于东夷郯子。《史记·仲尼弟子列传》更详尽地说："孔子之所严事：于周则老子；于卫，蘧伯玉；于齐，晏平仲；于楚，老莱子；于郑，子产；于鲁，孟公绰。"这些都是略长于孔子的贤人，孔子以之为师而学。

总之，孔子就学于一切对文、武之道有所记忆、把握、体会的人，或学其大者，或学其小者。所谓大者，就是敬天、修身、治国、平天下之道，所谓小者，大约就是礼仪之节、名物之数。不论大、小，其中都有文武之道。孔子之圣并非"生而知之"，或受神启，或冥想而悟，而出自博学、好学，利用一切机会学，故"无常师"。学道必有师，然不限止于常师，故孔子能"集大成"，而成就"大人之学"。

以下各章，子贡为孔子辩护，本章首先阐明，孔子因学而成圣。

19：23　叔孫武叔語大夫於朝曰："子貢賢於仲尼。"子服景伯以告子貢，子貢曰："譬之宮牆：賜之牆也及肩，窺見室家之好；夫子之牆數仞，不得其門而入，不見宗廟之美、百官之富。得其門者，或寡矣，夫子之云不亦宜乎？"

上章论孔子之好学，本章论孔子之崇高、博大。

叔孙武叔，即鲁大夫叔孙州仇，三桓之叔孙氏，武是谥。朝，朝会。

子服景伯，鲁大夫，子服氏，名何，景是谥。宫墙，家室之外墙，有门出入。窥，小视也，从小孔、缝隙或隐蔽处偷看。仞，长度单位，七尺曰仞。百官，百官处理政事之房舍。夫子，指叔孙武叔。

叔孙武叔在朝会上对大夫们说："子贡比孔子更卓越。"子服景伯把这话转告子贡，子贡说："就拿宫室的围墙打比方吧：我家宫室的围墙也就刚到人的肩膀，外人偷觑一下，室家之内的优美就可一览无余。夫子宫室的围墙有好几仞高，不从其门户进入，不可能见到其中宗庙之美盛与堂室之丰富。而找到夫子门径的人恐怕很少吧，那人那样说，不正印证了这一点吗？"

孔子之圣不仅在于"学而不厌"，更在"诲人不倦"（《述而篇》），养成一群卓越士君子，时人甚至以为弟子比孔子卓越。孔子听到此言，肯定欣悦。子贡则深知孔子之圣，以宫室之围墙打比方说明自己与孔子的差距，谓孔子宫室有宗庙之美、百官之富。宗庙庄严、神圣，比喻孔子之道优美高贵；百官之房舍众多，比喻孔子之道广大无涯。虚心学习，登堂入室，可见孔子之伟大。唯时人不学，尤其是执政者，不能登孔子之堂，遑论入室，故难知此宗庙之美、百官之富。叔孙武叔即是如此，之所以说子贡贤于孔子，大约因为子贡善于言辞。时人能见器物之用，不见大道之美，故眼见礼崩乐坏，而无从回归正道。

子贡之语还有深层含义：权力在宗庙，孔子在权力之外别立一宗，此为道之宗庙，道统之所寄。孔子养成之士君子济济多士，如同公侯大夫家室之百官，注定将为政行道于天下。

19:24 叔孫武叔毀仲尼，子貢曰："無以為也，仲尼不可毀也。他人之賢者，丘陵也，猶可踰也；仲尼，日月也，無得而踰焉。人雖欲自絕，其何傷於日月乎？多見其不知量也。"

上章叔孙武叔以子贡贤于孔子，本章叔孙武叔诋毁孔子。

毁，贬低非议。多，适也，只也，古代多、祇同音。

叔孙武叔贬低非议仲尼，子贡对他说："不要做这种事，仲尼是不可贬低的。其他人的卓越相当于丘陵，再高也可逾越；仲尼的卓越如同天上的日月，根本无法逾越。人即便自己要断绝与日月的关系，这对日月有什么损害？只是暴露出他浅薄而不知孔子之量而已。"

长期执掌鲁国国政的"三桓"中，孟孙氏最敬重孔子，孟僖子遗命二子从孔子学礼。季氏亦尊孔子，曾用孔子，孔子弟子多用于季氏。从这两章看，叔孙氏对孔子最为不逊。上章，叔孙武叔谓子贡贤于孔子，本章直接贬低非议孔子，子贡的回应更为严正，指其"不知量"。

后世总不乏叔孙武叔式人物，不知孔子之量。孔子之道极平实而极高明，故两千多年来，总有浅人以为孔子之道卑之不足道，中国有，近世西方亦有；其人不知孔子之道彻上彻下，"造端乎夫妇，及其至也，察乎大地"（《中庸》）。如子贡所说，这样的诋毁丝毫无伤于孔子，孔子之道常在常新。

19:25 陳子禽謂子貢曰："子為恭也，仲尼豈賢於子乎？"子貢曰："君子一言以為知（智），一言以為不知，言不可不慎也！夫子之不可及也，猶天之不可階而升也。夫子之得邦家者，所謂立之斯立，道（读如导）之斯行，綏之斯來，動之斯和。其生也榮，其死也哀，如之何其可及也？"

上章子贡以日月比拟孔子，本章以天比拟孔子。

陈子禽，名亢，孔子弟子。阶，阶梯，此处作动词。邦，邦国，其君为公侯。家，家室，其君为大夫。绥，安也。来，归附也。动，谓鼓舞之也。

陈子禽对子贡说："你那样恭逊，仲尼难道确比您卓越吗？"子贡说："君子的一句话就可表现其明智，一句话也可表现其不明智，说话真是不可不谨慎啊。夫子是旁人不可企及的，就像人不可能顺着阶梯登上天。夫子若得到邦国或家室之治理权，就会如人所说，想有所立就能有所立；引导民众做什么，民众就会做什么；安抚民众，远人会来归附；动用民众，民众会同心同德。孔子在世时，处处受人尊敬；去世时，世人皆哀痛，别人怎么可能赶得上孔子呢？"

前两章所记，显示叔孙武叔不知孔子之量，本章所记可见，孔门弟子也有不知孔子之量者。陈子禽怀疑孔子是否贤于子贡，子贡对子禽说明，孔子是天，其圣德无人可以企及。仪封人谓"天将以孔子为木铎"（《八佾篇》），楚狂接舆比孔子为凤（《微子篇》），当时智者已知孔子之圣。故孔子就是《周易》乾卦《文言》所说之大人："与天地合其德，与日月合其明，与四时合其序，与鬼神合其吉凶，先天而天弗违，后天而奉天时。天且弗违，而况于人乎？况于鬼神乎？"天不言，圣人法天而明道，《诗经·大雅·文王》曰："上天之载，无声无臭。仪刑文王，万邦作孚"，当孔子出，则仪刑孔子，天下归仁。

子贡继续指出，孔子之圣德若得以发挥，必将迅速收到社会治理之良好效果。《盐铁论·备胡》中贤良文学这样说：

> 古者，君子立仁修义，以绥其民，故迩者习善，远者顺之。是以，孔子仕于鲁，前仕三月及齐平，后仕三月及郑平，务以德安近而绥远。当此之时，鲁无敌国之难，邻境之患。强臣变节而忠顺，故季桓隳其都城；大国畏义而合好，齐人来归郓、欢、龟阴之田。故为政而以德，非独辟害折冲也，所欲不求而自得。

子贡所论圣人为政之效，极为传神。"夫仁者，己欲立而立人，己欲达而达人"（《雍也篇》），故子贡曰"立之斯立，道之斯行"。孔子为政，最重安人，"修己以安人"，"修己以安百姓"（《宪问篇》），"有国有家者，不患贫而患不均，不患寡而患不安。盖均无贫，和无寡，安无倾。夫如是，故远人不服，则修文德以来之。既来之，则安之。"(《季氏篇》)，"使民以时"(《学而篇》)，故子贡曰"绥之斯来，动之斯和"。孔子之为政，以仁为本，以立人、达人为宗旨。为政者修已以敬，创造各种条件，养人、教人，每人得以自主、自立，而又互信合作，至于"各正性命，保合太和"。

子贡之赞孔子，《韩诗外传》卷八另有记载：

> 齐景公问子贡曰："先生何师？"对曰："鲁仲尼。"曰："仲尼贤乎？"曰："圣人也，岂直贤哉！"景公嘻然而笑曰："其圣何如？"子贡曰："不知也。"景公悖然作色曰："始言圣人，今言不知，何也？"子贡曰："臣终身戴天，不知天之高也；终身践地，不知地之厚也。若臣之事仲尼，譬犹渴操壶杓，就江海而饮之，腹满而去，又安知江海之深乎？"景公曰："先生之誉，得无太甚乎？"子贡曰："臣赐何敢甚言，尚虑不及耳。臣誉仲尼，譬犹两手捧土而附泰山，其无益亦明矣；使臣不誉仲尼，譬犹两手把泰山，无损亦明矣。"景公曰："善岂其然！善岂其然！"《诗》曰："绵绵翼翼，不测不克。"

以上五章专记子贡之语，其中多为子贡捍御孔子之言论。

孔子在世时，无以行道；由以上各章可见，孔子去世后，时人对孔子之道亦无认识，更无敬意，子贡乃在各种场合为孔子辩护，以上三章层层递进：首先拟孔子于数仞之墙，其次比孔子于日月之不可得而逾，最后譬孔子如天之不可阶而升。子贡之语表达众弟子对孔子之敬意，并借子贡之语指明孔子在中国文明演进历程中的地位。

孔门中，子贡最敬孔子，且勤于请教，如冉有曰："夫子为卫君乎？"子贡曰："诺。吾将问之"(《述而篇》)，故孔子多与子贡言，收入《论语》者达三十多条，在弟子中最多，且多有深微处，如"夫仁者，己欲立而立人，己欲达而达人"与"己所不欲，勿施于人"，皆出自于子贡之论说中。

在孔门中，子贡属言语科，善于言辞。故子贡最善于描摹孔子，如"夫子温、良、恭、俭、让以得之"（《学而篇》）"夫子之文章，可得而闻也；夫子之言性与天道，不可得而闻也"（《公冶长篇》）。子贡与孔子之心相通，《礼记·檀弓上》记子贡陪伴孔子走过生命最后七天：

> 孔子蚤作，负手曳杖，消摇于门，歌曰："泰山其颓乎？梁木其坏乎？哲人其萎乎？"既歌而入，当户而坐。
>
> 子贡闻之曰："泰山其颓，则吾将安仰？梁木其坏、哲人其萎，则吾将安放？夫子殆将病也。"遂趋而入。夫子曰："赐！尔来何迟也？夏后氏殡于东阶之上，则犹在阼也；殷人殡于两楹之间，则与宾主夹之也；周人殡于西阶之上，则犹宾之也。而丘也殷人也。予畴昔之夜，梦坐奠于两楹之间。夫明王不兴，而天下其孰能宗予？予殆将死也。"
>
> 盖寝疾七日而没。

其时，伯鱼、颜子、子路等人均已死，子贡是弟子中长者，随孔子时间最长，内心最为哀恸，《史记·孔子世家》记："孔子葬鲁城北泗上，弟子皆服三年。三年心丧毕，相诀而去，则哭，各复尽哀；或复留。唯子贡庐于冢上，凡六年，然后去。"

子贡职业是商人，最为富裕。据《史记·货殖列传》记载，"子赣既学于仲尼，退而仕于卫，废著、鬻财于曹、鲁之间。七十子之徒，赐最为饶益。原宪不厌糟糠，匿于穷巷。子贡结驷连骑，束帛之币以聘享诸侯，所至，国君无不分庭与之抗礼。夫使孔子名布扬于天下者，子贡先后之也。"《仲尼弟子列传》又说：子贡"常相鲁卫，家累千金，卒终于齐。"子贡往来各国，结交上流社会，传播孔子之道于天下，子贡甚有力焉。

本篇记孔子去世后孔门和而不同之胜景，弟子气质禀赋、为学门径不同，故有不同观点、论说，然共尊夫子，故能各有创发，而又咸遵大道，相互尊重，乃蔚然成为学之正宗。其根本则在孔子教养有道，故最后归于子贡之赞孔子。太史公于《孔子世家》末叹曰：

> 太史公曰：《诗》有之："高山仰止，景行行止"，虽不能至，然心乡往之。余读孔氏书，想见其为人。适鲁，观仲尼庙堂车服礼器，诸生以时习礼其家，余祇回留之不能去云。天下君王至于贤人众矣，当时则荣，没则已焉。孔子布衣，传十余世，学者宗之。自天子王侯，中国言六艺者折中于夫子，可谓至圣矣！

又，本篇记孔门弟子集中于子张、子游、子夏、曾子、子贡，皆为孔子去世后仍活跃者。盖弟子从孔子学，有先后之别：子路、冉有、子贡少孔子二三十岁，子路仅少孔子九岁，当于孔子四十多岁时即从孔子学，且多从政，故《左传》多记其事，《论语》所收相关各章多关乎政事。这些弟子无学可传，故不见于本章。颜子与之同辈，但早夭，其学不传，亦不见于本章。子张、子游、子夏、曾子诸人少孔子四五十岁，当在孔子周游列国晚期甚至返鲁之后入孔门，从孔子之日短，教学之日长，弟子广布天下，影响巨大，故得见于本章。较特殊者为子贡、有子二人。子贡横跨两代弟子，知孔子、尊孔子，其论孔子之语，体现孔门共识，故列入本篇。有子于孔子晚年弟子中年龄稍长，孔门推之为领袖。然观其思想，颇多关注政事，意其较少教学，传其学者少，故未列于本篇。

故本篇实指示孔子之后圣学传承之基本脉络，多由子张、子夏、子游、曾子传承，其中子夏、曾子之学，传承相当完整；子游之学多见于《礼记》；唯子张之后学传承统绪较为模糊，但本篇记子张之"堂堂"可推测，汉代容礼之学大概出自子张。

尧曰篇第二十

本篇为《论语》末篇,概括全书大指,今分为四章。首章记二帝三王之语,次章记孔子复归圣王之道的路径。后两章,孔子指出君子为政之德与成就君子之道,士君子将是行圣王、孔子之道于天下之主体。

20:1 堯曰:"咨,爾舜!天之歷數在爾躬,允執其中。四海困窮,天祿永終。"舜亦以命禹。曰:"予小子履,敢用玄牡,敢昭告于皇皇后帝:有罪,不敢赦;帝臣,不蔽;簡在帝心。朕躬有罪,無以萬方;萬方有罪,罪在朕躬。""周有大賚,善人是富。雖有周親,不如仁人。百姓有過,在予一人。"

本章记圣王之道。

咨,嗟叹声。历数,帝王相继之次第,犹岁时气节之先后。躬,身也。允,信。四海,《尔雅·释地》谓中国九州之外九夷、八狄、七戎、六蛮所居之地曰四海。履,商汤之名。玄牡,雄性黑牲牛。昭,明也。皇,大也。后,君也。帝,谓天帝也。帝臣,贤人皆为天帝之臣。简,阅也。以,与也,预也。赉,赐也,指分封。富,富以爵禄。"周亲"之"周",至也。

尧说:"喂,舜啊,天命已转至你身上。坚定地执守众人之中。你若能念及天下之艰难处境,那你就能永葆上天赐予你的爵禄。"

商汤说:"你的儿子履,斗胆献上玄牡,祈求光明而伟大的上帝:他人有罪，我不敢赦免他；上帝之臣，我也不敢遮蔽；人之善恶，上帝的心中早已阅知。若我本人有罪过，不要牵连万方之人；万方若确实有罪，那也是我一人的责任。"

周武王说："周大封天下，赐给善人以爵禄。对周来说，即便最亲近的亲戚也不如仁者。百姓若有罪过，都由我一人承担。"

本章记二帝三王之道，可分三节，按时间顺序记帝王之事。

第一节，记尧、舜、禹相命之语。

帝尧屈神而敬天，《尚书·尧典》记尧"乃命羲和，钦若昊天"。天不言，示人以文，圣人观乎天文，而作人文，故帝尧命羲和"历象日月星辰，敬授人时"。本章所说"历数"，即观测所得日月星辰运转之数，据此编历。考古发现，山西襄汾陶寺中期遗址已有观象台，此正当尧时，"中"原意为观测日影之圭表。尧所定之历遍行各邦，人道在天道中，华夏共同体得以凝定。故当尧禅位于舜时，将定历授时之"中"转让给舜，此为"天之历数在尔躬，允执其中"之原始含义。而历数出自于天，故为天命，"天之历数在尔躬"另有深意：帝王更替之次序为上天所定，天命人以治理之权，故治理权为"天命"或"天禄"。《孟子·万章上》记载：

万章曰："尧以天下与舜，有诸？"

孟子曰："否。天子不能以天下与人。"

"然则舜有天下也，孰与之？"

曰："天与之。"

"天与之者，谆谆然命之乎？"

曰："否。天不言，以行与事示之而已矣。"

曰："以行与事示之者如之何？"

曰："天子能荐人于天，不能使天与之天下；诸侯能荐人于天子，不能使天子与之诸侯；大夫能荐人于诸侯，不能使诸侯与之大夫。昔者尧荐舜于天而天受之，暴之于民而民受之，故曰：天不言，以行与事示之而已矣。"

曰："敢问荐之于天而天受之，暴之于民而民受之，如何？"

曰："使之主祭而百神享之，是天受之；使之主事而事治，百姓安之，是民受之也。天与之，人与之，故曰：天子不能以天下与人。舜相尧二十有八载，非人之所能为也，天也。尧崩，三年之丧毕，舜避尧之子于南河之南。天下诸侯朝觐者，不之尧之子而之舜；讼狱者，不之尧之子而之舜；讴歌者，不讴歌尧之子而讴歌舜，故曰天也。夫然后之中国，践天子位焉。而居尧之宫，逼尧之子，是篡也，非天与也。《太誓》曰：'天视自我民视，天听自我民听'，此之谓也。"

尧对舜说，天以其行与事已昭示治理天下之天命、也即天下治理权，转至你身上。既然天下治理权是上天所命，舜就当最为诚敬地承担这一使命，故尧对舜指出，为承担王者之责任应"允执其中"。观测日影时，须立"中"，其本身不动，且不偏不倚，方能准确观测，故"中"有无过、无不及之意，"允知其中"也就另有深意。《中庸》记子曰："舜其大知也与：舜好问而好察迩言，隐恶而扬善，执其两端，用其中于民。其斯以为舜乎！"舜之智慧正在于能执其中：凡事各有两端，如左右、上下、前后、善恶、美丑、真假等；人们对事物的看法也可归类为两端：支持或反对，赞许或厌恶。"中"就是多数的意见或人们的共识。尧要求舜尊重众人意见，致力于从中发现共识，据此立法、施政。

接下来尧说，四海仍在艰难困苦之中，孟子描述尧时天下之情形："当尧之时，天下犹未平。洪水横流，泛滥于天下。草木畅茂，禽兽繁殖。五谷不登，禽兽逼人。兽蹄、鸟迹之道，交于中国。尧独忧之，举舜而敷治焉"（《孟子·滕文公上》）。尧要舜念及这一处境，尽心尽力履行自己之职守，方可永远地保有自己的"天禄"。

"天禄"意谓，天子之位是上天为民而设。《白虎通义》开篇即谓："天子者，爵称也。所以称天子者何？王者父天、母地，为天之子也。"与公侯伯子男一样，天子也是一个爵位；不同之处仅在于，此爵位由上天授予，故称"天禄"。但不管怎样，它只是爵位，故《荀子·大略》曰："天之生民，非为君也；天之立君，以为民也。"王者既有"天禄"，即须担当对万民、也即对上天之大义，方能永葆天禄。无德无能，天将夺去此位，表现为"革命"，如后世汤武革命。

舜禅位于禹，又将此语申告于禹。故天命、天禄、执中之大义贯穿后世，为帝王之道的根本。帝王以公心、基于天下共识治理、而造福天下人，才可享有治理权。否则，天命就会转移而丧失之，其形态可以是"革命"。

第二节，记商汤告天之语。

据《墨子·兼爱下》，此为商汤祈雨于天之语。"帝臣"一语明示，与帝王共治天下之臣也是上天所命。《尚书·皋陶谟》曰："天工，人其代之"，天生人，欲万民各遂其生，而由人代行此职，故设君王、大臣；又"天命有德，五服五章哉"，有德者方有其位。故臣之善恶由上帝判断，并由上天予以奖惩，帝王不可按自己好恶奖惩之。也即，帝王之用人不可出以己意，而当本乎公心，依乎臣子之德，"选贤与能"（《礼记·礼运》）。

接下来，商汤说明，自己独自一人就人间之好坏对上天承担责任。周武王曰："惟天地，万物父母；惟人，万物之灵。亶聪明，作元后，元后作民父母……天佑下民，作之君，作之师，惟其克相上帝，宠绥四方"（《尚书·泰誓上》）汉人常言："天生众民，不能相治，为之立君，以统理之"（《汉书·成帝纪》）。王者为上天所立，然而上帝树立王者，乃为万民，王者当就此对上天承担责任。对天下秩序之好坏，上天也唯王者是问。若天下秩序混乱，上天就会责备、惩罚王者。天下之罪，上天也会清算王者。因此，王者须敬天、保民。

第三节，记周武王告天之语。

此语关键在公天下，即分封贤人，以共治天下。此处特别强调，对周家治理天下而言，最为亲近的亲戚，其重要也不如仁者。故"武王、成、康所封数百，而同姓五十五"（《史记·汉兴以来诸侯王年表》），同姓诸侯仅为极少数。这也正是周的天下相比于夏、殷，能大幅度扩展之原因。《白虎通义·封公侯》论证说：

> 王者即位，先封贤者，忧人之急也。故列土为疆，非为诸侯；张官设府，非为卿大夫，皆为民也。《易》曰："利建侯。"此言因所利，故立之。《乐记》曰："武王克殷，反商；下车，封夏后氏之后于杞，殷人之后于宋，封王子比干之墓，释箕子之囚。"天下太平，乃封亲属者，示不私也。

周人分封，展示其公天下之心及与贤者共治天下之大义。

本章在《论语》全书中较为特别，非孔子与弟子答问，而是客观记述，择要记录尧、舜、禹、汤、武王等圣王之言，其大义曰：共同体有效治理，不可无王；治理权之转移，由天所命；王之位是尊贵的，人当敬王；然王既为天所命，王当敬天；而天之立君，旨在为民，故王当一心保民，方能保有天禄；为保民，王当选贤与能，以共治天下。凡此种种，构成中国治道之根基，赖孔子而传之无穷。

> **20:2** 謹權量，審法度，脩廢官，四方之政行焉。興滅國，繼絕世，舉逸民，天下之民歸心焉。所重：民、食、喪、祭。寬則得眾，信則民任焉，敏則有功，公則說（悦）。

上章记圣王之道，孔子集先圣之大成，而欲复制，本章记孔子复圣王之治之道。

权，称重之秤锤也。量，容量。法度，长度。

检验重量、容量单位，审定长度单位，恢复已废缺的官职，由此，四方政务正常运转起来。

重建已灭之邦国，恢复绝嗣之贤人，举用德行出众而未仕之贤人，天下之民就有归往于此之心了。

重视四方面的政务：民众，粮食，丧礼，祭礼。

君王为政宽简，可得众人归附；君王守信，则民众乐于承担责任；君王勤勉，则可以成事；君王秉持公心，则民众欣悦。

上章记圣王之道，本章记回归圣王之道的路径，可谓孔子之术，可分四节，且期间有先后次第，实依建国之次序排列：

第一节，论拨乱反正之道。

《尚书·舜典》记舜摄政后，巡守四方，每到一处，"协时、月，正日，同律、度、量、衡"。本章所说量、衡、法度是最基础的礼制，其协调、统一有助于共同体内部低成本地合作、交易，并形成共同的生活方式。而每当秩序混乱之世，这些礼制必然混乱，诸多政府职能趋于荒废，公共品生产能力下降。故王者兴起，当重新协调、审定律、度、量、衡，恢复荒废的政府职能，如此可为天下提供基础性公共品，恢复秩序。

第二节，论公天下之道。

孔子赞赏周武王广封诸侯之举，特别提出"兴灭国、继绝世"。"灭国"是历史上被灭之国，其中包括失去天下治理权之国。周武王封夏人之后于杞，封殷人之后于殷墟、于宋，此即"统三通"；"绝世"即绝嗣者。孔子特别强调这两者，为突出天下为公之大义。《白虎通义·三正》解释说："王者所以存二王之后，何也？所以尊先王、通天下之三统也，明天下非一家之有，谨敬谦让之至也。"天下非一家一姓之天下，则合理的天下治理格局应当为多中心的。这样，天下可有更多制度选择，也可有制度竞争。这一制度安排固然不利于今王，但有助于天下万民。

孔子也提出，王者兴起当"举逸民"。乱世必定有逸民，其人德能出众，却不为执政者信任，无从发挥作用。《微子篇》多记此类逸民，逸民的存在是天下无道的表征。唯有举用逸民，让一切德能出众者充分发挥作用，令一切在位者皆有其德，才算天下有道。此所谓"选贤与能"，亦为公天下之道。

第三节，论为政之重点。

王者为政当最重视四项政务：首先是民。帝舜对禹说："后非众，罔与守邦"（《尚书·大禹谟》）；皋陶曰："天聪明，自我民聪明；天明畏，自我民明威"（《尚书·皋陶谟》）。夏人也清醒认识到，"民为邦本"（《尚书·五子之歌》）。共同体成员可分为君子、庶民两类，前者包括王，享有权威，但上天之所以让王享有权威，乃为让民享有和平秩序与福利，故王者须敬民，爱民，亲民，保民。此系为政之根本原则。

重民，即当重食。秦汉之际儒生郦食其对刘邦说过："王者以民人为天，而民人以食为天"（《史记·郦生陆贾列传》）。故《洪范》列举王者之"八政"，第一为"食"，此为民众生存之基本物质条件。孔子对子贡论政，首先说"足食"（《颜渊篇》）。欲民众足食，就需建立产权保护、合理税收、健全财政、基本社会福利等一系列制度。

重民，尚需重教化，首先是重丧、重祭，曾子曰："慎终、追远，民德归厚矣"（《学而篇》），重丧则慎终，重祭而追远。人皆有情，重丧、重祭顺乎人情，有助于扩充仁心，改进社会风俗，这是构建和维护优良秩序的基础。王者于民，"富之"固然重要，也须"教之"（《子路篇》），则万民可以"安"。

第四节，论王者为政之德。本节与《阳货篇》子张问仁章所论"恭、宽、信、敏、惠"有相近处。王者为政当宽简，充分信任臣民，而不可苛细，流于苛酷，如此可得尽可能多民众之拥戴。《孔子家语·入官》中孔子对子张说：

古者，圣主冕而前旒，所以蔽明也；纮紞充耳，所以掩聪也。水至清即无鱼，人至察则无徒。枉而直之，使自得之；优而柔之，使自求之；揆而度之，使自索之。民有小过，必求其善，以赦其过；民有大罪，必原其故，以仁辅化。如有死罪，其使之生，则善也。是以上下亲而不离；道化流而不蕴。

王者为政，须对民众守信。这样，可赢得民众的信任、信服，当王者需要动用民众之财、力之时，民众就会积极承担。《颜渊篇》中，孔子对子贡指出，对于王者来说，民之信至关重要，"无信不立"。信把王与民联为一体，把邦国连结为一体。失信于民，君王难保其位。

敏者，勉也，勤勉。王者为政，必须勤勉。王者承担着治理天下之大任，须以最为诚敬的心态担此责任，履行义务。王者若懈怠，天下不可为矣。

公者，公心也。天下是天下人之天下，而非王者之天下，故公是王者之基本伦理义务，《吕氏春秋·贵公》曰：

> 昔先圣王之治天下也，必先公。公则天下平矣，平得于公。尝试观于上志，有得天下者众矣，其得之以公，其失之必以偏。凡主之立也，生于公。故《鸿范》曰："无偏无党，王道荡荡；无偏无颇，遵王之义；无或作好，遵王之道；无或作恶，遵王之路"。天下非一人之天下也，天下之天下也。阴阳之和，不长一类；甘露时雨，不私一物；万民之主，不阿一人。伯禽将行，请所以治鲁，周公曰："利而勿利也。"……天地大矣，生而弗子，成而弗有，万物皆被其泽、得其利，而莫知其所由始，此三皇、五帝之德也。

公就是无所偏私，公则平，同等对待天下所有人，则天下人普遍欣悦。王者若有私心，必定有人享有特权，有人遭到歧视。若趋于严重，民众离心离德，王者失去人心，也必定失去位。

以上所论显示，孔子已有重建天下秩序之具体路径，循此而创制立法，可回复于尧舜三王之道。

本篇首章择要记二帝三王之道，本章记孔子行二帝三王之道之道。此一结构显示，尧舜禹汤文武周公之道，已传至孔子。欲复三代之治，欲天下归仁而美善者，不能不经由孔子。

> 20：3　子張問於孔子曰："何如斯可以從政矣？"子曰："尊五美，屏（摒）四惡，斯可以從政矣。"子張曰："何謂五美？"子曰："君子惠而不費，勞而不怨，欲而不貪，泰而不驕，威而不猛。"子張曰："何謂惠而不費？"子曰："因民之所利而利之，斯不亦惠而不費乎？擇可勞而勞之，又誰怨？欲仁而得仁，又焉貪？君子無衆寡、無小大，無敢慢，斯不亦泰而不驕乎？君子正其衣冠，尊其瞻視，儼然人望而畏之，斯不亦威而不猛乎？"子張曰："何謂四惡？"子曰："不教而殺謂之虐，不戒視成謂之暴，慢令致期謂之賊，猶之與人也，出納之吝，謂之有司。"

上章论王者为政之德，本章泛论君子为政之德。

惠，与人恩惠。费，耗费财用。劳，用也。因，循。教，教化。戒，警也。成，成功。慢，怠慢。致，尽也。期，期限。犹，似也，若也。与，给予。出，出名器、财物。纳，纳人。

子张请教孔子："怎样做才有能力从事政事呢？"夫子说："若能做到尊崇五种美德，摒弃四种恶行，就可以从政了。"

子张问："五种美德是什么呢？"夫子说："君子给人恩惠却无所花费，动用人力而无人抱怨，有所欲求而不贪婪，身心舒泰而不骄横，仪态庄重而不刚猛。"子张问："什么是给人恩惠却无所花费？"夫子说："顺承民众之利而造福民众，这不就是给人恩惠而无所花费么？选择可动用民力之时机而动用，又有谁会抱怨？自己欲求仁就可得到仁，还贪求什么？不分人多人少、不管对方地位高低，无所怠慢，这不就是身心舒泰而不骄横么？君子端正衣冠，敬慎所观、所看，容貌矜庄，别人远远望见就有敬畏之意，这不就是仪态庄重而不刚猛么？"

子张问："四种恶行是什么呢？"夫子说："没有施行教化而动用刑罚，这叫做虐；事先没有告诫而要求马上成事，这叫做暴；发令时漫不经心，到期限却严厉要求，这叫做贼；本欲给人好处，给人时却吝啬小气，这可以说是降格为管事小吏了。"

本章孔子从正反两面对子张论君子为政之德，从正面，孔子阐明五种美德：

第一，惠而不费。可有积极、消极两方面表现，积极的一面即孔子所说，维护良好的分工合作秩序，让每个地方的民众、让每个人得以充分发挥自己的优势，获得自己可获得的利益。消极的一面是，取消各种不合理的税费，改变各种不合理的法度，民众得到好处，而君子不需花费什么。

第二，择可劳而劳之，此即"使民以时"（《学而篇》）。《荀子·富国》有更详尽的论述："故古人为之不然：使民，夏不宛暍，冬不冻寒。急不伤力，缓不后时。事成功立，上下俱富。而百姓皆爱其上，人归之如流水，亲之欢如父母，为之出死断亡而愉者，无它故焉，忠信、调和、均辨之至也。"君子如此使民，民众不会抱怨。

第三，欲仁而得仁。子曰："仁远乎哉？我欲仁，斯仁至矣"（《述而篇》）。仁内在于我，不假外求，我对仁自觉而欲求之，就打开仁道，立刻可得到仁。君子欲行仁于民众，只要自觉，就立刻可以做到，而不用借助外物。

第四，泰而不骄。子曰："君子泰而不骄，小人骄而不泰"（《子路篇》）。泰是通泰之意，因为通泰而舒泰。身居富贵，面对成功，君子只是舒泰，而不慢待任何人。不论其人高低贵贱，无一毫骄横之态。

第五，威而不猛。君子是庄重的，此前各篇多有论述，其具体表现是"正其衣冠、尊其瞻视"，《中论·法象》论述说：

> 夫法象立，所以为君子。法象者，莫先乎正容貌、慎威仪。是故，

先王之制礼也，为冕服采章以嗣之，为佩玉鸣璜以声之，欲其尊也，欲其庄也，焉可懈慢也？夫容貌者，人之符表也；符表正，故情性治；情性治，故仁义存；仁义存，故盛德著；盛德著，故可以为法象。斯谓之君子矣。君子者、无尺土之封，而万民尊之；无刑罚之威，而万民畏之；无羽龠之乐，而万民乐之；无爵禄之赏，而万民怀之；其所以致之者，一也。故孔子曰："君子威而不猛，泰而不骄。"《诗》云："敬尔威仪，惟民之则。"若夫堕其威仪，恍其瞻视，忽其辞令，而望民之则我者，未之有也。莫之则者，则慢之者至矣。小人皆慢也，而致怨乎人，患己之卑而不知其所以然，哀哉！

孔子接下来论四种恶行，而这四种恶行似与上章所论之四德正好对立：第一，虐，也即不教而杀。君子为政以教化为本，令民众明乎礼义，自我检束。在此基础上，针对顽劣之徒使用刑罚。若不行教化而迷信刑罚，就是施行虐政。子曰："以不教民战，是谓弃之"（《子路篇》）。这与上章之宽相反。董子天人三策之第一策说：

王者承天意以从事，故任德教而不任刑。刑者，不可任以治世，犹阴之不可任以成岁也。为政而任刑，不顺于天，故先王莫之肯为也。今废先王德教之官，而独任执法之吏治民，毋乃任刑之意与！孔子曰"不教而诛谓之虐"，虐政用于下，而欲德教之被四海，故难成也。（《汉书·董仲舒传》）

第二，暴，也即不戒视成。君子治民，先谆谆申戒，如此自能从容而有所成就。若事先不予申戒，却要求民众马上有所成就，这就是暴。此与上章之信相反。暴，则民众必定怨恨。

第三，贼，也即慢令致期。发布命令时漫不经心，未提出明确要求，此与上章之敏相反。到了期限，却严厉要求，一点也不宽贷，此即贼。

第四，贪而吝，本拟给人恩惠，却不够大方，而吝啬小气，结果花费了资源，别人并不感恩。管事小吏易有此种心态，君子若亦如此，则不能得众。造成这种恶行的原因是贪，缺乏上章所说之公。郦食其评论项羽曰："于人之功，无所记；于人之罪，无所忘；战胜而不得其赏，拔城而不得其封；非项氏莫得用事；为人刻印，刓而不能授；攻城得赂，积而不能赏：天下畔之，贤才怨之，而莫为之用"（《史记·郦生陆贾列传》），结果不能得人而失败。

上章记尧舜禹汤文武之道，与孔子重建秩序之道，本章讨论，当秩序建立之后，君子为政之德。由此德，方可得民心而维护秩序。

在孔门，子张为"狂者"，"其志嘐嘐然，曰'古之人，古之人'"（《孟子·尽心下》），有复圣王之道之大志，代表着儒家重建秩序之基本思路，故本章列孔子复圣王之道章以后。又《为政篇》记"子张学干禄"，干禄然后可以从政。《孔子家语·入官》详尽记载孔子告子张以"入官"之法，也即为政之法，可与本章相参。

> 20:4 孔子曰："不知命，無以為君子也；不知禮，無以立也；不知言，無以知人也。"

上章阐明君子为政之德，本章告诫士君子以行道之智。

孔子说："不知命，是无从成为君子的；不知礼，是无从立身的；不知言，是无从知人的。"

本章为《论语》末章，为郑重其事，冠以孔子之名。

命者，天命也。人为天所生，天生各人，命以具体之禀赋，包括寿夭、气质、性情等，此即天命；这些因素决定人的贫富、穷通以及人所应成就者，故"死生有命，富贵在天"（《颜渊篇》）。成为君子，需较好品质，更需学文，终于知天命。孔子说自己"五十而知命"（《为政篇》），重要的是"知"。知天命，则知自己之所以然与所应然，求其在己，顺命而生，"不怨天，不尤人"（《宪问篇》），"人不知而不愠"（《学而篇》），在复杂世间，知其不可而为之，而又无可无不可，是为真君子。

知命而为君子，君子自觉、自主而自立。孔子说"三十而立"（《为政篇》），何以立？《左传·昭公七年》记，鲁卿大夫孟僖子曰："礼，人之干也；无礼，无以立"；子曰："兴于诗，立于礼，成于乐"（《泰伯篇》）。礼是人际交往之规范，规定各人之名分、职分，与此相应，在各种具体公私生活场景中之与人相处之得体行为。依礼而行，尊人而自尊，在社会结构中得应有之位，独立成长、发展，他人又乐于合作，是谓"达"（《颜渊篇》），乃至达于天下："君子敬而无失，与人恭而有礼，四海之内，皆兄弟也"（《颜渊篇》），无所不通。

君子进而发挥合群作用，领导社会，为此须知言。言为心声，言是人际交往主要媒介，君子与人交接，自然以言为主要媒介。透过言，君子可知人。圣贤于知言之法，有所讨论，《周易·系辞下》曰："将叛者，其辞惭；中心疑者，其辞枝；吉人之辞寡，躁人之辞多；诬善之人，其辞游；失其守者，其辞屈。"孟子自谓知言："诐辞，知其所蔽；淫辞，知其所陷；邪辞，知其所离；遁辞，知其所穷。生于其心，害于其政；发于其政，害于其事"（《孟子·公孙丑上》）。孔子也告诉君子以知言之法："巧言令色，鲜矣仁！"（《学而篇》）知言，然后可以知人，这包括于人群中识人，恰当地用人，此为治理社会之关键。

本章逐层递进：知命然后可以为君子，知礼则可以自立，知言则可以知人，则"己欲立而立人，己欲达而达人"，可以安人。人而成己而安人，是为仁者，君子之道备矣。

本章为《论语》末章，与首章遥相呼应。首章论君子养成之道，成己之学也，戒之以"人不知而不愠"；末章论君子养成，自立而治理社会之道，安人之学也，故落脚于"知人"。两章有相互对应之妙：首章第一句论学，学然后可以至末章第一句之知命；首章第二句记有朋自远方来，合群而学，则可以至末章第二句之知礼而自立；首章最后一句虽学而忧"人不知"，至末章最后一句则务于知人。盖因知命，则可以人不知而不愠矣。首尾衔接如轮，转之无穷，君子之道，尽在其中矣。

　　首末两章合观可见，《论语》者，君子经也。为仁由己，人皆可成君子。君子者，自觉、自主、自立、自强，成己而安人、爱物。其养成之道即在《论语》中，子曰："谁能出不由户？何莫由斯道也？"